Helmuth Graf von Moltke

Geschichte des Krieges gegen Dänemark 1848 - 49

Helmuth Graf von Moltke

Geschichte des Krieges gegen Dänemark 1848 - 49

ISBN/EAN: 9783744614047

Hergestellt in Europa, USA, Kanada, Australien, Japan

Cover: Foto ©ninafisch / pixelio.de

Weitere Bücher finden Sie auf **www.hansebooks.com**

Moltkes Militärische Werke.

III.
Kriegsgeschichtliche Arbeiten.
Erster Theil.

Berlin 1893.
Ernst Siegfried Mittler und Sohn
Königliche Hofbuchhandlung
Kochstraße 68—70.

Moltkes Kriegsgeschichtliche Arbeiten.

Geschichte des Krieges gegen Dänemark 1848/49.

Herausgegeben vom

Großen Generalstabe,
Abtheilung für Kriegsgeschichte.

Mit 1 Uebersichtskarte, 6 Plänen und 4 Textskizzen.

Berlin 1893.
Ernst Siegfried Mittler und Sohn
Königliche Hofbuchhandlung
Kochstraße 68—70.

Alle Rechte aus dem Gesetze vom 11. Juni 1870 sowie das Uebersetzungsrecht sind vorbehalten.

Vorwort.

Die vorliegende kriegsgeschichtliche Arbeit des Feldmarschalls Grafen v. Moltke ist begonnen im Jahre 1862 und bis 1877 vielfach ergänzt und verbessert worden. Insbesondere haben auch die Angaben des im Jahre 1867 erschienenen Werkes des Dänischen Generalstabes über die Feldzüge von 1848/49 Beachtung gefunden.

Von den vier Büchern, in welche die Arbeit eingetheilt ist, sind das erste und letzte ganz und gar von der Hand des Feldmarschalls geschrieben; beim ersten hat er die nicht über die Schlacht bei Schleswig hinausreichende „Darstellung der Begebenheiten des Deutsch-Dänischen Krieges von 1848", welche, „redigirt von der historischen Abtheilung des großen Generalstabes", in den Beiheften zum Militär-Wochenblatt vom dritten und vierten Quartal 1852 und vom Februar bis zum September 1854 erschien, mehrfach benutzt. Auch bei der Bearbeitung der übrigen Bücher standen ihm handschriftliche Vorarbeiten der kriegsgeschichtlichen Abtheilung zu Gebote, welche er indeß so gründlich und umfassend umgearbeitet hat, daß auch dieser Theil des Werkes durchaus als sein geistiges Eigenthum betrachtet werden muß.

Es ist bekannt, daß der Feldmarschall seine Arbeiten, bevor er sie für abgeschlossen hielt — meist nach längeren Pausen —, durch- und auch wohl umzuarbeiten pflegte. Man darf daher vermuthen, daß, wenn er selbst das vorliegende Werk der Oeffentlichkeit übergeben hätte, er es noch einmal in seiner gründlichen Weise mit bessernder Hand durchmustert, vielleicht einige Unebenheiten ausgeglichen, minder Wichtiges gekürzt und Anderes ergänzt hätte. Allein auch so, wie sie ist, dürfte diese Arbeit, welche niemals die großen Gesichtspunkte aus dem Auge verliert und mit der dem berühmten Verfasser angehörenden Geistesschärfe den inneren Zusammenhang der Ereignisse bloßzulegen weiß, de Namens würdig sein, den sie an der Stirne trägt.

Inhalts-Verzeichniß.

	Seite
Vorbemerkung	V

Erstes Buch.
Vom Beginn des Feldzuges bis zum 26. April 1848.

	Seite
Einleitung	1
Politische Vorgeschichte	2
Die Dänische Armee bei Ausbruch des Kampfes	10
Die bewaffnete Macht in den Herzogthümern	11
Dänische Rüstungen	14
Konzentration eines Preußischen Observationskorps bei Havelberg und eines Bundeskorps an der Elbe	18
Die Stellung der Holsteinschen Truppen bei Bau	21
Stärke und Stellung der Dänischen Armee am 8. April	26
Gefecht bei Bau am 9. April	28
Die Holsteinsche Armee nach dem Gefecht bei Bau	32
Einrücken des Generals v. Hedemann in Schleswig	33
Die Preußischen Truppen südlich Rendsburg	34
Weitere Organisation der Holsteinschen Armee	35
Verhandlungen des Obersten v. Bonin mit dem Dänischen Oberkommando und der Regierung	37
Ernennung des Fürsten Radziwill zum Kommandeur der Preußischen Division, des Generals Hallett zum Oberkommandeur	42
Stärke und Stellung der Bundes-Armee am 22. April	45
Disposition des Fürsten Radziwill	47
Ernennung des Generals v. Wrangel zum Oberkommandeur	50
Die Dänische Armee in und bei Schleswig	51
Das Kriegstheater in Schleswig	53
Beginn der Feindseligkeiten	59
Gefecht bei Altenhof	61
Gefecht bei Missunde	65
Schlacht bei Schleswig	70
Heranziehung der Bundestruppen nach der Schlacht bei Schleswig	99
Dänische Maßregeln nach der Schlacht bei Schleswig	101
Vormarsch der Deutschen Truppen am 24. April	105
Gefecht bei Oversee und Bilschau am 24. April	106
Rückzug der Dänen von Flensburg	109

Zweites Buch.
Vom 27. April bis zum 5. Juni 1848.

	Seite
Absichten und Maßnahmen der Deutschen Heeresleitung vom 27. April bis 1. Mai 1848	119
Ueberschreiten der Jütischen Grenze am 2. Mai und Russisch-Englischer Einfluß dagegen	122
Besetzung von Fredericia durch die Deutschen am 3. Mai 1848	125
Die Ereignisse im Sundewitt vom 27. April bis 3. Mai	129
Beschießung von Fredericia durch die Dänen und von Hibbelfart durch die Preußen	131
Detachirung des Majors v. Zastrow nach Nordjütland vom 9. bis 13. Mai	134
Politische Verhältnisse im Mai 1848	136
Ereignisse im Sundewitt bis zum 27. Mai 1848	154
Gefecht bei Düppel und Nübel-Mühle am 28. Mai 1848	157
Ereignisse nach dem Gefecht bei Düppel und Nübel-Mühle vom 28. Mai bis 4. Juni 1848	165
Rekognoszirung des Oberstlieutenants v. Paczinski vom 4. bis 7. Juli und des Oberstlieutenants Grafen v. Waldersee am 4. Juni	169
Treffen bei Nübel und Düppel am 5. Juni 1848	173
Betrachtungen über die Kriegslage und das Gefecht am 5. Juni	187

Drittes Buch.
Vom 6. Juni bis zum Beginn der Waffenruhe am 26. August 1848.

Ueberfall der Dänischen Avantgarde bei Hoptrup durch das Freikorps v. d. Tann am 6. und 7. Juni 1848	193
Deutsche Anordnungen für den Fall eines Dänischen Angriffs am 8. Juni 1848	196
Rekognoszirung des Prinzen Waldemar von Holstein vom 9. bis 13. Juni und des Obersten v. Barby am 16. Juni 1848	199
Verstärkung des Dänischen Nordjütischen Korps sowie der Deutschen Bundestruppen	202
Vorbereitungen für den Deutschen Vormarsch nach Norden am 29. Juni 1848	204
Vormarsch der Deutschen Armee nach Norden und Gefecht bei Hadersleben am 29. Juni 1848	207
Stillstand der Operationen Anfang Juli 1848	215
Politische Begebenheiten seit dem Anfang Juni	218
Antrag auf Verstärkung der Bundes-Armee in Schleswig	221
Wechsel des Dänischen Oberkommandos und Deutsche Truppenverschiebungen am 1. August 1848	223
Preußische Vorstellungen bei der Centralgewalt, Verstärkung der Bundestruppen und Dänische Blockadeerklärung	224
Ueberfall bei Stepping am 8. August 1848	227
Artilleriegefecht bei Holnis am 18. August 1848	229
Der Waffenstillstand	230
Abmarsch der Deutschen Truppen	236

Viertes Buch.

Die Zeit der Waffenruhe. Der Feldzug von 1849 bis zum Abschlusse des Waffenstillstandes zu Berlin.

	Seite
Die Waffenruhe vom 26. August 1848 bis 3. April 1849	243
Wiedereröffnung der Feindseligkeiten am 3. April	258
Die Ereignisse auf dem Sundewitt bis zum 14. April	271
Die Trophäen von Eckernförde	283
Das Ueberschreiten der Dänischen Grenze und die Gefechte in Jütland vom 16. April bis 3. Mai	284
Aufstellung einer Reservedivision auf dem Sundewitt und Lage daselbst	306
Unternehmungen zur See	309
Ereignisse in Jütland bis zum 12. Mai	310
Die Unternehmungen gegen Fredericia	328
Die politischen Verhältnisse in Deutschland und ihre Rückwirkung auf die Operationen in Jütland	331
Ausfall der Dänen aus Fredericia am 13. Mai	336
Die Dänische Stellung bei Stanberborg in Jütland am 14. Mai	336
Beschießung von Fredericia	338
Uebergang der politischen Leitung der Dänischen Angelegenheiten auf Preußen und Rückwirkung auf die militärische Leitung in Jütland	340
Weitere Ereignisse vor Fredericia	353
Wiederaufnahme der Feindseligkeiten auf dem Sundewitt	355
Kleinere Unternehmungen im westlichen Jütland	357
Fortgang der Belagerungsarbeiten vor Fredericia	358
Die politischen Verhältnisse in Deutschland und Unterhandlungen auf dem Jütischen Kriegsschauplatze	360
Weitere Besetzung Jütlands	362
Weitere Ereignisse vor Fredericia	364
Dänische Truppenverschiebungen zum Entsatze von Fredericia	367
Die Schlacht bei Fredericia am 6. Juli	373
Vom 7. Juli bis zum Friedensschluß	383

Anlage 1:	Uebersicht der Preußischen mobilen Division	389
„ 2:	Ordre de bataille der mobilen Division des X. Deutschen Bundes-Armeekorps	390
„ 3:	Uebersicht der Schleswig-Holsteinschen Armee	391
„ 4:	Marschordnung der Preußischen und Holsteinschen Truppen	392
„ 5:	Ordre de bataille der Dänischen Armee	393
„ 6:	Ordre de bataille der Deutschen in der Stellung von Bau und Crusau vom 12. Juni 1848 ab disponibel zu machenden Truppen	394
„ 7:	Nachweisung der zum Vormarsch gegen Haderoleben bestimmten Truppen	395
„ 8:	Ordre de bataille zum Feldzuge 1849	396
„ 9:	Verluste in dem Scharmützel auf dem Sundewitt am 13. April 1849	408
„ 10:	Verluste in dem Gefechte bei Kolding-Eistrup am 23. April 1849	410
„ 11:	Verluste in dem Gefecht bei Gudsö am 7. Mai 1849	412
„ 12:	Ordre de bataille der 3. Preußischen Division für den 7. Mai 1849	413
„ 13:	Verluste in dem Gefecht bei Alminde am 7. Mai 1849	414

Inhalts-Verzeichniß.

		Seite
Anlage 14:	Ordre de bataille der 3. Preußischen Division für den 8. Mai 1849	415
" 15:	Verluste in dem Gefechte von Veile am 8. Mai 1849	416
" 16:	Ordre de bataille der 3. Preußischen Division für den 13. Mai 1849	417
" 17:	Desgl. für den 19. Mai 1849	418
" 18:	" " " 23. " 1849	419
" 19:	" " " 24. " 1849	420
" 20:	" " " 31. " 1849	421
" 21:	Rekapitulation der Verluste der 3. Preußischen Division während des Feldzuges 1849	422
" 22:	Friedenspräliminarien und Waffenstillstandskonvention am 10. Juli 1849	423

Ueberfichtskarte zur Geschichte des Krieges gegen Dänemark 1848/49.
Plan 1: Schlacht bei Schleswig am 23. April 1848.
" 2: Gefecht bei Düppel und Nübel-Mühle am 28. März 1848.
" 3: Treffen bei Nübel und Düppel am 5. Juni 1848.
" 4: Gefecht bei Kolding-Eistrup am 23. April 1849.
" 5: Batterien und Verschanzungen auf dem Düppel-Berge, von April bis Juli 1849 erbaut.
" 6: Schlacht bei Fredericia am 6. Juli 1849.
Textskizze zu Seite 29: Gefecht bei Bau am 9. April 1848.
" " " 61: Gefecht bei Altenhof am 21. April 1848.
" " " 107: Gefecht bei Oversee und Bilschau am 24. April 1848.
" " " 209: Gelände bei Hadersleben.

Erstes Buch.

Vom Beginn des Feldzuges bis zum 26. April 1848.

Einleitung.

Der Feldzug 1848/49 ist durch den Glanz späterer Ereignisse in Schatten gestellt, fast vergessen worden.

Zum ersten Mal nach 33 Friedensjahren wurde Preußens Heer zum Kampf aufgerufen, aber nur einem kleinen Theil desselben war es vergönnt, seine Fahnen gegen den äußeren Feind zu entfalten. Diesem zur Seite fochten Truppen aus den meisten Gauen Deutschlands, auch solche, die noch 1813 Gegner gewesen waren.

Nur auf den Landkrieg innerhalb eines eng begrenzten Schauplatzes beschränkt, fehlt dem Kampf gegen den Seestaat Dänemark der dramatische Effekt der gesteigerten Verwicklung — vor Allem der glücklichen Lösung.

Wenn nach dem treffenden Ausspruch des Generals v. Clausewitz der Krieg nur die Fortsetzung der Politik mit anderen Mitteln ist, so übten gerade hier nicht nur die Einwirkungen der auswärtigen Kabinette, sondern auch die heimischen Gegensätze, welche eben in jener Zeit auf sozialem Gebiet nach staatlicher Gestaltung rangen, ihren lähmenden Einfluß. Der Ausgang des Feldzuges bildet ein bleibendes Denkmal der Ohnmacht Deutschlands, so lange in seinem Innern die Interessen zweier Großmächte sich kreuzten.

Dennoch ist dieser Kampf nicht ohne wichtige Folgen geblieben. Er bildet das erste Glied einer Kette, welche bis zu den Frieden von Nicolsburg und Versailles hinaufreicht, und als, anfangs wenigstens, dem frischen militärischen Geist freier Spielraum gelassen war, fehlte auch nicht der Sieg, welcher das Bewußtsein des Heeres und der Nation hob.

Politische Vorgeschichte.

Das Herzogthum Schleswig steht in doppelter Verbindung, einerseits mit der Krone Dänemark, andererseits mit dem zum Deutschen Reich gehörigen Holstein.

Es ist, soweit geschichtliche Kunde zurückreicht, ein vom Königreich Dänemark gesondertes Herzogthum gewesen, mit welchem die jüngeren Söhne der Könige auf Lebenszeit belehnt wurden. Seit 1231 wurde es erblich im Stamme Herzog Abels, des späteren Königs von Dänemark. Lange kämpften die Dänen gegen diese Erblichkeit an, aber die Schleswigschen Herzoge fanden allezeit Unterstützung bei den Holsteinschen Grafen aus dem thatkräftigen Geschlecht der Schauenburger. Nach dem Aussterben des Abelschen Stammes regierten dann diese Grafen auch in Schleswig. Endgültig wurde Graf Adolph VIII. von Holstein durch König Christoph von Dänemark 1440 auf dem Schloß in Kolding „nach Rath und mit Zustimmung des Reiches Dänemark bevollmächtigter Räthe mit dem Herzogthum Schleswig als einem rechten Erblehn" belehnt.

Mit dem kinderlosen Adolph VIII. erlosch aber auch das Schauenburgsche Haus, welches in Holstein über dreihundert Jahre geherrscht hatte. Sein Schwestersohn, Graf Christian von Oldenburg, war seit dem Tode Christophs in Dänemark zum Könige erwählt worden, die Stände riefen diesen nun gleichfalls zum Herzog von Schleswig und Grafen von Holstein aus, wogegen er mit dem Dänischen Reichsrath sich eidlich verpflichtete, Schleswig nie von Holstein zu trennen. Außerdem behielten die Stände das Recht, unter seinen Kindern und Erben ihren Landesherren zu wählen.

Dies Wahlrecht aber wurde in den Herzogthümern 1616 abgeschafft, und seitdem war dort die Erbfolge im Mannesstamm fest geregelt unter den Fürsten des Oldenburgschen Hauses. Dänemark hingegen blieb noch Wahlreich, und wenn auch jetzt noch, wie schon früher, dieselben Fürsten auf dem Dänischen Thron saßen, welche in den Herzogthümern regierten, so geschah es, weil die Dänischen Stände den nächsten Erben der Herzogthümer zum König erwählten. Nur durch die Personal-Union war die Verbindung mit dem Königreich aufrecht zu erhalten.

Im Frieden zu Roeskilde wurde 1658 die Lehnsqualität Schleswigs vollends aufgehoben, und dasselbe als souveränes Herzogthum anerkannt.

Die Revolution in Kopenhagen 1660 hob bekanntlich das Wahlreich in Dänemark auf und machte die Dänische Krone erblich in der männlichen und weiblichen Nachkommenschaft König Friedrichs III. Es trat nunmehr für Schleswig-Holstein ganz dasselbe Verhältniß ein wie später für Hannover, als dessen Fürstenhaus auf dem Throne von England saß. Auch England hatte eine andere Erbfolge-Ordnung als Hannover; als danach jenes auf den Weiberstamm überging, blieb dieses beim Mannesstamm. Beide Länder wurden getrennt.

Zu Schleswig-Holstein sind nur die männlichen Nachkommen Christians I. zur Erbfolge berechtigt, in Dänemark dagegen erbt die männliche und weibliche Linie, aber nur, sofern sie von Friedrich III. abstammt. Stirbt der Mannesstamm dieses einen Zweiges des Schleswig-Holstein-Oldenburgschen Geschlechtes aus, so geht der Dänische Thron an den Weiberstamm jenes Zweiges über; die Herzogthümer verbleiben beim Mannesstamm des Gesammthauses.

Dänemark hat also überhaupt auf Schleswig gar keine Rechte, sondern nur ein Mann in Dänemark, zur Zeit König Friedrich VII., und zwar nicht als König von Dänemark, sondern als Nachkomme Christians I. und weil er als solcher souveräner Herzog von Schleswig ist. Sein Nachfolger aus weiblicher Berechtigung hat ebenso wenig einen Anspruch auf Schleswig wie der männliche Nachfolger des Oldenburgschen Hauses aus einer jüngeren Linie als die König Friedrichs III., welcher Erbe in Schleswig ist, einen Anspruch auf Dänemark hat.

Die staatsrechtliche Schöpfung der Kopenhagener Revolution von 1660 trug eine Gefahr für die Zukunft in sich. Noch zwei Jahrhunderte verflossen, ehe ihre Konsequenzen die gegenwärtige Bedeutung erhielten, und die Kopenhagener Revolution von 1848 sollte sie abwenden.

Schon König Christian VIII. erkannte die Wahrscheinlichkeit des Aussterbens des zur Herrschaft in Schleswig-Holstein berechtigten Mannesstammes der älteren Linie. Der rechte Weg, um die Lostrennung der Herzogthümer vom Königreich zu verhindern, wäre gewesen, auf die Erbfolge-Ordnung von

1*

1660 zurückzugehen und sie in Uebereinstimmung mit der in den Herzogthümern geltenden zu bringen, was durch Verhandlung mit den Provinzialständen erreicht werden konnte. Wieweit persönliche Abneigungen des Königs ihn von diesem Schritt abhielten, mag dahin gestellt bleiben, soviel aber ist gewiß, daß man auch dabei auf die größten Verwicklungen gestoßen wäre. Ein vollberechtigter Erbe für die Gesammtheit der Herzogthümer war überhaupt nicht vorhanden, sondern nur berechtigte Ansprüche für einzelne Theile der Länder, welche ihrerseits das Recht hatten, ungetheilt zu bleiben, während die Ansichten über die Berechtigung der möglichen Prätendenten weit auseinander gingen. Deutsche Publizisten wie Falk, Dahlmann und Samwer, Dänische wie Paulsen gaben diesen divergenten Meinungen Ausdruck.

Nachdem auch die zweite Ehe des Kronprinzen ebenso wie die des Prinzen Ferdinand kinderlos geblieben war, hatte König Christian VIII. den Sohn seiner Schwester, der Landgräfin Charlotte von Hessen, mit einer russischen Großfürstin verheirathet, um den Petersburger Hof den Erbansprüchen dieses Prinzen geneigt zu machen. Verhandlungen mit Louis Philipp führten um so eher zum Ziel, als dieser König es mit der Genauigkeit der Erbfolge allzustreng zu nehmen nicht eben Ursache hatte.

Der Plan, in den Herzogthümern die gleiche Erbfolge wie im Königreich einzuführen, hatte bei der Dänischen Nation keinen Widerspruch zu besorgen. Durch den Verlust von Norwegen war der Staat schon fast bis zur Unbedeutendheit herabgesunken, jetzt drohte noch der Abfall von zwei Fünfteln seines Areals.

So war die Lage, als der König 1846 mit seinem offenen Brief hervortrat, in welchem er als seine Ansicht erklärte, daß mit Ausnahme einiger Distrikte die Herzogthümer in gleicher Succession mit der Krone gehen.

Bei vielseitigem Verstande, großer Arbeitskraft und liebenswürdigen Eigenschaften fehlte es Christian VIII. durchaus an Geradheit und Energie des Charakters. Auch bei dieser Erklärung behielt er sich einen Rücktritt offen. In dem bloßen Aussprechen einer Ansicht lag noch für Niemand eine wirkliche Rechtskränkung. Aber es war immerhin die Ansicht des Monarchen, und sie erregte in den Herzogthümern das lebhafteste Mißtrauen. Dort waren Anhänglichkeit an den Herrscher und Gehorsam gegen das Gesetz die Grundzüge des Volkscharakters. Nirgends war dort eine Neigung vorhanden, sich von Dänemark loszureißen. Man hatte sich Jahrhunderte hindurch wohl befunden unter dem Dänischen Scepter, das Land war im fortschreitenden Aufblühen, reich, ruhig und zufrieden. Erst die Dänische Presse hatte das

Volk aus seiner Sorglosigkeit erweckt und den Argwohn hervorgerufen, daß seine Nationalität und seine innere Verfassung in Frage gestellt werden könnten. Jetzt trat der eigene Landesherr mit einer Erklärung hervor, die beides zu gefährden schien. In dieser Bedrängniß schlug man den gesetzlichen Weg ein, den Protest durch die Landesversammlung.

Der Herzog von Augustenburg legte Verwahrung beim Bundestage ein.

Noch in seiner Erklärung 1842 an die Stände und 1846 an die Bundesversammlung hatte Christian VIII. die unlösliche Verbindung zwischen Holstein und Schleswig ausdrücklich anerkannt. Jedermann hielt sich überzeugt, daß er nicht den Muth haben werde, die Sache weiter zu führen. Allein am 20. Januar 1848 starb dieser Fürst.

Die Persönlichkeit des neuen Regenten war derart, daß seine Umgebung einen entscheidenden Einfluß gewinnen mußte. Sie übernahm die Führung der Angelegenheit für ihn und zwar im Sinne der damals ganz Europa bewegenden demokratischen Richtung.

In Frankreich triumphirte die Revolution: der Thron Louis Philipps war umgestürzt, die Republik proklamirt. Die Erschütterung pflanzte sich durch Deutschland fort. Auch in Holstein versuchte die Demokratie ihr Spiel. Im sogenannten Bürgerverein zu Kiel fand Olshausen sein Publikum; aber konstitutionelle Freiheit, Volksrechte und all der übrige Flitter jener Zeit waren es nicht, worum es sich in den Herzogthümern handelte, auch fand sich nirgends ein undankbarerer Boden für diese Aussaat als in dem gottesfürchtigen, gesetzlichen Sinn des Holsteinschen Landvolks. Dem neuen König wurde unweigerlich gehuldigt.

Anders lagen die Verhältnisse in Dänemark, wo der vollständigste Despotismus seit zwei Jahrhunderten gesetzlich organisirt war. Begreiflicher war dort der Drang nach Theilnahme an der Verwaltung, nach neuer Gestaltung aller staatlichen Verhältnisse. In der Volksversammlung im Kasino zu Kopenhagen hörte man den heftigsten Rednern zu.

Gedrängt durch die allgemeine Stimmung erließ der König am 28. Januar, acht Tage schon nach seiner Thronbesteigung, ein Reskript, nach welchem er „aus seiner Machtvollkommenheit" eine „Verfassung" zu geben beabsichtigte, „welche die Rechte der Krone wie sämmtlicher Unterthanen sichern werde". Freilich wurde ausdrücklich gesagt, daß in der zwischen Schleswig und Holstein bestehenden Verbindung nichts geändert werden solle, allein dort steigerte sich das einmal erweckte Mißtrauen. Unter dem absoluten König hatte der gesetzliche Despotismus im Königreich neben der landständischen Verfassung in den

Herzogthümern fortbestehen können. Ein solcher Fürst konnte keine Veranlassung haben, die eine Nationalität zum Vortheil der anderen zu unterdrücken. Offenbar aber durften sich die Deutschen Lande nicht der Willkür eines Dänischen Parlaments unterwerfen.

Als nun zur Vorberathung der neuen Verfassung der König theils aus den Ständen theils nach eigener Wahl eine Versammlung berief, in welcher das Dänische Element entschieden überwiegen mußte, da erhob sich die Frage, ob man überhaupt für diese Versammlung wählen oder durch Ablehnung der Wahl das ganze Verfahren gleich anfangs als ungesetzlich bezeichnen solle. Man schlug den gemäßigteren Weg ein, zu wählen und zu protestiren, aber im Kasino zu Kopenhagen bezeichnete man um die Deutschen als rebellische Unterthanen.*)

Schon Anfang März waren auf Beschluß des Staatsraths in Kopenhagen die Beurlaubten auf Seeland, Fünen und in Jütland zu den Fahnen berufen worden; im März standen auf Seeland 6000, in Jütland 10 000 Mann, während bei den Regimentern in Schleswig und Holstein, die ihren Ersatz von dort erhielten, alle Mannschaft bis auf ein Minimum beurlaubt werden sollte.

Es wurden die Arsenale geleert, die Schiffe ausgerüstet, und da kein äußerer Feind drohte, konnte diese Machtentfaltung der Dänischen Regierung nur den Herzogthümern gelten.

18. März   Unter solchen Umständen betrieb man eine Volksversammlung in Rendsburg. Sie wurde von den Besonneneren soweit verhindert, daß nur die Abgeordneten zusammentraten. Diese beschlossen, eine Deputation an den König zu entsenden, welche um sofortige Einberufung der Schleswig-Holsteinschen Stände und Vorlage einer Verfassung für die Herzogthümer bitten sollte.

Freilich aber wußte auch die demokratische Partei Olshausen Forderungen geltend zu machen und setzte es durch, daß außer dem Schutz der Rechte des

---

*) Bemerkung des Generallieutenants v. Moltke: Welche Ansichten über die Rechte der Herzogthümer in jener Zeit selbst unter der Bewegungspartei herrschend waren, das spricht sich in der von Falk und Dahlmann bevorworteten Ausgabe der historischen Landesrechte der Herzogthümer aus (Hamburg 1847), in deren Einleitung die folgenden Hauptpunkte der Landesrechte zusammengestellt werden:
1. Die ewige ungetheilte Vereinigung von Schleswig und Holstein;
2. daß keine Steuern auferlegt werden ohne Einsicht und Bewilligung der Stände;
3. daß über des Landes Wohl und innere Verwaltung mit dessen Vertretern verhandelt werde;
4. daß beider Länder Beamte aus beiden Ländern genommen werden;
5. daß die Münze der in Hamburg und Lübeck gleich sein soll.

Die Grundgedanken sind Unabhängigkeit von Dänemark und Erhaltung der innigen Verbindung beider Länder.

Landes Preßfreiheit, Volksbewaffnung, Aufnahme Schleswigs in den Deutschen Bund und dergleichen verlangt wurde.

Schon vor dem Eintreffen der Deputation erklärte Orla Lehmann in der Kasino-Versammlung zu Kopenhagen das Vaterland in Gefahr; es seien der König regierungsunfähig, die Minister Verräther. *20. März.*

Am folgenden Tage zogen die Führer der Partei, begleitet von Tausenden, vor das Schloß und überreichten eine Adresse, welche die Warnung enthielt, „das Volk nicht zur Selbsthülfe zu zwingen". *21. März.*

Die Befreiung der Deutschen Landsleute in den Elbherzogthümern vom Dänischen Drucke war seit lange der Lieblingswunsch der Deutschen Nation gewesen. Preußen durfte hoffen, eine durchaus volksthümliche Sache zu vertreten, indem es die Waffen zur Geltendmachung historischer Rechte ergriff. Der Verwickelung, in welche man dabei mit allen übrigen Kabinetten gerieth, konnte begegnet werden, wenn die Deutschen nur einmüthig vertraten, was sie so lange und so eifrig begehrt. Wir werden freilich sehen, wie wenig dies geschah.

König Friedrich Wilhelm IV. erklärte dem in Berlin anwesenden Herzog von Augustenburg, daß er bereit sei, die Selbstständigkeit der Herzogthümer, ihre unauflösliche Verbindung untereinander und die eventuelle Erbfolge des Mannesstammes zu schützen. Aber die Umsturzpartei konnte nicht wünschen, die Preußische Regierung durch einen glücklichen Feldzug wieder gestärkt zu sehen; die Befreiung der Herzogthümer sollte nicht das Werk der gesetzlichen Macht, sondern das des Volkes sein. Wider Willen sah sich die Regierung bei diesem Kriege einigermaßen im Bündniß mit der Revolution, welche sie noch im eigenen Hause bekämpfte, und die ungerufen herbeieilenden Freischaaren drückten der Sache einen unwillkommenen Stempel auf.

Dazu kam, daß in Schleswig-Holstein die Landbevölkerung die gesetzliche Ordnung noch bewahrt und sich zunächst noch nicht, wie ein Theil der Armee, gegen den bisherigen Landesherrn erklärt hatte.

Auf die Schwierigkeiten im Innern wurden so die eines Krieges nach außen gehäuft.

Am nächsten Tage entließ der König von Dänemark sein konservatives Ministerium und ernannte die Ueberbringer der Adresse, Orla Lehmann, Tscherning und Monrad, zu Ministern. *22. März.*

Auch in Holstein waren bei wachsender Aufregung Unordnungen vorgefallen. Die Einschiffung der für die Flotte bestimmten Matrosen wurde in Kiel gehindert, einzelne Soldaten des dortigen Jäger-Bataillons rissen die Dänische Kokarde ab und zwangen ihren wackeren Kommandeur, den Oberst

Hoegh, sich zurückzuziehen. Die im Rathhause unter Olshausens Leitung tagende Volksversammlung schien weiteren Schritten in derselben Richtung nur allzu geneigt.

23. März In der Nacht vom 23. zum 24. März schritt man in Kiel zur Bildung einer provisorischen Regierung für Schleswig-Holstein, an deren Spitze der Bruder des Herzogs von Augustenburg, der Prinz Friedrich von Noer, berufen wurde. An die Stelle der Bundeshülfe war so die Selbsthülfe getreten, und auch die bedeutenderen Mitglieder der provisorischen Regierung, Graf Reventlow und Beseler, Männer von konservativer Gesinnung, konnten, nachdem der entscheidende Schritt gethan, unmöglich auf der geneigten Ebene revolutionärer That stehen bleiben, sondern mußten jetzt auf dem eingeschlagenen Wege mit Entschiedenheit vorgehen. Vor Allem war es wichtig, sich der Festung Rendsburg und der Mittel, die sie umschloß, zu versichern, um einen Stützpunkt für die Bildung eines Heeres zu gewinnen.

Der Prinz von Noer hatte gleich nach dem Erscheinen des offenen Briefes seine Stelle als Statthalter und kommandirender General in den Herzogthümern niedergelegt, doch hatten noch fast alle Offiziere und Soldaten unter ihm gedient. Sein Auftreten mußte daher um so mehr bestimmend wirken, als er bei vielem Verstande und entschiedenem Charakter eine auch äußerlich imponirende Persönlichkeit war. Nicht im Interesse der Deutschen Nationalität oder der liberalen Tagesforderungen, sondern allein zum Schutze der Rechte der Herzogthümer war er der provisorischen Regierung beigetreten. Als Vetter und Schwager des Königs, als jüngerer Bruder des Herzogs von Augustenburg und als Grundbesitzer in Holstein mußte seine Stellung zur Erhebung der Herzogthümer von großem Einfluß auch auf die Bevölkerung sein. Der Entschluß des Prinzen, sich sofort Rendsburgs zu bemächtigen, war entscheidend für das Fortbestehen der provisorischen Regierung und für den nächsten Verlauf der Bewegung.

24. März Schon am folgenden Morgen früh 6 Uhr fuhr der Prinz, von Beseler begleitet, mit 250 Mann des 5. Jäger-Bataillons, das sich zuerst mit einer Escadron des 2. Dragoner-Regiments der Erhebung angeschlossen hatte, und mit etwa ebenso viel bewaffneten Bürgern und Studenten aus Kiel über Neumünster, wo sich einige Landleute anschlossen, auf der Eisenbahn nach Rendsburg. Dorthin hatte bereits der in den Herzogthümern kommandirende General sein Hauptquartier verlegt.

Die Garnison des Platzes bestand aus dem 14., 15. und 16. Infanterie-

Bataillon, den Mannschaften des 2. Artillerie-Regiments und einer Abtheilung des Ingenieur-Korps.

Trotz der herrschenden Spannung hatte General v. Lützow sich keine Nachricht darüber verschafft, was in Kiel vorgegangen war. Er wurde vollständig überrascht. Die kleine Schaar des Prinzen fuhr unmittelbar in die Festung hinein. Ohne das geringste Hinderniß zu finden, wurde die Hauptwache durch zwei Kompagnien umstellt, die Garnison durch Generalmarsch auf dem Platze vor der Wache versammelt. Angesichts der Truppen besprach sich General v. Lützow längere Zeit mit den Offizieren, und als man dabei zu keinem Resultat kam, redete der Prinz die Mannschaft an. Er theilte ihnen in wenigen Worten die Sachlage mit und schloß mit der Aufforderung: „Wer nach Norden ziehen wolle, der möge vortreten." Es rührte sich Niemand. Die Deutsch geborenen Offiziere traten zu den Holsteinschen Truppen, den Dänischen wurde freigestellt, sich zu entfernen. Um 10 Uhr war die Festung mit 1500 Mann Besatzung, 13 000 Gewehren, dem Material der Feld- und Festungs-Artillerie und der Landeskasse von 2½ Millionen Thalern in den Händen der provisorischen Regierung, welche sogleich ihren Sitz dorthin verlegte und sich dadurch einigermaßen den demokratischen Einwirkungen entzog, denen sie in Kiel ausgesetzt gewesen war. Noch im Laufe des Tages wurde der Platz soweit armirt, daß er gegen den gewaltsamen Angriff als gesichert betrachtet werden durfte.

Die Schleswig-Holsteinschen Offiziere forderten und erhielten die bestimmte Zusicherung, daß es sich nicht um eine Absetzung des Landesherrn, noch um eine Trennung der Herzogthümer von Dänemark handele.

Das in Glückstadt garnisonirende 17. Bataillon schickte eine Deputation, um sich zu erkundigen, und erklärte sich demnächst für die Erhebung; das 2. Dragoner-Regiment in Itzehoe schloß sich nach dem Rücktritt der Dänischen Offiziere der provisorischen Regierung an; das 1. Dragoner-Regiment aus Schleswig zog unter Führung eines Rittmeisters Abends in Rendsburg ein. Das 4. Jäger-Bataillon hatte dessen Kommandeur von seiner Garnison Schleswig nach Flensburg geführt; kaum angelangt marschirte die Mannschaft mit sämmtlichen Unteroffizieren unter Leitung eines Deutschen Offiziers wieder nach Schleswig zurück. Fast ausnahmslos schlossen sich nach dem Beispiel ihres früheren kommandirenden Generals alle Truppen und Offiziere Deutscher Nationalität der Erhebung an.

25. März.

Die Dänische Armee bei Ausbruch des Kampfes.

Die Dienstpflicht lastete in Dänemark wesentlich nur auf den Bewohnern des platten Landes, und da Stellvertretung gestattet war, so trat fast nur der ärmste und ungebildetste Theil der Nation unter die Waffen. Bei achtjähriger Dienstdauer sollte die Infanterie und Kavallerie vier, die Artillerie sechs Jahre in der Linie, den Rest in der Reserve dienen. Die Mannschaft der Garde war nach sechsjähriger Dienstzeit bei der Fahne und zweijähriger in der Reserve frei, während die Linie nach dem Austritt aus der Reserve noch acht Jahre in der „Fastmandsklasse der Verstärkung" und dann bis zum 45. Jahre in der „Reserveklasse der Verstärkung" blieb. Die Präsenzzeit bei der Fahne beschränkte sich indessen für die Infanterie auf nur 1¼ Jahre. Die Infanterie-Bataillone hatten glatte, die Jäger gezogene Gewehre.

Die Kavallerie-Regimenter besaßen 315 Stamm- und 288 Distriktspferde, welche letzteren auch zu den Uebungen eingezogen wurden. Durch Einberufung der Mannschaft des fünften und sechsten Jahrganges wurde das Regiment komplet.

Jedes Artillerie-Regiment hatte vier fahrende Batterien (eine zwölf- und drei sechspfündige), sodann das Material für noch vier Batterien; die vier ersteren besaßen nur 34 Stammpferde und wurden mit Distriktspferden wie die Kavallerie ergänzt.

Die Dänische Landmacht bestand nach ihrer damaligen Organisation überhaupt aus:

1 Garde-Bataillon, 5 Jäger-Korps und 17 Infanterie-Bataillonen . . . . = 23 Bataillone;
der Garde zu Pferde à 1 Eskadron, 1 Garde-Husaren-Division à 2 Eskadrons und 6 Dragoner-Regimentern à 4 Eskadrons . . . . = 27 Eskadrons;
2 Artillerie-Regimentern à 8 Batterien . . . = 16 Batterien;
1 Pontonnier-Kompagnie nebst einer Brücken Equipage.

Bei der Infanterie bestand kein Regimentsverband, 4 bis 7 Bataillone bildeten eine der vier vorhandenen Infanterie-Brigaden. Die Kavallerie war zu 2 bezw. 3 Regimentern in Brigaden vereinigt. Größere Abtheilungen aus allen Waffen mußten im Bedarfsfall durch Zusammenstellung von Infanterie, Kavallerie und durch Detachirung von Artillerie erst gebildet werden, so auch das matrikularmäßige Bundes-Kontingent für Holstein, dessen 4 Bataillone, 4 Eskadrons, 1 Batterie nicht für sich abgesondert formirt waren, sondern einen integrirenden Theil der Dänischen Armee bildeten, mit Dänischen Offizieren und Dänischem Kommando. Die Ausrüstung lag in Rendsburg.

Das Land war in drei Generalkommandos getheilt; unter dem Generalkommando auf Seeland zu Kopenhagen standen:

1. und 2. Infanterie-Brigade, 1. Kavallerie-Brigade und 1. Artillerie-Regiment;

zum Generalkommando auf Fünen in Odense gehörten:

3. Infanterie-Brigade, 2. Kavallerie-Brigade und etwas Artillerie, doch garnisonirten diese Truppen meist in Jütland;

zum Generalkommando in den Herzogthümern in Schleswig:

4. Infanterie-Brigade, 3. Kavallerie-Brigade, 2. Artillerie-Regiment, welche nunmehr in der Ordre de bataille der Dänischen Armee ausfielen.

Diese bestand sonach nur noch aus:

17 Bataillonen, 19 Eskadrons und 8 Batterien.

Die bewaffnete Macht in den Herzogthümern.

Zur Verfügung der provisorischen Regierung stand, wie wir gesehen haben, gleich anfangs fast ein Viertel der Kadres der Dänischen Armee, nämlich

das 14., 15., 16., 17. Infanterie-Bataillon,
- 4. und 5. Jäger-Korps,
- 1. und 2. Dragoner-Regiment,
- 2. Artillerie-Regiment.

Bei der von Kopenhagen aus schon früher angeordneten starken Beurlaubung betrug die Präsenzstärke dieser sämmtlichen Abtheilungen kaum mehr als 2000 Mann.

Aus diesen und 65 im Lande verbliebenen Offizieren galt es nun in kürzester Frist eine widerstandsfähige Macht zu bilden.

Es waren auch sogleich alle Beurlaubten und die Reserven bis einschl. der sechsten Altersklasse zu den Fahnen einberufen worden, aber die Aufgabe des Prinzen Friedrich blieb eine ungemein schwer zu lösende.

Leute strömten genug herzu, die ihre Dienste anboten, mehr als man bewaffnen und bekleiden konnte. Für letzteren Zweck waren natürlich nur Dänische Uniformen vorhanden; man half sich mit einer weißen Binde als Unterscheidungszeichen, bis später der blaue Waffenrock eingeführt werden konnte.

Für die Artillerie waren nur 80 Pferde vorhanden, sie reichten kaum zum Dienst in der Festung aus. Auch der Kavallerie fehlten viele Pferde: die Landschaft Eiderstedt stellte unaufgefordert 100, die beiden Ditmarschen jedes ebenso viel, 400 bis 500 wurden in der Umgegend angekauft. Gänzlich mangelte es an allen Administrations-Behörden, an Verpflegungspersonal, an Feldlazarethen und vor Allem an drei Vierteln der erforderlichen Offiziere.

Von großer Wichtigkeit war daher, daß der König von Preußen, dessen Beistand man angerufen hatte, vorerst 25 Offiziere schickte, deren wirksame und erfolgreiche Thätigkeit der Prinz Friedrich vollkommen anerkannt hat.

Noch anderen Preußischen Offizieren wurde es gestattet, freiwillig in das Holsteinsche Heer einzutreten; sie übernahmen meist Kompagnien.

Jetzt wurde auch noch die sieben- und achtjährige Mannschaft einberufen. Aus dieser wurden zwei neue Bataillone errichtet, das 5. unter dem Preußischen Hauptmann v. Zastrow, das 6. unter Major v. Hedemann.

Um auch die wohlhabenderen und gebildeten Klassen heranzuziehen, schritt man zur Formation von Freikorps. Diese bestanden durchweg aus Landeskindern und fast nur aus sehr guten Elementen.

Der Prinz formirte drei solcher Korps, jedes 500 bis 600 Mann stark, welche, besoldet und bewaffnet wie alle übrigen Soldaten, unter den Militär-Gesetzen standen.

Das erste führte ein vormaliger Artillerie-Offizier v. Krogh; 150 Forstleute und Jagdbedienten, alles geübte Schützen, unter dem Forstrath Braklow, bildeten die 1. Kompagnie dieses Korps.

Das 2. Freikorps war durch Graf Rantzau geführt; seine Elite-Kompagnie bestand aus den Söhnen des Adels, der Beamten und aus studirten Leuten.

Das 3. Freikorps, unter Hauptmann v. Wasmer, zählte meist unerfahrene Leute.

Die Kieler Studenten, dem Lauenburgischen Jäger-Bataillon einverleibt, wurden der Führung des Hauptmanns Michelsen anvertraut, da dieser eine Art Autorität für sie lange gewesen war.

Vier Söhne des Grafen Rantzau befanden sich darunter, wie denn dies Geschlecht zu allen Zeiten die Rechte der Herzogthümer muthig vertheidigt hat. Indeß fanden die persönlichen Leistungen eigentlich nur bei den Städten Anklang; der in diesem Lande wichtigste Stand, der Bauernstand, betheiligte sich nur durch bereitwilliges Hergeben von Geld und Lebensmitteln. Daß der Däne es wagen werde, in sein Besitzthum zu dringen, ihm fremde Sprache, fremde Sitte und fremdes Geld aufzunöthigen, glaubte er damals noch nicht.

Politische Erwägungen lagen ihm fern, und sich selbst zum Waffendienst zu stellen, für welchen bisher nur seine Knechte bestimmt waren, fiel ihm gar nicht ein. Erst nachdem die Sache verloren, wurde es unter den hohen Strohdächern klar, um was es sich gehandelt hatte.

Die aus Lauenburg gebürtige Mannschaft vollends glaubte mit der ganzen Angelegenheit nichts zu thun zu haben und bat um Entlassung in die Heimath in eben dem Augenblick, wo der Kampf beginnen sollte. Die Armee verlor an diesen 250 friedlich Gesinnten wohl nicht viel, aber die von der provisorischen Regierung genehmigte Forderung machte einen ungünstigen Eindruck.

Die Mannschaft der Freikorps wurde später der Linientruppe eingereiht, zum Theil aber ebenfalls in die Heimath entlassen.

Ganz anderer Natur waren die Freischaaren.

Es wäre sehr unbillig, die Männer, welche die Leitung übernommen hatten, dafür zu tadeln, daß sie sich der Einwirkung des allgemeinen Zuges jener Zeitperiode nicht gänzlich zu entziehen vermochten.

Die Demokratie hatte sich auch dieser Bewegung zu bemächtigen gewußt. Sie stritt nicht für nationale Rechte, sondern für politische Theorien, aber sie verstand es überall, die urtheilslose Menge für sich zu gewinnen. Es gelang einigen ihrer Führer, sich Eintritt in die provisorische Regierung zu verschaffen. Manche der dadurch herbeigeführten Maßregeln betreffend die Volksversammlungen, die Jagdfreiheit ꝛc. standen im Widerspruch mit der durchaus konservativen Richtung des Unternehmens und erregten Mißbilligung und Argwohn auch bei den auswärtigen Regierungen. Dahin gehörte vor Allem das Freischaaren-Unwesen.

Zwei Schleswig-Holsteiner, Esmarch und Claussen, die nach Frankfurt gereist waren, um sich am Vorparlament zu betheiligen, erließen aus eigener Machtvollkommenheit von Köln aus einen Aufruf an das Deutsche Volk, den Herzogthümern zu Hülfe zu eilen.

So bildeten sich die Freischaaren aus den verschiedensten Elementen ohne inneren Zusammenhang und zum Theil wenigstens aus solchen, denen der Sinn der Bevölkerung in den Herzogthümern, die Zwecke ihrer Erhebung ganz fremd waren, und die fernliegende Absichten in dieselbe hineintrugen.

Prinz Friedrich, der diese unerwünschte Hülfe erst aus den Zeitungen erfuhr, stationirte besondere Angestellte auf dem Bahnhofe zu Altona, um wenigstens alle Unbewaffneten wieder nach Hause zu schicken.

Eine andere sehr mißliche Maßregel war, daß die provisorische Regierung

in einem Augenblick, wo die politische Aufregung in ganz Europa die Bande
des Gehorsams und der Ordnung lockerte, sich veranlaßt sah, die Dänischen
Kriegsartikel außer Kraft treten zu lassen, ohne etwas Anderes an ihre Stelle
zu setzen. Die Vorgänge in Rendsburg, die hastige Einberufung und Einreihung
der Mannschaft, bei nicht geregelter Verpflegung und Unterbringung, waren der
Disziplin in hohem Grade gefährlich. Nur der gehorsame und gesetzliche
Sinn, welcher dieser Bevölkerung von Natur innewohnt, machte es möglich,
fast ohne Strafbestimmungen das Ganze beisammenzuhalten.

Da der Prinz die Organisation von Rendsburg aus leiten mußte, so
übernahm Oberst v. Krohn vorerst das Truppenkommando.

Noch waren bei Weitem nicht alle Urlauber eingetroffen, als er schon
zur Besetzung des Herzogthums Schleswig vorgeschoben wurde.

26. März. Mit Zuhülfenahme von Fuhrwerk rückten das 2. Jäger-Bataillon*) und
das Kieler Freikorps fünf Tage nach der Einnahme von Rendsburg in Flensburg ein.

Am 28. folgten das 1. und 2. Bataillon, das 1. Dragoner-Regiment
und zwei Geschütze.

Die in der Umgegend untergebrachte Streitmacht zählte vorerst nur
2700 Mann, 300 Pferde und 16 6pfündige Geschütze.

Zwei der neu errichteten Freikorps traten bald hinzu, und durch Einreihung der successive eintreffenden Augmentations-Mannschaft wurde die Stärke
innerhalb der ersten 14 Tage auf etwas über 5000 Mann gebracht.

Die Bundesversammlung hatte die provisorische Regierung ermuntert,
ihre Wirksamkeit fortzusetzen; die am 3. April vereinigten Provinzialstände
beider Herzogthümer bestätigten die bisherigen Mitglieder in ihrer Wirksamkeit. Versuche der Kieler Demokraten auf dem Wege der Ansprache an das
Volk wurden von den konservativen Landleuten beseitigt.

Dänische Rüstungen.

Auch auf Dänischer Seite war Vieles neu zu schaffen, aber man besaß
in der schon im Frieden bestehenden Organisation größere Mittel.

Wurden die vorhandenen Kadres auf die normale Kriegsstärke augmentirt,

---

*) Die Benennung der ursprünglich Dänischen Truppentheile (siehe S. 11) war dahin
abgeändert, daß das 11 Linien-Bataillon die Bezeichnung 1., das 15. die Bezeichnung
2. u. s. f. erhielten.

Das 4. und 5. Jäger-Korps wurden 1. und 2. Jäger-Bataillon umbenannt; sie wurden später zu je zwei Kompagnien formirt und erhielten dann die Bezeichnung Jäger-Divisionen.

so repräsentirten sie 24282 Mann. Durch Heranziehung auch der ältesten Reserveklassen wuchs diese Ziffer auf 30000. Griff man noch auf die bis zum 45. Lebensjahr wehrpflichtigen Leute zurück, um Verstärkungsbataillone aufzustellen, so ließen sich 50000 bis 60000 Mann zusammenbringen, aber für diese Neuformationen fehlte es an Kadres, an Offizieren und wohl auch an allen sonstigen Mitteln.

Nach Ausfall des Deutschen Theils der Armee läßt sich ihre Stärke auf kaum mehr als 20000 bis 25000 Mann berechnen.

Aber man hatte den großen Vortheil eines kompleten Offizier- und Unteroffizierkorps.

Die Offiziere waren sämmtlich beim Kadettenkorps zu Kopenhagen nach einem übereinstimmenden System erzogen. Die Generalstabsoffiziere, sowie die der Spezialwaffen hatten auf der dortigen Hochschule eine sehr sorgfältige und selbst gelehrte Bildung erhalten.

Die Dienstzeit des gemeinen Mannes, bei der Infanterie durchschnittlich 16, bei der Kavallerie 22, bei der Artillerie 24 Monate, war eine kurz bemessene Frist, zumal das System der Stellvertretung nur die ärmsten und ungebildetsten Klassen der Bevölkerung heranzog. Der Mann erschien daher zwar derb und kräftig, aber auch schwerfällig und ungeschickt, namentlich bei der Infanterie, die den Ersatz erhielt, nachdem Artillerie, Kavallerie und Jäger ausgesucht hatten. Bei den Letzteren traten außerdem diejenigen ein, welche im Forstdienst gestanden oder sonst Gelegenheit gehabt hatten, schon ein Gewehr zu führen. Sie zeichneten sich vor den Infanterie-Bataillonen vortheilhaft aus.

Obwohl die Kavallerie zur großen Hälfte auf rohen Bauernpferden saß, zeigte sie entschlossenes, flottes Reiten und mehr Branchbarkeit, als man vermuthen möchte. Die Mannschaft war groß, kräftig und wohlgebaut, die Pferde besaßen Ausdauer und eine besondere Gewandtheit in Ueberwindung der Hindernisse dieser Gegend, indem sie Gräben und Erdwälle nicht übersprangen, wohl aber durchkletterten. Die natürlichen Anlagen und Gewohnheiten des Landmannes in dieser pferdereichen Gegend kamen der Kavallerie zu statten, und bei der besonderen Oertlichkeit reichte sie mit dem, was sie konnte, sehr wohl aus. Im kleinen Krieg, im Vorposten- und Patrouillendienst, zeigte sie sich unterrichtet und wachsam. Eine Verwendung im Großen kam nicht vor, wo kaum eine Schwadron einen passenden Tummelplatz findet. Der plötzliche Uebergang der Distriktspferde in den anstrengenden Vorpostendienst ließ freilich die Kavallerie zu Anfang des Feldzuges sehr erschöpft erscheinen, auch gab es viele gedrückte Pferde.

Die Artillerie galt mit Recht als die Elite der Armee. Sie zeigte gute Benutzung des Terrains, Uebung im Schießen und Ausdauer im Feuer. Sie besaß außer tüchtigen Offizieren namentlich ein sehr ausgebildetes Unteroffizierkorps.

Die Ingenieure (Pioniertruppe) waren wenig zahlreich, aber äußerst nützlich in einem Terrain, wo jedes Ackerstück durch einen Erd- oder Steinwall, meist mit lebendigen Hecken, eingefriedigt ist, wo die Wege, mit Ausnahme weniger Chausseen, im Zickzack zwischen Feldern und Waldparzellen, Haide- und Torfmoorflächen hinziehen, so daß man fast immer im Defilee steckt und selten freie Umsicht hat. Hier Durchgänge zu bahnen, Brücken und Dämme zu bauen, Abschnitte zu korrigiren, giebt dem Pionier ein reiches Feld der Wirksamkeit.

Die Bewaffnung der Infanterie wurde im Laufe des Feldzuges durch Einführung des Thouveninschen Gewehrs verbessert. Die eisernen Geschütze der Artillerie hatten den Vortheil größerer Leichtigkeit vor den Preußischen voraus.

Bekleidung und Ausrüstung waren derb und brauchbar. Rothe Röcke, hellblaue Beinkleider waren sehr unschön und ließen jeden Mann auf weite Entfernung erkennen, bis Witterung und Biwaks die Lebhaftigkeit der Farben milderten. Die Offiziere fühlten die Nothwendigkeit, ihren Anzug dem der Mannschaft ähnlicher zu gestalten, nachdem bei dem ersten größeren Gefecht ein Viertel ihrer Gesammtzahl geblieben war.*)

In taktischer Beziehung wurden die Kompagniekolonnen, schon der Bodenbeschaffenheit nach, die vorherrschende Form.

Die Jäger rangirten in zwei Gliedern und traten fast immer in aus vier Halbzügen formirten Kompagniekolonnen auf. Die Kavallerie kam meist nur in Zügen, die Artillerie in Halbbatterien zur Verwendung.

Der revolutionäre Ursprung der neuen Regierung sprach sich bei den für die Armee zu treffenden Anordnungen, ganz besonders in Behandlung der personellen Fragen, aus.

Das Oberkommando der Armee wurde keinem der vorhandenen 20 aktiven Generale, sondern einem der jüngsten Bataillons-Kommandeure, dem Obersten v. Hedemann, übertragen, welcher deshalb zum Generalmajor befördert wurde.

---

*) Sie trugen bei Beginn des Feldzuges den blauen Ueberrock und legten erst nach der Schlacht von Schleswig den rothen Uniformrock an.

Da derselbe durchaus nicht Gelegenheit gehabt hatte, bis dahin seine Befähigung zur Heeresleitung darzuthun, so darf man wohl annehmen, daß es dem eben vom Hauptmann a. D. zum Oberst beförderten Kriegsminister Tscherning wesentlich darauf ankam, einen Mann an die Spitze der Armee zu bringen, auf dessen gefügiges Eingehen in seine politischen Absichten er rechnen durfte.

Ihm zur Seite wurde als Stabschef der Hauptmann Laessöe gestellt, seinerseits einer der jüngsten Offiziere des Generalstabes, aber ein Mann von anerkannter Befähigung und Energie. Er wurde „die Seele des Hauptquartiers" genannt.

Unter diesem Befehl traten an die Spitze der Brigaden lauter Bataillons-Kommandeure, meist ältere Offiziere als der Kommandirende, so bei der Infanterie der wegen seiner Umsicht, Besonnenheit und Tapferkeit hochgeachtete Brigadier Oberst v. Bülow, der im Hofdienst avancirte Oberst v. Krogh, welche beide im nächsten Jahr kommandirende Generale wurden, dann Oberst v. Schleppegrell, welcher mit Führung eines linken Flanken-Detachements nach Alsen betraut wurde, Oberst v. Meyer, Oberstlieutenants v. Magius und v. Rye. Der kürzlich erst beförderte Generalmajor v. Wedell-Wedellsborg und der Oberst v. Juel erhielten Kavallerie-Brigaden. Major de Meza kommandirte die Artillerie. Wir sehen hier dasselbe drastische Mittel angewendet, welches in der Französischen Revolution veraltete Offiziere beseitigt, frische Kräfte an die Spitze bringt, ohne sich um die bisher als berechtigt betrachteten Ansprüche viel zu bekümmern.

In Kopenhagen hatte man gleich anfangs sehr wohl eingesehen, wie dringend nöthig es gewesen wäre, schleunigst für die Sicherung von Rendsburg zu sorgen. Nachdem die dort stehenden Bataillone durch Beurlaubungen bereits auf das unumgänglich nöthigste Minimum reduzirt waren, galt es, deren aus Dänischer Nationalität dorthin zu schaffen. Eine Anzahl Transportfahrzeuge war bereits ausgerüstet. Indessen war schon in einer Staatsrathssitzung am 22. März der von dem abgetretenen Ministerium gefaßte Plan einer Diversion über Eckernförde nach Rendsburg aufgegeben, theils um nicht die Kadres aller in Kopenhagen garnisonirenden Abtheilungen in Unordnung zu bringen,*) theils um nicht in zu grellen Widerspruch mit den friedlichen Erklärungen zu treten, die an demselben Tage der in Kopenhagen eingetroffenen

---

*) Die Mannschaft der zur Expedition bestimmten zwei Bataillone sollte aus allen dortigen Bataillonen zusammengesetzt werden.

Holsteiner Deputation gegeben waren. Als nun vollends der Verlust von Rendsburg bekannt wurde, reichten solche Mittel nicht mehr aus, und man mußte sich zu umfassenderen Operationen entschließen.

Die in Jütland garnisonirenden Truppen und ein Theil der auf den Inseln stehenden wurden bei Kolding versammelt, der Rest zu einem Flanken= korps bestimmt und nach Alsen übergeführt. Ueber Apenrade und durch das Sundewitt sollten dann beide Abtheilungen sich vereinen.

Die Korvette „Najade", Kapitän=Lieutenant Dirking Holmfeld, war schon am 27. März im Alsen=Sund stationirt. Kapitän Steen Bille kreuzte mit dem „Geyser", dem „Hekla", der Brigg „St. Thomas" und mehreren Kanonen= booten an der Schleswigschen Küste und nahm am 31. März im Hafen von Apenrade das Dampfschiff „Christian VIII."*) Am 26. April übernahm Kommandeur Paluban das Kommando der Ostsee=Flottille an der Schleswig= schen Küste. Ende März, um dieselbe Zeit, als die schwachen Kadres der Holsteinschen Armee nach Flensburg vorrückten, hatten die Dänen ihnen gegenüber bereits 13 Bataillone, 15 Escadrons, 4 Batterien, in der Stärke von etwa 12 000 Mann, verfügbar gemacht.

Ein unmittelbarer Zusammenstoß drohte, und es ist nothwendig, jetzt einen Blick auf das Verhalten der nächstbetheiligten Deutschen Regierungen zu werfen.

Konzentration eines Preußischen Observations=Korps bei Havelberg und eines Bundes=Korps an der Elbe.

Am 26. März erging von Berlin der Befehl, ein Observations Korps unter Befehl des Obersten v. Bonin, damals Kommandeur der 16. Infanterie= Brigade, bei Havelberg zusammenzuziehen, bestehend aus:

dem 20. Infanterie=Regiment, 3 Bataillone,
vom 31.   „   „   1 Bataillon,
dem 2. Küraſſier=Regiment, 4 Escadrons,
vom 3. Huſaren=   „   2   „
von der 3. Artillerie=Brigade 1½ Batterien.

Dieſe Truppen konnten indeß dort aus Torgau, Potsdam, Wittenberg und Stettin nicht vor dem 11. April versammelt sein.

---

*) Das Schiff wurde durch Ueberfall genommen, ohne daß die sich in Apenrade aufhaltenden Holsteinschen Jäger Widerstand leisteten. Es hatte seit 1840 den Verkehr zwischen Kiel und Kopenhagen vermittelt und ist nicht zu verwechseln mit dem Dänischen Linienschiff gleichen Namens, das am 5. April 1849 bei Eckernförde in Brand geschossen wurde.

Der König von Hannover war bereit, mit den Regierungen des X. Bundes-Korps wegen Zusammenziehung von Truppen an der unteren Elbe in Verbindung zu treten. Voraussichtlich aber konnte diese Maßregel erst Mitte April zu Stande kommen.

Unter diesen Umständen wurden von Berlin die beiden Garde-Regimenter, Grenadier-Regiment Kaiser Alexander und Grenadier-Regiment Kaiser Franz mit einer Batterie auf der Eisenbahn am 4. April nach Hamburg und am folgenden Tage von dort bis Rendsburg befördert, wo das erste Echelon schon am 5. April anlangte. Die Truppen aus Havelberg sollten ebenfalls auf der Eisenbahn folgen, je nachdem sie eintrafen, und nur die Kavallerie per Fußmarsch nachrücken.

Oberst v. Bonin verfügte sich mit dem Hauptmann v. Delius selbst nach Rendsburg und trat mit der provisorischen Regierung in Verbindung.

Noch jetzt versuchte der König von Preußen eine friedliche Lösung herbeizuführen. Am 8. April traf Major v. Wildenbruch mit dem Dänischen Minister Grafen Knuth in Sonderburg zusammen. Dieser verwahrte jedoch das alleinige Recht seiner Regierung betreffs Schleswigs, bezeichnete die Bewegung, welche in den Herzogthümern entstand, als Insurrektion und hob hervor, daß eine Verständigung selbst wegen Holstein durch das Einrücken Preußischer Truppen wesentlich erschwert und gegen diese Maßregel auch bereits Protest erhoben sei. Er forderte als erste Bedingung für jede Verständigung, daß die Preußen „ihre Truppen unter allen Eventualitäten" jenseits der Eider stehen lassen, die diesseits gelegenen Theile der Festung Rendsburg räumen, und daß weitere Verstärkungen der Besatzung durch Preußische oder andere Truppen unterbleiben sollten. Kopenhagen wurde als der passendste Ort für weitere Verhandlungen bezeichnet.

Die Anwesenheit der Preußischen Truppen bestimmte die provisorische Regierung, sogleich auch den Rest der Holsteinschen Armee nach Flensburg vorzuschieben.

Da es sich in dem ganzen Streit wesentlich um Schleswig handelte, so war es vom politischen Standpunkt allerdings in hohem Grade wichtig, im faktischen Besitz zu bleiben, also das Land nicht gleich anfangs dem Gegner zu überlassen, sondern es möglichst gegen eine Invasion zu schützen.

Rückte man für diesen Zweck bis zur nördlichen Grenze des Landes vor so mußte man gewärtig sein, in Front und Flanke mit der feindlichen Hauptmacht zusammenzustoßen.

Mit einiger Sicherheit konnte man nur bis Flensburg gehen. Dadurch gelangte man in Besitz der Hülfsquellen dieses wichtigen Handelsplatzes und wenigstens des südlichen, vorwiegend Deutschen Theils des Herzogthums. Viele, welche sich dort durch Kundgebung ihrer Sympathien kompromittirt hatten, konnten diesen Schutz verlangen, die Unentschlossenen ermuthigt werden.

Weiter vorzudringen war um so weniger rathsam, als eine wirksame Unterstützung noch nicht zu erwarten stand. Denn die in Rendsburg unter dem Jubel der Bevölkerung einziehenden sechs Preußischen Bataillone waren zwar über die Eider gegangen, hatten aber doch nur die zum Amt Rendsburg, also zu Deutschland gehörigen Dörfer am rechten Ufer besetzt.

Der Bund hatte sich in der ganzen Angelegenheit noch nicht definitiv ausgesprochen, und Oberst v. Bonin war bestimmt angewiesen, für jetzt die Bundesgrenze nicht zu überschreiten, sondern sich defensiv zu verhalten.

Auf die von Berlin erfolgte Anregung beschloß man in Hannover, Schwerin, Oldenburg und Braunschweig, im Ganzen 10000 Mann an der unteren Elbe bei Harburg zu versammeln „zur Aufrechthaltung der Selbstständigkeit Schleswigs", wie es am 3. April hieß, später aber zur „Aufrechthaltung der Rechte des Herzogthums Holstein mit bewaffneter Hand".

Wie schwer es war, die komplizirte Kriegsmaschine des Bundes in Gang zu bringen, zeigte sich hier, wo es doch nur darum zu thun war, eine einzige mobile Division aufzustellen. Die Truppen unter Befehl des Königlich Hannoverschen Generallieutenants Halkett sollten zum 15. April an der Elbe versammelt sein und nicht früher, als bis dies vollständig bewirkt sein werde, in Holstein einrücken.

Inzwischen wirkte der Hauptmann v. Biela vom Preußischen Generalstabe in Hannover eifrigst auf eine Beschleunigung der Maßregeln hin, es wurde daher das sofortige Einrücken in Holstein befohlen. Was an Truppen noch fehlte, sollte nachgeschickt werden.

Infolge dessen begann am 13. der Transport auf Dampfschiffen und Schleppkähnen von Harburg nach Altona, von Cranz nach Nienstedten und Blankenese; derselbe dauerte bis zum 19. fort. Ohne auf die ihm von der provisorischen Regierung angemuthete Zersplitterung seiner Streitkräfte einzugehen, versammelte General Halkett unter Benutzung der Eisenbahn und einer guten Chaussee die Hannoverschen und Braunschweigischen Truppen in Kantonnements zwischen Itzehoe und Kellinghusen. Der Großherzog von Oldenburg hatte zwei Bataillone gestellt, wollte sie aber nur zur Besetzung seiner Enklave Eutin verwenden. Sie befanden sich im vollen Marsch dorthin, als sie von Bergedorf aus über Altona auf Neumünster dirigirt wurden.

Die Division sollte indeß nicht unter die Befehle des Prinzen Friedrich von Holstein treten, auch mit dem Obersten v. Bonin nur „sich in Verbindung setzen".

General Halkett wurde an die Befehle eines vom Bunde noch zu ernennenden Oberkommandoes gewiesen; Schleswig dürfe er nicht betreten; in Holstein solle er diejenigen Operationen „möglichst willfährig zur Ausführung bringen", welche die provisorische Regierung wünschen möchte.

Die Stellung der Holsteinschen Truppen bei Bau.*)

Unter diesen Umständen konnte Oberst v. Bonin dem lebhaften Andringen der provisorischen Regierung um unmittelbare Verstärkung des Generals v. Krohn bei Flensburg keine Folge geben. Weder gestatteten dies die politischen Verhältnisse, noch war er für den Augenblick selbst stark genug dazu.

Die unter General v. Krohn um Flensburg versammelte kleine Streitmacht hatte sonach fürerst sich des feindlichen Heeres selbst zu erwehren. Ihre Lage war schwierig und erforderte große Vorsicht.

Die Offensive konnte nicht in Betracht kommen, da die Dänische Armee in ihrer Hauptmasse versammelt war, und das lockere Gefüge einer neu formirten, theilweise aus Freischaaren gebildeten Streitmacht gar keine Bürgschaft für das Gelingen eines solchen Unternehmens in sich trug. Es kam weit eher darauf an, sich der später zu erwartenden Hülfe zu nähern, als sich von ihr zu entfernen.

Sollte durch die Defensive wenigstens der Schutz der Stadt Flensburg erreicht werden, so mußte man sich vorwärts derselben aufstellen, jedoch nicht weiter, als daß die rechte Flanke noch gegen eine etwaige Unternehmung von Alsen her gesichert blieb.

Diesen Anforderungen schien eine Stellung bei Bau zu entsprechen, indem der aus dem Niehunser See abfließende Bach in einem tief eingeschnittenen Thal mit schwer zu passirenden Wiesen allerdings eine recht starke Deckung der rechten Flanke abgiebt. Um so exponirter bleibt aber die linke, an welcher der sogenannte Ochsenweg vorüberzieht, eine für den Viehtransport bestimmte breite Landstraße, welche aus Jütland durch ganz Schleswig, dem Haupthöhenrücken folgend und die in der Tiefe liegenden Städte der Ostküste vermeidend, sowohl an Flensburg, wie an Schleswig vorbeiführt.

Dazu kommt, daß von Bau her das Gelände östlich völlig überhöht ist, so daß es unvermeidlich wird, diesen Punkt selbst zu besetzen, welcher durch

---

*) Siehe Textskizze zum Gefecht bei Bau.

den Angriff von allen Seiten umfaßt werden kann und nur in den Erdwällen seiner Gärten eine schwache Haltbarkeit gewinnt.

Ein Uebelstand ist noch, daß der Rückzug des rechten Flügels, wenn er auf der Chaussee erfolgen soll, durch das Geschütz der Dänischen Schiffe bedroht ist.

Die Stellung von Bau war daher politisch wichtig und militärisch wohl geeignet, der Dänischen Streitmacht eine Zeit lang zu imponiren; wurde sie aber ernstlich angegriffen, so mußte sie nothwendig geräumt werden; die Schwierigkeit lag darin, dies zur rechten Zeit zu thun.

6. April. Es war schon am 6. im Hauptquartier zu Flensburg die Meldung eingegangen, daß Oberst v. Schleppegrell Truppen auf der Halbinsel Holnis gelandet habe, welche sich dort verschanzten.

Wahrscheinlich war die Absicht nur, die Verbindung für die Schiffe im Fjord freizuhalten, welche von Holnis aus durch feindliche Landbatterien hätte gefährdet werden können.

General v. Krohn schickte sogleich ein Bataillon und eine Kompagnie Jäger nach Glücksburg.

7. April. Nach Dänischer Angabe war am 3. April nur eine Kompagnie übergeschifft, und erst am 7. April landeten eine Kompagnie des 5., zwei des 9. Bataillons mit 20 Sappeurs unter Major Steenstrup.

In den begonnenen Verschanzungen waren zwei Schiffsgeschütze und ein Falkonet vom „Hekla" aufgestellt; dieser und der „Geyser" gingen mit zwei Kanonenbooten in der Nähe vor Anker, um die Stellung durch ihr Feuer zu unterstützen. Es kam zu einer Kanonade, in welcher auf dem „Hekla" der Quartiermeister des Schiffes erschossen wurde.

Offenbar lag aber die größte Gefahr für die Stellung bei Bau nicht in ihrer rechten, sondern in der linken Flanke, nicht in einer Landung bei Holnis, sondern in der Umgehung auf dem Ochsenwege.

Nichtsdestoweniger verstärkte General v. Krohn das Detachement bei Glücksburg noch ferner, so daß es auf 1³⁄₄ Linien-Bataillone (das 1. und 3 Kompagnien des 4.), ein Jäger-Korps (das 1.), ein Freikorps, ½ Eskadron Dragoner und 2 Geschütze, d. h. auf ein Drittel seiner ganzen Streitmacht, anwuchs. Zu derselben Zeit wollte man auch noch nach Westen detachiren, um die Erhebung der Bevölkerung in Tondern zu stützen. Das dazu bestimmte Bataillon wurde indeß nach einer Meile Marsch wieder zurückgerufen.

General v. Hedemann war bereits nach Hadersleben gegangen, vertrieb aus Apenrade eine zur Rekognoszirung vorgesandte schwache Abtheilung Jäger des
8. April. Hauptmanns Michelsen und rückte am 8. April auf dem Ochsenwege nach Klipleff und Bommerlund.

Die Kavallerie hatte er bereits rechts weg nach Medelby, 2 Meilen westlich Flensburg vorgeschoben, und links traten seine Vorposten in Verbindung mit denen des Obersten v. Schleppegrell, der von Alsen nach Rinkenis vormarschirt war.

Eine neue Rekognoszirung des Hauptmanns Michelsen wurde, sobald sie aus dem Wald von Kollund hervortrat, zurückgewiesen. Ein in Ribe gebildetes Dänisches Freikorps und Abtheilungen der Landesaufgebote in den nördlichen Distrikten Schleswigs hatten sich der 1. Kompagnie des 12. Bataillons und einem Zuge des 1. Dragoner-Regiments angeschlossen und waren in den ersten Tagen des April bis Tondern gestreift, wo Waffenvorräthe genommen und nach Ribe gebracht wurden.

Die Anwesenheit des Königs von Dänemark auf Alsen ließ auf baldigen Beginn der Operationen schließen, ein ernstlicher Angriff auf die Stellung von Bau stand jetzt jeden Augenblick zu erwarten.

Dem General v. Krohn, der an Ort und Stelle die Dinge sah, konnte das Bedenkliche seiner Lage unmöglich verborgen bleiben. Er richtete die dringendsten Vorstellungen an den Prinzen Friedrich.

Aber in Rendsburg sah man mehr den politischen Vortheil, als die militärische Gefahr der vorgeschobenen Stellung. Man mochte an ein schnelles Vorgehen der Dänen nicht glauben, auf ein baldiges Einschreiten der Verbündeten aber hoffen.

Es ist immer sehr mißlich, positive Befehle aus der Ferne zu geben. Ist die höchste militärische Autorität nicht bei der Armee, so muß sie dem Führer freie Hand lassen.

Infolge eines in der Nacht zum 7. April eingegangenen, sehr dringlichen Berichts, welcher das wiederholte, was General v. Krohn über die Unhaltbarkeit seiner Lage schon früher gesagt hatte, erhielt derselbe denn auch endlich die Vollmacht, „im Nothfall" zurückzugehen; diesen Fall zu bestimmen wurde „seiner Konduite" überlassen.

Sein ganzes Korps bestand jetzt aus:

6 Infanterie- und 2 Jäger-Bataillonen à 500 bis
800 Mann, etwa . . . . 5000 Mann,
8 Eskadrons und 2 Batterien, etwa . . . . . . 500 Pferde,
Freischaaren etwa . . . . 900 Mann.
also etwa 6400 Mann,
nach der Detachirung auf Glücksburg . . . . . 2300 "
verbleiben ihm nur 4100 Mann,
von denen sich 3400 Mann in der Stellung von Bau befanden.

Es standen:

das 2. Jäger Bataillon, 1 Kompagnie des 4. Bataillons, die Studenten und Turner sowie 2 Geschütze unter Hauptmann Michelsen, 700 Mann, bei Krusau und Kupfermühle;

das 2. Bataillon und 2 Geschütze, Major v. Kindt, 600 Mann, bei Bau und Niehuus;

das 3. Bataillon, 1 Eskadron, 2 Geschütze, Oberstlieutenant Graf Baudissin, 700 Mann, bei Harrislee und Ellund;

die Kavallerie, 6½ Eskadrons, das Krogh'sche und Rantzau'sche Freikorps gegen die Dänische Kavallerie, 500 Mann, bei Handewitt.

Diese Postirungen bildeten also einen Kordon von 1½ Meilen Länge nördlich und westlich um Flensburg herum; dort war das 6. Bataillon mit einer Batterie zurückgelassen, aber diese Abtheilung war von jedem einzelnen Punkt in der Front eine Meile entfernt und scheint weit weniger zur Unterstützung als zur Aufnahme bestimmt gewesen zu sein.

Das 5. Bataillon stand noch rückwärts in Schleswig.

Daß man in solcher Zersplitterung nicht gegen einen an Zahl doppelt überlegenen Feind schlagen konnte, lag auf der Hand.

Das Dänische Oberkommando hatte geglaubt, daß der Gegner erst bei Jstedt und in Angeln Widerstand leisten werde. Eine Rekognoszirung am Nachmittag des 8. klärte die Lage auf.

Der Schleswig-Holsteinische Posten in Bau wurde nach Verlust von sechs Mann zurückgeworfen, das Dorf aber wieder besetzt, als die Dänen es nach einer Stunde freiwillig geräumt hatten. Jetzt dirigirte man noch zwei Kompagnien aus Niehuus dorthin und dafür zwei andere aus Harrislee nach Niehuus.

General v. Krohn scheint die ganze Gefahr seiner Lage erkannt zu haben. In seiner um Mitternacht verfaßten Meldung hebt er hervor, daß der Feind von Glücksburg, wie von Medelby aus beide Flanken zu umgeben drohe, während er gegen die Front der Position noch nichts unternommen habe, offenbar in der Absicht „uns hier zu umgarnen". Der General werde doch endlich genöthigt sein, wie ungern er es auch thue, Flensburg preiszugeben und auf Jstedt zurückzugehen, ehe es zu spät werde.

Dennoch blieb er stehen.

Noch am 8. konnte das Korps, indem es seine zersplitterten Detachirungen aus Glücksburg, Krusau, Bau und Harrislee an sich zog, binnen zwei Stunden sich in einer Stellung südlich Flensburg konzentriren, welche eine freie Aussicht gewährte, und von dort auf Ibstedt zurückgehen, indem die Kavallerie, die Bewegungen des Feindes beobachtend, in gleicher Höhe auf dem Ochsenwege folgte.

Etwas Aehnliches scheint auch beabsichtigt gewesen zu sein, denn die in Flensburg stehenden Truppen verbrachten den Abend dieses Tages bei starkem Regen unter Gewehr, wobei das zahlreiche Fuhrwerk die Straßen sperrte; aber gegen 9 Uhr rückte Alles wieder in die Quartiere.

Auch am 9. fand eine engere Konzentrirung nicht, vielmehr eine neue Detachirung statt, indem Lieutenant v. Sandrart mit einer Jäger Kompagnie*) nach Meierwik geschickt wurde, um einer etwaigen Landung dort zu begegnen.

Noch an diesem Morgen wäre ein geordneter Rückzug, freilich unter weit schwierigeren Verhältnissen, ausführbar gewesen, wenn alle einzelnen Abtheilungen zuvor von der Absicht in Kenntniß gesetzt und danach mit Befehlen versehen wurden. Blieb es hingegen bei der bisherigen Anweisung, daß jeder Führer „seinen Posten bis auf den letzten Mann vertheidigen solle", so mußte freilich die vollständige Vernichtung des Korps die Folge sein, sobald der Dänische Angriff mit der nöthigen Kraft geführt wurde. Das Verhalten des Generals v. Krohn, eines wegen seiner Tüchtigkeit geschätzten Offiziers, erklärt sich wohl hauptsächlich daraus, daß der Prinz noch am 8. ihn per Stafette von seiner unmittelbar bevorstehenden Ankunft in Flensburg benachrichtigte. Sollte jetzt, nachdem man so lange gehalten, dies Eintreffen nicht abgewartet werden? Der kommandirende General, welcher außer der militärischen auch die politische Sachlage am besten kannte, übersah besser als der Untergebene die Folgen eines Rückzuges. Es kam jetzt nur noch auf Stunden an.

General v. Krohn mochte hoffen, daß er in seiner Stellung dem Gegner noch eine kurze Zeit länger imponiren werde, daß, falls die Dänen wirklich angriffen, die einzelnen Posten ganz von selbst auf Flensburg zurückgedrängt werden würden, wo er zu ihrer Aufnahme bereit stand. Er hatte dann allen an ihn gerichteten Forderungen entsprochen.

Die Räumung Flensburgs war mit einem Wort ein Schritt, zu dem man sich aus politischen Rücksichten sehr ungern entschloß, den man aus militärischen Gründen als unabweislich erkannte, für den aber Niemand die moralische Verantwortung gern übernehmen wollte.

Der Prinz reiste wirklich am 8. von Rendsburg ab, brachte aber die Nacht in Schleswig zu, besichtigte am 9. Morgens noch das Terrain von Itstedt, wo er eine Stellung vorbereiten ließ, und kam dann um 9½ Uhr

---

*) Mit der 3. Kompagnie des 1. Jäger-Bataillons.

zu einer Zeit nach Flensburg, wo das Gefecht nicht nur begonnen, sondern schon entschieden war.

Stärke und Stellung der Dänischen Armee am 8. April 1848.

Auf Dänischer Seite war in einer am Abend des 8. zu Bommerlund versammelten Konferenz der Angriff für den folgenden Tag beschlossen worden.

Die Eintheilung der Dänischen Armee für diesen Zweck war folgende:

A. Nordjütisches Armee-Korps.

General v. Hedemann (zugleich mit dem Oberkommando des Flanken-korps beauftragt).

Chef des Stabes: Kapitän Laeßöe.

Avantgarde: Oberstlieutenant v. Magius.

	Bat.	Esk.	Geschütze	Mann
12. Linien-Infanterie-Bataillon 3. Jäger-Korps 1. Eskadron 4. Dragoner-Regiments 2. Eskadron Husaren (Garde-Husaren) ½ 6. Batterie	2	2	4	2000

1. Infanterie-Brigade: Oberst v. Bülow.

1., 2., 11. Bataillon	3	—	—	1800

2. Infanterie-Brigade: Oberstlieutenant v. Meyer.

4., 7. Bataillon	2	—	—	1200

Kavallerie-Brigade: Generalmajor v. Wedell-Wedellsborg.

3., 6. Dragoner-Regiment, 2. Batterie	—	8	6	800

Reserve (unmittelbar unter dem Korpskommando).

13. Bataillon 5. Dragoner-Regiment 3. und ½ 6. Batterie ½ Ingenieur-Kompagnie	1	4	12	1000

B. Linkes Flanken-Korps:
Oberst v. Schleppegrell.

	Bat.	Esk.	Gesch.	Mann
5., 10. Infanterie-Bataillon 1., 2. Jäger-Korps 2. Eskadron vom 4. Dragoner-Regiment 1 Detachement 4. " " 5. Batterie	4	1½	6	3150

Zum Flankenkorps gehörte ferner das nach Holnis detachirte 9. Bataillon.
Die Bataillone 640 bis 650 Mann.
Kavallerie-Regimenter 400 bis 480 Pferde.

Die Effektivstärke des Nordjütischen Armee Korps wird in dem Werke des
Dänischen Generalstabes auf . . . . 7200 Mann
die des Flankenkorps auf . . . . 3800 =
also im Ganzen auf . . . . 11000 Mann

angegeben.

Die Truppentheile hatten meist die etatsmäßige Stärke, bis auf das 13. Linien-Bataillon, das nur 250 Mann zählte.

Das Leib-Garde-, das 3., 6., 8. Infanterie-Bataillon und zwei Eskadrons des 4. Dragoner-Regiments waren noch nicht zur Stelle.

Die Flottille des Kommandeurs Paludan bestand aus den Korvetten „Najade" und „Galathea", den Briggs „Merkur" und „St. Thomas", den Kanonierschaluppen „Hekla", „Geyser" und „Stjerner", nebst einigen Kanonenbooten und Jollen. Diese sollten bis zur Ochseninsel herangehen, in den Flensburger Hafen selbst aber einlaufen, sobald das Gefecht sich der Stadt näherte.

Nach Austheilung einer Extraration an die Mannschaften hatten die Dänischen Truppen früh am Morgen des 9. April aus ihren Kantonnements aufzubrechen. Die Avantgarde sollte auf dem Wege der gestrigen Rekognoszirung über den Leuchterkrug vorrücken, das Seitenkorps des Obersten v. Schleppegrell in zwei Kolonnen, die linke unter Oberstlieutenant v. Harthausen, bestehend aus dem 2. Jäger-, dem 5. Infanterie-Bataillon und zwei Geschützen, über Hönschnap, die rechte, das 1. Jäger- und 10. Infanterie-Bataillon, mit vier Geschützen über Holbp, den Feind am Krusau-Bach beschäftigen, eventuell den Angriff der Avantgarde auf Bau unterstützen.

Die 1. Brigade, gefolgt von der 2., sollte westlich um Bau herum sich über Fröslee auf Harrislee dirigiren, die Reserve der Avantgarde folgen.

Man sieht, daß diese Disposition auf die Vernichtung des Gegners berechnet war, und bei den bestehenden Stärkeverhältnissen durfte allerdings ein solches Ziel ins Auge gefaßt werden.

Je länger Flankenkorps und Avantgarde den vom Terrain begünstigten rechten Flügel des Feindes in hinhaltendem Gefecht festhielten, um so verderblicher mußte ihm der Angriff der 1. und 2. Brigade auf seinen linken, mußte der Marsch der Kavallerie direkt auf seine Rückzugslinie werden.

Auf Seite des Vertheidigers wäre die allein wirksame Gegenmaßregel eine kräftige Offensive über Bau hinaus gewesen. Diese würde nur auf die

Avantgarde und auf die Reserve gestoßen sein, zusammen 3 Bataillone, 6 Cscadrons, 16 Geschütze. Sie hatte wenigstens die Umgebung zum Stehen gebracht und einen geschlossenen Rückzug ermöglicht. Dazu wäre aber die Versammlung der Hauptkräfte bei Riehuus erforderlich gewesen, und wir wissen, wie groß im Gegentheil deren Zersplitterung war.

Allerdings hatte die Dänische Kavallerie-Brigade v. Wedell noch in der Nacht die abändernde Bestimmung erhalten, sich Morgens um 8 Uhr dem rechten Flügel anzuschließen. Nachdem sie bereits zwei Meilen weit vorgeschoben war, hatte dies einen bedeutenden Umweg für sie zur Folge. Aber man befürchtete wohl nicht mit Unrecht, daß das völlig isolirte Auftreten dieser Waffe in einem so durchschnittenen Terrain zu keinem günstigen Erfolge führen werde.

Gefecht bei Bau am 9. April 1848.*)

Um 8½ Uhr wurde Bau von der Avantgarde angegriffen. Gleich anfangs fiel dabei auf Dänischer Seite der Kapitän Hegermann-Lindencrone, welcher als einer der ausgezeichnetsten Offiziere galt, tödlich verwundet.

Wir wissen, daß Bau nur durch zwei Kompagnien des 2. Bataillons besetzt war; gegen vierfache Ueberlegenheit konnten sie dies Dorf nicht lange behaupten, sondern zogen sich auf Riehuus zurück, wo die beiden anderen Kompagnien nebst dem halben 3. Bataillon und zwei Geschützen standen. Letztere eröffneten von einem freien Hügel hinter dem Dorf ihr Feuer gegen die Ausgänge von Bau, um das Debouchiren des Feindes zu verhindern, wurden aber bald zum Schweigen gebracht, denn die Artillerie der Dänischen Avantgarde antwortete mit einem lebhaften Granatfeuer und wurde durch Heranziehen sowohl aus der Reserve wie vom Flankenkorps (Batterie Dinesen) bis auf zwölf Geschütze verstärkt.

Der Ochsenweg war nunmehr frei geworden, und ein Theil der Dänischen Avantgarde rückte auch sogleich auf demselben vor.

Oberstlieutenant Graf Baudissin, welcher bei Riehuus kommandirte, schickte daher den Major v. Kindt mit zwei Kompagnien des 2. Bataillons ab, um diese Bewegung hinter der Meyn-Au zu begleiten. Da aber der Bach kein eigentliches Hinderniß bildet, so trat der Major sehr bald den Rückzug auf Flensburg an; dagegen wehrte der Oberstlieutenant mit zwei Kompagnien seines Bataillons und zweien des 2. Bataillons das heftige Andringen des Feindes auf Riehuus noch ab.

*) Siehe Textskizze.

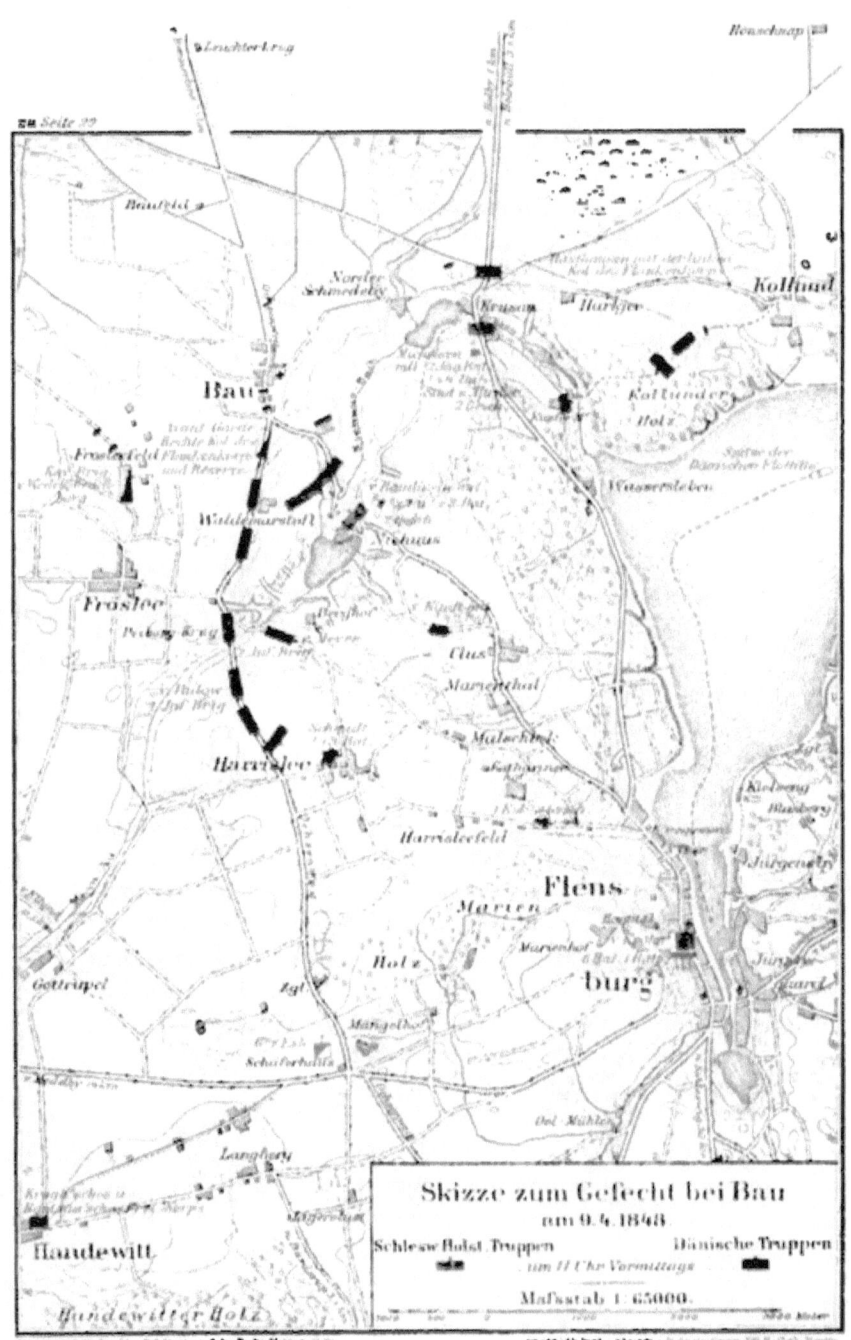

Gefecht bei Bau am 9. April 1848.

Inzwischen war nun aber auch die Dänische 1. Brigade — Bau über Fröslee umgehend — vor Harrislee eingetroffen.

Nachdem von dort auf höheren Befehl die zwei Geschütze und, wie es scheint, auch die Dragoner-Escadron abberufen, war das Dorf nur noch durch zwei Kompagnien des 3. Bataillons besetzt geblieben. Mit dieser kleinen Schaar suchte Hauptmann Schmidt, so gut er konnte, Widerstand zu leisten, mußte aber natürlich der großen Ueberlegenheit des Feindes bald weichen und fiel dabei tödtlich getroffen. Der Rückzug seiner Kompagnien auf Flensburg wurde zu einem geordneten erst wieder, als ein hinzugekommener Preußischer Offizier, der Lieutenant v. Diepenbroick Grüter vom 8. Husaren-Regiment, die Führung übernahm. Derselbe war unlängst mit dem Prinzen Friedrich in Flensburg eingetroffen und von ihm mit einem Auftrage abgeschickt.

Sobald die bereits haltlos weichenden Kompagnien das Gefühl gewannen, daß Jemand, der zu befehlen verstand, sie führte, waren sie auch zu gehorchen bereit. Es gelang, die nächsten Knicks zu besetzen und den nicht allzu lebhaft drängenden Dänen von Abschnitt zu Abschnitt Widerstand zu leisten. Lieutenant v. Grüter erhielt einen Streifschuß. Aber die bewirkte Verzögerung in dem Vordringen der feindlichen Brigade war von äußerster Wichtigkeit. Nur dadurch wurde es möglich, daß Graf Baudissin sich dem Gros der Armee noch anschließen konnte.

Derselbe hatte nichts davon erfahren, daß die Geschütze aus Harrislee zurückgezogen seien. Da er keinen Kanonendonner in seiner linken Flanke hörte, glaubte er den Rückzug noch gesichert, bis ihm gemeldet wurde, daß nur die Höhe nördlich Flensburg noch gehalten werde, und daß auch gegen diese schon stärkere Massen von Westen her andrängten.

Bereits war Clus in seinem Rücken von feindlichen Abtheilungen besetzt, die 2. Dänische Brigade, der 1. folgend, hatte vom Ochsenwege aus das 4. Bataillon östlich detachirt, um dem 1. Jäger-Korps die Hand zu bieten, welches vom Seitenkorps her nunmehr über den Niehuus-Bach vorgedrungen war. Dennoch erreichte Graf Baudissin um 12 Uhr, gleichzeitig mit den in Tirailleurlinien aufgelösten Kompagnien des Lieutenants v. Grüter, die Stadt kurz vor dem Feinde.

Nicht so der rechte Flügel.

Hauptmann Michelsen hatte, trotz erheblicher Verluste, der feindlichen Ueberlegenheit nur zu lange Widerstand geleistet. Seine ganze Eigenthümlichkeit schloß ein freiwilliges Zurückweichen aus, und ein Befehl dazu war ihm ebenso wenig zugegangen, wie eine Mittheilung darüber, was im Centrum und am linken Flügel vorging. Erst um 12 Uhr, als bereits das Gros des Gegners Flensburg sich näherte, sah sich das Jäger-Bataillon zum Weichen gezwungen. Auf der Chaussee gerieth es sehr bald in das Feuer der Schiffsartillerie, welches jedoch das Nachdrängen der Dänen selbst aufgehalten zu haben scheint. Bei der gleichen Uniformirung beider Parteien war es natürlich schwer, von den Schiffen Feind und Freund zu unterscheiden.

Das Bataillon fand Schutz, indem es sich rechts in den Wald warf, aber um diese Zeit war bereits der Windmühlenberg nördlich der Stadt, wo die Straßen nach Bau und Krusau sich trennen, durch den Obersten v. Bülow mit dem 2. Bataillon besetzt, während Oberstlieutenant Nye mit 100 Mann, die er schnell gesammelt hatte, durch die Marienstraße in die Hauptstraße der Stadt eindrang, um diese zu sperren. Ein Theil des 1. Bataillons stieß in der Nähe des Hospitals zu ihm; mit diesen Truppen rückte er nun weiter vor, passirte das nördliche Stadtthor und verlegte dadurch den letzten Ausweg.

So gerieth Hauptmann Michelsen, schwer verwundet, mit dem größten Theil des 2. Jäger-Bataillons und vielen Turnern und Studenten, meist Söhnen der angesehensten Familien des Landes, in Gefangenschaft.

Noch vertheidigten sich zwar einzelne Versprengte und aufgelöste Abtheilungen in der Norder-Vorstadt. Gegen diese führte in der Nähe der Eisengießerei trotz der ungünstigen Oertlichkeit eine Dänische Schwadron einen kecken Angriff aus, im Handgemenge fiel der eine Offizier, die beiden anderen, deren Pferde verwundet, mußten sich mit dem Säbel in der Hand durchschlagen, und die Schwadron verlor neun Mann. Aber zwischen 2 und 3 Uhr war Flensburg von den Dänen besetzt. Nach und nach war indeß südlich der Stadt eine Art Aufnahmestellung genommen worden. Das nach Glücksburg entsendete starke Detachement ließ sich durch Major v. Thestrup mit drei Kompagnien angreifen und zog sich dann zurück.

Die Kavallerie war seit Morgens beim Schäferhaus aufgestellt gewesen, hatte den, wohl mißverständlichen, Befehl erhalten, in Kantonnements nach Handewitt zu rücken, wurde aber noch eben rechtzeitig herangezogen. Die Dänische Kavallerie-Brigade rückte auf der Ochsenstraße heran und demaskirte auf Kanonenschußweite ihr Geschütz. Dies veranlaßte die Holsteinsche Kavallerie, ohne Aufenthalt bis Langstedt zurückzuweichen. Da General v. Wedell das Gehölz von Handewitt durch Freischaaren besetzt fand, so wartete er das Eintreffen der Infanterie ab, mit der er dann nach der Höhe südlich Flensburg rückte.

Hier endete alle Verfolgung. Die beiderseitigen Verluste sind angegeben:
a) Bei den Dänen: . . . . Todte: — Offiziere 13 Mann,
   Verwundete (darunter 3 tödtlich): 8   73 "
                  94 Mann.
b) Bei den Schleswig-Holsteinern: . . Todte: 5 Offiziere 30 Mann,
    Verwundete: 3   135 "
                  173 Mann.
     Gefangene: .   773 "
                  946 Mann.
   Zusammen ad a und b: . . . 1040 Mann.

An und für sich war der Verlust an Todten und Verwundeten auf beiden Seiten gering, bei den Dänen etwa 1, bei den Schleswig-Holsteinern etwas über 4 pCt. Allein hier traf derselbe fast ausschließlich das 2. und 3. Bataillon, welche sonach 15 pCt. einbüßten. Der Hauptverlust entstand aus der Gefangennehmung des 2. Jäger-Bataillons.

Wenn das Gefecht bei Bau überhaupt nicht einen ganz verderblichen Ausgang gewann, so verdankte man dies zumeist dem muthigen Widerstande, welchen zwei Kompagnien unter dem Hauptmann Schmidt und Lieutenant v. Grüter leisteten. Durch das Terrain unterstützt, verzögerten sie das Vordringen eines mehrfach überlegenen Feindes dergestalt, daß alle zersplitterten Detachirungen, bis auf eine, schließlich doch noch das Gros erreichten. Hätte Hauptmann Michelsen, selbst noch nach dem Eintreffen des Prinzen, einen bestimmten Befehl zum Rückzug erhalten, so würde auch er wahrscheinlich durchgekommen sein, und das Korps hätte ohne erheblichen Verlust die Eider erreicht, da die Dänen überhaupt nicht nachdrängten.

Dänischerseits war die Einleitung zum Gefecht kühner als die Durchführung gewesen.

Die linke Kolonne des Flankenkorps, etwa 1500 Mann, hält den feindlichen rechten Flügel fest und sichert zugleich die Rückzugsstraße nach Alsen und Apenrade.

Die zweite Kolonne des Flankenkorps und die Avantgarde, 3500 Mann, greifen Bau an und drängen um 9 Uhr den Gegner über das Defilee.

Die 1. Infanterie-Brigade, 1800 Mann, stößt um 11 Uhr bei Harrislee auf den Widerstand von zwei Kompagnien, welche das weitere Vordringen bis gegen Mittag aufhalten.

Die 2. Brigade löst sich in Detachirungen auf. Wäre sie mit der

Kavallerie den Schleiweg bis zur Schleswiger Chaussee gefolgt, so konnte sie entscheidende Resultate erreichen. Eine Verfolgung fand aber überhaupt nicht statt. Auf Holsteinscher Seite ist das Gefecht von Bau ohne alle Leitung von oben geschlagen worden. Weder der Prinz noch General v. Krohn hatten während desselben Flensburg verlassen. Daß man überhaupt schlug, war ein Fehler. An die Behauptung von Flensburg setzte man die Existenz der ohnehin noch schwachen Streitkräfte.

Die Holsteinsche Armee nach dem Gefecht bei Bau.

Es wird nicht befremden, daß eine seit 14 Tagen erst versammelte Armee von Rekruten, ohne Fahnen, fast ohne Offiziere, mit Freischaaren vermischt, nach verlorenem Gefecht nicht eben in bester Ordnung zurückwich.

Die nach Glücksburg entsendeten Abtheilungen marschirten in leidlicher Haltung durch Angeln zurück. General v. Krohn ging mit Allem, was sich in der Aufnahmestellung gesammelt hatte, zunächst nach Jdstedt zurück. Auf diesem Marsche wurde vielfach von oben her die Aufforderung an die Kolonne gerichtet „auszuschreiten".

Die nach Meierwik entsendete 3. Kompagnie des 1. Jäger-Bataillons*) war gegen Ende des Gefechts von Bau zurückberufen worden und kam so an die Queue der Hauptkolonne. Ohne weitere Instruktion beschloß Lieutenant v. Saudrart, die Deckung des Rückzuges zu übernehmen.

Einige Bedenken seiner Mannschaft wurden durch disziplinarisches Einschreiten beseitigt. Aufgehalten durch das Sammeln von Nachzüglern und Fuhrwerk, aber unbehelligt vom Feinde, gelangte die Kompagnie Abends 10 Uhr nach Jdstedter Krug, bezog Biwak im Jdstedter Holz und setzte Vorposten aus. Sie wurden vom Feinde in keiner Weise belästigt.

In Jdstedt selbst war inzwischen von Schleswig das 5. Bataillon unter dem Preußischen Hauptmann v. Zastrow eingetroffen.

Der Prinz hoffte, den dortigen Abschnitt gegen das Nachdringen der Dänen behaupten zu können. Allein die Kavallerie hatte ihren Marsch über Schleswig ohne Weiteres bis Rendsburg fortgesetzt, und die Infanterie, welche während des Gefechts gar keine Befehle erhalten hatte, wartete nun auch keine ab, sondern dirigirte sich ebendahin. Einige der Freischaaren eilten allen übrigen zu Wagen voraus und geriethen dabei so aus der Richtung,

---

*) Siehe Seite 25.

daß sie den Weg nach Rendsburg über Friedrichstadt suchten, und man sie erst an der Westküste des Landes wiederfand.

Die Kavallerie, welche freilich so gut wie gar nicht gefochten hatte, durchzog Rendsburg, trotz eines Marsches von neun Meilen, noch leidlich geschlossen, die Infanterie aber größtentheils in sehr erschüttertem Zustande.

Oberst v. Bonin, der nicht leicht vor einer Verantwortlichkeit zurückschreckte, hatte sich bereit erklärt, zur Aufnahme des Holsteinschen Corps Truppen nach Schleswig vorzuschicken.

Eine Anzahl Preußischer Offiziere ging nach Angeln, um bei dem dort beabsichtigten Widerstande Hülfe zu leisten. Aber unter den geschilderten Umständen mußte der Gedanke an eine Vertheidigung vorwärts der Eider überhaupt aufgegeben und zunächst nur versucht werden, die Schleswig-Holsteinschen Truppen hinter dem Fluß und unter dem Schutze der Festung wieder zu sammeln und zu organisiren.

Einrücken des Generals v. Hedemann in Schleswig.

Der König von Dänemark hielt an diesem Tage einen feierlichen Einzug in Flensburg. Es war sogar von einer großen Parade der siegreichen Armee die Rede, doch besann man sich wohl, daß diese Besseres zu thun haben würde.

General v. Hedemann brach erst um 10 Uhr auf, um einen halben Marsch vorwärts zu machen; er mochte keine Ahnung von dem Zustande haben, in welchem sein Gegner sich befand. Die Kavallerie ging rechts auf der alten Landstraße, das Hauptkorps auf der Chaussee, das Flankenkorps durch Angeln vor. Man rückte mit der äußersten Vorsicht nach und untersuchte das Terrain aufs Genaueste. So kam man denn nur bis halbwegs Schleswig, das Hauptquartier nach Groß-Solt, das Flankenkorps nur bis Ausacker.

Erst am 11. April, Nachmittags 5 Uhr, rückte General v. Hedemann in Schleswig ein, die Truppen bezogen in der Stadt und Umgegend Quartiere. Das Flankenkorps stieß hinzu, und nur das 5. Bataillon mit zwei Geschützen, unter Oberstlieutenant v. Haxthausen, war nach Missunde detachirt.

Das 2. Jäger-Bataillon nebst einer Dragonerabtheilung wurde über Grünholz nach Arnis und Kappeln detachirt, bezog aber am 12. April bei Taarstedt Quartiere, da man ein Vorrücken der Preußen gegen Schleswig befürchtete, und wurde am 15. April nach Schleswig zurückgezogen. Oberstlieutenant v. Haxthausen schickte am 13. April eine Kompagnie nach Eckernförde, welche dort die Marinesoldaten des Kommandeurs Paludan, der zuvor schon in dem dortigen Hafen angelangt war, ablöste.

Die Holsteinischen Truppen behielten sonach Zeit, auf allen möglichen Umwegen sich wieder zu sammeln.

Der Prinz legte sie, auf den Rath des Obersten v. Bonin, in Kantonnements östlich und südlich von Rendsburg, um sich unter dem Schutze Preußischer Truppen nur erst wieder in schlagfähigen Stand zu setzen. Nur das Jäger-Bataillon, welches noch in guter Ordnung war, verblieb in Kantonnements am Witten-See, ferner die unter dem Preußischen Lieutenant v. Gersdorff gestellten Freischaaren am nördlichen Ufer der Eider. Diese bildeten eine Postenkette vom Witten-See bis zum Sandkrug an der Eckernförder Bucht.

Durch die Niederlage bei Bau war nunmehr die Möglichkeit eines direkten Angriffs auf die Festung Rendsburg gegeben, woselbst Oberst v. Bonin mit vorerst nur 8½ Bataillonen Infanterie und 1 Batterie stand. Die Dänen waren auf einen Marsch nahe, die Bundeshülfe fern.

Die beiden Füsilier-Bataillone der Grenadier-Regimenter Kaiser Alexander und Kaiser Franz wurden in enge Kantonnements zwischen der Sorge und der Festung zusammengezogen, ein Theil der Mannschaft in Alarmhäusern bereit gehalten. Eine Holsteinische Schwadron unter Führung des Preußischen Lieutenants v. Sonsfeld besetzte Sorgbrück, das Eiderstedtsche Freikorps zu Pferde, unter dem Preußischen Lieutenant Grafen Bismarck, Steuten-Mühle. Diese Kavallerie-Abtheilungen patrouillirten gegen Schleswig und traten rechts in Verbindung mit v. Gersdorff zu Groß-Wittensee.

In Rendsburg war die Pallisadirung fast vollendet, die Ueberschwemmung vor der Südfront bewirkt; es blieb nur noch übrig, Geschütz auf die Wälle zu bringen und die Glacis zu rasiren. Die nördlich vorliegenden Baulichkeiten wollte man nicht demoliren, sondern vertheidigen.

Die Preußischen Truppen südlich Rendsburg.

16. April. Bis zum 16. April versammelten sich hinter diesem Schutz in Kantonnements südlich und östlich der Festung an Preußischen Truppen: das 20. Infanterie-Regiment: 1. Bataillon in Nortorf, 2. Bataillon in Bovenau, Füsilier-Bataillon in Kluvensiek; das 31. Infanterie-Regiment: Füsilier-Bataillon in Oster- und Wester-Rönfeld; Garde-Batterie in Jevenstedt; 6pfündige Fuß-Batterie und ½ reitende in Rade.

Das 2. Küraffier-Regiment und zwei Eskadrons des 3. Husaren-Regiments konnten zum 18. anlangen und erst zu diesem Zeitpunkt 10 Bataillone, 6 Eskadrons und 20 Geschütze versammelt sein.

Die Verwickelungen mit Dänemark traten gleich nach den bekannten Märzereignissen in Berlin so überraschend ein, daß für den jetzt unmittelbar in Aussicht stehenden Feldzug gar keine Vorbereitungen getroffen waren. Die Gardetruppen und die Kavallerie hatten in der Friedensstärke abrücken müssen, und nur die Linien-Bataillone und Batterien waren zuvor an Mannschaft kompletirt worden, sonach betrug die Stärke des ganzen Hülfskorps vorerst nicht über 8000 Mann.

Eine Mobilmachung der Truppen hatte nicht stattgefunden; es fehlten ihnen daher die Trainsoldaten und die Pferde für ihre Fahrzeuge; sie mußten das in dieser Beziehung Nöthige nun erst an Ort und Stelle beschaffen.

Ein Munitionspark war auf der Elbe von Magdeburg nach Altona unterwegs, die Bespannung für denselben sollte aber erst in Holstein angekauft werden.

Da die Mobilmachung eines leichten Feldlazareths in der Heimath zu viel Zeit in Anspruch genommen hätte, so schickte das Kriegsministerium nur das ärztliche Personal, die chirurgischen Instrumente, die zur Lagerung von 300 Kranken erforderlichen Utensilien und die nöthige Charpie nach Rendsburg.

Für den Transport der Kranken sowie des erforderlichen Fuhrwerks, statt der fehlenden Proviantkolonnen, war man auf die Hülfsmittel des Landes verwiesen, dessen Opferwilligkeit und Reichthum in dieser Beziehung auch keine Verlegenheit aufkommen ließen.

Weitere Organisation der Holsteinschen Armee.

Inzwischen arbeitete Prinz Friedrich, wirksam unterstützt durch den Hauptmann Leo vom Preußischen Generalstabe, mit gutem Erfolg an der Wiederherstellung der Holsteinschen Armee. Am meisten Mühe bei minderem Erfolg kostete es, die Freischaaren einigermaßen zu ordnen, welche am rechten Flügel den Dänen gegenüberstanden. Dort fielen täglich die größten Unordnungen vor, welche zu Verwirrungen und Alarmirungen selbst der Quartiere hinter der Eider führten, wo man freilich nicht wissen konnte, daß es Abtheilungen der Freischaaren waren, die gegeneinander bataillirten. Ueberall glaubten diese, den Feind zu sehen. Selbst auf Fischer und Schiffer, welche sich durch die Flucht der Dänischen Matrosenpresse entzogen, wurde geschossen. Fast unmöglich war es, das einmal habituelle „Abfeuern der alten Schüsse" zu verhindern, und ebenso schwer blieb es, der beständigen Beanspruchung an Pferden und Wagen entgegenzutreten.

Welche Belästigung und Qual diese Gäste in jedem Ort verursachten, der sie aufnehmen mußte, ist leicht zu begreifen. Die gefährlichsten Konflikte aber standen in Aussicht, sobald sie bei ihrer Zuchtlosigkeit und ihren Ansprüchen mit den regulären Truppen in Berührung traten. Man mußte stets suchen, diese Elemente auseinander zu halten; und doch waren die Freischaaren in diesem Kriege ein berechtigtes Element. An ihre Offiziere war die Forderung höchster Selbstverleugnung, Geduld, Thatkraft und sichersten Taktes gestellt, wenn sie ihre Autorität wahren und doch auf die Eigenthümlichkeit ihrer Truppen eingehen wollten.

Die kräftigste Hülfe bei der Reorganisation der Freischaaren fand der Prinz in dem nunmehrigen Hauptmann v. Gersdorff. Schon als Preußischer Gardeoffizier mußte dieser das Vorurtheil der Freischärler entschieden gegen sich haben. Aber seine ernste feste Persönlichkeit, bei wohlwollender Freundlichkeit und kluger, den Verhältnissen Rechnung tragender Mäßigung verschafften ihm bald Vertrauen und Gehorsam. Auch erleichterten ihm die guten Elemente, die sich unstreitig in diesem Korps befanden und welche unter der Unordnung mit litten, seine Arbeit. In seinem Sinn wirkten die tüchtigen Offiziere Süddeutscher Armeen, von denen noch die Rede sein wird.

Es kam darauf an, das ganze Freischaarenwesen in eine militärische Form überzuführen; der Disziplin in der derselben widerstrebenden Masse Eingang zu verschaffen und den Dienst, vor Allem den Vorpostendienst, zu regeln. Lust am Kampf und Muth im Gefecht war genugsam vorhanden.

Ein Uebelstand war es, daß noch nachträglich fortwährend neue Abtheilungen „Hamburger", „Kölner", „Berliner", „Magdeburger" heranzogen.

Schließlich wurden unter Führung des Hauptmanns v. Gersdorff vier Freikorps organisirt, nämlich:

das Korps unter dem Major v. d. Tann, auf dem rechten Flügel bei Altenhof, mit den Vorposten vom Sandkrug bis zum Goes-See;

das Korps v. Wasmer in der Mitte bei Harzhof, dessen Feldwachen in Hoffnungsthal und Lebmsiek standen;

das Korps v. Kregh als linker Flügel in Halv, dessen Vorposten sich bis zum Witten-See erstreckten;

das Korps des Grafen Rantzau als Reserve in Holtsee.

Für sich bestanden noch die Braklewschen Jäger: sie traten jetzt unter Befehl des Preußischen Lieutenants Hellmundt.

Das Eiderstedtsche Freikorps zu Pferde war reduzirt und in ein Ordonnanzkorps umgewandelt.

Bei den Linientruppen wurden viele Kompagnien Preußischen Offizieren übergeben und die Bataillone auf durchschnittlich 700 Köpfe gebracht.

Auf die Holsteinsche Kavallerie setzte man der Dänischen gegenüber nicht viel Vertrauen, und Oberst v. Bonin mußte mit Recht einen Werth darauf legen, das Eintreffen der Preußischen abzuwarten. Sobald dies geschehen sein würde, wollte er unverzüglich vorrücken.

Man gab die Streitmacht der Dänen auf 15 000 Mann an. Oberst v. Bonin glaubte ihre Stärke bei Schleswig nicht so hoch veranschlagen zu dürfen, rechnete aber auch seinerseits auf wirksame Unterstützung von 4000 bis 5000 Holsteinern.

Mit diesen und seinen 8000 Preußen war er fest entschlossen, ohne die Deutschen Bundestruppen abzuwarten, die Sache zu einer schleunigen Entscheidung zu bringen.

Wir haben gesehen, daß er sich dabei nothgedrungen bis zum 18. April gedulden mußte. Die Zeit bis dahin benutzte er zu Verhandlungen.

Verhandlungen des Obersten v. Bonin mit dem Dänischen Ober-Kommando und der Regierung.

Der ihm mitgetheilte Bundesbeschluß vom 4. April ersuchte Preußen, die Vermittelung „auf der Basis der unverkürzten Rechte Holsteins, namentlich auf die staatsrechtliche Verbindung mit Schleswig" zu führen. Als selbstverstanden setzte der Bund voraus: sofortige Einstellung der Feindseligkeiten und Wiederherstellung des status quo vor Ausbruch derselben, also vom 28. März.

Hierauf fußend, und weil dieser Status schon durch das Vorrücken der Dänen, dann aber auch durch das Gefecht bei Bau und das Vorrücken auf Schleswig wesentlich alterirt war, forderte Oberst v. Bonin eine Waffenruhe, um während derselben über die Wiederherstellung des Status zu unterhandeln.

In diesem Sinne benachrichtigte er zunächst am 11. April früh in einem offenen Schreiben den Kommandeur der Dänischen Vorposten, daß er jeden ferneren Angriff auf Holsteinsche Truppen, wo sich diese auch befinden möchten, als Kriegserklärung Dänemarks gegen Preußen betrachten werde. Er stellte anheim, das Dänische Generalkommando hiervon zu benachrichtigen.

Lieutenant v. Lyncker, welcher von dem Major v. Wildenbruch*) nach Flensburg geschickt war, hatte gemeldet, daß man ihn festhalte und mit Er-

---
*) Siehe S. 19.

öffnung seiner Depeschen drohe. Oberst v. Bonin befahl ihm in einem offenen Schreiben, unverzüglich mit den Depeschen zurückzukehren, „deren Eröffnung er als einen außergewöhnlichen Fall ansehen werde". In Folge dessen ließ man ihn ohne weitere Behinderung ziehen.

Am 12. April stellte Oberst v. Bonin nun auch an das Dänische Generalkommando die bestimmte Forderung auf augenblicklichen Abschluß eines „dreitägigen Waffenstillstandes, welcher die Dänischen Truppen verpflichtet, auf allen Punkten nicht über ihre gestern Abend eingenommene Stellung hinauszugehen." Jeder Angriff werde einer Kriegserklärung gegen Preußen und gegen Deutschland gleichgeachtet werden. Behufs Verhandlung auf neutralem Gebiet über Wiederherstellung des status quo möge ein Bevollmächtigter bezeichnet werden.

Dies Schreiben wurde dem Lieutenant v. Heinze am Dannewerk abgenommen.

Obwohl eine Antwort erst am 13. einging, verhielten sich doch die Vorposten ruhig.

Dies Antwortschreiben nun, vom 12. datirt, trug die Unterschrift des Königs von Dänemark selbst.

Seine Majestät glaubte die unter dem 11. an den Kommandeur der Vorposten gerichtete Erklärung des Obersten v. Bonin „als auf irgend einem Irrthum beruhend" bezeichnen zu müssen. Die in Schleswig eingedrungenen „aufrührerischen Haufen", welche die Waffen gegen ihren König führten, könnten nicht als Holsteinsche Truppen anerkannt werden. Es sei des Königs fester und unabänderlicher Wille, das Herzogthum Schleswig zum Aeußersten zu vertheidigen, und werde man jeden Soldaten, der ohne seinen Befehl die von ihm festgestellte Demarkationslinie überschreite, als Feind behandeln. Das Einrücken Preußischer Truppen in Holstein wolle der König als eine Demonstration ansehen, um dort die Ordnung herzustellen, und er fordere daher den Obersten v. Bonin auf, die Autorität des Königs als des Herzogs von Holstein gegen die provisorische Regierung zu unterstützen, die militärischen und die civilen Verhältnisse dort möglichst bald wiederherzustellen und auf den gesetzlichen Weg zurückzuführen.

Oberst v. Bonin beeilte sich, am 14. April „mit tiefstem Respekt" zu entgegnen, daß nach seiner Instruktion er zur Sache einen ganz anderen Standpunkt einnehme, als den, welchen das Königliche Schreiben voraussetze. daß er aber dem kommandirenden General bereits die Grundzüge angegeben habe, welche zu einer friedlichen Erledigung führen könnten. Sollten seine

Vorschläge unberücksichtigt bleiben, so werde er zu seinem eigenen Bedauern gehalten sein, nach den ihm ertheilten gemessenen Anweisungen zu verfahren.

Diese Erklärung wurde Nachmittags durch den Lieutenant Salice-Contessa vom 3. Husaren-Regiment in Schleswig übergeben; mit demselben kreuzte sich die Antwort des Generals v. Hedemann auf die Mittheilung vom 13. April. Sie enthielt im Wesentlichen Folgendes:

Da Schleswig nicht zum Bunde gehöre, der König eine Vermittlung dort weder verlangt noch angenommen, so sei eine Verhandlung, soweit sie sich auf dies Herzogthum beziehe, seitens des Oberkommandos nicht möglich, die Restitution des status quo um so weniger, als dadurch zum Nachtheil des Landes die Blockade der Häfen wieder eintreten müßte, welche die Seemacht des Königs schon vor dem Einmarsch der Landtruppen aufrecht erhalten habe.

Dagegen sei Se. Majestät gewilligt, diese nicht in Holstein einrücken zu lassen, bevor Unterhandlungen versucht wären.

Von einem förmlichen Waffenstillstande könne nicht die Rede sein, da die Preußischen Truppen nach den bisherigen Erklärungen nicht als Feinde da ständen, der König sich aber durch keine fremde Macht verpflichten lassen könne, die insurgirten Einwohner in seinem eigenen Lande zu respektiren.

Die Stellung der Vorposten möge durch beiderseitige Bevollmächtigte regulirt werden; da aber die Verhandlungen über das Verhältniß Holsteins nicht auf militärischem, sondern auf diplomatischem Wege geführt werden müßten, so schlage der Oberbefehlshaber eine Einstellung der militärischen Operationen, „und zwar vorläufig auf 14 Tage" vor.

Zu allen Punkten der Frage, um die es sich handelte, stand man sich danach grundsätzlich entgegen; dennoch schlug man Dänischerseits statt einer dreitägigen eine vierzehntägige Waffenruhe vor. Die Verhandlungen des Majors v. Wildenbruch hatten zu gar keinem Resultat geführt, und es war durchaus nicht wahrscheinlich, daß erneuerte Besprechungen den Zweck erreichen sollten, besonders da die Dänen sich auf den faktischen Besitz stützen konnten. Offenbar war es wichtig, hier zu einer schleunigen Entscheidung zu gelangen, welche eine spätere Einmischung fremder Mächte dann als fait accompli fände. Die Dänen würden nach 14 Tagen nicht fügsamer gewesen sein, diese aber zur Vervollständigung ihrer Rüstungen benutzt haben. Oberst v. Bonin brauchte nur noch fünf Tage, um diejenigen Truppen zu versammeln, mit denen er eine Preußische Entscheidung der Sache herbeizuführen entschlossen war.

Durch den Bundesbeschluß vom 13. April erhielt der Oberst v. Bonin auch größere Freiheit, die er seinem Charakter entsprechend benutzte. Die

Bundesversammlung erkannte die provisorische Regierung als eine solche an, welche im Namen ihres Herzogs und mit Vorbehalt seiner Rechte zur nothgedrungenen Vertheidigung ihres Landes handle, und forderte die vermittelnde Preußische Regierung auf, selbige in Schutz zu nehmen; ferner wurde bestimmt, daß die Räumung des Herzogthums Schleswig von Dänischen Truppen, falls sie nicht erfolge, zu erzwingen sei. Endlich sollte Schleswig in den Deutschen Bund aufgenommen werden, als sicherste Garantie für die Union der Herzogthümer.

Dieser Beschluß war in hohem Grade unpraktisch. Nachdem Schleswig erobert, hätte man auf dessen Aufnahme hinwirken können. Im Voraus dies zu fordern, warf den Schein der Aggression auf Deutschland und besonders auf Preußen.

Oberst v. Bonin antwortete dem General v. Hedemann am 15. Nachmittags:

Ob Dänische Truppen in Holstein einrücken sollten, wolle er unerörtert lassen. Er habe einzig und allein die Pflicht zu erfüllen, den Status herzustellen, welcher durch ihr Einrücken in Schleswig verletzt worden sei. Zu diplomatischen Verhandlungen nicht ermächtigt, wolle er, um den Versuch nicht zu unterlassen, den Major v. Wildenbruch, welcher sich im Hauptquartier befände, morgen nach Schleswig schicken, um zugleich seine „letzte Erklärung" dort abzugeben, und während dessen Aufenthalt dort die diesseitigen Truppen anweisen, sich aller Feindseligkeiten zu enthalten, sofern sie nicht selbst angegriffen würden.

Dem Hauptmann v. Delius vom Generalstabe, der dies Schreiben übergeben sollte, wurde dasselbe in Jagel von einem Infanterie-Hauptmann abgenommen. Inzwischen hatte Major v. Wildenbruch Anweisungen aus Berlin erhalten, welche ihn veranlaßten, mit dem Grafen Knuth zu Flensburg schriftlich zu verhandeln.

Nach dem in dem Werke des Dänischen Generalstabes mitgetheilten Briefe des Majors v. Wildenbruch an den Grafen Knuth wurde die ermäßigte Forderung gestellt, daß die Dänen sich bis nördlich von Flensburg und Tondern zurückziehen sollten, in die Position, die sie vor Eröffnung der Feindseligkeiten inne hatten; nur unter dieser Bedingung könne Preußen darauf eingehen, seine Truppen in den eingenommenen Positionen stehen zu lassen und zu unterhandeln.

16. April Die letzte Erklärung des Obersten v. Bonin wurde schriftlich durch den Lieutenant v. Budritzki am 16. April überbracht. Nachdem das Nichterscheinen des Majors v. Wildenbruch angezeigt, lautete das Ultimatum:

„In meinem gestrigen Schreiben habe ich schon die Ehre gehabt, anzuzeigen, daß es meine Pflicht sei, den von Königlich Dänischer Seite verletzten status quo ante wiederherzustellen.

Unter dieser Wiederherstellung ist verstanden:
1. daß die Königlich Dänischen Truppen das Herzogthum Schleswig räumen, indem sie in die Positionen, welche sie vor Ausbruch der Feindseligkeiten, also am 28. März, inne hatten, zurückgehen;
2. daß die Königlich Dänischen Kriegsschiffe zu gleicher Zeit die Häfen und die Gewässer der beiden Herzogthümer verlassen;
3. daß alle seit Eröffnung der Feindseligkeiten gemachten Gefangenen sofort auf freien Fuß gesetzt werden.

Da ich vermuthe, daß Ew. Excellenz nicht mit Instruktion versehen sein werden, um mir eine zustimmende Antwort auf obige drei Punkte sogleich geben zu können, so werde ich eine Antwort bis zum 18. Abends hier erwarten.

Es würde mir zur großen Freude gereichen, wenn meine Pflicht den status quo ante wiederherzustellen, sich auf friedlichem Wege, indem die Königlich Dänische Regierung meine gestellten Bedingungen annähme, erfüllen ließe. Im entgegengesetzten Fall aber sehe ich mich mit Bedauern genöthigt, den mir in dieser Hinsicht ertheilten Instruktionen Folge geben zu müssen.

Bis zur erfolgten Antwort Ew. Excellenz wird mein Befehl, daß die diesseitigen Vorposten sich jeder Feindseligkeit zu enthalten haben, wenn dieselben nicht von Königlich Dänischen Truppen hervorgerufen werden, in Kraft bleiben.

Mit ausgezeichneter Hochachtung

Rendsburg, den 16. April 1848.

gez. v. Bonin."

Ging hier die Forderung des Obersten v. Bonin wirklich weiter als die, welche der Major v. Wildenbruch gemacht hatte, so fand eine Verschiedenheit hinsichtlich des Termins zur Erklärung nicht statt, da der 18. April als solcher von Berlin aus bestimmt vorgezeichnet war.

Daß die Dänische Regierung, durch die demokratische Partei in Kopenhagen zum Aeußersten gedrängt, auf keine jener Forderungen eingehen werde, ließ sich voraussehen.

Oberst v. Bonin war über die Antwort nicht zweifelhaft und entschlossen, am 20. die Operationen seinerseits zu beginnen. Nicht eine Stunde wollte er verlieren, um mit Preußischen Truppen den Ausschlag zu geben: er fürchtete nur, daß es diesen nicht vergönnt sein möchte, allein in der Deutschen Sache einzuschreiten.

Nach Angabe des Prinzen Friedrich*) war folgender Angriffsplan verabredet:

Der Prinz sollte mit den regulären Holsteinischen Truppen, verstärkt durch das Kaiser Alexander Regiment, zusammen 9 Bataillonen, 9 Eskadrons, 3 Batterien, auf der Chaussee Rendsburg—Schleswig vorrücken und bei Mielberg Halt machen; Oberst v. Bonin gleichzeitig mit seinen 7 Bataillonen, 6 Eskadrons, 2½ Batterien nach Gr. Rheide vorgehen und dort Halt machen; Major v. Zastrow mit dem 5. Bataillon, der Jäger-Kompagnie v. d. Heyde, 30 Pferden und 3 Geschützen, den sämmtlichen Freikorps die Schlei an geeigneter Stelle überschreiten und die Defileen von Wellspang im Rücken von Schleswig mit ca. 4000 Mann besetzen.

Am folgenden Tage würde Oberst v. Bonin gleich nach Mitternacht aufbrechen und, während der Prinz mit ca. 8000 Mann über Busdorf angriffe, mit 6000 Mann über Ellingstedt auf der Husumer Straße in die Flanke der Dänen vorgehen, während v. Zastrow ihren Rückzug sperrte.

Ohne Zweifel war dies ein gewagtes Unternehmen, denn die Dänen standen mit überlegenen Kräften mitten zwischen den Angriffskolonnen.

Aber von kampflustigen Truppen überraschend und mit der dem Obersten v. Bonin eigenthümlichen Energie ausgeführt, konnte es die ganze Sache mit einem Schlage beenden. Im unglücklichen Fall hatte man die Festung Rendsburg und die im Anmarsch begriffene Verstärkung im Rücken.

Eben dies verhinderte indeß die Ausführung.

Ernennung des Fürsten Radziwill zum Kommandeur der Preußischen Division, des Generals Halkett zum Oberkommandeur.

Oberst v. Bonin erhielt in der Nacht zum 17. die Nachricht, daß jetzt auch noch das Garde-Schützen-Bataillon, das 1. und 2. Bataillon 2. Infanterie-Regiments, das 1. Bataillon 12. Infanterie-Regiments, die 1. und 2. Eskadron 3. Husaren-Regiments und eine reitende Batterie von 4 Geschützen zur Expedition gegen die Dänen bestimmt seien.

Das erstere Bataillon zählte nur 450 Mann, die übrigen Truppen waren auf die Kriegsstärke gesetzt. Die Preußische Division würde sonach

---

*) Aufzeichnungen des Prinzen Friedrich von Schleswig-Holstein-Noer aus den Jahren 1848 bis 1850 (Zürich 1861) Seite 141.

Ernennung des Generals Hallett zum Oberkommandeur. 43

um ca. 3780 Mann verstärkt und auf die Gesammtzahl von 14 Bataillonen, 8 Escadrons, 3 Batterien oder rund 12 000 Mann gebracht werden. Die Infanterie sollte vom 19. bis 21. April per Eisenbahn in Rendsburg eintreffen.

Hiermit stand nun auch eine anderweite Kommandovertheilung in Verbindung. Generalmajor v. Möllendorff sollte die Garde-Brigade, Oberst v. Bonin die Linien-Brigade, der Generallieutenant Fürst Radziwill das Kommando der Division übernehmen, diese aber mit den Bundestruppen unter den Oberbefehl des Hannoverschen Generals Hallett treten, letzteres unter der Voraussetzung, daß der zur Zeit in England befindliche Prinz von Preußen schließlich an die Spitze aller Streitkräfte treten werde.

Auch der Herzog von Braunschweig erschien in Rendsburg.

Indem so der Oberst v. Bonin in ein untergeordnetes Verhältniß zurücktrat, wurde derselbe von Seiner Majestät dem Könige zum Generalmajor befördert, als Anerkennung der Umsicht, Entschlossenheit und Klugheit, mit welcher er in hochwichtiger Zeit die Angelegenheiten bisher selbstständig geleitet hatte.

Fürst Radziwill langte, begleitet vom Major Laue vom Generalstabe und dem Premierlieutenant v. Kurowski, am 17. in Hamburg an und trug noch am selben Tage dem General v. Bonin auf, für sämmtliche zu erwartenden Truppen enge Kantonnements um Rendsburg vorzubereiten. Da die offensiven Intentionen v. Bonins bekannt waren, so erhielt er ausdrücklich die Anweisung, vor Ankunft des Fürsten am 18. nichts zu unternehmen, es sei denn, daß er angegriffen würde.

Am 18. April waren außer dem General v. Bonin und dem Prinzen Friedrich auch der Fürst Radziwill und General Hallett in Rendsburg anwesend. In den stattfindenden Besprechungen beharrte General v. Bonin bei den Ansichten, welche bisher sein energisches Verhalten geleitet, und nach welchen er, wenn er den Befehl über die Preußischen Truppen behalten hätte, die Offensive ergriffen haben würde. Der zwar nicht formelle aber faktische Waffenstillstand lief am Abend dieses Tages ab, ohne daß irgend eine Erwiderung auf das Ultimatum vom 16. erfolgt wäre.

Auch der Fürst Radziwill war entschieden der Ansicht, daß in politischer, in militärischer, wie in moralischer Hinsicht der Vortheil aus der Hand gegeben würde, wenn man nach abgelaufener Frist und ohne befriedigende Antwort nicht sofort zum Handeln schritte.

Als endlich auch der Prinz Friedrich dringend bat, mit der Offensive nicht zu zögern, erklärte General Hallett, daß er ohne eine ausdrückliche Autorisation dazu von Berlin oder Hannover nicht vorgehen könne.

In einem Schreiben des Königs Ernst August (vom 15.), welches dem General Hallett das Oberkommando überträgt, lautet der Punkt 4 folgendermaßen:

„Der General Hallett wird benachrichtigt, daß auch England sich zu einer Vermittelung angeboten hat.

Die Englische Vermittelung wird erleichtert werden, wenn die Dänen in ihren Stellungen nördlich der Eider nicht ohne dringende Noth angegriffen werden. Der Generallieutenant Hallett wird daher, wenn er nicht von Berlin aus andere Bestimmungen erhält, jeden Angriff auf jene Dänischen Stellungen so lange zu vermeiden suchen, wie es nicht die eigene Sicherheit seines Korps erforderlich macht."

Durch diese Instruktion seines Kriegsherrn gebunden, war General Hallett mit seinen Truppen in den zwei Märsche rückwärts liegenden Kantonnements stehen geblieben, um so mehr, als die nächste Umgegend von Rendsburg durch die Preußische Division dicht belegt war. So sehr nun die eigene Neigung und der ritterliche Charakter dieses rühmlichst bekannten*) kriegserfahrenen Führers ihn zum kräftigen Handeln treiben mochten, glaubte er doch den Aufforderungen der übrigen Generale für jetzt nicht nachgeben zu dürfen.

Fürst Radziwill berichtete sogleich nach Berlin, um von dort den erforderlichen Anstoß herbeizuführen. Auch traf schon am 19. ein kriegsministerielles Schreiben ein, welches ihn ermächtigte, selbst ohne den General Hallett die Offensive zu ergreifen.

Der Fürst theilte diesem den Inhalt des Schreibens mit, sprach die Absicht aus, am 22. vorzurücken, und bat den General, wenigstens Rendsburg zu sichern und ihn, wenn möglich, durch Kavallerie und Artillerie zu unterstützen, an welchen Waffen sein Korps schwach war. Besonders wäre eine Hannoversche 9pfündige Batterie willkommen gewesen, da man in den Dänischen Verschanzungen Geschütz von schwerem Kaliber erwarten durfte.

General Hallett erbot sich sogleich, Rendsburg beim Abrücken der Preußen durch vier Bataillone zu besetzen. Am 21. ging ihm dann endlich noch das kurze Schreiben folgenden Inhalts zu:

Herr General!

Sie empfangen hierdurch den Befehl, dem Bundesbeschluß gemäß, sofort zu attaquiren.

Hannover, den 20. April 1848.   gez. Ernst August.

---
*) Hallett hatte bei Waterloo den General Cambronne zum Gefangenen gemacht.

Hiernach war dem General Hallett, gewiß zu seiner großen Freude, die Freiheit des Handelns gewährt, und da übrigens auch der Prinz Friedrich erklärte, daß die Holsteinschen Truppen erst am 23. an dem beabsichtigten Punkte versammelt stehen könnten und bei der Entfernung der rückwärtigen Kantonnements ein Aufschub nöthig war, so wurde nunmehr definitiv beschlossen, daß man sich am 22. bei Rendsburg konzentriren, am 23. aber mit den Preußischen und Schleswig-Holsteinschen Truppen, verstärkt durch einen Theil der Bundes-Division, vorrücken wolle.

Die Stärke der mobilen Preußischen Divisionen betrug etwa 12900 Mann und 1300 Pferde.

Stärke und Stellung der Bundes-Armee am 22. April 1848.

Die Truppen standen in Kantonnements von durchschnittlich zwei Meilen Halbmesser um Rendsburg. Eine Linie von Kluvensiek am Kanal, über Nortorf an der Eisenbahn, Hörsten an der unteren Eider, Elsdorf, Jockbek, Schirnau am rechten Ufer, bezeichnet ihren Umfang.

Die Schleswig-Holsteinsche Armee, 8900 Mann, 1140 Pferde, kantonnirte östlich bis zum Kieler Meerbusen auf beiden Ufern des Kanals. Die Kavallerie stand bei Hohenwestedt, drei Meilen südlich Rendsburg. Die mobile Bundes-Division, 10755 Mann, 1791 Pferde, befand sich noch in Quartieren, die südlich bis Itzehoe, Kellinghusen und Neumünster reichten. Die Avantgarde stand um Heinstedt.

Es kam also zunächst darauf an, 32500 Mann, 4000 Pferde aus der Entfernung von zwei Märschen zu versammeln.

Zu dem Zwecke wurden bereits am 21. April die Schleswig-Holsteinschen Truppen in Bewegung gesetzt; und zwar wurden drei Freikorps unter Hauptmann v. Gersdorff am östlichen Ende des Witten Sees, dahinter das 5. Linien-Bataillon, die halbe 3pfündige Batterie und ein Zug Dragoner bei Hohn, alles unter Befehl des nunmehrigen Majors v. Zastrow, am Abend dieses Tages konzentrirt. Die Kavallerie versammelte sich nun Remmels, auf der Itzehoe-Rendsburger Straße.

Am 22. April wurden sodann sämmtliche Preußischen Truppen in ganz enge Kantonnements zwischen der Sorge und der Eider zusammengezogen und zwar die Garde-Brigade rechts, die Linien-Brigade links der Chaussee. Nur das Kürassier Regiment mit der reitenden Batterie blieb noch am südlichen Ufer der Eider, stand aber ganz dicht an Rendsburg. Es befanden sich zunächst als Feinde und nur zwei Meilen von Schleswig entfernt, vom rechten Flügel am Witten-See anfangend:

in Bunge　　　Füsilier-Bataillon Kaiser Franz-Regiments,
„ Stenten-Mühle ⎱　　　　„ Alexander-Regiments und
„ Duvenstedt　　⎰　2 Eskadrons des 3. Husaren-Regiments,
„ Krummenort
  Sorgbrück　　⎱ Füsilier-Bataillon 31. Infanterie-Regiments,
„ Ahrenstedt　 ⎰
  Lohe　　　　⎱　　„　　20.　„
„ Föhrden　　 ⎰

zusammen 4 Bataillone, 2 Eskadrons.

Dicht dahinter:
  in Lehmbek 1. und 2. Bataillon Kaiser Franz-Regiments,
  „ Borgstedt*) 1. und 2. Bataillon Kaiser Alexander-Regiments,
  „ Rickert**) Garde-Schützen-Bataillon,
  „ Büdelsdorf Garde-Fuß-Batterie,
    Fockbek ⎱ 1. und 2. Bataillon 2. Infanterie-Regiments,
    Hohn　 ⎰ 6pfdge Fuß-Batterie Nr. 11,
  „ Rendsburg ⎰ 1. Bataillon 12. Infanterie-Regiments,
    　　　　 ⎱ 1.　„　20.　„　„
    　　　　　　Pionier-Abtheilung,

endlich:
  in Audorf　 ⎱
  „ Schüldorf ⎰ 2. Kürassier-Regiment,
  „ Oster- und Wester-Rönfeld reitende Batterie Nr. 7.

Die Masse der Division stand demnach mit zwei Meilen Front, von Bunge bis Hohn, und einer Meile Tiefe dicht vor Rendsburg hinter der Sorge versammelt.

Ferner wurde an diesem Tage die Schleswig-Holsteinsche Infanterie und Artillerie aus dem bis Kiel reichenden Kantonnement nach dem linken Flügel zu dislozirt, so daß sie zwischen dem Witten-See und der Eider, rückwärts auch noch über diese hinaus, versammelt standen. Die Kavallerie wurde nach Rendsburg herangezogen und biwakirte auf dem Exerzirplatze südlich der Festung.

Von der Bundes-Division wurde die Hannoversche 9pfündige Batterie und die Oldenburgische Halbbatterie per Eisenbahn nach Rendsburg geschafft. Die Avantgarde, unter General v. Schnehen, rückte näher nach Rendsburg

---

*) An der Eider, 1,5 km unterhalb Lehmbek, gelegen.
**) 3 km nördlich Rendsburg gelegen.

heran. Die nächsten Abtheilungen, in der Gegend von Jevenstedt, standen eine Meile von der Festung, alles Uebrige aber noch weiter entfernt.

Die 1. Brigade kam nach Hohenwestedt und Bargstedt, drei Meilen rückwärts, und die 2. Brigade blieb fürerst noch stehen.

Wäre die Bundes-Division gleich anfangs unter Preußischen Befehl gestellt worden, so wären der Zeit nach zwei Maßregeln ausführbar gewesen.

Entweder man zog die Division am 22. in Biwaks dicht südlich Rendsburg heran, um sie unmittelbar im Gefecht zu verwenden, oder man fühlte sich stark genug, ohne dieselbe mit den Dänen bei Schleswig fertig zu werden, dann konnte die Division gleich links nach Heide abrücken, die Eider bei Süderstapel und Friedrichstadt am 22. passiren, am 23. nach Hellingstedt und Husum vorgehen und am 24., dem Tage der Schlacht, direkt auf Flensburg marschiren, um so ein ganz entscheidendes Resultat zu erreichen.

Die aus dem Bundesverhältniß hervorgehenden Schwierigkeiten und Zögerungen ließen keine von beiden Maßregeln mehr zu.

Freilich konnte man sich durch abermaliges Zuwarten bei dem beabsichtigten Angriff um 10000 Mann verstärken; dann aber fiel auch jede Ueberraschung des Gegners fort, der eben durch die so weit zurückreichenden Kantonnements der Bundes-Division in Sicherheit gewiegt wurde. Ihr Heranrücken an die Eider konnte nicht leicht unbemerkt bleiben. Endlich auch sprachen politische Gründe dafür, die Befreiung Schleswigs durch Preußische Kräfte zu bewirken, und man hegte die Zuversicht, daß sie der Aufgabe auch ohne weiteren Beistand gewachsen sein würden.

Die Bundes-Division bildete dann zwar keine Reserve im Gefecht, aber doch eine nachrückende Verstärkung für die folgenden Operationen.

Disposition des Fürsten Radziwill.

Die Disposition des Fürsten Radziwill für den Vormarsch am 23. bestimmte Folgendes:

„Die Division marschirt in zwei Kolonnen gegen die feindliche Stellung bei Schleswig vor.

Die erste Kolonne, unter Führung des Generalmajors v. Möllendorff, besteht aus den 7 Bataillonen der 2. Garde-Infanterie-Brigade, 2 Eskadrons des 3. Husaren-Regiments, 2 Batterien: Garde-Fuß-Batterie Nr. 3 und reitende Batterie Nr. 7 = 7 Bataillone, 2 Eskadrons, 12 Geschütze.

Die zweite Kolonne unter Generalmajor v. Bonin: 7 Bataillone der kombinirten Linien-Brigade, 4 Eskadrons des 2. Kürassier-Regiments,

1 Batterie Nr. 11 und 2 Haubitzen der reitenden Batterie = 7 Bataillone, 4 Eskadrons, 10 Geschütze.

Um 7 Uhr früh setzen sich die erste Kolonne von Steuten-Mühle, die zweite von Sorgbrück in Bewegung.

Die erste verfolgt den Weg über Brekendorf und Ober-Selk, die zweite bleibt auf der Chaussee. Die aus allen Waffen formirten Avantgarden beider Kolonnen werfen die Vortruppen des Feindes hinter den Kograben (1½ Meile diesseits Schleswig). Generalmajor v. Möllendorff besetzt diese Stellung.

Wenn, wie zu vermuthen, die Avantgarde der zweiten Kolonne bis zum Kograben nur schwache feindliche Truppenabtheilungen vor sich hat, so macht diese bei Kropp Halt und biegt von dort links nach Gr. Rheide ab, sobald General v. Möllendorff seine Stellung genommen hat. Auch die Avantgarde der zweiten Kolonne zieht sich dann nach Rheide heran.

Während des Vormarsches nach dem Kograben setzt die erste Kolonne sich rechts in Verbindung mit den Holsteinischen irregulären Truppen und sendet von Brekendorf eine kleine Abtheilung nach Fleckeby. Die zweite Kolonne läßt von Kropp sogleich ein Detachement nach Rheide vorgehen."

Die Holsteinischen Truppen hatten sich aus ihren Kantonnements vor Witten-See der rechten Kolonne bei Steuten-Mühle unmittelbar anschließen können. Aber theils wollte man sie gern unter Befehl des Generals v. Bonin lassen, den sie einmal kannten, und zu dem sie großes Vertrauen hatten, theils hoffte man von der Avantgarde der Bundes-Division, daß wenigstens 3½ Bataillone, 3 Eskadrons und 6 Geschütze verfügbar sein würden, welche dem General v. Möllendorff folgen sollten.

Dies geschah nun später doch nicht, und nur General v. Bonin wurde durch 4¾ Bataillone, 10 Eskadrons, 22 Geschütze des Prinzen Friedrich verstärkt.

Angeordnet war ferner, daß die Truppen eine zweitägige Reisportion und eine eintägige Haferration als eisernen Bestand faßten, außerdem trug jeder Mann auf zwei Tage Brot, ½ Pfund Fleisch, 2 Loth Salz und ¹⁄₁₆ Quart Branntwein; auch für die nächsten, voraussichtlich anstrengenden zwei Tage ½ Pfund Speck.

Holz und Lagerstroh für die diesseits Schleswig beabsichtigten Biwaks sollte zwei Stunden nach dem Abmarsch aus Rendsburg nachgeführt werden.

An Vorspann- und Reitpferden für die Truppen waren dort versammelt 268 Pferde, an sonstigem Fuhrwerk für Biwaksbedürfnisse, Lebensmittel und zum Krankentransport 350 Wagen, 988 Pferde.

Mit diesem Vorrücken stand in Verbindung der Auftrag, welchen Major v. Zastrow in der rechten Flanke auszuführen hatte.*)

Wir haben gesehen, daß derselbe die Konzentration seines, größtentheils aus Freischaaren bestehenden, etwa 2300 Mann starken Korps am Ostrande des Witten Sees bereits am 21. bewirkte. In der Nacht zum 22. schon sollten die Freikorps unter dem Hauptmann v. Gersdorff zwischen den feindlichen Posten von Eckernförde und Missunde hindurch nach Stubbe (an der mittleren Schlei) marschiren und dort auf Kähnen übersetzen, deren man sich bei den Fischern in Arnis versichert hatte; Major v. Zastrow hingegen mit seinem, dem 5., Bataillon, einer halben 3pfündigen Batterie und einem Zuge Dragoner sollte Missunde selbst angreifen. Dabei hatten die Freischaaren im Rücken des Feindes mitzuwirken. Gelang es nicht, bei Missunde durchzudringen, so würde auch v. Zastrow über Stubbe folgen. Er sollte Angeln insurgiren, den Dänen, während sie in der Front bei Schleswig angegriffen würden, Besorgniß wegen ihres Rückzuges erwecken, diesem, falls er auf Holnis eingeschlagen würde, bei Wellspang entgegentreten, wenn auf Flensburg, bei Süder-Schmedeby und Oversee Abbruch thun.

Diese Disposition des Fürsten Radziwill war im Wesentlichen die Ausführung dessen, was schon früher zwischen General v. Bonin und dem Prinzen Friedrich verabredet, mit größeren Mitteln. General v. Bonin führte etwa 12000 Mann, General v. Möllendorff blieb aber, da die Bundestruppen ausfielen, nur etwa 7500 Mann stark.

Bei dem kurzen Anmarsch von nur 1¾ Meilen konnte es schon Vormittags am Kograben zum ernsten Gefecht kommen.

Von dort aus standen dem rechten Flügel bei weiterem Vordringen große Schwierigkeiten im Terrain entgegen, welche nur durch das Eingreifen des linken zu überwinden waren.

Die Aufgabe der Kolonne v. Bonin war dann an diesem Tage weit weniger die Umgehung der rechten Flanke des Feindes, als vielmehr die Umfassung seines rechten Flügels.

Bei Groß-Rheide ist ohnehin die sumpfige Rheider Au nicht zu passiren. Um zu umgehen, mußte General v. Bonin bis Hollingstedt ausholen; um General v. Möllendorff die Arbeit zu erleichtern, konnte er die Richtung auf Klein-Rheide und Hüsby nehmen.

Wollte man aber mehr als bloß den Feind zurückwerfen, sollte ein großer Erfolg erzielt werden, indem man den Gegner von der Rückzugslinie

*) Siehe S. 42.

auf Flensburg abdrängte, dann war durchaus geboten, daß der unmittelbar vor seiner Front stehende rechte Flügel dem linken Zeit gewährte. Ein defensives Verhalten der ohnehin so viel schwächeren Brigade v. Möllendorff war die Bedingung dafür.

Das Gefecht in diesem Sinne zu leiten, war die in der Disposition ausgesprochene Absicht; wir werden sehen, daß sie durch das Ungestüm der Truppen vereitelt wurde.

Ernennung des Generals v. Wrangel zum Oberkommandeur.

Ehe der beabsichtigte Vormarsch zur wirklichen Ausführung gelangte, trat ein abermaliger Wechsel im Oberkommando, jetzt der dritte auf Deutscher Seite, ein, indem der Kommandirende des II. Preußischen Armee-Korps, General der Kavallerie v. Wrangel, auf Ansuchen des Bundes und im Einverständniß speziell auch Hannovers, mit demselben betraut wurde.

Nachdem General v. Wrangel Tags vorher in Berlin seine Instruktion erhalten hatte, traf derselbe am 21. spät Abends in Rendsburg ein, begleitet von dem Major v. Kirchfeldt vom Generalstabe, dem Hauptmann v. Massow von der Adjutantur und dem Lieutenant v. Wrangel vom 3. Kürassier-Regiment.

In seinem Stabe traten ferner über Major Graf Oriola, welcher schon zur Stelle war, und Hauptmann v. Franseck, welcher sich am 23. auf dem Schlachtfelde meldete, beide vom Generalstabe; dann Prinz Friedrich Karl mit seinen Begleitern, dem Major v. Schlegell und Lieutenant v. Stülpnagel des 1. Garde Regiments zu Fuß. Der Chef des Generalstabes, General v. Stockhausen und der Kommandeur der Artillerie, Oberst Fiedler, langten erst nach der Schlacht am 24. resp. 25. an.

Der Generalarzt des II. Armee-Korps, Dr. Wasserfuhr, übernahm das Lazarethwesen und der Intendantur-Rath Loos vom Garde-Korps die Intendantur.

Die Aufgabe des Generals v. Wrangel war eine schwierige.

Als Bundesfeldherr konnte er leicht in Kollision mit seiner Stellung als Preußischer General gerathen, auch blieb das Verhältniß zur provisorischen Regierung wie zum Holsteinschen Oberkommando noch zu regeln. Den größten Theil der ihm untergebenen Führer kannte er nicht; es war keine Zeit mehr, weder die Truppen zu sehen, mit denen, noch das Terrain, auf welchem gefochten werden sollte. Hinsichtlich des Feindes und seiner Stellung mußte er sich auf fremde Beurtheilung verlassen; fast unmittelbar nach seinem

Eintreffen und ehe noch sein Stab versammelt war, ging es zur Schlacht. Aber General v. Wrangel hatte das allgemeine Vertrauen der Truppen für sich, welches seine glänzende militärische Laufbahn ihm erworben hatte, und er that das Beste, was unter solchen Umständen gethan werden kann, indem er einfach den Vormarsch nach der Disposition seines Vorgängers zur Ausführung brachte.

Die Dänische Armee in und bei Schleswig.

Wir müssen uns jetzt der Dänischen Seite zuwenden.

Durch die Besetzung von Schleswig am 11. April war das Herzogthum als wiedererobert zu betrachten.

Der Kriegsminister Tscherning hatte dem General Hedemann die Instruktion gegeben, nicht über Schleswig hinauszugehen, sich aber im Fall eines Angriffs kräftig zu vertheidigen und nur vor entschiedener Uebermacht von Stellung zu Stellung zurückzuweichen. Doch, wurde sehr bezeichnend hinzugefügt, dürfe der Widerstand nicht so weit gehen, daß das Armee-Korps aufgerieben werden könne.

Wie schon erwähnt wurde, ging General v. Hedemann, dieser Instruktion entsprechend, auf die Versuche friedlicher Ausgleichung nicht ein; er schlug eine vierzehntägige Waffenruhe vor und acceptirte stillschweigend eine dreitägige.

Wahrscheinlich wollte man nur Zeit gewinnen, damit die diplomatische Vermittelung befreundeter Kabinette wirksam würde.

Auch war bekannt, daß die Bundestruppen noch rückwärts bei Itzehoe und Rellingbusen standen; daß die Preußen ohne sie das Deutsche Bundesgebiet überschreiten würden, scheint man nicht angenommen zu haben.

Auf das vom General v. Bonin am 16. April gestellte Ultimatum war keine Antwort erfolgt; dagegen war das vermittelnde Schreiben des Majors v. Wildenbruch vom 15. April an den Grafen Knuth von diesem am 18. April dahin beantwortet worden, daß Se. Majestät die vorgeschlagene Demarkationslinie nicht annehmen könne und das Vorrücken Preußischer Truppen in Schleswig als einen Kriegsfall betrachten müsse, dem gegenüber alle Vertheidigungsmittel, namentlich gegen die Seehäfen und Handelsmarine Preußens, in Anwendung gebracht werden würden.

Der größte Theil der ganzen Dänischen Armee lag in der Stadt Schleswig selbst, die Avantgarde diesseits der Schlei in Friedrichsberg, die 1. Brigade, und was nach der Detachirung auf Missunde von dem Flankenkorps noch übrig blieb, jenseits im Lollfuß und in der Altstadt, die 2. Brigade stand in den Dörfern nördlich bis zum Arenholzer und Lang-See.

4*

Von der Kavallerie kantonnirte das 6. Dragoner-Regiment in den Dörfern südwestlich der Stadt, in Groß- und Klein-Dannewerk, Hüsby und Schuby, der Rest war in den Infanterie-Kantonnements vertheilt.

Die Artillerie stand in den verschiedenen Stadttheilen — Gottorf, Lollfuß, Altstadt und Friedrichsberg — nur zwei Geschütze der 5. Batterie waren dem Oberstlieutenant v. Harthausen nach Missunde mitgegeben und vier Geschütze der 6. Batterie nach Groß-Dannewerk detachirt.

Das Hauptquartier befand sich nebst dem schwachen 13. Bataillon im Schlosse Gottorf.

Die Hülfsmittel, welche die eine halbe Meile lange Stadt bot, gestatteten eine sehr konzentrirte Unterbringung, und die Einwohner, welche fast durchgängig Deutsch gesinnt waren, wurden dabei nicht geschont.

Zur Sicherung dieser Quartiere wurden mit täglicher Ablösung nach Silberstedt, Ellingstedt, Jagel und Fahrdorf je eine Kompagnie mit 30 bis 40 Pferden gestellt. Diese Punkte liegen eine Meile voneinander und eine halbe bis eine Meile von Schleswig entfernt. Außerdem waren Kavalleriepostirungen in Jübek, westlich von Arenholzer See und südlich gegen Klein-Rheide und Kropp, auf 1½ Meilen vorgeschoben.

Die Infanterie gab danach täglich ein Bataillon, die Kavallerie 240 Pferde, welche dabei sehr herunterkamen.

Aus allen diesen Postirungen wurden Feldwachen noch weiter vorgeschoben nach Sollbrück, Treia, Hollingstedt an der Treene, dann über Dörpstedt, Kropp, Kropper-Busch und Rickeffel.

Bei der Ausdehnung dieses sechs Meilen langen Kordons war man in der Lage, das Vorgehen des Feindes, von welcher Seite es auch erfolgte, alsbald zu erfahren, nicht aber es aufzuhalten; sonach blieben namentlich die Kantonnements der Kavallerie und Artillerie südlich und westlich von Schleswig ernstlich gefährdet.

Vom 20. April ab traten folgende Modifikationen im Vorpostendienste ein.

Von den vier Kompagnien der mit täglichem Wechsel zum Vorpostendienst kommandirten Bataillone wurde eine bei Silberstedt, eine bei Ellingstedt, die dritte hinter der Rheider Au, die vierte bei Jagel postirt, sie hielten durch Feldwachen Verbindung untereinander und mit den Kavallerie Kantonnements, von wo aus Patrouillen nach einer bei Friedrichsberg als Pikel aufgestellten Kompagnie gingen.

Bei Silberstedt, Ellingstedt, hinter der Rheider Au, bei Jagel und östlich des Habdebyer Noor standen fünf Kavalleriefeldwachen, deren Stärke Nachts verdoppelt wurde.

Am 13. war der König, begleitet von der Garde zu Pferde, in Schleswig eingezogen. Er nahm die Parade der Truppen ab, vertheilte Orden und kehrte nach Flensburg zurück.

Im Uebrigen beschränkte man sich darauf, den Einwohnern die Gewehre wieder abzunehmen, deren die provisorische Regierung mehrere Tausend vertheilt hatte, und mißliebige Personen zu verhaften. Zu diesem Zweck segelte auch am 15. die „Najade" nach Fehmarn. Kapitän Dirking-Holmfeld ging, um Briefe und Instruktionen an Beamte der Insel abzugeben, mit zwei Matrosen ans Land. Auf Veranlassung eines dortigen Hofbesitzers wurde er von bewaffneten Einwohnern festgenommen und einer seiner Begleiter bei dem Versuche, ihn zu befreien, erschossen.

Besser gelangen einige von den Dänen versuchte Arretirungen auf den Friesischen Inseln der Westküste.

Am 18. Abends lief nun die faktische Waffenruhe ab, und die Dänische Regierung notifizirte dem Preußischen Gesandten in Kopenhagen, daß zu diesem Zeitpunkt, den sie als das Eintreten des Kriegszustandes ansähe, sie zu ihrem Bedauern genöthigt sein werde, die Preußischen Schiffe im Sund und in den Dänischen Häfen vorläufig mit Embargo zu belegen.

Aus der Ordre de bataille (Anlage 4) ergiebt sich, daß General v. Hedemann einschließlich der Garde bei Schleswig und Missunde 14 Bataillone, 15 Eskadrons und 30 Geschütze, zusammen ungefähr 12000 Mann, zu seiner Verfügung hatte.

Das 3. und 6. Bataillon standen auf Alsen, das 8. war größtentheils im Marinedienst, die Garde zu Pferde in Flensburg, zwei Eskadrons Dragoner rückwärts und zwei Batterien in Kopenhagen zum Ausrücken fertig. Alle diese Truppentheile hätten unzweifelhaft in den Tagen der Ruhe heran gezogen werden können, und man wäre dann den Preußen allein wenigstens numerisch gewachsen gewesen. Wenn dies nun nicht geschah, so darf man annehmen, daß gegen einen überlegenen Angriff der Rückzug unter stets erneuertem Widerstand in einer Reihe von Stellungen von Hause aus beschlossen war.

Das Kriegstheater in Schleswig.

Die Schleswigsche Halbinsel wird gebildet durch einen Höhenrücken, welcher sich von Süd nach Nord, der Ostküste näher als der Westküste, hinzieht. Er fällt daher mit einem steileren Hang in erster, mit einem sehr flachen in letzter Richtung ab und senkt sich in den Friesischen Marschen bis unter den Spiegel der Meeresfluth. Die starken Deiche, welche hier das Land schützen, lassen die Binnenwasser nur zur Ebbezeit aus, bei der Fluth wird die Strömung der Flüsse rückläufig, wo die Mündung nicht durch Schleusen abgeschlossen ist.

Die Kontur der Westküste ist daher eine einfache, fast geradlinige; an der Ostküste hingegen treten in mannigfachen Gliederungen die Meeresarme bei Eckernförde, Schleswig, Flensburg, Apenrade, Hadersleben und Kolding zwei bis fünf Meilen weit in das Land hinein und bis unmittelbar an den Höhenrücken heran, welcher dann steil zu ihnen abstürzt.

Es ist in dieser Konfiguration des Landes begründet, daß alle nur einigermaßen beträchtlichen Flüsse ihren langsamen Lauf nach Westen nehmen, da die Bäche an der Ostseite bald nach ihrem Entstehen schon die See erreichen.

Das Land zerfällt hiernach in drei nach eigenthümlicher Beschaffenheit sehr verschiedene Regionen.

Der Höhenrücken in der Mitte wird im Allgemeinen durch die Richtung des Ochsenweges bezeichnet, welcher alle tieferen Einschnitte vermeidet. Dieser Landrücken bildet ein meist mit Haidekraut bewachsenes Plateau, auf welchem, im Vergleich mit dem übrigen Terrain, die größte Gangbarkeit stattfindet. Die Wege sind sandig, daher beschwerlich, aber zu allen Zeiten fahrbar. Diese Gangbarkeit wird jedoch auch hier durch weite Moorflächen beschränkt, durch mannigfache Seebildungen eingeengt, von zerstreuten Waldparzellen unterbrochen und vielfach von den durch die landesübliche Koppelwirthschaft bedingten Einfriedigungen der Felder durchschnitten. Die Landschaft ist öde und arm, der Boden leicht, die Menschenwohnungen sind selten und dürftig.

Ganz anders sieht es östlich von diesem Abschnitt aus. Der Reisende wird angenehm überrascht, wenn, nach einer Fahrt von vier Meilen über traurige Haideflächen, mit einsamen „Krügen" am Wege und Torfschuppen zu beiden Seiten desselben, plötzlich sein Blick auf den glänzenden Spiegel eines Meeresarmes fällt, an dessen Ufer ein wohlgebautes reinliches Städtchen sich hinstreckt, hinter welchem reichbewaldete Höhen sich erheben. Die Segel und Masten der Seeschiffe, hier tief im Lande, die blaue Fluth und das lichte Grün der Buchen erquicken das Auge. Die Bäche fließen im raschen Lauf nach der Tiefe, Teiche und Seen wechseln mit sauberen Gehöften, fruchtbaren Feldern, alle von lebendigen Hecken eingefriedigt und durch zahlreiche Heerden belebt.

Die Landzungen, welche sich vom Höhenplateau zwischen den „Fjorden" bis zum Strande der Ostsee hinziehen, Dänischer Wohld, Schwansen, Angeln, Sundewitt, zeigen den mannigfachen Wechsel von meist waldgekrönten Kuppen, mit kurzen Einsenkungen des vorherrschenden, fruchtbaren Lehmbodens. Die reichen Dorfschaften, die großen Landgüter, zum Theil mit schönen Schlössern, liegen hier nahe aneinander und bieten für Unterkunft und Verpflegung von Truppen alle wünschenswerthen Mittel, dagegen ist die Gangbarkeit aufs Aeußerste beschränkt. Kunststraßen giebt es wenige, und alle Wege ziehen im Zickzack zwischen den Feldern hin. Zu beiden Seiten von Erd- und Steinwällen eingefaßt, bilden sie fortwährend Defileen und werden von der Nässe sehr bald tief aufgeweicht. Außerhalb der Wege fortzukommen ist mit großer Ermüdung nur für einzelne Tirailleure, für Kavallerie und Artillerie aber gar nicht möglich, da alle Felder in sich abgeschlossen sind.

Bei der Verschiedenheit der Bodenqualität hat jeder Bauer mehrere Koppeln an verschiedenen Stellen. Ein sogenanntes „Heck" öffnet den Eingang vom Wege her, aber nur auf den Gütern mit großem Areal findet eine solche Verbindung von einem Felde zum anderen statt.

Die Erdwälle, hier „Knicks" genannt, welche jedes einzelne Feld und fast jeden Weg umschließen, sind durchschnittlich 3 bis 4 Fuß hoch, meist mit Gräben versehen und auf ihrer Krone mit Haselbüschen, oft auch mit Eichen und Eichen bestanden, deren Zweige geknickt und ineinander geflochten werden.

Wo der Schutz durch Laubwerk im sandigen Boden nicht erzielt werden kann, sind diese Wälle oftmals aus Feldsteinen aufgemauert.

Ein gründlicher Kenner des Landes, der Prinz Friedrich, weist darauf hin,*) wie an den „Knick" alle Lebensgewohnheiten des Landmannes gebunden sind. In seiner friedlichen Beschäftigung dient er ihm als Begrenzung seines Eigenthums, als Abwehr für seine Kornfelder und als Wächter des auf den Grasflächen freigebenden Viehs. Wenn er bei der Arbeit von einem Regenschauer überrascht wird, flüchtet er sich unter den Schutz des Knicks; um das mitgenommene Brot zu verzehren, setzt er sich in den Schatten des Knicks; und wenn er den Rock ablegt, so versteckt er ihn in dessen Gebüsch. Im Gefecht strebt er stets den Knick zu erreichen; wird er dort umgangen, so sieht er sich nach dem nächsten um, und ist er verwundet, so legt er sich am Knick nieder und erwartet dort sein Schicksal.

Ein Feld von 20 Morgen Fläche gilt schon als groß, und es begreift

---

*) Aufzeichnungen des Prinzen Friedrich von Schleswig-Holstein-Noer aus den Jahren 1848 bis 1850. Zürich, 1861. Seite 247.

sich daher leicht, wie sehr Umsicht und Beweglichkeit durch diese zahllosen, mit dem Gebüsch 8 bis 10 Fuß hohen Wälle beschränkt werden. Erhebt sich auch eine Kuppe, so daß sie der Artillerie eine weite Uebersicht gewährt, so bleibt es dennoch mißlich, dort aufzufahren. Die feindliche Infanterie findet fast immer Schutz und Deckung, um nahe heran zu kommen, und das Abfahren durch ein enges „Heck" über eine baufällige Brücke von ein paar mit Rasen bedeckten Baumstämmen, in einem engen Feldweg ist dann nicht immer ausführbar.

Die Kavallerie findet selten ein Feld, auf welchem eine Schwadron aufmarschiren könnte, und fast nie ein Angriffsfeld vor sich.

Selbst die Infanterie ist fast ganz auf die Kompagniekolonne und das zerstreute Gefecht angewiesen; wogegen die Thätigkeit der Pioniere äußerst willkommen ist, um Durchgänge zu bahnen, Wege und Brücken herzustellen.

Es leuchtet ein, daß in diesem Lande nirgends eine bataille rangée geschlagen werden kann, und daß der Kampf durch eine Reihe von Einzelgefechten und vorzugsweise durch Schützen entschieden werden muß.

Die Westabdachung des Landrückens, die sogenannte „Geest", eine Diluvialformation, trägt in vieler Beziehung den Charakter des Höhenplateaus selbst. Sie ist flach, nur theilweise bebaut, von sandiger und mooriger Natur, mit vereinzelten Dorfschaften und wenig Wald. Der weite Blick von der Höhe westwärts über die braune Haide und die öden Torfmoore ist sehr eigenthümlich; man glaubt das Meer zu sehen. Nur inselartig erhebt sich zuweilen der Lehmboden, z. B. bei Schwabstedt, zu größerer Höhe. Je weiter westlich desto mehr schwindet aller Baumwuchs unter dem Hauche des Nordwestwindes.

Vollkommen eben und waldfrei, eine unabsehbare grüne Fläche, ist endlich das noch tiefer gelegene Marschland, eine Alluvialbildung, aus welcher, weithin sichtbar, nur das hohe Strohdach und der mit den lebhaftesten Farben bemalte Giebel des reichen Friesischen Bauernhofes in seinem „Busch" hervorragt. Hier, und nur hier, fehlen die Knicks ganz; aber an ihrer Statt trennen tiefe und breite Wassergräben die hochgewölbten Ackerstücke, um den fetten, schwarzen Boden trocken zu legen. Der Fremde ist überrascht, in einem bloßen Ackergraben regelmäßige Ebbe und Fluth zu finden und die rothen Segel kleiner Seeschiffe mitten unter Heuschobern und Viehheerden zu erblicken. In dem ganzen Abschnitt der westlichen Abdachung nun zieht nicht eine einzige gebaute Straße in der Richtung von Süd nach Nord durch das Land. Es giebt nur Transversal-Kommunikationen und Feldwege von Ort zu Ort. Der Grund liegt in den, nur in diesem Abschnitt vorkommenden Flüssen, welche die braunen Wasser der Torfmoore auf der Höhe im langsamen westlichen Lauf der Nordsee zuführen. Sie fließen sämmtlich, ohne eigentlich Thäler zu bilden, in breiten flachen Mulden mit sumpfigem Wiesengrund.

Ursprünglich waren diese flachen Senkungen wahrscheinlich Meeresarme, die sich in das Land hinein erstreckten, bis der Mensch die Fluthen durch seine Dämme und Deiche ausschloß. Geschichtlich ist dies von der Niederung des jetzigen Flüßchens Treene nachzuweisen. Die Handelsschiffe der Nordsee gingen bis Rheide (Rhede) hinauf und nahmen hier die Waaren auf, welche von den baltischen Häfen durch die Schlei herangeführt wurden.

Aus diesem Verkehr erwuchs damals eine bedeutende Handelsstadt, die jetzige Landstadt Schleswig.

Aber noch heute werden die Treene Wiesen bis Hollingstedt hinauf unter Wasser gesetzt, wenn bei Friedrichstadt die Hochfluthen des Meeres eingelassen werden, und wie sumpfig noch jetzt die Rheider Au ist, beweist am besten der Umstand, daß von Klein Rheide bis Hollingstedt — eine Strecke von reichlich einer Meile — nicht ein einziger Uebergang über diese vorhanden ist.

Diese merkwürdige Terrainformation wurde denn auch früh schon für die Landesvertheidigung ins Auge gefaßt. Es kam darauf an, die nur eine Meile lange Strecke, den eigentlichen Höhenrücken zwischen der Schlei und der überschwemmten oder doch versumpften Rheider Au abzusperren. Zwei mächtige Erdwälle, der Kograben und der Margarethen Wall, zeugen noch nach zehn Jahrhunderten von diesem Bestreben, und die Dänen sind in allerneuester Zeit auf das Werk der Thyra Danebode zurückgekommen, indem sie es mit allen Mitteln der heutigen Kriegskunst ausrüsteten.

Der Kograben (Churgraben, Kowarti, Churwirk, Dänisch Kowirke) ist ein 16 bis 20 Fuß hoher, an der Südseite mit 10 bis 12 Fuß tiefem Graben versehener Erdwall, welcher sich von der Südspitze des Seller Noors in gerader Richtung, 8000 Schritt weit, bis Kurburg erstreckt.

Das eigentliche Dannewerk oder der Margarethen-Wall hebt etwas nördlicher am Haddebyer Noor mit einem Ringwall an, welcher, noch jetzt 20 bis 48 Fuß hoch, wahrscheinlich ein festes Lager und einen Hafen umschloß.

Der Margarethen-Wall zieht sich dann von dort 4000 Schritt in nordwestlicher Richtung an die Rheider Au heran. Seine Höhe beträgt nicht unter 10, an einigen Stellen aber noch 36 Fuß. Der Graben vor demselben ist überall sichtbar, aber meist abgeflacht und von geringer Tiefe.

Unterbrochen ist dieser Wall durch die Südspitze des Busdorfer Teichs, damals ein Arm der Schlei, welcher volle Sicherheit gab, und durch die Wiesensenkung des zwischen Groß- und Klein-Dannewerk entspringenden Baches. An dieser Stelle lag zum Schutz die Thyra-Burg, von welcher nur noch Spuren übrig sind.

Nach Allem, was über die Terrainverhältnisse des Herzogthums Schleswig gesagt worden, ist klar, daß jedes Vordringen gegen Norden hauptsächlich auf den Höhenrücken, und zwar auf die Chaussee und den sich von ihr mit Vermeidung der Städte abzweigenden, dann aber wieder in denselben einfallenden Schienweg angewiesen ist. Die Vertheidigungsstellungen, welche General v. Hedemann nach seiner Instruktion hartnäckig behaupten sollte, liegen auf eben diesem Höhenrücken. Sie finden in den von Osten herantretenden Fjorden eine fast unbedingte Sicherheit der linken Flanke, während die rechte zwar mit Schwierigkeit, aber doch fast überall umgangen oder umfaßt werden kann.

Unter allen diesen Stellungen hatte die bei Schleswig in politischer Hinsicht den größten Werth, indem sie fast das ganze Land deckte. Unter dem militärischen Gesichtspunkt war das aber nicht leicht; denn, um Schleswig selbst zu schützen, mußte man sich vor der Stadt, die Defileen im Rücken, aufstellen. Der bloße Erdwall des Dannewerks gewährte dabei der Front keinen sonderlichen Schutz, und da man nicht stark genug war, um die ganze Strecke bis zur Rheider Au zu besetzen, so stand dann der rechte Flügel in der Luft.

Am 19. April erhielt der bei der Rekognoszirung nicht betheiligte und nicht auf Vorposten stehende Theil der Armee den Befehl, sich bei der Ziegelei Königswill und in dem Terrain bei Klein Dannewerk zu sammeln und dort Uebungen abzuhalten.

Es war dies aber wohl mehr als eine bloße Uebung.

Nach dem Dänischen Generalstabsbericht wollte man vor Busdorf zwar eine Arrieregarde aufstellen und mit dieser allerdings das Gefecht annehmen, aber nur wenn Anmarsch und Angriff des Gegners zusammenfielen. Man durfte darauf rechnen, daß selbst schwache Kräfte ein Vordringen über den Gotterfer Damm verhindern würden. Die Rendezvous der übrigen Truppen waren: 1. Brigade, Erdbeerenberg; 2. Brigade, Ziegelei südwestlich des Thiergartens; Flankenkorps als Reserve bei den Hühnerhäusern; Kavallerie bei Klein-Dannewerk. So konnte man mit der Hauptmacht einem Angriff des rechten Flügels bei Hüsby entgegentreten.

Machte hingegen der Feind kurz vor der Stellung Halt, so daß ihm Zeit blieb, am folgenden Tage den Angriff mit einer Umgehung zu verbinden, dann sollte Stellung nördlich des Thiergartens und des Pöhler-Geheges, am Taterkrug, genommen werden. Man bekam dadurch die Flensburger Straße hinter sich, von der man sich auf keinen Fall östlich abdrängen lassen durfte.

In dieser Besorgniß wäre vielleicht auch die zuletzt bezeichnete Stellung bald mit einer rückwärtigen zwischen dem Arenholz- und dem Lang-See vertauscht worden, wohin man zahlreiche Kolonnenwege noch neben den vorhandenen Straßen geführt hatte.

Die Verstärkung der Stellung bei Schleswig beschränkte sich auf ein Geschützemplacement am Rothenkruge; ein anderes für eine Geschütz- und eine Espignolen-Batterie war auf der Gottorfer Schloßinsel angelegt. Die Brücke des Dammes von der Insel nach Friedrichsberg war zum Abbruch fertig gemacht, und ein Verhau dort vorbereitet. Der Damm von Friedrichsberg nach dem Lollfuß war zur Unterbrechung vorbereitet.

Weit mehr Sorgfalt war seit mehreren Tagen auf die Stellung zwischen den Seen verwendet worden, was auf die Absicht deutet, sie hartnäckiger festzuhalten. Außer mehreren Emplacements für Geschütze, Verhauen an der Lisiere des Idstedter Holzes und östlich vom Arenholzer See, waren zur Vertheidigung der nach der Chaussee führenden Wege zwei Fleschen erbaut; ebenso war das Defilee von Wellspang durch Verhaue und Gräben verstärkt.

Beginn der Feindseligkeiten.

Kaum war die Frist der Waffenruhe abgelaufen, als auch schon die Freischaaren sich zu rühren begannen. — 18. April.

Hauptmann v. Gersdorff hatte den früheren Bayerischen Lieutenant Aldosser, damals Holsteinischen Hauptmann, von seinem Kantonnement zu Haby mit 60 Mann über Groß-Wittensee gegen einen Kavalleriepsten vorgeschickt, welcher in dem eine Meile entfernten Ascheffel stand. Nach Eintritt der Nacht wurde eine Vedette vor dem Dorf überrumpelt, der rückwärtige Ausgang besetzt und die am Kruge aufgestellte Feldwache, welche nur zum Theil bei ihren Pferden war, nach kurzem Widerstande gefangen genommen: 16 Dragoner und 19 Pferde wurden am nächsten Tage in Rendsburg abgeliefert; drei Mann waren entwischt, einer verwundet, einer getödtet. Die Aldossersche Schaar verlor einen Mann.

Am 19. ließ General v. Hedemann mit zahlreicher Kavallerie und vier 19. April. Geschützen die Sorge rekognosziren. In der Höhe von Kropp wurde Halt gemacht und zwei Eskadrons mit zwei Geschützen gingen gegen Sorgbrück vor.

Die Holsteinsche Kavalleriefeldwache bei Feldscheide ging über den Bach zurück und verlor dabei einen Mann durch eine Kanonenkugel.

Während dieser Expedition stand, wie erwähnt, der Rest der Dänischen Armee bei Klein-Dannewerk und der Ziegelei Königswill. Nachdem die Dänische Kavallerie sich zurückgezogen, nahm die Holsteinsche Feldwache ihren Posten wieder ein.

Ueber Stellung und Absicht des Gegners hatte diese Unternehmung allerdings durchaus nichts ergeben.

Fürst Radziwill, General v. Bonin und der Herzog von Braunschweig waren zufällig Augenzeugen des Vorfalles bei Sorgbrück.

Der Dänische Kommandirende hielt sich so fest überzeugt, daß man noch nicht in der Lage sei, anzugreifen, daß er für die nächsten Tage zwei neue Expeditionen gegen Ost und West anordnete, um den Geist seiner Truppen zu beleben, welcher während der unthätigen Erwartung zu leiden anfing.

20. April. Am 20. April marschirte Major v. Räder mit zwei Kompagnien des 10. Bataillons, einer Eskadron der 4. Dragoner und zwei Geschützen der 2. Batterie in der Richtung auf Husum, Major v. Schepelern mit dem 1. Jäger, dem 9. Linien-Bataillon und einem Zuge der 4. Dragoner nach Eckernförde ab. Das 5. Bataillon stand mit drei Kompagnien noch bei Missunde und mit einer bei Eckernförde.

Hätte General v. Bonin, wie er beabsichtigte, seinen Angriff an diesem Tage ausführen dürfen, so fand er den Gegner bei Schleswig durch Detachirungen um mehr als 2500 Mann, d. h. fast ein Viertel seiner ganzen Stärke, geschwächt.

Major v. Räder nahm der Bürgerwehr in Husum 300 Gewehre und der Steuerkasse ein paar Tausend Thaler ab, jagte im Eiderstedtschen eine Bauernversammlung auseinander, die keinen Widerstand leistete, und kehrte dann zurück.

Die Expedition des Majors v. Schepelern hingegen hatte es auf die Freischaaren abgesehen. Er schlug, wohl um nicht auf dem Marsche in der rechten Flanke angegriffen zu werden, die Richtung nördlich der Schlei über Missunde ein und langte Nachmittags in Eckernförde an; die dort stationirte Kompagnie des 5. Bataillons, Kapitän v. Wörrishöffer, war eben von einer Rekognoszirung zurückgekehrt und im Stande, mancherlei Aufschluß über den Feind zu geben; der Angriff selbst aber konnte nun erst am folgenden Tage (Charfreitag) stattfinden. Derselbe sollte unterstützt werden durch eine Diversion, indem das Garde-Bataillon, das 2. Jäger-Korps, das 13. Linien-Bataillon,

zu Seite 61

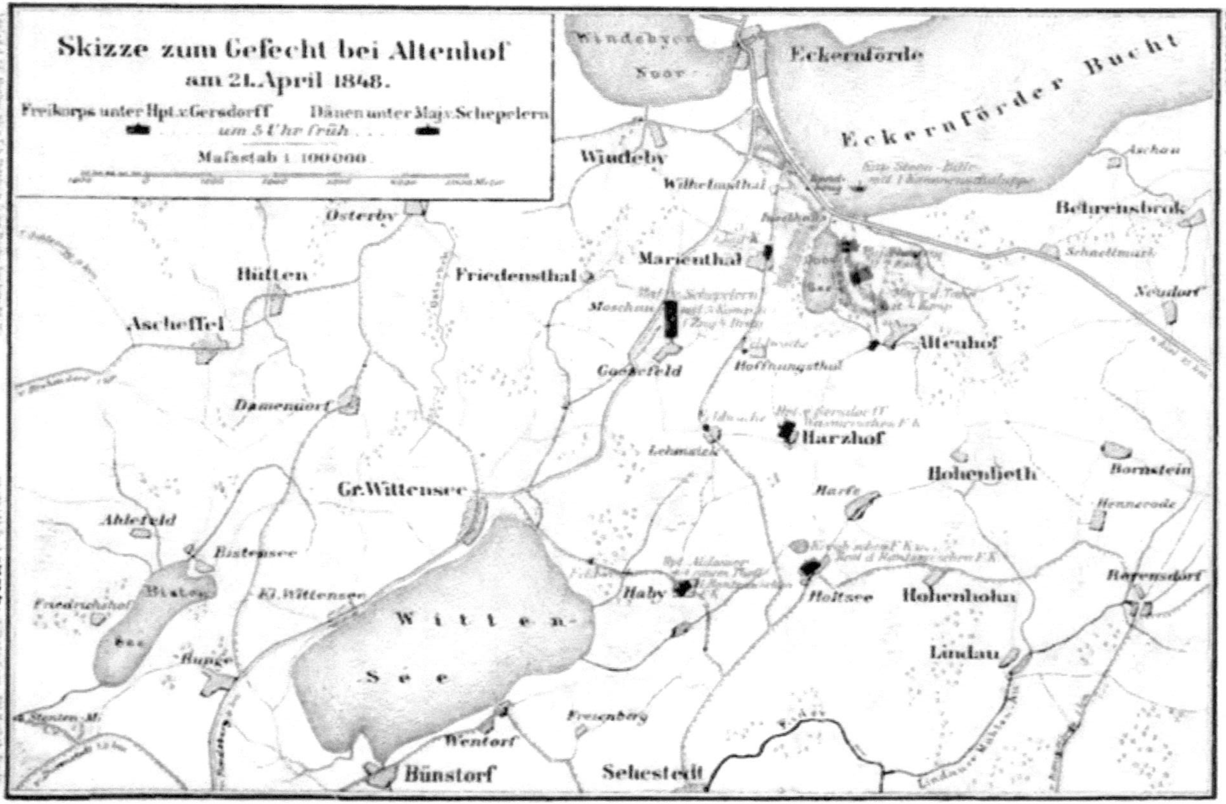
Skizze zum Gefecht bei Altenhof
am 21. April 1848.
Freikorps unter Hpt. v. Gersdorff
Dänen unter Maj. v. Schepelern
um 5 Uhr früh
Maßstab 1 : 100000
Windebyer Noor
Eckernförde
Eckernförder Bucht
Windeby
Wilhelmsthal
Aschau
Behrensbrok
Schnellmark
Neudorf
Marienthal
Friedensthal
Osterby
Hütten
Ascheffel
Goosefeld
Altenhof
Hoffnungsthal
Harzhof
Damendorf
Lehmsiek
Hohenlieth
Bornstein
Hennerode
Gr. Wittensee
Ahlefeld
Bistensee
Haby
Holtsee
Hohenholm
Barensdorf
Lindau
Friedrichshof
Kl. Wittensee
Witten-See
Bünstorf
Wentorf
Sehestedt
Freienberg

die 2. Husaren-Eskadron und vier Geschütze, unter Oberst v. Juel, von Schleswig aus gegen das nur 1¾ Meilen entfernte Dorf Kideffel vorgeschoben wurden.

Es blieben sonach in der Hauptstellung kaum mehr als 6000 Mann.

Wir wissen, daß an diesem Tage die Freischaaren sich konzentrirten, um in der folgenden Nacht zwischen Eckernförde und Missunde hindurch nach Stubbe an die Schlei zu rücken.

Der Wachsamkeit des Hauptmanns v. Gersdorff war die Bewegung des Feindes auf Eckernförde nicht entgangen, er meldete sie sofort an den Prinzen Friedrich; zugleich, daß er, wenn nicht ganz besondere Umstände einträten, dennoch am Abend bei Groß Wittensee beschleunigtermaßen bereit stehen werde.

Von dem heimlichen Marsch mußte man unter diesen Umständen natürlich ablassen; es sollten morgen die Dänen durch v. Zastrow offen angegriffen und über Missunde geworfen werden.

Gefecht bei Altenhof am 21. April 1848.*)

Einstweilen stand noch Major v. d. Tann mit drei Kompagnien in Altenhof und mit einer Kompagnie in Hohenlieth, das Wasmer'sche Korps in Harzhof, das Rantzau'sche und Krogh'sche in Haby und Holtsee, die beiden Flügel mithin dreiviertel Meilen auseinander. Hauptmann v. Gersdorff befand sich in Harzhof.

Gegen diese Aufstellung brach Major v. Schepelern Morgens 3 Uhr bei noch völliger Dunkelheit auf. Er formirte zwei Kolonnen. Die linke unter Major v. Thestrup, aus zwei Kompagnien bestehend, sollte den feindlichen Posten bei Altenhof durch ein hinhaltendes Gefecht festhalten; mit der rechten Kolonne aus sechs Kompagnien wollte der Major selbst über Moosfeld, Lehmsiek und Harzhof das feindliche Centrum durchbrechen, dann links schwenken, die v. d. Tann'sche Abtheilung gegen die See drängen und ihr den Garaus machen. Geschütz glaubte er bei dieser Unternehmung und in dem von Knicken und Hecken sehr durchschnittenen Terrain nicht mitnehmen zu sollen, obwohl dessen Wirkung gerade bei der Art von Truppen, gegen welche man auszog, gewiß doch anzuschlagen gewesen wäre. Eine Kompagnie des 9. Bataillons blieb in Eckernförde; dafür ging die der Gegend kundige Kompagnie Wörishöffer mit der ersten Kolonne und Offiziere derselben als Wegweiser mit der zweiten.

Um 4½ Uhr stieß v. Thestrup auf eine feindliche Feldwache von 25 Mann auf der Kieler Chaussee, hinter dem Abfluß des Goos-Sees, welche

---
*) Siehe die Textskizze.

schnell geworfen wurde. 500 Schritt weiter auf der Straße drohten aus einer Barrikade drei Feuerschlünde, welche der Humor der Freischaaren improvisirt hatte. Sie erwiesen sich als kurze Baumstämme auf Bauerwagen gelegt.

Inzwischen hatte v. d. Tann schon seine detachirte Kompagnie aus Hohenlieth nach Altenhof beordert, um dort als Reserve und zur Beobachtung gegen Hoffnungsthal stehen zu bleiben. Mit dem, was er beisammen hatte, ging er sofort durch das Holz nordwestlich Altenhof vor und warf den Feind aus demselben hinaus. An der Lisiere des Waldes wurde Halt gemacht, und es entspann sich jetzt ein lebhaftes Feuer mit den durch einen Knick geschützten Dänen; da, berichtet Tinesen,*) „erhob sich ein Soldat vom 9. Bataillon und ging zurück, einige seiner Kameraden folgten, und bald war die ganze Kette in der wildesten Flucht, trotz der Anstrengung der Offiziere, die Leute zurückzuhalten." Die v. d. Tann'schen Schützen stürzten nach, wurden aber in demselben Augenblick durch das Kugel- und Kartätschfeuer einer Kanonen-Schaluppe in ihrer Flanke begrüßt, mit welcher Kapitän Steen Bille, trotz hoher See, bis auf etwa 600 Schritt nahe an den Strand herangegangen war.

Die Chaussee und die Knicks gewährten genügende Deckung, aber auch die Dänen kamen schon beim „Inselhaus" wieder zum Stehen, und während einer Stunde unterhielt man das Schützenfeuer von beiden Seiten.

Um diese Zeit traf von der Kolonne des Majors v. Schepelern die 3. Kompagnie des 1. Jäger-Korps ein, welche zur Deckung der linken Flanke über Wilhelmsthal und Marienthal vorgeschickt war, um sich bei Harzhof wieder mit der Hauptkolonne zu vereinigen. Als sie das heftige Feuer hörte und die rückgängige Bewegung des Majors v. Thestrup wahrnahm, wendete sie sich von Marienthal zurück, um diesen zu unterstützen; sie nöthigte die Freischaaren, nach dem Walde zurückzuweichen. Trotz des fortgesetzten Feuers von der Schaluppe waren sie indeß hier nicht zu verdrängen.

Major v. d. Tann, welcher stets bei den vordersten Tirailleuren sich befand, so wenig dies eigentlich sein Platz war, zog nun auch seine Reservekompagnie nebst einer aus Rendsburg eben eintreffenden Verstärkung von Berlinern und Rheinländern heran und ging zu einem allgemeinen Angriff über, welcher die Dänen veranlaßte, bis auf die Höhen zurückzugehen.

Da ein weiterer Angriff nicht erfolgte, so ließ v. d. Tann eine kleine Abtheilung zur Beobachtung stehen und kehrte mit seinem Gros um 10½ Uhr nach Altenhof zurück; dies wohl um so mehr, als das Vorgehen des Feindes in seiner linken Flanke nicht unbemerkt geblieben war.

*) „Den slesvigske Krig i 1848. Ved en Officeer af Armeen. Kjöbenhavn 1849."

Das ganze Gefecht war auf Dänischer Seite matt geführt und für den beabsichtigten Zweck zu früh eingeleitet.

Die Hauptkolonne des Majors v. Schepelern langte erst um 5 Uhr bei Goosefeld an; dort und auf dem Wege nach Lehmsiek ließ er die beiden Kompagnien des 9. Bataillons als Repli und zur Beobachtung gegen den feindlichen linken Flügel stehen; ferner hatte er eine Jäger-Kompagnie links detachirt, welche wohl eigentlich zu seiner eigenen Unternehmung mitwirken sollte, die aber, wie wir gesehen haben, sich dem Gefecht am Goos-See zuwandte. Es verblieben dem Major v. Schepelern demnach überhaupt nur drei Kompagnien und ein paar Dragoner-Ordonnanzen.

Hauptmann v. Gersdorff hatte der ganzen Vorpostenlinie einen bevorstehenden Angriff von Eckernförde her im Voraus verkündet und Alles zur Achtsamkeit aufgefordert. Er selbst hatte bei Sonnenaufgang die rothe Kolonne der Dänen auf der Kieler Chaussee erkannt und das dort entstehende Gefecht gehört.

Er ordnete sofort an, daß zwei Kompagnien des Wasmerschen Korps von Harzhof zur Unterstützung v. d. Tanns abrücken sollten, eilte persönlich nach Holtsee, um die Reserve auf die Beine zu bringen, und sprengte dann nach Harzhof zurück, wo er den von seinen Vorposten nicht gemeldeten Feind bereits ganz nahe fand.

Vor Lehmsiek hatten nämlich die Vedetten sich überrumpeln und gefangen nehmen lassen, ohne einen Schuß zu thun, und die Feldwachen in diesem Dorf und in Hoffnungsthal wichen ebenfalls, ohne zu alarmiren, auf Haby und Harzhof zurück. Die im letzteren Ort verbliebenen 200 Mann hatten eine Stellung in Sumpf und Gestrüpp genommen, aus welcher sie wieder herauszuziehen große Mühe kostete.

Sobald Hauptmann v. Gersdorff die Sachlage übersah, unterbrach er den Marsch der beiden Kompagnien nach Altenhof und besetzte mit allem, was er zusammen raffen konnte, die Westseite von Harzhof.

Bereits debouchirte eine feindliche Plänklerkette aus dem etwa 600 Schritt südwestlich liegenden Wäldchen.

Indem v. Gersdorff laut: „Eskadron Marsch, Marsch!" kommandirte und von dem ihn begleitenden Trompeter das Signal „Trab" blasen ließ, brachte er sie auf einen Augenblick zum Stutzen, bald aber rückte sie über die Koppel vor.

Um dem Hauptmann v. Wasmer Zeit zu verschaffen, sich aus Harzhof herauszuziehen, ließ v. Gersdorff einen Zug der ersten, auf dem Altenhofer

Wege zurückkehrenden beiden Kompagnien ausschwärmen und kommandirte, auf Schußweite angelangt: „Feuer!" Statt dem Folge zu leisten, rief man: „Um Gottes Willen, es sind die Unsern!"

Auch die Dänischen Truppen rückten, ohne zu schießen, so nahe an die Freischaaren heran, daß sie dieselben auffordern konnten, das Gewehr zu strecken. Die unerfahrenen Führer der Freischaaren hinderten ihre Leute am Feuern, während v. Gersdorff das Kommando vergeblich aus allen Kräften wiederholte. So kamen die Dänischen Schützen bis auf 20 Schritt nahe, während ihre Soutiens nachrückten. Indessen gelang es, die Leute hinter den nächsten schützenden Knick zu bringen, wobei die ersten Schüsse der Dänen fielen.

Alles zog sich nun in südöstlicher Richtung zurück, ein planloses umherirrender Zug der Wasmerschen Abtheilung ergab sich auf dem Wege nach Holtsee ohne Widerstand.

Hinter einem Knick, nordöstlich des Dorfes Holtsee, gelang es dem Hauptmann v. Gersdorff, die ziemlich versprengten Freischärler zum Stehen zu bringen. Die Dänischen Kompagniekolonnen rückten heran und eröffneten ein wenig wirksames Gewehrfeuer. In diesem Augenblick erschien, und zwar sehr zur gelegenen Zeit, die Reserve aus Holtsee in der rechten Flanke des Gegners, aber auch hier trug es sich zu, daß die beiderseitigen Schützen ganz nahe kamen und sich miteinander besprachen. Erst nachdem sie sich getrennt, schossen sie aufeinander. Ungeachtet des geringen Widerstandes, welchen die Dänen gefunden, gingen sie jetzt eilig zurück und verschwanden hinter dem Knickwege.

Die Ursache kann sowohl das Anrücken des Hauptmanns Aldosser gewesen sein, welcher eine Abtheilung des Ranzauschen Freikorps jetzt vorführte, als auch das Ausbleiben der über Wilhelmsthal entsandten Kompagnien.

Dem Major v. Schepelern standen gegen diese Bedrohung durch Hauptmann Aldosser noch die zwei Replikompagnien zur Verfügung, welche seine rechte Flanke decken sollten. Sie scheinen aber bei Lehmsiet ruhig stehen geblieben zu sein.

Major v. Schepelern gab seinen Angriff auf Altenhof vollständig auf und zog sich über Hoffnungsthal und Marienthal nach Eckernförde zurück. v. Gersdorff schickte ihm nur den Hauptmann Aldosser nach und setzte das Wasmersche Korps zur Unterstützung des Majors v. d. Tann in Marsch. Da es dort nichts mehr zu thun gab, so kehrte er schließlich nach Harzhof zurück.

Ganz fruchtlos ging die Diversion vorüber, welche von Schleswig aus

gegen Ascheffel gerichtet war. Die von dort vorgeschickten Patrouillen fanden Groß-
Wittensee und Bistensee vom Gegner bereits verlassen. Die Expedition kehrte
nach Schleswig, Major v. Schepelern nach Eckernförde zurück, und es ist sehr
wahrscheinlich, daß letzterer von der ersteren gar keine Kunde gehabt hat.

Wären beide Abtheilungen vereint worden, so betrug ihre Stärke: 5 Bataillone, 1 Escadron, 4 Geschütze, mit welchen man, ohne den Umweg über
Eckernförde zu nehmen, direkt die Freischaaren hätte erreichen und einen kräftigen Stoß gegen sie führen können.

Das Erscheinen jener Dänischen Abtheilung vor Bistensee wurde zwar
nach Rendsburg berichtet, aber dort hielt man nach den bisherigen Erfahrungen
von der Unternehmungslust des Gegners so wenig, daß die Meldung einfach
zu den Akten gelegt wurde.

Die Freischaaren verloren etwa 70 Mann Todte und Verwundete,
außerdem 58 Gefangene. Ihren Verlust geben die Dänen auf nur 10 Mann
an Gebliebenen und 19 an Verwundeten an. Ein eigentliches Resultat war
nicht erreicht, und Hauptmann v. Gersdorff, der, wie wir sehen, mit seinen
gänzlich unerfahrenen Schaaren eine schwere Aufgabe zu lösen hatte, stand,
wie er versprochen, am Abend des Tages zu weiteren Unternehmungen hinter
dem Witten-See konzentrirt. Nach kurzer Rast rückte Alles dorthin ab.
Major v. Zastrow richtete sein Biwak bei Harb ein.

Gefecht bei Missunde am 23. April 1848.

Am folgenden Tage marschirte Major v. Schepelern von Eckernförde nach 22. April.
Schleswig zurück, beließ aber am ersteren Ort außer der Kompagnie vom 5.
noch eine vom 9. Bataillon.

Sein Rückzug entging vollständig der Aufmerksamkeit der Freischaaren;
er wurde auch von dem Marsch des Majors v. Zastrow nicht erreicht, denn
dieser erhielt unterwegs ein Schreiben des Prinzen Friedrich, nach welchem
er bei Osterby Halt zu machen hatte. Ein größeres Kriegsschiff („Galathea")
liege bei Eckernförde, die dortigen Truppen beabsichtigten, das schwere Geschütz,
welches jenes Fahrzeug geladen, nach Schleswig zu eskortiren. Solches zu
verhindern und Eckernförde genau zu beobachten, sei die Hauptaufgabe. Das
Wasmersche Freikorps allein, event. nur einzelne Leute, sollten nach Angeln
übersetzen und dort blinden Lärm machen.

Es scheint, daß diese gänzliche Abänderung des ursprünglichen Plans ohne
Wissen und Zustimmung des Armeekommandos erfolgte.

Der Prinz hatte große Besorgniß, daß die auf 300 Mann angegebene

Besatzung von Eckernförde, sobald die Holsteinschen Truppen sich links den Preußen anschlössen, die Entblößung des Landes zwischen Witten-See und Kiel benutzen könnten, um „nach gewohnter Art zu verfahren, d. h. alle gutgesinnten Einwohner wegzuführen". Bereits früher hatte er beim General Hallett beantragt, daß sieben Uebergänge über den Eiderkanal, jeder mit 1½ Kompagnie, besetzt werden möchten. General v. Wrangel erklärte, daß ein Holsteinsches Bataillon und ein Zug Dragoner bei Sehestedt für den beabsichtigten Zweck genügen müßten. Das am weitesten östlich, bei Holtenau an der Mündung des Kanals, dislozirte 4. Bataillon v. Bündiger wurde dazu bestimmt; es konnte aber erst Abends am 22. in Sehestedt eintreffen.

Der Prinz befahl, diesen Punkt östlich und Bunge westlich der Südspitze des Witten-Sees mit je einer Kompagnie zu besetzen. Das Bataillon deckte sonach eigentlich nur den Vormarsch der Armee in der rechten Flanke, und vielleicht war es die Absicht, die von dem Prinzen so nöthig erachtete Sicherung der Gegend von Kiel in einer anderen Form dennoch zu erreichen, wenn v. Zastrow bei Osterby festgehalten und auf Eckernförde hingewiesen wurde. Seine gegen letzteren Ort sogleich vorgeschickten Patrouillen bestätigten fälschlich die starke Besetzung des Städtchens und erfuhren nichts von dem Abmarsch des Majors v. Schepeleru, den jeder Bauer auf der von diesem eingeschlagenen Richtung ihnen gesagt haben würde.

Major v. Zastrow urtheilte, daß das Bataillon v. Bündiger Eckernförde weit besser beobachten würde, wenn es auf der Schleswiger Straße dicht an die Stadt heranrücke, als rückwärts stehen bleibend. Da es bedingungsweise unter seinen Befehl gestellt war, so schickte er durch Kavallerie-Ordonnanzen zu zwei verschiedenen Zeiten den Befehl dazu ab, aber keine dieser Ordonnanzen vermochte das Bataillon zu finden. Die Befähigung der Holsteinschen Kavalleristen für den kleinen Dienst scheint eine sehr geringe gewesen zu sein.

Major v. Bündiger war seinerseits so wenig über die Verhältnisse unterrichtet worden, daß er die Anwesenheit Holsteinscher Truppen vor seiner Front erst später bei einer Rekognoszirung gegen Haby gerüchtweise erfuhr.

Major v. Zastrow konnte sich nun nicht überzeugen, daß bei dem entscheidenden Vormarsch der Armee die Beobachtung von Eckernförde Hauptaufgabe sei, und war entschlossen, auch ohne Sicherung seiner rechten Flanke, am nächsten Tage im Sinne der ursprünglichen Instruktion auf eigene Verantwortlichkeit weiter zu operiren. Dem von Prinzen Friedrich ausdrücklich befohlenen Halt in Osterby glaubte er sich indeß fügen zu müssen und schlug es daher auch dem Hauptmann v. Gersdorff ab, schon in der Nacht die Schlei zu überschreiten. Dieser fürchtete mit Recht, daß die Schiffer sich entfernen würden, wenn die Truppen zur angesagten Zeit nicht einträfen. Die treuen Menschen lagen schon seit mehreren Tagen mit ihren Kähnen in Bereitschaft, und es war ein Wunder, daß sie der Aufmerksamkeit der Dänischen Posten bei Missunde in solcher Nähe entgehen konnten.

v. Gersdorff befahl, ebenfalls auf eigene Verantwortlichkeit, dem Hauptmann Aldosser, mit 100 Mann sogleich nach Stubbe abzurücken, um sich der Fahrzeuge zu versichern und dann dort stehen zu bleiben.

In stürmischer, finsterer Nacht erreichte diese Abtheilung zu Wagen, von den Dänischen Vorposten unentdeckt, Stubbe, fand die Fahrzeuge noch versammelt, setzte nach kurzer Rast über, marschirte aber dann nördlich auf Boren weiter, requirirte dort wieder Wagen und gelangte so nach Süder-Brarup. Führer und Unterführer überschritten sonach sämmtlich ihre Ordres.

In Angeln nun überboten sich die Freischaaren im Fordern, die Bauern im gutmüthigen Hergeben, aber daß letztere die Waffen ergreifen sollten, dazu waren sie ganz und gar nicht geneigt, und in dieser Beziehung blieb der Zug völlig ohne Wirkung.

Um 6 Uhr früh brach Major v. Zastrow mit seinem, dem 5. Bataillon, 23. April. einer Jägerkompagnie, einem Zug Dragoner, 4 3pfündigen Geschützen und den Freischaaren über Kochendorf und Kosel gegen Missunde auf, mit den Vorsichtsmaßregeln, welche die Möglichkeit feindlichen Angriffs von allen Seiten erheischte, doch aber mit Vermeidung jeder Zersplitterung seiner ohnehin schwachen Kräfte.

Unterwegs übte er mehrmals den Aufmarsch in zwei Treffen, was mit den ungeschulten Freischaaren sehr nöthig war. Einige aufgegriffene Gefangene sagten aus, wissentlich oder unwissentlich falsch, daß in Eckernförde noch zwei Bataillone und eine Jägerkompagnie ständen.

Bei Kosel sah man eine Dänische Abtheilung von 200 Mann. Ein paar Schüsse der Artillerie bewogen sie, den Ort sogleich zu räumen und nach Missunde abzuziehen. Sie waren nicht mehr zu erreichen. Major v. Zastrow folgte in dieser Richtung mit den regulären Truppen, Hauptmann v. Gersdorff schlug den Weg auf Stubbe ein.

Als ersterer um 9½ Uhr vor Missunde eintraf, fand er das südliche Ufer bereits geräumt, vom nördlichen her feuerte der Feind mit Granaten, aber ohne Wirkung.

v. Zastrow nahm zunächst eine deckende Aufstellung, um zu rekognosziren.

Die Einwohner gaben die Stärke der Dänen auf 1200 Mann an, und nichts berechtigte dazu, sie für schwächer zu halten.

Wir wissen indeß, daß Oberstlieutenant v. Hartzhausen hier nur mit 3 Kompagnien des 5. Linien-Bataillons, 1 Zug Dragoner und 2 12pfündigen Granatkanonen, etwa 600 Mann stark, stand. Er hatte am hohen Thalrande, südlich des Fährhauses, einen Geschützstand aufwerfen lassen, Infanterie zu beiden Seiten aufgestellt, das Fährhaus selbst besetzt und hielt mit der Reserve 1000 Schritt rückwärts in einem Busch, an der Straße nördlich nach Klein-Brodersby.

Seine ganze Aufmerksamkeit war auf den unmittelbar gar nicht zu forcirenden Uebergang von Missunde gerichtet; die Versammlung der Schiffe bei dem nur 1 Meile entfernten Stubbe, und daß schon seit Morgens die Freischaaren in seinem Rücken herumzogen, erfuhr er ungefähr um 7 Uhr Abends.

Major v. Jastrow hatte die nächsten Knicks zu beiden Seiten der nach der Fährstelle führenden Straße besetzen und zwei Scharten, bis auf eine schwache Erdmaske, einschneiden lassen. Die Geschütze wurden durch Infanteriemannschaft eingeführt, das Dorf besetzt, hinter demselben die Reserve aufgestellt; Kavallerie beobachtete die Straßen von Schleswig und Eckernförde. Um 10 Uhr wurde das Artilleriefeuer eröffnet, und um 1 Uhr hatten die Dreipfünder beide feindliche Granatkanonen zum Schweigen gebracht. Bei der einen war eine Kugel in die Mündung geschlagen, der andern war ein Rad zerschossen. Letzteres Geschütz nahm das Feuer nach Verlauf einiger Stunden wieder auf, wurde jedoch bald abermals demontirt.

Die Nachricht, daß Brodersby von einem Angriff bedroht werde, bestimmte die Dänen, die Höhe nördlich der Schlei anzugeben, und sich hinter dem Fährhause aufzustellen, wo nun ein lebhaftes Tirailleurfeuer entstand. Auch von dort wurden sie durch Kartätschen vertrieben, und mit Eintritt der Dunkelheit hörte das Feuer auf.

Die Holsteinische Artillerie hatte ruhige Ausdauer gezeigt, dabei nur acht Mann verloren, aber auch fast die ganze Munition verschossen, und es war nicht abzusehen, wie man hier über die 300 Schritt breite Schlei kommen sollte, wenn nicht eine Diversion durch die Freischaaren im Rücken des Vertheidigers erfolgte.

Hauptmann v. Gersdorff hatte um 3 Uhr Stubbe erreicht, und das Uebersetzen dauerte bis gegen Abend. Erst als in Boren Quartier genommen, erfuhr man, daß Hauptmann Aldosser bereits im Rücken des Feindes umherstreife. Derselbe war bis Nachmittag ruhig in Süder-Brarup verblieben. Ein

Gerücht, daß bei Schleswig gefochten werde, setzte die Schaar in planlose Bewegung auf Loit; hier erfuhr man durch einen heransprengenden jungen Bauern die Anwesenheit feindlicher Abtheilungen bei Missunde und eilte nun theils zu Wagen, theils zu Fuß in dieser Richtung fort. Bei Brodersby wurde die Haxthausensche Kavallerie überrascht, welche in guter Ruhe fütterte, ohne sich um das zu bekümmern, was ringsumher zu Wasser und zu Lande vorging. Ein Offizier, 10 Mann und 20 Pferde wurden gefangen, mehrere Wagen mit Lebensmitteln weggenommen.

Es ergab sich nunmehr, daß der Posten bei Missunde doch zu stark sei, um angegriffen zu werden; die Schaar ging daher nach Geelbuholz zurück. Dort brachte ein auf einem Beutepferde ausgeschickter Kundschafter gegen Abend die Nachricht, daß bei Tolk ein feindlicher Konvoi zeichen sei. Mit 12 entschlossenen Leuten holte zu Wagen Hauptmann Aldosser denselben ein. Vier Mann der Bedeckung wurden niedergeschossen, der Rest und der Führer, Rittmeister Flindt, gefangen genommen. Die Beute bestand aus 10 bis 12 Wagen, welche das Gepäck der bei Missunde stehenden Abtheilung, die Reservebekleidung, die Bataillonskasse und die den Einwohnern abgenommenen Gewehre zurückführten. Alles wurde alsbald nach Taarstedt geschafft, wohin inzwischen der übrige Theil der Freischaaren marschirt war.

Oberstlieutenant v. Haxthausen hatte gegen Abend die Gefangennehmung seiner Kavallerie, das Umherstreifen feindlicher Abtheilungen in seinem Rücken und endlich auch erfahren, daß bei Schleswig gefochten worden sei. Er entschloß sich daher bei Einbruch der Nacht zum Rückzuge dorthin, schlug aber, als ihm der Ausgang des Gefechts bekannt wurde, die Richtung über Tolk nach Flensburg ein.

Major v. Zastrow konnte nun einige Mannschaft auf Kähnen übersetzen lassen, welche die Jähre auf das diesseitige Ufer herüber brachten. Er beschloß am Morgen früh 4 Uhr auf dem kürzesten Wege nach Wellspang zu marschiren. Hauptmann v. Gersdorff erhielt die Weisung, ebenfalls vorzugehen. Jedenfalls wollte man bis Nachmittags die Stellung am Lang-See besetzen und Herr der Straße von dort nach Holnis sein.

Die Ausführlichkeit, mit welcher an sich unbedeutende Vorgänge bisher geschildert worden sind, sollte die Schwierigkeiten beleuchten, mit welchen die Leitung einer braven, aber ungeschulten Miliz zu kämpfen hat; wir dürfen uns jetzt größeren Ereignissen zuwenden.

Schlacht bei Schleswig am 23. April 1848.*)

Vormarsch der Preußischen und Holsteinischen Truppen.

Bekanntlich war für eben diesen 23. April der Vormarsch der Armee befohlen. Um 6½ Uhr sollten die beiden Preußischen Kolonnen auf dem Rendezvous an der Sorge marschbereit stehen, und zwar die Avantgarde der Kolonne v. Möllendorff bei Stenten-Mühle, das Gros bei Duvenstedt, die Avantgarde der Kolonne v. Bonin bei Sorgbrück, das Gros bei Ahrenstedt. Die Truppen brachen deshalb früh Morgens schon aus ihren Quartieren auf. Die Holsteinsche Abtheilung, welche der linken Kolonne zu folgen hatte, sollte sich zwar erst zwischen 10 und 11 Uhr bei Sorgbrück versammeln, um nicht den Marsch der Garde zu kreuzen; die Infanterie und Artillerie mußte aus ihren entfernten Standorten aber doch schon um 2 Uhr abrücken. Auch die Avantgarde der Bundes-Division brach bereits um 4 Uhr aus den Kantonnements südlich Rendsburg auf, gelangte aber wegen der Entfernung, und weil sie in der Festung erst noch Lebensmittel empfing, an diesem Tage gar nicht mehr zu dem beabsichtigten Anschluß an die rechte Kolonne.

Es war Ostersonntag. Der Himmel war trübe, die Luft naßkalt und von Zeit zu Zeit fiel ein feiner Regen.

Der größte Theil der Truppen hatte unlängst mit Hingebung und Erfolg in den Straßen von Berlin gefochten. Höhere politische Rücksicht hatte es so gefügt, daß sie, thatsächlich Sieger, scheinbar als Besiegte sich zurückziehen mußten. Dabei ist es erklärlich, daß sie für eine Sache nicht eben begeistert waren, in der sie plötzlich einen Theil ihrer Gegner als Verbündete neben sich fanden. Freudig aber begrüßten sie den neuen Kampf mit einem besseren Feinde. Die Stimmung war zuversichtlich und gehoben.

Kurz vor 7 Uhr setzte sich die Vortruppe, um 7 Uhr die Avantgarde selbst in Bewegung; die Gros folgten eine halbe Stunde später.

Die Avantgarde jeder Kolonne bestand aus 2 Füsilier-Bataillonen, 2 Eskadrons, 2 Geschützen und einem Pionierkommando.

Die Grenadier- und Musketier-Bataillone nebst dem Rest der Artillerie bildeten die Gros.

Die Masse der Kavallerie, 11 Schwadronen, war der linken Kolonne zugewiesen.

Daß beide Hauptkolonnen bis eine Meile vor Schleswig durch ein ziemlich ungangbares Moor getrennt blieben, konnte kein Bedenken erregen, da eine allgemeine Offensive des Feindes nicht zu erwarten stand.

Nach der Ausrückestärke war die rechte Kolonne kaum mehr als 4500

---

*) Hierzu Plan 1.

die linke, unter Zurechnung der Kavallerie und der Holsteinschen Abtheilung, 11 500 Mann stark, zusammen 16 000 Mann.

Die spezielle Marschordnung ist aus Anlage Nr. 4 zu ersehen. Der Kommandirende mit dem Prinzen Friedrich Karl, sowie auch der Divisionsgeneral marschirten mit dem rechten, schwächeren Flügel, was nicht ohne Einfluß auf die Entwickelung der Begebenheiten geblieben ist.

Die Avantgarde der Garde-Brigade folgte im lebhaftesten Tempo dem tiefsandigen Weg nach Brekendorf, wo ein kurzer Halt gemacht wurde, damit das Gros nachzukommen vermochte. Eine feindliche Dragonerabtheilung hatte den Ort vor einer Stunde verlassen.

In der rechten Flanke wurde bis Fleckeby patrouillirt, ohne daß weder vom Gegner noch auch vom Major v. Zastrow etwas zu entdecken war.

Die aus Holsteinscher Kavallerie gebildete Spitze der linken Kolonne kam, man weiß nicht weshalb, nur langsam vom Fleck. Sie blieb während des ganzen Marsches, trotz der guten Chaussee, immer hinter der anderen Tete zurück. Die Entfernung von fast einer Meile sowie das trübe Wetter verhinderten, diesen Umstand zu bemerken.

Die Husaren an der Spitze der v. Möllendorffschen Kolonne trafen in 10 Uhr. der Höhe von Kotterf feindliche Dragoner, machten sogleich Jagd auf sie und brachten 4 Gefangene und 2 Beutepferde zurück.

Dänische Infanteriewachen bei Kotterf und Geltorf zogen auf Ober-Selk ab; nahe vor diesem Ort stellten sich 60 Dragoner quer über die Straße, räumten aber ebenfalls das Feld, ehe die in die Knicks rechts geworfenen Tirailleurs auf Schußweite heran kommen konnten.

Hauptmann v. Cosel vom Kaiser Alexander-Regiment folgte durch Ober-Selk über den Kograben und fand, nachdem er Wedelspang passirt, auch am Dannewerk keinen Feind.

Er besetzte daher den nördlichen Bogen des Ringwalles zwischen der Straße und dem Haddebyer Noor.

Der Divisionsgeneral, Fürst Radziwill, welcher mit der Avantgarde marschirte, ließ diese, der Disposition entsprechend, jetzt bei Ober-Selk hinter dem Kograben Halt machen. Auf einem vorliegenden Hünengrabe traf er mit dem Herzog von Braunschweig, dem Kommandeur der Avantgarde, Oberstlieutenant Graf Waldersee, und dem Chef seines Generalstabes, Major Lane, zusammen. Bald darauf langten der General v. Wrangel und Prinz Friedrich Karl ebenfalls dort an.

Der Regen war einem scharfen Ostwinde gewichen, das Wetter hatte sich geklärt, und man übersah weithin das ganze Gelände. Ueber den hellen Wasserspiegel der Schlei fort zeigte sich die langgestreckte Häuserreihe der Stadt Schleswig, das stattliche Schloß Gottorf mit den dunkeln Waldhöhen dahinter, vom Feinde aber nichts.

In der Richtung links spähte man nach der Avantgarde des Generals v. Bonin aus. Auf der Chaussee, nördlich Jagel, hielt bei einem Hause eine Infanterie-Abtheilung und an deren Spitze ein Reiterhaufen in hellblauen Mänteln, wie sie sowohl die Holsteinsche, als die Dänische Kavallerie trug. Durch ein gutes Fernrohr entdeckte bald Major Laue, daß man eine Dänische Abtheilung hinter sich habe.

10½ Uhr. Major v. Griesheim ließ seine Husaren antraben, allein die engen, gewundenen Knickwege verzögerten sein schnelles Vorgehen. Ein paar Schüsse der reitenden Geschütze aber veranlaßten die feindliche Kavallerie zum Zurückgehen in immer rascheren Gangarten, denen die Infanterie nachzukommen sich möglichst bestrebte. Bald verschwand Alles hinter dem Erdwall. Auf der Chaussee traten dort ein paar Geschütze hervor, welche den Morgengruß erwiderten, ohne jedoch zu treffen. Auch sie gingen bald wieder zurück. Der Vortrupp der Boninschen Kolonne erreichte Jagel erst nach dem Abzug des Feindes, dessen Richtung durch fortgeworfene Mäntel und Tornister bezeichnet war.

Man wußte jetzt, daß der Feind die Stadt Schleswig wenigstens noch mit einer Arrieregarde aus allen Waffen besetzt halte.

Alarmirung der Dänen. Im Dänischen Hauptquartier war schon am gestrigen Tage aus Jagel von dem dort auf Vorposten stehenden Kapitän Rasch die Meldung eingegangen, daß drei Kolonnen feindlicher Truppen gegen die Sorge verrückten.

Der Vorpostenkommandeur, Major v. Holm, wurde beauftragt, das Nähere zu ermitteln. Seine nur mit Kavallerie unternommene Rekognoszirung gewährte ihm keinen Einblick, und er sprach die Ansicht aus: „Wahrscheinlich habe man einige Torfwagen für marschirende Truppen angesehen." Kapitän Rasch erhielt Befehl, sich am nächsten Tage im Hauptquartier wegen unrichtiger Meldung zu rechtfertigen, blieb aber bei seiner Angabe und nahm seine Feldwache weiter zurück. Am 23. April früh lief vom Oberstlieutenant v. Haxthausen die Nachricht ein, daß er angegriffen werde; um 9½ Uhr sprengten Dragoner in den Schloßhof von Gottorf und meldeten, „daß der Feind anrücke".

Es scheint, daß man an diesem Ostersonntag einen ernstlichen Angriff durchaus nicht erwartet hatte. Viele Mannschaften waren ohne Waffen und

Gepäck in den Kirchen, ein Theil der 2. Brigade sogar nach der rückwärtigen Stellung am Lang-See marschirt, um an den Schanzen zu arbeiten.

Jetzt wurde alarmirt. Gegen 10 Uhr hörte man die erste Trompete und bald darauf Hörner und Trommeln in allen Stadttheilen.

Nach den Kantonnements wurde der Befehl zum Ausrücken durch reitende Ordonnanzen geschickt, einige hatte der Anmarsch der Preußen selbst schon alarmirt. Die Kavallerie in Wedelspang war in dem Maße überrascht worden, daß sie nach Dänischer Angabe „in Eile ohne Gepäck aus dem Ort flüchten mußte". Zu Hüsby dagegen blieben die Dragoner gemächlich bei Tische, als schon in Busdorf gekämpft wurde; doch jagte sie der Donner der Geschütze in die Ställe.

Die in Friedrichsberg einquartierte Avantgarde (siehe Ordre de bataille, Anlage 5) sammelte sich in kurzer Zeit auf dem freien Platz am Taubstummen-Institut, und das 3. Jäger-Bataillon unter Oberstlieutenant v. Magius eilte über den Damm nach Busdorf. Es folgten das 12. Linien-Bataillon und zwei Escadrons des 3. Dragoner-Regiments, zwei Geschütze nahmen Stellung, wo die Rendsburger Chaussee das Dannewerk durchschneidet, zwei andere da, wo diese Chaussee mit dem Haddebyer Wege zusammentrifft. Die beiden Schwadronen gingen zur Aufnahme der Vorposten vor.

Außer diesen und ihrer um 10 Uhr stattfindenden Ablösung langten bei der Avantgarde in Busdorf noch die Postirungen an, welche in Jagel, Kurburg, Ellingstedt und Silberstedt gestanden hatten, nämlich 2 Kompagnien des 2. Linien-Bataillons, 2 Kompagnien des 2. Jäger-Bataillons und 1 Eskadron.

In der Stadt sammelten sich: in Vollfuß die 1. Brigade, in der Altstadt das Flankenkorps; sie wurden sogleich nach den schon im Voraus bezeichneten Rendezvous Erdbeeren-Berg und Hühnerhäuser dirigirt. Die 2. Brigade, welche die Ziegelei südwestlich des Thiergartens hatte besetzen sollen, mußte, wohl wegen der stattgehabten Detachirung nach dem Arenholzer See, sich rückwärts bei Falkenberg konzentriren.

Die Reserve-Artillerie trat bei St. Jürgen nördlich der Stadt an, die Kavallerie sammelte sich aus den Kantonnements westlich.

Hatten die Dänen sich überraschen lassen, so wußten sie doch die wichtigsten Punkte schnell genug zu besetzen.

Es waren etwas über 4000 Mann verfügbar, um die südlichen Zugänge zur Stadt zu vertheidigen, 4600 Mann, welche eigentlich die Reserve hätten bilden sollen, um einem Angriff auf dem rechten Flügel zu begegnen, und

2000 Mann in rückwärtiger Stellung, wo sie die Hauptmacht aufnehmen oder zu ihrer Verstärkung herangezogen werden konnten.

Gefecht der Garde-Brigade und Einnahme des südlichen Theils von Busdorf.

Als die Dänischen Vortruppen hinter dem Dannewerk verschwunden waren, hatte der Kommandeur der Preußischen Avantgarde, Graf v. Waldersee, seinem Ordonnanzoffizier zu ermitteln befohlen, ob Busdorf besetzt sei.

Lieutenant v. Wackerbarth besorgte dies, indem er mit einigen Husaren, die gerade zur Hand waren, mitten in das Dorf hineinsprengte, bis er von den auf der Chaussee im Trabe vorrückenden feindlichen Jägern Feuer erhielt. Er sah, daß diese das Lusthaus auf einem Hügel zwischen dem Busdorfer Teich und der Straße, ferner den rechts derselben liegenden Ries-Berg besetzten und sich von da weiter gegen Haddeby ausdehnten. General v. Möllendorff hatte sich nicht versagt, den Ritt mitzumachen.

Auch Hauptmann v. Cosel, welcher mit seinem etwa 200 Mann starken Vortrupp bereits den Ringwall am Haddebyer Noor besetzt hielt, versuchte in Busdorf einzudringen, um den nach dorthin zurückeilenden feindlichen Posten den Weg zu verlegen. Bei diesem Vorgehen wurde er aber in beiden Flanken angegriffen und mußte sich darauf beschränken, die frühere Stellung zu behaupten. Am Ringwall entwickelte sich nun ein längeres Feuergefecht gegen die Dänischen Jäger, welche, hinter den Knicks eingenistet, sicher schossen. Dabei fiel der Lieutenant v. Grone vom 20. Infanterie-Regiment, welcher, eben aus dem Kriege gegen Mexiko zurückgekehrt, beim Kaiser Alexander-Regiment eingetreten war.

Graf v. Waldersee, der die Lage des Hauptmanns v. Cosel übersehen konnte, sendete zu seiner Unterstützung die 9. Kompagnie des Kaiser Alexander-Regiments und den Rest der 4. Kompagnie des Garde-Schützen-Bataillons, welche den linken Flügel bis an das „Sturmloch" verlängerten. Mit dem Gros der Avantgarde war er bereits auf dem Busdorfer Wege gegen das Dannewerk selbst in Marsch und erreichte auch noch vor dem Feinde den Wall.

Gleich darauf fuhr feindliche Artillerie auf dem Ries-Berg auf und eröffnete die Chargirung. Ein aus dem Dorf debouchirendes Bataillon hingegen wurde durch das kaltblütige Feuer der Garde-Schützen-Kompagnie des Hauptmanns v. Holwede zurückgewiesen.

Jetzt erhielt Graf v. Waldersee den Befehl des Divisionskommandeurs, mit seinen Truppen nach Ober-Selk zurückzukehren, um der Disposition entsprechend den Kograben zu besetzen.

Das Dannewerk und seine angeblichen Verschanzungen hatten in allen Kundschafternachrichten eine große Rolle gespielt. Man glaubte allgemein, einen hohen Werth auf diesen Abschnitt legen zu müssen, und der Feind schien im Begriff, sich seiner wieder zu bemächtigen. Das hatte man in Ober-Selk bei Ertheilung des Rückzugsbefehls nicht wissen können. Graf v. Waldersee glaubte daher den Sachverhalt erst melden zu sollen. „Man werde morgen das jetzt besetzte Werk mit großem Verlust wieder erobern müssen und er erwarte daher — zuversichtlich — die Genehmigung zum Stehenbleiben".

Nicht lange, so traf wirklich die Genehmigung, ohne Zweifel des Kommandirenden selbst, ein, mit der Bedingung, daß nun das Dannewerk statt des Kograbens zum Schutz der bei Ober-Selk vom Gros zu nehmenden Biwaks behauptet werden müsse.

Aber die Avantgarde hatte sich nicht auf ein Stehenbleiben am Dannewerk beschränkt, sie war bereits in ein neues Offensivgefecht verwickelt.

Kaum daß Hauptmann v. Cosel seine Verstärkung erhalten, so hatte er auch schon wieder Terrain vorwärts gewonnen.

Als Oberstlieutenant Graf v. Waldersee dies bemerkte, schickte er den Major v. Ponda mit der 10., 11. und 12. Kompagnie des Kaiser Franz Regiments ab, um durch diese die Umfassung des feindlichen linken Flügels zu vollenden. Einige Schwankung beim Gegner bestimmte den Hauptmann v. Holwede, mit seinen Schützen, gefolgt von der 10. und 11. Kompagnie des Kaiser Alexander-Regiments, sich auf den südlichen Eingang von Busdorf zu werfen, und da in demselben Augenblick die 9. Kompagnie und der Zug der Garde-Schützen unter Lieutenant v. Wowna von rechts her auf das Dorf vorgingen, so wurde das Südende desselben im raschen Anlauf genommen.

Außerdem hatte auch die Avantgarde der linken Kolonne, als sie das 11½ Uhr. heftige Gefecht bei Busdorf hörte, ihre Richtung dorthin genommen. Die 9. und 12. Kompagnie des 31. Infanterie-Regiments rückten an das Dorf heran, die 10. und 11. stellten sich als Repli hinter dem Dannewerk zu beiden Seiten der Chaussee auf und das Füsilier-Bataillon 20. Infanterie Regiments blieb als Reserve 500 Schritt rückwärts halten.

Die zwei 6Pfünder-Geschütze wurden durch den Hauptmann v. Teder an der Westspitze von Ober-Busdorf aufgestellt, wo sie ein feindliches Bataillon jenseits des Teichs mit Kartätschen beschossen und hinter die nächsten Häuser trieben.

Sonach befanden sich gegen Mittag beide Avantgarden auf dem Raum zwischen Selker Noor und Busdorfer Teichniederung in Gefechte verwickelt, während die Gros noch bei Ober-Selk und bei Jagel hielten.

Verstärkt durch das 13. Bataillon aus Gotterf nebst mehreren Zügen

Artillerie und auf die Vertheidigung jetzt nur noch des nördlichen Theiles von Busdorf beschränkt, hielt Oberstlieutenant Magius die Häuser in der Front, rechts das schon erwähnte Lusthaus, links den Ries-Berg mit Tirailleuren stark besetzt und richtete ein heftiges Feuer gegen den südlichen Theil des Dorfes.

Die beiden aus Fahrdorf angelangten Jäger-Kompagnien standen in Haddeby in der Flanke des Hauptmanns v. Cosel. Ferner ließ Major de Meza Geschütz auf dem Damm, welcher den Busdorfer Teich gegen die Schleiwiesen absperrt, auffahren, zwei Granatkanonen 300 Schritt westlicher, am Nordrand des Teiches, und zwei weitere am hohen Westrande desselben. Das konzentrische Feuer aus acht Geschützen zwang die beiden 6Pfünder des Lieutenants Laval*) bald, sich in ein von Kiesgruben zerrissenes Terrain zurückzuziehen. Der eine war an der Mündung getroffen, dem anderen eine Speiche zerschossen. Auf Preußischer Seite hielt man die Truppen hinter den Häusern beisammen, um geschlossenen Angriffen des Gegners im entscheidenden Augenblick zu begegnen. Zwei solche Versuche wurden abgeschlagen.

Major v. Peuda hatte sich befohlenermaßen auf den rechten Flügel des Hauptmanns v. Cosel gesetzt und, nachdem die feindlichen Jäger von Haddeby weiter zurückgegangen, sich bis an die Schlei ausgebreitet. Die nächsten Knicks besetzend, drang er bis zu einer völlig freien Ebene vor, die ihn noch vom Ries-Berg trennte. Von dort feuerten die gedeckt liegenden Jäger mit großem Geschick. Lieutenant v. Kuylenstjerna I., der mit ausgezeichneter Bravour seine Mannschaft vorführte, fiel an ihrer Spitze.

So war nach und nach das Gefecht vor Busdorf in dem Maße ernsthaft geworden, daß jetzt nur übrig blieb, es vollends durchzuführen. Der Abschnitt bis zur Schlei mußte genommen werden, um einen Abschluß zu finden. Dann sollte nach der Absicht des Generals v. Wrangel dem Kampfe für heute ein Ziel gesetzt werden. Das Gros der Brigade v. Möllendorff wurde daher von Ober-Selt gegen das Dannewerk in Marsch gesetzt.**)

12 Uhr   General v. Wrangel ertheilte dem Hauptmann v. Delius, vom Stabe des Generals v. Bonin, den mündlichen Befehl, die linke Kolonne solle nicht auf Rheide marschiren, sondern auf der Chaussee vorrücken. Gleich darauf wurde derselbe Befehl durch eine Kavallerie-Ordonnanz schriftlich an den General v. Bonin abgeschickt. Er lautete:

„Busdorf ist genommen, der Feind zeigt jenseits Infanterie und Artillerie. Das Gros soll den Marsch auf Schleswig fortsetzen.

Auf Befehl, gez. Kirchfeldt."

---

*) Dieselben gehörten zur 6pfündigen Fußbatterie v. Decker.
**) Siehe die Stellung gegen 12 Uhr auf dem Plan.

Durch diese Anordnung ging man allerdings von der bisherigen Disposition ab. Alle Preußischen Streitkräfte wurden nach dem südlichen Eingange von Schleswig dirigirt.

Auf den Rapport des Hauptmanns v. Decker befahl ferner der General v. Wrangel: daß die sechs Garde-Fuß-Geschütze des Hauptmanns v. Gerichow und die vier reitenden des Hauptmanns Kühne gegen die feindliche Artillerie auffahren sollten. Die ersteren begegneten in dem engen, von Knicks eingefaßten Wege den beiden Geschützen des Lieutenants Laval, in welche noch im Abfahren ein feindliches Geschoß einschlug. Sie stellten sich auf dem eben von jenen verlassenen Platz auf, die reitenden Geschütze so gut es gehen wollte rechts davon, und eröffneten um 12½ Uhr das Feuer gegen die feindliche Artillerie auf dem Damm. Bald war dort ein Geschütz demontirt, ein zweites stark beschädigt, eine Protze flog auf, und mehrere Leute wurden außer Gefecht gesetzt. 12½ Uhr.

Das Vorschreiten der Infanterie in und östlich Busdorf war inzwischen zum Stehen gekommen. Fürst Radziwill hatte die Nothwendigkeit einer Unterstützung erkannt und den Major v. Ledebur mit zwei Kompagnien des 2. Bataillons Kaiser Franz rechts gegen den Ries-Berg, die beiden übrigen Kompagnien dieses Bataillons links gegen Busdorf dirigirt. Die letztere führte Major Kirchfeldt durch eine Schlucht, dann unter dem feindlichen Geschütz- und Tirailleurfeuer über die Niederung am Teich vor. Von der 6. Kompagnie, welche an der Tete marschirte, wurden gleich anfangs Hauptmann v. Roeder, Premierlieutenant v. Koschembahr und Secondlieutenant v. Below verwundet, dann auch Major v. Ledebur, welcher durch sein persönliches Beispiel den Angriff belebte. Man erreichte jedoch zwei Gebäude, 90 Schritt vom Lusthaus entfernt, und setzte sich dort fest.

Oestlich von Busdorf war unter dem heftigen Feuer des gedeckt stehenden Feindes ein Tirailleurzug ohne Befehl aus seiner Stellung gewichen. General v. Möllendorff, welcher sich zu Fuß in der Nähe befand, „donnerte und wetterte" ihn sogleich wieder vor.

Weiter rechts war es dem Major v. Penda gelungen, mit der 11. und 12. Kompagnie Kaiser Franz bis an den südlichen Vorsprung des Ries-Berges vorzudringen, und, sobald die vom Divisionsgeneral abgeschickten beiden Kompagnien, die 5. und 8., des Regiments heran waren, ging er zum Angriff auf den Ries-Berg und die Ziegelei über. Die 11. Kompagnie, Hauptmann v. Normann, drang zur Linken, die 5. zur Rechten vor, eine Saat von Kugeln zwang sie aber zum Umkehren. Die nachfolgende 8. Kompagnie, alle

Offiziere an der Spitze, verlor in einem Augenblick den Lieutenant v. Ziegler und 17 Mann. Zwar wurde die Ziegelei durch Gewehrraketen angezündet, aber ihre Räumung änderte wenig an der Sachlage.

Während so die Brigade durch äußerste Anstrengung den zähen Widerstand der Dänischen Avantgarde zu bewältigen strebte, hörte man plötzlich ein Gefecht links rückwärts entbrennen.

Vorstoß der Dänischen 1. Brigade.

Oberstlieutenant Wiesner, Kommandeur der Avantgarde der Brigade v. Bonin, hatte zur Beobachtung der linken Flanke zwar den Schützenzug des Lieutenants v. Reuß vom 31. Regiment nach der Teichniederung entsendet; kaum aber war derselbe angelangt, als er eine starke Infanteriekolonne erblickte, welche bereits auf dem quer durch jene Niederung führenden Damm vorschritt. Es war dies die um Mittag auf dem Erdbeeren-Berg angelangte 1. Dänische Brigade.*) Der Gedanke, von dort durch einen Flankenangriff der Arrieregarde zu Hülfe zu kommen, soll vom Major v. Holm angeregt worden sein und wurde durch den Oberst v. Bülow ohne Zögern ausgeführt.

1 Uhr.

Von dieser Brigade hatten sich, wie schon erwähnt, zwei Kompagnien des 2. Linien-Bataillons (die Vorposten und deren Ablösung) nach Busdorf geworfen, die beiden anderen blieben mit einer Eskadron Husaren**) und zwei Geschützen als Reserve zur Aufnahme zurück, nur das 1. und 11. Bataillon rückte durch das hohe, von vielen Knicks durchschnittene Terrain verdeckt gegen den Westrand der Teichniederung und dann über den Damm vor, Oberst v. Bülow und Oberstlieutenant v. Aye zu Fuß an ihrer Spitze.

In Kompagniekolonnen formirt, Tirailleurs voraus, erstiegen sie den Thalrand nördlich des Dannewerks. Eine Kompagnie marschirte auf dem Wall selbst mit hochflatternder Danebrogsfahne vorwärts, eine zweite rechts desselben drängte den Zug des Lieutenants v. Reuß, das Gros links die 12. Kompagnie des 31. Regiments zurück. Die Batterien an der Westseite von Busdorf mußten abfahren und wurden dabei vom feindlichen Infanteriefeuer erreicht. Eine an dem engen Dorfwege umgestürzte Protze wurde durch die Füsiliere des Lieutenants v. Sperling wieder aufgerichtet, und Alles was zur Hand war, warf sich dem Andringen des Feindes entgegen. Zwar stutzte derselbe, besonders an einer Stelle, wo zwei Dänische Offiziere auf einmal fielen, aber das ununterbrochene Vorschreiten der Danebrogsfahne auf dem Wall zeigte den allgemeinen Fortgang des Angriffs, und bald waren die vereinzelten Füsilier-Kompagnien des 31. und 20. Regiments bis an die

---

*) Siehe S. 73.

**) Die 2. Eskadron, die nach der Ordre de bataille zur Avantgarde gehörte.

Schlacht bei Schleswig.

alte Rendsburger Straße zurückgedrängt. Das Vordringen des Feindes durch ein so schwieriges Defilee konnte nur durch vollständige Ueberraschung gelingen. Die linke Flanke war bei dem lebhaften Angriff auf Busdorf bisher wenig beachtet worden. Der Brigade- und der Divisions-Kommandeur hielten im Feuer an der Ostseite des Dorfes, wurden aber durch das Verstummen der Artillerie an der Westseite aufmerksam, und da nunmehr das Gros der rechten Kolonne bis nahe an das Dannewerk herangelangt war, so erhielt das 1. Bataillon Kaiser Franz Befehl zum weiteren Vorrücken.

Aber zuvor schon hatte Oberstlieutenant Wiesner die zwei in Reserve behaltenen Füsilier-Kompagnien des 20. Infanterie-Regiments herbeiordert und die vereinzelten Abtheilungen an der Rendsburger Straße aufgenommen. Zu ihrer Rechten schlossen sich bei Busdorf die 10. und 11. Kompagnie des Kaiser Alexander-Regiments an, und alsbald wurde von sämmtlichen Kompagnien die Offensive ergriffen. Das Signal „Avanciren" ertönte auf ihrer ganzen Linie, das Hurrah der Leute und das Knattern der Gewehre bezeichnete ein Fortschreiten, welchem jetzt die Dänen auf allen Punkten weichen mußten.

An vielen Stellen kamen die Tirailleure sich auf 50 Schritt nahe. Der Träger der Danebrogsfahne wurde tödtlich getroffen, aber sogleich ergriff ein Anderer dies Panier und trug es der immer schneller abziehenden Abtheilung nach. Den meisten Widerstand fand man noch südlich des Dannewerks, wo die Knicks jede Koppel zu einem Abschnitt machten, der erstürmt werden mußte. Aber eben auf dieser Seite kam jetzt Hülfe heran.

Die Brigade v. Bonin, deren Bewegungen wir später ins Auge fassen, 2 Uhr. war bereits dem ursprünglichen Plan gemäß von der Chaussee links abgebogen. Der Ordonnanzreiter mit dem schriftlichen Befehl zum Vorrücken auf Schleswig traf indeß noch den Major v. Steinmetz, welcher mit seinen zwei Bataillonen des zweiten Regiments*) die Straße schnell wieder gewann. In der Voraussetzung, daß der Rest des Gros ihm folgen werde und weil erneuerte Weisungen des Generals v. Wrangel dringend lauteten, entschloß der Major sich, sogleich ihnen nachzukommen.

In Kompagniekolonnen formirt, führte er seine Bataillone bis auf 1000 Schritt an das Dannewerk heran. Nach schneller Orientirung über die Gefechtslage wurde das Halbbataillon an der Tete rechts der alten Rendsburger Straße abgeschickt, die übrigen rückten längs des östlichen Thalrandes der oberen Teichniederung weiter. Die Tirailleure schwärmten gegen den Feind aus.

---

*) Dieselben bildeten das zweite Treffen und marschirten am Ende der Kolonne. (Siehe S. 84.)

Dies Eingreifen frischer Streitkräfte mußte der Dänischen Brigade verderblich werden. Ihre Operation war geschickt angelegt, kühn ausgeführt, aber mit zu schwachen Kräften unternommen. Es folgte jetzt der Rückschlag. Man mußte der Ueberlegenheit weichen, hatte dann die sumpfige Niederung zu durchschreiten und jenseits den steilen Thalhang zu ersteigen, alles unter dem wirksamen Feuer des nachdringenden Gegners. Die Offiziere, durch ihre blauen Ueberröcke gegen die roth uniformirten Soldaten leicht erkennbar, beim Vorrücken überall an der Spitze ihrer Leute, waren jetzt die letzten beim Zurückgehen. Ein Drittheil derselben fiel; einige wurden durch treue Soldaten aus dem Kugelregen fortgetragen. Der weitere Rückzug aber über die Niederung, sogar durch das südliche Ende des Teiches, artete in Flucht aus. Mäntel und Tornister wurden weggeworfen, um schneller davon zu kommen. Die zurückgelassenen beiden Kompagnien des zweiten Bataillons hätten jetzt am Westrande der Niederung als Aufnahme sehr nützlich werden können, allein sie waren auf dem Erdbeeren-Berg stehen geblieben.

Eine unmittelbare Verfolgung durch die Füsilier-Kompagnien war indeß nicht wohl angänglich, weil diese bei dem heftigen, gegen sie gerichtet gewesenen Angriff und dem Wiedervorgehen unmittelbar darauf zu sehr durcheinander gerathen waren. Hauptmann v. Zastrow und Lieutenant v. Zastrow, beide vom 31. Regiment, waren verwundet, der Verlust sonst nicht so groß, als man hätte vermuthen können. Dagegen gingen die vier Halbbataillone des 2. Regiments sogleich über die Niederung vor.

Die sumpfige Beschaffenheit des Bodens nöthigte die Stabsoffiziere, ihre Pferde zurückzulassen, und verzögerte die unter dem Feuer der feindlichen Artillerie auszuführende Bewegung. Jenseits fand man ein von Knicks äußerst durchschnittenes Terrain, und da der Gegner sich vorzugsweise einer gebahnten Straße bedienen konnte, so gewann er Vorsprung und zog sich dahin zurück, von wo er gekommen war.

Aufgeben des nördlichen Theiles von Busdorf. Im nördlichen Theile von Busdorf hatte die Dänische Avantgarden-Brigade mit letzter Anstrengung gegen den heftigen Andrang der Preußischen Tirailleurschwärme gerungen. Der Kugelregen war, nach dem Bericht des Generals v. Hedemann, so heftig, daß Jeder, der aus seiner gedeckten Stellung hervorkam, augenblicklich hingerafft wurde. Acht Offiziere, darunter der Kommandeur des 13. Bataillons, Oberstlieutenant v. Krabbe, waren todt oder verwundet. Endlich erreichten zwei Kugeln auch den Oberstlieutenant v. Magius. Man fand den heldenmüthigen Greis, welcher mehrmals zu Pferde ganz vorn bei seinen Schützen gesehen war, beim Eindringen bereits unter den Todten unweit des Lusthauses, von wo so lange Verderben nach allen Seiten gesprüht war. Major v. Holm übernahm an seiner Stelle das Kommando.

Durch General v. Hedemann war der Avantgarde befohlen, „sich nicht bis aufs Aeußerste zu halten", dennoch hatte sie sich drei Stunden lang gegen Ueberlegenheit behauptet. Der Unterstützungsversuch des Obersten v. Bülow war gescheitert, sein Rückzug wahrgenommen, der eigene über den einzigen Damm nach Friedrichsberg durch den längs der Schlei vordringenden rechten Flügel der Preußen bereits gefährdet. Eine längere Ausdauer mußte zur Niederlage führen, Major v. Holm befahl daher die Räumung von Busdorf.

General v. Möllendorff, welcher die rückgängige Bewegung in der Gegend des Lusthauses wahrnahm, erkannte, daß es nur noch eines letzten Druckes bedürfe, und setzte sich an die Spitze des 1. Bataillons des Kaiser Franz Regiments. Oberst v. Bequignolles ritt ihm zur Seite, und Oberstlieutenant Graf v. Waldersee schloß sich in Busdorf an. Das Bataillon marschirte in Sektionen aus der Mitte, ihm 100 Schritt voraus die Schützen der 2. und 3. Kompagnie unter Hauptmann v. Plessen, theilweise in den Gärten zu beiden Seiten. Major v. Falckenstein ließ Sturmschritt schlagen, und nach und nach schlossen sich nun die einzelnen Abtheilungen dieser Vorwärtsbewegung an. Das verlassene Lusthaus wurde sofort besetzt, demnächst auch die Chaussee und die nächsten Häuser an derselben.

Hierdurch wurden die Truppen, welche bis zuletzt den Mies-Berg und die Ziegelei gehalten hatten, in nördlicher Richtung abgedrängt und eilten unter heftigem Feuer über die Wiesen. Was dabei nicht von den Kugeln erreicht wurde oder im Morast versank, flüchtete sich die Otterkuhle aufwärts. Das Bataillon Kaiser Franz suchte durch rasches Vordringen bis an die den Eingang zu Friedrichsberg bildende Brücke zuvorzukommen. Zwei Dänische Geschütze, Lieutenant v. Moltke, gaben schnell abprotzend eine Kartätschlage, die aber zu hoch ging. Die Häuser wurden von feindlichen Schützen gesäubert und die nächsten Gebäude dem Schloß gegenüber besetzt. Die 1. Kompagnie, Graf Blumenthal, welche die Gärten links umgangen hatte, vertrieb in Verein mit dem Halbbataillon Radzom*) des 2. Regiments auch noch die Dänischen Aufnahmekompagnien von dem Erdbeeren-Berg.

Der ganze Abschnitt diesseits der Schlei war genommen, und General v. Möllendorff wollte nunmehr das Gefecht abbrechen.

---

*) 2. und 3. Kompagnie. Major v. Steinmetz wendete hier zuerst die später 1866 bei seinem Armeekorps allgemein eingeführte Formation der Halbbataillone an.

In Friedrichsberg verblieben die Füsilier-Bataillone Franz und Alexander, nebst den 2 Kompagnien des Garde-Schützen-Bataillons, vor und in Busdorf sammelten sich das 1. und 2. Bataillon Kaiser Franz, und hinter dem Dorf am Dannewerk standen das 1. und 2. Bataillon Kaiser Alexander mit den beiden Schwadronen des 3. Husaren-Regiments, die Artillerie und Pioniere. Die Artillerie hatte sich mit Munition wieder versehen und ihre Beschädigung hergestellt. Das Fuhrwesen nebst Bedeckung war noch bei Ober-Selk zurückbehalten.

Es war 2½ Uhr; die Preußischen Truppen hatten 15 Stunden marschirt und gefochten und nur aus dem Brotbeutel gelebt. Der kommandirende General, welcher über den Damm am Busdorfer Teich geritten war, erfuhr durch das Feuern in Friedrichsberg die Wegnahme auch dieses Stadttheils und wendete sich über den Erdbeeren-Berg dorthin, um Quartier zu beziehen. Zuvor schickte er den Befehl, daß das zur Brigade Bonin gehörige 2. Regiment nebst dem Füsilier-Bataillon 31. Regiments Halt machen und das Dannewerk nicht passiren sollte.

Allein es stellte sich bald heraus, daß man schon zu weit gegangen war, um das Tagewerk noch abzubrechen.

Die Dänische Brigade v. Bülow hatte ihren Rückzug bis zum Pulver-Holz fortgesetzt. Dorthin folgten, mit den auf dem Erdbeeren-Berg zur Aufnahme belassenen Kompagnien, von der aus Busdorf und aus Friedrichsberg verdrängten Arrieregarde das 12. Linien-Bataillon, die Artillerie, welche bis auf den Schur-Berg zurückging, und über Gottorf das 3. Jäger-Bataillon. Das schwache 13. Linien-Bataillon blieb bei Neuwerk zur eventuellen Unterstützung des Schlosses stehen, dessen Besatzung, das Garde-Bataillon, durch zwei Geschütze verstärkt wurde.

Pulver-Holz und Gottorf bildeten sonach die starke Front der Dänischen Gefechtsstellung. Hinter derselben war eine neue Konzentration der Streitkräfte bewirkt worden.

Bisher hatten ihre Gegner sich abgemüht in einer Sackgasse ohne Ausgang vorzudringen. Nur die Richtung des Preußischen 2. Regiments konnte gefährlich werden, aber in dieser war das Pulver-Holz mit fünf Bataillonen besetzt. In der rechten Flanke stand Kavallerie bis Wester-Kahlegat dreiviertel Meilen weit vorgeschoben, sie wußte von einer Umgehung nichts zu melden. Nur die kleine Hälfte der Truppe hatte bis jetzt gefochten, und General v. Hedemann beschloß mit gutem Grund, sich in seiner Stellung bei Schleswig zu behaupten.

Schon um 12½ Uhr hatte Oberst Schleppegrell Befehl erhalten, von den Hühnerhäusern gegen die Ziegelei westlich des Thiergartens vorzurücken. Die Reserve-Artillerie wurde von St. Jürgen nach den Hühnerhäusern, um 1¾ Uhr aber auch die 2. Brigade, Oberst Mewer, von Falkenberg nach dem Thiergarten heranbeordert.

Um die Zeit, wo Friedrichs-Berg und Erdbeeren-Berg aufgegeben werden mußten, standen sonach zwei frische Brigaden zur Vertheidigung des rechten Flügels bereit, die Kavallerie, 8 Eskadrons, 1 Batterie und kleinere Infanterie-abtheilungen südlich von Hüsby zur Beobachtung der rechten Flanke. Diese Stellung am Höhenrande südwestlich des Thiergartens war von großer defensiver Stärke, sie konnte selbst zum offensiven Vorgehen einladen.

General v. Wrangel war in Friedrichsberg kaum abgestiegen, als das immer heftiger werdende Feuern in westlicher Richtung ihn wieder zu Pferde rief. In der Meinung, daß General v. Bonin angelangt sei und das Gefecht erneuere, ritt er mit seinem Stabe auf dem Groß-Dannewerker Wege wieder vor. Sein Befehl, den Kampf abzubrechen, war aber überhaupt nicht an den Major v. Steinmetz gelangt, der, zu Fuß führend, nicht sogleich aufgefunden werden konnte. Der Adjutant hatte den Auftrag an Major v. Borcke ausgerichtet, welcher seine Abtheilung auch sogleich halten ließ. Da aber die Tirailleure fortavancirten und Alles neben ihm in Bewegung blieb, so trat er ebenfalls wieder an. Der Regimentskommandeur erfuhr zwar, daß das Halbbataillon v. Borcke auf höheren Befehl Halt gemacht habe, nicht aber, daß er selbst halten solle, und war im Vorrücken auf das Pulver-Holz geblieben.

Es ist nun nothwendig, daß wir unsere Aufmerksamkeit der linken Flügelkolonne zuwenden. *Vormarsch der linken Kolonne (v. Bonin).*

Die Avantgarde derselben sollte nach der Disposition, wenn sie diesseits des Kograbens nur schwache Abtheilungen antraf, wie dies in der That der Fall gewesen, bei Kropp Halt machen und links nach Groß-Rheide abbiegen. Statt dessen hatte das Gefecht bei Busdorf sie dorthin gelockt und in dem der rechten Kolonne zugewiesenen Terrain in ein Gefecht verwickelt.

Schon ehe das Gros des Generals v. Bonin die Höhe von Kropp erreicht, war der Befehl des Fürsten Radziwill eingegangen: „Statt auf Rheide zu marschiren, vielmehr der Chaussee bis Jagel zu folgen und erst dann sich nach Klein-Rheide zu wenden." Dieser Abweichung von der Disposition lag die richtige Einsicht zu Grunde, daß, nachdem man am Kograben nicht Halt gemacht, sondern sich vorbereitete, das Dannewerk anzugreifen, weniger eine Umgehung der rechten feindlichen Flanke morgen, als vielmehr ein Angriff des rechten feindlichen Flügels schon heute Noth thun werde.

Diesem Befehle entsprechend entsendete General v. Bonin von Kropp aus nur die beiden Schwadronen seiner Avantgarde links auf Rheide und traf mit der Hauptkolonne selbst etwa 11½ Uhr bei Jagel ein, wo er Halt machte und ruhen ließ.

In dieser Zeit war das Gefecht bei Busdorf zum Stehen gekommen, und, wie schon gesagt wurde, schickte der Kommandirende durch den Hauptmann v. Delius den mündlichen und bald darauf den schriftlichen Befehl, das Gros solle den Marsch auf der Chaussee fortsetzen; keiner von beiden gelangte an den General v. Bonin.

Da dieser nach der Disposition erst morgen die Entscheidung zu geben hatte, so beließ er seine Kavallerie bei Jagel, um die Verbindung mit der rechten Kolonne zu unterhalten, und rückte mit der Infanterie und Artillerie nach Klein-Rheide ab, das 2. Regiment, welches das zweite Treffen bildete, an der Queue.

Wir wissen schon, daß eben dieses, als es kaum eine Viertelstunde die Chaussee verlassen, von dem schriftlichen Befehl erreicht wurde.*) Major v. Steinmetz nahm Kenntniß von dem offenen Zettel und schickte ihn an den nächstvorderen Truppentheil. Durch wessen Schuld er nicht weiterbefördert wurde, ist unermittelt geblieben. General v. Bonin an der Spitze seiner Brigade setzte den Marsch fort, auf seine Frage, „ob Alles gehörig folge", erhielt er eine bejahende Antwort. Aber nicht allein seine Avantgarde und sein zweites Treffen, sondern auch die Reserve, welche ihm folgen sollte, wurden ihm entzogen, ohne daß er es erfuhr.

Prinz Friedrich war bald nach 11 Uhr von Sorgbrück abmarschirt, er machte bei Mielberg Halt und verstärkte nach Verabredung die Kavallerie bei Jagel durch ein Bataillon.

Bevor er nun, der Disposition entsprechend, nach Rheide aufbrach, traf ihn der Befehl des Kommandirenden, „auf der Chaussee im Marsch zu bleiben und schleunigst eine Batterie nach Busdorf vorauszusenden". Letzteres geschah unter Bedeckung von zwei Eskadrons im Trabe, doch traf die Batterie erst ein, als die Bülowsche Brigade sich zurückgezogen hatte.

Die Ueberraschung des Generals v. Bonin kann man sich vorstellen, als derselbe demnach, statt mit 11 000 Mann, mit etwa 3000 am Kograben jenseits Klein-Rheide anlangte.

*) Siehe S. 79.

Es war 1 Uhr; feindliche Dragoner hatten Rheide soeben erst verlassen und sich auf Wester-Kahlegat, etwa 1500 Schritt nördlicher am Dannewerk, zurückgezogen. Dort sah man eine Abtheilung aus allen Waffen.

Eben jetzt traf Hauptmann v. Delius ein, welcher — ein vorzüglicher Reiter — von Busdorf aus, über Gräben und Hecken, über Haide und durch Sümpfe in gerader Linie zum General v. Bonin geritten kam. Er hatte daher auch den Major v. Steinmetz auf der Chaussee nicht vorrücken sehen. Der Befehl, den er brachte, auf Schleswig zu marschiren, ließ sich jetzt nicht mehr ausführen; auch war General v. Bonin der richtigen Ansicht, daß sein Vorrücken auf Groß-Dannewerk ungleich wirksamer sein werde. Dazu glaubte er aber erst mehr Truppen heranziehen zu müssen.

Hauptmann v. Delius wurde sofort abgeschickt, um das 2. Regiment wieder heranzuholen, welches man noch nicht sehr weit entfernt glaubte. Wir wissen aber, daß es um diese Zeit bereits zum Angriff auf die Brigade v. Bülow vorging. Ein anderer Offizier wurde entsendet, um die Kavallerie aus Jagel herbeizuschaffen.

Auf seinem neuen Ritt fand Hauptmann v. Delius Busdorf erobert; er eilte durch Friedrichsberg weiter und sah nun das Regiment im hitzigen Gefecht am Pulver-Holz.

Unter so veränderten Umständen konnte der Befehl des Generals v. Bonin nicht mehr ausgeführt werden. Eine feindliche Kavalleriepatrouille im Rücken des Gefechts zwang v. Delius, auf dem Umwege durch den Busdorfer Grund zurückzukehren. Auf der Chaussee begegnete er den Holsteinschen Truppen, benachrichtigte den Prinzen Friedrich von der Sachlage und langte endlich wieder beim General v. Bonin an.

Es schien, daß der Tag ohne diesen entschieden werden solle.

Jetzt um 3 Uhr war die Vertheilung der Streitkräfte folgende:*)

Auf dem linken Flügel stand vorwärts Klein-Rheide General v. Bonin mit drei Bataillonen und acht Geschützen. Das 2. Kürassier-Regiment und drei Holsteinsche Schwadronen waren noch im Anmarsch; zwei Holsteinsche Schwadronen und eine Batterie hielten auf der Chaussee nördlich von Jagel.

Im Centrum, dreiviertel Meilen rechts, befanden sich die Avantgarde und das zweite Treffen des Generals v. Bonin — vier Bataillone — in Verbindung mit einem Theile des Kaiser Franz-Regiments im Gefecht am Pulver-Holz bezw. im Anmarsch dazu.

---

*) Siehe Stellung gegen 3 Uhr auf dem Plane.

Auf dem rechten Flügel in Friedrichsberg und Busdorf standen die Garde-Brigade in der schon angeführten Vertheilung, südlich des Lusthauses die vorausgesandte Holsteinsche Batterie mit den zwei begleitenden Eskadrons, und hinter dem Dannewerk die unlängst eingetroffenen Holsteinschen vier Bataillone, drei Jägerkompagnien und eine Batterie.

Sonach war auf dem äussersten rechten Flügel die grössere Hälfte aller verfügbaren Truppen versammelt, aber 11¾ Bataillone, 2 Eskadrons und 28 Geschütze wurden hier durch ein Bataillon, zwei Geschütze in Gottorf an jeglichem Vorrücken gehindert.

Dem Centrum standen gleiche Kräfte im Pulver-Holz gegenüber, hinter diesen aber noch zwei feindliche Brigaden.

Der linke Flügel hatte unmittelbar nur drei Kompagnien und 260 Pferde vor sich, nämlich die aus Kurburg, Ellingstedt, Silberstedt und Jübek zurückbeorderten Vorposten und eine halbe Batterie, dahinter bei Hüsby die Kavallerie-Brigade v. Juel*) mit einer Halbbatterie.

Auf dem rechten Flügel hatte das Gefecht aufgehört, am linken hatte es noch nicht begonnen, im Centrum brannte es unter den ungünstigen Stärk- und Terrainverhältnissen fort.

Kampf um die Annettenhöhe.

Das 2. Regiment und ein Theil des 1. Bataillons Kaiser Franz-Regiments waren bei konvergirendem Vorschreiten sehr bald wieder auf den Feind gestossen, welcher mit dem 12. Bataillon die Höhe südlich des Pulver-Holzes besetzt hielt.

Dem Hauptmann v. Schwartzkoppen gelang es, die südlichen Knicks zu besetzen; aber auf der östlichen Seite fand man hartnäckigen Widerstand. Die Häuser bei Annettenhöhe waren mit Schiessscharten versehen, und vom Saum des Pulver-Holzes feuerten die Dänischen Jäger selbst auf Distancen von 400 Schritt nicht ohne Erfolg. Sie wurden wirksam unterstützt durch ein heftiges Granatfeuer aus sechs Geschützen auf dem Schnur-Berg.

Auf Preussischer Seite waren die beiden Bataillone der Avantgarde der linken Kolonne hinzugestossen, aber man wurde dadurch kaum stärker als der Gegner in seiner gedeckten Stellung, wohl aber machte die Mischung von Kompagnien und Bataillonen aus vier verschiedenen Regimentern eine einheitliche Leitung des Angriffs unmöglich.

---

*) Der Oberst v. Juel, der an Stelle des Generals v. Wedell-Wedellsborg das Kommando der Kavallerie-Brigade übernommen hatte, ist nicht zu verwechseln mit dem Kommandeur der Reserve gleichen Namens und gleicher Charge, der den Befehl im Gottorfer Schlosse führte.

Derselbe kam eine Stunde lang zum Stehen, um so mehr als man nicht recht wußte, ob ein ernsthaftes Vorgehen den höheren Intentionen entspräche. Endlich stürzten aus eigenem Antriebe die Hauptleute Radzow vom 2. und v. Zweiffel vom 20. Regiment mit ihren Abtheilungen vor, die nebenstehenden folgten; so gelang es, in das Pulver-Holz einzudringen.

Der Feind ließ einige Gefangene zurück und zog nach dem Part von Annettenhöhe ab. Gleichzeitig ging Hauptmann v. Schwarzkoppen, nachdem er Freiwillige vorgerufen hatte, gegen Annettenhöhe vor, unterstützt ebenfalls von den Nebenabtheilungen.

Der Gegner feuerte vom Dach und aus den Fenstern des einstöckigen Hauses; ein Gitterthor mußte geöffnet, der an der entgegengesetzten Seite liegende Eingang aufgesucht werden. Als Hauptmann v. Zweiffel seinerseits auf der Ostseite anrückte, wo das Haus seine Fenster hatte, räumte der Gegner dasselbe, und die Musketiere vom 2. Regiment, denen sich die Rudolstädter Schützen*) angeschlossen hatten, sowie Füsiliere des 20. Regiments drangen ein. Aber ehe man sich zur Vertheidigung einrichten konnte, rückten die 2. und 3. Kompagnie des 1. Dänischen Jäger- und die 2. Kompagnie des 1. Linien-Bataillons heran. Einer der feindlichen Schützen, der auf 30 Schritt Nähe gegen Hauptmann v. Schwarzkoppen anschlug, wurde durch einen Füsilier des 20. Regiments niedergestreckt. Es entstand ein blutiger Kampf von Zimmer zu Zimmer. Hauptmann v. Zweiffel rettete sich schließlich, obwohl verwundet, durch einen Sprung aus dem Fenster; was noch im Hause blieb, wurde von den Dänen niedergemacht.

Der heftige Kampf von Mann gegen Mann verwandelte sich wieder in ein Feuergefecht aus den früheren Stellungen; es wurde nöthig, Verstärkungen vom rechten Flügel heranzuziehen.

Prinz Friedrich war, dem erhaltenen Befehl folgend, gegen 3 Uhr auf der 4½ Uhr. Chaussee am Dannewerk angelangt. Durch Hauptmann v. Delius von den Absichten des Generals v. Bonin unterrichtet, hatte er sogleich den Oberst Fabricius mit 2 Bataillonen, 2 Jäger-Kompagnien und 4 Geschützen nach Groß-Dannewerk abrücken lassen und solches dem Kommandirenden gemeldet. Einem von diesem jetzt eingehenden Befehl folgend, ließ der Prinz, 4½ Uhr, das 6. Bataillon, Hauptmann v. Hedemann, und die Batterie des Oberfeuerwerkers Weinrebe durch Busdorf nach dem Erdbeeren-Berg vorgehen, um den rechten Flügel des Angriffs auf das Pulver-Holz zu soutenieren; die

---

*) Eine Freischaar von 30 Mann, die der 1. Kompagnie des Königs-Regiments zugetheilt worden war.

Bratlow'schen Jäger verstärkten ebenfalls den rechten Flügel. Diesen folgten schließlich um 5 Uhr auch noch das 3. Bataillon, 1 Kompagnie Jäger und 4 Geschütze. Die beiden Eskadrons, welche die Batterie von Jagel aus eskortirt hatten, suchten über Groß-Dannewerk das Gros der Kavallerie auf. Da somit sein Korps aufgelöst war, begab sich der Prinz zum Kommandirenden, welcher auf einer freien Koppel südlich des Erdbeeren-Berges hielt, von welcher man eine gute Uebersicht hatte.

Die Batterie Weinrebe, fünf Geschütze, fuhr am Friedrichsberger Wege auf. Beim Abprotzen schlug sogleich eine Granate von Gottorf her in die Bespannung.

Die Batterie feuerte nun gegen das Schloß, das Pulver-Holz und den Schur-Berg, überall ohne sonderliche Wirkung. Auch das Eintreffen der sonstigen Holsteinschen Verstärkungen auf den Flügeln änderte wenig in der Sachlage. Oberst Fabricius hatte, bei Groß-Dannewerk eingetroffen, seine beiden Jäger-Kompagnien, v. Bassewitz und v. Saubrart, gegen die Westseite des Pulver-Holzes vorgeschickt, seine Batterie da placirt, wo der Weg von Friedrichsberg das Dannewerk schneidet. Sie feuerte aber mit so geringem Erfolge gegen die 2000 Schritt entfernte feindliche Artillerie auf dem Schur-Berge, daß diese gar keine Kenntniß davon nahm, sondern fortfuhr, mit ihrem sehr wirksamen Feuer das Pulver-Holz zu flankiren.

Versuch einer Dänischen Offensive.

Der Tag neigte sich zu Ende. Am Himmel hatten sich schwere Regenwolken aufgethürmt, und ein schneidender Ostwind durchfröstelte Jeden, den das Gefecht nicht warm hielt.

Der Dänische Kommandirende mochte seinen Gegner für erschöpft halten.

Auf dem rechten Flügel hielt seine Kavallerie noch unangefochten vorwärts Hüsby, auf dem linken Flügel war Alles ruhig, und was er im Centrum vor sich hatte, übersah er vom Schur-Berge vollständig.

Bereits hatte General v. Hedemann die 2. Brigade, welche bis dahin hinter dem Thiergarten gehalten, nebst der Artillerie dicht an die Flankenbrigade herangezogen. Mit der letzteren beschloß er nunmehr einen Offensivstoß auszuführen, während die andere auf dem Hüsbyer Wege dem Feinde in die Flanke fallen sollte.

Es wäre eigenthümlich gewesen, wenn die Preußische von Anfang an auf Ueberflügelung angelegte Unternehmung damit geendet hätte, selbst überflügelt zu werden.

Ein ganz unerwarteter Umstand verzögerte vorerst noch die Ausführung des Dänischen Planes.

Das Vorgehen des Majors v. Zastrow mit seinen Freischaaren durch Angeln hatte das Gerücht entstehen lassen, daß er bei Jahrdorf nach der Altstadt überschiffe. Oberst v. Juel, welcher in Gottorf kommandirte, erhielt die Meldung, daß dieser östliche Theil der Stadt vom Feinde bereits besetzt sei. Er hielt dadurch seinen Rückzug für so gefährdet, daß er ihn in aller Stille sogleich antrat.

Wenn der Preußische rechte Flügel diese Räumung des Schlosses erkannte, dasselbe besetzte und in den Thiergarten vordrang, zu einer Zeit, wo eben die 2. Dänische Brigade von dort abgerückt war, dann stand er auf der großen Straße nach Flensburg, näher an der unbesetzten Stellung am Arenholzer See als die Dänen, und diese konnten in der für sie nachtheiligsten Richtung von allen ihren Verbindungen abgedrängt werden.

General v. Hedemann hatte alle Ursache, auf diesen Umstand ein großes Gewicht zu legen; er ließ die 2. Brigade sofort halten, schickte durch einen Adjutanten den Befehl, das Schloß, wenn noch möglich, sogleich wieder zu besetzen und es aufs Aeußerste zu behaupten. Ja er verfügte sich selbst dahin, erhielt indeß auf dem Wege durch den Thiergarten schon die Meldung, „daß Oberst v. Juel die Nachricht als falsch erkannt und das Schloß bereits wieder besetzt habe". Unbemerkt wie sein Rückzug blieb sein Wiedereinrücken von den Preußischen Truppen in Friedrichsberg, obwohl die Entfernung von den nächstliegenden Gebäuden bis zu den niedrigen Erdbastionen des Schlosses kaum 300 Schritt beträgt.

Das Feuer von dort hatte zwei Offiziere tödtlich verwundet, es wurde aber nicht erwidert. Der leitende Gedanke war: das Gefecht sei zu Ende und nur die Pioniere waren noch in Thätigkeit, um die Vorstadt gegen das Schloß abzusperren.

General v. Hedemann war nach der Ziegelei zurückgeritten, von wo inzwischen die Offensive begonnen hatte.

Im Pulver-Holz formirten sich vier Kolonnen mit Schützen in den Intervallen.

Die eine brach von Annettenhöhe gerade gegen die Knicks in der Front vor.

Lieutenant Stölting*) ließ sie auf 100 Schritt heran; sein bis dahin aufgespartes Feuer und das der Nebenabtheilungen veranlaßte die Gegner, im Trabe durch das Holz zurückzugehen. Ebenso schlug weiter links eine Abtheilung des Königs-Regiments, unter Hauptmann Graf Rittberg, den feindlichen Angriff ab.

*) Vom Königs-Regiment.

Der Ausfall des Dänischen 1. Jäger-Bataillons endete mit dem Verlust seines Kommandeurs, des Majors v. Schepelern, und vier Offizieren. Nun aber ging das Füsilier-Bataillon 20. Regiments selbst an der Ostseite zu einem neuen Angriff auf Annettenhöhe vor. Der Vertheidiger leistete diesmal geringen Widerstand, die Häuser wurden genommen und besetzt. Die Bratlewschen Jäger hatten bei diesem Angriff mit waidmännischer Geschicklichkeit eingegriffen und erwarben sich die volle Anerkennung der neben ihnen fechtenden Truppen. Ihr muthiger Führer, der Lieutenant Hellmundt (vom Preußischen 37. Infanterie-Regiment) wurde dabei verwundet; Lieutenant Graf v. Waldersee, ebenfalls ein Preußischer Offizier, übernahm die Führung an seiner Stelle.

Um den bedrängten Vertheidigern des Pulver-Holzes zu Hülfe zu kommen, war ferner das Dänische 9. Bataillon vom Schur-Berg herab zur Offensive geschritten, ihm folgte das 10. Bataillon, das letzte noch verfügbare der Flankenbrigade.

5½ Uhr. Allein diesem Angriff trat das Königs-Regiment entgegen, welchem sich die Kompagnie v. Saudrart*) zur Linken anschloß. Nach heftigem, aber kurzem Kampf drangen jetzt, trotz des heftigen feindlichen Feuers und trotz großer Verluste, von dieser Seite die Pommern ein und mit den Märkern bis zum jenseitigen Rande des Pulver-Holzes durch.**)

Das Dänische 10. Bataillon hatte bei seinem Vorstoß sieben Offiziere eingebüßt.

Auf Preußischer Seite waren Hauptmann v. Schwarzkoppen, Hauptmann v. Bismarck und Lieutenant v. Luck verwundet, und das Königs-Regiment verlor hier mehr Mannschaften, als sämmtliche Truppentheile der Garde-Brigade.

Die Dänen waren in allen Offensivunternehmungen, und so auch hier, unglücklich gewesen, dagegen zeigten sie in der Vertheidigung die größte Standhaftigkeit und Ausdauer.

Die steil aufsteigende Höhe des Schur-Berges bot ihnen einen neuen Abschnitt für hartnäckigen Widerstand dar.

Eingreifen des Generals v. Bonin. 6 Uhr. Längst schon hatte man erwartungsvoll nach Westen ausgesehen, als endlich 6 Uhr Abends Kanonendonner von dorther erscholl und Pulverdampf in der Höhe des Dorfes Schuby sich erhob.

---

*) Von den 1. Holsteinschen Jägern.
**) Siehe Stellung gegen 5½ Uhr auf dem Plan.

Es war General v. Bonin, welcher jetzt, spät, mit unzureichenden Kräften, aber dennoch wirksam, weil am richtigen Punkt, auftrat. Schon die Wendung, welche das Gefecht am Pulverholz genommen, hätte den Dänischen Kommandirenden bestimmen müssen, von der Umfassung des Gegners abzustehen. Jetzt war seine eigene Flanke bedroht. General v. Bonin durfte mit Recht voraussetzen, daß der Gegner seine Reserve hinter dem so augenscheinlich nur allein gefährdeten rechten Flügel bereit halten werde. Mit den wenigen Truppen, welche am Kograben zur Hand waren, konnte er zwar schon längst durch bloße Demonstration den Kampf um das Pulver-Holz sehr erleichtern, aber um dem Gegner eine Niederlage zu bereiten, seinen Rückzug zu durchschneiden, dazu bedurfte es unbedingt größerer Mittel.

Um 3 Uhr hatte der General durch den zurückkehrenden Hauptmann v. Delius erfahren, daß er außer den drei vordersten Bataillonen seines Gros auf keine Infanterie zu rechnen habe. Auch Oberst Fabricius hatte sich, wie schon erwähnt, am Pulver-Holz engagirt. Mit der Kavallerie rückte zwar Prinz Waldemar von Holstein im Trabe heran; es mußte aber Zeit zum Verschnaufen der Pferde gewährt, auch mußten zwei Eskadrons und eine Batterie noch besonders herangeordert werden, welche bei Jagel stehen geblieben waren.*) Sonach brach erst um 4½ Uhr, um eben die Zeit, wo der erste Preußische Angriff auf Annettenhöhe schon abgeschlagen war, das 1. Bataillon 20. Infanterie Regiments, als Avantgarde, in Kompagniekolonnen formirt, gegen das Dannewerk auf. Diesem folgten das 2. Bataillon desselben Regiments, vier Haubitzen — Lieutenant Petzel — vier 6pfündige Kanonen — Lieutenant Wittje — das 1. Bataillon des 12. Regiments, dann das 2. Kürassier-Regiment, endlich fünf Eskadrons Holsteinscher Dragoner mit einer Batterie. Summa: 3 Bataillone, 9 Eskadrons, 16 Geschütze. Der schwache feindliche Posten in Wester-Kahlegat zog sich sogleich zurück; die Preußische Kolonne passirte das Defilee und schlug, von Bauern geführt, zwei parallele Wege gegen Klein-Dannewerk ein, um auf dem Ochsenwege nach Hüsby vorzudringen.

Man fühlte die Nothwendigkeit, bei der schon späten Abendstunde bald anzugreifen, aber die Wege durch das Süder-Holz waren so eng, daß die Truppen sich nur langsam fortbewegen konnten. Die Infanterie mußte in Reihen marschiren.

Erst vor Hüsby stieß man indeß auf Widerstand.

Der Gegner hatte östlich und nordwestlich des Dorfes Artillerie aufgestellt,

---

*) Siehe S. 85.

welche ihr Granatfeuer gegen die Tirailleure der Avantgarde und gegen eine den Ort umgehende Kürassier-Eskadron eröffnete.

Major v. Leszczynski schritt sogleich zum Angriff und drängte die feindlichen Tirailleure aus ihrer Aufstellung hinter den Knicks zurück. Lieutenant Petzel ging mit aufgesessener Mannschaft im Trabe vor und placirte seine vier Geschütze auf dem Ochsenwege und links davon, nicht weit vom Eingang des Dorfes. Die Bedeckung, zwei Schützenzüge vom 12. Regiment, folgte.

Als die Preußischen Tirailleure in das Dorf eindrangen, fuhren die nordwestlich Hüsby stehenden Geschütze ab. Ohne Infanteriebedeckung geriethen sie in die größte Gefahr. Beim Ausbiegen durch einen Bauernhof wurde eines der Pferde scheu, verwickelte sich in die Stränge und brachte eine solche Verwirrung hervor, daß die Geschütze weder rück- noch vorwärts konnten. Der Führer rief die nahe haltende Kavallerie um Beistand an, und Oberst v. Juel entsendete sogleich die Eskadron v. Würtzen vom 6. Dragoner-Regiment. Unter dem Feuer der feindlichen Tirailleure sprengte sie durch das Dorf, eine Abtheilung mit der Standarte in Karriere gegen die Batterie, welche eben zum Vorgehen aufprotzte. Auf den Zuruf der Hauptleute v. Decker und v. Delius machte diese zwar Kehrt, die Geschütze geriethen aber in dem nur 15 Schritt breiten, von hohen Erdwällen eingefaßten Wege so ineinander, daß sie nicht mehr zu bewegen waren. Lieutenant Petzel, vor der Front haltend, kommandirte der berittenen Bedienungsmannschaft „Attacke Marsch, Marsch!" und war im nächsten Augenblick im Handgemenge mit den Dragonern, die auf ihn und die Mannschaften einhieben. Einzelne Dragoner drangen sogar zwischen den Geschützen und den Knicks bis an die Infanterie durch, geriethen aber nun in ein Feuer von allen Seiten, dessen Wirkung nur dadurch gemindert wurde, daß Freund und Feind auf dem Wege vollständig durcheinander gemischt waren.

Ein Offizier, der Lieutenant v. Wedell-Wedellsborg, lag unter seinem erschossenen Pferde, zwei treue Unteroffiziere suchten ihn mit ihren Leibern zu decken, sie geriethen dabei in Gefangenschaft.

Die Unmöglichkeit, Weiteres zu leisten, bewog endlich die Schwadron zur Umkehr. Die sattelles gewordenen Leute faßten die Steigbügel ihrer meist verwundeten Kameraden.

Allein der Rückzug führte mitten durch das Dorf und durch ein abermaliges Tirailleurfeuer. Dabei fiel der Träger der Standarte, welche Trophäe ruhmvoll verloren ging.

Das kecke Reiterunternehmen hatte seinen Zweck nicht verfehlt. Während es alle Aufmerksamkeit des Gegners auf sich zog, waren die bedrängten Dänischen Geschütze glücklich abgefahren.

Der Zustand, in welchem die Kavallerie und die mit genauer Noth entschlüpften Geschütze zurückkehrten, mag indeß entmuthigend auf die Infanterie gewirkt haben; man fand beim Nachrücken viele weggeworfene Tornister.

Auf Preußischer Seite gab es nur wenig Verwundete. Lieutenant Petzel, der sich persönlich lange herumgeschlagen hatte, war ganz unversehrt geblieben.

Oberst v. Juel war nicht zum Gros auf dem Schur-Berg zurückgewichen, sondern hatte die Richtung auf Schuby eingeschlagen.

General v. Bonin ließ am nördlichen Ausgange von Hüsby Halt machen. Die vier 6 Pfünder wurden vorgezogen und begleiteten mit ihrem Feuer den abziehenden Feind. Bald darauf durch die beiden gefechtsfähig gebliebenen Fuß-Haubitzen verstärkt, richteten sie dasselbe gegen die feindliche Batterie auf dem Schur-Berg.

Bei dem trüben Wetter und dem sehr durchschnittenen Terrain irrte man weit in Schätzung der Entfernung, sie betrug 2000 Schritt. Die materielle Wirkung war völlig Null, die moralische aber sehr groß. Die Dänische Batterie ließ sogleich ab von der Beschießung des Pulver-Holzes, um das Feuer in der Flanke zu erwidern. Es entstand vielfache Bewegung in der Dänischen Stellung, und nach kurzer Frist fuhren die Geschütze ab.

Auf diesen Augenblick hatte Major v. Steinmetz schon lange gewartet. *6½ Uhr.* Er ließ seinen im Feuer stehenden Tirailleurs sagen, daß die Höhe vor ihnen das Ziel Aller sei, und daß oben geruht werden sollte.

Das Signal zum Avanciren erfolgte, zur Linken schlossen sich die Holsteinschen Jäger-Kompagnien an, die Höhe wurde erstiegen.

Auch der kommandirende General v. Wrangel traf dort ein.

Schon um 6¼ Uhr, sobald das Gefecht bei Hüsby gehört wurde, war *Rückzug der Dänischen Truppen.* auf Dänischer Seite der Rückzug beschlossen worden.

Einstweilen wurden das 9. Bataillon, dann 5 Escadrons und 12 Geschütze vorausgeschickt, um auf den Höhen östlich des Taterkruges eine Aufnahmestellung zu nehmen.

Aber schon waren einzelne Füsilierabtheilungen und die Brallowschen Jäger unter Graf Walderste rechts vom Pulver-Holz in den Thiergarten eingedrungen, ferner gingen bereits die Jäger-Kompagnien v. Sandrart und Waldmann gegen Hüsbygaard vor, wobei letztgenannter Führer fiel. Der Abzug der Dänen blieb daher nicht unbehelligt. Ihre Bataillone waren größtentheils in Tirailleurketten aufgelöst und die Mannschaft so ermattet, daß selbst die Artilleriebedeckung zur Unterstützung herangeordert wurde. Fechtend zog sich die Brigade des Obersten v. Bülow zurück, welche dieser treffliche Führer, trotz des heftigen Kampfes am Busdorfer Grunde und am Pulver-Holz, in völlig schlagfähigem Zustand zu bewahren gewußt hatte. Auch das 7. Bataillon der Brigade v. Meyer war in bester Ordnung.

Im Allgemeinen wichen die Dänen unter heftigem Gewehrfeuer langsam zurück, wobei der tapfere Major v. Helm fiel, welcher seit dem Tode des Oberstlieutenants v. Magius die Avantgarde befehligte.

Gleichzeitig mit dem Rückzuge vom Schur-Berg war die Räumung des Schlosses Gottorf angeordnet. Man beließ die Danebrogsfahne auf dem Thurm, und der zweite Abzug wurde von dem rechten Preußischen Flügel ebenso wenig bemerkt und benutzt wie der erste.

7½ Uhr. Am Taterkrug versammelte General v. Hedemann nach und nach alle Dänischen Streitkräfte, auch das Garde-Bataillon und das noch intakte 3. Jäger-Bataillon; 18 Geschütze fuhren auf der Höhe auf.

Nachdem General v. Bonin durch den Lieutenant v. Treskow seine Ankunft in Hüsby hatte melden lassen, brachte dieser vom Kommandirenden die Weisung, es solle das Dorf festgehalten und die Verbindung nach rechts mit den Truppen am Pulver-Holz aufgenommen werden.

Zu schwach, um auf eigene Hand gegen die Rückzugslinie des Feindes vorzugehen, machte der linke Flügel bei Hüsby Halt.

General v. Wrangel war nach Königswill vorgeritten und rekognoszirte zu Fuß die neue Aufstellung des Feindes. Die Infanterie- und Kavalleriemassen waren durch eine sanfte Anhöhe mehrentheils dem Blick entzogen. Die bisherige Haltung ließ auf weiteren kräftigen Widerstand schließen.

Die Preußischen Truppen hatten während 16 Stunden marschirt, gefochten und nichts gegessen. Ganz besonders erschöpft waren die Holsteinschen durch viele Hin- und Hermärsche und die ungewohnte Entbehrung der Nahrung. Sie sanken zu Dutzenden am Wege um, und selbst die Persönlichkeit des Kommandirenden vermochte sie nur auf kurze Augenblicke zu elektrisiren.

Für Wiederaufnahme des Gefechts trat aber vor Allem in Betracht, daß hier augenblicklich keine nur einigermaßen entsprechenden Streitkräfte zur Hand waren.

Sieben Bataillone des Preußischen rechten Flügels hatten allerdings seit 2 Uhr Nachmittags keinen Theil mehr am Kampf genommen, sie standen aber eine halbe Meile entfernt.

Vier Preußische Bataillone des Centrums waren noch im Pulver-Holz und im Thiergarten zerstreut, ein Theil der Holsteinschen ebenso.

General v. Bonin hielt mit nur drei Bataillonen eine halbe Meile rückwärts, und auf der Höhe zwischen dem Thiergarten und dem Pöhler Gehege befanden sich zur Zeit nur das 1., 2. und 3. Holsteinsche Bataillon und zwei Jäger-Kompagnien, sowie einzelne Abtheilungen des Königs-Regiments. Eine Holsteinsche Batterie mühte sich ab, von Annettenhöhe her das Plateau zu ersteigen.

Ein erneuerter Angriff auf den Taterkrug, noch jetzt am Abend, konnte daher um so weniger rathsam erscheinen, als der Gegner voraussichtlich diese Stellung in der Nacht von selbst räumen mußte; und der Kommandirende befahl daher, überall in der eingenommenen Stellung Halt zu machen.

Die letzten Schüsse der Dänischen Batterie waren gegen das Thiergarten-Haus gerichtet, aus welchem die Kompagnie v. Saudrart den Gegner verdrängt hatte. Die Dunkelheit brach ein, das Gefecht erlosch.

Prinz Friedrich von Schleswig-Holstein traf für die Nacht folgende Anordnungen zur Sicherung:

Maßregeln für die Nacht vom 23. zum 24. April.

Die Jäger-Kompagnie v. Bassewitz besetzte auf dem linken Flügel das Dorf Schuby. Zwei Kompagnien stellten sich im nördlichen Theil des Pöhler Geheges, zwei Kompagnien im nordwestlichen des Thiergartens auf. Ihre Posten waren bis an den Rand der Waldungen vorgeschoben.

Unter diesem Schutze bezogen die drei Holsteinschen Linien-Bataillone, eine Kompagnie Jäger und eine halbe Batterie ihr Biwak bei Königswill. Dahinter standen bei Hüsbygaard die andere halbe Batterie und das Königs-Regiment, von welchem jedoch Theile, namentlich das Halbbataillon Radzom, so weit abgekommen waren, daß sie später am Abend die Hühnerhäuser besetzten und so den äußersten rechten Flügel bildeten.

Die erst in der Dunkelheit ausgestellten Vorposten hielten durch Patrouillen untereinander, so gut es gehen wollte, Verbindung, aber der gänzliche Mangel an Kavallerie, von der man nicht einmal recht wußte, wo sie zu finden sei, machte es unmöglich, weitergehende Abtheilungen durch die Gegend streifen zu lassen. Die beiden Füsilier-Bataillone des 20. und 31. Regiments wurden zum Königs-Regiment herangezogen und biwakirten dann ebenfalls bei Hüsbygaard. Die 10. Kompagnie des 31. Regiments stieß zum Halbbataillon Radzom in den Hühnerhäusern. Das 6. Holsteinsche Bataillon und die Batterie Weinrebe blieben auf dem Erdbeeren-Berge; die Brallowschen Jäger und die Kompagnie v. Saudrart, mit der Lokalität wohlbekannt, gelangten in der Dunkelheit schließlich nach dem Vollsuß, wo sie sich in Alarmhäuser legten.

Die beiden Geschütze Laval verblieben bei Busdorf, so daß die ursprünglich der Kolonne v. Bonin zugetheilt gewesenen Truppen auf der ganzen Front von Hüsby bis zur Schlei vertheilt standen.

Von der Garde-Brigade bezogen das Garde-Schützen-Bataillon, das Füsilier-Bataillon Kaiser Alexander, das Füsilier- und 1. Bataillon Kaiser Franz enge Quartiere in Friedrichsberg, das 2. Bataillon dieses Regiments biwakirte bei Haddeby, der Rest der Brigade bei Busdorf.

Die Infanterie des Generals v. Bonin biwakirte bei Hüsby, die Kavallerie und Artillerie bei Klein-Dannewerk. Feldwachen und Posten wurden nach allen Seiten ausgestellt, denn daß man in Schuby und am Pöhler Gehege bereits die Holsteinschen Vorposten vor sich habe, wurde erst spät in der Nacht erkannt, bis dahin waren diese Abtheilungen für feindliche gehalten worden.

Ein kalter Regen hatte sich eingestellt. Die Wagenkolonnen mit Lebensmitteln, Holz und Stroh waren schon um Mittag von der Sorge aus in Bewegung gesetzt, wurden aber nach manchem Halt erst spät herangezogen und trafen für den rechten Flügel Abends in der Dunkelheit, für den linken, über Rheide, erst Morgens 4½ Uhr ein. Die den Biwaks zunächst liegenden Ortschaften gaben bereitwillig her, was sie konnten, aber die meisten Truppen blieben auf den eisernen Bestand angewiesen. An Holz fehlte es nicht, um Feuer anzuzünden, indeß waren die Leute so ermüdet, daß sie sich lieber auf die nasse Erde warfen, um zu schlafen, als daß sie sich mit Kochen beschäftigt hätten.

Als General v. Wrangel nach 8 Uhr von Königswill nach Friedrichsberg zurückritt, richtete er an das tapfere, sich bei der Ziegelei von Hüsbygaard sammelnde Königs-Regiment anerkennende Worte, ebenso an die Füsilier-Bataillone des 20. und 31. Regiments, die er noch im Pulver-Holz traf. Das Schloß Gottorf, welches um 7 Uhr geräumt worden war, wurde durch Lieutenant Graf v. Waldersee besetzt, die Brücken auf den Dämmen durch Pioniere untersucht; auch wurden Posten in die jenseitigen Stadttheile vorgeschoben.

Rückblick auf die Schlacht bei Schleswig.

Blickt man auf den Verlauf des Tages, so erscheint es als ein Mißgeschick, daß die Disposition nicht entweder vollständig ausgeführt oder gänzlich aufgegeben wurde. Sie war abwechselnd von einem Theile überschritten, vom anderen festgehalten worden. Schwierig war es gewiß, bei der erregten Kampflust der Preußischen Truppen, in einem Terrain, wo das Gefecht stets nur kompagnie- höchstens bataillonsweise geführt werden konnte, die Schlacht von einem Punkte aus und nach einem Gedanken zu leiten. Der rechte Preußische Flügel war während des ersten Stadiums des Kampfes von 11 bis 2 Uhr gegen die Absicht des Kommandirenden offensiv verfahren. Er war vom

Kegraben an das Dannewerk, vom Dannewerk bis nach Friedrichsberg, endlich bis gegenüber Gottorf vorgedrungen, und hierbei wurden von der Kolonne v. Bonin nach und nach acht Bataillone*) herangezogen.

Von 2 bis 6 Uhr hingegen führten nun diese letzteren im Centrum, ebenfalls gegen die Absicht des Kommandirenden, ein lebhaftes Offensivgefecht, während, mit Ausnahme von ein paar Kompagnien, der rechte Flügel sich vollkommen passiv verhielt. Denn gegen Gottorf wurden dort nur Defensivmaßregeln getroffen. Bei Busdorf waren Kavallerie und Artillerie angewiesen, die Pferde aufgeschirrt und gesattelt zu behalten, die Husaren, mit dem Zügel in der Hand zu bivakiren. Ein Bataillon wurde zur Sicherung auf der Straße nach Eckernförde vorgeschoben, und so scheint es, daß man sich am rechten Flügel weit mehr auf einen feindlichen Angriff gefaßt machte, als an ein weiteres Vorschreiten dachte, noch zu einer Zeit, wo schon Theile des 2. und 31. Regiments das jenseitige Defilee, die Hühnerhäuser, besetzt hatten, ja Holsteinische Jäger sich in Pollfuß einquartierten. Man wußte nicht, daß die Mine unter dem dorthin führenden Damm vom hohen Wasser ersäuft, daß Gottorf seit 7 Uhr definitiv vom Feinde verlassen war.

Die Umgehung der feindlichen Flanke war in nur geringem Grade zur Wirksamkeit gelangt; die Preußen hatten die starke Front des Gegners forcirt, was wenigstens von der Vortrefflichkeit der Truppen Zeugniß giebt. Dabei waren die Verluste während des achtstündigen Kampfes überraschend gering. Das Gefecht wurde fast nur durch Tirailleure geführt, welche überall mehr oder weniger Deckung fanden. Ein eigentliches Bataillenfeuer konnte bei der Natur des Terrains nicht in Anwendung kommen; die Artillerie fand geringe, die Kavallerie gar keine Wirksamkeit.

Von der Garde-Brigade waren die beiden Grenadier-Bataillone des Alexander-Regiments nicht zum Gefecht gelangt. Die Uebrigen verloren zusammen . . . . 10 Offiziere 82 Mann.

Bei der Linien-Brigade hatten die beiden Füsilier-Bataillone 20. und 31. Regiments, welche bei Busdorf und Pulver-Holz gefochten, an Todten und Verwundeten verloren 4   87

Ferner das Königs-Regiment 5   142

Verluste der Truppen.

---

*) Es sind dies die Füsilier-Bataillone der Infanterie-Regimenter 20 und 31, das 1. und 2. Bataillon des Königs-Regiments und die Holsteinschen Bataillone 1, 2, 3 und 6. Die drei Jäger-Kompagnien, sowie die Braklowschen Jäger sind hierbei nicht berücksichtigt, obwohl sie ebenfalls nach und nach herangezogen wurden.

Dagegen die Musketier-Bataillone des 12. und
20. Regiments und die Artillerie zusammen nur . — Offiziere 20 Mann.
Die Kavallerie gar nichts . . . . — — —
Die Preußen also zusammen . . . . . . 19 Offiziere 331 Mann.

Von diesen Verlusten fällt nahezu die Hälfte auf das Pommersche Regiment allein.

Bei der Holsteinschen Brigade hatten die vier
Jäger-Kompagnien . . . . 2 Offiziere 45 Mann
eingebüßt, davon fällt die größere Hälfte auf die Bratlowsche.

Sämmtliche übrigen Holsteinschen Bataillone und
ihre Artillerie verloren an Verwundeten und Todten nur — = 20 =
dagegen aber 62 Gefangene.

Total, ausschließlich der Gefangenen, 21 Offiziere 396 Mann.

Der Gesammtverlust beträgt also nur etwa 2½ pCt. der Totalstärke.

Vergleicht man aber die Einbußen bei den einzelnen Truppentheilen mit ihrer ungleichen Kopfzahl, so ergeben sich bei den an dem Kampf um das Pulver-Holz betheiligten Truppen für das Füsilier-Bataillon 20. und 31. Regiments etwa 5, für das 2. Bataillon Kaiser Franz und das Königs-Regiment 8, für die Holsteinschen Truppen 1 pCt.

Es ist auffallend, daß der Verlust des Vertheidigers größer gewesen ist, als der des Angreifers.

Die Dänen geben ihren Verlust — abgesehen von 249 unverwundeten Gefangenen — auf 170 Todte, 433 Verwundete (darunter Gefangene) an.

Der mittlere Durchschnitt stellt sich bei ihnen auf 5 pCt., also im Verhältniß der Totalstärke ungefähr doppelt so hoch.

Da diesseits zwei Garde-Bataillone 1200 Mann,
drei Bataillone des linken Flügels . 3000 =
und zwei Holsteinsche Bataillone . . . . . . 2000 =
etwa 6000 Mann

gar nicht oder fast gar nicht zum Schuß gekommen sind, haben von beiden Seiten ziemlich gleiche Kräfte im Feuer gestanden. Das Preußische muß daher sehr viel wirksamer gewesen sein, obwohl die Armee damals noch mit dem glatten Perkussionsgewehr bewaffnet war.

Im Hauptquartier war nun der Beschluß für den nächsten Tag zu fassen, seine Folgen sind für den Verlauf des ganzen Feldzuges vom größten Einfluß geblieben.

Man wird in der Regel bei jedem Gefecht den Zustand des Gegners vortheilhafter, den eigenen ungünstiger beurtheilen, als er wirklich ist. Vom Feinde sieht man nur die Paradeseite, die Front, bei uns selbst überblicken wir in unmittelbarer Gegenwart die Erschöpfung, die Unordnung, die Schrecknisse und die Opfer des Kampfes. Die Dänen hatten größeren Widerstand geleistet, als man erwarten konnte. Das Terrain begünstigte sie auch noch, nachdem Schleswig für sie verloren war. Anmarsch und Schlacht, für welche ursprünglich zwei Tage bestimmt gewesen, waren die Arbeit eines Tages geworden, und so hatte der Kampf bis zur Nacht gedauert.

Daß der Gegner seine Stellung dicht hinter der Stadt während der Nacht räumen werde, wurde allgemein vermuthet; aber er hatte eine andere und bessere in der kurzen Entfernung von nur einer halben Meile, und seine bisherige Haltung berechtigte nicht zu der Annahme, daß er dieselbe widerstandslos aufgeben würde. Der Kommandirende sprach es aus, daß er auf eine Erneuerung des Kampfes rechne, und dabei mochte man die Unterstützung von 10 000 Mann frischer Truppen nicht für überflüssig halten. Diese vom Kampf auszuschließen, erschien auch in politischer Hinsicht nicht angemessen; allein der Entschluß am Abend des 23. fiel dahin aus, sie an die Spitze des weiteren Vormarsches zu stellen.

Heranziehung der Bundestruppen nach der Schlacht bei Schleswig.

Dem General Halkett wurde mitgetheilt, daß man Schleswig und Gottorf genommen; die Bundes-Division werde aber an der Ehre eines neuen Angriffs morgen Theil haben. Alle disponiblen Truppen derselben sollten um 9 Uhr früh am südlichen Ausgange von Schleswig bereit stehen.

Die Preußischen und Holsteinschen Abtheilungen erhielten Befehl, um die genannte Stunde marschbereit zu sein. Nach Ankunft der Bundestruppen wollte man den Angriff fortsetzen, und zwar indem die Bundes-Division, gefolgt von der Garde-Brigade, auf der Flensburger Chaussee, die Brigade Bonin mit den Holsteinschen Truppen auf dem Ochsenwege gegen die Arenholzer See-Stellung anrückten.

Von der Bundes-Division hatten am 23. April die 3. Brigade Bredendorf, die 2. Droschlag erst zu einer späten Tagesstunde erreicht. Die 1. Brigade stand noch in Rendsburg, die Kavallerie und Artillerie in der Umgegend dieses Platzes, zum Theil am südlichen Ufer der Eider. Das Hauptquartier des Generals Halkett befand sich zu Friedrichshof am Bisten-See, wo auch der Herzog von Braunschweig nächtigte.

Diese Vertheilung konnte man im Hauptquartier nicht, aber aus der Dislokation des vorangehenden Tages wußte man, daß ein beträchtlicher Theil der Division am 23. nicht weit über Rendsburg hinausgelangt sein konnte. Die Ueberbringung des Befehls an General Hallett, die weitere Mittheilung während der Nacht, der Anmarsch auf Schleswig, das Defiliren durch die Stadt und der Aufmarsch jenseits mußten selbst bei der größten Beschleunigung viel Zeit erfordern.

Indem man die Bundes-Division aus einer Reserve in eine Avantgarde verwandelte, gewährte man dem Feinde mindestens einen halben Tag Zeit.

Die in Schleswig anwesenden Generale hatten sich Abends beim Kommandirenden eingefunden, welcher es zuließ, daß die auf den folgenden Tag beabsichtigte Operation freimüthig besprochen wurde.

Durch die Besetzung der Hühnerhäuser war man darüber aufgeklärt, daß der Gegner vom Taterkruge bereits zurückgegangen war; schwerlich konnte er in der Nacht noch weiter als bis Arenholz marschiren.

Fürst Radziwill machte daher den Vorschlag, das Eintreffen der Bundes-Division nicht erst abzuwarten, sondern schon um 6 Uhr früh mit der Garde-Brigade auf Wellspang abzumarschiren.

Diese war in trefflichen Quartieren in der Stadt verpflegt und bereits völlig ausgeruht. Die Brigade Bonin und die Holsteinschen Truppen konnten, theils auf der Chaussee, theils auf dem Ochsenwege (über Schuby und Fürschau) anrücken, und wenn ihre Versammlung einige Zeit erforderte, so war der etwas spätere Vormarsch nicht ungünstig.

Behaupteten die Dänen ihre Stellung am Arenholzer See und wurden sie durch die Angriffe des Generals v. Bonin in derselben festgehalten, so mußten sie bei dreistem Vorgehen der Garde-Brigade (deren Flanke und event. Rückzug durch die Seen gesichert blieb) in die allernachtheiligste Gefechtslage gerathen. Gaben sie ihre Stellung beim Erscheinen des Generals v. Bonin auf, so hatten sie beim Rückzuge fortwährend die Kolonne des Generals v. Möllendorff in ihrer Flanke.

Jedenfalls erschienen auf zwei guten konvergirenden Straßen schon am 24. Abends 20 000 Preußen und Holsteiner vor Flensburg.

Bei Schleswig war die linke Flanke der Dänen durch die Schlei gesichert gewesen, eine Umgehung konnte nur gegen die rechte geführt werden. Hinter Schleswig aber, wo sehr bald der Ochsenweg in der vom Feinde besetzten Stellung mit der Chaussee zusammenfällt, fand ein weiteres Vorgehen westlich derselben in dem Moorterrain die größte Schwierigkeit, dagegen öffnete sich nun die Möglichkeit, die linke Flanke des Feindes zu umgehen, und offenbar war diese für ihn bei Weitem die empfindlichere. Gewiß also mußte von Schleswig ab die linke Kolonne auf die Chaussee, die rechte auf die Wellspang=Groß= Solter Straße gebracht werden.

Der Vorschlag des Fürsten erscheint daher den Verhältnissen vollkommen angemessen und fand auch Anhänger in der Umgebung des kommandirenden Generals. Indeß wollte man das einmal Befohlene nicht wieder umändern.

Dänische Maßregeln nach der Schlacht bei Schleswig.

Wenden wir uns jetzt zu den Dänen.

Sobald die Dunkelheit eingetreten, hatten sie sich zurückgezogen. Nachdem ihre Stellung am Taterkruge durch die Räumung des Schlosses Gottorf auch von dieser Seite angreifbar geworden, konnten sie nicht in derselben verbleiben. Auch war der Zustand der Truppen keinenfalls so, daß man die Nacht auf dem Schlachtfelde selbst hätte zubringen wollen.

Der Rückzug ging in die nahe und vorbereitete Stellung Arenholzer— Lang=See.

Die Hauptmacht marschirte auf der Chaussee; die Kavallerie des Obersten v. Juel auf dem rechten Flügel von Schuby über Lürschau. Das linke Flanken= korps, Oberst v. Schleppegrell, sowie das 5. Dragoner=Regiment, das 12. Linien= und das 2. Jäger=Bataillon stellten die Vorposten aus. Das 12. Linien=Bataillon besetzte die Verschanzungen östlich des Arenholzer Sees, das 2. Jäger=Bataillon schob seine Posten bis an den südlichen Rand des Idstedter Gehölzes vor, den rechten Flügel an der Chaussee, den linken in Verbindung mit dem 1. Jäger=Bataillon, welches wieder auf seinem linken Flügel mit dem 9. Linien=Bataillon in Verbindung stand.

Das 5. Dragoner=Regiment bei Faltenberg und Lürschau hatte den Auftrag, gegen Schuby zu patrouilliren. Es verblieb die ganze Nacht hindurch in Thätigkeit und alarmirte vielfach die Holsteinschen Postirungen.

Hinter diesen Sicherungsposten bezog das Gros um 10 Uhr Abends Biwaks im Idstedter Holz, bezw. bei Wellspang. Die Verschanzungen an und neben der Chaussee wurden mit Artillerie besetzt.

Bei der Art, wie die Dänischen Truppen aus ihrer Sonntagsruhe aufgescheucht worden, waren sie nicht nur um ihr Mittagsmahl gekommen, sondern es fehlte selbst an dem, was der Soldat im Brotbeutel mitführt. Die Intendantur that ihr Möglichstes, um Verpflegung herbeizuschaffen, aber Viele gingen dabei leer aus.

General v. Hedemann sah sich aus den hohen Sälen des Gottorfer Schlosses in die niederen Räume des Jdstedter Kruges versetzt. In der anstoßenden Schänkstube drängten sich die Soldaten, um ihren Hunger zu stillen, im offenen Nebenzimmer seufzten Verwundete unter dem ersten Verband.

An einem rohen Tisch, auf welchem ein spärliches Licht brannte, empfing der Kommandirende die Rapporte der Führer und die eingehenden Nachrichten. Diese letzteren lauteten:

1. Daß man es heute nur mit den Preußen und Holsteinern zu thun gehabt habe, daß aber morgen auch die Bundestruppen heran sein würden;

2. daß die Kappeler Schiffer den ganzen Tag hindurch Freischaaren über die Schlei geführt hätten.

Es wurde beschlossen, die Arenholzer Stellung bei der ersten Tagesdämmerung zu verlassen und die Arrieregarde durch die Reserve-Kavallerie zu verstärken, um den Marsch auf Flensburg wenn möglich bis 6 oder 7 Uhr zu maskiren. Die Bagage mußte sogleich aufbrechen.

An den Oberstlieutenant v. Harthausen wurde Nachricht hiervon und der Befehl geschickt, ebenfalls auf Flensburg zurückzugehen. Dem Unteroffizier, welcher diese Ordre zu überbringen hatte, wurden 16 Husaren und die Weisung mitgegeben, über Toll zu reiten. Daß dieser Ort bereits vom Feinde besetzt sei, hatte man trotz der Nähe nicht erfahren, und von dort kehrte das Kommando, ohne seinen Auftrag erfüllt zu haben, wieder um.

Wir wissen, daß daselbst die Aldosserschen Freischaaren ihr Nachtquartier genommen hatten, ihrerseits ohne zu ahnen, daß eine Viertelmeile weiter eine ganze feindliche Brigade einrücken werde. Bald sollten sie indeß von entgegengesetzter Richtung in noch weit ernstere Verlegenheit gerathen.

Oberstlieutenant v. Harthausen hatte, wie früher gesagt, anfangs seinen Rückzug auf Schleswig genommen. Durch Landleute über den Ausfall des Gefechts aufgeklärt, schlug er die nördlichere Richtung auf Toll ein, und die von ihm um Mitternacht aus ihrer arglosen Ruhe aufgeschreckte Freischaar fand nur eben noch Zeit, mit Zurücklassung einigen Gepäcks in das nahe Gehölz zu entschlüpfen.

General v. Hedemann berichtete an den Kriegsminister Folgendes:

Bericht des Generals v. Hedemann über die Schlacht.

„Von 11 Uhr Vormittags bis Sonnenuntergang haben wir uns mit den Preußen geschlagen. Um 6½ Uhr war das Gefecht stehend. Die feindlichen Truppen, welche im Gefecht waren, drängten nicht mehr, aber starke Reservemassen rückten vor.

Unsere Truppen hatten sich dreimal nacheinander abgelöst, und nachdem wir endlich unsere letzten Reserven ins Feuer gebracht, hielten wir es für das Richtige, uns zurückzuziehen. Dies geschah mit aller Ordnung und Ruhe, und ohne daß der Feind verfolgte.

Wir biwakiren in diesem Augenblick in der Stellung zwischen dem Arenholzer und Lang-See, von wo wir gegen Morgen nach Flensburg aufbrechen werden.

Wir haben keine Kanonen verloren, aber unsere Einbuße an Todten und Verwundeten ist stark, namentlich haben wir manche unserer tüchtigsten Offiziere verloren, die Oberstlieutenants v. Magius, v. Staggemeier und v. Krabbe, die Majors v. Schevelern, v. Holm und v. Räder, die Hauptleute u. s. w.

Das Armee-Korps ist in kampffähiger Verfassung und wird seine Schuldigkeit bis aufs Aeußerste thun.

Hauptquartier Idstedter Krug am Ostersonntag, 12 Uhr Nachts.

gez. v. Hedemann."

Ein Laufzettel des Stabschefs Laessöe, welcher gleichzeitig abging, lautete:

„Acht Stunden hartnäckigen Kampf mit den Preußen. Alle unsere Truppen sind im Feuer gewesen. Des Feindes vorrückende Reservemassen nöthigen uns, uns nach Flensburg zurückzuziehen."

Die Reservemassen, welche nach dem Bericht des kommandirenden Generals den Rückzug aus der Schleswiger Stellung entschieden, waren offenbar die v. Boninsche Abtheilung, deren Stärke man auf Dänischer Seite nicht beurtheilen konnte, und deren geringe Zahl man kaum voraussetzen durfte. Unter den Reservemassen, welche nach Laessöe zur Aufgabe der Arenholzer Stellung bestimmten, werden die Bundestruppen verstanden sein.

Am Ostermontag den 24. April, früh vor Tagesanbruch, verließ denn auch das Dänische Korps seine Biwaks bei Idstedt und trat den Rückzug auf Flensburg an.

24. April

Die Arrieregarde — das 2. Jäger-, ein Theil des 12. Linien-Bataillons, 8 Geschütze und eine Espignol-Batterie — war durch elf Schwadronen unter Oberst v. Juel verstärkt worden. Sie sah sich in keiner Weise vom Gegner behelligt und stieß nach einem Marsch von zwei Meilen in Oversee, 1¼ Meile diesseits Flensburg, um 12 Uhr Mittags auf das Dänische Gros, welches dort einen längeren Halt gemacht hatte, um das Flankenkorps aus Wellspang abzuwarten. Dieses war jedoch, obwohl nur von den Freischaaren gefolgt, ohne sich aufzuhalten, über Groß-Zolt direkt nach Flensburg abgerückt.

Um Mittag brach das Gros wieder auf und erreichte bei strömendem Regen Flensburg um 2 Uhr Nachmittags.

Die Truppen wurden sogleich in Quartiere der Stadt und der nächsten Umgegend entlassen.

Das 4. und 7. Linien-Bataillon nebst dem 3. Dragoner-Regiment sollten südlich Flensburg die Sicherung gegen Solt übernehmen, das 6. Dragoner-Regiment kam nördlich nach Harrislee und Fröslee, überall aber verschob man die nothwendigsten Vorsichtsmaßregeln auf eine spätere Stunde. Es scheint, daß man auf volle Ruhe rechnete; General v. Hedemann hatte auf dem Rückmarsche Mittheilung von diplomatischen Verhandlungen erhalten, die ihn glauben ließen, die Preußen würden den Sieg des gestrigen Tages nicht weiter verfolgen. Daß man demnach den erschöpften, ausgehungerten und bis auf die Haut durchnäßten Soldaten Erholung gewährte, war natürlich und konnte auch ohne Gefahr geschehen, wenn nur eine verhältnißmäßig weit vorgeschobene und starke Arrieregarde über die Sicherheit wachte. Daß aber auf dem Rückzuge nach verlorenem Gefecht auch diese zum Theil Kantonnements bezog, war mehr als kühn.

Oberst v. Zuel, welcher die Arrieregarde bis Oversee geführt hatte, begab sich nun zu seiner Brigade. Es blieben als Nachhut auf der Chaussee nur das 2. Jäger-Bataillon mit zwei Geschützen und drei Eskadrons des 5. Dragoner-Regiments.

Der Kommandeur, Oberstlieutenant Sturm, stellte zwei Kompagnien mit den beiden Geschützen als Hauptposten in Oversee an der Chaussee auf und ließ einen Sicherheitsposten in Frörup zurück. Eine Kompagnie wurde rechts nach Barderup entsendet, welche zugleich den Brückenübergang dicht am Sankelmarker See zu beobachten hatte; eine Kompagnie links zwischen Oversee und Groß-Solt.

Weiter östlich an der Kielst-Au fand man bereits Theile der Freischaaren vor. Nichtsdestoweniger rückte die Kavallerie in ihre Kantonnements; das Stabsquartier des Obersten Astrup, Kommandeur des 5. Dragoner-Regiments, nebst 1½ Schwadronen kam nach Munkwolstrup, eine halbe Schwadron nach Juhlschau, eine Schwadron nach Jarplund. Es war befohlen, gleich abzusatteln, bis 6 Uhr zu füttern und dann erst die Kommandos für die Feldwachen zu gestellen.

Der Oberst betrachtete sich, als zur Kavallerie-Brigade v. Zuel gehörig, nicht mit der Sicherung des Gros beauftragt und glaubte sich selbst durch die Infanterie gedeckt, andererseits war dem Oberstlieutenant Sturm keine Verfügung über die Kavallerie übertragen, keiner der Kommandeure kannte die Stellung des anderen genau.

Vormarsch der Deutschen Truppen am 24. April 1848.

Schon um 4 Uhr früh war Major Lane, Chef des Generalstabes des Fürsten Radziwill, ein unermüdlich thätiger und umsichtiger Offizier, nach den Hübnerhäusern vorgeritten und hatte die Absendung einer starken Offizierpatrouille vom Königs-Regiment veranlaßt, welche ungehindert bis Neu-Berend, also bis hart an die Arenholzer Stellung heranging und von einem Förster erfuhr, daß der Feind den Ort schon vor einer Stunde verlassen habe. Auf der Chaussee weiter rückwärts sah man zwar eine Abtheilung Rothröcke, die aber nur auf zwei Kompagnien geschätzt wurde. Ebenso brachte Hauptmann v. Delius die Nachricht, daß bei Lürschau nur Dänische Dragoner ständen. Es ließ sich hieraus entnehmen, daß die Stellung am Arenholzer See höchstens noch von einer Arrieregarde besetzt gehalten werde. Aber der gestern am Spätabend an den General Hallett abgeschickte Unteroffizier hatte dessen von der Straße abwärts liegendes Quartier in finsterer Nacht nicht zu finden gewußt und kehrte nach mehreren Stunden mit dieser Anzeige zurück. Zwar wurde nun sofort ein Offizier nach Friedrichshof entsendet, allein dieser konnte kaum vor Tagesanbruch dort sein.

Glücklicherweise hatte General Hallett den Aufbruch seiner Truppen ohnehin auf 5 Uhr früh anberaumt, bei den starken Entfernungen (die Kavallerie z. B. hatte bis Schleswig $3^{1}/_{2}$ Meilen) ist es aber sehr erklärlich, daß die Preußischen und Holsteinschen Truppen, welche um 9 Uhr auf ihren Alarmplätzen unter Gewehr standen, bei anhaltendem Regen warten mußten. Um 10 Uhr trafen die Bundestruppen südlich Schleswig ein, und bis 11 Uhr defilirten sie durch den Ort.

Die 1. Brigade v. Marschalck, also fast die Hälfte der Infanterie, fiel indeß für diesen Vormarsch aus; zwei Bataillone blieben in Rendsburg zurück, ein Bataillon war für Kiel bestimmt, die übrigen drei Bataillone erreichten Schleswig so spät, daß sie dort die Nacht zubrachten.

Als die Bundestruppen über die Preußischen Alarmplätze zogen, wurden sie freudig begrüßt; es waren stattliche Erscheinungen.

Der Avantgarden-Brigade, $3^{1}/_{2}$ Bataillone, 5 Eskadrons und 14 Geschütze,[*]) folgten die Reserve-Kavallerie, 6 Eskadrons und 6 Geschütze, und die 2. Infanterie-Brigade, 4 Bataillone und 8 Geschütze; diesen schloß sich sodann die Preußische Garde-Brigade an, welche aber 2 Bataillone in Schleswig zurückließ.

---

*) Der Avantgarde war außer der nach der Ordre de bataille zugehörigen Braunschweigischen Batterie noch die Hannoversche 9pfündige Batterie zugetheilt.

Die so gebildete rechte Flügelkolonne, etwa 10 000 Mann, sollte auf der Chaussee gegen Flensburg vorgehen, die linke des Generals v. Bonin, mit den Holsteinschen Truppen jetzt wieder gegen 12 000 Mann stark, gleichzeitig von ihrem Rendezvous bei Schuby aufbrechen, über Silberstedt und Treia auf Wanderup (eine Meile westlich Oeversee an der Straße von Husum nach Flensburg) marschiren, dort sollte abgekocht und nur dann noch weiter marschirt werden, wenn der Kanonendonner anzeigen würde, daß die rechte Kolonne an der Chaussee auf feindlichen Widerstand gestoßen sei.

Gefecht bei Oeversee und Bilschau am 24. April 1848.*)

Endlich um Mittag setzten die Kolonnen sich in Bewegung, wo dann freilich die Dänen schon einen Vorsprung von drei Meilen gewonnen hatten.

Die Avantgarde des Generals v. Schnehen fand in der Arenholzer Stellung keine andere Schwierigkeit, als daß zwei mächtige Eichbäume von der Chaussee zu entfernen waren. Als sie eben das Defilee passirt hatte, traf hinter ihr ganz unvermuthet die Kolonne des Generals v. Bonin ein.

Der dieser zugewiesene Marsch betrug allerdings vier Meilen: sie konnte selbst nur Wanderup auf dem vorgezeichneten Wege längs der Treene nicht vor Abends spät erreichen.

Prinz Friedrich von Holstein wollte einen kürzeren Weg über Bollingstedt kennen, und so schlug man eine andere als die befohlene Richtung, die auf dem Ochsenwege, ein, welche aber bei Arenholz mit der Chaussee zusammenfällt.

Die Avantgarde der rechten Kolonne mußte nun warten, bis die Straße für ihr Gros frei wurde, und so entstand eine Verzögerung des Vorrückens von 1½ Stunden. Es war bereits 3 Uhr Nachmittags, als man in Frörup auf die ersten Dänischen Postirungen stieß.

Um diese abzuschneiden, sollten von der Kavallerie die drei Eskadrons des Hannoverschen Regiments Königin-Husaren links, die eine Mecklenburgische Eskadron rechts der Straße vorgehen, während die andere an der Spitze der Infanterie auf der Chaussee im Marsch blieb. General Hallett selbst schloß sich mit noch 20 Husaren der Unternehmung zur Rechten an.

Oberstlieutenant Styrup war durch einen Bauer aus Süder-Schmedeby gewarnt worden, welcher die Deutschen in sein Dorf hatte einrücken sehen. Erst als der Mann die Uniformen aller Waffen genau beschrieben hatte,

---

*) Siehe Textskizze.

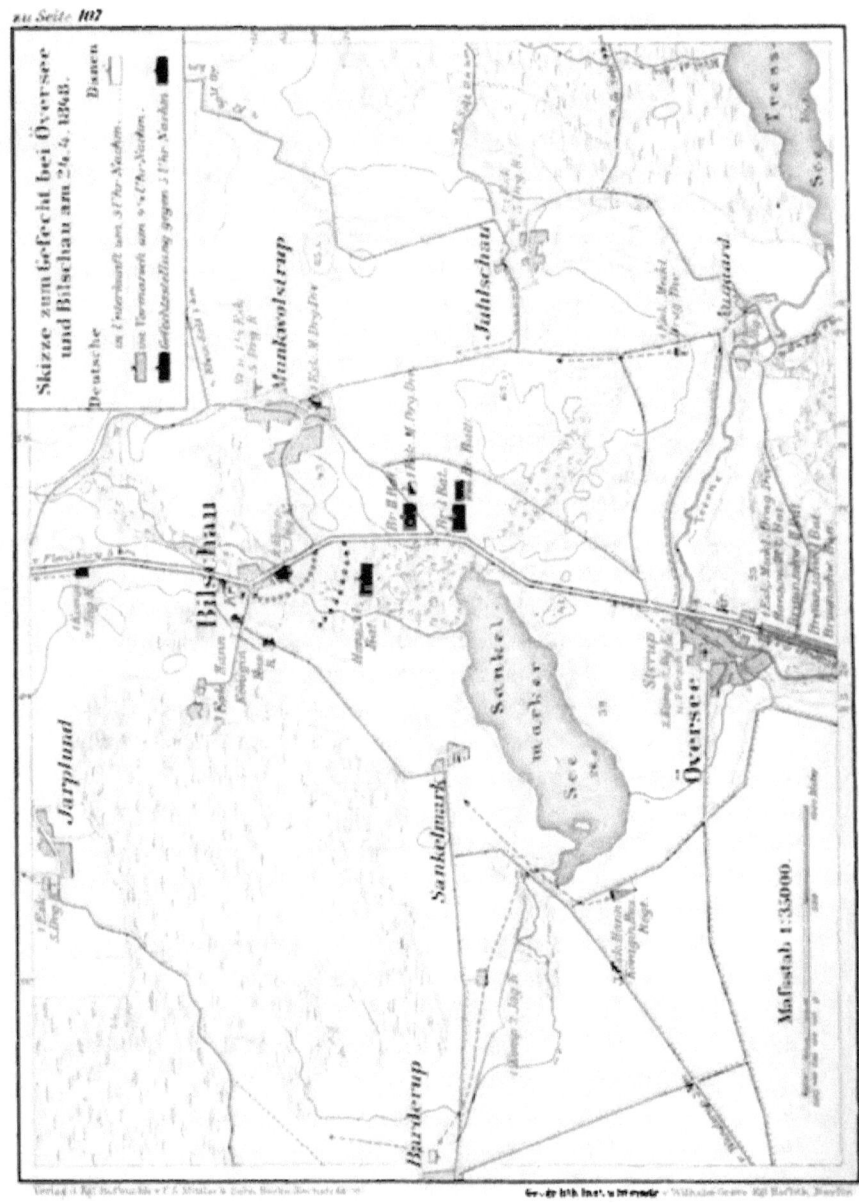

mochte man ihm Glauben schenken. Der Oberstlieutenant hatte seine Feldwache aus Frörup zurückgezogen, die links detachirte Kompagnie wieder herambeordert und mit den beiden Geschützen Aufstellung hinter der Chausseebrücke genommen, als man bereits die Hannoverschen Schwadronen jenseits des Sankelmarker Sees erblickte.

Schon bei ihrem ersten Anrücken hatte die rechts detachirte Dänische Kompagnie ihre Posten verlassen und war, ohne sich sonderlich aufzuhalten, gegen Flensburg zurückgegangen.

Von der in Jarplund einquartierten Eskadron jagten die Mannschaften einzeln für sich ebendorthin.

Die Husaren passirten sonach ungehindert die nicht mehr besetzte Brücke am westlichen Ende des Sankelmarker Sees und dirigirten sich dann gegen den Bilschauer Krug an der Chaussee, in den Rücken der Dänischen Aufstellung.

Unter so bedrohlichen Verhältnissen befahl Oberstlieutenant Styrup, daß die Geschütze auf der großen Straße sofort den Rückzug antreten sollten, er selbst hoffte mit den Jägern durch die Sumpfstrecken zu seiner Rechten Flensburg zu erreichen. Die Geschütze kamen rechtzeitig noch durch, und die Infanterie hatte das Sumpfterrain westlich der Straße erreicht, als auf dieser die Spitze der feindlichen Avantgarde herankam.

Dem sehr peremptorischen Befehle des kommandirenden Generals folgend, welcher selbst zur Stelle war, ging die an der Tete marschirende Mecklenburgische Eskadron auf der Chaussee im Trabe vor, schwenkte links ein und stürzte sich dann auf den Feind, welcher eiligst Karree gebildet hatte und sein Feuer abgab. Die Pferde sanken in der für fest gehaltenen Wiese tief ein, und mit Verlust von 1 Unteroffizier und 5 Pferden, sowie 8 Verwundeten kehrte die Eskadron um.

Die Lage der Dänischen Jäger mußte indeß eine verzweifelte werden, sobald die Artillerie der Deutschen Avantgarde sie erreichte.

Allein es scheint, daß die der letzteren zugetheilte Batterie gar nicht zum Gefecht herangekommen ist, und da eben jetzt die Husaren am Bilschauer Krug Arbeit bekamen, welche sie selbst vollauf beschäftigte, so benutzte dies die an der Queue stehende Dänische Jäger-Kompagnie, um durch den Sumpf, den man nicht zu verlassen wagte, weiter auf Flensburg abzuziehen. Ihr folgten dann die 2. und 4. Kompagnie.

Das entstandene Gefecht hatte zwar die rückwärtigen Kavallerie-Kantonnements alarmirt, aber bereits war das Stabsquartier Munkwolstrup von der Mecklenburgischen Eskadron des rechten Flügels erreicht.

Dort suchte Alles in Eile auf gesattelten und ungesattelten Pferden nach der entgegengesetzten Seite zu entweichen. Ein Offizier und 20 Dragoner wurden gefangen, ein Bagagewagen, eine Protze, Beutepferde und Waffen genommen.

Bei dieser Gelegenheit war es, wo der in der persönlichen Umgebung des Generals Halkett befindliche Lieutenant Graf Lusi vom 2. Kürassier-Regiment einen feindlichen Dragoner vom Pferde stach, der auf den General anschlug.

Oberst Astrup sprengte mit einem Offizier, 20 Mann und der Standarte auf Bilschau zu und fiel dort natürlich den Hannoverschen Husaren in die Hände.

Der Eskadronchef mit anderen 2 Offizieren und 25 Mann folgte dem Kommandeur. Auch dieser Trupp wurde gefangen genommen, und nur ein Theil der in Munkwolstrup einquartiert gewesenen Dragoner entkam über Klein-Solt, viele davon unter Zurücklassung von Pferden und Waffen.

Die halbe Schwadron in Jublschau war noch gar nicht zur Ruhe gekommen; die Freischaaren hatten sie veranlaßt, nicht abzusatteln und Bedetten auszustellen. Von Munkwolstrup und Översee zurückgewiesen, schlug sie die Richtung westlich an Klein-Solt vorüber ein.

Inzwischen war das Hannoversche 3. leichte Bataillon nach Bilschau herangekommen und beschoß durch seine Tirailleure aus dem Gebüsch und den Chausseegräben die feindlichen Jäger, welche sich in das näher am Kruge gelegene von Gräben und Knicks durchschnittene Terrain geworfen hatten, so daß die Husaren sich einige Hundert Schritt zurückziehen mußten.

Ohne jede Aussicht auf Entsatz wehrte sich die kleine Schaar während fast zwei Stunden, bis alle Patronen, auch die der Gefallenen, verschossen waren. Von den Offizieren fiel Oberstlieutenant Styrup, mehrere andere waren verwundet.

Die nur noch 1½ Kompagnien starke Abtheilung hatte bereits 40 Mann verloren, aber erst als endlich das 2. Braunschweigische Bataillon v. Specht zur Bajonettattacke schritt, ergab sich Hauptmann Westergaard, selbst verwundet, mit vier Offizieren und dem Rest seiner Mannschaft.

Die Gefangenen wurden mit all der Rücksicht behandelt, auf welche ihr tapferes Verhalten Anspruch hatte. Nachdem die Offiziere das Ehrenwort gegeben, sich nicht entfernen zu wollen, erhielten sie ihre Waffen wieder und wurden nicht bewacht. Sie theilten Tisch und Nachtlager der Offiziere vom Stabe.

Im Ganzen waren 10 Offiziere, nämlich 1 Oberst, 1 Rittmeister, 2 Hauptleute und 6 Lieutenants, ferner 296 Mann in Gefangenschaft gerathen, darunter 3 Offiziere, 22 Mann verwundet. Außer einer Standarte und einigem Fuhrwerk waren zahlreiche Pferde erbeutet, das Dänische 5. Dragoner-Regiment allein hatte deren 82 eingebüßt.

Der Gesammtverlust der Dänen im Gefecht bei Oversee betrug 11 Offiziere 303 Mann, der der Bundes-Division 20 Mann, aber die Abtheilungen der letzteren hatten starke Anstrengungen gehabt, und der Tag nahte sich dem Ende. Die Infanterie war fünf, die Kavallerie sieben Meilen marschirt; der Kommandirende befahl, die Biwaks zu beziehen.

Nachdem die Vorposten ausgestellt waren, richteten sich die Avantgarde bei Oversee, die Reserve-Kavallerie und die 2. Brigade bei Frörup für die Nacht ein.

Auf dem rechten Flügel hatten die Freischaaren, zum Theil zu Wagen, Angeln durchzogen, und namentlich der unternehmende Lieutenant v. Bouteville kleine Scharmützel gehabt.

Hauptmann v. Gersdorff gelangte bis Hürup, Major v. Zastrow nach Groß-Solt.

Die Brigade v. Möllendorff war im Idstedter Holz stehen geblieben, eine Husaren-Eskadron von Falkenberg aus nach Eckernförde detachirt.

General v. Bonin langte in der Gegend von Wanderup spät Abends an. Der größte Theil der Kolonne wurde in Alarmhäusern untergebracht; nur einige Bataillone biwakirten südlich des Dorfes.

General v. Wrangel und General Hallett nächtigten in Oversee.

Heldenmüthige Thaten, selbst des dabei Unterliegenden, bleiben im Kriege nicht ohne wichtige Folgen. Der andauernde Widerstand der kleinen Dänischen Schaar bei Oversee hätte zwar nicht vermocht, das Vorrücken der Verbündeten aufzuhalten, wenn dasselbe an diesem Tage seinen Ausgang von Schleswig statt von Rendsburg genommen hätte. Aber er bestärkte die Ansicht, die Dänische Armee überhaupt befinde sich noch in einer solchen Haltung, daß ein erneuter, allgemeiner Angriff aller Kräfte nöthig sei, um sie zum weiteren Rückzug über Flensburg hinaus zu zwingen.

Wie es damit stand, wird der Blick zeigen, den wir jetzt auf die Verhältnisse in Flensburg werfen.

Rückzug der Dänen von Flensburg.

General v. Hedemann hatte bestimmt, daß um 4 Uhr 10 Minuten Ordonnanzoffiziere aller Truppentheile den Tagesbefehl bei ihm einzuholen hätten. Dabei sollte dann auch die definitive Aufstellung geregelt werden.

24. April.

Aber schon bald nach der bezeichneten Stunde sprengten flüchtige Dragoner, zum Theil auf ungesattelten Pferden, durch die Straßen von Flensburg und verbreiteten die Nachricht, daß der Feind anrücke. Die unlängst in die Quartiere entlassenen Mannschaften stürzten aus den Häusern, aber die Truppentheile lagen durcheinander, die Alarmplätze waren noch nicht bezeichnet, kaum daß die Kompagnien in sich versammelt werden konnten. Sie schlossen sich den nächsten besten Abtheilungen an, die meisten rückten nördlich aus der Stadt, andere drängten nach dem Hafen und versuchten, an Bord der Schiffe zu gelangen.

Nur die Artillerie, deren Mannschaft mit Ordnung bei den Geschützen antrat, und die Brigade v. Bülow zeichneten sich auch hier durch ihre Haltung aus. Von letzterer rückten das 1. und 11. Bataillon, jedes nur 500 Mann stark, südwestlich und südöstlich von Flensburg vor, das 2. nahm Stellung auf der Höhe südlich der Stadt, und wurden demselben die beiden von Seerice ankommenden Geschütze beigegeben.

Oberst v. Schleppegrell sammelte Theile des 9. und 10. Bataillons in der Nähe bei den Oel-Mühlen,*) und Oberstlieutenant v. Hartzhausen stellte die zuerst geordneten Abtheilungen des 5. Linien- und des 1. Jäger-Bataillons zwischen den Mühlen und dem Fjord auf. Das 6. Dragoner-Regiment, mit vier Geschützen der 3. Batterie, sammelte sich am Schäferhause. Die Espignol-Batterie wurde am nördlichen Ausgange der Stadt so placirt, daß sie die Hauptstraße bestreichen konnte.

Der Gedanke, sich vorwärts Flensburgs zu behaupten, wurde sogleich aufgegeben, der Kommandirende bezeichnete Bau als den Sammelpunkt der Armee.

Auf der Straße dorthin war eine geregelte Marschordnung nicht herzustellen: unvollständige Abtheilungen aller Waffen, einzelne Leute und Fuhrwerk aller Art drängten sich durcheinander. Die einbrechende Dunkelheit vermehrte die Verwirrung. Es mußten Leuchten vorgetragen werden, damit die Geschütze nicht in die Gräben stürzten. Alle Leitung im Großen hatte aufgehört, und wie die moralische Stimmung war, als man endlich Bau erreichte, läßt sich aus dem Verhalten der eilig ausgesetzten Vorposten schließen. Fortwährend gingen Meldungen ein, daß man Signale wahrgenommen, daß der Feind im Rücken der Stellung bei Laternenschein erblickt werde u. s. w. Bald hier bald dort fielen Schüsse, denn die Posten feuerten ohne

---

*) Siehe Textskizze zum Gefecht von Bau.

Weiteres, sobald sich irgend etwas ihnen nahte. Der Dänische Berichterstatter ist der Meinung, daß Alles an einem Faden hing, und daß der Angriff einer Handvoll feindlicher Kavallerie die Armee auseinandergesprengt haben würde.

Schnell verbreitete sich der allgemeine Schrecken auch weiter rückwärts. Der General-Kriegskommissar Riegels, welcher auf Alsen befehligte, ließ die nach dem Festlande begonnene Brücke wieder abbrechen, in dem Augenblick, wo die Armee sie bald dringend brauchen konnte.

Aber die Nacht verging ohne jeglichen Angriff, und die Dänische Armee hatte die Freiheit der Operationen wiedergewonnen.

Wir wissen, daß die dem General v. Hedemann ertheilte Instruktion dahin lautete, der feindlichen Ueberlegenheit von Stellung zu Stellung auszuweichen. Daß man sich grundsätzlich auf Alsen zurückzuziehen habe, war nicht vorgeschrieben, die Behörden dort auch nicht mit den erforderlichen Anweisungen versehen. Spät Abends am 24. entschied sich indeß der Kommandirende definitiv für diese Richtung, welche seine stark erschütterten Truppen am schnellsten in Sicherheit brachte und ihr Wiedervorgehen am besten ermöglichte.

Der Umstand, daß bei Oversee eben Bundestruppen aufgetreten waren, zerstörte die Illusionen, welche das Schreiben des Kriegsministers hervorgerufen hatte. Man mußte am folgenden Tage dem Angriff weit überlegener Kräfte entgegensehen, und sonach wurde der Rückzug zeitig Morgens beschlossen.

Es wurde unter Befehl des Obersten v. Bülow eine Arrieregarde bei Krusau formirt, bestehend aus einer Abtheilung des 1. Jäger-Bataillons, einem Theile des 5. Bataillons und zwei Geschützen, welche, durch das Garde-Bataillon und eine Schwadron des 4. Dragoner-Regiments verstärkt, bis um 6 Uhr halten sollte. Frische Truppen waren bereits von Alsen her im Anzuge.

25. April.

Von dieser Insel aus durfte man hoffen, bei der dafür besonders günstigen Lage die Hauptmacht des Feindes in der Mitte der Halbinsel festzuhalten. Um aber den Norden derselben gegen Streifzüge zu sichern, sollte die Masse der Kavallerie mit dem 3. Linien-Bataillon und der von Alsen herangezogenen Batterie Nr. 8 sich auf Jütland zurückziehen; ein Theil dieser Truppen wurde schon während der Nacht in Bewegung gesetzt.

Der Rest des Korps, bei welchem an Kavallerie nur die beiden Husaren- und die 1. Eskadron des 4. Dragoner-Regiments verblieben, setzte früh Morgens unter dem Schutze der vom Obersten v. Bülow geführten Arrieregarde und eines Seitendetachements unter Oberst v. Schleppegrell den Rückzug über Gravenstein bis Atzbüll fort, wo Halt gemacht wurde, um die Truppen zu sammeln. Sodann wurde der Marsch noch bis auf die Höhen von Düppel fortgesetzt.

Schon unterwegs war, von Alsen kommend, ein frisches Bataillon, das 6., zur Armee gestoßen, und fernere Verstärkungen bildeten die 7pfündige Batterie Baggesen und die zwei Kompagnien aus Eckernförde, welche zu Wasser herangeführt waren.

Da Oberst v. Bülow vom Feinde gar nicht angegriffen worden, so hatte er seine Arrieregardenstellung noch bis 6½ Uhr Morgens gehalten und war dann dem Gros gefolgt.

Die Düppeler Höhe war seit längerer Zeit durch den auf Alsen Kommandirenden mit Verschanzungen versehen worden, von denen einige wenigstens als vollendet betrachtet werden durften, und in welche die Espignol-Batterie einfuhr. Die Werke auf der Insel wurden am 25. mit vier 48pfündigen Granatkanonen und acht 24pfündigen Geschützen armirt.

Es konnte jetzt in Frage treten, ob man sich vorwärts Alsen auf dem Festlande behaupten wolle. Die dominirende Stellung, welche man inne hatte, ist selbst ohne Fortifikationen als eine starke zu bezeichnen. Mit freiem Schußfelde vor sich, lehnt sie beide Flügel an die See und kann durch Kriegsschiffe von dort aus flankirt werden. Indeß hat sie eine Frontentwickelung von 3000 Schritt, und das Korps zählte nach Dänischer Angabe kaum noch 8000 Mann. Es mußte bedenklich erscheinen, nach einem neuen Biwak im Regen, und ohne daß den Truppen Erfrischung und Ruhe gewährt werden konnte, ein Gefecht anzunehmen, bei welchem man das Defilee des Alsen-Sundes ohne festen Uebergang dicht im Rücken behielt, und deshalb wurde noch am selben Tage und während der folgenden Nacht der Rückzug nach der Insel bewirkt. Da eine feindliche Störung nicht eintrat, so konnte dieser mißliche Uebergang mittelst der gewöhnlichen Fähre und einiger Boote bis zum folgenden Morgen vollständig beendigt werden.

Das für Jütland als rechtes Flankenkorps bestimmte Detachement unter Befehl des Generalmajors v. Wedell-Wedellsborg blieb bis zum 25. Mittags bei Bommerlund, dreiviertel Meilen nördlich Bau, auf dem Ochsenwege stehen, um den Flankenmarsch des Gros zu decken, und zog sich dann hinter die Gehlau zurück.

Am Ostersonntag Abends hatten die feindlichen Massen einander dicht gegenübergestanden, am Montag Abend waren sie, von Bau bis Oversee, 2 Meilen auseinander, am Dienstag Mittag aber schon durch einen Abstand von über 4 Meilen getrennt, denn erst ungefähr um die Zeit, wo die Dänen

Abzug der Dänen von Flensburg.

Aybüll erreichten, brach das Gros der Deutschen Streitmacht aus den Biwaks auf.

Zwar hatte der Kommandirende befohlen, schon um 5 Uhr früh abzurücken, allein der Prinz Friedrich machte um 2½ Uhr morgens schriftlich die Vorstellung, daß seine Truppen im hohen Grade erschöpft seien, daß 11000 Mann, in dem einzigen Orte Wanderup zusammengedrängt, dort keinen Unterhalt gefunden hätten, und daß nothwendig das Eintreffen der Verpflegung abgewartet werden müsse. Er bat daher, erst um 12 Uhr mittags abrücken zu dürfen, und werde er zwischen 2 und 3 Uhr zum Angriff auf Flensburg bereit sein.

General v. Wrangel genehmigte infolge dessen den späteren Aufbruch, die linke Kolonne sollte dann gegen die Flanke des Feindes wirken, den man sich immer noch in völlig widerstandsfähiger Haltung dachte, und von dessen wirklichem Zustand man keine Ahnung hatte. Der Kommandirende selbst setzte sich an die Spitze der Avantgarde, welche am frühesten Morgen abrückte, und belebte durch seine militärische Persönlichkeit Alles für das erwartete neue Angriffsgefecht. Aber kaum war eine halbe Meile zurückgelegt, so erfuhr man durch die Freischärler, daß die feindliche Armee schon seit gestern abgezogen sei. Um 8 Uhr erreichte die Avantgarde Flensburg, welches sie von den Freischaaren besetzt fand. Indeß lagen noch zwei Kriegsdampfer, „Hekla" und „Geiser", nebst drei Kanonenbooten im Hafen, welche die am Strande entlang führende Straße unter Feuer zu nehmen vermochten, und die Braunschweigische und Hannoversche Batterie erhielten Befehl, diese Schiffe zu vertreiben.

Mit der ersten nahm Major Crges, unmittelbar am Hafen, eine gute gedeckte Aufstellung und feuerte auf 1400 Schritt mit Schrapnels. Der kleine Dampfer zog sich zurück, die übrigen Fahrzeuge antworteten lebhaft mit ihren schweren Kalibern. Allein nach 84 Schuß und Wurf der Braunschweigischen Batterie hatte diese die Genugthuung, zu sehen, daß der größere Dampfer die Kanonenboote ins Schlepptau nahm und sich zurückzog. Die Hannoversche 9pfündige Batterie hatte von einem höheren und entfernteren Standpunkt mit minderem Erfolge geschossen.

Es wurde nicht für unmöglich gehalten, den feindlichen Schiffen die Ausfahrt aus dem engen Fjord zu versperren. Als die sechs Geschütze der 6pfündigen reitenden Batterie Nr. 7 um 11¼ Uhr vor dem Südende von Flensburg anlangten, erhielten sie Befehl, dies von Holnis aus zu versuchen. Begleitet durch die 4. Eskadron 3. Husaren-Regiments erreichten sie, abwechselnd trabend, um 2 Uhr die schmale Landenge bei „Drei", welche im Feuer von zwei nahen Kanonenbooten lag. Man machte daher in einem

Hohlweg Halt, und Major Laue ritt mit einigen Offizieren zum Rekognosziren vor, wobei die Schiffe einige Schüsse auf sie richteten.

Es waren in Sicht 1 Brigg, 2 Kriegsdampfer, 1 großes Schiff und 40 bis 50 Transportfahrzeuge. In Betracht des sehr zweifelhaften Erfolges und besonders bei der Ungewißheit, ob es später möglich sein werde, die Geschütze durch das Kartätschfeuer der Kanonenboote über die schmale Landenge wieder zurückzubringen, nahm es Major Laue verständigerweise auf sich, von dieser Unternehmung ganz abzustehen.

Inzwischen hatte die Bundesdivision den Weg mehr landeinwärts auf Bau eingeschlagen, wo sie um 3 Uhr nachmittags eintraf. Vom Feinde fand man nur einige Marodeure; selbst die Richtung, welche er eingeschlagen, war nicht in Erfahrung zu bringen, die Fühlung vollständig verloren. Es wurden Quartiere für die Nacht bezogen.

Die Avantgarde kam auf der Sundewitter Straße nach Holebüll, Ostergeil und Kielstrupp, das Husaren-Regiment vorwärts nach Hoderup. Ein Theil dieser Truppe mußte biwakiren.

Das Mecklenburgische Garde-Bataillon und die Dragoner, welche im Gedränge in Flensburg abgekommen waren, blieben dort vorerst als Besatzung zurück.

Die 2. Brigade, Rantzau, kam nach Weibel und den nächst liegenden Dörfern, die Reserve-Kavallerie nach Kitschelund und Norder-Schmedeby an der Chaussee.

Es mag noch bemerkt werden, daß General Halkett selbst sein Nachtquartier nicht in Krusau nehmen konnte, weil seine Quartiermacher dort durch Schüsse „feindlicher" Freischaaren empfangen wurden. Es dürften dies wohl die befreundeten Freischaaren gewesen sein, welche unter Anderem nach den Schwänen auf dem Krusauer Mühlteich schossen. Ihre eigenen Führer baten um eine Patrouille, um diese Leute arretiren zu können.

Die Holsteinischen Truppen erhielten Befehl, in Bau Halt zu machen. Die Brigade v. Bonin blieb südlich Flensburg, ebenso drei Bataillone der Brigade Marschalck.

Die Brigade v. Möllendorf wurde nach Glücksburg dirigirt, wo sie erst spät am Abend eintraf, eine Richtung, welche bereits auf eine Unterbrechung der Operationen schließen läßt; auch war für den 26. ein allgemeiner Ruhetag angeordnet.

Durch einen Parlamentär, welcher wegen der Verwundeten unterhandeln sollte, war der Rückzug der Dänischen Hauptmacht nach Alsen in Erfahrung gebracht worden.

Dem Feinde war jenach vorerst nichts mehr anzuhaben, aber ebenso wenig war in nächster Zeit von demselben etwas zu besorgen. Selbst die Avantgarde erhielt daher Erlaubniß, sich mehr auszubreiten und Kantonnements zu beziehen.

Eine nur dreitägige Operation hatte den größten Theil der Dänischen Monarchie der Invasion offen gelegt, denn Jütland war so gut wie schutzlos; nur politische Bedenken konnten vom Einrücken abhalten.

Die Dänische Streitmacht war zurückgeworfen, aber sie war nicht vernichtet worden.

Der Sieg bei Schleswig, glänzend erfochten, aber durch Verfolgung nicht ausgenutzt, hatte den Feldzug nicht entschieden, und dies war von um so größerer Wichtigkeit, als nun die Aktion der auswärtigen Kabinette Zeit zur Einwirkung gewann.

Zweites Buch.

Vom 27. April bis zum 5. Juni 1848.

Absichten und Maßregeln der Deutschen Heeresleitung vom 27. April bis 1. Mai 1848.

Die bei dem Oberkommando herrschende Auffassung der allgemeinen Situation erhellt aus dem Berichte, welchen der General v. Wrangel am 27. April Seiner Majestät dem Könige von Preußen übersandte. In diesem heißt es:

"Die Dänen hoffen noch immer mit bestimmter Zuversicht auf Hülfe von außen, besonders von Schweden. Das zu vermeiden, erscheint eine schleunige Beendigung des Krieges durchaus nothwendig und eine Eroberung Jütlands unerläßlich, um dadurch das Landen feindlicher Unterstützungstruppen zu erschweren, die Verpflegung der Armee auf feindliche Kosten sicher zu stellen, ein Unterpfand in die Hände zu bekommen, welches jedenfalls als Aequivalent gegen die Abtretung der Herzogthümer und der zu denselben gehörigen Inseln benutzt werden und zugleich dazu dienen kann, um zur Wiedererstattung der Kriegskosten und des etwa zur See erlittenen Schadens zu gelangen. Bei der Leichtigkeit aber, welche die Flotte den Dänen gewährt, um in Flanke und Rücken der gegen Jütland vorgehenden Armee zu landen, werden Detachirungen nach den Hauptküsten- und Landungspunkten dringendes Bedürfniß. Ich habe bereits 1 Bataillon in Kiel, 2 Bataillone in Rendsburg, 1 Bataillon in Eckernförde, 1 Bataillon in Schleswig, 1 Bataillon, 1 Escadron und 1 Batterie zu 8 Geschützen in Flensburg zurücklassen müssen, kann nicht wohl sämmtliche Truppen des X. Armeekorps von dem Brückenkopf vor Sonderburg fortnehmen, solange auf Alsen ein bedeutender Theil der geschlagenen Dänischen Armee sich reorganisirt, und werde immer zu neuen Detachirungen genöthigt werden, je mehr mein Marsch mich gegen Norden führt. Meine unterthänigste Bitte an Eure Königliche Majestät geht deshalb dahin, daß Höchstdieselben befehlen mögen, daß mir Truppen zur Verstärkung nachgesandt werden, welche die unvermeidlichen Detachirungen mindestens theilweise ersetzen, und welche es mir möglich machen werden, auch den etwa landenden feindlichen Unterstützungstruppen siegreich entgegenzutreten, wobei ich zu bemerken mir erlaube, daß besonders Jäger mir von großem Nutzen gegen die trefflichen feindlichen Büchsenschützen sein werden."

Inzwischen war die Vorwärtsbewegung wieder aufgenommen worden.

27. April. Am 27. wurde die Bundesdivision gegen Sonderburg vorgeschickt, während hinter derselben die Brigade v. Bonin nach Klipleff, die Holsteinschen Truppen nach Tingleff rückten. Die Brigade v. Möllendorf verblieb noch in Quartieren um Flensburg.

Der Auftrag des Generals Hallett lautete dahin, er solle, „wenn die Verhältnisse es ihm zuläßig erscheinen ließen, sich des Brückenkopfes bemächtigen und nach Alsen übergehen: wenn diese Unternehmung aber zu wenig Aussicht auf günstigen Erfolg biete, mit einem Theil seiner Truppen stehen bleiben, um jedes Debouchiren des Feindes von Alsen aus gegen Flanke und Rücken der nach Jütland vorgehenden Haupt-Armee zu verhindern".

28. April. Am nächsten Tage kam das Hauptquartier des Generals v. Wrangel nach Apenrade, die Brigade Bonin bezog Quartiere um diese Stadt und vorwärts bis Osterlügum und Gjenner, die Holsteinsche Abtheilung westlich davon bei Jordkirch. Unter Major v. Jastrow verblieben jedoch das 5. Bataillon, eine Escadron Dragoner und vier Geschütze nebst den Freischaaren an der Westküste. Tondern und Hoyer wurden besetzt gehalten. Die Brigade Möllendorf nahm die von der Linienbrigade verlassenen Kantonnements um Klipleff ein.

Die Straße nach Apenrade führt eine Viertelmeile von der Stadt hart am Strande entlang. Die Dänische Brigg „St. Thomas" mit 16 Geschützen und ein Kanonenboot beschossen die vorübermarschirende Brigade Bonin, gingen aber sehr bald in See, als 7pfündige Haubitzen ihnen antworteten, obwohl deren Feuer wenig wirksam blieb.

29. April. Am 29. April war Ruhetag.

General Hallett, Prinz Friedrich und Fürst Radziwill trafen um 9 Uhr mit ihren Generalstabsoffizieren im Hauptquartier Apenrade ein, um vom Oberbefehlshaber Befehle für die weiteren Operationen in Empfang zu nehmen.

Die Absichten waren im Allgemeinen schon in der erwähnten Instruktion des Generals Hallett ausgesprochen. Die Bundesdivision sollte den Gegner auf Alsen beschäftigen und festhalten, während die Preußen und Holsteiner nach Jütland vorrückten.

Am 30. April ging
die Brigade Bonin nach Hadersleben, ihre Avantgarde bis Bjerning-Kirche;
die Holsteinsche Brigade zur Linken nach Wittstedt, die Avantgarde bis Hammeleff, westlich des Meerbusens;
die Brigade Möllendorf folgte bis Apenrade und Umgegend;
das Seitendetachement unter Major v. Zastrow marschirte nach Lügumkloster auf der Straße nach Ribe, seine Patrouillen dehnten sich bis zur Westküste aus;
das Hauptquartier kam nach Hadersleben.

30. April.

Am 1. Mai konzentrirten sich die Brigade Bonin und die Holsteinschen Truppen in und um Christiansfeld, ihre Avantgarden waren gegen Vonsild und Ebis, nahe der Jütischen Grenze, vorgeschoben. Das Detachement v. Zastrow ging nach Spandet, eine Meile südöstlich Ribe, vor.

1. Mai.

Die Brigade Möllendorf rückte bis Hadersleben nach.

Das Hauptquartier wurde nach Christiansfeld verlegt.

Der Versuch, in Nordschleswig eine Volksbewaffnung zu Stande zu bringen, hatte geringen Erfolg gehabt. Nur einzelne Bauern schlossen sich dem Oberst v. Wedell an, welcher mit Vermeidung der Städte, in denen die Deutsche Partei jetzt das Haupt erhob, am 29. die Königs-Aa passirte und am 1. Mai bei Stedbergabuus, drei Meilen westlich Kolding, Front machte.

Der König von Dänemark hatte sich zuvor schon nach Alsen eingeschifft, um den Geist der Armee wieder zu beleben.

Auf Deutscher Seite wußte man auf Alsen die Dänischen Hauptkräfte beschäftigt, sich erst wieder zu ordnen, doch hieß es, daß ziemlich bedeutende Streitkräfte bei Kolding und Fredericia versammelt seien. Jedenfalls hatte man eine verhältnißmäßig starke Kavallerie vor sich, und, um dieser gewachsen zu sein, war das 4. Hannoversche Dragoner-Regiment nach Apenrade, das 1. zur Brigade Möllendorf herangezogen worden; dagegen gab diese die Batterie Nr. 7 an die Brigade v. Bonin ab.

General v. Wrangel erließ nunmehr nachstehende Proklamation an die Bewohner Jütlands:

Proklamation des Generals v. Wrangel an die Bewohner Jütlands.

„Ein Deutsches siegreiches Heer wird morgen in Eure Marken einrücken; es kommt nicht in feindlichen Absichten gegen Euch. Ich rufe Euch daher zu: Bleibt in Euren friedlichen Wohnungen, fliehet nicht mit Weib und Kind vom heimathlichen Herde. Ich, der Oberbefehlshaber der Armee, verbürge mich, daß Eure Person uns heilig, Euer Eigenthum und Eure Nationalfarben gegen jede Willkür geschützt sein sollen, solange das Heer in Eurem Lande verbleibt: ich kann Euch aber nicht davon befreien, die Bedürfnisse des Heeres zu decken, und hierzu bedarf ich in Eurem eigenen Interesse der Mitwirkung Eurer gesetzmäßigen Behörden. Alle königlich Dänischen Civilbehörden werden daher hiermit ernstlich aufgefordert, auf ihren Posten zu verbleiben und fortzufahren, ihren Pflichten und Obliegenheiten nachzukommen. Ebenso fordere ich die Geistlichkeit auf, in ihren Kirchspielen zu bleiben und allen ihren Einfluß zur Beruhigung ihrer Gemeinden aufzubieten. Sollten die königlich Dänischen Behörden dieser Weisung nicht nachkommen, so sind die schlimmsten Folgen für Euch Bewohner unausbleiblich; denn meine Truppen müssen sich dann selbst einquartieren und nach eigenem Ermessen alle zu ihrem Unterhalt erforderlichen Mittel selbst nehmen, wobei der Willkür und der Unordnung, beim besten Willen der Vorgesetzten, nicht immer Schranken gesetzt werden können. Alles daraus entstehende Unglück würde aber Euren Behörden allein zur Last fallen, welche Euch im Augenblicke der Noth verlassen haben.

Jütländer! nehmt meine tapferen Truppen gastfreundlich bei Euch auf! Ihr sowohl wie Eure Weiber und Kinder werdet dann unter den Deutschen Kriegsschaaren, die ich das Glück habe anzuführen, ebenso sicher sein wie unter Euren eigenen Brüdern."

Es war bekannt geworden, daß man auf Dänischer Seite bemüht war, die Bevölkerung gegen die Fremden aufzureizen; die Landbewohner waren aufgefordert, Haus und Hof zu verlassen und in die Reihen der auf Fünen und Alsen sich reorganisirenden Dänischen Truppen einzutreten. Durch seine Proklamation und durch strenge Mannszucht hoffte der Kommandirende dies zu verhindern.

Ueberschreiten der Jütischen Grenze am 2. Mai und Russisch-Englischer Einspruch dagegen.

Am 2. Mai, dem Jahrestage der Schlacht bei Groß-Görschen, rückten nun die Preußen und die Holsteinischen Truppen in Jütland ein. Nach den eingegangenen Meldungen mußte der General v. Wrangel darauf gefaßt sein, beim Ueberschreiten der Grenze Widerstand zu finden. Demgemäß waren die Truppen so vorgeschoben, daß sie sich gegenseitig zu unterstützen und die Stellung von Kolding in ihrer rechten Flanke zu umgehen vermochten.

Die am vorhergehenden Tage hierfür ausgegebene Disposition lautete:
„Die Preußische Division und die Schleswig-Holsteinschen Truppen rücken morgen über die Grenze nach Jütland. Die Letzteren erhalten die Aufgabe, Riuf und Veile zu nehmen und mit ihrer Avantgarde zu besetzen. Die Brigade Bonin geht auf Fredericia und rekognoszirt diesen festen Ort, die Brigade Möllendorf nimmt eine konzentrirte Stellung vor Kolding ein und dient beiden vorgeschobenen Korps als Hauptreserve.

Zu obigem Behufe geht die Holsteinsche Kavallerie um 7 Uhr morgens durch die Furt bei Branderup über die Kolding-Aa und sucht auf dem kürzesten Wege die Straße von Kolding nach Veile zu erreichen, vielleicht bei Raadvad. Die Infanterie geht um dieselbe Zeit über die Brücke bei Nels-Mühle und nach Umständen auch über die zunächst westlich gelegene bei Lunderslev.

Die Brigade Bonin überschreitet die Kolding-Aa bei Kolding um 8½ Uhr; ist der Uebergang besetzt, so muß er forcirt werden; das Erscheinen der Holsteinschen Kavallerie im Rücken einer dortigen Stellung wird den Feind zum baldigen Rückzuge aus derselben veranlassen. Ist der Uebergang nicht besetzt, so wird Kolding passirt, Verbindung mit der Holsteinschen Kavallerie gesucht, die nöthigenfalls von einem Detachement Preußischer Infanterie aufgenommen werden kann, mit dem Rest der Brigade aber sogleich der Marsch nach Fredericia angetreten. Liegen Kanonenboote in dem dortigen Hafen, so muß ein Kolonnenweg außerhalb des Schußbereichs aufgesucht werden. Kolding und der Uebergang daselbst über die Kolding-Aa ist so lange mit einem Bataillon zu besetzen, bis die Tete der Möllendorfschen Brigade dasselbe ablöst.

Von der Brigade Möllendorf sind zwei Bataillone früh 9 Uhr in Kolding, der Rest muß bis 12 Uhr dort eingetroffen sein.

Das linke Seitendetachement v. Zastrow besetzt morgen früh 6 Uhr Ribe und demnächst die beiden Uebergänge über die Königs-Aa auf den Straßen nach Varde und nach Veile. Von letzterem Ort aus sucht es Verbindung mit den Preußischen Truppen bei Kolding. Es läßt sich in kein ernsthaftes Gefecht ein und meldet außer an den kommandirenden General der Schleswig-Holsteinschen Truppen auch direkt an mich.

Die Holsteinschen Truppen halten mit ihrem rechten Flügel Verbindung: rechts mit der Boninschen Brigade und rückwärts mit den vorgeschobenen Posten der Möllendorfschen Brigade. Die Meldungen treffen mich morgen bei dem Gros der Brigade Bonin. Der Munitionspark und die sämmtlichen Bagagewagen sammeln sich morgen an den Flußübergängen, wo sie außerhalb des Weges auf freien Plätzen parkirt werden, die Munitionswagen getrennt von den anderen.

Wenn keine außergewöhnlichen Verhältnisse eintreten, bleibt die Armee bis auf Weiteres in dem Bezirk, welchen sie morgen bezieht."

Die Truppen gingen in der angeordneten Weise vor, stießen jedoch auf keinen Dänischen Soldaten. Die Brigade Bonin wurde auf der Straße nach Fredericia bis an den Knotenpunkt der nach dieser Festung und nach Snoghöj führenden Wege vorgeschoben. Die Holsteinischen Truppen rückten bis Binf und die Brigade Möllendorf bis Bjert. Im Hauptquartier zu Gudsö auf Jütischem Boden erschien an diesem Tage der Kollegienrath Ewers als Ueberbringer eines vom 30. datirten und von dem kaiserlich Russischen und königlich Englischen Gesandten in Kopenhagen gemeinsam unterzeichneten Schreibens.

Dasselbe hob hervor, daß der zwischen Deutschland und Dänemark ausgebrochene Konflikt, in welchem nur zu viel Blut schon geflossen, Europa mit einem allgemeinen Weltbrand bedrohe. In Uebereinstimmung mit der königlich Dänischen Regierung schlügen daher die beiden Unterzeichneten einen dreiwöchentlichen Waffenstillstand vor, während dessen Dauer die Dänischen und Preußischen Truppen in den Stellungen stehen bleiben sollten, welche sie innehaben, die Bundestruppen aber, falls sie in Jütland eingerückt, sofort zurückzurufen seien: wogegen die Dänische Regierung keine Preußen oder den freien Städten gehörigen Schiffe in der bezeichneten Frist aufbringen werde. Man zweifle nicht, daß diese Vorschläge die Billigung des Preußischen Kommandirenden finden würden, da ohnehin Schleswig, bis auf Alsen, von den Dänen geräumt und so die Forderung erfüllt sei, welche die Preußische Regierung gestellt habe, um Verhandlungen eröffnen zu können.

Die Antwort des Generals v. Wrangel lautete:

"Euer Excellenzen Schreiben vom 30. d. Mts. betreffend einen Waffenstillstand zwischen der in Schleswig Holstein und Jütland operirenden Deutschen Bundes und der königlich Dänischen Armee, habe ich die Ehre gehabt am heutigen Tage zu erhalten.

Ebenso durchdrungen, wie Eure Excellenzen, von dem Wunsche, den gegenwärtigen Krieg bald beendet zu sehen, bin ich doch gänzlich außer Stande, auf die mir vorgeschlagenen Bedingungen zu einem Waffenstillstande einzugehen, da die mir gestellte Aufgabe dann nicht erfüllt sein würde. Uebrigens habe ich von dem hohen Deutschen Bunde keine Instruktion zur Abschließung eines Waffenstillstandes erhalten. In Berücksichtigung der besonderen Umstände, welche den gegenwärtigen Krieg veranlaßt haben, bin ich jedoch gern bereit, auf eigene Verantwortung einen solchen einzugehen, wenn

1. die Insel Alsen und alle übrigen noch in Dänischen Händen sich befindenden und zu Schleswig-Holstein gehörenden Inseln von den Dänen geräumt werden; die auf jenen befindlichen Blessirten will ich nicht als Kriegsgefangene betrachten, sondern sie nach ihrer Heilung nach Dänemark zurückschicken.
2. Wenn alle bis zum Abschluß des Waffenstillstandes aufgebrachten Deutschen Schiffe, gleichviel welchem Staat von Deutschland sie angehören, zurückgegeben und der Handel mit allen Deutschen Häfen freigegeben werden würde.

Dagegen will ich dann mit den mir untergebenen Truppen Jütland räumen.

Eurer Excellenzen Ermessen muß ich es überlassen, unter diesen Bedingungen bei der königlich Dänischen Regierung einen Waffenstillstand zu vermitteln, oder sich direkt an den hohen Deutschen Bund zu wenden, von dem ich allein meine fernere Instruktion erhalten kann."

Nichtsdestoweniger beschloß General v. Wrangel einstweilen Halt zu machen, sich aber zuvor, wenn möglich, der Festung Fredericia zu bemächtigen, da nach eingehenden Nachrichten die Dänen nach Fünen abgezogen waren.

Besetzung von Fredericia durch die Deutschen am 3. Mai 1848.

Um 6½ Uhr abends wurden nachstehende Befehle ausgegeben:

1. „An den Fürsten Radziwill. Die Division versammelt sich morgen Vormittag um 10 Uhr bei Sönderbygaard, um von dort aus eine Rekognoszirung gegen Fredericia zu unternehmen, wozu ich an Ort und Stelle die Disposition ausgeben werde. Ein Seitendetachement wird nach der Fähre bei Middelfart geschickt, bemächtigt sich derselben, wenn es angeht, verhindert jede weitere Kommunikation und hält Verbindung mit dem Gros."
2. „An den Prinzen Friedrich von Holstein. Morgen Vormittag 10 Uhr wird eine Rekognoszirung gegen Fredericia vorgenommen, von deren Ausgang die weitere Operation dieses Flügels und die Verlegung des Hauptquartiers abhängig bleiben muß. Das Schleswig-Holsteinsche Korps behält Beile mit der Avantgarde besetzt, das Gros bleibt in und bei Bulf."

Es waren aber bereits um 4 Uhr nachmittags die Spitzen der Brigade Bonin in Stonstrup und Erritsö eingetroffen und hatten durch Patrouillen in Erfahrung gebracht, daß Fredericia von den Dänen geräumt sei. General Bonin ließ demzufolge noch um 10 Uhr abends das Füsilier-Bataillon des 31. Infanterie-Regiments und eine halbe Escadron von Stonstrup nach der Festung vorgehen, welche diese auch wirklich um 11 Uhr besetzten.

3. Mai. Am folgenden Tage um 3½ Uhr folgte dann General v. Bonin noch mit dem 1. Bataillon 12. Infanterie-Regiments und der 6pfündigen Batterie und zog um 5 Uhr friedlich in die Festung ein. Mannschaften und Pferde wurden einquartiert und die Geschütze auf einem freien Platze in der Stadt, der Kirche gegenüber, aufgefahren. Im Laufe des Vormittags langte auch der General v. Wrangel mit seinem Hauptquartier, begleitet von dem Garde-Schützen-Bataillon und einem Pionierdetachement, in Fredericia an.

Der Platz liegt auf einer vom kleinen Belt auf zwei Seiten umfaßten Landspitze, welche durch eine bogenförmige, 2500 Schritt lange Enceinte abgeschlossen wird. Diese Landfront zeigt sieben Vollbastione, wovon drei mit Kavalieren versehen sind, und hat ein so bedeutendes Kommandement, daß sie das ganze Vorterrain beherrscht. Eine kleine Einsenkung vor der Südseite ist zwar dem Blick, nicht aber dem Feuer entzogen.

Der Graben ist naß, der Hauptwall ohne Mauerbekleidung und ohne allen Hohlbau. Die kurzen Flanken der Bastione stehen senkrecht auf den Kurtinen. Zwei enge Raveline liegen vor den beiden Thoren: sonst sind keine vorhanden, und ein einfaches Glacis ohne Baumpflanzung umzieht den größten Theil der Landfront. Minenanlagen finden sich nicht, dagegen ist eine Inundation vorgesehen und durch vorgeschobene Verschanzungen vertheidigt.

Die Landfront schließt mit zwei kleineren Bastionen an die beiden niedrigeren Wasserfronten an, in deren Scheitelpunkt eine aus Erde erbaute Citadelle liegt, deren Brustwehr sich 15 bis 20 Fuß über dem Meeresspiegel erhebt, und welche durch eine Esplanade von der Stadt getrennt wird.

Fredericia bildet keinen Sperrpunkt auf der großen Straße nach Jütland, beherrscht aber die Durchfahrt durch den Belt und sichert das Debouchiren von der Insel Fünen nach dem Festland. Bei jedem Vorrücken von Süden her nach Jütland gewinnt der Platz sonach eine große Wichtigkeit, und zwingt, wenn vertheidigt, den Gegner unbedingt zum Angriff oder zur Einschließung.

Aber so wenig hatte man erwartet, den Feind vor den Wällen von Fredericia zu sehen, daß nichts zur Armirung des Platzes geschehen war. Die Ueberschwemmung war nicht eingelassen und nur der Graben der Citadelle pallisadirt, dort auch an den verfallenen Banketten und Geschützbänken etwas gebessert. Vorräthe waren nicht vorhanden; die Magazine enthielten außer einigen Infanteriepatronen nur einen halben Centner Pulver, das Arsenal 11 eiserne 12pfündige Geschützrohre, an denen die Schildzapfen fehlten.

Auf Befehl des Kommandirenden wurde noch nachmittags die Batterie in die Citadelle eingefahren, die Deutsche Fahne aufgezogen und mit 101 Schuß salutirt.

Bei Anmarsch der übrigen Truppen des Generals v. Bonin waren das Füsilier-Bataillon des 20. Regiments und eine Küraffierabtheilung auf der Straße nach Snoghöj durch drei Dänische Kanonenboote beschossen worden. Zwei derselben lagen nur 1000, das dritte 1300 Schritt vom Ufer. Der mit der Batterie Nr. 7 eben herbeikommende Hauptmann Kühne fuhr an einer günstigen Stelle gegen dieselben auf und feuerte mit so gutem Erfolg, daß die Fahrzeuge sich sehr bald zurückzogen. Eins derselben war so beschädigt, daß es nicht nach Middelfart gebracht werden konnte, sondern am jenseitigen Strand liegen blieb, wo es am Nachmittag seine Todten beerdigte. Die Batterie hatte nur beim Abprotzen einen Mann verloren.

Die Holsteinschen Truppen erreichten Binf und schoben ihre Avantgarde bis über Beile hinaus vor, durch welchen Ort noch gestern eine feindliche Kolonne passirt war.

Die Freischaaren waren bis Ödsted und Egtved an das Thal des Beile-Baches herangezogen, um die linke Flanke zu sichern.

Die Nachricht von dem Vorrücken des Generals v. Wrangel über die Schleswigsche Grenze hinaus hatte den Oberst v. Wedell bestimmt, eine Vertheidigung Jütlands überhaupt aufzugeben. Schon am Tage des Einmarsches, am 1. Mai, waren das 5. und 6. Dragoner Regiment, die beiden Husaren-Escadrons und die Garde zu Pferde in der Richtung auf Snoghöj aufgebrochen und nach Middelfart auf Fünen übergesetzt, während der Rest seines Detachements, die Infanterie und Artillerie, Aarhuus zu erreichen suchte, um dort die Einschiffung zu bewirken. Der Rückzug geschah mit solcher Hast, daß ein Theil der Pferde wegen Marschunfähigkeit bei den Landbewohnern zurückgelassen wurde.

Der Minister Lehmann, der den größten Antheil an dem Ausbruche des Krieges gehabt hatte, äußerte hier in öffentlichen Ansprachen an das Volk, daß es gerathen sei, die Waffen zu verbergen und sich gutwillig dem eingedrungenen Feinde zu unterwerfen, da Widerstand doch keine Aussicht auf Erfolg habe.

Die Preußischen und Holsteinschen Truppen waren nunmehr so dislozirt, daß die Linienbrigade das Terrain östlich des Abschnittes von Krybilo-Krug — Bredstrup besetzt hielt, die Gardebrigade Kantonnements in und um Kolding hatte, und die Holsteinschen Truppen vorwärts bis jenseits Veile standen.

Die Besatzung von Fredericia war aus dem
    1. Bataillon 12. Infanterie-Regiments,
    dem Garde-Schützen-Bataillon,
    der 6pfündigen Fuß-Batterie Nr. 11 und
    ½ Kompagnie der 3. Pionier-Abtheilung
zusammengesetzt.

Ein Tagesbefehl des Kommandirenden aus Fredericia von diesem Tage lautete:

„Soldaten der Deutschen Bundesarmee! Seit Eurem Siege bei Schleswig ist der Feind unaufhaltsam zurückgewichen, und nur einmal gelang es noch, einen Theil desselben an dem Bilschauer Krug vor Flensburg zu erreichen, wo er eine neue Niederlage erlitt. Groß waren seitdem Eure Anstrengungen. Ihr habt sie überwunden mit einer Ausdauer, die Eurem Muthe im Kampfe gleichkommt, und wenn Ihr auch keine neuen Gefechte zu bestehen hattet, weil der Feind sich durch Schnelligkeit Euch entzog, so sind doch schon die Früchte jener beiden Siege bedeutend.

Schleswig und Holstein sind vom Feinde geräumt — bis auf einige Inseln, welche wir wegen Mangel an Kriegsschiffen nicht betreten können. In Jütland sind wir eingedrungen und die Festung Fredericia ist unser! Dort weht jetzt die Deutsche Fahne, und solange diese aufgepflanzt ist, soll kein Schiff mehr bei seiner Durchfahrt durch den Kleinen Belt einen Zoll entrichten.

Nach diesen Erfolgen will ich Euch jetzt Ruhe geben, damit Ihr Kräfte zu neuen Siegen sammelt, denn nicht eher darf der Krieg enden, als bis die Rechte unseres gemeinsamen Vaterlandes vollkommen gesichert sind und jeder durch denselben entstandene Schaden ersetzt ist.

Bis dahin bleiben wir zusammen."

Die Ereignisse im Sundewitt vom 27. April bis 3. Mai.

Die Bundesdivision war, wie oben gesagt, am 27. April von ihrem Rendezvous bei Quars in Bewegung gegen Sonderburg gesetzt worden.

Da nach Meldung der Vorposten zwei feindliche Kanonenboote vor Rinkenis lagen, so konnte hier die große Straße für den Marsch nicht benutzt, sondern es mußte auf Feldwegen ausgebogen werden. Von Gravenstein jedoch dirigirte sich die Kolonne auf der Chaussee über Atzbüll und Nübel vor. Hinter dem Wäldchen Büffel Koppel*) ward Halt gemacht.

Man hatte erfahren, daß auf der Höhe von Düppel Verschanzungen angelegt wurden, daß diese in den nächsten 24 Stunden armirt werden sollten, und konnte erwarten, den Feind schon heute dort in Position zu finden.

General Hallett, welcher zum Rekognosziren vorritt, fand die Werke unvollendet und befahl das Vorrücken der Division. Die Dänischen Bewachungsposten zogen sich sogleich zurück und die Höhe wurde besetzt. Sobald man aber daran ging, die feindlichen Schanzen abzutragen, eröffneten die mit schwerem Geschütz armirten Batterien am Alsener Ufer, zwei Kriegsschiffe im Venningbund und mehrere Kanonenboote, die an der Fährstelle im Sund lagen, ein lebhaftes Feuer, jedoch ohne irgend erhebliche Wirkung.

Wie bei Fredericia 5 Tage später, so verloren auch hier mit den Düppeler Höhen die Dänen den gesicherten Stützpunkt für ein erneutes Wiedervorgehen auf die Halbinsel.

Um aber dies Debouchee dauernd zu schließen, bedurfte es bei der unbedingten Herrschaft des Feindes zur See großer Vorsicht und Wachsamkeit auf Seite der Bundestruppen. Eine Landung war an allen Punkten der Küste möglich, die Dänischen Blockadeschiffe lagen vor der Apenrader Bucht, vor Ballegaard, bei Arnkiels Ore, am Eingang des Nübel Noors und der Flensburger Föhrde. Die in einem früheren Abschnitt**) geschilderte Eigenthümlichkeit des östlichen Theils der Halbinsel tritt gerade im Sundewitt ganz entschieden hervor. Sie erschwerte die schnelle Versammlung und die volle Entwickelung der Streitkräfte, die in ihren Kantonnements stets einer Ueberraschung ausgesetzt blieben.

Die Hauptsperre auf den Düppeler Höhen hatte den Nachtheil, daß man von denselben den Sund und die Fährstelle bei Sonderburg nicht einsah,

---

*) Siehe Plan 2.
** Siehe Seite 55.

wohl aber selbst auf dem ganzen Abhang dorthin vom jenseitigen Ufer gesehen war.

Das bei Weitem Wünschenswertheste wäre nun gewesen, den Feind auf der Insel selbst anzugreifen, und General Halkett erhielt auch wirklich Befehl, Vorbereitungen hierfür zu treffen. Hölzer und Flöße sollten requirirt, Faschinen angefertigt und Verschanzungen angelegt werden. Aber alle diese Anordnungen konnten nur dazu dienen, die Dänen auf Alsen festzuhalten und sie an größeren Truppenentsendungen nach Jütland zu hindern.

Unter diesen Umständen hatte General Halkett schon am Tage der Besitznahme nur seine Avantgarde auf der Höhe von Düppel belassen, alles Uebrige aber in Kantonnements verlegt und zwar:

die 2. Brigade nach Satrup,

die 1. Brigade in und um Gravenstein

und die Reserve-Kavallerie um Beuschau. Hauptquartier war Nübel, später Ulderup.

Die Vorpostenlinie reichte von Schmöl über Rackebüll, Schnabel und Blans bis Ballegaard in der unvermeidlichen Ausdehnung von 2½ Meilen. Hauptsanale zur schnellen Alarmirung wurden bei Satrup, Nübel Mühle, Gravenstein, Broacker und auf der Düppeler Höhe errichtet, an deren Ostabhang Major Dammers mit seiner nur 88 Mann starken Pionier Kompagnie eine Schanze zu bauen begann. Der zugehörige Pontontrain reichte nur für 60 Fuß Länge.

Trotz der dichten Belegung konnte bei der Wohlhabenheit der Gegend den Truppen die Verpflegung durch die Wirthe gewährt werden. Den durchaus Dänisch gesinnten Einwohnern wurden 477 Gewehre abgenommen, welche an sie vertheilt waren.

Eine Veränderung der Dislokation trat dahin ein, daß die Brigade Marschalk nach Düppel und Nübel, die beiden Braunschweigischen Bataillone nach Gravenstein und Atzbüll, die Mecklenburgischen Jäger nach der Halbinsel Broacker verlegt wurden.

Auf Alsen zeigten sich die Dänen wenig. In der That war nach dem Urtheil des Generals v. Hedemann ihre Landmacht in einer Verfassung, welche es wünschenswerth gemacht hatte, vor Allem nur „so bald wie möglich einen sicheren Zufluchtsort zu erreichen, der durch die See gegen jeden Angriff des Gegners geschützt sei".

Volle Freiheit zu jeglicher Unternehmung hatte hingegen die Dänische Marine.

Ein Kriegsdampfer schiffte Kavallerie bei Sonderburg aus, fünf Transportfahrzeuge, durch Dampfer geschleppt, gingen mit Truppen besetzt von dort in See.

Beschießung von Fredericia durch die Dänen und von Middelfart durch die Preußen.

Am 8. Mai morgens früh erschien vor Fredericia eine Dänische Flottille, geführt durch Kapitän Steen Bille.

Der Kriegsdampfer „Hekla" legte sich vorwärts Strib auf einer Entfernung von 1800 Schritt dem Hafenbastion der Festung gegenüber, zur Linken zwei, zur Rechten vier Kanonenboote, und eröffneten das Feuer aus schwerem Geschütz. Die Boote, welche ohnehin nicht leicht zu treffen waren, verblieben in Bewegung, ruderten aber doch nicht näher als 1200 bis 1500 Schritt heran.

Im Seefort standen von der Batterie Nr. 11 nur vier 6 Pfünder. Hauptmann Decker, welcher dort kommandirte, ließ die beiden anderen auf dem kavalieartig erhöhten Bastion am Strohmagazin auffahren und nahm das Feuer auf, nicht minder Hauptmann Kühne, welcher in Erritsö, ½ Stunde südlich der Festung, mit einem Theil der reitenden Batterie Nr. 7 kantonnirte. Derselbe hatte schon tags zuvor zwei Kanonen und eine Haubitze, unter dem Schutze einer starken Feldwache vom 20. Regiment, verdeckt an einer Stelle aufgestellt, wo das 60 Fuß hohe, steil abfallende Ufer eine vorzügliche Deckung gewährte und von wo aus er jetzt die feindliche Linie einigermaßen flankirte.

Nach Verlauf einer Stunde gerieth durch das Feuer der Dänen das im Seefort belegene Arsenal in Brand und viele Häuser in der Stadt waren stark beschädigt. Aber auch die Schiffe hatten gelitten. Unter dem Schutz des „Hekla" zogen sich zuerst die Kanonenboote zurück, dann lichtete dieser die Anker, wobei ihn aber die starke Strömung dem Platz zutrieb, dessen Feuer er dabei während 10 Minuten schutzlos ausgesetzt blieb. Um 10 Uhr befanden sich sämmtliche Fahrzeuge außer Schußweite bei Middelfart.

Der „Hekla" hatte 16 Treffer im Rumpf und die Boote waren dergestalt mitgenommen, daß ihre sofortige Ausbesserung nöthig wurde. Die Flottille verlor 6 Todte, 8 schwer und 9 leicht Verwundete, unter Letzteren den Kapitänlieutenant Middelboe. Auf Preußischer Seite hatte nur die reitende Batterie einen Verwundeten.

Es ist schwer abzusehen, was diese gegen eine Dänische Stadt gerichtete Beschießung Dänischer Schiffe bezweckte. Unmöglich konnte man erwarten, durch ein solches Mittel die Preußen aus Fredericia zu vertreiben, und eine Landung war nicht beabsichtigt.

Seinerseits glaubte General v. Bonin Wiedervergeltung üben zu sollen. Hauptmann Kühne erhielt am Nachmittag Befehl, zu diesem Zweck Middelfart zu beschießen, vor welchem Ort die feindlichen Schiffe ankerten.

Er rückte nach Sneghöj und stellte seine beiden Haubitzen hinter einem der mit Busch bewachsenen Erdwälle nahe am Dorf auf. Die Entfernung über den Belt beträgt hier etwa 2000 Schritt, und nach wenigen Würfen standen nicht nur die großen Gebäude am Ufer, welche Magazine zu sein schienen, sondern auch die Stadt in Flammen. Die Dänische Batterie auf der Halbinsel Hindsgavl erwiderte nur wenige Schüsse, die Schiffe feuerten gar nicht, sondern entfernten sich in nördlicher Richtung.

Aus Anlaß dieser Beschießung richtete der Kapitän Steen Bille, Kommandeur der Dänischen Seestreitkräfte im kleinen Belt, vom Bord des „Hekla" am folgenden Tage das nachstehende Schreiben an den General v. Wrangel:

„1. Hier le 8. au combat devant la citadelle de Frederits quelques matelots blessés des canonières sous mes ordres furent logés provisoirement dans les maisons situées sur la pointe de Strib et ces maisons furent marquées par un pavillon blanc au dessus d'elles. La batterie située à l'ouest dans la baie de Frederits s'est empressée de choisir ces maisons comme point de mire pour ses obus et y a mis le feu longtemps après que le combat eut cessé. —

2. Hier dans la soirée un bombardement a eu lieu sur la ville de Middelfart. Craignant que la présence de la corvette à vapeur „Hekla" pourrait donner lieu à une attaque, j'avais donné l'ordre de la faire retirer de sa position devant la ville, ce qui a été exécuté; mais malgré cela le bombardement a eu lieu non sur la corvette mais sur une ville ouverte et sans défense.

Je suis persuadé, Monsieur le général, qu'il suffit de vous faire connaitre ces faits jusqu'ici inconnus dans les annales de guerre entre nations civilisées pour les faire cesser.

Je vous ferai seulement observer qu'il a été en mon pouvoir de bombarder plusieurs villes occupées par des troupes ennemies et que je ne l'ai pas fait, retenu par les principes qui me dictent cette lettre. Si, contre mon attente, la réponse que vous me feriez l'honneur de m'adresser, me prouverait que ces faits ont eu lieu d'après vos ordres, la marine danoise sera à même de tirer une cruelle vengeance sur les villes maritimes de la Baltique."

Die Antwort des Generals v. Wrangel hierauf lautete:

„1. Der Kampf am 8. von Fredericia ist an diesem Tage, wie derjenige an dem vorhergehenden, nicht von den Truppen unter meinem Befehle, sondern von der königlich Dänischen Marine selbstwillig, d. h. ohne irgend eine äußere Veranlassung, begonnen worden.

2. Die königlich Dänische Regierung hat sich zu ihrem Zielpunkte nicht meine Truppen allein, sondern auch die Stadt Fredericia ausgewählt und dort durch ihr Wurffeuer mehrere Häuser angezündet, selbst das königliche Schloß theilweise zerstört und eine bedeutende Anzahl schuldloser, ihrem Könige treuer Bewohner, darunter Weiber und Kinder, getödtet und verwundet.

3. Fredericia steht jetzt unter Deutschlands Schutz. Als Beweis, daß ich nicht ungerächt Akte der Grausamkeit an Schützlingen Deutschlands begehen lasse, hat am Abend des 8. meine Artillerie Gleiches mit Gleichem vergolten und das stark von Dänischen Truppen besetzte Middelfart in Brand geschossen.

4. Aus demselben Grunde ist das Fredericia direkt gegenüberliegende Dorf Strib beschossen worden, in welchem überdies Batterien gegen die von mir besetzte Stadt und Citadelle aufgeworfen waren.

5. Daß eine weiße Fahne auf den gegen das Ufer vorspringenden Häusern dieses Dorfes geweht habe, ist nicht bemerkt worden. Wäre dies geschehen, und wäre meinen Truppen bekannt gewesen, daß dieselbe den Schutz für Verwundete beanspruchen solle, so würde das Feuer gewiß nur gegen die feindlichen Batterien gerichtet worden sein.

6. Wenn Euer Hochwohlgeboren aussprechen, daß die Dänische Marine für das Bombardement von Middelfart an Häfen der Ostsee Rache nehmen werde, so lassen Sie es sich gesagt sein, daß für jedes Haus, welches die Dänische Marine an Deutschen Küsten in Brand schießen sollte, ein Dorf in Jütland brennen wird.

7. Ich nehme das Land, welches bis jetzt Kriegsschauplatz, oder ich nehme die verwundeten oder gefangenen Dänen zu Zeugen, daß ich mich bisher bemüht habe, den Krieg auf eine Weise zu führen, welche civilisirter Nationen würdig ist. Will mich aber die Dänische Marine durch ihr Verfahren zwingen, andere Maßregeln zu ergreifen, so soll wenigstens Deutschland und

ganz Europa wissen, daß nicht von mir, nicht von meinen braven Truppen zuerst solche, in unserer Zeit nicht zu rechtfertigende Art, Krieg zu führen, ausgegangen ist."

Detachirung des Majors v. Zastrow nach Nordjütland vom 9. bis 13. Mai.

Um die angeordneten Requisitionen in den nördlichen Distrikten einzutreiben und um Aufklärung über die Gerüchte eines Volksaufstandes in Jütland, wie einer Landung Dänischer Truppen zu erhalten, befahl der General v. Wrangel einen Streifzug nach Norden. Mit der Ausführung desselben wurde der Major v. Zastrow beauftragt.

Unter seinem Befehl traten von den Holsteinischen Truppen:

        das 3. und 5. Linien-Bataillon, die 2. Eskadron Dragoner und vier 6pfündige Geschütze.

Das Detachement marschirte am 9. Mai morgens 6 Uhr von Veile auf der Chaussee nach Horsens ab, erreichte diesen Ort mittags 12 Uhr und bezog unter dem Schutze von Vorsichtsmaßregeln enge Kantonnirungen. Die Nacht verstrich ruhig. Patrouillen meldeten, daß nach Aussage der Einwohner Aarhuus von den Dänen stark besetzt sei.

Um das Ziel des Marsches geheim zu halten, hatte Major v. Zastrow verbreitet, daß er nach Skanderberg marschire und von dort auf dem nächsten Wege nach Veile zurückkehre.

Wirklich verfolgte das Detachement am 10. Mai die Skanderborger Chaussee bis zum Dorfe Hausted, dessen tiefe Lage es der Beobachtung entzog. Dann wurde ein Feldweg eingeschlagen, welcher nach der sogenannten alten Straße, der direkten Verbindung zwischen Horsens und Aarhuus, führt. Eine Patrouille blieb zurück, um das Nachfolgen der Einwohner von Horsens zu verhindern.

Nach einem elfstündigen Marsch, auf welchem man bei großer Hitze auf staubigem Wege mit Aufbietung aller Kräfte 7 Meilen zurücklegte, erreichte das Detachement abends 6 Uhr Aarhuus.

Der vor dem Rathhause versammelte Magistrat, sowie sämmtliche Einwohner empfingen das Detachement mit unverhaltenem Groll, und eine Erbitterung, wie sie im südlichen Jütland nirgends bemerkt worden war, gab sich in ihren Mienen zu erkennen.

Major v. Zastrow theilte dem Magistrat den Zweck seiner Sendung mit und stellte folgende Bedingungen:

1. Allen Requisitionen, welche er ausschreiben würde, augenblicklich zu genügen, oder im entgegengesetzten Falle zu gewärtigen, daß gewaltsame Maßregeln zur Anwendung kämen;

2. das Versprechen zu leisten, jeden Gedanken an Widerstand sowohl durch die Einwohner der Stadt, wie durch die Bauern der Umgegend, deren fanatische Gesinnung sich überall bemerkbar machte, aufzugeben, wenn nicht der vollständige Untergang der Stadt die traurige Folge sein sollte.

Nachdem der Magistrat, dem Drange der Umstände nachgebend, beide Bedingungen zu erfüllen gelobt, versprach Major v. Zastrow, strenge Mannszucht zu halten.

Zur Sicherheit wurden Stadt- und Thorwachen, sowie Feldwachen ausgestellt und der Hafen besetzt.

Die Truppen biwakirten in den Straßen der Stadt; die Geschütze, in Gegenwart der Einwohner mit Kartätschen geladen, standen vor dem Rathhause. Ohne Störung verstrich die Nacht; ausgeschickte Patrouillen hatten keine Dänen gesehen.

Die große Erschöpfung der Truppen machte es nothwendig, den folgenden Tag in Aarhuus zu ruhen. Major v. Zastrow benutzte diese Zeit, um das Requisitionsgeschäft mit den städtischen Behörden zu ordnen, ähnliche für die Folge vielleicht abzuschließende Geschäfte einzuleiten und über die Zustände Nordjütlands militärische und politische Notizen zu sammeln.

Nachmittags 3 Uhr meldete die Hafenwache, daß ein Dänisches Dampfschiff sich der Stadt nähere.

Arglos dampfte der „Hella" heran, legte auf Kanonenschußweite bei und ließ die Anker fallen. Major v. Zastrow, der seine Truppen verborgen hielt, wartete ab, bis aller Dampf ausgelassen, dann erst ließ er Generalmarsch schlagen.

Ein Geschütz war an der Kirche placirt, zwei andere unter Befehl des Hauptmanns v. Egloffstein standen in der Nähe des Hafens so, daß sie das Dampfschiff wirksam beschießen konnten. Das Feuer begann, der „Hella" erwiderte dasselbe nur schwach.

Während dieser Kanonade erhielt Major v. Zastrow von den Vorposten Meldung, daß Dänische Truppen im Anmarsch wären. Das Feuer gegen den „Hella" wurde nur um so eifriger fortgesetzt, die Truppen in der Stadt derart aufgestellt, daß einem Angriff des Feindes begegnet werden konnte und der Ausfall aus zwei Thoren möglich blieb. Bald erfuhr man, daß die eigenen Rekognoszirungsabtheilungen für Dänische Truppen gehalten worden waren.

Der „Hekla" hatte inzwischen Segel aufgesetzt und verließ, nachdem er sieben Schüsse in den Rumpf erhalten, die Rhede.

13. Mai. Hierauf wurden wieder Biwaks bezogen, und auch die nächste Nacht verging ohne Störung. Am Morgen wurde der Rückmarsch angetreten. In Skanderborg übernachtete das Detachement und erreichte tags darauf, am 13. Mai, Horsens, woselbst die Truppen in der Stadt biwakirten.

Da sich gegen Abend das mit mehrfachen Andeutungen zusammentreffende Gerücht verbreitete, die Dänen seien in dem Sandbjergvig gelandet und beabsichtigten, von dort das Detachement zu überfallen, so brach Major v. Zastrow abends 10 Uhr mit dem ganzen Detachement nach Veile auf, nachdem das Generalkommando der Schleswig-Holsteinschen Truppen gebeten hatte, ihm für den Fall eines Gefechts von Veile aus Truppen entgegenzusenden, um somit die Dänen zwischen zwei Feuer zu bringen.

Diese Maßregel wurde indessen nicht nöthig, und das Detachement erreichte ungefährdet morgens 5 Uhr Veile. Hier traf am Nachmittage auch eine Dragonerpatrouille von 6 Pferden ein, welche von Aarhuus über Randers und Viborg entsandt und alle diese Orte von den Dänen unbesetzt gefunden hatte.

Die von den Aemtern Aarhuus und Skanderberg requirirten Lebensmittel für 7500 Mann auf 14 Tage:

2908¼ Scheffel Roggen, 88597½ ℔ Fleisch in lebendigem Gewicht, 11158 ℔ Butter, 5544 ℔ Salz, 17225 Quart Branntwein, 29553 ℔ Graupen, 9020 Scheffel Hafer, 3000 ℔ Tabak waren in einer Frist von 5 Tagen an der Tyrsteder Kirche, eine halbe Meile südlich Horsens, abzuliefern und wurden durch den inzwischen zum Oberstlieutenant beförderten Major v. Zastrow, welcher mit 3 Escadrons und einer halben Batterie am 16. zur Empfangnahme abrückte, vollständig übernommen.

Eine andere Expedition nach Ribe wurde mit großer Umsicht durch den Rittmeister Hann v. Weyhern ausgeführt, der mit 50 Pferden des 3. Husaren-Regiments in 36 Stunden einen Weg von 16 Deutschen Meilen zurücklegte.

Politische Verhältnisse im Mai 1848.

Es ist nothig, jetzt den Blick des Lesers auf die verwickelten politischen Verhältnisse jener Zeit zu lenken, doch nur, soweit sich ihre lähmenden und unheilvollen Rückwirkungen auch auf die bisher überall siegreichen militärischen Operationen erstreckten.

Am 9. Mai ging dem General v. Wrangel ein Schreiben des Ministers Freiherrn v. Arnim zu, in welchem es heißt:

„Die allgemeine politische Lage der Dinge, sowie das Verhältniß zu den vermittelnden Mächten gestaltet sich immer mehr so, daß es sehr wünschenswerth ist, mit Dänemark bald zu einer Beendigung der Feindseligkeiten und zum Beginn von Unterhandlungen kommen zu können. Unter diesen Umständen scheint es mir nicht zweckmäßig, daß Ew. Excellenz auf der Bedingung des vollständigen Schadenersatzes, so wie Sie dieselbe in Ihrem Schreiben vom 5. ds. Mts. an den kommandirenden General v. Hedemann in Gemäßheit des Bundesbeschlusses vom 29. v. Mts. gefordert haben, noch bestehen, falls man Dänischerseits Anträge auf Waffenstillstand wiederholen und die übrigen Bedingungen, welche Ew. Excellenz gestellt haben, namentlich die Räumung von Alsen, die Aufhebung aller Blockaden und die Freigebung aller Schiffe, einzugehen bereit sein sollte."

Schreiben des Ministers Frhrn. v. Arnim an General v. Wrangel.

Diese Anschauung des Freiherrn v. Arnim war durch einen zweiten Schritt des kaiserlich Russischen Gesandten herbeigeführt, der eine an ihn ergangene Instruktion in offizieller Weise mittheilte, welche die Ausführung enthielt, daß das Verfahren Preußens und des Deutschen Bundes nach der Ansicht des kaiserlichen Kabinets nicht gerechtfertigt werden könne, daß es den Rechten der Krone Dänemark und den Garantien zuwiderlaufe, welche Rußland durch die Successionsverträge von 1767 und 1773 für den Besitz von Schleswig übernommen habe, und welche damit schließt:

Instruktion des Russischen Gesandten.

„daß das kaiserliche Kabinet, falls die Vermittelungsanträge keinen Eingang fänden, sich genöthigt sehen werde, gegen das Verfahren der Bundesregierungen, welches als ein ungerechter Angriff betrachtet werden müsse, formellen Protest zu erheben."

Der Preußische Minister hatte hierauf die Antwort ertheilt, daß der von dem General v. Wrangel gemachte Waffenstillstandsvorschlag gebilligt werde, auf dessen Forderungen aber bestanden werden müsse, und daß, falls dieselben angenommen werden würden, Preußen bereit sei, über die Ausgleichung des Streites selbst in Verhandlung mit Dänemark zu treten.

In einer Mittheilung an die Deutsche Bundesversammlung wurde ausgesprochen:

Mittheilung an die Deutsche Bundesversammlung.

„Es scheint uns jetzt der Moment gekommen zu sein, wo eine Ausgleichung des Streites selbst mit Ehre für Deutschland und mit Nutzen für die Herzogthümer möglich ist, und wo sie zugleich in Betracht der allgemeinen politischen Lage der Dinge sehr wünschenswerth wird. Wir werden daher, wenn uns die Hand dazu geboten wird, ein Abkommen über die Präliminarien einer Vereinbarung zu fördern suchen.

Die Grundlage der Vereinbarung wird die Anerkennung Schleswig-Holsteins als eines unzertrennlichen, selbständigen Staatskörpers sein müssen, welche nur durch Personalunion mit Dänemark so lange verbunden bleibt, als der Mannesstamm des Oldenburgischen Hauses in letzterem Reiche herrscht. Der König von Dänemark würde seine Einwilligung zu der eventuellen Aufnahme Schleswigs in den Deutschen Bund zuzusichern haben. Doch würde als Mittel zur Ausgleichung und Verständigung die Modalität offen zu lassen sein, daß die an Jütland grenzenden und der Nationalität nach vorherrschend Dänischen Distrikte von Schleswig, wenn in ihnen der freie Volkswille sich für eine Vereinigung mit Dänemark aussprechen sollte, von der Verbindung mit Schleswig und folglich auch von der Aufnahme in den Bund auszunehmen wären."

Erklärung des Schwedischen Gesandten

Am 9. Mai hatte der königlich Schwedische Gesandte zu Berlin, Baron d'Ohsson, dem königlich Preußischen Gouvernement eine Erklärung übergeben, in welcher die Ueberschreitung der Nordgrenze Schleswigs durch die Deutschen Bundestruppen als der Fall bezeichnet wird, in welchem Schweden nach den gegen Dänemark übernommenen Verpflichtungen sich genöthigt sehen würde, ein Hülfskorps nach Fünen oder nach einer anderen der Dänischen Inseln zu senden, um dieselben zu schützen und einer Störung des politischen Gleichgewichts im Norden zu begegnen.

Antwort auf die Schwedische Erklärung

Die Antwort hierauf lautete, daß bereits vor Eingang dieser Erklärung der Oberbefehlshaber der Deutschen Bundestruppen unter gewissen Bedingungen, namentlich unter der Forderung sofortiger Zurückgabe der mit Embargo belegten Deutschen Schiffe, sich bereit erklärt habe, Jütland wieder zu räumen.

Es war dem Schwedischen Gouvernement ferner zu erwägen gegeben worden, ob in dem Augenblicke, wo die Einstellung der Feindseligkeiten und der Eintritt der Unterhandlungen als nahe bevorstehend anzusehen sei, es nicht bedenklich wäre, wenn Schweden Schritte thäte, die nur dazu dienen könnten, Dänemark zu den nöthigen Zugeständnissen weniger geneigt zu machen und so eine Verlängerung der Feindseligkeiten herbeizuführen, die immer größere Verwickelungen und zuletzt einen allgemeinen Krieg zur Folge haben könnte, dessen Verantwortlichkeit dann Schweden zu tragen haben würde. Sollte übrigens Schweden trotz der von Preußen ihm gegebenen Aufklärungen dennoch die angekündigte Expedition nach Dänemark abgehen lassen, so würde dadurch die Sache eine ernstere Wendung nehmen, und es würde unverzüglich nothwendig werden, die Deutschen Bundestruppen in Schleswig erheblich zu verstärken.

Von diesen Verhandlungen war indessen dem General v. Wrangel keine Mittheilung gemacht; denn derselbe schreibt am 11. Mai an den Minister v. Arnim:

"Durch den königlichen Gesandten zu Hamburg, Herrn v. Haenlein, ist mir gestern als eine ganz bekannte Sache mitgetheilt, es sei durch den königlich Schwedischen Gesandten der Preußischen Regierung offiziell angezeigt worden, daß Schweden sich veranlaßt sehen werde, 16000 Mann zur Unterstützung Dänemarks für den Fall nach Seeland abzusenden, daß Deutsche Truppen die Grenze Jütlands überschreiten oder die Dänischen Inseln bedrohen würden. *Schreiben des Generals v. Wrangel an den Minister v. Arnim vom 11. Mai 1848.*

Ew. Excellenz ersuche ich unter solchen Umständen auf das Dringlichste um die Veranlassung der sofortigen Nachsendung der schon früher von mir beanspruchten Verstärkung von 10000 Mann (vorzugsweise leichter Infanterie), weil ich es als eine Schande für die Preußischen und die Deutschen Truppen ansehen würde, wenn sie sich genöthigt sehen sollten, den siegreich gewonnenen Boden Jütlands vor überlegenen Streitkräften aus anderen Gründen zu räumen als aus solchen, welche die Basis zu einem festen, ehrenvollen Frieden zu bilden geeignet wären. . . . . ."

Am 12. Mai erwiderte in einem vom 9. Mai datirten Schreiben der Minister v. Arnim: *Antwort des Ministers v. Arnim.*

"Die Bundesversammlung hat sich auf Euer Excellenz Antrag wegen Verstärkung des unter Ihrem Befehle stehenden Bundesarmeekorps jeder Rückäußerung enthalten. Wenn indeß durch den Bundesbeschluß vom 15. April d. J., welcher dahin lautet, daß die Regierungen, deren Staaten das X. Bundesarmeekorps zu bilden haben, zu ersuchen seien, sofort ihre Kontingente zur Disposition des Preußischerseits zu ernennenden Oberbefehlshabers zu stellen, unzweifelhaft die ganzen Kontingente des X. Bundesarmeekorps zu Euer Excellenz Disposition gestellt worden sind und von diesen Kontingenten, die zusammen 28000 Mann betragen, bisher nur etwa ein Drittel verwendet worden ist, so unterliegt es keinem Zweifel, daß Euer Excellenz schon jetzt ermächtigt sind, die weiteren Verstärkungen, deren Sie bedürfen, direkt von den betreffenden Regierungen zu fordern, sobald die Nothwendigkeit dazu eingetreten sein wird.

Dieser Fall kann allerdings nahe bevorstehen. Die königlich Schwedische Regierung hat uns heute eine offizielle Erklärung übergeben lassen, durch welche dieselbe den Entschluß ankündigt, im Fall des Vorrückens der Bundestruppen über die Grenzen Schleswigs hinaus ein Armeecorps nach Fünen oder auf eine andere der Dänischen Inseln zu senden, um Dänemark bei Vertheidigung des Landes beizustehen. Sie versichert zwar zugleich, über diese Defensivstellung nicht hinausgehen zu wollen, doch würde schon dadurch Dänemark zum Angriff gestärkt und fähig werden, seine ganze Kraft gegen uns zu kehren.

Wir hoffen, daß die Aufklärung, welche wir über den Zweck der temporären Okkupation eines kleinen Theils von Jütland, sowie über unsere und des Bundes wesentlich friedliche Absichten gegeben haben, sowie die Rücksicht auf die eintretende Mediation Englands die königlich Schwedische Regierung von der Ausführung ihres Vorhabens abhalten werden. Doch ist darauf allerdings nicht mit Sicherheit zu rechnen, da das Schwedische Gouvernement in der Lage ist, mehr dem Impulse der nationalen Sympathien als den Erfordernissen der Politik zu folgen.

Euer Excellenz stelle ich daher anheim, schon jetzt die erforderlichen Requisitionen an die Staaten des X. Armeecorps wegen Verstärkung ihrer Kontingente ergehen zu lassen, damit, wenn die Gefahr näher rückt, das Heranziehen derselben gehörig vorbereitet sei und rasch erfolgen könne.

Nach der letzten Nachricht, die wir aus Schweden erhielten, können wir nicht annehmen, daß die Zurüstungen dort schon soweit vorgeschritten wären, daß man eine sofortige Ausführung der in Aussicht gestellten Expedition erwarten müßte.

Der Schritt Schwedens und die ganze Gestaltung der Dinge enthalten übrigens für Preußen gewichtige Motive, diese Angelegenheit, sobald es irgend mit Ehren für uns, für Deutschland geschehen kann, zu einer Verständigung zu führen und zu dem Ende, sobald es tunlich, zu einer Einstellung der Feindseligkeiten zu gelangen.

Wir haben in diesem Sinne uns in London geäußert, und ich ersuche Euer Excellenz, auch Ihrerseits in diesem Sinne zu handeln. Die Bedingung, den Schadenersatz vor Einstellung der Feindseligkeiten sicher gestellt zu sehen, haben wir als nicht ausführbar erkennen müssen und ich habe Euer Excellenz bereits ersucht, dieselbe bei erneuerter Verhandlung über einen Waffenstillstand fallen zu lassen. Es ist nothwendig, daß wir unsererseits wenigstens keine neuen Schwierigkeiten in diese ohnehin schwer zu lösende Komplikation bringen.

Wir haben Englischerseits die Versicherung erhalten, daß man in Kopenhagen nachdrückliche Vorstellungen machen werde, um dort zur Nachgiebigkeit zu stimmen." —

Am 15. Mai berichtet der General v. Wrangel an den König von Preußen:

„In der Beschaffung von den nöthigen Lebens- und sonstigen Bedürfnissen für meine Truppen in Jütland war ich bei den Behörden der nicht unmittelbar von meinen Truppen besetzten Landstriche auf Widersetzlichkeit und sogar Hohn gestoßen: ich habe mich daher veranlaßt sehen müssen, durch mobile Kolonnen den Stiftsamtmann von Aarhuus, Kammerherrn v. Graabe, und den Stiftsamtmann von Ribe, Grafen v. Sponneck, aufheben und hierher transportiren zu lassen. Ich habe dadurch gezeigt, daß bei aller Mäßigung ich doch meinen Befehlen Nachdruck zu geben weiß, und bin in den Stand gesetzt, durch die gesetzlichen Landesbehörden solche Ausschreibungen machen zu können, als mir zum Unterhalt meiner Armee nothwendig sind, ohne genöthigt zu werden, durch die Truppen selbst requiriren zu lassen. Beide Expeditionen sind mit vieler Umsicht und Geschick geführt worden.

Wenn in den nächsten Tagen noch immer keine Nachrichten über Waffenstillstand oder Friedensunterhandlungen eingehen, beabsichtige ich eine Kontribution von zwei Millionen Speziesthalern in Jütland auszuschreiben und dabei bekannt zu machen, daß ich dieselbe nur als ein Unterpfand für die dem Deutschen Handel, der Schifffahrt und dem Eigenthum durch die Dänische Flotte zugefügten Schaden betrachten werde. Wenn ich mir auch keine Illusionen über die Schwierigkeit mache, welche die Beitreibung einer so bedeutenden Summe in einem Lande finden wird, von dem ich nur einen kleinen Theil besetzt halte, so hoffe ich doch, daß die Dänische Regierung dadurch zur Ergreifung entscheidender Maßregeln auf die eine oder die andere Weise genöthigt werden wird. . . . . ."

Am 17. Mai erließ der General v. Wrangel von Kolding aus in diesem Sinne nachstehende Proklamation:

„Bewohner Jütlands!

Proklamation des Generals v. Wrangel.

„Seit 14 Tagen befindet sich ein großer Theil meiner Armee auf jütländischem Boden. Ich habe Euch das genau gehalten, was ich in meiner Proklamation vom 1. Mai versprochen. Ich habe sogar mehr für Euch gethan: denn bei Weitem nicht alle Bedürfnisse des Heeres habe ich von Euch verlangt, und die Widersetzlichkeit, auf die ich bei mehreren Eurer Behörden gestoßen bin, habe ich Euch bisher nicht entgelten lassen. Ich hatte gehofft, durch diesen Beweis Deutscher Mäßigung Eure Regierung zu gleicher Mäßigung, zu gleicher Achtung vor Deutschem Privateigenthum zu bewegen. Dem ist aber nicht so gewesen. Eure Regierung fährt fort, Deutsches Privateigenthum, Deutsche Schiffe mit Beschlag zu belegen und aufzubringen. Eure Regierung nöthigt mich durch dieses Verfahren, von dem Rechte des Krieges, von dem Rechte des Stärkeren Gebrauch zu machen und in Jütland Ersatz und Entschädigung für den Schaden zu suchen, den Deutscher Handel, Deutsche Schifffahrt und Deutsches Eigenthum an anderen Orten erleiden. Jütländer! Eure Regierung zwingt mich, Euch eine Kontribution von zwei Millionen Speziesthalern aufzulegen. Diese Kontribution soll nur ein Unterpfand sein für den von Eurer Regierung dem Deutschen Handel und Eigenthum zugefügten Schaden. Giebt Eure Regierung das in Beschlag genommene Deutsche Eigenthum frei, ersetzt sie den Deutschland zugefügten Schaden, so erhaltet auch Ihr die eingezahlten Kontributionsgelder zurück. Ich werde diese Kontribution durch Eure Behörden auf die verschiedenen Aemter gleichmäßig vertheilen, ich werde die neuesten Steuerregister zu Grunde legen lassen, jedoch dabei als Grundsatz aufstellen, daß diejenigen Grundstücke, welche freies Hartkorn haben, im Verhältniß zum unfreien Hartkorn das Doppelte zahlen, und nur das Eigenthum von milden Stiftungen und Schulen von der Kontribution befreit bleibt.

Sollten Eure Behörden sich weigern, Euch diese Last des Krieges durch gerechte und billige Vertheilung möglichst zu erleichtern, so werde ich andere Männer, die mir des Vertrauens werth scheinen, damit beauftragen, und sollten auch diese sich nicht finden, oder Ihr selbst Euch weigern, zu zahlen, so werde ich dann durch meine Truppen nehmen lassen, was ich bedarf, und wo ich es finde.

Ich hoffe zu Gott, Eure Behörden und Ihr selbst werdet Einsicht genug haben, um mich nicht zu diesen äußersten Mitteln zu zwingen, und thut Ihr dies, so fällt auf Euch die Verantwortlichkeit für alles Elend und alles Unglück, welche dann von einer solchen Maßregel unzertrennlich ist."

Verstärkungen der Deutschen Bundes-Armee.
Auf die Reanisition des Generals v. Wrangel behufs Nachsendung von Verstärkungen waren bisher wenig günstige Bescheide eingetroffen. Hannover erklärte, nichts weiter thun zu können, als die bereits auf dem Kriegsschauplatz befindlichen Bataillone auf den vollen Feldetat zu bringen, eine Verstärkung, welche nicht viel mehr als eine Deckung des bisher stattgehabten Abganges ausmachte.

Braunschweig hatte zwar den sofortigen Befehl zur Mobilmachung des noch nicht ausgerückten Theiles seines Kontingents gegeben, glaubte aber auf Veranlassung von Benachrichtigungen, welche es durch die königlich Preußische Regierung erhalten hatte, daß Gründe vorhanden seien, um mit Bestimmtheit auf bald eintretende friedliche Lösung des Konflikts mit Dänemark rechnen zu können, und wartete deshalb auf erneute Aufforderung zur Absendung der verlangten Verstärkung.

Hamburg glaubte infolge der Stader Konferenz nur einen Theil seines Kontingents mobil machen und nachsenden zu können, während der Rest zur Küstenvertheidigung zurückbleiben sollte.

Lübeck hatte sich ebenfalls auf die Stader Konferenz und die nöthige Küstenvertheidigung bezogen und glaubte gar keine Verstärkung stellen zu brauchen.

Von Oldenburg, Mecklenburg und Bremen war noch keine Antwort eingegangen und wenig Aussicht vorhanden, daß dieselbe anders ausfallen würde als die bereits erwähnte.

So blieb die Deutsche Armee in Jütland und Schleswig ohne die Unterstützung und Verstärkung, deren sie unstreitig recht dringend bedurfte.

Die von der königlich Dänischen Regierung über die Aufhebung der Blokade der Nordsee- und eines Theiles der Ostseehäfen erlassenen Bestimmungen waren dem General v. Wrangel durchaus kein Zeichen friedlicher Gesinnungen dieser Regierung, sondern im Gegentheil ein Beweis dafür, daß sie ihre Streitkräfte zur See möglichst in der Nähe des Kriegsschauplatzes konzentriren wollte, und die Nachrichten aus Schweden über Bewilligung von 2 Millionen Reichsthalern, die Mobilmachung von 20000 Mann schienen, mit den dänischen Maßregeln in Verbindung gebracht, mehr als eine bloße Demonstration.

Diese Verhältnisse bestimmten den General v. Wrangel, am 17. Mai dem Preußischen Minister der auswärtigen Angelegenheiten zu schreiben:

Schreiben des Generals v. Wrangel an den Minister Frhrn. v. Arnim vom 18. Mai 1848.

„Ich kann nur wiederholen, was ich bereits mehrfach beantragt habe, nämlich, daß ich durch die Natur des Landes, durch die Länge meiner Kommunikationslinie genöthigt bin, meine Kräfte auf einer Ausdehnung von 25 Meilen vertheilt zu halten, und nicht mehr als 14000 Mann disponibel habe, um einem feindlichen Anfall in Jütland entgegenzutreten; daß meine Truppenzahl, 20000 Schweden und 15000 Dänen gegenüber, zu schwach ist, um mit irgend einer Sicherheit des Erfolges meine Stellung in Jütland zu behaupten, und wie es daher dringend nothwendig ist, seitens des Preußischen Gouvernements dafür Sorge zu tragen, daß mir die nothwendigen Verstärkungen nicht erst dann nachgesandt werden, wenn es zu spät ist."

Die Antwort vom 19. Mai lautete:

„Euer Excellenz habe ich durch mein Schreiben vom 9. d. Mts. von dem Inhalte der Erklärung Mittheilung zu machen die Ehre gehabt, welche das königlich Schwedische Gouvernement in Bezug auf den gegenwärtigen Konflikt mit Dänemark an uns hat gelangen lassen. Ich habe dabei erwähnt, daß das königlich Schwedische Gouvernement die beruhigende Versicherung hinzugefügt hat, daß die angekündigte Maßregel nur defensiver Natur sei und sich auf das Uebersetzen eines Hülfskorps nach Fünen oder einer anderen der Dänischen Inseln beschränken solle.

„Da inzwischen das Vorrücken der Bundestruppen in Jütland bereits erfolgt war, so konnten wir Zweifel darüber hegen, ob Schweden schon jetzt den casus belli für vorhanden ansehen und demgemäß vorschreiten werde. Berichte des kaiserlich Russischen Gesandten zu Stockholm vom 8. d. Mts., welche gestern Abend eintrafen, gaben uns auch über diesen Punkt beruhigende Zusicherungen.

In diesen heißt es:

„Enfin j'ai prié le Br. de Stjerneld de me dire d'une manière positive ce que je devais écrire à mon gouvernement à cet égard. La réponse du Ministre a été: que le gouvernement Suédois cherchait à repousser aussi longtemps qu'il lui serait humainement possible la nécessité d'intervenir activement dans la lutte, qu'il fera les armements projetés avec lenteur; qu'il ne se permettra aucune agression contre le commerce allemand par suite de l'entrée des troupes allemandes en Jutland, en ne regardant pas cette entrée comme un casus-belli; mais que si par exemple l'ile de Fionie etait envahie, il n'y aurait probablement plus moyen d'éviter la nécessité, sincèrement regrettée par le Roi, d'agir en faveur des Danois."

Schreiben des Kriegsministers Grafen Manitz an General v. Wrangel.

Am 21. Mai erhielt General v. Wrangel das folgende Schreiben vom Kriegsminister Grafen Manitz:

„Aus Euer Excellenz Schreiben vom 15. d. Mts. an Seine Majestät den König hat das Staatsministerium ersehen, daß Wohldieselben beabsichtigen, eine Kontribution von 2 Millionen Speziesthalern auf die Provinz Jütland auszuschreiben. Da besorgt wird, daß diese Maßregel der Anknüpfung von Friedensunterhandlungen mit Dänemark hinderlich sein möchte, so bin ich beauftragt, Eure Excellenz zu ersuchen, von dieser Maßregel gefälligst abstehen zu wollen, um so mehr, da im Augenblick kaum ein günstiger Erfolg davon zu erwarten sein dürfte.

Der Antrag um Verstärkung der unter Euer Excellenz stehenden Korps hat bei den Staaten des X. Bundeskorps nur eine schwache Willfährigkeit gefunden, und unsererseits würde demselben ebenfalls nur in entfernter Zeit entsprochen werden können, da es nicht ausführbar ist, in der Nähe die dazu erforderlichen Truppen disponibel zu machen.

Unter diesen Umständen muß es Euer Excellenz überlassen bleiben, wenn Sie Ihre Stellung zu ausgedehnt finden, sich nöthigenfalls mehr zu konzentriren und selbst die Besatzungen aus Jütland an sich zu ziehen, was ich inzwischen nur Euer Excellenz Beurtheilung im Speziellen anheim geben kann."

General v. Wrangel antwortet von Kolding aus am 22. Mai: *Antwort des Generals v. Wrangel vom 22. Mai 1848.*

„Euer Excellenz beehre ich mich auf das Schreiben vom 19. d. Mts. gehorsamst zu erwidern, daß in einem mir von dem Major v. Wildenbruch vorgelegten Schreiben des Herrn Ministers der auswärtigen Angelegenheiten, Baron v. Arnim, vom 6. Mai es heißt:

,Das Ausschreiben einer Kontribution in Jütland würde wohl das beste Mittel sein, um zu solcher Schadloshaltung zu gelangen, und wahrscheinlich würde schon die Androhung einer solchen Maßregel ein kräftiges Mittel sein, um Dänemark zur Freigebung aller mit Beschlag belegten Schiffe zu bringen.'

Hieraufhin habe ich eine Kontribution von zwei Millionen Speziesthalern bereits unter dem 18. cr. auf den 28. cr. ausgeschrieben. Ich kann diesen von mir einmal erlassenen Befehl nicht widerrufen. Seine Ausführung verzögern oder ganz unterlassen, wenn ihm nicht freiwillig Folge geleistet werden sollte, das kann ich. Aber ob dies geeignet und zulässig sein wird, werde ich erst beurtheilen können, wenn der Zeitpunkt der Einzahlung gekommen ist. Daß Euer Excellenz ebenso wenig wie die Bundesstaaten des X. Korps mir die Verstärkung zusenden wollen, deren ich unter den veränderten Verhältnissen und der Verdoppelung der feindlichen Kräfte dringend bedarf, kann ich nur tief bedauern, und muß ich die Verantwortlichkeit für die möglichen Konsequenzen einer solchen Verneinung von mir weisen. Schon drei Bataillone, eine Schützenabtheilung und eine 12pfündige Batterie würden mir zur Sicherstellung des sehr schwach besetzten Rendsburg von großem Nutzen sein, und die Besetzung und Besitzergreifung des Herzogthums Lauenburg, über die ich unter dem 17. cr. Vortrag zu machen mich beehrt habe, würde an die Stelle der Eintreibung der Kontribution treten können.

Jütland und Fredericia jetzt schon ohne Schwertstreich wieder aufzugeben nach den darüber öffentlich und auf diplomatischem Wege gemachten Eröffnungen, erscheint mir ein Anerkenntniß der Schwäche zu sein, welches den Feind nur kühner und die Unterhandlungen nur schwerer machen würde; es erscheint mir dies außerdem so wenig Deutschlands und Preußens Macht, wie der Stellung, welche Beide sich erwerben wollen, würdig, daß ich entschlossen bin, das einmal Eroberte nicht eher wieder aufzugeben, als bis mich die Operationen des Feindes oder die Hoffnung, ihn um so sicherer zu überwinden, dazu veranlassen werden."

Schreiben des Ministers v. Arnim an General v. Wrangel.

Am 22. ging beim General v. Wrangel abermals ein Schreiben des Ministers v. Arnim folgenden Inhalts ein:

„Euer Excellenz gefälliges Schreiben vom 17. d Mts. habe ich gestern zu empfangen die Ehre gehabt und mich beeilt, den Inhalt desselben im Staatsministerium zum Vortrag zu bringen.

Der Herr Kriegsminister hat mir entschieden erklärt, daß er bei der damaligen Dislokation der Armee nicht im Stande sei, die von Euer Excellenz geforderten Verstärkungen zu entsenden. Auch walten politische Rücksichten ob, welche Preußen davon abrathen, seine Streitkräfte, die ohnehin schon im Westen und Osten getheilt stehen, noch mehr zu zersplittern, und es zugleich nicht rathsam erscheinen lassen, daß Preußen sich in dem Streite mit Dänemark noch mehr voranstelle, nachdem man denselben schon jetzt im Auslande als eine rein preußische Unternehmung anzusehen nur zu geneigt ist.

Da nun auch auf eine wirksame Unterstützung seitens der Regierungen des X. Armeecorps nicht zu rechnen sein wird, wie leider aus der von Euer Excellenz, sowie aus den von hier aus mit jenen Regierungen geführten Korrespondenzen hervorgeht, so kann das Staatsministerium Euer Excellenz nur überlassen, Ihre militärische Operation nach diesen Umständen zu bemessen, falls strategische Gründe es Ihnen nöthig erscheinen lassen sollten, Ihre Streitkräfte zu konzentriren.

Euer Excellenz Entschlüsse und Operationen müssen in dieser Hinsicht natürlich von der militärischen Nothwendigkeit abhängen, in deren Gegenwart Sie sich befinden, und das Ministerium kann darein nicht eingreifen wollen.

Es können indeß auch, ganz unabhängig hiervon, politische Konjunkturen täglich eintreten, durch welche ein Zurückgeben der königlichen Truppen aus Jütland wünschenswerth wird. Das Ministerium wünscht von Euer Excellenz darüber belehrt zu werden, ob, wenn dieser Fall eintreten sollte, Euer Excellenz militärische Zwecke vor sich sehen, mit deren Verfolgung die ehrenvolle Räumung Jütlands verbunden wäre."

Es wird hier an der Zeit sein, die Stellung des Auslandes zum Deutsch-Dänischen Konflikt näher zu betrachten.   *Stellung des Auslandes zum Deutsch-Dänischen Konflikt.*

Auf die Interpellation des Tory Herrn Disraeli in der Unterhaussitzung vom 17. April, inwieweit Dänemark England aufgefordert habe, die Garantie des Herzogthums Schleswig als einen Theil des Königreichs zu übernehmen, antwortete Lord Palmerston, daß Dänemark allerdings seine Forderung auf die durch den Vertrag von 1720 festgesetzte Garantie gerichtet habe, daß man sich aber daran erinnern müsse, daß der Deutsche Bund nur seine Dazwischenkunft angeboten habe, um eine innere Angelegenheit zwischen der Dänischen Regierung und den Bewohnern der Herzogthümer zu entscheiden, keineswegs aber in der Absicht, eine Eroberung zu machen. Zwei Tage darauf erneuerte Herr Disraeli seine Interpellation in ausführlicherer Form; er gab eine Darstellung der Verhältnisse in vollkommen Dänischem Interesse und entwickelte die Verpflichtungen, die England als Dänemarks Garant für Schleswig oblägen. Die Antwort Lord Palmerstons vermied es mit großer Vorsicht, eine Meinung darüber auszusprechen, auf welcher Seite der kriegführenden Mächte sich das Recht befände, und wiederholte, daß in jedem Fall mit dem Einmarsch Preußischer Truppen in Holstein oder möglicherweise in Schleswig nicht die Absicht verbunden sei, Schleswig der Dänischen Krone zu entreißen.

Dann machte Lord Palmerston Vorschläge für einen abzuschließenden Waffenstillstand, welche folgende Punkte enthielten: *Waffenstillstandsvorschlag Lord Palmerstons.*

1. Die Feindseligkeiten werden sofort zu Wasser und zu Lande eingestellt.
2. Alle Kriegsgefangenen und die aufgebrachten oder mit Embargo belegten Schiffe werden beiderseits freigegeben.
3. Die Dänischen Truppen räumen Schleswig.
4. Die Deutschen Truppen räumen Jütland und die Herzogthümer.

Am 18. Mai hatte der Dänische Gesandte in London, Graf Reventlow, nachstehenden Vorschlag zu einem Waffenstillstand an Lord Palmerston überreicht:

1. Einstellung der Feindseligkeiten zu Wasser und zu Lande.
2. Beide Herzogthümer sollen, sobald dies geschehen kann, von den beiderseitigen Truppen geräumt werden.
3. Die Schleswigschen und Holsteinschen Truppen jeder Waffengattung, welche gegenwärtig mit den Bundestruppen zusammen sind, sollen entlassen werden.

10*

4. Eine provisorische Regierung soll in jedem der beiden Herzogthümer eingesetzt werden. Die von Schleswig wird vom König ernannt, die für Holstein vom Bunde.

5. Eine gleichmäßige und beschränkte Anzahl von Gendarmen für den Polizeidienst wird in jedem der Herzogthümer provisorisch für die Dauer des Waffenstillstandes errichtet, in Schleswig durch den König, in Holstein durch den Bund.

6. Alle Gefangenen und alle aufgebrachten Schiffe werden beiderseits freigegeben und alle erhobenen Kontributionen in Geld oder in natura zurückerstattet.

An demselben Tage waren von dem Preußischen Gesandten in London Herrn v. Bunsen an Lord Palmerston zu dem Englischen Waffenstillstandsvorschlage Gegenbemerkungen gemacht, welche dahin lauteten:

Bunsens Gegenbemerkungen zu dem Waffenstillstandsvorschlage Lord Palmerstons.

„Es wird angenommen, daß alle Personen, welche seit dem Einrücken Dänischer Truppen in Schleswig wegen ihrer politischen Meinungen oder Handlungen arretirt und nach den Inseln geführt worden sind, mit zu den Kriegsgefangenen gerechnet werden und daß alle Gegenstände öffentlichen oder Privateigenthums herausgegeben werden, die Schiffe nebst ihren Ladungen in dem Zustande wie vor Beginn des Embargos.

Diese Räumung ist durch die Kriegsoperationen bis auf die Insel Alsen und einige kleine Inseln bereits bewirkt worden. Da Alsen und Arrö zu Schleswig gehören, so sind dieselben bona fide in diesem Artikel mit einbegriffen, doch würde es gut sein, diesen Punkt besonders hervorzuheben, da die Dänen ihre ganze Streitmacht auf Alsen vereinigt haben und diese Stellung als Ausgangspunkt zum Einbruch in die gegenüber liegenden Distrikte benutzen können.

Die Preußische Regierung kann in die Räumung von Holstein nicht einwilligen. Der Bundestag hat Holstein in Gefahr erklärt und diese Erklärung ist noch nicht zurückgenommen. Die Wiederherstellung des status quo ante ist als die Bedingung jeder Unterhandlung bezeichnet worden. Dies geschah, als die Deutschen Truppen bereits die Linie der Eider und ganz Holstein besetzt hatten. Das einzig mögliche Mittel zu einer schleunigen Wiederherstellung des Friedens und des Verkehrs, sowie zur Abstellung der täglich wachsenden Rüstungen möchte Folgendes sein:

Das Preußische Gouvernement ist nicht ermächtigt, die Deutschen Truppen aus ihrer Stellung nach dem Süden und Westen von Holstein zurückzuziehen. Um jedoch das Herzogthum möglichst zu schonen, wird denjenigen Ver stärkungsmannschaften, welche bestimmt waren, aus ihren Kantonnements an der Elbe in die Herzogthümer vorzurücken, Gegenbefehl ertheilt, aber nur unter der Voraussetzung, daß die Schwedischen Truppen aus Fünen zurückgezogen werden.

Endlich wird angenommen, daß beide Armeen ihre betreffenden Stellungen, wenn die Unterhandlungen nicht innerhalb eines Monats mindestens zum Abschluß von Präliminarien des Friedens führen, wieder einnehmen, wozu 14 Tage Zeit gegeben werden müssen.

Natürlich wird vorausgesetzt, daß die Dänische Regierung bona fide in die Fortdauer der provisorischen Regierung einwilligt."

Hieran knüpften sich Friedensvorschläge, die sich auf nachstehende Gründe stützten:

„Der Deutsche Bund wie die Bevölkerung der Herzogthümer haben die Erklärung, welche die Dänische Regierung infolge der Volksbewegungen in Kopenhagen vom 21. und 22. März durch den Beschluß vom 24. März amtlich gegeben (als sie die Einverleibung Schleswigs in Dänemark ausgesprochen), ebenso wie den Einmarsch eines Dänischen Armeekorps in das Herzogthum als unmittelbare Verletzung eines der drei Grundgesetze des Herzogthums Holstein angesehen, nach welchen Schleswig nie von diesem Gliede des Deutschen Bundes getrennt werden darf.

Zweitens würde eine solche Einverleibung offenbar die beiden anderen Grundgesetze verletzen, welche das Herzogthum Holstein mit Schleswig gemein hat. Das eine dieser Gesetze ist, daß jene beiden untrennlich vereinten Herzogthümer selbständige Staaten sind, welche mit Dänemark nur durch eine persönliche Gemeinschaft vermittelst des regierenden Hauses in Verbindung stehen.

Das dritte Grundgesetz ist ein gemeinschaftliches Erbfolgerecht, durch welches die weibliche Linie ausgeschlossen ist."

Die Friedensbedingungen lauteten:

1. Der König von Dänemark nimmt den Beschluß der Einverleibung Schleswigs in das Königreich Dänemark zurück und erkennt das Recht Holsteins auf untrennliche Verbindung mit Schleswig an. Diese Anerkennung schließt das Zugeständniß in sich, daß die vereinten Herzogthümer mit Dänemark nur durch die Person des Souveräns verbunden bleiben, solange der Mannesstamm des Hauses Oldenburg in Dänemark herrscht.

2. Im Wege gütlicher Verständigung werden die Bedingungen einer völligen

Trennung hinsichts der Verwaltung der Finanzen, der Armee und Flotte und der öffentlichen Schuld festgestellt.

3. Der König von Dänemark willigt in die Aufnahme des vereinigten Herzogthums in den Deutschen Bund.

Dagegen wird als Gegenstand der Kompensation zugestanden, daß ein Theil von Nordschleswig, wenn derselbe sich frei und offen zu Gunsten einer Vereinigung mit Dänemark erklären sollte, von dem vereinten Schleswig-Holstein ausgeschlossen bleiben und mit Dänemark vereinigt werde, nachdem dasselbe als selbständiges Herzogthum konstituirt sein und eine Verfassung erhalten haben wird, welche, in Uebereinstimmung mit der seitens des Königs von Dänemark an Schleswig ertheilten Zusicherung, der Deutschen Minorität der Bevölkerung einen hinlänglichen Schutz ihrer Nationalität gewährt.

Das Antwortschreiben Lord Palmerstons an Herrn v. Bunsen vom 19. Mai lautet:

Antwortschreiben Lord Palmerstons vom 19. Mai.

„Was zunächst die vorgeschlagenen Bedingungen eines Waffenstillstandes betrifft, so möchte ich eine kleine Modifikation derselben anheimgeben, welche für beide Parteien so billig und so völlig in Uebereinstimmung mit den allgemeinen Prinzipien ist, auf welche ein Waffenstillstand gegründet werden kann, daß Euer Excellenz ohne Zweifel Ihre Zustimmung dazu im Namen des Bundes ertheilen werden.

Was Ihre Bemerkung zu Artikel 2 anlangt, so müssen natürlich alle Gefangenen jeder Art, seien dieselben Kriegs- oder politische Gefangene, beiderseits frei gegeben werden. Was dagegen das aus Schleswig durch Dänische Truppen weggeführte Eigenthum anlangt, so sind der Regierung Ihrer Majestät keine Thatsachen bekannt, auf welche jene Stipulation sich beziehen könnte. Dieser Punkt möchte sich daher besser bei einem definitiven Uebereinkommen als bei einem vorläufigen Waffenstillstande erörtern lassen. Was die Ladungen der aufgebrachten Schiffe anlangt, so müssen dieselben natürlich sammt den Schiffen ohne irgend eine Beeinträchtigung (mit Ausnahme derjenigen, welche die unvermeidliche Folge der Beschlagnahme gewesen) freigegeben werden.

Hinsichtlich Euer Excellenz Bemerkung über den Artikel 3 und 4 hat das Britische Gouvernement die Ansicht, daß die Herzogthümer Schleswig und Holstein unbesetzt von Dänischen wie von Deutschen Truppen bleiben mögen. Dieses Abkommen scheint nach reiflicher Erwägung der ganzen verwickelten Sachlage am zweckdienlichsten für das friedliche Ziel, welches die Regierung Ihrer Majestät im Auge hat. Da die Insel Alsen als ein Theil des Herzogthums Schleswig bezeichnet worden ist, so würde die Insel infolge jenes Abkommens von allen Dänischen Truppen geräumt werden.

Es ist klar, daß die Verlegung der ansehnlichen Deutschen jetzt in Schleswig und Jütland befindlichen Truppenmassen nach Holstein eine schwere Belästigung der Holsteinischen Bevölkerung zur Folge haben würde. Da hierfür keine hinreichende Nothwendigkeit vorliegt, so empfiehlt die Britische Regierung auf das Wärmste die Zurückziehung von Truppen aus beiden Herzogthümern.

Sehen Euer Excellenz sich außer Stande, hinsichtlich dieser Punkte nach eigenem Ermessen, ohne vorherige Anfrage beim Bundestage, beim Kabinet in Berlin und bei der provisorischen Regierung in Rendsburg, zu handeln, so befürchte ich sehr, daß diese Fragen im Felde, statt im Wege der Unterhandlung ihre Entscheidung finden dürften.

Was die Schwedischen Truppen anlangt, welche etwa in Dänemark eingerückt sein möchten, so wird natürlich angenommen, daß dieselben sogleich nach Abschluß des Waffenstillstandes in ihre Heimath zurückkehren."

In Betreff des Friedens lautete die Antwort des Lords Palmerston:

„Was die zweite Beilage betrifft, so wird Sir Henry Wynn angewiesen werden, der Dänischen Regierung ein auf die in jener Beilage dargelegten Prinzipien gegründetes Abkommen anzuempfehlen, wonach also das Herzogthum Schleswig gemäß der Nationalität seiner Einwohner in zwei Theile getheilt und der südliche oder Deutsche Theil gleichwie Holstein in den Deutschen Bund aufgenommen, der nördliche oder Dänische Theil aber verfassungsmäßig dem Königreich Dänemark einverleibt werden würde. Es versteht sich dabei natürlich von selbst, daß alle Deutschen Einwohner des Dänischen Theils vollkommene Freiheit behalten würden, ihre Kinder Deutsch zu erziehen, sowie die Dänischen Einwohner des Deutschen Theils dasselbe Recht hinsichtlich der Dänischen Erziehung ihrer Kinder behalten.

Es darf angenommen werden, daß in Schleswig wie in anderen Ländern gemischter Bevölkerung die beiden Nationalitäten räumlich durch keine scharfe Grenze in der Weise getrennt sind, daß die eine nur diesseits, die andere nur jenseits jener Linie sich vorfände; vielmehr werden auf beiden Seiten Landestheile mit gemischter Bevölkerung sich befinden. Die Demarkationslinie kann daher, wie sie auch gezogen werde, nur Mehrzahl von Mehrzahl trennen, nicht aber die gesammte Deutsche Bevölkerung einerseits von der gesammten Dänischen Bevölkerung andererseits abscheiden.

Wird das Prinzip einer solchen Scheidung angenommen, so möchte ich dem Ermessen beider Theile anheim geben, ob es dem Dänischen Gouvernement und dem Deutschen Bunde nicht möglich sein sollte, sich über diesen Punkt auf Grund bereits bekannter oder noch zu ermittelnder statistischer Thatsachen zu vereinbaren, ohne daß man den schwierigen Weg der Befragung aller Einwohner solcher Distrikte einschlüge. Solch eine Anfrage könnte nur durch irgend eine Exekutivbehörde geleitet werden, und es möchte für alle Theile schwer sein, sich über die Konstituirung einer solchen Behörde zu vereinbaren."

Stellungnahme der Bundesversammlung zu den Waffenstillstandsvorschlägen.

Auf Grund dieser Vorgänge wurde von der Bundesversammlung in Frankfurt a. M. der Beschluß gefaßt, daß den Vorschlägen Preußens rücksichtlich eines mit den Friedenspräliminarien zu verbindenden Waffenstillstandes nach Maßgabe der vorgetragenen Dokumente die Zustimmung zu ertheilen sei. Dabei werde jedoch ausdrücklich der Punkt der Vorschläge festgehalten, daß eine etwaige Abtrennung einzelner Theile von Schleswig nur unter der Bedingung der freien Zustimmung der betreffenden Landeseinwohner statt finden könne. Auch setze man voraus, daß England die Garantie des abzuschließenden Waffenstillstandes übernehme und seinen Einfluß für den Abschluß des Friedens auf Grund der bezeichneten Präliminarien nachdrücklich verwende.

Sollte dagegen ein Waffenstillstand in Verbindung mit den Präliminarien nicht erreichbar sein, so müßte gleichzeitig mit der Räumung Schleswigs von den Deutschen Truppen die Insel Alsen von den Dänen geräumt werden, Holstein von Deutschen Truppen besetzt bleiben.

Bei jedem Waffenstillstand aber verstehe es sich von selbst, daß die Schleswig-Holsteinschen Truppen in Schleswig-Holstein verblieben. Dagegen sei von der Garantie eines besonderen Rechtszustandes der etwa von Schleswig sich absondernden Deutsch redenden Schleswiger abzustehen.

Erklärung der provisorischen Regierung

Die provisorische Regierung der Herzogthümer Schleswig und Holstein war damit nicht einverstanden und gab dagegen die Erklärung ab:

„Durch Beschluß vom 12. April d. J. sei die Wahrung des Rechts Holsteins auf die Union mit Schleswig durch die Bundesversammlung übernommen.

Im Widerspruche damit habe gegenwärtig die hohe Bundesversammlung die Präliminarien eines Friedensschlusses genehmigt, durch welchen eine Zerstückelung des Herzogthums Schleswig in sichere Aussicht gestellt, mithin eines der Fundamentalrechte des Herzogthums Holstein auf ewige und ungetrennte Vereinigung mit dem seit mehr denn 500 Jahren ihm eng verbundenen, gesammten Herzogthum Schleswig der sichere Boden der Rechtsverhältnisse verletzt werde. — Hiernach müsse der Gesandte gegen jede Friedensunterhandlung, die auf einer anderen Basis als der bleibenden Ungetheiltheit des Herzogthums Schleswig angeknüpft werde, auf das Feierlichste protestiren."

Preußen, als Schutzmacht der Herzogthümer, und England, als Vermittler zwischen Preußen und Dänemark, geriethen durch diese Erklärung in große Verlegenheit, weil sie die Englische Proposition ablehnte, ohne jedoch eine bestimmte Basis anzugeben, auf welcher weitere Verhandlungen möglich wären.

Wie man an entscheidender Stelle die ganze Situation auffaßte, ergiebt sich deutlich aus einem Artikel in den Berliner ministeriellen Blättern folgenden Inhalts:

Auffassung der politischen Lage in Berlin.

„Der General v. Wrangel hat seinen Sohn hierher geschickt, um seiner Forderung wegen Nachsendung von Truppen mehr Nachdruck zu geben; er hat der Regierung seinen Willen kundgethan, daß er die rücksichtslose Beitreibung der Kriegskontribution von zwei Millionen Speziesthalern in Jütland beabsichtige und, falls die Zahlung nicht freiwillig geschehen sollte, er die Aufbringung der bedeutendsten Leute als Geiseln zu bewirken gedenke. Die Regierung ist dem an sie gestellten Ansinnen jedoch nicht nachgekommen, und zwar aus mannigfachen Gründen. Erstens stößt die Nachsendung von Truppenverstärkungen selbst auf Hindernisse, indem die übrigen zum X. Armeecorps beitragenden Deutschen Staaten sich einer solchen Nachsendung abgeneigt gezeigt haben, so daß Preußen sich der Gefahr einer Isolirung aussetzen würde und deshalb zu eifriger Betreibung der Friedensverhandlungen geneigt ist. Zweitens steht zu befürchten, daß die feindlichen Schritte, welche die Beitreibung dieser Kontribution nothwendigerweise im Gefolge haben müßte, auf die bereits ziemlich weit vorgeschrittenen Verhandlungen in London einen nachtheiligen Einfluß haben würden; und drittens hat der hier beglaubigte Englische Gesandte darauf hingewiesen, wie der Zweck, zu welchem die Kontribution zunächst bestimmt sei, nämlich die Schadloshaltung für die von Dänemark aufgebrachten Schiffe und den unserem Handel zugefügten Schaden, doch in dieser Weise schwerlich erreicht werden würde, da, wie die Erfahrung z. B. zwischen England und Holland, Nordamerika und Frankreich, Nordamerika und Mexiko gelehrt habe, derartige Verhandlungen wegen Entschädigungen sich immer jahrelang hinzögen, ohne dann schließlich zu einem ersprießlichen Resultate zu führen.

Aus allen diesen Gründen ist dem General v. Wrangel gestern von hier aus die Weisung zugesandt worden, die Beitreibung der von ihm ausgeschriebenen Kriegskontribution einstweilen noch zu suspendiren und sich möglichst aller ferneren feindlichen Schritte zu enthalten.

Gleichzeitig hat aber das diesseitige Kabinet eine sehr energisch abgefaßte Note an den Bundestag gerichtet, worin es unter Hinweisung auf die Weigerung einiger Staaten des X. Armeekorps, fernere Truppen zu stellen, und auf die von Seiten Hannovers, Oldenburgs u. s. w. erfolgte Freigebung der mit Embargo belegten Dänischen Schiffe sich darüber beschwert, daß Preußen in einem Kampfe, den es lediglich im Auftrage des Bundes und im Interesse der allgemeinen Deutschen Sache unternommen habe, so wenig bereitwillig von den übrigen Deutschen Mächten unterstützt werde und infolge davon die Nachtheile des Kampfes fast allein tragen müsse — und worin es daher seinen bestimmten Entschluß ausspricht, nun auch seinerseits unter jederlei Bedingung den Frieden mit Dänemark herbeizuführen.

Wir bedauern diese Wendung der Dinge, weil unter solchen Umständen der Friede für die Deutschen Interessen wohl schwerlich so günstig ausfallen dürfte, als sich nach den bisherigen Waffenerfolgen hoffen ließ."

Die vorstehend angeführten diplomatischen Aktenstücke werden genügen, um darzuthun, daß in dem Streit mit Dänemark die Deutsche Sache ohne die Deutsche Unterstützung blieb. Der Bund stellte Forderungen, gewährte aber keine Hülfe. In Preußen kämpfte die Regierung gegen die Revolution, in Kopenhagen hatte diese gesiegt, dort blieben daher die Truppen im eigenen Innern nöthig, hier waren sie auch außen verfügbar. Selbst in ihrer insularen Lage unerreichbar, von dem Druck einer Invasion, welche auf zwei Drittel des Landes lastete, nicht direkt berührt und der Sympathien der fremden Kabinette gewiß, konnte die Dänische Regierung den weiteren Verlauf von Verhandlungen ruhig abwarten, während die Deutschen, bisher in jedem Gefecht siegreichen Waffen zur Unthätigkeit verurtheilt wurden, weil sie keinen Feind zum Bekämpfen mehr vor sich fanden.

General v. Wrangel war indeß keineswegs gewillt, die errungenen Erfolge leichten Kaufs aufzugeben, vielmehr entschlossen, mit den schwachen Mitteln, über welche er verfügte, dem Feinde überall entgegenzutreten, wo er sich aufs Neue zeigen würde.

Ereignisse im Sundewitt bis zum 27. Mai 1848.

Die Dänische Armee hatte inzwischen ihre Reorganisation auf Alsen und Fünen bewirkt. Die Hauptmacht war auf der letztgenannten Insel versammelt, das Hauptquartier nach Frederiksgave bei Assens am Kleinen Belt

Ereignisse im Sundewitt bis zum 27. Mai 1848.

verlegt. Dem General v. Hedemann war bekannt, daß die in Jütland ausgeschriebene Kontribution am 28. des Monats eingetrieben werden solle; es war keine Zeit zu verlieren, und er beschloß, „so rasch und so heimlich wie möglich dem Gegner einen Schlag beizubringen, durch welchen er genöthigt werde, jenes Land zu räumen."

Das direkte Vorgehen von Fünen aus versprach, nachdem man Fredericia preisgegeben, keinen Erfolg. Eine Landung im nördlichen Jütland erforderte Zeit und trieb glücklichstenfalls den Feind nur auf seine Verstärkungen in Schleswig zurück; der Schlag sollte daher in seinem Rücken gegen die Truppen im Sundewitt geführt werden.

Dort hatten schon wiederholt kleine Plänkeleien stattgefunden, indem die Dänen unter dem Schutz ihrer Batterien mit Infanterieabtheilungen an der Sonderburger Fähre übersetzten. Die Deutschen Vorposten glaubten anfangs, daß es sich um Einebnung der Knicke handle, welche das Schußfeld beschränkten; bald aber überzeugten sie sich, daß der Bau eines Brückenkopfes beabsichtigt sei. Am 16. waren die Dänen in der Stärke von 2 bis 3 Kompagnien 16. Mai. aufgetreten und drängten, indem sie nördlich längs des Sundes vor gingen, den linken Flügel der Mecklenburgischen Vorposten zurück. Das 2. Oldenburgische Bataillon gewann indeß mit Verlust von 5 Mann die Aufstellung wieder. Man erfuhr, daß die Dänen an einem zweiten Brückenkopf arbeiteten.

Dies Beginnen zu hindern war nicht leicht. Wie das bereits geschilderte Gelände war, konnte die Baustelle durch Artillerie von der Düppeler Höhe aus nicht erreicht werden. Angriffe durch Infanterie aber, die dann täglich zu wiederholen blieben, hätten 2000 Schritt weit über ein Gelände geführt, welches sowohl von Alsen wie von der See her unter dem kreuzenden Feuer der schweren Geschütze des Gegners lag. Man ließ daher die Arbeit gewähren und beschränkte sich darauf, Maßregeln zur schnellen Versammlung der Truppen zu treffen für den Fall, daß der Feind endlich wirklich debouchiren würde.

Als Konzentrationspunkt war die Nübel-Mühle bezeichnet, und Kolonnenwege dorthin wurden gebaut.

General v. Wrangel war entschlossen, falls der Feind in seinem Rücken vorginge, das Gefecht auch mit verwandter, nach Süden gekehrter Front anzunehmen; die bewährte Tüchtigkeit seiner Truppen bürgte ihm für den Erfolg. Aber bei ihrer numerischen Schwäche war es gerathen, sie enger zusammen zu halten. Man wußte, daß zur Zeit an Infanterie nur das 6., 12. und

13. Bataillon auf Alsen standen, und hielt daher jetzt den größeren Theil der Bundesdivision im Sundewitt für abkömmlich. Dieselbe sollte nunmehr in Hadersleben und Apenrade eine Reserve für die in Jütland stehenden Brigaden bilden.

17. Mai. Dementsprechend rückte General Hallett am 17. mit der Brigade Marschall, der 9 pfündigen Batterie und der Pionier Kompagnie nach den bezeichneten Punkten ab, wo dann auch die beiden schon früher detachirten Hannoverschen Kavallerie-Regimenter*) wieder zur Division stießen. Das Hauptquartier kam nach Apenrade.

Im Sundewitt verblieben demnach nur zwei Brigaden mit einer reitenden Batterie, davon stand die des Generals v. Kautzau unmittelbar Sonderburg gegenüber, die des Generals v. Schneben kantonnirte dahinter und hatte rechts und links die Küste zu bewachen. Von ersterer standen 3 bis 4 Kompagnien mit 2 Geschützen als Vorpostendetachement in Düppel.

20. Mai. Am 20. brachten Patrouillen die Nachricht, daß die Dänen hinter dem nördlichen Brückenkopf eine Brücke geschlagen hätten, die Absicht des Gegners konnte also nicht mehr zweifelhaft sein.

General v. Wrangel mißbilligte, daß alle diese Arbeiten ungestört ausgeführt worden waren, und stellte dem General Hallett anheim, ob nicht durch nächtlichen Ueberfall noch jetzt der Brückenkopf wieder zu nehmen sei. Dieser hielt ein solches Unternehmen für möglich, aber nicht für zweckmäßig, da ein erneutes Vorgehen aus den bereits angeführten Gründen kaum zu verhindern sei.

In der That ließ sich wohl erwägen, ob nicht das Debouchiren absichtlich zu gestatten sei, als die einzige Möglichkeit, an den Feind zu gelangen und durch einen neuen Sieg die ganze Sache mit den Waffen zu Ende zu führen, nachdem die Feder es nicht vermochte. Es wäre dies um so mehr die glücklichste Lösung gewesen, als eben jetzt dem General v. Wrangel der Befehl zuging, Jütland zu räumen, und somit jeder Druck wegfiel, welchen die Besatzung dieses Landes bei längerer Dauer hätte üben können. Der Kommandirende beschloß, die Brigaden aus Jütland zwischen Tondern, Apenrade und Flensburg in Quartier zu legen, die Bundesdivision nach dem Sundewitt zurückzunehmen.

21. Mai. General Hallett erhielt hiervon Nachricht, und zugleich, daß der Abmarsch am folgenden Tage beginnen werde, ferner, daß das Kantzausche und das Kroghsche

*) S. 121.

Freitorps (künftig Jenssen-Tusch) unter seinen Befehl gestellt, letzteres speziell zur Bewachung der Küste bei Warnitz bestimmt sei.

Am 27. Mai gelangte die Brigade Möllendorf nach Hadersleben, die Brigade v. Bonin nach Christiansfeld, die Brigade Prinz Friedrich nach Hjerting. 27. Mai.

Die Bundesdivision stand von Apenrade bis Düppel zerstreut.

Gefecht bei Düppel und Nübel-Mühle am 28. Mai 1848.*)

So war der Stand der Truppen, als die Dänen zur Offensive schritten. Die auf Seeland verfügbaren Truppen waren am 26. bei Korsör, die auf Fünen stehenden bei Assens und Svendborg versammelt, in diesen Häfen am 27. eingeschifft und noch am selben Tage auf Alsen gelandet worden, ohne daß der Gegner etwas davon erfuhr. Bei Middelfart blieb nur eine Ablösung als Beobachtungsposten zurück.

Sonach befanden sich am 28. Mai auf Alsen:

1. Brigade, General v. Bülow	. . . .	1., 2., 11. Linien-Bataillon,
2. Oberst v. Hagemann,	2. Jäger,	6. und 7.
3. Oberstlieutenant Rye,	3.	12. und 13.
Flanken-Brigade Oberstlieutenant Federspiel,		1. Jäger, 5. und 10. Linien Bataillon,
Infanterie-Brigade, Oberstlieutenant Blom	.	4. und 8. und 2 Reserve-Bataillone,
Reserve-Brigade, Oberst Wickede,	. . . .	Garde und 3. Bataillon,
		1 Eskadron Dragoner,
		2 Eskadrons freiwillige Schützen,
		12pfündige Batterie Jessen,
		Braun,
		Baggesen,

zusammen 18 Bataillone, 3 Eskadrons, 24 Geschütze, ungefähr 14 000 Mann.

Die Stellung des Gegners und seine Schwäche, besonders im Sundewitt, war dem General v. Hedemann bekannt. Er beschloß, in drei Kolonnen vorzugehen. General Hansen sollte mit der 1., 2. und 3. Brigade über Lester-Düppel und Stenderup gegen Nübel rasch vorrücken, zu seiner Linken General v. Schleppegrel mit der Flanken-Brigade auf der Flensburger Straße über Nübel, zur Rechten, sich etwas zurückhaltend, die Reserve auf der Apenrader Straße über Rackebüll nach Satrup folgen.

*) Hierzu Plan 2.

Die mittlere Kolonne war angewiesen, die schwächere linke, falls diese gegen überlegene Kräfte engagirt würde, durch Detachirung in Flanke und Rücken des Feindes zu unterstützen; ihre eigene Rechte war durch die Reserve gesichert.

Da bei diesem Vorgehen den auf Broacker stehenden feindlichen Abtheilungen nur der Rückzug über Alnoor offen blieb, so wurde dorthin von der Flanken-Brigade das 5. Bataillon detachirt, und sollte der Uebergang durch Kanonenboote unter Feuer genommen werden.

Um 11 Uhr waren alle Brigaden bei Sonderburg versammelt, und um 12 Uhr debouchirte, ungesehen vom Gegner, die Tete über die fertig gewordene Brücke.

Die Bundesdivision befand sich von Düppel rückwärts auf die Entfernung von mehr als 4 Meilen dislozirt. Es standen:

das Braunschweigische 2. Bataillon	in Flensburg,
- Hannoversche 1. Bataillon 5. Regiments und 4. Dragoner Regiment	Apenrade,
1. -	Feldstedt,
- Husaren-	Auenbüll,
Mecklenburgische Dragoner-	Baurup,
zwei Oldenburgische Geschütze	Alnoor.

Zunächst dem Feinde befanden sich:

das Hannoversche 2. Bataillon 4. Regiments und das Hannoversche 3. leichte Bataillon	in Schnabel,
- Braunschweigische 1. Bataillon	- Satrup,

mit einer Kompagnie in Sandberg, und die Oldenburger bei Düppel auf Vorposten.

Um ihnen diesen beschwerlichen Dienst, der ihnen schon längere Zeit oblag, abzunehmen, sollte am 28. eine Ablösung stattfinden. Auch war das 3. leichte Bataillon mit der 1. und 4. Kompagnie in Düppel, der 2. Kompagnie in Rackebüll bereits zeitig eingetroffen, während die 3. Kompagnie noch in Schnabel belassen wurde.

Das 1. Oldenburgische Bataillon hatte mit 2 Kompagnien Gravenstein, mit je einer Alnoor und Ekensund besetzt, von dem 2. Bataillon wurden zwei Kompagnien nach Quars zurückgenommen, die beiden anderen aber am Düppel Berg zurückgelassen.

Dort befand sich sonach um Mittag ein gemischtes Vorpostendetachement, bestehend aus:

der 5. Oldenburgischen Kompagnie v. Eichstorf,
„ 8. „ „ v. Wardenberg,
1. Mecklenburgischen „ v. Passewitz,
4. „ „ v. Bülow,
1 Zug Hannoverscher Husaren, Lieutenant Andersen,
2 Mecklenburgische Geschütze, v. Lnitzow.

Das Pilet bei der Signalstange auf der Düppeler Höhe, sowie die Feldwachen gegen Sonderburg waren von den Mecklenburgern gegeben.

Das Vorgehen Dänischer Tirailleure aus dem Brückenkopf war eine Erscheinung, an welche man seit einer Reihe von Tagen bereits gewöhnt war und die nicht weiter alarmirte.

Der Versuch von 20 Dänen, in Booten weiter abwärts zu landen, war durch Unteroffizier Mangels mit 6 Mann der 7. Oldenburgischen Kompagnie kurz vor der Ablösung zurückgewiesen worden.

Als sich indeß die Zahl der feindlichen Tirailleure auffallend verstärkte, wurden die beiden Mecklenburgischen Kompagnien zur Unterstützung der Feldwachen abgeschickt. Der Feind hatte jedoch Terrain gewonnen, und die beiden, bereits nach dem Fanal heranbeorderten Oldenburgischen Kompagnien mußten zur Sicherung der Flanken links und rechts vorgehen. Es gelang, die Dänischen Plänkler durch einen Bajonettangriff bis hinter den nächsten Knick zurückzuwerfen, sehr bald aber drangen sie in überflügelnder Stärke wieder vor. Hauptmann v. Eichstorf, Lieutenant Keppel, zwei Unteroffiziere und 14 Mann wurden verwundet, und die in Tirailleurketten ohne Soutiens aufgelösten Kompagnien mußten sich nach der Düppeler Höhe zurückziehen, wo neben dem Fanal die beiden Geschütze placirt waren, welche jedoch, vom Infanteriefeuer erreicht, mit Verlust von drei Mann sehr bald abführen.

Oberst v. Specht, welcher zur Ablösung der Vorposten eingetroffen war beorderte die nächsten Abtheilungen, 3 Kompagnien des Hannoverschen 3. leichten Bataillons, das Mecklenburgische Grenadier-Garde-Bataillon, welche inzwischen in Düppel eingetroffen waren, zur Behauptung des Düppel Berges heran. Hiervon trafen zunächst um 1½ Uhr drei Kompagnien des Hannoverschen 3. leichten Bataillons ein, welche theils hinter der Höhe, theils vorwärts Freudenthal aufgestellt wurden. Da aber die Dänen längs des Wenningbunds unaufgehalten vordrangen, so wurde eine Oldenburgische Kompagnie als zurückgezogene Flanke nach dem rechten Flügel detachirt.

In dieser üblen Lage wurde jetzt erst, 2¼ Uhr nachmittags, das Fanal angezündet, welches die Division alarmiren und auf den im voraus bezeichneten Punkt, Nübel-Mühle, versammeln sollte.

Oberst v. Specht hoffte durch längere Behauptung seiner Stellung Zeit zu gewinnen. Er suchte sich durch Offensive Luft zu machen. Die 2. Hannoversche Kompagnie ging vom Fanal aus zu einer geschlossenen Attacke mit Hurrah vor, allein sie wurde durch ein so heftiges Feuer empfangen, daß sie mit Verlust von 14 Todten und Verwundeten zurückkehrte. Hauptmann v. d. Knesebeck war durch die Schulter geschossen, führte aber das Kommando weiter.

Unterdessen war auch das Mecklenburgische Grenadier-Garde-Bataillon angelangt, die 2. und 3. Kompagnie versuchten, auf dem linken Flügel durch einen Bajonettangriff dem Gefecht eine günstigere Wendung zu geben, während die 1. und 4. Kompagnie als Reserven aufgestellt waren. Allein auch die 2. und 3. Kompagnie wurden zurückgewiesen, und dabei Lieutenant v. Hirschfeld erschossen, Lieutenant v. Jasmund verwundet.

Bereits hatten die Dänen zum Angriff der Düppel-Stellung die Brigade v. Bülow in der Front, die Brigade Federspiel in deren linker Flanke entwickelt. Das Vordringen der Letzteren wurde durch die Kanonenboote im Wenningbund unterstützt, welche ein lebhaftes Feuer unterhielten. Eine Batterie, welche in einer Koppel südlich der Chaussee auffuhr, überschüttete den rechten Flügel der feindlichen Stellung mit Granaten und Kartätschen,

2¼ Uhr a und schon um 2½ Uhr mußte dieselbe geräumt werden.

Die gegen ebenso viel Bataillone engagirt gewesenen Deutschen Kompagnien zogen sich auf der großen Straße, auf dem Kolonnenwege und über Stenderup nach Nübel-Mühle zurück. Der Feind begleitete den Abzug durch sein Feuer und verfolgte nach Düppel.

Oberstlieutenant v. Plessen war verwundet, Hauptmann v. d. Knesebeck wurde zum zweiten Mal und jetzt tödtlich getroffen.

Auf Dänischer Seite waren Hauptmann v. Thestrup gefallen, Lieutenant v. Caroc verwundet.

Bei Nübel-Mühle sammelten sich die zum Theil unvollständigen Bataillone, welche im östlichen Theil des Sundewitt gestanden und meist schon gefochten hatten. Aus den rückwärtigen Kantonnements war hauptsächlich nur Artillerie herangekommen, und die ganze Stärke betrug nur 5⅞ Bataillone, zwei Eskadrons und 16 Geschütze, zusammen kaum 4000 Mann.

Die Stellung wurde durch eine sanft abgedachte Höhe gebildet, welche ein in dieser Gegend seltenes einigermaßen freies Schußfeld vor der Front gewährte.

Die gesammte Artillerie fuhr rechts und links der Mühle hinter deckenden Knicks auf, in welche Scharten eingeschnitten waren. Die Infanterie stand in einer Linie entwickelt; 5½ Kompagnien und 2 Escadrons bildeten die Reserve. Der rechte Flügel machte gegen Rübel Front.

In dieser Aufstellung deckte man das Magazin in Gravenstein und stand durch Kolonnenwege rückwärts über Atzbüll und Ulderup mit den Straßen nach Flensburg und Apenrade in Verbindung. Andererseits aber gestattete die Oertlichkeit eine verdeckte Annäherung des Feindes auf beiden Flügeln. Die Stellung war daher gegen einen überlegenen Angriff nicht lange zu behaupten, sie konnte ohnehin von Broacker aus über Alnoer vollständig umgangen werden.

Als vor der Front die Dänische Brigade v. Bülow sich zwischen Rübel und Stenderup zeigte, fuhren zwei reitende Geschütze ihr nach einer kleinen Anhöhe auf 500 Schritt entgegen, bewarfen die eben abprotzende Batterie Jessen mit Granaten, sprengten einen Munitionswagen derselben in die Luft, wobei Lieutenant Collstrup fiel, und kehrten dann in die Stellung zurück. Allmählich entwickelte hier der Gegner drei seiner Bataillone, und dauerte das Tirailleurgefecht über eine Stunde.

Aber gegen den rechten Flügel der Bundestruppen drang die Brigade Federspiel immer weiter vor. Die Schützen der Mecklenburgischen Bataillone versuchten dies in kleinen geschlossenen Abtheilungen angriffsweise zu verhindern, auch die schwache Reserve trat dagegen auf; als aber die Dänische Batterie Braun in gedeckter Stellung an der Chaussee zu Schuß gelangte, flankirte sie die ganze Geschützaufstellung auf der Höhe dergestalt, daß durch Rückwärtsschwenkung Front gegen sie gemacht werden mußte.

Zu der bei Ekensund stationirten Fregatte „Najade" hatten sich um 2 Uhr zwei Dampfer und mehrere Kanonenboote gesellt. Sie eröffneten gegen die hinter einem schwachen Feldwerk bei Alnoer aufgestellten beiden Oldenburgischen Geschütze ein so heftiges Feuer, daß diese abfahren mußten. Ein Landungsversuch wurde zwar von der 4. Oldenburgischen Kompagnie zurückgewiesen, aber die Kanonenboote liefen sogleich durch die frei gewordene Passage in das Rübel-Noor ein und unterstützten von dort den Angriff durch ihr Feuer; so in der Rückzugslinie bedroht, befahl der seit 5 Uhr persönlich eingetroffene General Hallett den Rückzug.

Derselbe mußte, um sich der Schiffsartillerie zu entziehen, außer auf dem nach Atzbüll führenden Kolonnenwege auch auf dem Umweg über Auenbüll erfolgen. Zunächst wurden die Batterien zurückgenommen, nur die Hannoversche blieb zur Deckung des Abzugs vorerst noch in der Stellung. Da aber die Dänen lebhaft nachdrängten, so konnte bald darauf die Batterie nur durch einen Offensivstoß der Kompagnie Spindler vom Hannoverschen 4. Regiment degagirt werden und im Galopp den Kolonnenweg noch erreichen. Bis zuletzt hielt auf dem rechten Flügel die Oldenburgische 7. Kompagnie Gether ein Gehöft, wobei Lieutenant v. Lützow verwundet wurde, und dahinter hatten die Braunschweiger eine Aufnahmestellung am Runkier-Holz rechts der Straße nach Gravenstein genommen, welche den Weg von Auenbüll her deckte.

Indeß war die Dunkelheit eingebrochen und machte der Verfolgung ein Ende. Der letzte Schuß war um 9½ Uhr gefallen.

9½ Uhr a.

Die Abtheilungen der Bundesdivision hatten sich auf einer großen Koppel zwischen Atzbüll und Gravenstein versammelt, ruhten dort einige Stunden, setzten aber dann den Marsch nach Quars fort, wohin die Trains bereits zurückgeschickt waren. General v. Schnehen blieb mit einer Arrieregarde stehen, welche aus dem Hannoverschen 2. Bataillon des 6. Regiments, der Mecklenburgischen Jägerabtheilung und einer Eskadron Königin-Husaren formirt wurde.

Noch spät in der Nacht trafen einzelne versprengte Abtheilungen ein, so die Braunschweigische Kompagnie, welche bei Sandberg auf Vorposten gestanden und welche, nachdem sie ihre Feldwachen eingezogen, Satrup bereits von den Ihrigen verlassen und vom Feind besetzt gefunden hatte. Hauptmann v. Ehrenkrook wußte sich jedoch mit dem Bajonett Bahn zu brechen; er verlor einen Todten und einen Gefangenen, brachte dagegen einen Offizier und acht Mann vom Dänischen 3. Jäger-Bataillon ein.

Die 3. Oldenburgische Kompagnie war an diesem Tage nach Broacker in Kantonnements bei Elensund gerückt.

Wir kennen die Veranstaltungen, welche die Dänen getroffen hatten, um den Rückzug über Alnoor unmöglich zu machen.

Hauptmann Schlarbaum war avertirt, auf seine Rettung zu denken, zugleich ging ihm die Meldung zu, daß eine feindliche Kolonne von Broacker im Anmarsch sei. Es blieb ihm kein anderer Weg als längs des Strandes um das Nübel-Noor herum.

Gleich beim Abrücken wurde die nach einigen Detachirungen nur noch 90 Mann starke Kompagnie durch Tirailleure belästigt. Zur Vermeidung des südlich der Straße Elensund—Schottsbüll gelegenen und vom Feind besetzten Wäldchens mußte querfeldein marschirt werden, wobei der Bagagekarren stehen blieb, die Pferde jedoch mitgeführt wurden. Die Aufforderung zu einer ehrenvollen Kapitulation lehnte der Hauptmann ab, und seine Mannschaft erklärte sich freudig bereit, sich durchzuschlagen. Man erreichte Schottsbüll, da aber von den detachirten Abtheilungen nichts sichtbar war, rückte die Kompagnie nochmals gegen Ekensund vor. Hier wurde sie jedoch mit lebhaftem Feuer empfangen, welches sechs Mann verwundete, und mußte nun den Rückzug erneuern, bei welchem der Karren mitgenommen werden konnte. Durch einen Gefangenen erfuhr man, daß die Kompagnie es mit dem 5. Dänischen Linien-Bataillon zu thun habe. Es gelang ihr, trotz des sie begleitenden Feuers, die Strand- und die Landenge bei Schmöl zu erreichen. Ein dort vom Gegner besetzter Sumpf wurde zum Theil durch das Wasser watend und mit Zurücklassung des Wagens umgangen. Um 11½ Uhr langte die Kompagnie bei Atzbüll an, woselbst der 11½ Uhr a. Hauptmann Schlarbaum die freudige Nachricht erhielt, daß seine Detachements bereits eingetroffen seien; auch sie hatten sich glücklich und auf verschiedenen Wegen durch den Feind durchgeschlagen.

Die Dänen hatten ihre Vorposten während der Nacht auf der Linie Nübel-Mühle—Satrup ausgestellt. Dahinter verblieben die 1., 2., 3. und die Flanken-Brigade im Sundewitt bezw. auf Broader, die Infanterie-Brigade Blom und die Reserve-Brigade v. Wickede gingen nach Sonderburg zurück.

Die Verluste an diesem Tage betrugen:

bei den Hannoveranern . . 2 Offiziere 60 Mann,
       Braunschweigern . — 13
       Mecklenburgern . 3 78
       Oldenburgern . . 3 45
zusammen todt: 3 Offiziere 27 Mann,
verwundet . . 5   128
vermißt . . —   41

    Summa 8 Offiziere 196 Mann.
Bei den Dänen todt: 3 Offiziere 31 Mann,
verwundet . . 4   102
gefangen . . 1   10

    Summa 8 Offiziere 143 Mann.

Es war den Dänen gelungen, ihre Gesammtmacht gegen einen Theil der Bundesdivision in Wirksamkeit zu bringen, etwa 14 000 Mann gegen 4000 Mann. Ihr Debouchiren war nicht zu verhindern; es konnte sogar, wie schon gesagt, in vieler Rücksicht nur erwünscht sein. Gegen anerkennenswerthen

Widerstand der durcheinander gemischten einzelnen Abtheilungen der Bundesdivision hatten sie eine Meile Terrain nach vorwärts gewonnen. Sie bedurften noch eines Marsches, bis sie die große von Jütland herabführende Straße Apenrade—Flensburg erreichten, und Alles kam darauf an, welchen Streitkräften sie dort begegneten.

Aber schwerlich ist ein solches Vorgehen überhaupt beabsichtigt gewesen. Die Dänen hatten ihren Zweck vollkommen erreicht: Jütland war geräumt, sie selbst standen mit gewaffneter Macht in Schleswig. Eine Entscheidung zu suchen, in welcher sie wahrscheinlich den Kürzeren zögen, konnte kaum in ihrem Interesse liegen, wo ohnehin die politischen Verhältnisse sich immer mehr zu ihren Gunsten entwickelten. Diesen, nicht ihrer Demonstration am 28., verdankten sie den Erfolg.

Von der aus Jütland abgerückten Hauptmacht waren, erhaltenem Marschbefehle gemäß, an demselben Tage eingetroffen:

    die Holsteinischen Truppen in Arrild,

    die Brigade Möllendorf in Apenrade und

    die Brigade Bonin in Gjenner.

Auf die Meldung des Generals Hallett, daß die Dänen in das Sundewitt eingefallen seien, wurde vom General Wrangel abends 10½ Uhr nachstehender Befehl in Apenrade ausgegeben:

„Das X. Deutsche Bundeskorps wird sich morgen fechtend gegen Quars und Klipleff zurückziehen: die Truppen der Preußischen Division marschiren gegen den Feind: sie brechen morgen früh um 3 Uhr aus ihren Kantonnements auf und konzentriren sich: die Truppen der Brigade Möllendorf an der Chaussee bei Stübbel und Hostrup, die Truppen der Brigade Bonin bei Norby und Bodum. Sobald sie konzentrirt sind, setzen sie ihren Marsch fort. . . . . . . Die Bagage der Brigade Möllendorf wird über Aarup und Arsleben gegen Pollersleben dirigirt, wo sie in der Nähe der großen Straße über Bau auf Flensburg verbleibt. Die Bagage der Brigade Bonin wird auf eben diese Straße dirigirt und neben derselben in der Nähe von Nübel und Jordkirch parkirt. Ein Bataillon der Brigade Bonin bleibt in Garnison in Apenrade nebst einer Hannoverschen Dragoner Eskadron, welche unter Befehl des Kommandeurs des Bataillons tritt. Sollte dies Detachement mit Ueberlegenheit angegriffen werden, so zieht sich dasselbe über Arsleben an die Bagage heran und übernimmt den Schutz dieser Letzteren bei ihrem dann über Bau erfolgenden Abmarsch nach Flensburg. Die Holsteinischen Truppen unter Befehl Sr. Durchlaucht des Prinzen Friedrich marschiren um 3 Uhr oder angesichts dieses Befehls aus ihren Kantonnements ab in der Richtung auf Tingleff.

Weitere Befehle werden ihnen auf diesem Wege zugeben, und hat Se. Durchlaucht auch seinerseits die Verbindung mit dem Gros der Armee aufzusuchen.

Ich werde mich morgen bei der Brigade Möllendorf befinden, und sind alle Meldungen an mich dahin zu senden."

Ereignisse nach dem Gefecht bei Düppel und Nübel-Mühle vom 28. Mai bis 4. Juni 1848.

Am 29. Mai, morgens 7 Uhr, traf General Wrangel in Gravenstein ein und befahl eine Rekognoszirung gegen die Dänen durch die Bundestruppen. General v. Schueben setzte sich von Atzbüll aus mit der Hannoverschen Husaren Eskadron, dem 2. Bataillon G. Regiments, den Mecklenburgischen Jägern und der reitenden Batterie gegen Nübel-Mühle in Bewegung, während die übrigen Truppen von Cuars nach Atzbüll vorrückten.

Die Avantgarde fand das Gehölz südlich der Straße vom Feinde unbesetzt und stieß erst bei Nübel-Mühle auf seine Postirungen. Diese wurden durch einen lebhaften Angriff der Mecklenburger sehr bald vertrieben und gingen unter dem Feuer von zwei Geschützen zurück, welche vorwärts der Mühle auffuhren.

Eine andere Dänische Abtheilung zog sich unter dem Schutz der sie begleitenden Batterie Baggesen von Satrup zurück.

Unterdessen war das Gros der Division herangekommen, und das Hannoversche 3. leichte Bataillon ging durch Nübel vor.

Wir haben gesehen, wie die Disposition des Generals v. Wrangel vom Abend zuvor durchaus auf eine allgemeine Offensive gerichtet war.

Hatten die Dänen die Absicht gehabt, in Schleswig einzudringen, hätten sie am 29. ihren Vormarsch fortgesetzt, so mußten sie schon vormittags auf die Gesammtmacht des Deutschen Heeres stoßen. Sie leisteten aber selbst der bloßen Rekognoszirung nirgends Widerstand, und es war klar, daß sie sich nur auf Behauptung der äußersten Landspitze beschränken würden, welche, an sich sehr vertheidigungsfähig, unter dem Schutz ihrer mächtigen Schiffsartillerie lag. Zur Besetzung der Düppeler Höhen reichte ihre Stärke aus, und zwei Brückenköpfe sicherten schlimmstenfalls den Rückzug nach Alsen.

Ein großes Resultat war daher von dem Angriff auf diese Stellung nicht zu erwarten. Sollte er mit frischen Truppen und mit überlegenen Kräften ausgeführt werden, so waren die Preußischen Divisionen mit der Entfernung von drei bezw. fünf Meilen erst heranzuziehen, was an diesem Tage nicht mehr angängig erschien. Die Truppen waren durch starke Märsche bei großer Hitze sehr ermüdet und bedurften einiger Ruhe.

General v. Wrangel befahl daher, das weitere Vorgehen der Bundesdivision einzustellen. Sämmtliche Brigaden der Armee sollten Kantonnementsquartiere beziehen und zwar:

> die Brigade Möllendorf bei Flensburg, wohin das Hauptquartier kam;
>
> die Brigade Bonin um Bau;
>
> die Holsteiner um Tingleff;
>
> die Bundesdivision im Sundewitt, aber weiter rückwärts um Luars,
>
> ihre Vorposten auf der Linie Aybüll—Fischbek—Feldstedt.

General Hedemann hatte schon am Abend des gestrigen Tages, wie bereits erwähnt, einen Theil seiner Truppen nach Alsen zurückverlegt, von wo derselbe zur Unterstützung des bei Düppel verbliebenen Theils jederzeit wieder herangezogen werden konnte. Die Vorposten des Letzteren beobachteten den Feind auf der Linie Satrup—Nübel-Mühle.

Eine Waffenentscheidung zu suchen lag keinesfalls im Interesse der Dänen. Jütland war geräumt und in Schleswig hatte man Fuß gefaßt, auch wenn man sich von der äußersten Spitze nicht entfernte. Um aber vor Europa zu konstatiren, daß dies Herzogthum von zwei Seiten bedroht sei, war aus allen noch verfügbar zu machenden Truppen und Neuformationen ein besonderes Flankenkorps für Jütland unter Befehl des Obersten v. Juel zusammengestellt, bestehend aus:

Infanterie: 9. Linien-Bataillon; 3., 4., 5. Reserve-Bataillon; 1. und 3. Reserve Jäger-Bataillon; 1. Freiwilligen-Bataillon;

Kavallerie: 5. und 6. Dragoner-Regiment; drei Eskadrons Husaren und eine Eskadron Jütische freiwillige Jäger;

Artillerie: drei 6pfündige Batterien und zwei 24pfündige Haubitzen.

Summa: 7 Bataillone, 12 Eskadrons, 20 Geschütze; zusammen etwa 6000 Mann.

Sobald die Räumung Jütlands durch die Preußen begonnen hatte, waren diese Truppen nach und nach von Middelfart nach Snoghöj übergesetzt worden. Sie folgten vorsichtig der Rückzugsbewegung des Generals v. Möllendorf.

ohne sich in ein Gefecht einzulassen, und am 30. Mai kam das Hauptquartier des Obersten Juel nach Kolding.

General v. Hedemann unternahm eine Rekognoszirung mit größeren Abtheilungen aller Waffen auf der Apenrader wie der Flensburger Straße, die aber nur bis Beuschau reichte und ohne weiteres Resultat blieb. Auch in den nächsten Tagen beschränkte er sich auf kleinere Neckereien, wobei den Dänen die unbestrittene Herrschaft zur See zu Hülfe kam.

Von den in der Flensburger Föhrde liegenden Schiffen liefen am 31. zwei Kanonenboote in das Nübel-Noor ein und beschossen das Gravensteiner Schloß. Zwei Haubitzen des Hauptmanns Orges erwiderten das Feuer, und die Boote zogen sich bald am Nachmittag zurück. Die Braunschweigischen Tirailleure, welche einen kleinen Landungsversuch zurückgewiesen hatten, bestrebten sich, durch Infanteriefeuer von Alnoor aus die Durchfahrt zu sperren, wurden aber durch das Kartätschfeuer der Schiffe vertrieben, welche im Schutz der Dunkelheit um 10 Uhr, längs des jenseitigen Ufers rudernd, das Freie gewannen.

Auch in der Apenrader Bucht waren Dänische Fahrzeuge erschienen. Nachdem die Stadt von den Preußen geräumt worden, war Kapitän Bille dort an Land gegangen.

Oberst Juel hatte am 31. Christiansfeld, am 1. Juni Hadersleben erreicht; seine Fouriere sagten in Apenrade Quartiere für 6000 Mann an.

Auf Seite der Deutschen war das 2. Bataillon Kaiser Franz Regiments in Schleswig durch ein Holsteinisches Bataillon ersetzt und zur Gardebrigade herangezogen worden.

2. Juni.

Es wurde eine allgemeine Dislokationsveränderung ausgeführt, durch welche nunmehr die Bundesdivision im Sundewitt abgelöst werden sollte. Sie erhielt Quartier nördlich und westlich um Flensburg, die Brigade Bonin rückte in die Kantonnements um Quars und die Brigade Möllendorf in solche um Klipleff. Die Holsteinischen Truppen kantonnirten südlich und östlich von Flensburg. In dieser Stadt befand sich das Oberkommando, das Divisionskommando der Preußischen Truppen in Holebüll; als Sammelpunkt aller Abtheilungen war Bau bezeichnet, wo einige Verschanzungen vorbereitet und Kolonnenwege gebahnt wurden.

Um 10 Uhr abends meldete der General v. Bonin:

„Die Brigade hat heute Mittag 11 Uhr die Vorposten bezogen. Die Linie erstreckt sich von der Munk Mühle über Minkenis, Gravenstein, Atzbüll, Füchkel, Grüngrift und Lavgaard nach Seegaard.

Es sind hierzu verwandt: 3 Bataillone Infanterie, 2 Kompagnien Garde schützen und 2 Escadrons Husaren; 4 Bataillone Infanterie, 2 Escadrons, 1 reitende und 1 Fuß Batterie stehen als Repli hinter dieser Linie in Kantonnements.

Patrouillen haben Folgendes gemeldet:

Apenrade ist unbesetzt. Gestern sind 150 bis 200 Kopenhagener Freischaaren daselbst gelandet, heute früh aber von dort nordwärts gegen Hadersleben abgegangen. Im Hafen liegen ein Dampfer und einige Kanonenboote.

Eine Patrouille von vier Dänischen Dragonern zeigte sich gegen Mittag bei Baurup und wurde von einer Preußischen Husarenpatrouille durch Baurup über Ulderup hinaus verjagt, wobei sich nichts Weiteres vom Feinde zeigte.

Eine zweite Preußische Patrouille ging am Nachmittag bis nach Nübel, wo sie auf einen Infanterieposten von 11 bis 15 Mann stieß, ohne sonst etwas Weiteres vom Feinde zu bemerken.

Es ergiebt sich aus allen diesen Meldungen, daß von Apenrade bis an die Nübel=Mühle sich keine feindlichen Abtheilungen befinden.

Dagegen schießt der Feind aus grobem Geschütz und kleinem Gewehr von Ekensund und von den Kanonenbooten auf einzelne Posten und Patrouillen an der Küste, ohne Schaden angerichtet zu haben. Durch diesseitiges Büchsenfeuer sind dem Feinde indeß zwei Mann verwundet worden, welche aus den Kanonenbooten an das Land gebracht werden mußten. Die feindlichen Schützen, welche die Ziegelei bei Ekensund besetzt haben, schießen mit Spitzkugeln."

Ferner ging im Hauptquartier die Meldung ein, daß heute in Lügum Kloster ein Holsteinischer Posten von 22 Mann und eine Preußische Patrouille von drei Gardeschützen gefangen genommen seien.

Ueber das Jütische Flankenkorps waren bisher nur sehr unbestimmte Nachrichten eingegangen; denn obwohl dasselbe der Brigade Möllendorf gefolgt war, so hatte es sich derselben doch nie genähert.

3. Juni. Dies veranlaßte den General v. Wrangel, zwei Rekognoszirungen anzuordnen. Ein Detachement der Bundestruppen sollte gegen Lügumkloster, ein anderes von der Brigade Möllendorf gegen Apenrade vorgehen.

Außerdem wurde nachstehender Tagesbefehl ausgegeben:

„Aus Veranlassung des Geburtstages Sr. Majestät des Königs von Hannover wird das Armeekorps am 5. d. Mts. eine große Parade in der Gegend von Holebüll haben. Die Truppen stehen am Vormittag des genannten Tages um 10 Uhr auf dem Platze bereit und erscheinen so stark und so propper als möglich, jedoch feldmäßig gepackt und mit eintägigem Proviant und Futter.

Die Vorposten der Preußischen Division, nebst ihren Soutiens, bleiben sämmtlich unverändert stehen und nur das Gros des Division konzentrirt sich bei Holebüll.

Von dem Holsteinschen Truppenkorps werden zwei Bataillone, und zwar die am entferntest stehenden (in der Gegend von Glücksburg), während der Parade nach Flensburg gelegt, woselbst sie so lange verweilen, bis die bisherige Garnison wieder zurückgekehrt. Alles Uebrige rückt mit vor."

Dagegen meldete Oberst Juel von Hadersleben aus über die Stellung der Bundestruppen Folgendes:

„In Vautrup, Ul. Paulskrug: Preußen: Bommerlund: Preußische und Hannoversche Infanterie; Flensburg: Preußen, Holsteiner in Tondern mit vorgeschobenen Posten bei Lügumkloster; Grüngrift: Hannoversche Husaren; Klipleff: Mecklenburgische Dragoner; Quars von Braunschweigischer Infanterie besetzt; Halketts Hauptquartier in Hoderup; die Vorposten stehen eine halbe Meile südlich von Apenrade."

Zur weiteren Rekognoszirung der Aufstellung der Bundestruppen sollte Rittmeister v. Würzen am nächsten Tage mit drei Eskadrons des 6. Dragoner Regiments über Hellewatt gegen Süden vorgehen.

Rekognoszirung des Oberstlieutenants v. Paczinski vom 4. bis 7. Juni und des Oberstlieutenants Grafen v. Walderſee am 4. Juni.

Mit der Rekognoszirung auf Lügumkloster wurde der Braunschweigische Oberstlieutenant v. Paczinski beauftragt.

Unter seinen Befehl traten: das 2. Braunschweigische Bataillon (509 Kombattanten) unter Major v. Specht, und das 1. Hannoversche Dragoner-Regiment (3 Eskadrons zu 60 Pferden) unter Major Meinecke.

Als Generalstabsoffizier that der Hannoversche Premierlieutenant v. Wonecken Dienst.

Der Auftrag lautete:

„Da wiederholte Nachrichten hier eingegangen sind, daß feindliche Detachements bis Lügumkloster und gegen Tondern vorgedrungen sind und die von dorther stattfindenden Zufuhren erschwert haben, so ersuche ich, das Nöthige zu veranlassen, damit morgen in aller Frühe ein Detachement von einem Bataillon und einem Kavallerie-Regiment (wohl am geeignetsten die aus Weibek und Bommerlund) eine Rekognoszirung über Tingleff und Rapstedt bis gegen Alsleben mache, den schwächeren Feind, wo es ihn finde, angreife und zurückwerfe, womöglich Gefangene einbringe, genaue Nachrichten über den Feind einziehe und dann über Tondern den Rückweg zur Armee nehme.

Es werden — wenn nicht unvorhergesehene Fälle eintreten, die den Kommandeur dieses Detachements entweder veranlassen, in der Gegend von Tondern zu bleiben oder einen früheren Rückzug anzutreten — zwei bis drei Tage auf diese Expedition zu verwenden sein.

Zu Tondern befindet sich noch heute eine Kompagnie und eine Escadron Holsteinscher Truppen, jedoch ist nicht gewiß, ob dieselben sich auch morgen noch dort befinden werden.

Der General v. Möllendorf wird an demselben Tage und in ähnlicher Art eine Rekognoszirung gegen Apenrade unternehmen."

Diesem Befehle gemäß rückte der Oberstlieutenant v. Paczinski am 4. Juni morgens 5 Uhr von dem Rendezvousplatz bei Baistrup ab.

Ein leichter Regen hatte den Staub der Sandwege niedergeschlagen, welcher sonst den Marsch leicht verrathen konnte. Um ihn der Infanterie zu erleichtern, waren Wagen requirirt, welche die Tornister fuhren. Um 1½ Uhr traf das Detachement in Rapstedt ein.

Eine feindliche Kavalleriepatrouille war tags zuvor in diesem Ort gesehen worden, und man durfte als wahrscheinlich annehmen, daß die Dänen in und vorwärts Lügumkloster ständen.

Da ein Theil der Truppen bereits um 1 Uhr morgens ausgerückt, der Marsch meist in tiefem Sande und bei heftigem Winde zurückgelegt war, so wurde in Rapstedt vorläufig Halt gemacht. Patrouillen gingen in den verschiedenen Richtungen vor.

Kaum hatten die Truppen sich einquartiert, als die Meldung einlief, daß bei Bedstedt, eine Meile nördlich, 1 bis 2 Dänische Escadrons ständen. Oberstlieutenant v. Paczinski ließ sofort die Kavallerie vorgehen, zwei Kompagnien Infanterie folgen und das Defilee von Rapstedt durch die anderen beiden Kompagnien besetzen.

Major Meinecke rückte mit seinen drei Escadrons im raschen Trabe vor. Jenseits Heisel eilten Dänische Vedetten im Galopp zurück, und bald erblickte man den Feind auf der Höhe jenseits des sumpfigen Thales der Arn-Au. Eine Abtheilung hielt die Arendorfer Mühle besetzt, den einzigen Uebergangspunkt über die Niederung. Es war ein Rekognoszirungsdetachement von drei Escadrons unter Rittmeister Würzen; derselbe hatte gegen Lügumkloster und Apenrade detachirt, mit seinem Gros aber sich bei Bedstedt aufgestellt.

Nachdem Oberstlieutenant v. Paczinski sich überzeugt hatte, daß die

Arm. An ihrer sumpfigen Uferbeschaffenheit wegen nur auf dem einzigen vorhandenen Uebergange zu passiren war, ertheilte er Befehl zum Angriff auf die Arendorfer Mühle.

Kaum waren wenige Schüsse abgegeben, so verließen die Vertheidiger die verbarrikadirte Brücke und verhinderten auch nicht den Gegner, der zu Dreien übergehen mußte, sich jenseits zu formiren. Rittmeister Würzen sammelte seine Reiter rückwärts auf der Apenrader Straße beim Sieverkrug, wo ihn nur die Hannoverschen Dragoner erreichten und mit der zweiten Escadron in der Front, mit der dritten in der linken Flanke angriffen, während die erste als Reserve folgte. Die Dänen wurden geworfen und auf engen, durch Gräben eingefaßten Wegen verfolgt.

Das Resultat dieses Gefechts war die Gefangennahme des Rittmeisters v. Würzen (derselbe, welcher sich in der Schlacht bei Schleswig ausgezeichnet hatte) und des Lieutenants v. Paulsen nebst 5 Unteroffizieren, 17 Gemeinen und 1 Diener, in Summa 2 Offiziere, 25 Mann und 23 Pferde.

Außerdem hatten die Dänen zwei Todte und einige Schwerverwundete.

Die Hannoveraner büßten nur zwei entlaufene und zwei verwundete Pferde ein. Die Blessuren bei den Mannschaften waren unbedeutend und ohne ärztliche Hülfe heilbar.

Das Dragoner Regiment ging nun mit seinen Gefangenen auf demselben Wege nach Heisel zurück, wohin die Braunschweigischen Kompagnien zur Aufnahme vorgerückt waren.

Die ausgeschickten Patrouillen hatten gemeldet, daß Tondern noch von den Holsteinischen Truppen, Lügumkloster aber von den Dänen besetzt sei.

Die Gefangenen sagten aus, daß in Galstedt ein Dänisches Detachement von 9 Escadrons und 3 Bataillonen nebst Artillerie stände. Obwohl diese Angabe bezweifelt werden konnte, wollte Oberstlieutenant v. Paczinski doch nicht in Rapstedt übernachten, sondern brach abends 9 Uhr mit seinem Detachement nach Büldernp auf, wo er um 11 Uhr eintraf. In diesem Dorfe kantonnirten die Truppen, die Pferde blieben jedoch gesattelt und die Gefangenen wurden in die Kirche gesperrt.

Am folgenden Morgen früh rückte das Detachement nach Tondern ab.

Mit der Rekognoszirung gegen Apenrade war der Oberstlieutenant Graf v. Waldersee beauftragt.

Für dieselbe war vom Oberkommando nachstehender Befehl ertheilt:

„Morgen findet eine Rekognoszirung über Tingleff und Rapstedt hinaus bis gegen Alsleben durch ein Regiment Kavallerie und ein Bataillon Infanterie der Truppen des X. Bundeskorps statt. Von den Truppen der Brigade Möllendorf wird eine ähnliche Rekognoszirung gegen Apenrade westlich der Chaussee ebenfalls am morgenden Tage in aller Frühe vorgeben. Diese wird sich darüber Gewißheit zu verschaffen haben, ob und wie stark der Feind in Apenrade und Umgegend steht; sie wird den Feind, wenn er ihr nicht an Zahl überlegen ist, angreifen und zurückwerfen, ihm Gefangene abnehmen und bestimmte Meldungen zurückbringen, aus denen zu entnehmen ist, ob und wie weit die Vorposten an den Feind herangeschoben werden können, um durch mögliche Gewinnung der Fühlung an den Feind die Kantonnements der Armee gegen Ueberraschung zu sichern."

Zu diesem Zwecke rückten um 1 Uhr nachts das Füsilier-Bataillon Kaiser Alexander-Regiments und eine Eskadron des 2. Kürassier-Regiments von Klipleff aus vor, eine halbe Stunde später das Füsilier-Bataillon Kaiser Franz, welches in dem waldigen Terrain vorwärts Urnehöved (Petersburg) als Repli stehen blieb. Drei Kürassierzüge setzten den Marsch auf dem Schienwege bis Rothenkrug fort.

Graf v. Waldersee selbst ging mit dem Füsilier-Bataillon Alexander und einem Zuge Kürassieren über Arsleben nach Apenrade vor. Eine Kompagnie wurde gegen den südlichen, eine gegen den nördlichen Eingang der Stadt dirigirt, die beiden übrigen gegen das Schloß vor der Westseite. Um 6 Uhr wurde von allen Seiten angegriffen, die Dänischen Jäger eilten nach wenigen Schüssen über die sumpfigen Wiesen und aus der Stadt dem Hafen zu, wo sie sich auf die Kanonenboote flüchteten.

Diese warfen einige Bomben in und über die Stadt, ohne Schaden zu thun. Apenrade wurde besetzt, durchsucht, ein dreistündiger Halt gemacht und dann unter Mitnahme einiger vorgefundener Waffen der Rückmarsch angetreten.

Wie Dänischerseits die Rekognoszirungen des Oberstlieutenants v. Paczinski und Grafen Waldersee aufgefaßt wurden, geht aus dem Rapport des Obersten Juel vom 5. Juni hervor. Derselbe lautet: „400 bis 500 Mann Preußen sind in Apenrade gewesen, aber sie verließen diese Stadt wieder bis auf den südwestlichen Ausgang. Nach einem Gerüchte sind auf der Landstraße, 1½ Meilen südlich von Apenrade, Verschanzungen aufgeworfen.

Bei einer Rekognoszirung war unser Kommando von einem vielfältig überlegenen Feinde angegriffen und der kühne Rittmeister Würzen nebst Lieutenant Paulsen und 10 bis 12 Dragonern gefangen genommen worden.

Rapstedt und Bredewatt sind stark besetzt, Ersteres mit 1500 Mann."

Treffen bei Nübel und Düppel am 5. Juni 1848.*)

General v. Wrangel hatte beschlossen, die Dänen am 5. Juni anzugreifen, um ihnen das immer weitere Ausbreiten und Festsetzen in der Nähe der Deutschen Vorposten zu verleiden, durch welches sie die Sicherheit der Kantonnements gefährdeten, und um ihnen durch ein entschiedenes Zurückwerfen auf den Brückenkopf von Sonderburg sowohl die Lust zum erneuten Vorgehen wie den Wahn zu nehmen, als habe eine Ueberlegenheit ihrer Waffen den Rückzug aus Jütland und das Ausweichen der Bundestruppen am 28. Mai bewirkt.

Der Vorwand einer beabsichtigten Parade bei Holebüll sollte die nothwendige Versammlung der Truppen, welche dem Gegner nicht leicht verborgen bleiben konnte, als unverfänglich erscheinen lassen.

Erst am 4. Juni wurde aus dem Hauptquartier Flensburg an den Generallieutenant Hallett, an den Fürsten Radziwill und an den Prinzen Friedrich von Holstein nachstehende Disposition erlassen:

„Ew. pp. haben aus meinem Tagesbefehl vom 3. ersehen, daß ich zu Ehren des Geburtstages Seiner Majestät des Königs von Hannover eine Parade angeordnet habe. Für den Soldaten im Felde giebt es keine bessere Parade als den Angriff des Feindes. Die Parade am 5. d. Mts. wird darin bestehen, daß wir den Feind gemeinschaftlich angreifen, da, wo wir ihn in unserem Bereiche finden, und ihn dort vom Festlande Schleswigs bis unter den Schutz seiner Kanonenboote zurückwerfen.

Disposition zum Angriff.

Die genauen Nachrichten, welche der Feind sich über unsere Unternehmungen zu verschaffen weiß, machen es erforderlich, daß die Truppen erst nach ihrem Abmarsch aus den Quartieren erfahren, wo es hingeht. Der Angriff wird in drei Kolonnen gegen Apenrade und den Brückenkopf bei Sonderburg gleichzeitig und gemeinschaftlich, wie folgt, ausgeführt werden:

1. Die Brigade Möllendorf konzentrirt sich an der Straße von Bau nach Hadersleben verdeckt hinter ihren Vorposten, marschirt um 10 Uhr morgens aus ihrer Rendezvousstellung ab über Nübel, Brunde auf Apenrade und zurück in ihre Kantonnements, indem sie die Detachements des Feindes, welche sich etwa in Apenrade befinden, aufzuheben sucht und die dort zurückgelassenen Vorräthe wo möglich in die Kantonnements mitnimmt.

---
*) Hierzu Plan 3.

2. Die Brigade Bonin konzentrirt sich hinter ihrem Vortrupp verdeckt in der Art, daß sie über Ulderup und Satrup gegen den Brückenkopf bei Sonderburg auf dem nächsten Wege vorgehen kann. Sie hat ihren Rendezvousplatz selbst zu wählen und rückt um 10 Uhr von dort zum Angriff vor.

3. Die Avantgarde, die 1. Infanterie-Brigade und die 9pfündige Hannoversche Batterie des X. Bundeskorps bilden die 3. Kolonne; sie steht um 10 Uhr verdeckt hinter den Preußischen Vorposten bei Schloß Gravenstein zum Abmarsch bereit. Ihr Angriff erfolgt um diese Zeit über Atzbüll und Nübel gegen Sonderburg. Es ist die Aufgabe der beiden letzten Kolonnen, durch entschlossenes Vorgehen den Feind womöglich von seinem Rückzuge auf Sonderburg abzudrängen; langes Tirailleurgefecht ist daher zu vermeiden. Der Brückenkopf selbst darf indeß nur dann angegriffen werden, wenn unvorhergesehene günstige Verhältnisse eintreten sollten, namentlich, wenn man mit dem Feinde zusammen in denselben eindringen könnte. Bei Ekensund bleibt ein Detachement Preußischer Gardeschützen zurück. Die übrigen Vorposten kann der General Bonin an sich ziehen, sobald die Angriffskolonnen deren Linie überschritten haben. Es bleibt den drei Kolonnenführern überlassen, nur so viel Kavallerie mitzunehmen, als das Terrain ihnen anzuwenden gestattet.

4. Der Rest der aus den Kantonnements zum Rendezvous nach Holebüll dirigirten Truppen des X. Armeekorps und die Holsteinschen Truppen bleiben dort in Reserve und behalte ich mir deren Verwendung nach den Umständen vor.

Für meine Person werde ich mich bei der zweiten Kolonne befinden, und sind alle Meldungen an mich dorthin zu dirigiren. Sollte es zu spät werden, um die Quartiere noch am Abend des 5. wieder zu erreichen, was wohl nur für die über Atzbüll vorgehende Kolonne des X. Bundeskorps der Fall sein dürfte, so werden die Truppen biwakiren. Für die Herbeischaffung der Biwaksbedürfnisse für diese letztere Abtheilung habe ich bereits durch den Intendanturrath Voos Sorge tragen lassen.

Ueber die Verpflegung der Truppen ist durch meinen Befehl vom gestrigen Tage bereits das Erforderliche bestimmt; von der 1. und 2. Kolonne erwarte ich um 8½ Uhr bei Holebüll die Anzeige, wo sie ihre Rendezvous genommen haben.

Der Oberbefehlshaber der Armee.

gez. v. Wrangel."

Treffen bei Nübel und Düppel am 5. Juni 1848.   175

Wie bereits angegeben, hatte Oberst v. Juel nur eine Spitze nach
Apenrade vorgeschoben gehabt, welche durch Oberstlieutenant Graf Waldersee
am gestrigen Tage dort vertrieben worden war. Der Vormarsch der Brigade
v. Möllendorf hatte sonach kein Objekt mehr und unterblieb am 5. Juni
ganz. Die Brigade ließ ihre Vorposten in der bisherigen Aufstellung und
blieb den Tag über bei Seegaard versammelt stehen.

Von der Dänischen Armee befanden sich am 5. Juni im Sundewitt unter   *Vertheilung*
Kommando des Generals Schleppegrell: *der Dänischen Truppen.*

    die Flanken-Brigade (5., 10. Linien- und 1. Jäger-Bataillon) unter
        Oberstlieutenant v. Federspiel,
    die 3. Brigade (12., 13. Linien- und 3. Jäger-Bataillon) unter
        Oberstlieutenant v. Rye,
    die Infanterie-Brigade (4., 8. Linien- und 2. Reserve-Bataillon)
        unter Oberstlieutenant Blom,
in Summa 9 Bataillone zu 800 Mann, also 7200 Mann;
hierzu die 12pfdge Batterie Baggesen, die 6pfdge Braun und eine halbe
Espignolen-Batterie, ferner ein Detachement freiwilliger Schützen.

Auf Alfen standen unter Generalmajor Hansen:

    die 1. Brigade (1., 2. und 11. Linien-Bataillon, Batterie Jessen und
        eine halbe Espignolen-Batterie) unter Generalmajor v. Bülow,
    die 2. Brigade (6., 7. Linien-, 2. Jäger-Bataillon) und eine halbe
        Eskadron freiwilliger Schützen zu Pferde unter Oberstlieutenant
        v. Hagemann,
    die Reserve-Brigade (das Garde- und 3. Linien-Bataillon) unter
        Oberst v. Wickede.
in Summa 8 Bataillone zu etwa 800 Mann, also 6400 Infanterie.

Die Dänische Armee unter General v. Hedemann zählte demnach 13600 Mann
Infanterie und ihre Gesammtstärke betrug etwas über 14000 Mann und
24 Geschütze.

Gegen diese in ihrer Hauptstellung leicht zu versammelnde Macht wurden
auf Deutscher Seite vorgeführt:

    die Brigade v. Bonin   5700 Mann,
    ein Theil der Bundestruppen, über welche General
    Hallett selbst das Kommando übernahm   5300 Mann
                                    zusammen 11000 Mann
und 30 Geschütze.

Von den Abtheilungen des Generals v. Schleppegrell standen am 5. Juni die Infanterie-Brigade Blom bei Satrup und Wester-Schnabel, die Flanken-Brigade Federspiel bei Nübel und Nübel-Mühle.

Letztere wurde frühzeitig schon verstärkt durch das 12. Bataillon der 3. Brigade Rye, welche bei Düppel stand.

Im Allgemeinen waren die Truppen im Sundewitt angewiesen, daß sie sich, sobald die Vorposten von einer bedeutenden Truppenmasse angegriffen würden, langsam sechtend auf Düppel Berg zurückziehen sollten. Die auf Alsen kantonnirenden hatten sich auf den Alarmplätzen zu sammeln, um die Düppeler Schanzen zu besetzen, die vorgeschobenen Abtheilungen aufzunehmen oder zu ihrer Unterstützung vorzugehen.

Vormarsch der Bundestruppen. Von den Bundestruppen waren nur zwei Brigaden bestimmt, an diesem Tage die rechte Flügelkolonne zu bilden, nämlich:

die bisherige Avantgarde, General v. Schneben, mit
 dem Hannoverschen 3. leichten Bataillon,
 Braunschweigischen 1. Bataillon,
 Oldenburgischen 1. Bataillon,
 der Mecklenburgischen Jägerabtheilung,
    Dragoner-Division,
  Braunschweigischen Batterie

und die Brigade v. Marschall:
 Hannoversches 2. Bataillon 4. Regiments,
    1. 5.
    2. 6.
  Husaren Division,
  9pfündige Batterie.

Summa: 6½ Bataillone, 4 Eskadrons und 2 Batterien, in der Gesammtstärke von etwa 4500 Mann, über welche General Hallett selbst den Befehl führte.

Diese Truppen waren aus ihren bis zu 3 Meilen entfernten Kantonnements jenseits Flensburg sehr früh, zum Theil schon um Mitternacht aufgebrochen und standen um 9½ Uhr auf dem befohlenen Rendezvous hinter Gravenstein bereit. Um jedoch der sich bei Langgaard konzentrirenden Brigade Bonin die Möglichkeit eines Zusammenwirkens zu gewähren, verzögerte General Hallett seinen Abmarsch bis um 11½ Uhr.

Die Brigade Marschall marschirte an der Tete auf der großen Straße, auf welcher die Brigade Schneben dicht aufgeschlossen bis Atzbüll folgte, dann aber auf dem Kolonnenwege sich links gegen Nübel-Mühle wandte.

Die Husaren an der Spitze der ersteren Brigade stießen bald hinter Atzbüll auf die Vorposten des Feindes, den man bei Nübel Mühle in Position erblickte. Das Feuer aus zwei Geschützen von dort ging meist über die Köpfe der Truppen hin, welche auf der beträchtlich niedriger liegenden Chaussee vorrückten, und die Schützen des 2. Bataillons 4. Regiments gingen zum Angriff auf ein Gehöft diesseits Nübel vor, welches von einer Dänischen Feldwache und ihrer eben eintreffenden Ablösung, nicht ohne lebhaften Widerstand geleistet zu haben, geräumt wurde.

Zwei Kompagnien des 2. Bataillons Hannoverschen 4. Regiments wurden jetzt links in die Flanke der Stellung auf die Höhe der Nübel-Mühle detachirt, und die 9pfündige Batterie richtete ihr Feuer gegen die dort aufgestellte feindliche Artillerie. Noch ehe die Brigade Schneben eintraf, räumten das Dänische 5. Linien- und 1. Jäger-Bataillon die Position. Eine Verfolgung ihres Rückzuges durch die Husaren scheiterte aber an dem heftigen Feuer, welches diese empfingen.

Jetzt kam es auf die Wegnahme des von dem 12. Dänischen Linien-Bataillon besetzten Dorfes Nübel an. Eingedenk der Instruktion, lange Tirailleurgefechte zu vermeiden, ging Major Kukuk mit der ihm verbliebenen Hälfte des 2. Bataillons Hannoverschen 4. Regiments sofort zum Angriff mit dem Bajonett vor und setzte sich in den Besitz des Dorfeinganges. Er selbst nebst 4 Offizieren und 30 Mann wurden dabei verwundet; außerdem verlor er 3 Todte.

Einnahme von Nubel.

12 Uhr mittags.

Nübel ist 1400 Schritt lang und besteht aus zwei Straßen, die sich bei dem mit einer Mauer umgebenen Kirchhof wieder vereinen. In der Mitte des Dorfes hatten die Dänen Posto gefaßt. Zur weiteren Durchführung des Angriffs wurde nun das 1. Bataillon 5. Regiments herangezogen. Lieutenant Tammers gab eine Salve und ging sodann ebenfalls gleich mit dem Bajonett vor. Das Bataillon verdrängte die Dänen schließlich auch von dem Kirchhof. Es hatte dabei 1 Offizier und 11 Mann Verwundete und 3 Todte.

1 Uhr a. Einnahme von Stenderup

Das nach einem ermüdenden Marsche eben eintreffende Freikorps Zeussen Tusch sekovirte das Dorf rechts; zur Linken hatte die Brigade Schneben eine Zeit lang bei der Nübel Mühle Halt gemacht, um das Herankommen der Brigade Bonin in gleiche Höhe abzuwarten, bei dem Vorschreiten des rechten Flügels aber den Marsch wieder angetreten, um diesen nicht völlig zu isoliren. Dabei stieß sie nun auf den Feind, welcher mit dem 10. Linien-Bataillon Stenderup besetzt hatte.

Die Hannoversche Batterie eröffnete ihr Feuer von der Mühle her gegen das Dorf, während das 3. leichte Bataillon dasselbe links umging und dann zum Angriff schritt.

Oberst Federspiel leistete hier keinen langen Widerstand. Bereits war zu seiner Rechten die Brigade Bonin nach Satrup vorgedrungen, zur Linken hatte die Brigade Marschall sich im raschen Anlauf des Gehölzes Büffel Koppel bemächtigt. Er räumte daher Stenderup unter dem lebhaften Feuer der Braunschweigischen Batterie, welche, südlich des Dorfes vorgegangen, nunmehr die Dänische Aufstellung hinter der Büffel-Koppel beschoß.

Dort hatten die aus Nübel verdrängten Truppen, durch die Seeländischen freiwilligen Jäger verstärkt, bei Wielhoi Posto gefaßt. Das lebhafte Feuer der hinter den Knicks liegenden Schützen zwang die aus dem Walde hervortretenden Hannoverschen Tirailleure zur Umkehr, und es entspann sich hier ein längeres Tiraillement.

Bisher hatten die beiden Bundesbrigaden allein gefochten. Ihrem energischen Vorgehen war es gelungen, den Feind aus allen seinen Stellungen zu verdrängen und fechtend eine halbe Meile nach vorwärts Terrain zu gewinnen. Indeß darf dabei nicht übersehen werden, daß die Dänischen Brigaden Federspiel und Blom angewiesen waren, sich vorwärts Düppel auf kein hartnäckiges Gefecht einzulassen.

Jetzt langte aber auch vom Oberkommando der Befehl an, nicht weiter vorzudringen, bis die linke Kolonne am Gefecht theilnehmen könne.

Das Schützengefecht von der Büffel Koppel aus wurde fortgesetzt, das Wäldchen nördlich davon besetzt. General v. Schnehen, welcher im Begriff stand, gegen Düppel zu debouchiren, machte am östlichen Ausgange von Stenderup Halt, die Artillerie fuhr zwischen beiden Brigaden auf.

Vormarsch der Brigade Bonin.

Die Brigade v. Bonin bestand an diesem Tage aus dem 1., 2. Bataillon 2. Regiments, dem 1., 2. und Füsilier-Bataillon 20. Regiments, dem 1. Bataillon 12. Regiments, dem Füsilier-Bataillon 31. Regiments und 2 Kompagnien Gardeschützen, 3 Eskadrons 3. Husaren-Regiments, 1 Fuß-Batterie, 1 reitenden Batterie, 1 Pionier-Abtheilung. Summa: 7½ Bataillone, 3 Eskadrons, 16 Geschütze, zusammen 6500 Mann.

Das Gros der Brigade rückte pünktlich zur befohlenen Stunde, 10 Uhr vormittags, von Lavgaard ab. Um aber nach Satrup zu gelangen, mußte in dem Zickzack über Grüngrift, Rieding, Benschau und Ulderup marschirt werden.

Zur Verminderung der Tiefe dieser Kolonne war denjenigen Truppen, welche zunächst dem Feinde gestanden und welche die Versammlung zu decken gehabt hatten, ein besonderes Rendezvous bei Fischbel bezeichnet worden. Das Füsilier-Bataillon 20. Regiments, 1. Bataillon 12. Regiments, Füsilier

Bataillon 31. Regiments, 1 Kompagnie Schützen und 1 Eskadron Husaren rückten dorthin, sobald die Bundestruppen sich bei Gravenstein versammelt hatten, um 11 Uhr ab.

Eine Husaren-Eskadron war über Feldstedt, Baurup und Blans nach Schnabek behufs Aufklärung in der linken Flanke dirigirt worden.

Die Brigade war um 1½ Uhr bei Satrup angelangt. Sie hatte den Marsch von 2 Meilen bei großer Hitze, auf engen Feldwegen, zwischen hohen Hecken in wenig mehr als 3 Stunden zurückgelegt, fand den Ort unbesetzt und rastete eine halbe Stunde. Die Dänische Brigade Blom hatte volle Zeit gehabt, sich einem Angriff in Satrup durch den Rückzug auf Rackebüll zu entziehen, und hatte selbst die Brigade Federspiel noch durch ihr 4. Bataillon unterstützt.

Um 2 Uhr war der Vormarsch der Preußischen Brigade fortgesetzt worden. Zur Unterstützung der Bundestruppen und zur Erhaltung der Verbindung mit ihnen hatte General v. Bonin den Oberstlieutenant Wiesner mit den eben genannten drei Bataillonen seiner rechten, von Fischbek herangezogenen Kolonne auf dem Wege vorgehen lassen, welcher von Satrup direkt nach Wester-Düppel führt.

Auf Befehl des Fürsten Radziwill blieben das 1. Bataillon 20. Regiments und 6 Geschütze der Fuß-Batterie 11 in einer Aufnahmestellung bei Satrup zurück. Der Rest der Brigade, das 1. und 2. Bataillon 2. Regiments, 2. Bataillon 20. Regiments, 2 Kompagnien Gardeschützen, 2 Eskadrons 3. Husaren-Regiments, 6 reitende Geschütze und 4 Haubitzen beider Batterien rückte gegen Rackebüll vor. Die Haubitzen fanden Gelegenheit, die von Stenderup noch im Rückmarsch begriffenen Dänischen Bataillone zu beschießen. Eine feindliche Batterie erwiderte dies Feuer, fuhr aber bald ab, und Hauptmann Petzel schloß sich im Trabe der Infanterie wieder an. Das an der Tete marschirende 1. Bataillon 2. Regiments hatte rechts in die Flanke der nach Düppel zurückgehenden Dänen detachirt.

Das Gros passirte, ohne auf Widerstand zu stoßen, Rackebüll und fand selbst die ersten Häuser von Surlücke unbesetzt, dagegen gerieth man nun in das Feuer einer 12 pfündigen Batterie auf den Düppeler Höhen, gegen welche die Haubitzen auf 1200 Schritt Entfernung auffuhren.

Während dieses ungleichen Geschützkampfes hatte die Infanterie das nächste von den Dänen stark besetzte und hartnäckig vertheidigte Gehöft durch Gewehrraketen in Brand gesetzt. Aber man stand hier der ganzen Brigade v. Bülow gegenüber, welche von Alsen in die Düppelstellung herangezogen war. Um weiter vorzudringen, mußte nothwendig die Einwirkung der Kolonne des Oberstlieutenants Wiesner erst abgewartet werden.

Vorgehen des Oberstlieutenants Wiesner.

Dieser hatte bei seinem Vorgehen den von Stenderup zurückweichenden Feind eingeholt. Die Schützen des an der Tete marschirenden Füsilier-Bataillons 31. Regiments hatten die Dänischen Tirailleure von einem Abschnitt zum anderen so rasch zurückgedrängt, daß sie bald ihren Soutiens weit voraus waren. An der Düppeler Kirche trafen sie mit dem Oldenburgischen Bataillon zusammen.

Die Brigade v. Schneden hatte nämlich, sobald sie das Vorrücken der Preußischen Brigade von Satrup gewahrte, ihrerseits von Stenderup aus sich wieder in Bewegung gesetzt, sie wurde aber nun durch General Hallett südlich gegen die Sonderburger Straße dirigirt. Oberstlieutenant Wiesner vertrieb den Feind aus Wester-Düppel, das 1. Bataillon 12. Regiments blieb an der Kirche als Repli stehen.

4 Uhr a.

Kampf um die Düppeler Höhe.

Jetzt mußten die Dänen auch ihre Stellung bei Wielhoi aufgeben. Bereits war dort das 12. Bataillon, nachdem es sich völlig verschossen, auch sein Kommandeur, Oberstlieutenant Morgenstjerna, und der Schwedische Lieutenant Sommelius gefallen, durch das 13. abgelöst worden. Beide zogen sich nun nebst der Batterie nach der Düppeler Höhe zurück. Ihnen gegenüber hatte das Hannoversche Bataillon 6. Regiments 29 Mann verloren.

Die Brigade Marschall folgte alsbald der Bewegung des Feindes, und die Brigade Schneden setzte sich hinter dieselbe. General v. Marschalk war bei diesem Vorrücken am Kopf verwundet worden.

Das Freikorps Jenssen rückte längs des Strandes vor.

Dänische Kanonenboote, welche diese Bewegung vom Wenningbund aus beschossen, wurden durch den südlich Freudenthal auffahrenden Haubitzzug der Hannoverschen Batterie vertrieben.

Auf der ganzen Linie aber waren jetzt die Truppen in das heftigste Feuer der dänischen Batterien auf der Düppeler Höhe getreten. Dadurch im weiteren Vorschreiten gehemmt, dehnten sie sich unwillkürlich in die Breite aus.

Von Surlücke aus war, um die Verbindung mit dem Oberstlieutenant Wiesner aufzunehmen, bereits das 2. Bataillon 2. Regiments nebst 6 reitenden Geschützen rechts detachirt worden. Nur mit dem 1. Bataillon (v. Clausewitz) war Major v. Steinmetz im Ort verblieben. Das 2. Bataillon 20. Regiments stand zu seiner Unterstützung in Radebüll.

Obgleich in der Front im Tirailleurgefecht mit den hinter Knicks liegenden

feindlichen Schützen beschäftigt, von einer Strandbatterie auf Alsen, zwei
Kanonenbooten im Sund und zwei Feldgeschützen auf der Höhe unter Feuer
genommen, behaupteten die braven Pommern sich doch in ihrer Stellung.

An der Oſtliſiere von Düppel waren Mannschaften des 2. und 12. Regiments mit Gardeſchützen durcheinander gemischt. Auch hier am Debouchiren
aus dem Dorfe behindert, schoben sich die Füsiliere des 20. und 31. Regiments,
nebst Abtheilungen des 2. Regiments, rechts, überschritten das Düppel-Fließ
ſüdlich des Orts und breiteten sich bis zum Wenningbund aus, so daß die
Brigade Bonin in einer 4000 Schritt langen Linie unmittelbar vor und im
Feuer der feindlichen Stellung stand.

Es war 4¼ Uhr und der Augenblick gekommen, wo man sich entscheiden   4¼ Uhr a.
mußte, ob man die feindliche Stellung stürmen wollte oder nicht.

Für den Sturm fehlte es an einer starken und noch intakten Reserve.
Als solche konnten die in zweiter Linie stehenden Bundestruppen nicht gelten,
die Gardebrigade aber und die Holsteinschen Truppen standen drei Meilen
rückwärts.

Es blieb also nichts übrig als den Sturm zu unterlassen, und wirklich
erfolgte auch jetzt der Befehl, nicht weiter vorzurücken, zugleich aber die Be-
ſtimmung, die eingenommenen Stellungen zu behaupten.

Infolge dieser Weiſung erlosch ſehr bald das Kleingewehrfeuer, denn die
Dänische Infanterie trat ruhig hinter ihre Schanzen zurück; die Preußische
hingegen verblieb unter der Wirkung der feindlichen Geschütze von der
Düppeler Höhe, von Alsen und von den Kanonenbooten her. Um dies Feuer
zu dämpfen, wurden nach und nach alle verfügbar gebliebenen Batterien
vorgezogen.

Der Geschützkampf dauerte ungefähr eine Stunde, zeigte aber bald, daß
das mit schwächerem Kaliber aus meistentheils ungedeckter Stellung gegen
die Höhe gerichtete Feuer ein unwirksames blieb. Ein Zug der Preußischen
Batterie mußte beim Abfahren ein Geschütz, dem ein Rad zerschossen war,
und welches vier Pferde verloren hatte, stehen lassen, bis Reservepferde heran-
geschafft werden konnten. Die Kavallerie vermochte zwar, einzeln versuchte
Offensivstöße, so den des Dänischen 13. Linien- und des 3. Jäger-Bataillons,
zurückzuweisen, aber eine Entscheidung konnte sie unmöglich herbeiführen.

Unter dieſen Verhältnissen erfolgte um 5 Uhr nun auch der Befehl zum   5 Uhr a.
Rückzug nach Satrup und Rübel-Mühle, wo die Biwaks bezogen werden   Rückzug
sollten.   der Bundes-
truppen.

Dieſer Befehl ging dem General Halkett um 5¼ Uhr zu und konnte von den in zweiter Linie unbehelligt stehenden Bundesbrigaden ohne Schwierigkeit bewerkstelligt werden. Es bildeten aber diese die einzige mögliche Unterstützung der vorn im Gefecht stehenden Brigade Bonin. Nichtsdestoweniger wurde der Abmarsch sogleich angeordnet und ausgeführt. Selbst die Batterien wurden aus der Gefechtslinie zurückbeordert. Die Bundestruppen bezogen ihre Biwals hinter der Nübel-Mühle, das 3. leichte Bataillon und die Mecklenburgischen Dragoner bei dem Gehöft Stenderupfeld, und die Husaren setzten Feldwachen bei Nübel aus, Alles, während das Gefecht eine Meile weiter vorwärts auf der Linie Sturlucke — Düppel immer lebhafter wurde, wo jetzt die Preußische Brigade lediglich auf sich selbst angewiesen blieb.

General v. Bonin hatte den Befehl zum Rückzug um 5½ Uhr erhalten; die weitere Mittheilung war erschwert sowohl durch die Ausdehnung wie die Durcheinandermischung der meist in Tirailleurlinien aufgelösten Truppen. Es galt zuerst, die Verwundeten zurückzuschaffen, dann alle Theilgefechte abzubrechen, bevor der Abzug beginnen konnte. Aber eben jetzt begannen die Offensivunternehmungen des Feindes, welche dies verhinderten.

Erscheinen der Dänen. 6¼ Uhr a.

General v. Hedemann hatte seine sämmtliche Streitkraft von Alsen in die Position von Düppel herangezogen. Er sah den Angriff überall zum Stehen kommen, bemerkte das allmähliche Erlöschen des Artilleriefeuers, den Rückmarsch der Bundestruppen. Der Moment aktiven Vorgehens war für ihn gekommen.

General v. Bonin hatte den Rückzug in der Weise angeordnet, daß sein linker Flügel, welcher den weitesten Weg zurückzulegen hatte, zuerst aufbrechen, der rechte erst folgen sollte, wenn jener mit ihm in gleicher Höhe angelangt sein würde. Es kam also wesentlich darauf an, das Dorf Düppel ferner zu behaupten.

Major v. Steinmetz brach, nachdem die Haubitzen bereits nach Satrup zurückbeordert waren, um 6½ Uhr von Sturlucke auf, gefolgt von feindlichen Tirailleuren. Das 2. Bataillon 20. Regiments hatte zu seiner Aufnahme Stellung vorwärts Rackebüll genommen.

Die gesammte Brigade v. Bülow, verstärkt durch das 10. Linien- und das 2. Reserve-Bataillon, hatte sich auf der Apenrader Straße in Bewegung gesetzt. Die beiden Preußischen Bataillone warteten die Entwickelung dieser Streitkräfte nicht ab, sondern setzten den Rückzug in guter Ordnung auf Satrup fort. Die feindlichen Kolonnen folgten mit großer Vorsicht, ihre Schützen feuerten nur aus weiter Entfernung.

Gleichzeitig mit der Brigade v. Bülow, um 6¼ Uhr, waren gegen die

Nord- und Ostseite von Düppel das 6. und das 8. Dänische Linien-Bataillon vorgegangen.

General v. Bonin hatte den Oberstlieutenant Wiesner mit der Vertheidigung dieses Stützpunktes für den weiteren Rückzug beauftragt. Das 1. Bataillon 12. und das 2. Bataillon 2. Regiments waren dafür zur Verfügung. Abtheilungen des Letzteren wurden zur Verstärkung an die Dorflisière herangezogen und dieser erste Angriff abgeschlagen. Derselbe wurde um 7 Uhr durch das 6. und 5. Dänische Linien-Bataillon mit ebenso wenig Erfolg wiederholt.

7 Uhr o

Während so der linke Flügel der Brigade Bonin zurückging, das Centrum sich behauptete, hatte der rechte, erst später benachrichtigte Flügel sich in ein lebhaftes Offensivgefecht eingelassen.

Zwischen Düppel und dem Wenningbund waren die Kompagnien vom 20., 31. und 2. Regiment etwa eine Stunde lang unbehelligt geblieben, als Dänische Tirailleure, gefolgt von einer Kolonne, aus der Stellung gegen sie vorrückten. Es gelang, die ersten Angriffe zurückzuweisen; aber die wachsende Zahl der Gegner führte zu einem lebhaften Schützengefecht.

In diesem unübersichtlichen und durchschnittenen Terrain war es nur durch den Muth und die Umsicht der Unterführer möglich, dem weit überlegenen Gegner Widerstand zu leisten. Früh schon fielen der Hauptmann v. Gersdorff, die Lieutenants v. Manvain, v. Katte und v. Bardeleben schwer verwundet, indem sie ihren Leuten das Beispiel persönlicher Aufopferung gaben. Nicht minder zeichneten sich die Hauptleute v. Warnsdorff und v. Germar, die Lieutenants v. Cnistorp, v. Lund, v. Gilsa, v. Reusch, v. Düring und der Unteroffizier Döpel aus, indem sie die langen Linien auf- und abgehend ihre Leute nicht nur zum ruhigen Widerstand ermunterten, sondern sie auch angriffsweise vorführten. Dies konnte bei der Dichtigkeit der Hecken nur geschehen, indem man unter dem lebhaften Feuer des Feindes auf der großen Straße rasch ein Stück Weges vorschritt und dann hinter den Knicks sich wieder rechts und links ausbreitete. In solcher Weise waren die Preußischen Tirailleure im Verlauf einer Stunde allmählich bis auf Gewehrschußweite an die feindliche Hauptstellung herangedrungen, als um 7 Uhr das Dänische Garde-Bataillon, das 4. Linien-Bataillon und mehrere Kompagnien des 1. und 3. Jäger-Bataillons gegen sie vorbrachen.

Diesem durch das Artilleriefeuer aus der Position und von den Schiffen unterstützten Angriff konnten die zusammen nur 800 Mann starken Abtheilungen nicht widerstehen. Ein großer Theil derselben hatte die Munition völlig

Rückzug des rechten Preußischen Flügels.

verschossen, das mühsam und nutzlos eroberte Terrain mußte aufgegeben, der Rückzug nach Düppel angetreten werden.

Die Abtheilungen des 2. Regiments hatten . . . . . 1 Offizier 14 Mann
„ „ - Füsilier-Bats. 20. Regiments 5 Offiziere 53 „
„ „ 31. „ 1 Offizier 44 „
zusammen 7 Offiziere 111 Mann

verloren.

In der Mitte des Dorfes Düppel hatte das 2. Bataillon 2. Regiments Stellung genommen und die nächsten Knicks mit Tirailleuren stark besetzt. Die einzeln anlangenden Abtheilungen des rechten Flügels fanden dort Aufnahme, ordneten sich hinter der Kirche und setzten dann den Rückzug theils über Stenderup, theils direkt auf Satrup fort. Düppel wurde gegen alle Anstrengungen des Feindes bis 8 Uhr abends behauptet, dann erst zog sich die Besatzung hinter die Kirche am nördlichen Ausgang von Wester-Düppel zurück, wo das 1. Bataillon 12. Regiments und die 3. Gardeschützen-Kompagnie inzwischen Stellung genommen hatten, um auch den letzten der abziehenden Truppen Zeit zu verschaffen.

Der Kirchhof bildet ein Viereck von 50 Schritt Seitenlänge, seine Mauern sind zwar nach außen 5 Fuß hoch, gewähren aber nach innen nur zwei Fuß Deckung; dabei ist er von nahe gelegenen Häusern eingesehen, welche aus Mangel an Mannschaft nicht alle besetzt werden konnten. Der von Satrup nach der Düppelstellung gebahnte 30 bis 40 Fuß breite Kolonnenweg führte in der Entfernung von 200 Schritt nördlich an dem Kirchhof vorüber.

Das Bataillon hatte sich zwischen Kirchhof und Kolonnenweg, beide Punkte besetzend, aufgestellt, die erste Kompagnie rückwärts, verdeckt als Reserve. Die Schützen-Kompagnie war südlich auf dem Dorfwege vorgeschoben.

Der Angriff des Gegners richtete sich zunächst gegen den 4. Schützenzug, welcher, hinter den Hecken gedeckt, den Kolonnenweg zu vertheidigen hatte. In dichten Reihen, fast Arm an Arm, gingen die Dänischen Tirailleure zu wiederholten Malen gegen diese Abtheilung vor, aber dem Hurrah der Anstürmenden antwortete stets das der Vertheidiger, und Erstere kehrten jedesmal auf halber Entfernung um, sobald sie sahen, daß Letztere keine Miene zum Zurückgehen machten.

Während dessen war Düppel vollständig geräumt, auch die Gardeschützen-Kompagnie zurückgezogen worden, und das 5. und 6. Linien-Bataillon drangen gegen den Kirchhof vor, welcher, nachdem der dort befehligende Hauptmann v. Kowalewski verwundet und neun Mann gefallen waren, geräumt werden mußte. Jedoch hielten die Vertheidiger sich noch hinter der Kirche und außerhalb der Mauer. An und in den nächsten Häusern kam es zum hitzigen Handgemenge. Inzwischen hatte Hauptmann v. Seckendorff die nächsten Knicks dahinter besetzt. Er fiel wenig Augenblicke später, aber der Zweck war erreicht, allen zurückgehenden Abtheilungen einen Vorsprung von einer halben Meile zu verschaffen. Das Bataillon 12. Regiments brach nun ebenfalls nach Satrup auf.

Dabei entstand indeß die Gefahr, in der rechten Flanke angegriffen zu werden, da die Brigade v. Bülow, nachdem sie die Verfolgung des 1. Bataillons 2. Regiments bei Rackebüll aufgegeben, links eingeschwenkt war und gegen den Satruper Weg vorrückte. General v. Wrangel führte persönlich den Lieutenant v. Wedell mit seinem Zuge in der bedrohten Richtung vor, um den Rackebüller Weg noch rechtzeitig zu besetzen. Wiederholt mußte die vorderste Kompagnie Stellung hinter den Knicks nehmen, um die hinterste durchzulassen; denn das Bataillon war von dichten Schützenschwärmen völlig umgeben, welche fortwährend in dasselbe hineinschossen.

Zur Sicherung seiner Flanke hatten bereits Abtheilungen der Füsiliere 31. Regiments Stellung auf der Satrup—Rackebüller Straße genommen, demnächst auch das 1. Bataillon 20. Regiments näher an dem Kolonnenwege. Da die Dänen hiergegen Geschütze entwickelten, so ließ General v. Bonin nun auch noch das bereits in Satrup angelangte 2. Bataillon dieses Regiments mit sechs Geschützen wieder vorgehen. Allein die Dänen ließen im heftigen Nachdrängen immer mehr und mehr nach und folgten zuletzt nur noch aus größerer Entfernung.

Als um 10 Uhr abends das Bataillon seinen Vormarsch beendet hatte, | 10 Uhr a.
formirte es sich und rückte um 11 Uhr in sein Biwak.

Der Verlust desselben betrug:

  an Todten und tödtlich Verwundeten 2 Offiziere, 7 Mann,
  an leicht Verwundeten   1 Arzt, 4 - 27

Nur ein Mann mit zerschmettertem Fuß war in Gefangenschaft gerathen.

Die Infanterie und Artillerie der Preußischen Linienbrigade biwakirte dicht bei Satrup in einer konzentrirten Stellung, um gegen einen nächtlichen Angriff immer bereit zu sein.

Die Vorposten erstreckten sich vom Dorfe Sandberg im Halbkreise bis

Lundsgaard. Die Verbindung mit den bei Nübel-Mühle stehenden Truppen des X. Bundeskorps wurde durch stehende Patrouillen vermittelt.

Die Dänen waren über Steuderup hinaus und bis dicht vor Satrup nachgedrungen. Den Vorpostendienst auf dieser Linie übernahmen das 3. und 7. Linien-, sowie das 2. Jäger-Bataillon. Die Truppen biwakirten dahinter.

Bald nachdem die Biwaks bezogen waren, rückte noch eine dänische Rekognoszirungspatrouille, etwa 20 Pferde und 40 Mann Infanterie stark vor, wurde aber bald zurückgeworfen.

Während des letzten Stadiums des Gefechts hatten die Dänen so bedeutende Kräfte entwickelt und waren mit solcher Entschiedenheit zur Offensive übergegangen, daß ein Angriff für den folgenden Tag zu erwarten stand. Es wurde daher unmittelbar nach Beendigung des Gefechts an die Preußische Gardebrigade der Befehl ausgefertigt, sich über Ulderup auf Satrup heranzuziehen, während die Holsteinischen Truppen von Holebüll und Theile des X. Bundeskorps über Gravenstein auf Nübel-Mühle vorgehen sollten. Die Kavallerie der Reserveabtheilungen war angewiesen, unter Befehl des Hannoverschen Oberstlieutenants v. Poten bei Tingleff die Armee gegen einen etwaigen Angriff von Apenrade her zu sichern.

Verlustlisten:

1. Preußen:	Todt			Verwundet				Vermißt
	Offiz.	Uoffiz.	Gem.	Offiz.	Uoffiz.	Gem.	Aerzte	Gem.
Garde-Schützen-Bataillon	—	—	1	2	1	2	—	—
2. Inf.-(Königs-)Regiment	—	3	7	4	2	34	—	5
1. Bataillon 12. Inf.-Regts.	1	—	3	5	—	23	1	—
20. Infanterie-Regiment	1	1	7	4	4	37	—	—
Füs.-Bataillon 31. Inf.-Regiments	1	—	7	—	5	36	—	1
Artillerie	—	—	—	—	—	3	—	—
Pioniere	—	—	1	—	—	—	—	—
Summe:	3	4	26	15	12	135	1	6

2. X. Bundeskorps:	Todt.	Verwundet.
2. Bataillon Hannov. 4. Regts.	— Offiz. 3 Uoffze. u. Gem.	4 Offiz. 16 Uoffze. u. Gem.
1. „ 5. „	„ „ „ „ „ 1 „	„ „ 10 „ „ „
2. „ 6. „	1 „ 3 „ „ „ — „	„ „ 15 „ „ „
3. leichtes Hannov. Bataillon	„ „ 2 „ „ „ 1 „	„ „ 2 „ „ „
Königin-Husaren-Regiment	— „ „ „ „ „ 1 „	„ „ 2 „ „ „
9pfündige Hannov. Batterie	— „ 2 „ „ „ „ „	„ „ 3 „ „ „
Stab	„ „ „ „ „ „ 1 „	„ „ „ „ „ „
Seite	1 Offz. 13 Uoffze. u. Gem.	8 Offiz. 48 Uoffze. u. Gem.

	Uebertrag	1 Offic. 13 Uoffic. u. Gem.	8 Offic. 48 Uoffic. u. Gem.
1. Braunschweig. Bataillon	—	1	—
1. Oldenburg.	—	1	—
Mecklenb. Dragoner-Division	—	1	—
Freikorps Jenssen-Tusch	—	3	—
	Summe	1 Offic. 19 Uoffic. u. Gem.	8 Offic. 48 Uoffic. u. Gem.

Summe des Verlustes der Bundes Armee: 27 Offic. 250 Unteroffic. und Gem.

Verlust der Dänen:	Todt:	5 Offic.	54 Unteroffic. und Gem.
	Verwundet:	8	161
	Gefangen		19
	Summe des Verlustes:	13 Offic.	234 Unteroffic. und Gem.

Betrachtungen über die Kriegslage und das Gefecht am 5. Juni.

Die allgemeine Sachlage hatte sich seit dem Rückzuge aus Jütland für das Bundesheer ungünstig gestaltet. Zwar war es in seinen Kantonnements im mittleren Theil des Herzogthums Schleswig selbst durchaus nicht bedroht, aber bei der wachsenden Verwicklung der inneren und äußeren Verhältnisse Deutschlands konnte durch bloßes Zuwarten der so dringend wünschenswerthe Abschluß des Krieges niemals erreicht werden. Alle Vortheile passiven Verhaltens waren auf Seite des Gegners.

General v. Wrangel durfte nicht hoffen, daß man ihn angreifen werde; es war daher natürlich, daß er jede Gelegenheit ergriff, um selbst an den Feind zu gelangen.

Aber das eine der beiden Dänischen Heere hielt sich in vorsichtiger Entfernung. Es hatte das halbe Schleswig und das ganze Jütland zum Ausweichen hinter sich und konnte, zumeist aus Kavallerie bestehend, sich leicht der Verfolgung entziehen.

Das andere Heer stand mit einem Fuß auf Alsen und, wenn es im Sundewitt zwar erreicht werden konnte, so blieb das Unternehmen gegen seine verschanzte, durch die Flotte flankirte und nur in der Front angreifbare Stellung stets von zweifelhaftem Ausgang. Und selbst wenn es gelang, die Dänen nach der Insel zurückzuwerfen, so erreichte man nur ein negatives Resultat. Dann lagen die Dinge nicht viel anders, als wie sie sich unmittelbar nach der Schlacht bei Schleswig gestaltet hatten, aber eine Erledigung war nicht herbeigeführt.

Die Dänen kämpften eben mit zwei Waffen, zu Lande und zur See, die Deutschen nur mit der einen.

Wollte man unter unvermeidlichen Opfern die Düppelstellung wirklich erstürmen, dann war ein geschlossener Angriff mit allen Kräften geboten, dann durften nicht 10 000 Mann anderweitig beschäftigt oder unthätig auf eine Entfernung von drei Meilen zurückgelassen und nur 11 000 Mann gegen 14 000 Feinde vorgeführt werden. Ein so bestimmtes Ziel war aber in der Disposition für den 5. Juni nicht ausgesprochen. Fast die Hälfte der verfügbaren Streitmacht war zu einer Expedition gegen Norden bestimmt, wo nach Ergebniß der Rekognoszirungen vom 4. ein paar Bataillone zur Beobachtung des Oberst Juel vollkommen ausgereicht hätten.

Die Wegnahme der Position am Alsen-Sund war als eine Möglichkeit in Aussicht genommen, aber nur für den Fall, daß besonders günstige Umstände sie ausführbar erscheinen ließen.

Der jedenfalls zu erreichende Zweck war, den Feind durch Ueberraschung mit Verlust nicht aus, sondern in seine Stellung zu werfen, und dies Unternehmen war vollkommen gerechtfertigt, weil man auf einigen Erfolg bauen durfte und weil gänzliche Unthätigkeit der Waffen das Schlechteste von Allem blieb. Dann aber war erforderlich, daß von höchster Stelle entweder im voraus die Linie bezeichnet, an welcher die Bewegung enden sollte, oder daß an Ort und Stelle das Aufhören des Kampfes rechtzeitig befohlen wurde. Rückte man bis an die Stellung vor, ohne sie zu nehmen, so mußte das Gefecht unausbleiblich mit einem Rückzuge enden, welcher dem Unternehmen den Stempel eines verunglückten aufdrückte.

Wenn nun der Tag wirklich diesen Ausgang nahm, so muß der Grund darin gesucht werden, daß in dem Entwurf zum Gefecht das Ziel nicht bestimmt vorgezeichnet war, und daß bei dessen Ausführung zwei gesonderte Abtheilungen ohne gemeinsame Leitung handelten.

Auch bei dem enger begrenzten Kampfeszweck hätten gute Erfolge erreicht werden können. Wenn General Bonin die Dänen bei Satrup in ein Gefecht verwickelte, während gleichzeitig General Hallett über Nübel vordrang, so war es leicht möglich, daß Abtheilungen des Gegners von dem Rückzuge in die Düppelstellung völlig abgeschnitten wurden. Aber General v. Bonin konnte das seiner Wahl überlassene Rendezvous nur innerhalb seiner Vorpostenlinie nehmen. Er legte es auch wirklich so weit wie möglich vorwärts nach Vaogaard, aber von dort hatte diese stärkere linke Kolonne auf Feldwegen und in dem Zickzack Grüngrift, Riebing, Bensschau, Ulderup bis Satrup zwei Meilen, die schwächere rechte hingegen von Gravenstein auf der Chaussee bis Nübel nur eine Meile zurückzulegen. Bei gleichzeitiger Abmarschstunde mußte die letztere bei Weitem zuerst in ein Gefecht gelangen, welches dem feindlichen rechten Flügel Zeit gewährte, bevor er selbst angegriffen wurde, sich einer gefährlichen Situation zu entziehen.

So geschah es, daß die Dänen ohne irgend größeren Verlust sich auf ihre starke Stellung zurückziehen konnten.

Das Gefecht der Bundestruppen endete, als das der Preußischen Brigade anfing: jene gingen ins Biwak, als diese bis in das Feuer der feindlichen Position rückte.

Auf Deutscher Seite sind gleichzeitig nie mehr als 6½ Bataillone und 14 Geschütze verwendet worden, während General v. Hedemann 17 Bataillone und 24 Geschütze in seiner Stellung versammelte.

Die Verluste an diesem Tage gleichen sich auf beiden Seiten nahezu aus, aber die Dänen hatten fast das ganze Terrain, welches sie am Morgen inne gehabt hatten, am Abend wieder besetzt.

Nicht ohne Berechtigung betrachteten sie den 5. Juni als einen Tag des Sieges.

Drittes Buch.

Vom 6. Juni bis zum Beginn der Waffenruhe am 26. August 1848.

Ueberfall der Dänischen Avantgarde bei Hoptrup durch das Freikorps v. d. Tann am 6. und 7. Juni 1848.

Die Erwartung, am nächsten Tage von den Dänen angegriffen zu werden, hatte sich nicht erfüllt.

General v. Hedemann mußte sich sagen, daß dem Gegner Zeit genug geblieben war, um starke Reserven heranzuziehen. Er begnügte sich damit, die Abtheilungen vertrieben zu haben, deren Schwäche er von der Düppeler Höhe aus übersehen hatte, und zog sich daher wieder in den Schutz seiner Verschanzungen zurück.

Nicht so gesichert war die Stellung des Obersten v. Juel, welcher gewärtigen konnte, plötzlich von sehr überlegenen Kräften angegriffen zu werden. Mit um so größerer Vorsicht war er deshalb verfahren und mit seinem Gros nicht über Hadersleben hinausgegangen. Eine starke Avantgarde war eine Meile südlich nach Hoptrup, die Kavallerie zwei Meilen südwestlich nach Nieder-Jersdal vorgeschoben worden. Auf die von den Landbewohnern gebrachte Nachricht aber, daß der Feind beabsichtige, diese Stellung westlich zu umgehen, wurde eine noch engere Konzentration aller Kräfte befohlen.

Die Avantgarde, Oberst v. Benzon, 1 Bataillon, 2 Eskadrons, 2 Geschütze, verblieb hinter dem Defilee von Hoptrup, dagegen wurde die Kavallerie-Brigade, Oberstlieutenant Knaff, 9 Eskadrons, 2 Kompagnien Infanterie und 6 Geschütze, bis Ustrup zurückgezogen. Zwischen beiden Punkten war am Wartenberg-Krug ein Piket, bestehend aus 2 Kompagnien Jägern und 1 Husaren-Eskadron, aufgestellt, dahinter bei Mastrup das halbe 1. Jäger-Bataillon zur Verbindung mit dem Gros des Obersten Meyer, welches 5 Bataillone, 4 Eskadrons, 24 Geschütze stark, nebst der Reserve-Artillerie, in und hinter Hadersleben stand.

Auf Deutscher Seite hatte die lockere Ordnung und geringe Mannszucht der Freischaaren schon längst den Wunsch rege gemacht, sich dieser Hülfe ganz zu entledigen, um so mehr, als sich ein fast feindlicher Gegensatz zwischen ihren Offizieren und denen der übrigen Truppen herausgebildet hatte. Prinz Friedrich befürwortete die Auflösung aller Freikorps, allein die provisorische Regierung protestirte gegen diese Maßregel mit Rücksicht auf die öffentliche Meinung in Deutschland, deren Schoßkind das Freischaarenwesen war, und auch General v. Wrangel glaubte wegen Schwächung der Armee nicht einwilligen zu sollen. Indeß wurde Major v. d. Tann beauftragt, sein Korps zu reorganisiren, und er hatte dasselbe zu diesem Zweck nach Rendsburg zurückgezogen. Nach einem gänzlich verfehlten Versuch, die Fregatte „Galathea" im Kieler Hafen zu überfallen, war das neu gebildete Korps wieder nach Schleswig herangezogen worden und am 5. Juni in Ul, eine Meile südwestlich Apenrade, eingetroffen.

Dieser 400 bis 600 Mann starken Abtheilung wurde es freigestellt, selbstständig ein Unternehmen gegen den Obersten v. Juel zu versuchen.

Unter dem Vorwand, nach Tondern zu marschiren, brach Major v. d. Tann am 6. nachmittags von Ul auf, bog aber alsbald auf den Ochsenweg ein, wo dann erst die Mannschaft von der Absicht Kenntniß erhielt, Hadersleben, welches man schwach besetzt glaubte, über Törning-Mühle anzugreifen.

Die Freischaaren hatten die Gewohnheit, alle ihre Züge zu Wagen abzumachen. Auch diesmal waren deren 60 requirirt, und nur eine kleine Kavallerieabtheilung marschirte an der Tete. Bei Rothenkrug stieß sie auf eine feindliche Dragonerpatrouille und erfuhr durch einen Gefangenen, daß Hoptrup von der Dänischen Avantgarde besetzt sei. Sogleich entschloß sich der Major, nun sein Vorgehen dorthin zu richten. Die übrigen Dragoner waren in westlicher Richtung abgedrängt und verfolgt worden, und erst nach Eintritt der Dunkelheit wurde der Vormarsch wieder aufgenommen.

Durch eine nach Ranberg abgeschickte Patrouille erhielt gegen Mitternacht Oberstlieutenant Knaff in Ustrup die Meldung, daß feindliche Kavallerie im Anzuge sei, und daß man starkes Rasseln von Fuhrwerk vernommen habe, woraus man auf das Nahen zahlreicher Artillerie schließen könne. Er berichtete sogleich nach Hadersleben mit dem Zusatz, daß, falls bis 2 Uhr nicht Gegenbefehl einlaufe, die Brigade zurückgehen werde.

Inzwischen war das Freikorps überhaupt nicht gegen Ustrup, sondern nach Wartenberg Krug vorgerückt. Das starke Dänische Piket räumte sogleich seine Stellung, und auch die bei Mastrup aufgestellten beiden Kompagnien leisteten keinen Widerstand; sonach war jetzt der Weg in den Rücken von Hoptrup frei, und v. d. Tann wandte sich rechts der Chaussee zu, auf

Ueberfall d. Dänischen Avantgarde bei Hoptrup durch das Freikorps v. d. Tann.

welcher soeben die um 1½ Uhr von Hoptrup aufgebrochene feindliche Avantgarde im Rückmarsch nach Hadersleben begriffen war.

Die nächsten Knicks wurden sofort von den Freischärlern besetzt, und als das 3. Reserve-Jäger-Bataillon gegen sie vorging, entstand ein lebhaftes Feuergefecht an und auf der Chaussee. Dieses endete aber bald damit, daß die Dänische Infanterie die mit Kartätschen feuernden beiden Geschütze des Lieutenants v. Moltke im Stich ließ und südlich wieder zurückwich; die Kavallerie hingegen (die Husaren-Eskadron Hegermann Lindencrone und die Dragoner-Eskadron Torp) schlug sich, in der Karriere der Chaussee folgend, nördlich durch.

Während die Freischaaren die Jäger gegen Hoptrup verfolgten, mußten die eroberten Geschütze unter schwacher Bedeckung einstweilen stehen bleiben. Rittmeister Hegermann hatte seine Husaren bald wieder gesammelt und ging mit großer Bravour in einer Schwärmattacke trotz des lebhaften Feuers der Bedeckungsmannschaft vor. Es gelang ihm auch wirklich, das eine Geschütz fortzubringen, mit welchem er sich dann auf Törning Mühle zurückzog.

Zwar hatte Oberst Juel um 3½ Uhr ein Bataillon mit 2 Geschützen zur Aufnahme seiner Avantgarde vorgehen lassen, diese glaubten aber den Wald rechts der Straße vom Feinde bereits besetzt zu sehen und machten wieder Kehrt.

Die Dänische Avantgarde hatte in diesem nächtlichen Gefecht an Todten und Verwundeten 33 Mann, an Gefangenen 22 Mann, außerdem 1 Geschütz, 2 Munitionswagen und 18 Pferde verloren. Sie war dabei vollständig und nach allen Richtungen auseinandergesprengt. Die südlich zurückgeworfenen Jäger suchten einzeln auf Umwegen oder zu Wasser auf Kähnen von der Gjenner-Bucht aus zu entkommen.

Die Freischaar hatte 25 Verwundete, darunter den Bayerischen Hauptmann Corneli, welcher später an seinen Wunden starb.

Oberst Juel war von dem Gedanken einer feindlichen Umgehung beherrscht, durch den unmotivirten Rückzug der Kavallerie sah er seine rechte Flanke vollständig entblößt, und so hielt er ein offensives Vorgehen seinerseits nicht für gerechtfertigt. Nachdem das Gros hinter Hadersleben bis 5 Uhr vergeblich auf die Avantgarde gewartet hatte, trat es den Rückzug in nördlicher Richtung an. Zwar erfuhr Oberst Juel schon in Christiansfeld, daß es nur ein einzelnes Freikorps gewesen war, welches 10 Kompagnien, 14 Eskadrons und 8 Geschütze seines Korps aus ihren Stellungen verscheucht hatte, nichtsdestoweniger setzte er den Marsch ununterbrochen noch am 7. Juni über die Jütische Grenze hinaus bis Kolding fort.

Die Umsicht des Majors v. d. Tann, die Keckheit seiner Mannschaft, die Nacht, welche seine Schwäche verbarg, und die Ueberraschung der neu formirten Dänischen Infanterie hatten vereint dahin gewirkt, dem Unternehmen eine unerwartete Tragweite zu geben. Es stellte das Freikorps in der guten Meinung auch der Linientruppen wieder her und erwarb ihm die Anerkennung des kommandirenden Generals.

Noch am 7. Juni nachmittags kehrte das Korps nach 24stündiger Thätigkeit mit seiner Beute zurück.

Deutsche Anordnungen für den Fall eines Dänischen Angriffs am 8. Juni 1848.

Im Hauptquartier der Armee hatte man Kenntniß davon erhalten, daß Schweden sich rüste, um einen thätigen Antheil am Kriege zu nehmen.

Es wurde daher der Beschluß gefaßt, Kantonnements zu beziehen, aus welchen alle Truppen schnell gegen einen Angriff vereinigt werden könnten, möge derselbe nun von Osten oder von Norden, von Alsen oder von Jütland her erfolgen.

8. Juni. In ersterer Richtung wurden die Vorposten von der Preußischen Linienbrigade ausgestellt. Sie zogen sich unter Besetzung der verschiedenen Waldparzellen von Atzbüll über Baurupfeld vom Rübel Moor bis gegen die Apenrader Bucht. Von der Felsbek-Mühle an schlossen sich dann links über Stübbek und Arsleben, diesseits Apenrade, die Vorposten der Gardebrigade an. Die Gesammtausdehnung betrug über vier Meilen, und zu ihrer Besetzung waren 6 Bataillone und 4 Escadrons erforderlich.

Unter diesem Schutz bezogen die beiden Preußischen Brigaden östlich bezw. westlich der Flensburger Chaussee ihre Quartiere, der Divisionsstab in Seegaard.

Hinter den Preußischen erhielten die Holsteinischen Truppen ihre Kantonnements mit dem Hauptquartier Bommerlund und hinter ihnen, westlich Flensburg und rückwärts bis Handewitt, die Truppen der Bundesdivision.

Das große Hauptquartier war in Flensburg, und als Sammelplatz der Armee der Punkt Holebüll bezeichnet, welcher ungefähr in der Mitte des drei Meilen langen und tiefen Kantonnementsbezirks lag.

Detachirt standen:

in Tondern: Major v. Fürsen-Bachmann mit dem Holsteinischen 5. Bataillon, 4 Escadrons Dragonern und 4 Geschützen,

in Glücksburg: eine Abtheilung Holsteinscher Dragoner,
in Eckernförde: das Holsteinsche 3. und 4. Bataillon,
in Rendsburg: das Hannoversche 1. und 2. Bataillon 2. Regiments,
in Kiel: das Hannoversche 1. Bataillon 3. Regiments.
zusammen 6 Bataillone, 4 Escadrons, 4 Geschütze.

Im Hinblick aber auf die möglicherweise eintretenden Verhältnisse war auch auf eine weiter rückwärts gelegene Stellung defensiver Natur Bedacht genommen und dafür der Terrainabschnitt bei Bau ins Auge gefaßt worden.

Der auch auf die event. Besetzung dieser Stellung bezügliche Armeebefehl lautete, wie folgt:

"Flensburg, den 11. Juni 1848.

In der Anlage*) erfolgt die Ordre de Bataille, nach welcher die Truppen der Armee für den Fall aufgestellt werden, daß eine Konzentration des Ganzen in der Stellung von Bau und Krusau erforderlich sein sollte. Dieser Fall trifft ein, sobald eine der vorgeschobenen Haupttruppenabtheilungen von einem überlegenen Feinde angegriffen und zurückgedrängt wird.

Die Stellung von Krusau wird selbständig durch die Truppen des X. Bundes-Armeekorps unter Befehl des Generallieutenants Halkett besetzt, und hat derselbe alle Anordnungen zu treffen, welche ihm zur Sicherung der Stellung und zum Festhalten derselben nothwendig erscheinen.

Bei Bau und zu Seiten des Dorfes steht das Centrum und der linke Flügel. Ersteres unter Befehl Sr. Durchlaucht des Fürsten Radziwill, Letzterer unter Befehl Sr. Durchlaucht des Prinzen Friedrich von Holstein. Gestatten es die Verhältnisse, so wird an den linken Flügel noch das nach Tondern detachirte Kommando von 1 Bataillon und 4 Escadrons herangezogen werden. Soweit es die Zahl der in der Stellung vorbereiteten Batterien erfordert, hat die Artillerie des linken Flügels in die vor dem Centrum gelegenen Batterien zu detachiren.

Die Leitung des Ganzen und die spezielle Disposition über alle zur Reserve gehörigen Truppen behalte ich mir selbst vor.

Den Befehl über die Reserve-Artillerie hat der Holsteinsche Major Vesser, den Befehl über die Reserve-Kavallerie der Preußische Oberst und Brigadekommandeur v. Barby zu übernehmen. Das Rendezvous der Reserve ist bei Waldemarstoft.

Ich selbst werde bei Bau zu finden sein und dort vor einer statt

---

*) Seite 394.

findenden Schlacht je nach den Umständen meine Befehle und Dispositionen mündlich an die Herren Führer ertheilen, weswegen sie sich entweder selbst dahin zu begeben oder den Chef ihres Stabes dahin zu senden haben.

Durch die angeordnete Vertheilung der Truppen in der Stellung wird eine Aenderung in dem Konzentrationspunkte der Truppen des X. Armeekorps und in dem der Holsteinischen Truppen nothwendig werden: Ersterer wird in die Stellung von Krusau, Letzterer westlich von Bau zu verlegen sein. Ein Bataillon des X. Armeekorps ist zur Sicherheit der Hafenbatterie bei Flensburg und zur Verhinderung einer feindlichen Landung in der Nähe derselben zu beordern. Den Befehl über sämmtliche Hafenbatterien übernimmt ein mir von dem Kommando der Holsteinischen Truppen namhaft zu machender Artillerieoffizier. Für die Bagage, die nicht zur Schlacht erforderlichen Munitionswagen und die Pontontrains wird Oversee als Sammelpunkt festgesetzt, und hat ein von den Truppen des X. Armeekorps zu kommandirender und mir namhaft zu machender umsichtiger Offizier der Kavallerie für die Parkirung der Bagage und event. für deren Abfahrt aus einer Rendezvousstellung südlich des Defilées von Oversee, zu Seiten der großen Straße, Sorge zu tragen; ein hinlänglich starkes Kavalleriekommando ist ihm beizugeben.

Morgen früh 9 Uhr haben sich in Krusau von den vorschreitenden Haupttruppenabtheilungen Generalstabsoffiziere einzufinden, um von dem Chef des Generalstabes, Generalmajor v. Stockhausen, die Punkte überwiesen zu erhalten, welche von ihren Truppenabtheilungen nach den speziellen Anordnungen der Kommandirenden in den Stellungen von Bau und Krusau zu besetzen seien, ebenso die Kolonnenwege, auf welchen dieselben sowohl ihre Bagage ꝛc. nach Oversee, als auch erforderlichenfalls den Rückzug der Truppen zu dirigiren haben werden.

Der Oberbefehlshaber der Armee.
(gez.) v. Wrangel."

Die Stellung Bau—Krusau wurde durch Anlage einiger Verschanzungen noch verstärkt und durch Kolonnenwege zugänglich gemacht. Sie wurde sogar als Uebung theilweise von den Truppen besetzt, gelangte aber nicht dazu, ein zweites Mal eine hervorragende Rolle in diesem Feldzuge zu spielen.

An denselben Tagen, wo man sich auf Deutscher Seite allen Ernstes auf einen überlegenen Angriff vorbereitete, hatten die beiden Dänischen Heere sich zurückgezogen, und nur durch weitgehende Rekognoszirungen konnte Auskunft über ihre Stellung und Absicht erlangt werden.

Rekognoszirung des Prinzen Waldemar von Holstein vom 9. bis 13. Juni und des Obersten v. Barby am 16. Juni 1848.

Unter dem 8. erhielt Prinz Friedrich Befehl, eine Rekognoszirung gegen Norden ausführen zu lassen, um Nachrichten über den Feind zu verschaffen und bei dieser Gelegenheit ein in Apenrade verbliebenes Magazin zu räumen, sowie auch ein in Hadersleben befindliches Lazareth nebst ärztlichem Personal wegzuführen.

Von Truppen hatte hierzu das Holsteinsche Generalkommando zu stellen:

2 Kompagnien Infanterie,

das Jäger-Bataillon,

3 bis 4 Eskadrons und

1 Batterie

unter Kommando eines entschlossenen und umsichtigen Stabsoffiziers.

Die bezeichneten Truppen sollten am 9. Juni früh am Straßenknotenpunkte zwischen Ult und Tarup zum sofortigen Vormarsch in Bereitschaft gehalten werden. Hauptmann v. Fransecky vom Preußischen Generalstabe sollte die Expedition begleiten.

Prinz Friedrich bestimmte für dieses Unternehmen den Major Prinzen Waldemar von Holstein.

Die Infanterie stand unter Oberstlieutenant v. Zastrow.

Um dem Detachement die linke Flanke möglichst freizuhalten, wurde gleichzeitig von Tondern aus eine Rekognoszirung gegen Aggerschau und Toftlund angeordnet.

Am Morgen des 9. Juni ging der Major Prinz Waldemar auf der Straße nach Hadersleben vor und gelangte mittags in die Gegend von Brunde, nordwestlich von Apenrade, ohne vom Feinde irgend etwas zu sehen. Sogleich wurden 1½ Kompagnien Jäger und 1 Zug Kavallerie in die Stadt entsendet, welche man ebenfalls unbesetzt fand. Nur im Hafen lagen zwei Dänische Kanonenboote; sie entfernten sich aber, ohne etwas zu unternehmen. Es wurde nun sogleich zur Räumung des Magazins geschritten. Obwohl das Kommando für solchen Zweck mit 60 Wagen, vielen Tragen c. versehen war, so ließ sich doch voraussehen, daß dies nicht ausreiche; es wurde deshalb das Kommando der Preußischen Truppen um Unterstützung gebeten und mit dessen Hülfe auch das Magazin vollständig abgefahren.

9. Juni.

In der Nacht vom 9. zum 10. Juni bivakirte das Detachement bei Brunde und Ries.

Am 10. wurde der Marsch auf Hadersleben in aller Stille weiter fortgesetzt, und ohne etwas vom Feinde wahrzunehmen, rückte man in die Stadt ein. Die Einwohner sprachen von Dänischen Truppenkonzentrationen bei Kolding, bis wohin der Weg ganz frei sei. Sie wußten viel zu erzählen von dem übereilten Rückzuge des Jnelschen Korps nach dem Gefecht bei Hoptrup.

Da sich der Prinz indeß selbst Gewißheit über den Feind verschaffen wollte, so beschloß er, am nächsten Tage, dem 11. Juni, eine Rekognoszirung mit einer Eskadron und den Bratlowschen Jägern nach Christiansfeld zu machen und auch ein dort befindliches kleines Lazareth mit fortzuführen. Am Morgen dieses Tages früh ging die Meldung von den Vorposten ein, daß eine Patrouille bei Fjelstrup, eine Meile nordöstlich Hadersleben, auf den Feind gestoßen sei, und daß aus den umliegenden Ortschaften viele Wagen nach Christiansfeld requirirt würden. Auch bei Aller war Dänische Infanterie gesehen worden.

Infolge dieser Nachrichten rückten die Bratlowschen Jäger nebst einer Eskadron 3½ Uhr früh sowohl auf der Straße nach Christiansfeld, wie auf dem Wege nach Aller vor. Eine Kompagnie mit zwei Geschützen blieb an dem Gabelpunkt beider Straßen als Soutien, während alle übrigen Truppen in Hadersleben auf ihren Alarmplätzen in Bereitschaft gehalten wurden.

Nach einem zweieinhalbstündigen Marsche durch unübersichtliches, kupirtes Terrain stieß man zwischen Bjerning Kirche und Seggelund auf der westlichen und in gleicher Höhe auf der östlichen Straße auf den Feind. Es waren mehrere geschlossene Abtheilungen Dänischer Infanterie, etwa drei Bataillone Infanterie und Jäger, welche im Vormarsch auf Hadersleben begriffen waren und sofort Tirailleurs entwickelten, als sie der Holsteinischen Truppen ansichtig wurden. Auch etwas Kavallerie zeigte sich. Die Bratlowschen Schützen eröffneten sofort ein Feuergefecht, welches auf beiden Seiten einige Verluste zur Folge hatte, aber bald aufgegeben wurde, da der Prinz solcher Ueberlegenheit gegenüber auf Hadersleben zurückzugehen beschloß. Die Dänen verfolgten nicht; wo aber das unübersichtliche Terrain dann und wann einen Durchblick westwärts gestattete, sah man stets feindliche Abtheilungen sich vorwärts bewegen.

Eine feindliche Umgehung, westlich um die Hadersleber Bucht herum, konnte dem Detachement nicht gefährlich werden, wenn der Rückzug auf der direkten Straße ohne weiteren Aufenthalt erfolgen durfte. Aber es sollte zuvor die Räumung des Lazareths in Hadersleben bewirkt und der Abzug desselben gedeckt werden. Da nun die letzten Wagen aus der Stadt erst um 9 Uhr abfahren sollten, so stand allerdings zu befürchten, daß ein thätiger und unternehmender Feind dem Zuge an dem Defilee von Hoptrup zuvorkommen würde. Wirklich hatte Dänische Infanterie und Kavallerie sich bereits an der Törning-Mühle gezeigt.

Prinz Waldemar schickte daher seine Kavallerie nebst einem halben Bataillon nach Hoptrup voraus, um diesen Punkt zu besetzen. Hauptmann v. Fransecki fand dort jedoch bereits eine Kompagnie des v. d. Tannschen Freikorps, welches am 10. nach Apenrade dislozirt worden war. Er veranlaßte diese Kompagnie, Skovby in der linken Flanke zu besetzen, und da abgesandte Patrouillen diesseits der Törning-Mühle noch nichts vom Feinde vorfanden, so bezog das ganze Detachement Biwaks bei Skovby auf dem Schiewege.

Das Korps v. d. Tann hatte sich dem Prinzen zur Verfügung gestellt und besetzte Hoptrup auf der Hauptstraße und den Wartenberg-Krug.

Die in der Nacht in nordwestlicher Richtung gegen Strobstrup vorgeschickten Dragonerabtheilungen meldeten 2½ Uhr früh, daß feindliche Kavallerie mit Geschütz bei Vilbolt stehe, — ferner Major v. d. Tann, daß er 4 Bataillone, 8 Eskadrons, 2 Batterien vor sich habe.

12. Juni.

Der Prinz konzentrirte nunmehr sämmtliche Truppen bei Gjenner, ließ dort noch einen zweistündigen Halt machen und bezog dann ungestört bei Ries, westlich Apenrade, ein Biwak.

Die Dänen waren nicht weiter gefolgt, und das Detachement rückte am folgenden Tage in seine früheren Kantonnements wieder ein.

Der Zweck der Expedition war vollständig erreicht, sämmtliche Lazarethe und Magazine waren zurückgeschafft. Die wichtigste Nachricht aber, die Prinz Waldemar zurückbrachte, war, daß man es mit Abtheilungen der Brigade v. Bülow zu thun gehabt habe. Diese mußte also von Alsen nach Jütland übergeschifft worden sein, von wo die Dänen wieder im vorsichtigen Vorrücken sich befanden.

Hiermit stand in Uebereinstimmung, was aus dem Sundewitt gemeldet wurde: Die Halbinsel Broacker war vom Feinde geräumt, die Düppelstellung nur durch Vorposten besetzt. Es schien nicht, daß die Dänen die Absicht hatten, diese Position ernsthaft zu vertheidigen. Nur ein einziges Kanonenboot ankerte sorglos ziemlich nahe von Alnoer. Die 80 bis 90 Mann starke Besatzung war am 14. Juni beschäftigt, ihre Jacken an den Ruderstangen zu trocknen, der Mastbaum des Fahrzeuges war niedergelegt. Auf Befehl des Generals v. Bonin fuhr Hauptmann Petzel 1. zwei 6pfündige und zwei reitende Haubitzen in eine 100 Schritt vom Ufer entfernte, durch Hecken gedeckte Aufstellung und eröffnete das Feuer. Ehe noch das Fahrzeug klar zum Gefecht werden konnte, hatte es 10 bis 12 Treffer im Rumpf. Ohne das Feuer zu erwidern, suchte die Mannschaft mit Segeln und Rudern das Weite.

Der Ekendsund wurde nun durch ein verankertes Floß gesperrt, um ferneres Einlaufen in das Nübel-Noor zu verhindern.

16. Juni   Eine abermalige, nur durch Kavallerie ausgeführte Rekognoszirung gegen Norden führte zu keinem Resultat.

Am 16. Juni war nämlich Oberst Barby mit 3 Kürassier- und 1 Dragoner-Eskadron von Apenrade über Ober-Jersdal, Prinz Waldemar mit 7 Eskadrons und 2 Geschützen von Lügumkloster aus über Branderup gegen Bestoft vorgegangen, wo beide Kolonnen sich vereinigten. Die Dänischen Dragoner zogen sich auf Strodstrup zurück und wurden dort von Infanterie und Artillerie aufgenommen, gegen welche natürlich von der Kavallerie allein nichts unternommen werden konnte. Die Infanterie war in Aufnahmestellung bei Hellewatt, Rothenkrug und Norby zurückgeblieben. Nur aus den Angaben der Landbewohner erfuhr man, daß der Feind mit seinem Hauptquartier in Hadersleben stehe, seine Avantgarde nach Hoptrup vorgeschoben und 1000 Mann nach Hammeleff detachirt habe.

Verstärkung des Dänischen Nordjütischen Korps, sowie der Deutschen Bundestruppen.

Die Nachricht von dem Ueberfall bei Hoptrup war dem General v. Hedemann durch einen Arzt zugegangen, welcher sich nach Alsen geflüchtet hatte. Eine Verstärkung des Jütischen Korps erschien nöthig, und General v. Bülow wurde daher sofort nach Fünen eingeschifft.

Am 9. erreichte er über Snoghöj Kolding, übernahm den Befehl auch über die Truppen des Obersten Juel und rückte schon am 10. in zwei Kolonnen auf Hadersleben und Hammeleff vor, um die so übereilt verlassene Stellung wieder einzunehmen. In der Nacht zum 11. wurde in der Höhe von Christiansfeld bivakirt, von wo aus dann der bereits geschilderte Zusammenstoß mit der Rekognoszirung des Prinzen Waldemar stattfand. (General v. Bülow beschränkte sich jedoch darauf, zwischen Hadersleben und Christiansfeld Kanton nements zu beziehen. Hoptrup und Törning-Mühle wurden stark besetzt, die Kavallerie nach Strydstrup detachirt.

Inzwischen war General v. Hedemann selbst mit dem größten Theil der auf Alsen befindlichen Truppen gefolgt. Dieselben landeten am 14. Juni bei Aarösund, östlich Hadersleben, um sich direkt mit der Brigade v. Bülow zu vereinigen. Kaum aber hatten sie sich in Bewegung gesetzt, als dem General v. Hedemann Bedenken wegen dieses Marsches am südlichen Ufer der Haderslebener Föhrde aufstiegen. Es wurde Kehrt gemacht, die Truppen schifften sich wieder ein, um mehr im Rücken der Stellung zu landen und gedeckt durch den Meerbusen vorzugehen. Nach bewirkter Vereinigung war nunmehr das Nordjütische Korps auf die Stärke von 17 000 Mann gebracht und wie folgt dislozirt:

Hauptquartier und Brigade Ryc in Maugstrup,

Brigade Bülow in Gramm,

Flankenbrigade Schleppegrell zwischen Hammeleff und Stüding.

Brigade Meyer in Hadersleben,

Kavalleriebrigade Juel in Strydstrup.

Indessen blieben die Dänen in dieser Stellung nur bis kurz nach dem 18. Juni; später wurde das Hauptquartier nach Christiansfeld verlegt und den Truppen weitläufige Kantonnements nach Bequemlichkeit gewährt. Auf rasche Konzentrirung wurde kein sonderlicher Werth gelegt, wohl mit Rücksicht auf die beginnenden Waffenstillstandsverhandlungen.

Auf Alsen war nur die etwa 5000 Mann starke Brigade v. Hansen zurück geblieben.

Auf Deutscher Seite stieß am 19. Juni die 3. Preußische Jägerabtheilung zur Armee. Die eine Kompagnie war in Flensburg geblieben, die anderen hatten die Holsteinschen Jäger in Glücksburg abgelöst.

Auch zu der mobilen Division des X. Bundes-Armeekorps waren Verstärkungen hinzugetreten.

Vom 8. Juni bis zum 2. Juli trafen ein:

a) das 2. leichte Hannoversche Bataillon,

b) = 3. Oldenburger

c) = Hamburger

d) = Mecklenburg-Strelitzsche

e) zwei Hanseatische Eskadrons,

f) die 6pfündige Hannoversche Batterie.

Die provisorische Regierung hatte in den Herzogthümern die allgemeine Dienstpflicht und eine vermehrte Aushebung verfügt.

Am 18. Juni trat ein allgemeiner Kantonnementswechsel ein, wonach die Truppen des X. Bundeskorps die Brigade Bonin im Sundewitt ablösten, während die Holsteinschen Truppen den Vorpostendienst gegen Norden übernahmen. Sämmtliche Preußischen Abtheilungen kantonnirten südlich der Linie Baistrup—Pommerlund—Hönschnap—Kollund.

Vorbereitungen für den Deutschen Vormarsch nach Norden am 29. Juni 1848.

Es mußte dem Oberbefehlshaber daran liegen, schon vor Beendigung der zu erwartenden Friedens- oder Waffenstillstandsverhandlungen im vollständigen Besitz des streitigen Territoriums zu sein. Konnte dies durch einen entscheidenden Sieg bewirkt werden, so war um so mehr ein günstiger Abschluß zu erwarten.

General v. Wrangel faßte daher den Entschluß, nach Norden vorzugehen, die Dänen aufzusuchen und sie in ihrer Stellung anzugreifen. Die Armee war so weit verstärkt worden, daß ein günstiger Erfolg zu erwarten stand. Eine 5. Brigade, welche das Mecklenburgische Kontingent umfaßte, war unter Befehl des Generallieutenants v. Elderhorst formirt, General Hallett zum General der Infanterie und Kommandirenden des X. Bundes-Armeekorps ernannt worden.

Ueber die Stellung der Dänen, wie sie oben nachgewiesen wurde, waren zuverlässige Nachrichten eingegangen. Die Ausführung des beabsichtigten Unternehmens mußte indeß wegen Mangels an Lebensmitteln und Trains um einige Tage verschoben werden. Erst am 27. Juni wurde der nachfolgende Armeebefehl ausgegeben:

„Flensburg, den 27. Juni 1848. Nach eingegangenen Nachrichten soll der Feind mit seiner größten Stärke hinter Hadersleben stehen, sich westlich bis Stroestrup ausdehnen und solche Vorbereitungen auf dem dortigen Terrain getroffen haben, daß es den Anschein hat, als wolle er sich in demselben halten. Unsere Aufgabe ist es, ganz Schleswig vom Feinde zu säubern, soweit es ohne Mitwirkung von Schiffen geschehen kann, die uns fehlen. Ich habe deshalb einen Angriff des Feindes beschlossen, wozu ich alle disponiblen Kräfte verwenden will, die um so bedeutender werden können, als der Feind auf Alsen nur in geringer Stärke vorhanden sein soll. Den Anmarsch dazu beabsichtige ich in folgender Art auszuführen, insofern nicht inzwischen eingehende Nachrichten vom Feinde oder ein unmittelbares Entgegenkommen desselben ein Anderes bedingen. Die nachstehenden Bestimmungen können daher nur als allgemeiner Anhalt dienen, und es muß den einzelnen Führern überlassen bleiben, auf eigene Verantwortung Modifikationen eintreten zu lassen, von denen ich aber sofort Meldung erwarte.

Die Anlage*) weist die Truppen der einzelnen Korps ꝛc. nach.

Am 28. früh wird der Marsch in zwei Kolonnen angetreten. Die rechte besteht aus dem Holsteinischen und dem disponiblen Theile des X. Armeekorps, die linke aus den Preußischen Truppen mit den ihnen nach jener Nachweisung zugetheilten Abtheilungen jener beiden Korps. Das linke Flügeldetachement ist als abgesondert zu betrachten.

Das Taunische Freikorps rückt auf der Chaussee vor bis Bedum; das Holsteinische Korps besetzt mit dem Gros Apenrade und hält mit seinen Vortruppen Verbindung mit jenem.

Das X. Armeekorps, insofern es zu der bevorstehenden Unternehmung bestimmt ist, konzentrirt sich zwischen Stübbel, Enstedt und Aarup; die Preußischen Truppen zwischen Ries und Rübel, die Brigade Möllendorf in erster Linie. (Dem Divisionskommando bleibt es überlassen, das 3. Husaren-Regiment schon am 27. nachmittags 1 bis 2 Meilen aus seinen gegenwärtigen Kantonnements ausrücken zu lassen.)

Die Pionierdetachements haben die zum Schlagen der Brücken erforderlichen Materialien bei sich, sie sind den Avantgarden zuzutheilen; Pontons aber werden nicht mitgeführt.

Das Holsteinische und das X. Armeekorps müssen bei ihrem Vormarsch auf Apenrade die Chaussee längs der Apenrader Föhrde vermeiden. Das linke Flügeldetachement konzentrirt sich bei Lügumkloster.

Die Vorposten werden an diesem Tage auf der ganzen Front von dem Holsteinischen Korps gegeben, und zwar auf der Linie von Bodum über Lunderup und Hellewatt und von dort über Branderup nach Arrild. Hellewatt und Rothenkrug werden von Abtheilungen, aus Infanterie und Kavallerie bestehend, besetzt, jenes vom linken Flügeldetachement, Rothenkrug von der rechten Flügelkolonne des Holsteinischen Korps. Mittags 12 Uhr ist die Vorpostenlinie eingenommen. Patrouillen werden an diesem Tage nicht weit

*) Seite 395

und nur in geringer Stärke vorgeschickt, um dem Feinde den Anmarsch der Armee möglichst wenig zu verrathen.

Dem X. Korps und der Preußischen Division bleibt es überlassen, das Nähere wegen des Marsches an diesem Tage selbst zu bestimmen. Die sämmtlichen Truppen, mit Ausnahme der in Apenrade, biwakiren. Das Hauptquartier des Unterzeichneten ist in Nübel, wo nachmittags 5 Uhr von jedem Korps ein Offizier die Befehle zum anderen Tage in Empfang nimmt.

Am 29. brechen die Preußischen und Holsteinschen Truppen um 7½ Uhr aus ihren Biwaks auf; jene nehmen nunmehr selbst ihre Vortruppen in die erste Linie; die Holsteinschen Vorposten bleiben beim Rothenkrug so lange stehen, bis jene sie passiren, und rücken dann wieder zu ihren Truppentheilen. Die Vorposten der verschiedenen Korps halten untereinander Verbindung. Das X. Armeekorps tritt um 6½ Uhr an. Das Holsteinsche Korps rückt auf der großen Straße gegen Hadersleben vor und drückt alle feindlichen Vorposten in das dortige Defilee zurück; diesem gegenüber wird dann Stellung genommen. Rechts wird auf der Straße nach Aarösund patrouillirt und links Verbindung mit dem Nebenkorps gehalten. Das X. Korps folgt dem Holsteinschen auf der großen Straße bis Gjenner und wendet sich dann westlich über Stovby und Ustrup. Das Gros bezieht ein Biwak bei Ustrup, und die Vorposten werden auf der Linie von Ladegaard bis zum Haderslebener Damm aufgestellt; es wird links mit den Preußen und rechts mit den Holsteinern Verbindung gehalten. Ein Angriff auf die Defileen von Törning-Mühle und bei Christiansthal wird an diesem Tage nicht unternommen.

Die Preußische Division verfolgt die alte Hadersleber Straße bis gegen Osterlügum, wendet sich dann westlich und nimmt ihre Direktion über Ober-Jerstal auf Strydstrup; ihre Posten reichen bis Uldal und Ladegaard. Das Gros der Möllendorfschen Brigade und die Armeereserve biwakiren bei Ober-Jerstal und Arnitlund. Bis zur Ankunft des X. Korps wird die für dasselbe bestimmte Vorpostenlinie von den Preußen besetzt. Das Holsteinsche linke Flügeldetachement geht über Bestoft nach Gabel und patrouillirt nach Bel; es hat Nachrichten über die Straße von Stübing nach Jels und über das Defilee bei letzterem Orte einzuziehen. Die Truppen biwakiren; das Hauptquartier des Unterzeichneten ist in Nieder-Jerstal.

Am 30. Juni beabsichtige ich den Angriff auszuführen, worüber ich mir die näheren Befehle noch vorbehalte. Zum Empfange derselben sind nach mittags 4 Uhr von den verschiedenen Korps Offiziere in meinem Hauptquartier.

Ergänzungen sind im heutigen Tagesbefehl enthalten.

Der Oberbefehlshaber der Armee.
(gez.) v. Wrangel."

Der am Schlusse des Armeebefehls erwähnte Tagesbefehl enthielt im Wesentlichen Folgendes:

1. Niemand sollte aus den Vorposten herausgelassen werden, wogegen das Eintreten von Personen unter den gewöhnlichen Vorsichtsmaßregeln gestattet sei.
2. Bei den Märschen sollten die Kommandeure für gute berittene Führer sorgen; ebenso
3. die Ordnung hinsichtlich der Bagage auf den engen Wegen aufrecht erhalten.
4. In Apenrade sollten am 29. zwei Holsteinsche Kompagnien und die beiden Haubitzen des Taun'schen Korps zurückbleiben.
5. Von den auf dem Marsche leer gewordenen Wagen sollten einige zur Fortschaffung von Kranken zurückbehalten werden.
6. Der Oldenburgische Oberst Graf Rantzau sollte vom 28. an das Kommando aller gegen das Sundewitt und bei Flensburg stehenden Truppen übernehmen. Die Truppen in Flensburg selbst sollte Oberstlieutenant Heintzen kommandiren. Zwei Kompagnien des Hamburger Bataillons in Flensburg sollten zur Deckung der Strandbatterien und der Kupfermühle dienen. Diesen Anordnungen gemäß theilte sich das X. Armeekorps in ein Operationskorps gegen Hadersleben (9 Bataillone, 1 Freikorps, 6 Eskadrons und 32 Geschütze) und ein Operationskorps gegen den Sundewitt (7 Bataillone, 3 Eskadrons, 16 Geschütze) — Ersteres unter General Halkett, Letzteres unter Oberst Graf Rantzau.

Vormarsch der Deutschen Armee nach Norden und Gefecht von Hadersleben am 29. Juni 1848.

Nachdem am 28. Juni die Konzentration der Armee, wie dieselbe in der Disposition angeordnet war, stattgefunden hatte, wurde am 29. Juni morgens der Vormarsch in befohlener Weise angetreten.

29. Juni.

Die Aufgabe der rechten Flügelkolonne bestand darin, den Feind in das Defilee von Hadersleben zurückzuwerfen und vor demselben Stellung zu nehmen. Da es wesentlich darauf ankam, die Dänen in ihrer Stellung festzuhalten, so lag ein Forciren derselben in der Front am 29. durchaus nicht in der Absicht. Nur in dem Falle durfte Prinz Friedrich hier größere Kräfte zeigen und selbst zum Angriff schreiten, wenn schon an diesem Tage der Kanonendonner verriethe, daß die Preußen im Gefecht ständen. Wenn dagegen auch am 30. Juni morgens bis 9 Uhr nichts zu hören sei, dann war es dem Prinzen gestattet, ohne Weiteres vorzugehen.

Das Holsteinische Korps war in folgender Weise gegliedert:

Avantgarde: Oberstlieutenant v. Zastrow.

    4 Kompagnien Jäger.

    2 Kompagnien Infanterie vom 6. Bataillon (die anderen beiden blieben in Apenrade zurück),

    1 Esladron,

    4 Geschütze von der 6pfündigen Batterie Nr. 3,

    1 Kompagnie Pioniere.

Gros: Oberst Graf Baudissin.

    v. d. Tann'sches Freikorps,

    Scharfschützenkorps Braklow,

    1. Bataillon,

    2. Bataillon,

    1 Kompagnie Pioniere.

Reserve: Prinz Waldemar von Holstein.

    4 Esladrons,

    6pfündige Batterie Nr. 1.

Um 8 Uhr trat die Avantgarde ihren Marsch von Bodum aus auf der großen Straße nach Hadersleben an. Bei Hoptrup entsandte der Prinz das Tann'sche Freikorps auf Wilstrup und Lunding gegen die Dänische linke Flanke. Hierdurch wurde die Holsteinische Kolonne nach rechts hin gedeckt und dem Tann'schen Korps Gelegenheit gegeben, bis an den Karö-Sund zu patrouilliren und sich Fahrzeuge zum Uebersetzen über die Hadersleber Föhrde zu verschaffen. Diesen sollte es dann am 30. Juni bei Wonsbek passiren und Hadersleben von der Ostseite angreifen. Fand Oberstlieutenant v. d. Tann die Stadt geräumt, so sollte er die abziehenden Dänen verfolgen und von der Küste abzuschneiden suchen. Gleichzeitig mit dieser Detachirung wurde ein halber Zug Kavallerie von Hoptrup über Mastrup ꝛc. entsendet, um die Verbindung mit dem X. Korps aufzusuchen.

Die Tete der Avantgarde (eine Jäger-Kompagnie und einige Kavalleristen)

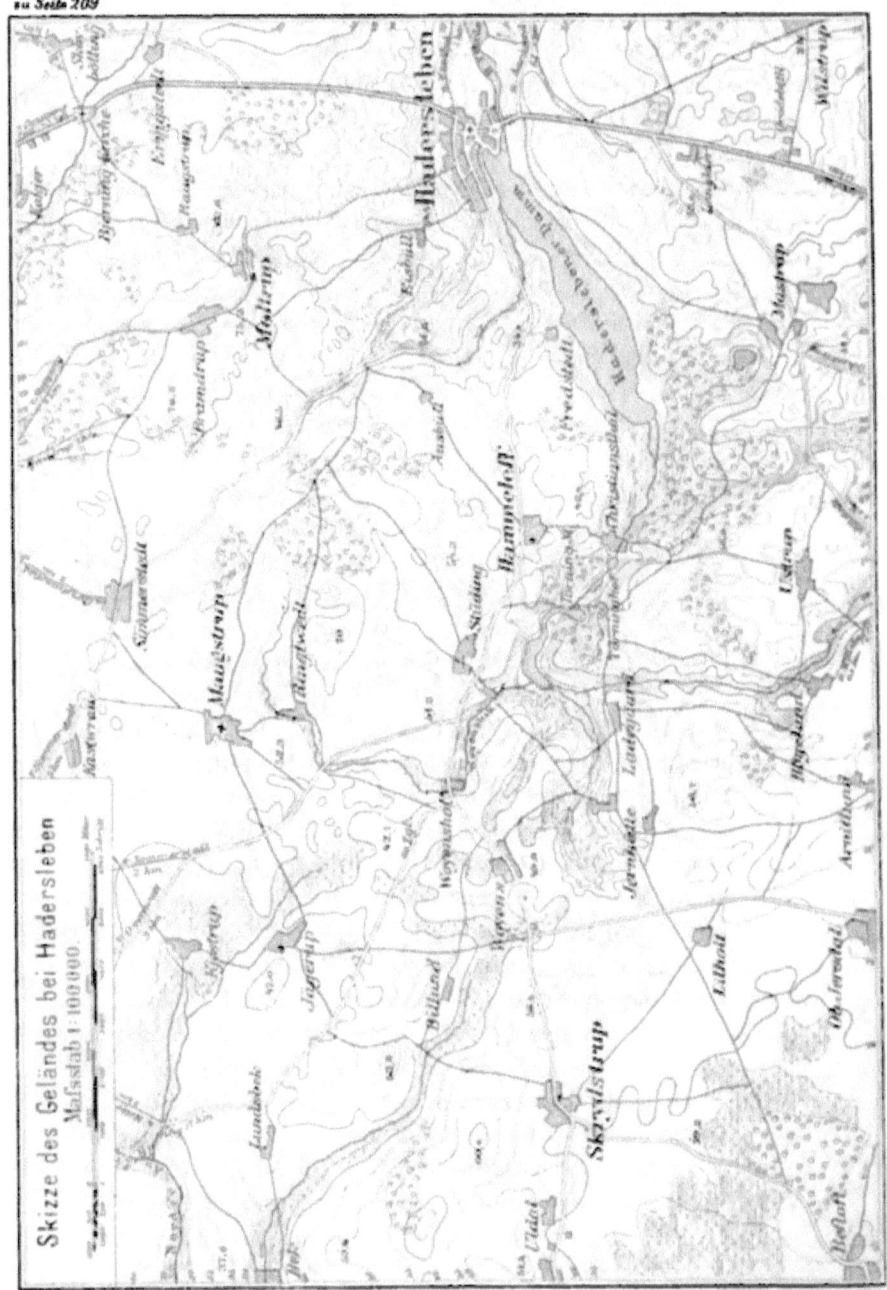

war bis auf die Höhe von Grödebüll gelangt, als sie der ersten feindlichen Patrouille ansichtig wurde. Es gelang, zwei Dänische Dragoner zu fangen, welche aussagten, daß Hadersleben durch zwei Dänische Bataillone mit Artillerie und Kavallerie besetzt sei.

Mittags gegen 12 Uhr gewahrte man feindliche Infanterie in günstiger Aufstellung südlich Hadersleben auf den Höhen von Lantier.*) Von der 1. Jäger-Kompagnie in der Front, von der 2. in der rechten Flanke energisch angegriffen, zogen sich die Dänen zurück und warfen sich in einige massive Häuser, welche etwa 50 Schritt vorwärts der zur Stadt führenden Brücke lagen.

Oberstlieutenant v. Zastrow glaubte diesen ersten Erfolg ausnutzen und zugleich zum Angriff auf Hadersleben selbst schreiten zu sollen. Er verfolgte mit den Jägern und bemächtigte sich einer Scheune, in deren Mauern die Pioniere Schießscharten brachen und von wo ein bald von den übrigen Jäger-Kompagnien verstärktes Feuer gegen die Dänen gerichtet wurde.

Diese räumten nun zwar die Häuser, steckten aber ein Gebäude in Brand, welches hart an der Brücke lag. Diese war zur Zerstörung vorbereitet und jenseits derselben die Einfassung der Stadt mit Infanterie stark besetzt. An ihrem Ostende erkannte man eine Redoute.

Nichtsdestoweniger suchte Oberstlieutenant v. Zastrow um die Erlaubniß nach, Hadersleben stürmen zu dürfen. Da dies ganz gegen den Sinn der Disposition des Oberkommandos gewesen wäre, so lehnte Prinz Friedrich den Antrag zwar ab, bestimmte aber, das Feuer solle lebhaft fortgesetzt werden, um die Wegnahme der Stadt für den nächsten Tag vorzubereiten.

Sonach blieb das Feuer der Holsteinischen Jäger im Gange und erhielt eine wesentliche Unterstützung durch die Artillerie der Avantgarde, welche westlich der großen Straße etwa 800 Schritt südlich der Stadt auffuhr und mit großem Erfolge einzelne hervorragende Gebäude derselben beschoß.

Aber auch die Dänen machten jetzt von ihrer Artillerie Gebrauch und richteten ihr Feuer vorzugsweise gegen die massive Scheune.

Nachdem nun noch ein mündlicher Befehl des Generals v. Wrangel diesen Artilleriekampf untersagte, wurde derselbe gegen Abend abgebrochen. Die Avantgarde wurde zurückgenommen und beobachtete während der Nacht auf den 30. Juni die Hadersleber Brücke durch drei Feldwachen. Hauptmann v. Sandrart, welcher die 3. Jäger-Kompagnie geführt hatte, war in diesem Gefecht verwundet worden, außerdem verloren die Holsteiner 12 Mann.

---

*) Siehe nebenstehende Textskizze.

Während so das Holsteinsche Korps am Nachmittage bis an die Haderslebener Föhrde vordrang, war der für die Expedition bestimmte Theil des X. Armeekorps unangefochten mit seiner Tete bis an die Törning-Mühle gelangt. Erst hier wurden einige Schüsse gewechselt, zu einem Gefecht war es aber nicht gekommen.

General Hallett stellte seine Vorposten von Ladegaard bis zum Haderslebener Damm aus und biwakirte mit dem Gros befohlenermaßen bei Högelund und Ustrup.

Die Preußische Division verfolgte währenddessen die Marschrichtung Ober-Jersdal—Strydstrup. Die Avantgarde unter Oberstlieutenant Graf Waldersee:

Füsilier-Bataillon des Kaiser Alexander Grenadier-Regiments,
 „ „ Franz Grenadier-Regiments,
zwei Kompagnien Gardeschützen,
3. Husaren-Regiment,
zwei Haubitzen der Garde-Batterie und ein Detachement der
3. Pionier-Abtheilung mit Material für einige Laufbrücken,

war um 7½ Uhr von Rothenkrug aufgebrochen. Ein Zug Husaren wurde von Skovby gegen Ustrup detachirt, um hier die Verbindung mit dem X. Armeekorps aufzunehmen, und ebenso gingen westwärts Patrouillen, um mit dem Detachement des Oberstlieutenants v. Fürsen-Bachmann Fühlung zu nehmen.

Die an der Tete der Avantgarde marschirende Husaren-Eskadron meldete um 1 Uhr, daß die feindlichen Vorposten auf der Linie Jernhütte—Billund sichtbar seien. Da nach der Disposition der Punkt Uldal besetzt werden sollte, so mußte der Feind von der so nahe dahinter liegenden Höhe vertrieben werden.

Nachdem zur Sicherung der linken Flanke ein Zug nach Strydstrup entsendet worden, trabte die Eskadron gegen die feindlichen Vedetten an.

Die beiden Geschütze und 200 Schritt hinter ihnen die übrigen drei Husaren-Eskadrons rückten auf dem nach Billund führenden Wege vor, die beiden Füsilier-Bataillone in Angriffskolonne formirt, sowie die Gardeschützen rechts und links desselben.

Nachdem vorn die Flankeurs sich eine Zeitlang herumgeschossen, ließ Lieutenant v. Schaper zum Angriff blasen. Die Dänischen Dragoner, welche sich bei Wovenshof konzentrirt hatten, warteten die Attacke jedoch nicht ab, sondern zogen sich zurück.

Bereits war Oberstlieutenant Graf Waldersee im Begriff, seine Vorposten gegen Billund auszustellen, als er den Befehl erhielt, dieselben weiter rückwärts auf der Linie Stroestrup—Vabegaard zu formiren.

Nachmittags 4 Uhr wurde auch die 2. Eskadron, welche bisher am Feinde gewesen war, durch die 3. abgelöst. Letztere sah sich beim Aussetzen der Vedetten durch kleine Abtheilungen der feindlichen Dragoner gestört, welche von Zeit zu Zeit hinter einem nur 700 Schritt davon entfernten Hause von Bovens hervorkamen, jedem Angriff auswichen, aber immer wieder erschienen.

Wachtmeister Hähnel instruirte seinen 4. Zug dahin, daß man beim nächsten Anreiten stutzen, Kehrt machen, und erst im Trabe, dann im Galopp zurückgehen sollte. Wirklich verfolgten jetzt die Dragoner eifrig und stießen nun auf die verdeckt haltende Schwadron. Die Dänen wehrten sich im Handgemenge, bis ihr Offizier, am rechten Arm verwundet, den Säbel fallen ließ. Bei ihrer Verfolgung verloren sie zwei Unteroffiziere als Gefangene und zwei Beutepferde.

Von den Husaren waren drei Mann an den Handgelenken verwundet.

Inzwischen hatte die Gardebrigade bei Ober-Jersdal, die Linienbrigade bei Arnitlund Biwaks bezogen.

Am Abend erfolgte der nachstehende

„Armee-Befehl!

H. C. Wittstedt, den 29. Juni 1848.

Da der Feind eine Position hinter Hadersleben genommen hat, so habe ich beschlossen, denselben morgen anzugreifen. Das Terrain gebietet, daß der Hauptangriff gegen seine rechte Flanke erfolgt, während die Defileen vor seiner linken nur beobachtet werden und die davor stehenden Truppen erst dann vorgehen sollen, wenn der Feind die Defileen freiwillig oder infolge des Angriffs mit unserem linken Flügel verlassen hat.

Im Speziellen bestimme ich Folgendes:

Das X. Armeecorps geht mit Zurücklassung eines Detachements vor der Törning-Mühle und Christianstbal früh 7 Uhr über Jernhütte auf Stüding, greift die feindliche Stellung in ihrer rechten Flanke an, während die Preußische Division, welche früh 6 Uhr aufbricht, mit der Brigade Möllendorf über Ringtved nach Maugstrup marschirt und die Armeereserve jener Brigade in angemessenem Abstande folgt. Der Angriff des X. Armeecorps wird nöthigenfalls von den Preußen unterstützt, weshalb sich der General der Infanterie Halkett an den Kommandirenden der Letzteren zu wenden hat. Wenn aber der Feind schon infolge des Angriffs des X. Armeecorps in Verbindung mit jener Umgehung seines rechten Flügels den Rückzug antritt, so bleibt die Preußische Division, incl. der Armeereserve, im Marsch auf dessen wahrscheinliche Rückzugslinie und zwar auf Christiansfeld über Simmerstedt und Hoser. Das X. Armeekorps verfolgt den Feind dann unmittelbar, sucht indessen auch dessen Rückzugsstraße, wenigstens mit einem Theile desselben, auf dem kürzesten Wege über Ausbüll und Woltrup zu erreichen; später folgt es dem Feinde auf der Kolbinger Straße östlich von Christiansfeld; noch vortheilhafter aber wäre es, wenn es gelänge, den Feind gegen die Küste zu drängen, daher überhaupt gegen seinen rechten Flügel operirt werden muß.

Sollte feindliche Kavallerie auf dem Wege von Jels nach Stübing vor oder zurückgehen, so ist die Reserve-Kavallerie sofort dahin zu dirigiren.

Das Holsteinische Korps bleibt ruhig vor Hadersleben, bis es die Ueberzeugung gewonnen hat, daß die Stadt vom Feinde verlassen ist, da ich ein Beschießen derselben nicht für angemessen erachten kann; dann aber geht es nach Herstellung der Brücke sofort dem Feinde nach und sucht ihn zu erreichen. Es ist in dieser Beziehung an keine Zeit gebunden und hat es diesen Auftrag auch schon in der Nacht auszuführen, wenn der obige Fall eintritt. Eine Meldung ist mir dann aber so schleunig als möglich zu schicken, sowie ich auch einer solchen sogleich entgegensehe, wenn der Feind von ihm erreicht worden und die Richtung bekannt ist, in welcher er seinen Rückzug angetreten hat. In diesem Falle ist es besonders die Aufgabe des Holsteinschen Korps, den Feind festzuhalten, damit die anderen Korps, welche dann von mir den Befehl zum Aufbruch erhalten würden, ihn noch erreichen könnten, um einen desto größeren Erfolg zu erreichen. Ein recht scharfes Drängen dürfte diesen Zweck am besten erfüllen. Nach dem Passiren von Hadersleben ist sofort nach Heilsminde zu detachiren, um zu erfahren, ob der Feind sich vielleicht dort einzuschiffen beabsichtigt, worauf die zur Verhinderung dieses Einschiffens erforderlichen Anordnungen sofort getroffen werden müssen.

Das Holsteinsche linke Flügeldetachement patrouillirt morgen über Bel nach Sommerstedt und Crenwatt; die Patrouillen sind früh 5 Uhr abzusenden; es hat sowohl mir wie dem Kommandeur der Preußischen Truppen, Generallieutenant Fürst Radziwill, fleißig zu melden.

Ich werde mich morgen bei dem X. Armeekorps aufhalten, wohin die Meldungen zu senden sind.

Für gute Boten ist bereits heute Abend zu sorgen.

Der Oberbefehlshaber der Armee.
(gez.) v. Wrangel."

Den Holsteinern gegenüber befanden sich die feindlichen Truppen nachts 12½ Uhr noch in ihrer Position, um 2 Uhr jedoch ging die Meldung ein, daß Hadersleben geräumt sei. Die Dänen hatten ihren Abzug in größter Stille bewirkt und zu dem Zweck die Räder der Geschütze mit Stroh umwickelt gehabt.

Die 3. Jäger-Kompagnie ging sofort durch die Stadt und besetzte den jenseitigen Ausgang. Gleich darauf wurde auch der Avantgarde befohlen, die Verfolgung des Feindes aufzunehmen. Die 4. Jäger Kompagnie setzte 70 Mann auf Wagen und folgte einer Dragonerabtheilung, welche die Spitze der Avantgarde bildete, auf der großen Straße nach Christiansfeld. Der Rest der Kompagnie und das Gros der Avantgarde rückten so schnell wie möglich nach.

An der Straße nach Christiansfeld liegt nördlich von Hadersleben eine Waldparzelle; dort wurden die Wagen durch lebhaftes Feuer empfangen. Die Jäger vertrieben indeß sehr bald die feindliche Nachhut aus dieser sowie aus drei später von ihr genommenen Stellungen, zuletzt von Bjerning-Kirche, wo der ummauerte Kirchhof der Vertheidigung eine gute Stütze gewährte. Zwar versuchte die Dänische Arrieregarde aus dem westlich gelegenen Wald die Offensive zu ergreifen, da aber auch inzwischen die übrigen Holsteinschen Kompagnien angelangt waren, so büßte sie dabei 50 Gefangene ein.

Nachdem die etwas gelockerte Ordnung wieder hergestellt war, schickte die Holsteinsche Avantgarde sich eben zur weiteren Verfolgung an, als sie Befehl erhielt, sich rechts an das Gros nach Beislev heranzuziehen und nur eine Eskadron und die Prallewschen Schützen auf der großen Straße nach Christiansfeld vorgehen zu lassen.

Prinz Friedrich wollte nämlich absichtlich auf dieser Straße nicht allzu sehr drängen, dagegen eine Einschiffung bei Heilsminde verhindern, wo drei Dampfschiffe, wahrscheinlich für diesen Zweck bestimmt, gesehen wurden. Er setzte den Vormarsch auf der alten Landstraße fort und erreichte bereits um 4 Uhr die Chaussee bei Bonsild, nur eine halbe Meile von Kolding, ohne den Feind wieder einzuholen.

Das X. Korps war befehlsgemäßen um 7½ Uhr von seinem Rendezvous Högelund aufgebrochen und über Lategaard und Stüding um den See herum auf Hammeleff marschirt. Man überzeugte sich, daß es keine leichte Aufgabe gewesen wäre, hier durchzudringen, wenn der Feind dies durchschnittene Terrain überhaupt vertheidigt hätte. Das 3. Bataillon, welches zur Beobachtung des Defilees Törning Mühle stehen geblieben war, rückte über die dort angelegten, aber verlassenen Verschanzungen direkt zum Korps heran, welches nun über Ausbüll und Woltrup nach Bjerning-Kirche an die Straße nach Christiansfeld marschirte.

Die westliche Kolonne (Preußen und Armeereserve) war gegen 9½ Uhr mit der Tete bereits über Maugstrup hinaus gelangt. Alle Nachrichten stimmten dahin überein, daß die Dänen die Gegend von Simmerstedt schon vor mehreren Stunden passirt und das Land vollständig geräumt hatten. Da demnach ein weiteres Vorgehen keinen Zweck mehr hatte, so wurde der Marsch der Preußischen Division eingestellt und das X. Armeekorps nach Hadersleben zurückbeordert.

Die Stellung am Abend des Tages war demnach folgende:

1. Holsteinsches Korps: Bonsild;
2. Preußen:
    Brigade Möllendorf: Christiansfeld, Avantgarde bei Tapsure, Taps, Ostorp; Brigade Bonin: Frörup, Avantgarde bei Odis. Reserve-Kavallerie-Brigade: Stepping;
3. Holsteinsches linkes Seitendetachement: Jels;
4. X. Armeekorps auf dem Marsch nach Hadersleben.

Der Zweck, die Dänen aus dem Lande zu treiben, war vollständig erreicht, nicht aber, ihnen dabei eine Niederlage beizubringen.

Blieb General v. Hedemann entschlossen, kein Gefecht anzunehmen, so gab es nur das Mittel der Ueberraschung, um ihn gegen seinen Willen dazu zu nöthigen. Allein die Deutschen brauchten zu ihrer Unternehmung in der That drei Tage Zeit, und so lange konnte ihr Anmarsch nicht leicht verborgen bleiben.

Am 28. wurde die Armee hinter der Linie Apenrade-Nies versammelt; ein Theil derselben, namentlich die Preußischen Truppen, hatten bis dahin schon sehr bedeutende Märsche aus ihren Kantonnements.

Das Gefecht von Hadersleben am 29. war ganz gegen die Absicht des kommandirenden Generals. Besser wäre es gewesen, wenn der rechte Flügel nur bis Gjenner vorgegangen wäre. Allein der Angriff einer schwachen Abtheilung Holsteinscher Truppen hat die Dänen schwerlich zur Räumung ihrer in der Front so starken Stellung bestimmt.

Das X. Korps und die Preußische Division gingen am 29. wenig über zwei Meilen vor: sie konnten also weiter rücken, aber, um schon an diesem Tage an den Feind zu gelangen, hätten sie um den Meeresarm herum noch andere zwei Meilen zurücklegen müssen, und dann war offenbar die Zeit für ein größeres Gefecht nicht mehr vorhanden.

Es war daher gerechtfertigt, daß sie auf der Linie Ustrup—Arnitlund—Ober-Jersdal Halt machten; nur bleibt dann auffällig, daß die so sorgfältig und umsichtig entworfene Disposition ausdrücklich Uldal als den von der Avantgarde zu erreichenden Punkt bezeichnet. Diese Gegend mußte, wenn der Feind überhaupt bei Hadersleben stand, nothwendig besetzt sein; ohnehin hatten die Nachrichten bestimmt angegeben, daß die Dänen in Strodstrup ständen.

Wenn irgend möglich, mußten ihre Vorposten dort gar nicht alarmirt werden. Indem aber die Preußische Avantgarde eine Meile weit über das Biwak des Gros hinaus vorging, wurden jene kleinen Kavalleriegefechte herbeigeführt, welche unmittelbar in der Flanke der Dänen, wie unbedeutend sie auch an sich waren, diesen einen um so deutlicheren Fingerzeig gaben, als hier eben Preußische Truppen gezeigt wurden.

Der nächtliche Abmarsch des Generals v. Hedemann am 30. war nicht zu verhindern, die politischen Verhältnisse verboten, ihm nach Jütland zu folgen; aber jedenfalls war vor der Welt konstatirt, daß die Dänen nicht vermochten, das Land mit den Waffen zu behaupten, dessen Besitz sie beanspruchten.

Stillstand der Operationen Anfang Juli 1848.

Der Dänische Kommandirende hatte seine 17 000 Mann nach Jütland in Sicherheit gebracht. Das Flankenkorps war über Stepping, Ödis, Dragbäls-Mühle nach Hesselvad-Brücke, an die Straße Kolding—Ribe, 1½ Meilen westlich von Kolding, zurückgegangen, die 1. Brigade über Vamdrup, Nagböl ebenfalls nach der Hesselvad-Brücke, die Kavalleriebrigade nach Geising; die 3. Brigade hatte den Rückzug von Moltrup nach Christiansfeld zu decken gehabt und war von dort aus durch die 5. Brigade abgelöst worden.

General v. Wrangel beschloß, dieser Stellung gegenüber im nördlichsten Theile von Schleswig stehen zu bleiben, nur das X. Bundeskorps sollte im Sundewitt den Rücken der Armee decken.

Der Kommandirende nahm sein Hauptquartier in Christiansfeld.

Die Preußische Linienbrigade stellte Vorposten auf der Linie Grönninghoved—Bränore aus, ihre Vedetten standen von Bjert über Vonsild nach Ödis, dicht an der Grenze; dahinter kantonnirte die Brigade Bonin rückwärts bis Christiansfeld, die Brigade Möllendorf rückwärts bis Hadersleben—Simmersted. Die Holsteinschen Truppen erhielten Quartiere westlich bei Strodstrup und hatten zu ihrer Sicherung nach Jels detachirt.

Das Freikorps v. d. Tann bewachte den Strand bei Heilsminde und Aarösund.

Im Sundewitt war während des Vorrückens der Armee nach Norden Oberst Graf Rantzau mit 7 Bataillonen, 3 Escadrons, 16 Geschützen zwischen Gravenstein und Quars verblieben. Auf Alsen befanden sich nur etwa 5000 Dänen. Auf das Gerücht hin, daß diese einen Angriff beabsichtigten, zog sich Graf Rantzau bis in die Stellung von Krusau zurück und besetzte Flensburg mit zwei, Glücksburg mit einem Bataillon.

Um nun so schnell wie möglich das Sundewitt wieder zu besetzen, befahl General v. Wrangel, daß die gesammte Kavallerie und eine Brigade des Generals Hallett zu Wagen den Marsch dorthin antrete.

Zwei Mecklenburgische Escadrons, die zur Beobachtung gegen Alsen zurück geblieben waren, sollten sich, wenn sie angegriffen würden, auf Flensburg bezw. Apenrade zurückziehen. In letzterem Ort sollte ein Bataillon und ein Kavallerie-Regiment nebst einigen Geschützen stehen bleiben.

Am 2. Juli traf General Hallett mit seinen Truppen von Norden her ein und bezog folgende Kantonnements und Biwaks:

    Avantgarde: Gravenstein,
    1. Brigade: Baurup,
    3.   dahinter als Reserve,
    2.   Flensburg und Gegend bei Hönschnap.

Mehrere kleine Rekognoszirungen zeigten, daß die Dänen die Düppelstellung nicht mehr besetzt hielten. Bereits war der Befehl gegeben, sich in Besitz der Position zu setzen und die dort angelegten Schanzen einzunehmen, allein die bereits weit vorgeschrittenen Verhandlungen über einen Waffenstillstand ließen davon abstehen, um nicht eine Verzögerung zu veranlassen.

Auch im Norden verhielt sich der herausfordernden Stellung des Generals v. Wrangel gegenüber General v. Hedemann völlig passiv. Die Dänische Armee hatte in dem Terrain zwischen Veile und Kolding Kantonnements bezogen; das Hauptquartier war in Vinf und die Vorposten standen auf der Grenze. Da diese nicht überschritten werden durfte, so entstand ein völliger Stillstand, der nur am 8. Juli durch ein kleines Strandgefecht unterbrochen wurde.

Strandgefecht bei Aarösund am 8. Juli 1848.

Der Kommandeur der Preußischen Reserve-Artillerie hatte aus zwei Holsteinischen 24pfündigen Granatkanonen und vier Holsteinischen 12pfündigen

Geschützen eine Batterie zusammengestellt, welche dem Premierlieutenant Beelitz übergeben wurde und in Hadersleben kantonnirte. Man hatte beobachtet, daß seit einiger Zeit die feindlichen Dampfschiffe, welche von Fünen kommend nach Alsen fuhren, den Aarö Sund passirten, statt wie früher östlich um die Insel zu gehen.

Am 7. Juli abends marschirte die Batterie nach dem Fährhaus bei Aarösund ab und traf dort gegen Mitternacht ein. Ein Geschütz blieb in Reserve zurück, die beiden 24 pfündigen Granatkanonen wurden im Garten des Fährhauses, 30 Schritt vom Ufer entfernt, hinter einem mit Gesträuchen und Büschen besetzten Wall, über welchen sie wegfeuern konnten, die Kugelkanonen nördlich davon aufgestellt.

Von letzteren stand ein Geschütz frei in einem Haferfelde, jedoch gänzlich mit Stroh bedeckt, davor ein Freischärler als Posten, so daß man glauben konnte, es sei eine Erdhütte. Die Bedienungsmannschaft lag unter den Geschützen, Protzen und Bespannung waren zurückgegangen und vollständig durch Terraingegenstände gedeckt. An der Südseite der Insel Aarö lag eine Fregatte vor Anker, an der Nordseite ein Schooner nebst einem Kanonenboot, etwa 2400 Schritt vom diesseitigen Ufer entfernt.

Gegen 1 Uhr morgens ging von den Freischaarenposten die Meldung ein, daß ein Dampfschiff in Sicht sei. Es steuerte auf das Kanonenboot zu, hielt sich daselbst 10 Minuten auf und ging dann südwärts durch den Sund. Als der Dampfer etwa auf 1200 Schritt dem Fährhaus gegenüber angekommen war, erhoben sich die Kanoniere und gaben Feuer. Der dritte Schuß aus der zweiten 24pfündigen Granatkanone fuhr in den Dampfkessel; Dampf und Wasser strömten aus und das Schiff stand sofort still. Die Mannschaft war über Bord gesprungen und suchte sich nach Aarö zu retten. Die Batterie setzte ihr Feuer fort, eine Granate ging durch den Rumpf, das Schiff fing an zu sinken.

Während dieser Kanonade zeigten die beiden nördlich gelegenen Fahrzeuge ein sehr verschiedenes Verhalten. Der Schooner fuhr gleich unter allen Segeln in östlicher Richtung davon; das Kanonenboot dagegen näherte sich auf Schußweite und feuerte mit Bomben und Kartätschen, wodurch zwar das Fährhaus, nicht aber die Batterie beschädigt wurde.

Unterdeß war das Dampfboot nach der Insel getrieben und saß mit dem Vordertheil auf einer Sandbank fest. Es war das Postschiff „Odin", welches im Dienste der Dänischen Marine funktionirte. Ein Versuch, dasselbe an Land zu bringen, mißlang.

Am Morgen des 9. Juli erschien das Kriegsschiff „Hella", mit einem Kanonenboot im Schlepptau, unternahm indessen nichts gegen die Batterie, welche ihren Rückmarsch antrat. Verluste hatte dieselbe nicht gehabt.

Politische Begebenheiten seit dem Anfang Juni.

Schon lange hatten die diplomatischen Verhandlungen lähmend auf die Kriegführung eingewirkt. Aus politischen Rücksichten hatte auf die Erhebung der in Jütland ausgeschriebenen Kontribution verzichtet und das Land geräumt werden müssen.

Dänemark, von Rußland begünstigt, machte seine angeblichen Erfolge im Sundewitt geltend.

Schweden hatte, durch die Skandinavische Partei gedrängt, bereits im Juni 5000 Mann nach Fünen übergesetzt, andere 15000 Mann bei Malmö versammelt, welche freilich nur für den Fall in Thätigkeit treten sollten, daß die Dänischen Inseln bedroht würden.

Wie wenig nun auch ein Krieg gegen Deutschland im Interesse der Schwedischen Regierung liegen konnte, so wußte man doch, daß der König selbst lebhaft wünschte, Proben seiner Feldherrntalente abzulegen.

Unter diesen Umständen neigte sich, nachdem die Verhandlungen in London abgebrochen und deren neue in Malmö angeknüpft waren, die Englische Regierung entschieden auf Seite Preußens und des Deutschen Bundes. Sie erklärte sogar, daß die aktive Einmischung Rußlands für sie ein casus belli sein würde.

Von Seiten Preußens war Graf Pourtales nach Malmö gesandt worden und machte daselbst als Basis eines abzuschließenden Waffenstillstandes folgende Vorschläge:

„Die Dänischen Truppen räumen die Herzogthümer; es wird eine gemeinschaftliche Regierung eingesetzt und Schleswig bleibt von Deutschen Truppen besetzt."

Auf dieser Grundlage entstand am 2. Juli der erste Waffenstillstandsentwurf, mit welchem Graf Pourtales sich in das Hauptquartier des Generals v. Wrangel nach Hadersleben begab. Die Unterhandlungen mit dem Dänischen Bevollmächtigten, Kammerherrn v. Reedtz, wurden in Bellevue bei Kolding geführt, wo man am 19. Juli ein Projekt annahm, welches im Wesentlichen Folgendes enthielt:

„I. Die Feindseligkeiten werden vom Tage der Ratifikation des Waffenstillstandes an während drei Monaten eingestellt; Aufkündigungstermin ein Monat.

II. Beiden Armeen soll es gestattet sein, im Falle der Aufkündigung diejenige Stellung einzunehmen, welche sie am 30. Juni inne hatten.

III. Die Blocade der Deutschen Häfen hört auf.

IV. Alle Kriegs- und politischen Gefangenen werden ohne Verzug in Freiheit gesetzt.

V. Alle während des Krieges aufgebrachten Schiffe werden mit ihren Ladungen binnen 12 Tagen zurückgegeben werden.

VI. Für die Dauer des Waffenstillstandes wird für beide Herzogthümer eine gemeinschaftliche Regierung eingesetzt. Diese Regierung wird aus fünf Notabeln der Herzogthümer bestehen, welche im Namen des Königs von Dänemark als Herzogs von Schleswig und Holstein die Herzogthümer nach den bestehenden Gesetzen und Verordnungen verwalten werden. Zwei von diesen Mitgliedern sollen vom König von Dänemark, zwei vom König von Preußen gewählt werden. Das fünfte Mitglied der Regierung, der Präsident, wird von jenen vieren gewählt. Sollte hierin kein Einverständniß zu erzielen sein, so wird Großbritannien, als vermittelnde Macht, eingeladen werden, solches zu thun. Keines der bisherigen Regierungsmitglieder darf an der neuen Regierung Theil haben.

VII. Während der Dauer des Waffenstillstandes sollen folgende Truppen in den Herzogthümern zur Disposition der Regierung verbleiben:

a) In Schleswig 3000 Mann Bundestruppen; auf Alsen 3000 Mann Dänen;

b) In Holstein die regulären Schleswig-Holsteinischen Truppen, welche zur Armee des Generals Wrangel gehören, sowie eine Kompagnie Bundestruppen zur Bewachung des Militärlazareths in Altona.

VIII. Der König von Preußen und der König von Dänemark sollen das Recht haben, jeder einen Kommissar zu ernennen, welche in den Herzogthümern residiren und während der Dauer des Waffenstillstandes über die Ausführung desselben wachen.

IX. Der König von Preußen verpflichtet sich, bei dem Deutschen Bund dahin zu wirken, daß das Herzogthum Lauenburg in derselben Lage wieder hergestellt werde, in welcher es sich vor dem Einrücken der Deutschen Bundestruppen befand.

X. England garantirt den Waffenstillstand.

XI. Die Artikel des Waffenstillstandes präjudiziren in keiner Weise den Frieden."

Kammerherr v. Reedtz beeilte sich, diese der militärischen Lage entsprechenden und für die Deutschen Waffen ehrenvollen Bedingungen dem Dänischen Ministerium zur Genehmigung vorzulegen.

Unglücklicherweise hatten inzwischen die Wirren des Frankfurter Parlaments zur Wahl eines provisorischen Reichsverwesers in der Person des Erzherzogs Johann geführt. Hiervon setzte der Bundestag den General v. Wrangel unter dem 12. Juli in Kenntniß.

Gleich darauf traf auch ein Schreiben des Reichs Kriegsministers, General lieutenants v. Peucker ein, datirt vom 16. Juli, worin derselbe bekannt machte, daß alle Deutschen Bundestruppen am 6. August dem Reichsverweser durch ein dreimaliges Hurrah zu huldigen hatten, auch sollten von jetzt ab die Deutschen Farben an Kopfbedeckungen und Panieren getragen werden. Da nun auch die Preußische Regierung den Erzherzog als Reichsverweser anerkannt hatte, so glaubte sie sich nicht mehr berechtigt, die Waffenstillstandsverhandlungen allein zum Abschluß zu bringen. General v. Wrangel erhielt am 15. Juli durch einen Kurier den Auftrag, nur mit Genehmigung des Reichsverwesers abzuschließen. Natürlich wurden nun die Verhandlungen zu Bellevue abgebrochen.

Dänemark hatte bisher nur mit Preußen und dem Deutschen Bund Krieg geführt, mit diesen war es bereit, über Waffenstillstand und Frieden zu verhandeln. Eine Deutsche Centralgewalt war noch von keiner außerdeutschen Macht anerkannt worden. Die Haltung des Berliner Kabinets in dieser Frage erregte das Befremden der vermittelnden Mächte und führte eine neue Verwickelung in den politischen Verhältnissen herbei.

In einer Depesche des Schwedischen Ministers des Aeußern an den Gesandten Baron d'Ohsson zu Berlin, datirt Malmö, den 23. Juli, heißt es unter Anderem:

„Der Deutsche Reichsverweser hat sich als solcher noch nicht offiziell erklärt, er ist von den Europäischen Mächten noch nicht anerkannt worden; Dänemark ist im Recht, wenn es ihn von dem Abschluß von Verhandlungen fern halten will, an denen er durchaus keinen Antheil genommen."

In einer Depesche Lord Palmerstons an den Grafen v. Westmoreland vom 25. Juli sagt der Englische Premier:

„Mit Bezug auf Ew. Herrlichkeit Depesche habe ich die ernste

Hoffnung der Regierung Ihrer Majestät auszudrücken, daß die Preußische Regierung sich im Stande finden werde, diese Angelegenheit schleunigst und in befriedigender Art zu Ende zu bringen und auf eine Weise, welche mit den Arrangements zusammen stimmt, zu welchen das Preußische Gouvernement schon seine Zustimmung gegeben hatte. Denn im entgegengesetzten Falle wird das Britische Gouvernement sich genötigt sehen, sich gänzlich von jeder weiteren Betheiligung an Unterhandlungen zurückzuziehen. . . ."

Sowohl dem Preußischen wie dem Dänischen General war empfohlen worden, während der schwebenden Verhandlungen nichts von Erheblichkeit zu unternehmen. Dicht einander gegenüberstehend hatten sie in dieser peinlichen Lage eine Waffenruhe vom 15. bis 19. Juli vereinbart, welche dann bis zum 22. und endlich bis zum 24. abends 10 Uhr verlängert wurde.

An diesem Abend nun ging im Deutschen Hauptquartier ein Schreiben des Generals v. Hedemann ein, worin derselbe mittheilte, daß er von seiner Regierung nicht instruirt sei, auf die ihm vorgelegten Vorschläge einzugehen. Namentlich durch die vorbehaltene Ratifikation des Reichsverwesers werde die Sache auf ein ganz neues Gebiet geführt, wohin die Dänische Regierung nicht folgen könne; er sei daher angewiesen, nur auf die in Malmö besprochenen Punkte hin ohne Weiteres abzuschließen.

General v. Wrangel antwortete hierauf, daß die Feindseligkeiten wieder beginnen würden.

Diese konnten jetzt in eine neue Phase treten; aus dem Bundeskrieg war ein Reichskrieg geworden.

Man durfte erwarten, daß die Deutsche Centralgewalt ein energisches Vorgehen gegen Dänemark beabsichtige, und dies schien anfangs auch wirklich stattfinden zu sollen.

Antrag auf Verstärkung der Bundes-Armee in Schleswig.

Unter dem 21. Juli hatte das Reichs-Kriegsministerium bei General Wrangel angefragt, welche Verstärkung dieser für nötig halte, um die endliche Lösung des Konflikts auf dem Schlachtfelde herbeizuführen.

General Wrangel beantragte hierauf eine Verstärkung von:

35 Bataillonen Infanterie .   = 28 000 Mann,
25 Eskadrons Kavallerie .   = 3 000 bis 3 500 Pferden,

24 12pfündigen Geschützen
10 6 „
8 Geschützen reitende Artillerie
} . . = 42 Geschützen,

und einer Pionier-Kompagnie mit einem halben Pontontrain. Sämmtliche Truppen sollten mit den entsprechenden Trains versehen werden. Durch diese Verstärkung wäre die Armee auf:

75 Bataillone . . . . = 60 000 Mann,
56 Escadrons . . . . . = 6 720 bis 8 400 Pferde,
132 Geschütze

gebracht worden, eine Streitmacht, welche vollkommen genügt hätte, das Festland vom Feinde zu säubern und die Landungen desselben zu verhindern.

Schon unter dem 31. Juli schickte General v. Peucker eine Uebersicht der für den Krieg bestimmten Truppenkontingente. Es sollten gestellt:

Oesterreich, unter Kommando eines Divisionsgenerals:
1 Infanterie-Brigade zu 3 Linien- und 2 Jäger-Bataillonen = 5000 Mann,
1 Kavallerie-Brigade zu 2 Regimentern . . . . = 2400 Pferde,
1 Pionier-Kompagnie mit 2 vollständigen Brückenequipagen
zu je 168 Fuß Brückenbahn . . . = 220 Mann,
6 Raketen Batterien mit Ausrüstung . . . = 36 Laffeten.

Bayern, unter Kommando eines Divisionsgenerals:
1 Infanterie-Division von 8 Füsilier- und 2 Jäger-
Bataillonen . . . . . = 9000 Mann,
4 Escadrons Kavallerie . . . . . = 500 Mann,
2 12pfündige Fußbatterien . . . . . = 16 Geschütze.

Sachsen, unter Kommando eines Brigadekommandeurs:
1 Infanterie-Brigade von 4 Linien- und 2 leichten
Bataillonen . . = 5000 Mann,
4 Escadrons Kavallerie . = 500 Mann,
1 12pfündige Fußbatterie . . . . . = 8 Geschütze.

Das VIII. Deutsche Armeekorps unter einem Württembergischen Divisionsgeneral:

1. Brigade von Württemberg:

4 Bataillone Infanterie . = 4000 Mann,
4 Escadrons Kavallerie . . . . = 500 Mann,
1 reitende 6pfündige Batterie . = 6 Geschütze.

2. Brigade (Badenscher Kommandeur) von Baden:

4 Bataillone Infanterie	= 4000 Mann,
1 6pfündige Fußbatterie	= 8 Geschütze.

Großherzogtum Hessen:

2 Bataillone Infanterie	= 1700 Mann,
1 6pfündige Fußbatterie	= 6 Geschütze.

3. Brigade unter einem Nassauischen Kommandeur:

Von Nassau: 3 Bataillone Infanterie	= 2500 Mann,
1 6pfündige Fußbatterie	= 8 Geschütze.
Von Sachsen-Weimar: 1 Bataillon Infanterie	= 1000 Mann,
Frankfurt: 1	= 700

Summa: 32 900 Mann Infanterie,
3 900 Pferde,
220 Pioniere,
8 reitende 6pfündige,
22 6pfündige ⎫
24 12pfündige ⎬ Fußgeschütze,
36 Raketen.

Der Reichs-Kriegsminister fügte hinzu, daß ein Theil dieser Truppen in acht bis zehn Tagen bereits nach dem Kriegsschauplatz werde abrücken können.

Wechsel des Dänischen Oberkommandos und Deutsche Truppenverschiebungen am 1. August 1848.

Auf Dänischer Seite war inzwischen ein Wechsel im Oberkommando eingetreten. Wenige Tage nachdem General v. Hedemann bei Veile eine Parade über 20 000 Mann abgehalten, erschien am 25. Juli der Kriegsminister in Jütland und kündigte ihm an, daß General v. Krogh bestimmt sei, an seine Stelle zu treten.

Der neue Oberbefehlshaber, welcher erst unlängst zur Armee gekommen und eine Brigade geführt hatte, verhielt sich übrigens ebenso passiv, wie sein Vorgänger es bis dahin gethan hatte.

Nachdem General Hallett gemeldet, daß ein sehr reger Verkehr zwischen Jütland und Alsen stattfinde und, wie es scheine, die Dänen auf der Insel sich verstärkten, beschloß General v. Wrangel, sich etwas näher dorthin zu konzentriren.

Am 1. August wurde Apenrade von den Truppen des X. Korps geräumt, die Preußische Gardebrigade dorthin und westlich der Stadt in Kantonnements gelegt und die Linienbrigade hinter die Taps-Au zurückgezogen, so daß die Holsteinischen Truppen unter Beibehaltung ihrer Vorpostenlinien sich rückwärts bequemer ausdehnen konnten. Sie wurden bald darauf von der Mecklenburgischen Brigade Elderhorst abgelöst und nach Südschleswig verlegt. Das große Hauptquartier kam nach Apenrade.

Preußische Vorstellungen bei der Centralgewalt.
Verstärkung der Bundestruppen und Dänische Blockadeerklärung.

Inzwischen hatte die Preußische Regierung sich entschlossen, die Autorisation des Reichsverwesers zu Unterhandlungen nachzusuchen. Am 27. Juli wurde Generalmajor v. Below nach Wien geschickt, um dort dem Erzherzog-Reichsverweser den Sachverhalt klar darzulegen und das von Preußen der Centralgewalt abgetretene Mandat zurückzufordern. Er hatte vorstellig zu machen, daß Preußen bei der voraussichtlichen Theilnahme Rußlands, der unfreundlichen Haltung Frankreichs und den geminderten Sympathien Englands höchst bedenklichen Verhältnissen entgegengehe; daß ferner der Krieg in ganz Norddeutschland unpopulär sei wegen des Druckes, den er auf die materiellen Interessen ausübe. Das in den Dänischen Händen befindliche Deutsche Eigenthum betrage mehrere Millionen, aber ganz unberechenbar seien die Wunden, welche jeder Tag der verlängerten Blockade und der Hemmung der Schifffahrt dem Handel und dem Wohlstand aller Länder Norddeutschlands schlage.

Am 7. August wurde nun zwar Preußen beauftragt, den Waffenstillstand gemäß der Besprechung von Bellevue am 19. Juli abzuschließen, aber unter den im Artikel VI erwähnten, in den Herzogthümern bestehenden Gesetzen und Verordnungen sollten ausdrücklich alle bis zum Abschlusse des Waffenstillstandes daselbst erlassenen mit einbegriffen sein. Ferner sollte der Unterstaatssekretär Frhr. Max v. Gagern sich über Berlin nach den Herzogthümern begeben und dort die Abschließung des Waffenstillstandes als Vertreter der Centralgewalt gewissermaßen überwachen, auch der Dänischen Regierung die mit den Centralorganen Deutschlands vorgegangenen Veränderungen anzeigen.

In dieser Weise glaubte man nun Bedingungen stellen zu sollen, während die früheren, sehr günstigen schon nicht mehr annehmbar geworden waren. Und dabei blieben die militärischen Leistungen des nun unter der Centralgewalt angeblich geeinigten Deutschlands weit hinter den gehegten Erwartungen zurück.

Die Aufforderung zur Stellung von Truppenkontingenten war von den Deutschen Staaten in sehr verschiedener Weise aufgenommen worden. Die größeren nahmen Anstand, dem Reichs-Kriegsministerium unbedingt Folge zu leisten: Oesterreich entschuldigte sich mit einem Kriege in Italien und wollte überhaupt nicht feindlich gegen Dänemark auftreten, weil es als Großmacht noch diplomatische Beziehungen mit diesem Staate unterhalte. Auch Bayern und Sachsen säumten, ihre Truppen zu mobilisiren, nur Württemberg und die kleineren Staaten bereiten sich damit.

Allerdings hatte General v. Wrangel selbst ein Schreiben an den Erzherzog Reichsverweser gerichtet, in welchem er die Schwierigkeiten der Situation hervorhob.

In demselben heißt es:

„Zur Erkämpfung eines Friedens gehört mehr als die bloße Besetzung eines Theils des feindlichen Landes, hierzu gehört die Vernichtung seines Kriegsmaterials, seiner Armee, und dazu ist nach meiner jetzigen Erfahrung von der Kriegführung der Dänen keine Aussicht; denn wie bisher werden sie auch ferner der Schlacht ausweichen und sich unter dem Schutze ihrer Schiffe auf die Inseln zurückziehen, die für eine Landmacht allein unangreifbar sind, so stark sie auch sein mag.

Euere Kaiserliche Hoheit auf diesen besonderen Umstand aufmerksam zu machen, halte ich für meine Pflicht; denn ich mag nicht Veranlassung sein, daß von Deutschland unnöthig neue schwere Opfer verlangt werden, die in der jetzigen trüben Zeit jedem Staate nur um so fühlbarer sein können. Nur mit dem Beistand einer befreundeten Flotte scheint es mir möglich, den Feind zum Kampfe zu zwingen und den Frieden durch die Waffen zu erkämpfen; ohne eine solche aber möchte jede weitere Verstärkung der Armee, die jetzt stark genug ist, das Festland von Schleswig-Holstein vom Feinde frei zu halten, nicht nur ohne Nutzen sein, sondern sogar den Nachtheil mit sich führen, daß mir noch eine zweite Macht zu Lande und zu Wasser feindlich entgegentreten würde, da mit der Ueberweisung jener Verstärkungen zugleich der Befehl zur Offensive gegen Jütland verbunden sein würde."

Die Folge dieser Auseinandersetzung wurde bald bemerkbar. Am 7. August notifizirt der Reichs-Kriegsminister dem General v. Wrangel:

„.... Das Reichs-Kriegsministerium hat demnächst sowohl die vorsorglich getroffenen Anordnungen, als auch den von den vorbezeichneten früheren

Erklärungen abweichenden Inhalt Euer Excellenz letzten an Seine Kaiserliche Hoheit gerichteten Schreibens vom 2. August, in Verbindung mit anderweitigen auf diesen Gegenstand einflußreichen, soeben eingetretenen Umständen zum Gegenstande sorgfältiger Erwägungen gemacht und das betreffende Endergebniß dem Erzherzog Reichsverweser zur Entscheidung vorgelegt.

Infolge dessen beehrt sich das Reichs-Kriegsministerium Euer Excellenz ergebenst zu eröffnen:

1. daß die in dem diesseitigen Schreiben vom 30. Juli näher bezeichneten Truppentheile, wie dies angeordnet war, zwar werden mobil gemacht werden, daß aber

2. für jetzt nur die Division des VIII. Deutschen Armeecorps und die unter Führung eines Nassauischen Brigadekommandeurs gestellte Brigade und 4 k. k. Oesterreichische Raketen-Batterien unverzüglich werden in Marsch gesetzt werden, wogegen die übrigen Truppen, bestehend aus der k. k. Oesterreichischen Division, der königlich Bayerischen Division und der königlich Sächsischen Brigade in solche Bereitschaft werden gestellt werden, um auf erhaltene Ordre unverzüglich nachrücken zu können;

3. daß, solange eine anderweitige Bestimmung nicht erfolgt, bei nothwendig werdender Erneuerung des Kampfes die Jütische Grenze unter keinen Umständen zu überschreiten ist."

Auf alle diese Vorbereitungen antwortete die Dänische Regierung einfach mit der nachstehenden Veröffentlichung des Marineministeriums:

„Das Marineministerium bringt hiermit zur öffentlichen Kunde, daß außer den bis jetzt blockirten Häfen: Swinemünde, Wolgast und Cammin, sammt Kiel und den Kanalmündungen bis Holtenau, ferner vom 15. August an blockirt werden sollen: Greifswald und der östliche Einlauf nach Stralsund, die Elbe-, Weser- und Jademündungen. Dieses ist den befreundeten und neutralen Mächten auf Seiner Majestät Befehl mitgetheilt worden. Auch wird die Bekanntmachung allen Schiffen, welche den Sund und die Belte passiren, von Seiten der Sund- und Strom-Zollkammern zugestellt werden. Ehe neue spezielle Bekanntmachungen ertheilt werden, sind keine anderen Häfen als blockirt zu betrachten.

Kopenhagen, den 1. August 1848.

Von Seiten des Marineministeriums."

Ueberfall bei Stepping am 8. August 1848.

Zugleich gelang es den Dänen, auf einer Seite einen kleinen Erfolg zu erringen, wo man ihn am wenigsten erwartet hatte. Sie überfielen nämlich das Dorf Stepping und hoben hier die Besatzung eines vereinzelt liegenden Gehöftes auf.

Stepping liegt am rechten Ufer eines von Süden nach Norden fließenden sumpfigen Baches, an dessen linkem Ufer sich nur ein einzelnes im Viereck geschlossenes, an sich sehr vertheidigungsfähiges Gehöft befindet, welches aber wegen seiner guten Stallungen ausschließlich der Kavallerie eingeräumt und ohne Infanteriebesatzung geblieben war. Die einzige Verbindung von dort mit dem Dorf bildet eine 200 Schritt abwärts liegende Brücke, die verbarrikadirt nur einen schmalen Durchlaß gewährte.

Stepping war mit einer Kompagnie des 20. Regiments und einer Eskadron des 2. Kürassier Regiments belegt. Es war das westlichste Kantonnement der Preußischen Truppen: in Reffö schlossen sich dann die Holsteinschen an.

Gegen Norden standen Kavalleriefeldwachen, so an der Brücke bei Hoirup ein Kürassierposten von 1 Unteroffizier und 10 Mann, weiter rückwärts die Infanteriewachen: gegen Westen aber war die Postenlinie bis Reffö unterbrochen. Der linke Flügel der Preußischen Quartiere war zwar durch den sumpfigen Bach hinreichend gesichert, das bezeichnete Gehöft aber völlig bloßgestellt.

Gegen diesen einzelnen Posten nun setzten die Dänen zwei ganze Brigaden in Bewegung.

Von allen örtlichen und besonderen Verhältnissen durch die Landbewohner aufs Genaueste unterrichtet, waren sie überdies in dem Vortheil, jederzeit die Jütische Grenze überschreiten und hinter dieselbe zurückgehen zu können, ohne daß die Deutschen ihnen dahin folgen durften.

Die Brigade v. Bülow war tags zuvor nach Efter Bamdrup an die Grenze herangerückt. Brigade Schleppegrell zu ihrer Unterstützung bestimmt. Geführt von einem ortskundigen Bauern marschirte Erstere am 8. August zwischen Ötis und Reffö hindurch auf Taabdrup, wo die Brücke über die Norder-Au nicht abgebrochen war.

Von hier gingen 3 Kompagnien, 2 Eskadrons und 10 berittene freiwillige Jäger gegen Stepping, eine Abtheilung Infanterie gegen Hoirup vor, um auf dieser Seite die Besatzung von Stepping zu beschäftigen und festzuhalten. Der Rest der Brigade blieb als Reserve zurück.

Der Tag der Ausführung war glücklich und wohl nicht ohne Kenntniß davon gewählt, daß eben am 8. das auf Vorposten stehen gebliebene Detachement des nach dem Sundewitt abgerückten Holsteinischen Korps durch die Brigade Elderhorst erlöst werden sollte.

Auch in Stepping selbst fand eine Ablösung durch die 3. Eskadron des Kürassier-Regiments statt. Die in der Regel schon früh morgens nach Ressö gehende Patrouille war deshalb an diesem Tage nicht gegangen, wohl aber hatte man feindliche Dragoner bei Petersborg nahe der Grenze wahrgenommen.

Als Rittmeister Plehn um 8 Uhr in Stepping eingerückt war, schickte er daher sogleich 1 Gefreiten und 2 Mann gegen Ressö, 1 Unteroffizier und 8 Mann gegen Petersborg vor, beide Patrouillen fielen den anrückenden Dänischen Kolonnen in die Hände.

Während Rittmeister Plehn behufs Meldung zum Vorpostenkommandeur ritt, übernahm Lieutenant v. Sandrart den Befehl. Nachdem die nöthigen Anordnungen im Dorf getroffen, begab er sich nach dem mehrerwähnten Gehöft, wo er mit 2 Unteroffizieren, 1 Trompeter, 18 Kürassieren und 1 Trainsoldaten Quartier bezog.

Bald nachdem abgesattelt war, erscholl der Ruf, daß die Dänen vor dem Hofe ständen, und gleich darauf feuerten auch schon die Jäger durch das offen stehende Thor in den Hof.

Lieutenant v. Sandrart und ein Unteroffizier waren schnell wieder zu Pferde, und Letzterer sprengte durch das feindliche Feuer nach der Brücke, um die Infanterie aus dem Dorfe herbeizuholen. Lieutenant v. Sandrart, welcher im Hof haltend sah, daß die Kürassiere sich vergeblich bemühten, in den niedrigen Ställen mit dem Satteln fertig zu werden, folgte mit einem Gefreiten, indem er einen feindlichen Reiter niederhieb, einen anderen überritt, und erreichte glücklich die Brücke und das Dorf.

Hauptmann Gaede versammelte sofort die bereitesten Mannschaften der 9. Kompagnie 20. Regiments. Da der Feind auch die Brücke bei Hoirup bereits überschritten hatte, so mußte die in dieser Richtung ausgestellte Feldwache verstärkt werden. Die Dorfwache, durch etwa 20 Mann verstärkt, rückte sofort über die nach dem Gehöft führende Brücke vor und eröffnete das Feuer. Allein die Dänen hatten alle Knicks besetzt, und es war unmöglich, gegen die vielfache Ueberlegenheit bis zu dem Gehöft vorzudringen und die Küraffiere dort zu befreien.

Die Escadron erlitt so einen Verlust von 2 Unteroffizieren, 1 Trompeter, 28 Küraffieren und 1 Trainsoldaten.

Fünf Mann waren verwundet, vier Pferde getödtet.

Als aus den nächsten Kantonnements Hülfe anlangte, hatten die Dänen sich bereits in Sicherheit hinter die Grenze zurückgezogen.

Wie geringfügig nun auch das Resultat im Vergleich mit den dafür aufgebotenen Mitteln war, so kam doch eben jetzt ein scheinbarer Erfolg der dänischen Waffen sehr ungelegen.

Artilleriegefecht bei Holnis am 18. August 1848.

Außer solchen kleinen Neckereien an der Grenze fand in diesem Feldzuge nur noch ein Artilleriegefecht bei Holnis gegen Dänische Schiffe statt.

In Glücksburg lag am 17. August das Holsteinische Jäger Bataillon, in Munkbrarup eine Holsteinische 6pfündige Batterie im Kantonnement. Ein dänisches Geschwader, bestehend aus:

1. der Korvette Najade von 24 Kanonen, größtentheils 48 Pfünder und mehreren Bombenkanonen mit 300 Mann Besatzung;
2. zwei Kanonenbooten mit zwei 36 Pfündern und 60 Mann Besatzung,

in Summa 28 Geschütze, 420 Mann Besatzung,

lag in der Flensburger Föhrde.

Diese Schiffe verkehrten häufig mit Holnis, und Oberstlieutenant v. Jastrow hatte mehrfach Patrouillen dahin gesandt, um dies zu hindern. Der Rückmarsch derartiger Patrouillen über die schmale Landenge von Holnis wurde dann natürlich durch die Schiffe sehr belästigt.

In der Nacht zum 17. August ließ Oberstlieutenant v. Jastrow die Batterie hinter einem mit Scharten versehenen Knick auffahren und mit Tagesanbruch das Feuer mit glühenden Kugeln gegen die Schiffe eröffnen. Es fielen 60 Schuß, bevor diese antworteten.

Der ziemlich starke Wellenschlag verhinderte ein genaues Zielen von der See aus, und während der eineinhalbstündigen Kanonade, in welcher die Landbatterie ihre gesammte Munition verschoß, hatte diese keinen Verlust.

Die Dänischen Schiffe zogen sich auf die Entfernung von 3500 Schritt von der Küste zurück.

Der Waffenstillstand.

Da alle diese kleinen Unternehmungen keinen Einfluß auf die Entscheidung der politischen Frage haben, sondern nur die diplomatischen Unterhandlungen stören konnten, so war am 31. August eine vorläufige Waffenruhe mit 48stündiger Kündigung verabredet worden.

Am 3. September überbrachte General v. Below den nunmehr endgültig abgeschlossenen Waffenstillstand folgenden Inhalts:

„Seine Majestät der König von Preußen in Seinem Namen wie im Namen des deutschen Bundes einerseits, und Seine Majestät der König von Dänemark, Herzog von Schleswig und Holstein, andererseits, von dem Wunsche beseelt, so schleunig als möglich die Feindseligkeiten zwischen Ihren beiderseitigen Kriegsheeren zu beenden, haben zum Zwecke des Abschlusses eines Waffenstillstandes unter der Vermittelung Seiner Majestät des Königs von Schweden und Norwegen zu Ihren Bevollmächtigten ernannt, nämlich Seine Majestät der König von Preußen:

den Herrn Gustav v. Below, Ihren Generalmajor à la suite,

und Seine Majestät der König von Dänemark:

den Herrn Christian Hoyer v. Bille, Ihren Kammerherrn, außerordentlichen Gesandten 2c., und den Herrn Holger Christian v. Reedtz, Ihren Kammerherrn 2c., welche sich in der Stadt Malmö vereinigt haben und nach Auswechselung ihrer in guter und gehörig beglaubigter Form befundenen Vollmachten über folgende Artikel übereingekommen sind:

Artikel 1.

Vom Tage der Unterzeichnung der gegenwärtigen Konvention an gerechnet sollen die Feindseligkeiten zu Lande und zur See während 7 Monaten vollständig eingestellt werden, mit einer Aufkündigung von einem Monate für jeden der beiden kontrahirenden Theile. Wenn von der einen oder der anderen Seite eine Aufkündigung nicht stattfindet, so wird angenommen, daß in die Verlängerung des Waffenstillstandes von beiden Seiten gewilligt ist.

Artikel 2.

Würde der Waffenstillstand durch einen der beiden Theile aufgekündigt, so sollen die beiderseitigen Kriegsheere diejenigen Stellungen wieder einnehmen können, welche sie im Augenblick des Abschlusses der gegenwärtigen Konvention inne haben, und welche von zweien durch die kommandirenden Generale ad hoc delegirten Offizieren auf einer Karte verzeichnet werden sollen.

Artikel 3.

Die durch die Seemacht Seiner Majestät des Königs von Dänemark bewerkstelligten Blockaden sollen unverzüglich nach Auswechselung der Ratifikationsurkunden aufgehoben und die hierzu erforderlichen Befehle, wenn irgend möglich, an demselben Tage den Befehlshabern der königlich Dänischen Kriegsschiffe zugefertigt werden.

Artikel 4.

Alle Kriegs- und politischen Gefangenen sollen von beiden Theilen ohne Verzug und Vorbehalten in Freiheit gesetzt werden.

Artikel 5.

Alle Schiffe, welche seit dem Beginne des Krieges aufgebracht oder mit Beschlag belegt sind, sollen binnen zwölf Tagen nach der Unterzeichnung dieser Konvention, oder früher, wenn dies möglich ist, mit ihren Ladungen freigelassen werden.

Preußen, sowohl in seinem eigenen Namen, als im Namen des Deutschen Bundes, willigt darin, daß Dänemark für die Requisitionen in natura, die in Jütland für Rechnung der Preußischen und Bundestruppen erhoben sind, entschädigt werde; und Dänemark verpflichtet sich seinerseits, den Werth der Schiffe oder Ladungen zu ersetzen, welche etwa verkauft sind und nicht in natura zurückgegeben werden können.

Artikel 6.

Die beiden Herzogthümer, sowie die dazu gehörigen Inseln sollen sowohl von den Dänischen Truppen, wie von denen des Deutschen Bundes in dem Zeitraum von zwölf Tagen, nachdem die betreffende Ordre den Oberbefehlshabern zugekommen sein wird, geräumt werden. Jedoch soll es dem Deutschen Bunde wie Seiner Majestät dem Könige von Dänemark gestattet sein, die für den Deutschen Bund in der Stadt Altona sowie auf anderen Punkten der beiden Herzogthümer, und für Seine Majestät den König von Dänemark auf der Insel Alsen sich befindenden Hospitäler und Militärdepots von Abtheilungen resp. Deutscher Bundes- und Dänischer Truppen bewachen zu lassen, welche sowohl für den einen, wie für den anderen der beiden Theile die Anzahl von 2000 (zweitausend) Mann nicht überschreiten sollen.

Die aus dem Herzogthum Schleswig gebürtigen Soldaten, welche sich gegenwärtig im Militärdienste in den Herzogthümern befinden, sollen, in besondere Abtheilungen formirt, im Herzogthum Schleswig stationirt werden. Diese Abtheilungen sollen zum Zwecke der Aufrechthaltung der öffentlichen Ruhe unter die Befehle der in Gemäßheit des folgenden Artikels einzusetzenden Regierungsbehörde gestellt werden, welcher Letzteren es zustehen soll, zur Erleichterung des Landes diejenigen Offiziere und Soldaten in ihre Heimath zu entlassen, welche als für den Dienst nicht nöthig erachtet werden.

Die im Herzogthum Holstein zu stationirende Militärmacht soll aus der gegenwärtigen Kopfzahl der regulären Truppen dieses Herzogthums bestehen, welche einen Theil der Deutschen Bundesarmee ausmachen. Diese Holsteinschen Truppen werden zur Verfügung der Regierung der beiden Herzogthümer gestellt, dürfen aber nur infolge einer Verständigung zwischen der Regierung der Herzogthümer und dem Oberbefehlshaber der Deutschen Bundes-Armee vermindert werden.

Artikel 7.

Die beiden kontrahirenden Theile sind übereingekommen, für die Dauer des Waffenstillstandes eine gemeinsame Regierung für die beiden Herzogthümer einzusetzen, welche ihre Amtshandlungen im Namen Seiner Majestät des Königs von Dänemark, in Ihrer Eigenschaft als Herzog von Schleswig und Holstein, und mit Dero Machtvollkommenheit ausüben wird, mit Ausnahme der gesetzgebenden Gewalt, die während der Dauer des Waffenstillstandes ruht. Diese Regierung wird aus fünf aus den Notabeln der beiden Herzogthümer zu wählenden Mitgliedern zusammengesetzt werden, welche allgemeine Achtung und Ansehen genießen. Zwei von diesen Mitgliedern werden von Seiner Majestät dem Könige von Preußen seitens des Deutschen Bundes für das Herzogthum Holstein, und zwei von Seiner Majestät dem König von Dänemark, Herzog von Schleswig und Holstein, für das Herzogthum Schleswig ernannt werden.

Das fünfte dieser Mitglieder, welches die Funktionen des Präsidenten der gemeinsamen Regierung der beiden Herzogthümer zu übernehmen hat, wird infolge gemeinschaftlicher Einigung von Ihren erwähnten Majestäten ernannt werden. Man ist dahin übereingekommen, daß weder die vor dem 17. März cr. angestellt gewesenen Regierungsmitglieder (Schleswig-Holsteinsche Regierung), noch diejenigen, welche die Regierung seit dieser Epoche gebildet haben, in diese neue Verwaltungsbehörde eintreten können, welche Letztere so bald als möglich und spätestens 14 (vierzehn) Tage nach Unterzeichnung der gegenwärtigen Konvention in Funktion treten soll.

Man hat sich ferner darüber verständigt, daß alle und jede seit dem 17. März cr. für die Herzogthümer erlassenen Gesetze, Verordnungen und Verwaltungsmaßregeln im Augenblicke des Amtsantritts der neuen Regierung aufgehoben werden sollen; jedoch soll der Letzteren das Recht zustehen, solche nach dem 17. März cr. erlassenen Gesetze, Verordnungen und Verwaltungsmaßregeln wieder in Kraft treten zu lassen, deren Aufrechterhaltung ihr unerläßlich oder für den regelmäßigen Geschäftsgang ersprießlich erscheint, welche indessen keinenfalls etwas den Bestimmungen des Artikels 11 (elf) Widersprechendes enthalten dürfen.

Artikel 8.

Seine Majestät der König von Preußen, im Namen des Deutschen Bundes, und Seine Majestät der König von Dänemark sollen das Recht haben, Jeder Seinerseits einen Kommissar zu ernennen, um in den Herzogthümern während der Dauer des Waffenstillstandes zu residiren und vermittelnd über die Ausführung der vorstehenden Stipulationen zu wachen, sowie über die unparteiische Anwendung der Gesetze zu Gunsten der Dänischen, wie der Deutschen Bevölkerung.

Artikel 9.

Das Herzogthum Lauenburg soll während der Dauer des Waffenstillstandes von einer Kommission verwaltet werden, zu welcher Seine Majestät der König von Preußen, Namens des Deutschen Bundes, ein Mitglied, Seine Majestät der König von Dänemark, in Seiner Eigenschaft als Herzog von Lauenburg, das zweite Mitglied ernennen, und beide Souveräne Sich über die Wahl des dritten Mitgliedes, des Vorsitzenden der Regierung des Herzogthums, vereinigen werden. Diese Behörde wird das Herzogthum Lauenburg im Namen Seiner Majestät des Königs von Dänemark, Herzogs von Lauenburg, in eben der Weise verwalten, wie solches im Artikel 7 (sieben) in Betreff der Herzogthümer Schleswig und Holstein festgesetzt worden ist. Es wird von einer Verständigung zwischen dieser Verwaltungsbehörde und dem Oberbefehlshaber der Deutschen Bundestruppen abhängen, ob es zweckdienlich ist, eine Abtheilung der Deutschen Bundestruppen in das Herzogthum Lauenburg zur Verfügung der gedachten Behörde einrücken zu lassen.

Artikel 10.

Die beiden kontrahirenden Theile werden Großbritannien um die Garantie für die genaue Ausführung der Artikel der gegenwärtigen Waffenstillstands-Konvention ersuchen.

Artikel 11.

Es ist ausdrücklich verstanden, daß die Bestimmungen dieser Konvention in keiner Weise den Bedingungen des definitiven Friedens präjudiziren, über welchen die Unterhandlungen unmittelbar eröffnet werden sollen, und daß weder der deutsche Bund noch Dänemark die Ansprüche und Rechte aufgeben, welche sie jederseits geltend gemacht haben.

Artikel 12.

Die gegenwärtige Konvention soll ratifizirt und die Ratifikationsurkunden innerhalb eines Zeitraums von 8 (acht) Tagen, von dem Tage der Unterzeichnung an gerechnet, in Lübeck ausgewechselt werden.

Die gegenwärtige Konvention ist in doppelten Exemplaren, in Französischer, Dänischer und Deutscher Sprache ausgefertigt worden. Man ist übereingekommen, daß die über die Auslegung derselben etwa entstehenden Zweifel nach der Fassung des Französischen Textes entschieden werden sollen.

Zu Urkund dessen haben die unterzeichneten Bevollmächtigten die gegenwärtige Konvention vollzogen und ihre Siegel beidrucken lassen.

So geschehen zu Malmö, den 26. August 1848.

(gez.) Gustav v. Below.   (L. S.) (gez.) Bille.
    (L. S.)   (L. S.) (gez.) Reedtz.

Waffenstillstands-Konvention.

Separatartikel.

Behufs Vervollständigung und Erläuterung der Artikel des unter dem heutigen Tage abgeschlossenen Vertrages sind die unterzeichneten Bevollmächtigten über folgende Punkte übereingekommen:

1. Mit Bezug auf Artikel 2.

Die Fortifikationsarbeiten, welche während der Feindseligkeiten auf beiden Seiten ausgeführt sind, sollen während der Dauer des Waffenstillstandes in dem Zustande verbleiben, in welchem sie sich heute befinden.

2. **Mit Bezug auf Artikel 3.**

Sofort nach dem Austausche der Ratifikationsurkunden sollen Dampfschiffe mit königlich Dänischen Offizieren abgesandt werden, um den Befehlshabern der königlich Dänischen Kriegsflotte die Ordre zur Aufhebung der Blockaden zu überbringen. Diese Sendungen werden bezüglich der Nordseehäfen von Preußen und hinsichtlich der Ostseehäfen von Dänemark bewirkt werden.

3. **Mit Bezug auf Artikel 4.**

Alle Kriegs- und politischen Gefangenen sollen sofort nach Auswechselung der Ratifikationsurkunden nach Eckernförde gebracht und in die Hände derjenigen Offiziere überantwortet werden, die zu ihrem Empfange gehörig ermächtigt sein werden.

4. **Mit Bezug auf Artikel 6.**

Die militärischen Streitkräfte in dem Herzogthum Holstein sollen in Betreff der militärischen Disziplin unter die Befehle desjenigen Generals der Deutschen Bundesarmee gestellt werden, den Seine Majestät der König von Preußen zu diesem Zwecke ernennen wird.

5. **Mit Bezug auf Artikel 7.**

Indem festgesetzt worden ist, daß alle Gesetze, Verordnungen und Verwaltungsmaßregeln jeder Art, die seit dem 17. März cr. in Bezug auf die Herzogthümer erlassen sind, aufgehoben werden sollen, so begreift gegenwärtige Konvention sowohl die in Kopenhagen, als die in demselben Zeitraume in den Herzogthümern erlassenen in sich.

Die gemeinsame Regierung der Herzogthümer wird so bald als möglich eine Spezifikation derjenigen Gesetze, Verordnungen und Verwaltungsmaßregeln bekannt machen, die wieder in Kraft treten sollen.

6. Zu den Befugnissen der gemeinschaftlichen Regierung soll auch diejenige gehören, die Prozesse wegen politischer Vergehen niederzuschlagen.

7. **Mit Bezug auf denselben Artikel.**

Die Posten und sonstigen inneren Kommunikationen sollen wieder ihren regelmäßigen Lauf nehmen, und das Postamt zu Hamburg soll wieder hergestellt werden.

Die vorstehenden Bestimmungen sollen dieselbe Kraft und Gültigkeit haben, als wenn sie in der heute abgeschlossenen Uebereinkunft aufgeführt ständen, und werden gleichzeitig ratifizirt werden.

Zu Urkund dessen haben die Bevollmächtigten den gegenwärtigen Separatartikel unterzeichnet und demselben ihr Siegel beigedruckt.

So geschehen zu Malmö, den sechsundzwanzigsten August Eintausendachthundertachtundvierzig (1848).

  (gez.) Gustav v. Below. (L. S.) (gez.) Bille.
    (L. S.)   (L. S.) (gez.) Reedtz.

Man übersieht leicht, wieviel weniger günstig die Bedingungen dieses Vertrages ausgefallen waren als die, welche vor Einmischung der Reichsgewalt verlangt werden konnten.

Das Einschreiten des Freiherrn Max v. Gagern, als Bevollmächtigten des Reichsverwesers, war ohne alle Wirkung geblieben. Selbst in Deutschland nur bedingungsweise anerkannt, übte die Deutsche Centralgewalt in der äußeren Politik so gut wie keinen Einfluß. Ihr Abgesandter war in Malmö gar nicht angenommen worden, sondern in Rendsburg geblieben: er befand sich ohne ausreichende Instruktion und erfuhr die Artikel der Konvention erst, nachdem diese abgeschlossen war.

Preußen hatte die Verhandlung im Namen des Deutschen Bundes, nicht in dem der Centralgewalt zu führen gehabt.

Die Bezeichnung des Königs als Deutschen Oberbefehlshabers wurde mit Oberbefehlshaber der Deutschen Armee vertauscht. Deutschland mußte sich überzeugen, daß, um als geeinigte Macht in der Welt zu gelten, andere Mittel in Anwendung zu bringen waren als die Volksbeschlüsse in der Paulskirche zu Frankfurt.

Der Waffenstillstand war nicht wie früher auf drei, sondern auf sieben Monate geschlossen. Die Schleswigschen Truppen mußten von den Holsteinischen gesondert werden, was die politische Verschiedenheit beider Herzogthümer konstatirte, deren Aufhebung eben der Zweck des Kampfes gewesen war. Alle Verordnungen der provisorischen Regierung wurden aufgehoben, und Alsen blieb von den Dänen besetzt.

Abmarsch der deutschen Truppen.

Der Abmarsch der Truppen war auf den 5. September anberaumt und wurde durch nachstehenden Armeebefehl geregelt:

„Apenrade, den 4. September 1848.

1. Laut Verfügung des Reichs-Kriegsministeriums vom 31. v. Mts. soll die Operationsarmee während des Waffenstillstandes nicht als aufgelöst, sondern nur als in weitere Kantonnements zurückgezogen betrachtet, und die Preußischen Truppen und die des Bundeskorps in ihrer Heimath in einer Bereitschaft gehalten werden, welche gestattet, sie vor Ablauf der stipulirten Kündigungsfrist von einem Monat wieder in ihre jetzigen Stellungen in Nordschleswig einrücken zu lassen. Dem Armeekommando ist demnach gleich nach dem Eintreffen der Truppen in der Heimath eine vollständige Dislokationsliste und Rapport einzureichen; später aber sind in der bisherigen Weise monatlich zwei Rapporte, welche am 15. und letzten jedes Monats abschließen, einzureichen und dabei zugleich die etwa inzwischen stattgehabten Dislokationsveränderungen anzugeben.

Das Hauptquartier des Armeekommandos wird nach Stettin verlegt.

2. Die kombinirte Nassauische Brigade wird nunmehr von ihrem Verhältniß zum kommandirenden General des X. Bundeskorps entbunden, wogegen die abkommandirt gewesene Mecklenburgische Brigade wieder ganz unter den Befehl des Letzteren tritt.

3. Das Kommando über die nach dem Armeebefehl vom gestrigen Tage in Schleswig und Holstein zurückbleibenden Bundestruppen:

   1 Bataillon Württembergischer Infanterie,
   1   =   Badischer
   2 Eskadrons Hanseaten

übernimmt der Preußische Generalmajor v. Bonin, der dem Armeeoberkommando unmittelbar untergeordnet wird.

Seine Instruktion wird ihm besonders gegeben werden.

Zu diesen Truppen tritt noch die großherzoglich Hessische Batterie hinzu. Nach der Konvention soll die Lokalstärke dieser Truppen 2000 Mann betragen; die Infanterie und Artillerie ist hiernach in einer Stärke von 1774 Mann inkl. der Offiziere und exkl. der Nichtkombattanten zu formiren, da die Hanseatische Kavallerie nach dem Rapport 226 Mann stark ist und in ihrer vollen Stärke hier bleiben soll.

Die Dislokation dieser Truppen wird unter Vorbehalt späterer nothwendiger Veränderungen folgendermaßen bestimmt:

  In Hadersleben: 1 Kompagnie Badischer Infanterie mit 2 Zügen Hanseatischer Kavallerie;

  Apenrade: 1 Zug Hanseatischer Kavallerie;

in Tondern: 1 Kompagnie Badischer Infanterie, 1 Zug Hanseatischer Kavallerie;

Flensburg: 2 Kompagnien Badischer Infanterie mit dem Bataillonsstabe, mit kleinen Kommandos in Alnoor und Kupfermühle; zur Bewachung der dortigen Fortifikationsanlagen; 3 Züge Hanseatischer Kavallerie mit dem Divisionsstabe und einer großherzoglich Hessischen Batterie;

Schleswig: ein Kommando von 100 Mann Badischer Infanterie und ein Zug Hanseatischer Kavallerie;

Rendsburg: 3 Kompagnien Württembergischer Infanterie mit dem Bataillonsstabe und einem kleinen Detachement in Friedrichsort;

Altona: 1 Kompagnie Württembergischer Infanterie.

Alle im Lande zurückbleibenden Truppen werden vom X. Armeekorps oder der kombinirten Division des VIII. Armeekorps als abkommandirt geführt.

4. Die Hanseatische Kavallerie bleibt bis auf Weiteres in ihren jetzigen Kantonnements. Der Divisionsstab derselben wird am 5. nach Flensburg gelegt, wo ihm die weiteren Befehle zugehen werden.

5. Ueber den Marsch der in Schleswig und Holstein zurückbleibenden Württembergischen, Badischen und Hessischen Truppen nach ihren künftigen Garnisonen wird das Erforderliche besonders befohlen werden.

6. In Flensburg bleibt das Frankfurter Bataillon und in Schleswig die Holsteinische Kompagnie bis zum Eintreffen der Badischen Infanterie; beide Truppentheile marschiren dann zurück.

7. Die Kommandanturen:

In Rendsburg bleibt der Preußische Major Schmidt als Kommandant der Festung; in Altona werden die Kommandanturgeschäfte wie bisher von der dortigen Holsteinischen Kommandantur fortgeführt;

Schleswig, Flensburg, Tondern, Apenrade, Hadersleben und Friedrichsort werden vom General v. Bonin von den im Lande zurückbleibenden Truppen neue Kommandanten ernannt werden. Die jetzigen Kommandanten bleiben, wie es bis jetzt befohlen ist, in ihren Funktionen, bis die neuen Kommandanten eingetroffen sind.

8. Nach der Konvention sollen alle bestehenden fortifikatorischen Anlagen während des Waffenstillstandes in ihrem Stande erhalten werden; die Kommandanturen haben daher die zu diesem Behufe erforderlichen Sicherheitsmaßregeln anzuordnen. Die Küstenbatterien bei Alnoor und die Befestigung

der Kupfermühle werden hiermit der Kommandantur zu Flensburg zugewiesen.

9. Alle Küstenbatterien werden desarmirt und die Geschütze u. s. w. nach Rendsburg gebracht.

10. Das Hauptquartier wird am 5. nach Schleswig und am 8. nach Rendsburg gelegt.

Der Oberbefehlshaber der Armee.

(gez.) v. Wrangel."

Die tiefe Zerrüttung der inneren Verhältnisse, in welche die meisten Deutschen Staaten durch die revolutionäre Bewegung des Jahres 1848 gestürzt waren, hatte ihre Theilnahme von dem nach außen geführten Kriege abgelenkt.

Mit Erfolg begonnen, matt fortgeführt und ruhmlos geendet, ließ dieser eine Macht dritten Ranges als ebenbürtigen Gegner des angeblich geeinigten Deutschlands aus dem Kampfe hervorgehen.

Viertes Buch.

Die Zeit der Waffenruhe. Der Feldzug von 1849 bis zum Abschlusse des Waffenstillstandes zu Berlin.

Die Waffenruhe vom 26. August 1848 bis 3. April 1849.

An die Spitze der gemäß § 7 und 8 der Malmöer Konvention einzusetzenden gemeinsamen Regierung wollte Dänemark den Grafen Carl Moltke stellen. Allein derselbe war in den Herzogthümern so wenig beliebt, daß ein Theil der übrigen Mitglieder ihre Berufung unter diesen Umständen ablehnte und der Graf kaum den Ausbrüchen des Volksunwillens entging.

Auch die Immediatkommission, welche unter seinem Vorsitz auf Alsen aus dem früheren Amtmann Johannsen und dem Pastor Hansen gebildet war, wurde weder von der am 4. September nach Kiel berufenen Landesversammlung, noch später von dem Reichskommissarius Stedtmann anerkannt. Letzterer einigte sich endlich mit dem dänischen Kammerherrn v. Reedtz über die Zusammensetzung der neuen Regierung aus Männern, die bei unzweifelhaft loyaler Gesinnung das höchste Ansehen in den Herzogthümern besaßen. Es waren Graf Th. Reventlow als Vorsitzender, Bowsen, v. Heintze, A. v. Moltke, Preußer und Harbou als Mitglieder. Nachdem auch die Landesversammlung sich beifällig erklärt, trat die gemeinsame Regierung am 20. Oktober in Thätigkeit, erließ aber sogleich eine Bekanntmachung, durch welche alle wichtigeren, von der provisorischen Regierung seit dem 17. März erlassenen Gesetze und Verordnungen in Kraft bleiben sollten.

Auch ein Aufruf an die Bewohner Alsens gab der Dänischen Regierung Anlaß zu Beschwerden. Von beiden Seiten behauptete man die Nichtinnehaltung der Konventionsbedingungen durch den Gegenpart. Verschiedene Nebenumstände steigerten mehr und mehr die gereizte Stimmung, so namentlich der Einfall des Ribeschen Landsturms in Schleswig am 22. Januar 1849. Auch wollte es nicht gerechtfertigt erscheinen, daß die Dänen „zum Schutz der Militäretablissements und Hospitäler" auf Alsen zwei Batterien belassen hatten.

Mit Ausnahme sehr schwacher Besatzungen war übrigens von beiden Seiten die Masse der Streitkräfte zurückgezogen worden. Von den Dänischen Truppen standen:

auf Seeland und Falster 9 Bataillone 3 Eskadrons — Batterien,
- Fünen 4   6   3   -
in Jütland 11   8   -   3   -
auf Alsen 1   2   -   2

überall aber wurden aus den ältesten und jüngsten dienstpflichtigen Mannschaften Reservebataillone formirt.

In Holstein hatte der bei der Armee sehr beliebte und um ihre Organisation verdiente Prinz Friedrich von Noer, welcher als Mitglied der provisorischen Regierung wegen Fragen innerer Politik mit seinen Kollegen in mannigfache Zerwürfnisse gerathen war, nach Eintritt der Waffenruhe auch sein militärisches Kommando niedergelegt.

An seine Stelle war General v. Bonin getreten, welcher dabei den Befehl über die wenigen im Lande verbliebenen Bundestruppen behielt. Unter dem Beistand seines umsichtigen und tüchtigen Generalstabsoffiziers, des Hauptmanns v. Delius, und einer größeren Anzahl von Preußischen Offizieren organisirte er die Holsteinschen Truppen zu einer besonderen Division. Exerziren, Bewaffnung und Disziplin wurden mit den Preußischen Reglements und Verordnungen in Einklang gebracht.

Verstärkt wurde diese Division durch fünf unter Oberst Fabricius errichtete Reservebataillone und drei neue Eskadrons. Dagegen hatte General v. Bonin den Vorschlag der Regierung, sogenannte Freibataillone aufzustellen, entschieden abgelehnt.

Preußen war seit dem 5. Dezember 1848 in die Reihe der konstitutionellen Staaten eingetreten, und auch Oesterreich erhielt drei Monate später seine Verfassungsurkunde, aber die revolutionären Zuckungen waren damit keineswegs beseitigt, am wenigsten in Berlin.

Am 26. Januar 1849 hatte die Deutsche Nationalversammlung zu Frankfurt a. M. ihr Verfassungswerk in erster Lesung vollendet und forderte die dort vertretenen Regierungen auf, ihre Erklärungen mitzutheilen.

Seit Abschluß des Malmöer Vertrages waren nun zwar in London die Friedensverhandlungen begonnen worden, und zwar im Auftrag der Deutschen Centralgewalt durch den Preußischen Gesandten v. Bunsen, dem der Advokat

Sommer aus Kiel beigegeben war; man gelangte aber bei den stets wachsenden Ansprüchen der Dänischen Regierung zu keinem Resultat, und diese kündigte am 26. Februar 1849 den Waffenstillstand.

Am 26. März stand sonach die Wiederaufnahme der Feindseligkeiten in Aussicht, und es wurden nun erst die in Bereitschaft zu haltenden Deutschen Kontingente nach den Herzogthümern beordert.

Es ist bezeichnend, in dieser bunten Zusammenstellung einer Reichsarmee aus allen Deutschen Staaten Oesterreich nur durch zwei Raketen-Batterien vertreten zu sehen, während doch ein Oesterreichischer Erzherzog mit der Centralgewalt von Deutschland bekleidet war.

Zum Bundesfeldherrn war der königlich Preußische Generallieutenant v. Prittwitz ernannt worden. Derselbe traf am 23. März in Altona ein, von wo er den nachstehenden Armeebefehl erließ:

„Den für die Operationen in Schleswig-Holstein bestimmten Deutschen Reichstruppen wird hiermit bekannt gemacht, daß ich hier eingetroffen bin und den Oberbefehl derselben übernommen habe. Dieser für mich höchst ehrenvollen Bestimmung kann ich nur entsprechen, wenn mir dabei von Seiten der Führer und der Truppen die getreueste Unterstützung und das unbeschränkteste Vertrauen zu Theil wird. Bei dem herrlichen Geist dieser Truppen hoffe ich, auf Beides rechnen zu können.

Mit Ausnahme der Schleswig-Holsteinschen Truppen, welche in ihrer gegenwärtigen Eintheilung verbleiben, wird die Eintheilung der übrigen Truppen nach beifolgender Ordre de Bataille bestimmt und zugleich dabei festgesetzt, daß:

die 1. Division in und bei Schleswig,
die 2. Division in und bei Rendsburg,
die 3. Division in und bei Neumünster

konzentrirt wird. Bei dieser Konzentrirung, zu welcher einer jeden Division ein allgemeiner Entwurf der Dislozirung zu Theil werden wird, muß als Grundsatz festgehalten werden, solche in der Art anzuordnen, daß die Theile der Division unter sich in Verbindung gehalten werden, und jede Division spätestens nach einem halben Tagemarsch in Gefechtsbereitschaft konzentrirt werden kann.

Mein Hauptquartier wird am 25. nach Schleswig verlegt, wohin mir möglichst bald die Rapporte der Stärke der Divisionen und deren Dislokations listen, nachdem die einzelnen Brigaden derselben konzentrirt sind, einzu reichen sind.

Die Reservebrigade wird erst später formirt, die Truppentheile derselben verbleiben vorläufig in ihrem gegenwärtigen Verhältniß, theils unter den Befehlen des Preußischen Generals v. Bonin, theils unter denen des Kurhessischen Generals v. Spangenberg.

Der Oberbefehlshaber der Deutschen Reichstruppen in den Herzogthümern.

(gez.) v. Prittwitz."

Die Ordre de Bataille, auf welche dieser Armeebefehl sich bezieht, befindet sich in den Beilagen*) aufgenommen; aus derselben sind alle Einzelheiten ersichtlich.

Uebersicht der Streitkräfte im Lande.

Die Armee bestand aus fünf Divisionen und einer Reservebrigade, die in sich (mit Ausnahme der Preußischen Division) aus sehr verschiedenen Elementen zusammengestellt waren. Die Stärkeverhältnisse gehen aus nachstehender Uebersicht hervor

	Bat.	Esk.	Battrn.	Mann
Holsteinsche Division, General v. Bonin	20	18	6	11 241
1. kombinirte „ , Prinz Eduard von Sachsen	11¼	10	3½	9 087
2. „ „ , General v. Wyneken	13	8	5	9 103
3. Preußische „ , General v. Hirschfeld	13	8	3	9 295
Komb. Reservedivision, General Bauer	12	2	2	8 541
Reservebrigade, Herzog von Koburg	5	2	2	3 490
Summe	83¼	48	21½	50 757

also rund 50 000 Mann mit 5000 Pferden, 155 Geschützen.

Die Division v. Bonin stand in der Gegend von Flensburg, hinter derselben formirten sich die übrigen Heeresabtheilungen von Schleswig rückwärts bis Neumünster.

Allein die Truppentheile der Reichs-Armee waren noch keineswegs alle zur Stelle; auch die Preußische Division befand sich erst im Anmarsch.

Man war also zur Zeit noch nicht operationsbereit, die schwerfällige Bundesmaschine hatte zu langsam gearbeitet.

Unter diesen Umständen erließ General v. Prittwitz am 25. März von Schloß Gottorf, wohin er sein Hauptquartier verlegt hatte, den folgenden Befehl:

„Da der Waffenstillstand mit dem heutigen Tage abläuft, und über eine Verlängerung desselben amtlich nichts bekannt geworden ist, so müssen sämmtliche Truppen bereit sein, spätestens zwei Stunden nach Eingang von Marschordres abrücken zu können."

*) Seite 400 u. ff.

Mit dem Waffenstillstand war ferner auch die Thätigkeit der gemeinsamen Regierung in den Herzogthümern beendet. An ihre Stelle trat eine durch den außerordentlichen Reichskommissar Souchay eingesetzte Statthalterschaft, bestehend aus dem Grafen Reventlow-Preetz und dem derzeitigen Vizepräsidenten der Deutschen Nationalversammlung Wilhelm Beseler.

In Kopenhagen war im November 1848 bereits das Märzministerium und mit demselben auch der Kriegsminister Tscherning entlassen worden, an Stelle des Letzteren Oberst Hansen getreten.

Die Dänische Armee war jetzt in drei Hauptabtheilungen formirt:

Hauptkorps,	General v. Krogh	14 Bat.	— Esk.	32 Gesch.
Flankenkorps,	" v. Bülow	10	2	24 "
Nordkorps,	" Rye	5 "	16 "	16
		29 Bat.	18 Esk.	72 Gesch.

Inzwischen dauerten die Friedensverhandlungen in London fort. Noch unter dem 25. benachrichtigt der Reichskommissar Stedtmann den General v. Prittwitz, daß die Dänische Regierung die bestimmte Absicht kundgegeben habe, auch ohne förmliche vertragsmäßige Verlängerung des Waffenstillstands-Traktats vom 26. August v. Js. eine faktische Waffenruhe bis zum 10. oder 15. April ihrerseits zu beobachten, wenn andererseits ein Angriff nicht erfolge oder nicht provozirt werde, und wenn die Deutschen Truppen die Eider nicht überschritten.

Wenn es nun zwar in der Hand des Generals v. Prittwitz lag, die erste Bedingung zu erfüllen, so war doch die zweite kaum noch ausführbar, da ein Theil der Reichstruppen bereits in Schleswig eingetroffen war. Der Reichskommissarius Stedtmann verfügte sich daher nach Sonderburg, um deshalb zu verhandeln. Mit welchem Erfolg, zeigt das nachstehende Schreiben des Herrn Stedtmann. Es lautet:

„Euer Excellenz beehre ich mich anbei abschriftlich eine Erklärung des königlich Dänischen kommandirenden Generals in Bezug auf die Waffenruhe mitzutheilen. Der Termin ist so kurz und die Bedingung so unausführbar, wenn dieselbe in Kopenhagen festgehalten wird, daß ich meinerseits von aller politischen Rücksicht abstehen muß und es Euer Excellenz nur anheimgeben kann, Hochdero militärische Zwecke ohne Weiteres zu verfolgen. Die Blockade der Schleswig-Holsteinschen Küsten tritt jedenfalls erst mit dem 3. April morgens ein.

Da der Rücktritt der gemeinsamen Regierung der Herzogthümer gestern gleichzeitig mit dem Ablauf des Waffenstillstandes von Malmö erfolgt ist, so sehe ich mein Mandat als Kommissarius nach Artikel 8 dieses Vertrages als in jeder Hinsicht erloschen an."

Das Schreiben des Generals v. Bülow sagt:

„Der Herr Reichskommissarius Stedtmann hat eine schriftliche Erklärung darüber gewünscht, wie ich die hinsichtlich der verlängerten Waffenruhe mir gegebenen Ordres aufgefaßt habe, und dabei bemerkt, daß seines Wissens in diesem Augenblicke sich wohl fünf Bataillone Reichstruppen in der Stadt Schleswig befänden.

Ich trage kein Bedenken, die von mir mündlich ertheilte Antwort hier schriftlich wiederzugeben, indem ich erkläre:

daß, insofern nicht die Feindseligkeiten von der anderen Seite ihren Anfang nehmen und insofern die in Schleswig eingerückten Reichstruppen wieder zurückgeben, ich laut meiner Instruktion bis zum 2. April abends 12 Uhr den Waffenstillstand als bestehend betrachten werde. Sollte es unmöglich sein, die Entfernung der vorgenannten fremden Truppen aus Schleswig zu bewirken, werde ich dennoch die Waffenruhe als fortbestehend betrachten, bis ich die Instruktionen, die ich mir gleich ausbitten werde, vom Ministerio erhalte, immer jedoch unter der Voraussetzung, daß keine Feindseligkeiten von dorther begangen werden und daß nicht mehr Reichstruppen in das Herzogthum Schleswig einrücken als die jetzt dort befindlichen.

Sonderburg, den 26. März 1849, 4 Uhr nachmittags.

(gez.) Bülow,

Generalmajor, Höchstkommandirender der königlich Dänischen Truppen auf der Insel Alsen."

Bei dieser Ungewißheit über den Termin der Eröffnung der Feindseligkeiten hatte am 26. General v. Bonin die Konzentrirung seiner beiden Infanterie-Brigaden für den 27. März morgens 9 Uhr, und zwar der 1. Brigade bei Hockerup und Rinkenis und der 2. Brigade bei Seegaard angeordnet und gleichzeitig befohlen, daß das 3. Jäger-Bataillon, welches bisher die Vorposten gegen Alsen innegehabt, noch am Abend in die in der Waffenstillstandskonvention vorgeschriebenen Demarkationslinie, also zwischen Atzbüll und Benschau, zurückgezogen werde.

Am 27. März wurde auf allen armirten Küstenbatterien und auf den Bastionen der Festungen die Schleswig-Holsteinische Flagge aufgezogen, zum Zeichen, daß der Waffenstillstand abgelaufen sei.

Der Tag verging jedoch ohne Feindseligkeiten. Die Truppen rückten wieder in ihre Kantonnements, hatten aber Befehl, bei etwaiger Alarmirung sich auf den für sie bezeichneten Punkten zu konzentriren. Nur die Vorposten des 3. Jäger-Bataillons blieben unter Major v. Stückradt auf der Linie Atzbüll—Beuschau stehen, ein Kavalleriedetachement wurde bis Düppel mit einem Posten an der Düppel-Mühle vorgeschoben.

Ueber den unfertigen Zustand der Reichs-Armee meldete der General v. Prittwitz unter dem 28. März an das Reichs-Kriegsministerium:

„Heute am 28. März kann ich verfügen über:

a) In und dicht bei Schleswig:

1. Div. { 4 Bataillone, 1 Batterie der Brigade Spangenberg,
1 Bataillon, — Schmalz (2 Bataillone),
2 Batterien sind angemeldet.

3 Bataillone, 1 Batterie von der noch nicht formirten Reservebrigade.

b) In und bei Rendsburg:

2. Div. { 4 Bataillone, 3 Batterien der Hannoverschen Brigade (2 Bataillone und 1 Batterie treffen erst am 29. Mai ein),
2 Bataillone, 1 Batterie der königlich Sächsischen Brigade (der Rest wird bis zum 1. April eingetroffen sein).

c) In und bei Neumünster:

Von der Preußischen Division fehlen mir bestimmte Notizen.

Unter solchen Umständen kann das Hinausschieben der Eröffnung der Feindseligkeiten, selbst nur um wenige Tage, mir nur höchst erwünscht sein, und werde ich selbstredend, der Erklärung des Generals v. Bülow ungeachtet, mich in der Konzentration der drei Divisionen bei Schleswig, Rendsburg und Neumünster nicht beirren lassen.

Wenn irgend möglich, möchte ich ernstliche Operationen nicht gern eher beginnen, ehe ich nicht wenigstens vollständig formirte Brigaden hier habe; doch werde ich mich bereit halten, dem General v. Bonin im Fall der Noth beizuspringen, auch darauf Bedacht nehmen, einige Bataillone verfügbar zu machen, um Eckernförde und Kiel unterstützen zu können.

Mit dem letzten Tage dieses Monats wird die 1. Division in und bei Schleswig, die 2. Division in und bei Rendsburg fast vollständig versammelt sein, mit Ausschluß jedoch aller Kavallerie, während die 3. Division erst zum 7. k. Mts. die 12 Infanterie-Bataillone, also mit Ausschluß von Artillerie und Kavallerie, bei Neumünster und Rorteri versammelt haben wird.

General v. Bonin steht mit den sämmtlichen Holsteinischen Truppen, 10 Bataillonen, 4 Jäger-Kompagnien, 10 Schwadronen, 6 Batterien, ferner mit 1 Bataillon Badener, 1 Bataillon Württemberger, 2 Escadrons Hanseaten und der großherzoglich Hessischen Batterie, die eigentlich zur Reservebrigade gehören, in und nördlich von Flensburg, mit einer Avantgarde in Apenrade und im Sundewitt.

Sobald die Dänische Armee die Grenzen der Demarkationslinie überschreitet oder überhaupt die Feindseligkeiten beginnt, beabsichtige ich die kombinirte Kurhessische Brigade (4 Bataillone, 1 Batterie) bis gegen Flensburg vorzuschieben, die Bayerische Brigade (4 Bataillone, 2 Batterien) hinter derselben zwischen Oversee und Gammellund aufzustellen, die Hannoversche Brigade (6 Bataillone, 4 Batterien) nach Schleswig und nördlich dieser Stadt, die Sächsische Brigade (mindestens 4 Bataillone und 1 Batterie) in die Höhe von Kropp vorrücken zu lassen.

Diese Bewegung kann leicht in einem Tage ausgeführt werden; am zweiten Tage aber würde ich 14 Bataillone und 7 Batterien bei Flensburg versammeln können, während die über Schleswig hinaus vorrückende Sächsische Brigade meine Reserve bilden würde. Mit diesen Mitteln hoffe ich den General v. Bonin in seiner Aufstellung nördlich von Flensburg rechtzeitig und ausreichend unterstützen zu können.

Die 3. Division würde ich gleichzeitig mit den bereits vorhandenen, oder doch in den nächsten Tagen eintreffenden Truppentheilen nach Rendsburg vorgehen lassen. Um indeß den vielleicht bedrohten Punkten Eckernförde und Kiel beispringen zu können, werde ich einstweilen die drei vier in Schleswig befindlichen Bataillone und die Nassauische Batterie der Reservebrigade unter dem Befehl des Herzogs von Gotha nach Gettorf, zwischen jenen beiden Städten gelegen, abrücken lassen und die noch bei General v. Bonin befindlichen Truppen dieser Brigade späterhin ebenfalls dahin senden. Es scheint mir nöthig, wenigstens einige Truppen in jener Gegend zu haben, um den wahrscheinlichen Neckereien des Feindes entgegenwirken zu können.

Sollte die Armee über Flensburg hinaus vorrücken, so würde die alsdann verstärkte Brigade auch die Ueberwachung eines größeren Landstriches übernehmen müssen.

Bei der gänzlichen Ungewißheit, in welcher ich mich über die Fortdauer des Waffenstillstandes befinde, werde ich den Grundsatz festhalten, weder anzugreifen, noch zu provoziren, aber mich zu vertheidigen. Das sehr üble Wetter, die unbrauchbaren Wege und der Mangel an Kavallerie haben mir die bisherige Verzögerung sehr erwünscht scheinen lassen.

Nachschrift abends 10 Uhr.

Soeben von Flensburg und aus der Gegend von Bau zurückkehrend, füge ich noch hinzu, daß an der Jütischen Grenze und bei Sonderburg Alles ruhig und still war. Es scheint, als ob die Ankunft der Reichstruppen den Dänen zu früh erfolgt ist und ihre Kriegslust etwas herabgestimmt hat. Da indeß viele Deutschgesinnte aus dem nördlichen Schleswig flüchten, so werde ich den General v. Bonin ermächtigen, am 2. April die Avantgarde in Apenrade zu verstärken und auf kurze Zeit für seine Person dorthin zu gehen.

Wahrscheinlich wird diese kleine Veränderung einen guten moralischen Eindruck auf jenen Theil der Einwohner machen.

Am nämlichen Tage, 2. April, werde ich mein Quartier in Flensburg nehmen. Bis dahin dürfte über die Fortdauer des Waffenstillstandes entschieden und danach die weiteren Maßregeln zu treffen sein. Ueber die Ausführbarkeit eines Angriffs auf die Insel Alsen muß ich mein Urtheil noch vorbehalten. Ein Vorrücken gegen die Jütische Grenze könnte als Drohung vielleicht, aber auch nur vielleicht von Wirkung sein. Sollten die Dänen wirklich von Sonderburg her vordringen, so würde ein ernstliches Gefecht von den Holsteinschen Truppen absichtlich nicht eher als in der vorbereiteten Stellung nördlich von Flensburg bei Krusau angenommen werden, während ich mit den weiter oben genannten Truppen westlich von dieser Stadt in der Richtung auf Fröslee vorgehen würde, um den Feind in seiner rechten Flanke anzugreifen.

(gez.) v. Prittwitz."

Die Statthalterschaft der Herzogthümer theilte unter dem 1. April mit:

„Soeben geht uns aus London die Nachricht zu, daß der dortige Dänische Gesandte, Graf Reventlow, am 29. März Herrn v. Bunsen erklärte: Dänemark werde am 3. April den Krieg und die Blokade beginnen. Wenn Sie oder Baron Plessen in Berlin einen anderen Tag angeben sollten, so müßte dies auf einem Irrthum beruhen: er, der Graf Reventlow, habe jene Nachricht direkt von Kopenhagen.

Euer Excellenz beehren wir uns hiervon ergebenst Mittheilung zu machen, da die Nachricht, wenn sie auch nichts Neues enthält, doch zur Bestätigung dienen kann.

Gottorf, den 1. April 1849.

(gez.) Graf Reventlow, Beseler, Harbou."

Bereits hatte General v. Prittwitz den bis dahin eingetroffenen Truppen folgende Stellung für den 2. April, also den Tag vor Beginn der Feindseligkeiten, angewiesen:

1. Die Schleswig-Holsteinsche Division behält das Sundewitt und die Gegend zwischen Bau und Apenrade besetzt. Eine Verstärkung der Avantgarde an letzterem Punkt bleibt anheimgestellt, dagegen wird Flensburg für die nachrückenden Truppen geräumt.

Für den Fall eines überlegenen feindlichen Vordringens vereinigt sich die Division in der Stellung bei der Kupfer-Mühle, wo sie diesseits unterstützt werden wird.

2. Von der 1. Division rückt am 2. April die Kurhessische Brigade, an welche die beiden Hanseatischen Escadrons abzugeben sind, in Flensburg ein; sie trifft dort die nöthigen Sicherheitsmaßregeln und schiebt ein Bataillon mit zwei Geschützen nach Glücksburg und Umgegend vor. Die Bayerische Brigade verbleibt weiter rückwärts auf beiden Seiten der Straße von Schleswig nach Flensburg.

3. Die 2. Division wird am 2. April mit der Hannoverschen Brigade in und bei Schleswig, mit der Sächsischen Brigade einen halben Marsch weiter rückwärts bei Kropp kantonniren.

4. Die 3. Division (Preußen) verlegt am 2. April ihr Hauptquartier nach Rendsburg und zieht dorthin die Truppentheile je nach ihrem Eintreffen heran.

5. Die bisher der 1. Division zugetheilt gewesenen Bataillone der Reservebrigade, und zwar das Bataillon Sachsen-Meiningen, das Bataillon Koburg-Gotha, das Bataillon Reuß, sowie die Nassauische Batterie, werden in die Gegend zwischen Eckernförde und Kiel verlegt, um feindlichen Unternehmungen gegen die Küste entgegenzutreten. Diese Brigade wurde noch besonders angewiesen, daß es nicht ihre Aufgabe sei, sich mit den ab- und zusegelnden feindlichen Schiffen in vergebliche Kämpfe einzulassen, vielmehr Angriffe auf die Häfen und Landungen an der Küste zu verhindern. Eine Reservestellung bei Getterf würde gestatten, nach den Punkten Eckernförde, Friedrichsort und Kiel, je nachdem einer derselben besonders bedroht erscheine, rechtzeitige Hülfe zu senden; bei größeren feindlichen Unternehmungen sei sofort Meldung durch Estafette direkt an das Oberkommando zu erstatten.

Der erhaltenen Anweisung entsprechend verstärkt die Holsteinsche Division sogleich ihre Vorposten. Weder vor Düppel noch in Hadersleben sollten diese einem feindlichen Angriff hartnäckigen Widerstand leisten, dagegen aber die

Defileen bei Atzbüll bezw. Hoptrup behaupten. Gravenstein und Alnoor wurden mit Artillerie besetzt, Hockerup und Seegaard blieben die Sammelplätze der Division.

Wichtig wäre es gewesen, wenn die Operationen zu Lande auch zur See hätten unterstützt werden können, aber gerade in dieser Richtung ließ sich begreiflicherweise in kurzer Frist wenig schaffen.

Die Herzogthümer besaßen an älteren armirten Fahrzeugen nur den kleinen Schooner „Elbe". Derselbe lag im Kieler Hafen mit 38 Mann und war mit acht 12 Pfündern ausgerüstet.

Uebersicht der Streitkräfte zur See.

Neu erbaut waren im Laufe des Winters 11 Kanonenboote für je 60 Mann Besatzung und zwei 60pfündigen Bombenkanonen. Davon war aber nur die eine Hälfte fertig geworden: diese lag in Holtenau an der Mündung des Eider Kanals verfügbar, der Rest bedurfte noch einiger Zeit, um schlagfertig zu werden.

In der Ausrüstung begriffen waren sodann noch zwei Dampfschiffe. Für das größere, von 150 Pferdekraft und 77 Mann Besatzung, befanden sich zwei 25 Pfünder in Harburg, zwei 30 Pfünder in Kiel. Für das kleinere fehlte die Maschine.

Das Kommando über diese Flottille war dem in der Dänischen Marine ausgebildeten Kapitän Donner übertragen, und unter ihm befehligten die bestmöglich aus der Handelsmarine ausgewählten Seefahrer die einzelnen Fahrzeuge.

Auch in Frankfurt hatte man sich bemüht, im Laufe des Winters eine Reichsmarine zu schaffen, bei Ausbruch der Feindseligkeiten war aber so gut wie nichts fertig geworden. Nach dem Bericht des Reichsministeriums der Handelsabtheilung für die Marine vom 26. März befanden sich:

a) Auf der Elbe acht Kanonenschaluppen, die Dampfer „Hamburg" und „Lübeck", und die Fregatte „Deutschland", welche jedoch noch nicht ausgerüstet waren.

b) Auf der Weser die Dampffregatte „Barbarossa", ebenfalls in Ausrüstung begriffen; ferner 19 Kanonenschaluppen, die größtentheils bis Mitte April bereit gestellt werden sollten.

c) In Lübeck eine Kanonenschaluppe im Bau.

Ferner war in Nordamerika eine Dampffregatte gekauft, welche Mitte April auf der Weser eintreffen konnte, und die Dampffregatte „Erzherzog Johann", deren Instandsetzung noch Monate bedurfte.

Von diesen Streitkräften sollten 18 Kanonenschaluppen durch den Eider-Kanal gebracht werden, um die Flottille im Kieler Hafen zu verstärken.

Leider fehlte es überall an der nötigen kriegstüchtigen Besatzung, besonders an gedienten Marineoffizieren.

Diesen unfertigen Mitteln stellte die Dänische Marine entgegen:

6 Linienschiffe mit 566 Kanonen,
8 Fregatten 408 =
4 Korvetten = 86 =
4 Briggs 70 =
3 Schooner = 20 =
3 Kutter . 12 .
1162 Kanonen,

außerdem drei Dampfschiffe und eine Ruderflottille von 85 Fahrzeugen.

Die Häfen der Ostsee hatte General v. Bonin schon während des Waffenstillstandes in möglichst guten Vertheidigungszustand zu setzen gesucht.

Am Hafen von Kiel waren das verfallene Fort Friedrichsort ausgebessert und neue Schanzen angelegt worden, zum Schutze von Eckernförde zwei Strandbatterien, eine an der Nord- und eine an der Südseite der Bucht, erbaut; am Hafen von Flensburg befanden sich schon seit 1848 vier Schanzen. Die Insel Fehmarn wurde durch 400 Mann Infanterie und einige Geschütze besetzt.

Beurtheilung der bevorstehenden Operationen.

Es ist von Interesse, zu übersehen, wie an entscheidender Stelle die Verhältnisse hinsichtlich der bevorstehenden Operationen beurtheilt wurden.

In Betreff der Dänischen Auffassung war das durch das Kriegsministerium von dem General Hedemann eingeforderte Gutachten bekannt geworden. Dasselbe forderte, daß eine Schiffbrücke über den Alsen-Sund geschlagen, ein Brückenkopf vor derselben angelegt werde. Die Düppeler Höhen sollten stark befestigt, mit schwerem Geschütz besetzt und von den Kanonenschaluppen unterstützt werden. In diesen Verschanzungen sollte die 1. Division die Vertheidigung übernehmen, die 2. Division auf Alsen die Reserve bilden, außerdem aber zu Unternehmungen zur See bereit stehen. „Der Deutsche Feldherr", heißt es weiter, „muß, je nach den Kräften, über welche er verfügen kann, entweder in der Defensive bleiben und kann sich dann nicht über Flensburg hinaus ausdehnen, oder er maskirt unsere Stellung mit einem Korps von wenigstens 18000 Mann und wendet sich mit dem Rest dem nördlichen Schleswig zu.

In solchem Fall tritt die 2. Division an der ganzen Küste von Kiel bis Fredericia in Wirksamkeit, und der Gegner wird eine Küstenbewachung nicht vermeiden können. Dieser Zustand kann lange dauern und muß Deutschland und seinem Handel viel empfindlicher werden als Dänemark, da dieses seine Truppen auf wenig kostbarem Wege unmittelbar aus Schiffen verpflegt. Die vom Handelsstand bedrängte Centralgewalt hat dann nur drei Mittel:

a) Sich eine Flotte zu beschaffen, um Dänemark auf den Inseln zu bekämpfen.

b) Durch Eroberung von Jütland den Frieden zu erzwingen. Dies Mittel ist leichter als die Beschaffung einer Flotte, indeß gehört dazu ein Korps von 30 000 Mann, außer den Truppen, die im Lager bei Flensburg und an der Küste zurückbleiben müssen. Der Einfluß unserer Alliirten wird auf diplomatischem Wege diesen Angriff abwenden.

c) Die Hand zum Frieden zu bieten. Deshalb erscheint die Ankündigung des Waffenstillstandes für Dänemark überwiegend vortheilhaft."

Die Sicherung Jütlands so ganz auf die Wirkung der Alsener Flankenstellung und diplomatischen Schutz zu bauen, schien nachmals der Dänischen Regierung doch nicht gerathen, und mit Recht um so mehr, als in der That das feindliche Heer stark genug war, um 18 000 Mann im Sundewitt zu belassen und mit mehr als 30 000 Mann gegen Jütland vorzugehen.

Die Instruktion, welche das Reichs-Kriegsministerium dem General v. Prittwitz ertheilte, sagt: „Da noch nicht alle Hoffnung verschwunden ist, daß der wirkliche Ausbruch von Feindseligkeiten verhütet werden kann, so wird diesseits auf keinem Punkt der Angriff zu provoziren sein. Die Truppen sollen jedoch in konzentrirter Stellung beisammen gehalten werden, um jeden feindlichen Angriff durch kräftige Offensive zurückzuweisen. Wenn die jetzt entgegenstehende Dänische Armee vernichtet werden kann, so sei die Aufstellung einer zweiten kaum zu gewärtigen, und müsse jenes das mit allen Kräften anzustrebende Ziel sein.

Es müsse daher die Verfolgung des geschlagenen Feindes, mit dem Bajonett in den Rippen, ihm keine Ruhe zum Sammeln gönnen und ihn möglichst von seiner Verbindung mit der See abschneiden."

„Es kann demnach", heißt es weiter, „zur Benutzung der errungenen Vortheile ein Ueberschreiten der Jütischen Grenze dringend geboten sein, was in diesem Fall als zulässig zu erachten ist. Doch ist ein tieferes Vordringen oder eine Festsetzung in Jütland mit Rücksicht auf die Länge der zu sichernden, überall vom Feinde zu flankirenden Operationslinien, die nicht zureichende Stärke des jetzigen Heeres und wegen der sich möglicherweise daran knüpfenden politischen Folgen bis auf Weiteres jedenfalls zu unterlassen."

Dem entsprechend war auch schon zuvor dem General v. Bonin mitgetheilt, daß er Rendsburg als den Hauptstützpunkt anzusehen und nur den südlichen Theil des Herzogthums Schleswig durch Schleswigsche Truppen zu besetzen habe.

Ferner verkündigte der Reichs-Kriegsminister schon unter dem 28. März die Aufstellung eines zweiten Aufgebots von Kontingenten, welches zur Verstärkung der Armee in den Herzogthümern bestimmt sei, und ersuchte den Kommandirenden, seinen Operationsplan einzusenden.

General v. Prittwitz erwiderte hierauf unter dem 8. April, daß er, "fürs Erste und ganz unvorhergesehene Fälle abgerechnet, nicht in die Lage zu kommen hoffe, noch eine Unterstützung von nachzusendenden neuen Truppen zu bedürfen, wenn nur die bereits beorderten erst sämmtlich eingetroffen sein werden."

Den Operationsplan betreffend können nur drei Punkte in Betracht gezogen werden:

1. Die Operationen der Dänischen Armee,
2. ein diesseitiger Angriff auf Alsen,
3. Besetzung eines bedeutenden Theils von Jütland.

ad 1. Die Herrschaft zur See und der Besitz von Alsen sichern den Dänen allerdings manche Vortheile, indeß unterliegen die von der Insel ausgehenden Unternehmungen doch auch erheblichen Bedenken, namentlich da die Sonderburger Brücke die einzige Rückzugslinie bildet. Ferner wird Jütland nicht ohne Vertheidigungsmittel gelassen werden können, die Dänische Armee demnach in zwei Hälften getheilt sein, deren Vereinigung zweifelhaft bleibt.

Darf Jütland nicht angegriffen werden und wird Alsen nicht genommen, so müssen diesseits zwei starke Truppenabtheilungen aufgestellt werden, um nach beiden Richtungen Front zu machen, die Dänen werden es vorziehen, jedem ernstlichen Angriff durch einen Rückzug nach den genannten Zufluchtsorten auszuweichen, und auf diese Weise wird der Krieg schwerlich einem nahen Ende zuzuführen sein.

ad 2. Die Eroberung von Alsen entzieht ihnen den einen jener Zufluchtsorte, sie erscheint aber ohne einen bedeutenden Artillerietrain kaum ausführbar. Durch mehr oder minder blutige Gefechte können die Dänen allerdings bis Düppel und bis zum Brückenkopf zurückgedrängt werden, dann aber müßten durch schweres Geschütz erst die Kanonenboote vertrieben sein, bevor zu einer Bekämpfung der Batterien auf Alsen geschritten, eine Brücke erbaut und der Widerstand von 12 bis 15 Bataillonen auf der Insel besiegt werden kann.

Eine bereits damals in Anregung gebrachte Landung auf der Ballegaard gegenüberliegenden Halbinsel Meels verwirft General v. Prittwitz gänzlich. Man würde mit den zu beschaffenden Mitteln immer nur eine schwache Abtheilung hinüberschaffen, welche den Angriff auf Sonderburg nicht wirksam erleichtern könnte. Das Unternehmen würde durch die Vorbereitung sogleich verrathen, von den Dänisch gesinnten Einwohnern mitgetheilt werden. Bei der Anwesenheit Dänischer Kriegsschiffe bliebe der Verlust der Uebergangsmittel wahrscheinlich, und die gelandeten Truppen könnten in die übelste Lage gerathen.

Würden aber auch alle Schwierigkeiten überwunden und Alsen wirklich erobert, so wäre trotz Verlust an Menschen und Material für Herbeiführung des Friedens noch wenig erreicht, da die Dänen der Mittel zur Fortsetzung des Krieges dadurch nicht beraubt würden. Vielmehr müßte die Armee sich um 6000 bis 8000 Mann schwächen, welche zur Behauptung der Insel gegen Landungen erforderlich und bei dem erschöpften Zustand derselben auch diesseits zu ernähren wären.

„Nach meiner unmaßgeblichen Ansicht", schließt General v. Prittwitz, „kann daher die Herbeiführung des Friedens nur durch die Erschöpfung der feindlichen Hülfsmittel, d. h. durch die Besetzung eines bedeutenden Theils von Jütland, erreicht werden. Dem Ministerium stelle ich ergebenst anheim, mir die Ermächtigung zu ertheilen, den ad 3 vorgeschlagenen Weg betreten zu können."

Die Nationalversammlung in Frankfurt hatte am 28. März die Reichsverfassung in zweiter Lesung angenommen, die Kaiserwürde wurde dem König von Preußen angetragen, und am 3. April war ein Cirkularschreiben an die Gesandten sämmtlicher Deutschen Höfe erlassen, welches die Bedingungen darlegte, unter welchen allein Seine Majestät gewillt wäre, die auf ihn gefallene Wahl anzunehmen. *Die Deutsche Kaiserwahl.*

Die Erklärungen der betreffenden Regierungen wurden erwartet, und die wichtigste derselben, die Oesterreichs, erfolgte schon am 8. April dahin, daß der Kaiserstaat auf die Preußische Cirkularnote überhaupt nicht eingehen könne, und daß für ihn die Deutsche Nationalversammlung nicht mehr bestehe.

Oesterreich forderte zwar den Erzherzog-Reichsverweser auf, im Interesse Deutschlands sein Amt noch ferner fortzuführen, rief aber die Oesterreichischen

Abgesandten sofort in ihre Heimath zurück, da ihre fernere Theilnahme an einer Versammlung nicht statthaft sei, welche mit ihrem Beschluß (der Kaiserwahl) den Boden des Rechts und des Gesetzes verlassen habe.

Wiedereröffnung der Feindseligkeiten am 3. April.

Die Dänische Regierung erließ unter dem 3. April eine Bekanntmachung, wonach außer den Schleswig-Holsteinischen Häfen vom 5. April an auch noch Cammin, Swinemünde, Wolgast, Greifswald, Stralsund und Rostock, vom 12. April an Pillau und Danzig, ferner die Mündungen der Elbe, Weser und Jade in Blockadezustand erklärt wurden.

Die Langsamkeit, mit welcher die Deutschen Streitkräfte sich versammelten, konnte in Kopenhagen nicht unbekannt geblieben sein.

An der Jütischen Grenze wie im Sundewitt standen vorerst nur Holsteinische Truppen den Dänen gegenüber. Um diesen eine Niederlage zu bereiten, war man entschlossen, am 3. April von zwei Richtungen aus die Offensive zu ergreifen. Die Hauptoperation sollte von Alsen her geführt werden, und zu dem Zweck war noch vor Ablauf des Waffenstillstandes eine Veränderung in der Vertheilung der Dänischen Landmacht bewirkt worden. Auf Alsen standen unter General v. Bülow 5, in Jütland verblieben unter General Rye außer Kavallerie nur 2 Brigaden.

Welche Operationen der Dänische Oberkommandirende zu Lande beabsichtigte, geht ziemlich vollständig aus den Instruktionen hervor, die er für die Unternehmungen zur See ertheilte.

Der Befehlshaber des Ostseegeschwaders war bereits vom Kriegsminister angewiesen, die Schleswigsche Küste an den verschiedenen Punkten zu alarmiren, selbst der Versuch, durch die Schlei bis zum Schloß Gottorf vorzudringen, wurde ihm empfohlen. Um indeß die nöthige Uebereinstimmung herbeizuführen, erließ General v. Krogh unter dem 2. April das nachstehende Schreiben an den Kommandeur Garde.

„Am 3. April morgens 4½ Uhr rückt die Armee von Sonderburg in das Sundewitt ein. Der Herr Kommandeur wird ersucht, eine Rekognoszirung in den Häfen von Apenrade und Flensburg vornehmen zu lassen.

Da die Batterien, welche sich an diesen Häfen befinden möchten, wahrscheinlich später von den Landtruppen genommen werden können, so würde es nicht gerechtfertigt sein, schon morgens einen ernstlichen Angriff durch die

Marine auf sie zu richten, welche dabei bedeutendem Verlust ausgesetzt wäre; dagegen sind Nachrichten von den Küstenbewohnern einzuziehen.

Es wird angenommen, daß die Armee morgen Nachmittag mit ihrem linken Flügel Stellung bei Atzbüll nimmt, und daß Streifparteien Warnitz-Hoved erreichen, ferner, daß General Aue schon morgens im Besitz von Hadersleben gelangt.

Um von ihm Depeschen in Empfang zu nehmen, muß ein Dampfschiff nachmittags bei Snoghöj sein, welches sodann bei Aaröfund anlaufen kann, um zu erfahren, wie die Sachen bei Hadersleben stehen. Dieser Dampfer muß jedenfalls am folgenden Tage früh in Sonderburg anlangen.

Am 4. April wird die Armee im Sundewitt den rechten Flügel gegen Apenrade vorzuschieben versuchen, wohin General Aue von Norden her anrückt. Es ist daher wünschenswerth, daß die Marine sich in den Besitz der Stadt zu setzen bestrebt.

Es wird ersucht, an eben diesem Tage eine Expedition, bestehend aus zwei Dampfern und einigen Transportschiffen, so von Hörnphaff abzusenden, daß selbige in der Abenddämmerung vor der Eckernförder Bucht anlangt und in Verbindung mit dem Linienschiff und der Korvette einläuft.

Eine Kompagnie wird zum Transport verfügbar gestellt werden.

An verschiedenen Punkten müssen Truppen an Land gesetzt werden, welche jedoch demnächst wieder einzuschiffen sind. Diese haben die feindlichen Strandbatterien anzugreifen; sie können versuchen, sich der Stadt zu bemächtigen, alle Vorräthe mitzunehmen oder zu vernichten, und sollen überall Nachrichten vom Feinde einziehen. Es muß so viel wie möglich alarmirt und der Glaube verbreitet werden, daß eine bedeutende Macht bei Eckernförde gelandet sei. Am besten ist, wenn diese Kunde am 5. April früh in Flensburg anlangt; da es aber vielleicht für die Flotte nicht angänglich ist, im Dunkel der Nacht etwas zu unternehmen, so kann die Alarmirung abends spät beginnen und morgens früh fortgesetzt werden. . . . . ."

Hiernach wurden sehr bedeutende Mittel eigentlich nur für den Zweck in Bewegung gesetzt, um Nachrichten einzuziehen und falsche Gerüchte zu verbreiten. Die äußerst vorsichtige Operation der Landarmee sollte, wie es scheint, am dritten Tage, dem 5. April, zu einem Angriff auf Flensburg führen, während die Besorgniß vor einer größeren Landung bei Eckernförde die Reichs-Armee im Süden des Herzogthums festhielt.

Wir wenden uns jetzt zu der unmittelbar bedrohten Holsteinischen Division.

Gefecht der Holsteinischen Division bei Atzbüll am 3. April.

Die Kantonnements ihrer 1. Brigade reichten im Sundewitt von Gravenstein rückwärts bis Hockerup und Lundtoft. Auf die Meldung der Vorposten daß die Dänen schon in der Nacht die Brücke über den Sund passirt hätten, versammelte Oberst v. Saint-Paul die Brigade gegen Gravenstein und verfügte sich selbst nach Atzbüll. Der Gegner hatte mit seinen Spitzen bereits Nübel und Satrup erreicht.

Nach der Dänischen Disposition sollte die 6. Brigade, Oberst de Meza, langsam über Nübel vorrücken und den bei Atzbüll stehenden Gegner im Gefecht festhalten, um so der 3. Brigade, Oberst Schleppegrell, Zeit zu lassen, über Satrup, Auenbüll und Kieding in die Flanke der Stellung von Gravenstein zu gelangen und die Straße nach Apenrade zu unterbrechen. Der Marsch der letzteren Brigade ging indeß sehr langsam von statten, und General v. Bülow selbst veranlaßte den linken Flügel zu lebhafterem Vorgehen, wodurch dann die Umgehung vereitelt wurde.

Als die Brigade de Meza um 10½ Uhr in zwei Treffen gegen Atzbüll vorrückte, räumte das 3. Holsteinsche Jäger-Bataillon die Stellung und fand Aufnahme durch die 1. Brigade hinter dem Ort.

Inzwischen waren die übrigen Brigaden des auf Alsen stehenden Flankencorps über die Brücke gefolgt.

Oberst de Meza richtete seinen Angriff auf die Stellung hinter Atzbüll, vornehmlich gegen deren linken Flügel: gegen den rechten ging das 1. Verstärkungs-Jäger Bataillon längs des Strandes vor. Zugleich erhielt Oberst v. Saint-Paul Nachricht, daß in seinem Rücken der Feind über die Halbinsel Broacker auf Ekensund marschire.

Um den Rückzug auf der Flensburger Straße sicherzustellen, führte Hauptmann v. Delius das 1. Bataillon nach Alnoer vor. Die Fregatte „Havfruen" und das Feuer von 7 Kanonenbooten hatte bereits die Räumung der mit vier 12 Pfündern besetzten Strandbatterie erzwungen.

Unter diesen Umständen trat die 1. Brigade, nachdem sie ihre Stellung ungefähr eine Stunde lang behauptet hatte, den Rückzug nach Quars und auf dem Kolonnenweg über Kintenis nach Hockerup zum Gros der Division an. Die beiden Dänischen Brigaden erreichten Gravenstein und Grüngrift, drangen aber nicht über diese Punkte vor.

Das Gefecht hatte um 5 Uhr nachmittags überall sein Ende erreicht.

Die Verluste des Tages betrugen bei der Holsteinischen Brigade: 4 Todte, 24 Verwundete, 4 Vermißte; auf Dänischer Seite: 5 Todte, 15 Verwundete, 2 Vermißte.

Ebenfalls schon in der Nacht zum 3. April war General Rye in drei Kolonnen über die Jütische Grenze vorgerückt.

Die erste unter Oberstlieutenant Irminger, nur 2 Bataillone, 2 Eskadrons und 4 Geschütze stark, marschirte auf der Chaussee von Kolding nach Hadersleben;

die zweite unter dem Kommandirenden selbst, mit 2½ Bataillonen, 2 Eskadrons, 8 Geschützen, ging von Hjarup nach Wangstrup vor;

die dritte unter Oberst v. Juel, ein halbes Bataillon, 14 Eskadrons und 4 Geschütze, überschritt die Königs-Au bei Skodborghuus und dirigirte sich über Jels nach Oxenwatt.

Die Breite des Vorgehens betrug sonach 3 Meilen.

Denselben gegenüber stand in Hadersleben Major v. Gersdorff mit dem 1. Jäger-Bataillon, welches nach vorwärts Moltrup besetzt hielt, rechts und links nach Aarösund und Hammeleff detachirt hatte. Die beiden Hanseatischen Schwadronen, welche heute durch zwei Holsteinische abgelöst werden sollten, waren bis an die Taps Au vergeschoben und hatten Postirungen bei Bousild, Frörup und Moltv genommen. Sie gingen bei Annäherung des Feindes hinter den Infanterieposten bei Moltrup zurück, und demnächst mit diesem nach Hadersleben. Diese Stadt wurde vom Feinde lebhaft, aber ziemlich wirkungslos durch Artillerie und Infanterie beschossen; da aber kein ernsthafter Angriff erfolgte, so zog sich Major v. Gersdorff, und zwar infolge bestimmt erneuerten Befehls, auf Hoptrup zurück, behielt jedoch eine südlich Hadersleben aufgeworfene Brustwehr besetzt.

Die Dänen folgten äußerst vorsichtig, und erst abends 6 Uhr ging das Holsteinische Jäger-Bataillon nach Gjenner und Norby, die Hanseatische Kavallerie auf dem Ochsenwege nach Rothenkrug zurück.

Oberst Irminger begnügte sich indeß mit der Besetzung von Hadersleben und stellte seine Vorposten eine halbe Meile südlich des Ortes aus. — In der Apenrader Bucht war verabredetermaßen im Laufe des Tages Kapitän Dirking Holmfeldt mit der Korvette „Najade" und einer Division Kanonenboote erschienen. Letztere hatten auf die Truppen am Strande geschossen, das Feuer war aus den Landbatterien erwidert worden.

So war allerdings das bescheidene Pensum, welches der Dänische Feldherr seiner Armee für den 3. April vorgezeichnet hatte, erreicht und selbst überschritten. Allein ein Schreiben des auf Alsen krank liegenden Kriegsministers Hansen mahnte zur höchsten Vorsicht. Er glaubte zu wissen, daß bereits 20 000 Mann Bundestruppen im Sundewitt versammelt seien. Noch spät am Abend wurden die Brigaden des Flankenkorps nach Nübel, Satrup, Stenderup, Düppel und Sonderburg zurückgezogen, und nur die Vorposten verblieben auf der Linie Atzbüll—Blans.

General v. Bonin hatte nicht recht an den Ernst eines Dänischen Angriffs geglaubt. Erst als das Vordringen des Feindes sowohl über Atzbüll wie über Christiansfeld gemeldet wurde, versammelte er seine 2. Brigade bei Quars, um nach der einen wie der anderen Seite Unterstützung leisten zu können. Für den folgenden Morgen aber wollte er nun selbst zum Angriff auf den feindlichen rechten Flügel im Sundewitt vorgehen.

Die Avantgarde, Brigade v. Zastrow, sollte zu dem Ende näher herangezogen werden und erhielt Befehl, noch in der Nacht von Apenrade nach Feldstedt abzurücken und zur Beobachtung gegen ersteren Punkt das Jäger-Bataillon bei Hostrup stehen zu lassen. General v. Prittwitz sagte eine Unterstützung durch 7 Bataillone und 2 Batterien der Hessischen Brigade zu, welche um 9 Uhr vormittags bei Hockerup sich mit der 1. Holsteinschen Brigade vereinigen würden. Dahinter sollte bei Krusau Alles versammelt werden, was von Truppen heranzuziehen war. Außer der kombinirten Brigade, General v. Spangenberg, welche in und um Flensburg stand, jedoch ein Bataillon und zwei Geschütze nach Glücksburg detachirt hatte, konnten die beabsichtigte Stellung in einem Tagemarsche erreichen: die Bayerische Brigade, General v. Schmalz, aus ihren Quartieren um Bilschau und Oversee und die Hannoversche Brigade, General v. Ludwig, aus Norder-Schmedeby und Umgegend. Die Sächsische Brigade, General v. Heintz, hingegen stand noch bis Schleswig zurück, und von den Preußischen Divisionen waren nur erst die vordersten Abtheilungen in Rendsburg eingetroffen, die Mehrzahl derselben aber hatte Altona noch nicht passirt.

Wenn demnach der Vormarsch der Bundestruppen auch nach Möglichkeit beschleunigt wurde, so würde doch am 4. April die Holsteinsche Division eine nachhaltige Unterstützung noch nicht gefunden haben, falls General v. Krogh mit den ihm zu Gebote stehenden Kräften und mit voller Energie vorgegangen wäre und die Vereinigung seiner beiden Heerhaufen bewirkt hätte.

4. April. War aber schon am 3. die Offensive der Dänen eine ziemlich matte und unsichere gewesen, so verwandelte sie sich am 4. in völlige Passivität. Bereits hatte General v. Krogh durch einen Adjutanten über Kolding dem General Rye Befehl geschickt, den Vormarsch nach Apenrade aufzugeben und, wenn er angegriffen würde, über die Jütische Grenze zurückzugehen.

Dieser Befehl traf den General am Nachmittag des 4. in Gjenner, bis wohin er vorgedrungen war, und bestimmte ihn, vorerst seine Truppen hinter Hadersleben zurückzunehmen, wo er dann bis zum 7. stehen blieb.

Als General v. Bonin sich bis 9 Uhr weder von Apenrade noch von Alsen her angegriffen sah, beließ er die Avantgardenbrigade zur Beobachtung in ersterer Richtung und rekognoszirte mit seiner 1. Brigade in letzterer. Um 1 Uhr wurde das vom Feinde wieder verlassene Gravenstein besetzt, dagegen wurden weiter vorgesandte Rekognoszirungsabtheilungen durch überlegene Kräfte von Atzbüll aus zurückgewiesen, wobei Hauptmann v. Eggers schwer verwundet fiel. Die 2. Brigade war weiter links auf Grüngrift gefolgt und in keine Berührung mit dem Feinde gekommen.

Die Dänische Flotte hatte an diesem Tage ihrem Auftrage gemäß mit gewirkt.

Die im Elen-Sund liegende Korvette „Galathea" hatte den Vormarsch nach Gravenstein beschossen. Ihr Feuer wurde durch die 12pfündige Batterie Beelitz erwidert und blieb ohne sonderliche Wirkung.

Ebenso beschossen die Kanonenboote in der Apenrader Föhrde die aus dieser Stadt zurückgehende Avantgarde des Majors v. Gersdorff, wobei Lieutenant v. Rohr vom 2. Dragoner-Regiment getödtet, zwei Mann schwer verwundet wurden.

General v. Prittwitz hatte angeordnet, daß die Holsteinsche Division nunmehr durch die 1. Bundesdivision im Sundewitt abgelöst werde. Letztere rückte dementsprechend auf die südliche Sonderburger Straße, während erstere vorerst noch die nördliche besetzt hielt, demnächst aber sich hinter ihrer bei Apenrade stehenden Avantgarde formiren sollte. *5. April.*

Den Holsteinschen Truppen fiel so das eventuelle Einrücken in Jütland zu. Man würde vermieden haben, sie hierzu zu verwenden, wenn nicht die Division einmal bereits an der Spitze gestanden, und außerdem General v. Bonin nicht der einzige General gewesen wäre, welcher dem Kommandirenden als völlig befähigt aus langem dienstlichen und außerdienstlichen Verkehr bekannt war.

Die Holsteinsche Division versammelte sich um Feldstedt, die 1. Division hinter Gravenstein, die 2. um Flensburg; die 3. war noch im Anmarsch.

Das Württembergische und das Badische Bataillon, sowie die Hessische Batterie, welche während des Winters im Lande verblieben waren, wurden der Hannoverschen Brigade zugewiesen.

Die Reservebrigade in der Gegend von Gettorf wurde benachrichtigt, daß sie gegen eine feindliche Unternehmung zur See auf ihrer Hut zu sein habe.

Obwohl nun die Dänische Offensive zu Lande völlig aufgegeben war, und somit die der Marine übertragenen Demonstrationen eigentlich gar keinen Zweck mehr hatten, wurde die Expedition gegen Eckernförde dennoch nicht aufgehoben. Sie führte zu dem allerübelsten Ausgang.

Dänische Flotten-demonstration.

Schon am 4. abends waren drei Dampfer und sechs Segelschiffe vor der Eckernförder Bucht erschienen und hatten sich bei Aschau vor Anker gelegt. Ein Angriff war daher am nächsten Tage zu gewärtigen, und alle Anstalten zur Vertheidigung wurden getroffen.

Der Meerbusen von Eckernförde zieht sich in gerader Richtung zwei Meilen breit und vier Meilen lang von Ost nach West in das Land hinein. Er gewährt die größten Wassertiefen bis dicht vor der auf einer Halbinsel zwischen der Bucht und dem Windebyer Noor erbauten Stadt. Die Annäherung an diese bietet daher selbst großen Schiffen keine Schwierigkeit.

Bereits im Jahre vorher waren zum Schutz des Hafens zwei Batterien erbaut worden, die am nördlichen Ufer eine halbe Stunde, die am südlichen eine kleine Viertelstunde von der Stadt entfernt.

Die Nordbatterie lag auf einem flachen Vorsprung am Fuß des steil abfallenden Ufers. Sie hatte die Form einer abgestumpften Lünette. Eine mit Banket versehene Brustwehr verband sie rückwärts mit dem bewaldeten Louisen-Berg. Armirt war die Batterie mit sechs eisernen Geschützen, und zwar vom linken Flügel an gerechnet, mit zwei 24 Pfündern, zwei 18 Pfündern und zwei 84pfündigen Bombenkanonen. Eine der Letzteren konnte ihr Feuer gegen den Hafen richten, die übrigen schlugen nach der Mündung der Bucht und nach dem gegenüberliegenden Strande.

Die Südbatterie, welche ebenfalls am Fuß des hohen Uferrandes erbaut war, bildete eine gerade Feuerfront für vier 18 Pfünder, mit zwei unter stumpfem Winkel angesetzten, aber nicht armirten Flanken. Im Rücken lag auf der Höhe eine Redoute mit Blockhaus für Infanterie. Die Geschütze der Batterien bestrichen den Meerbusen der Länge nach.

Alle Brustwehren waren aus dem losen, mit Geröll vermischten Meeressand erbaut, die Böschungen und die Kronen jedoch mit Decsrasen belegt. Den inneren Raum der Batterien bildete der natürliche Boden, die Geschützstände erhoben sich darüber nur um 2 Fuß, sämmtliche Geschütze feuerten aber auf hohen Rahmenlafetten über Bank, und die Feuerlinie lag sonach um 7 Fuß, bei den Bombenkanonen um 9 Fuß höher.

An Munition befanden sich in der Nordbatterie für die 12- und 18 Pfünder gegen 200 Kugelschuß, für den 84 Pfünder 100 Bomben und außerdem pro Geschütz 50 Büchsenkartätschen, in der Südbatterie pro Geschütz 373 Kugelschuß und 100 Traubenkartätschen.

Die gesammte Besatzung betrug 1 Offizier, 1 Feldwebel, 2 Unteroffiziere, 46 Mann, davon die Hälfte Rekruten. Der Mangel an Uebung dieser Letzteren wurde einigermaßen ausgeglichen durch die angeborene Ruhe und Gleichgültigkeit, welche die Bewohner dieses Landes kennzeichnet und sie besähigt, vortreffliche Artilleristen zu werden. — Die Mannschaft war in den nächsten Orten, Eckernförde und Borby, untergebracht.

Der Offizier, welcher in beiden Batterien befehligte, war der vormals Preußische Bombardier Jungmann, welcher, längere Zeit als Instrukteur nach der Türkei kommandirt, dort sehr gute Dienste geleistet, zu Anfang des Jahres aber seinen Abschied genommen hatte, um sich der Sache der Herzogthümer zu widmen, wo er zum Hauptmann ernannt wurde. Das Kommando in der Südbatterie übertrug er dem Unteroffizier Preußer, in der Nordbatterie dem Feldwebel Clairmont. Seine Mannschaft hatte er schnell eingeschult, und durch einen Besuch des Generals v. Bonin waren sie in die beste Stimmung versetzt. Die Infanteriebesatzung wurde von dem in Eckernförde stehenden 3. Reserve Bataillon, Hauptmann Irminger, gegeben. Als nächste Unterstützung kantonnirte die Reservebrigade in der Gegend von Gettorf, wo deren Kommandeur, der Herzog Ernst von Neuburg, sein Hauptquartier genommen hatte.

Vom Kommandeur Garde war die Ausführung der Unternehmung gegen Eckernförde dem Kapitän Paludan übertragen, welcher auf dem Linienschiff „Christian VIII." befehligte. Diesem theilte er die ganze Instruktion des Generals v. Krogh mit, machte jedoch den Zusatz, daß die Dampfschiffe nur im äußersten Fall der Noth dem Feuer der Landbatterien ausgesetzt werden dürften. Ferner hatte der Kommandeur Garde die Fregatte „Gefion" vor dem Kieler Hafen durch die Korvette „Galathea" ablösen lassen und Erstere für die Demonstration bestimmt, weil sie allerdings geeignet war, einen Geschützkampf durchzuführen. Die Landtruppen waren auf drei Jachten eingeschifft. Der Dampfer „Geyser" diente zur Begleitung der Fregatte, der „Hekla" zu der des Linienschiffs, welches Letztere nach Beendigung der Sache die Blockade von Kiel übernehmen sollte.

Diesen Anordnungen entsprechend versammelte sich am Abend des 4. April um 6 Uhr auf der Rhede innerhalb der Bucht, nahe dem südlichen Ufer und 5000 Schritt von der Batterie entfernt, eine Flottille, bestehend aus dem Linienschiff „Christian VIII.", Kapitän Paludan, mit 84 Geschützen, der Fregatte „Gefion" mit 48 Geschützen, Kapitän Meyer, dem Dampfer „Hekla" mit sechs 24Pfündern und zwei 60Pfündern, Kapitän Aschlund, dem Dampfer „Geyser", ebenso armirt, Kapitänlieutenant Wulff, zusammen 148 Geschütze schwersten Kalibers, denen auf dem Lande zehn entgegenstanden.

Die drei Jachten mit einer Kompagnie des 11. Linien=Bataillons wurden durch den „Geyser" geschleppt.

Ein Schuß aus der Batterie rief Hauptmann Jungmann herbei, und die Meldung von dem Erscheinen des Feindes wurde nach Gettorf geschickt. Dieser unternahm jedoch am Abend nichts weiter.

<small>Kanonade bei Eckernförde am 5. April.</small> Am Morgen des 5. April fand der Kommandeur Kapitän Paludan das Wetter nicht gerade günstig, aber doch nicht so, daß es das Unternehmen hätte verhindern können. In einer Versammlung der Befehlshaber der Schiffe wurde der Angriff beschlossen. Man entschied sich dafür, zwischen den feindlichen Batterien hindurchzusegeln und jenseits derselben so vor Anker zu gehen, daß beide Schiffe ihre Breitseiten gegen beide Schanzen richten konnten. Das Linienschiff und die darauf folgende Fregatte sollten hart an der Nordbatterie vorbeisteuern und selbige mit einer vollen Lage begrüßen. In diesem Manöver war der herrschende Ostwind günstig, und für den möglichen Fall des Mißlingens blieben die Dampfer zur Hand, um die Schiffe ins Schlepptau zu nehmen.

Indeß mag man einen solchen Ausgang kaum besorgt haben, denn auch die Dampfer wurden zum Gefecht mit verwendet. Sie sollten sich zwar an der südlichen Küste außer Schußweite der Nordbatterie halten, aber doch während des Einsegelns der Schiffe die Südbatterie durch Bombenwurf beschäftigen. Ebenso, scheint es, hielt man eine Mitwirkung der Truppen nicht für nöthig, wenigstens erfolgte die befohlene Landung nicht. Man hatte eben noch die sehr hohe Meinung von der Unbesiegbarkeit der „hölzernen Wälle". Freilich würde auch die eine Kompagnie sehr bald auf die weit überlegenen Kräfte nicht nur des Bataillons in Eckernförde, sondern auf die anrückende Reservebrigade gestoßen sein.

In den Batterien waren Kugeln geglüht und alle Vorbereitungen zum Kampfe getroffen.

Um 6 Uhr früh bemerkte man die erste Bewegung beim Feinde, und um <small>7 Uhr v.</small> 7 Uhr waren seine Fahrzeuge auf Schußweite herangekommen.

Hauptmann Jungmann befahl, ein langsames und ruhiges Feuer, vom linken Flügel anfangend, zu eröffnen. Um bei der jungen Mannschaft Vertrauen zu erwecken, erwartete er, selbst auf der Brustwehrkrone stehend, die

Wiedereröffnung der Feindseligkeiten am 3. April.

ersten feindlichen Geschosse. Beide Segelschiffe liefen an den Batterien vorüber, drehten dann bei und warfen die Anker aus. Sie geriethen dabei etwas näher an die Südbatterie, als beabsichtigt gewesen war, überschütteten nun aber beide Schanzen mit einem Hagel von Bomben, Vollkugeln und Kartätschen.

Der Erfolg war, daß in der Nordbatterie sehr bald die Laffete des einen 24 Pfünders, dann auch die der einen Bombenkanone zerschossen waren. Das Feuer von dorther wurde dadurch erheblich verlangsamt, und die längeren Pausen, in welchen die Schüsse abgegeben wurden, erweckten an Bord die Hoffnung, daß die Nordbatterie sehr bald zum Schweigen gebracht sein werde.

Allein dort war der Verlust an Mannschaften sehr gering. Die zur Verstärkung der Infanteriebesatzung herbeieilenden Abtheilungen des Bataillons Irminger halfen nicht nur den 24 Pfünder wieder aufrichten, sondern auch zur Beseitigung einer weit größeren Gefahr, die der Batterie aus der mangelhaften Beschaffenheit ihres Pulvermagazins drohte. Dem Feldwebel Clairmont gelang es so, mitten im Gefecht eine Blendung aus Balken und Erde herzustellen, die sich als hinreichend erwies.

Die meisten Geschosse der Schiffe gingen zu hoch, und da diese lagenweise feuerten, so konnte die Mannschaft der Batterien die Zwischenzeiten benutzen, um ihre Geschütze ruhig zu bedienen. Ihnen gewährten die mächtigen Fahrzeuge ein nicht leicht zu fehlendes Objekt, und wohlgezielte Schüsse verursachten sehr bedeutende Verluste von Mannschaften an Bord.

Ganz besonders litt die „Gefion", welche bei der zunehmenden Stärke des Windes aus der richtigen Lage getrieben war und nun von beiden Batterien der Länge nach beschossen wurde, während sie nur mit ihren Spiegelkanonen zu antworten vermochte. Erst nach längerer Zeit gelang es, das Schiff wieder in die beabsichtigte Richtung zu bringen.

Jetzt waren aber auch von der Nassanischen Batterie zwei Geschütze am nördlichen Ufer angelangt, welche am Fuß des Lenisen-Bergs auffuhren. Der „Christian VIII." sah sich genötigt, ihr Feuer zu erwidern und sonach das 10 Uhr v. seinige zu theilen. Bald erschienen auch die übrigen Geschütze der Feldbatterie und nahmen schwer zu treffende Aufstellungen am Strande.

Der Kampf hatte drei volle Stunden gedauert, ohne daß es den Schiffen möglich geworden war, auch nur eine der beiden Batterien zum Schweigen zu bringen. Die Verluste an Bord steigerten sich mehr und mehr, und da das Gefecht in der That eigentlich keinen Zweck hatte, so entschloß sich nun der Kommandeur der Flottille, dasselbe abzubrechen. Das Linienschiff signalisirte dem „Hertha", es ins Schlepptau zu nehmen. Beim Herankommen des Dampfers aber erhielt derselbe von jeder Seite einen Schuß in das Steuer und sah sich genöthigt, umzukehren, um die Beschädigung erst außerhalb Schußweite auszubessern. Inzwischen hatten beide Segelschiffe sich der Südbatterie mehr genähert und feuerten Lage auf Lage gegen diese ab. Zwei Geschütze waren dort bereits völlig unbrauchbar geworden: nichtsdestoweniger setzte Unteroffizier Preußer den Kampf fort, indem er mit dem einen der ihm verbliebenen 18 Pfünder das Linienschiff, mit dem anderen die Fregatte beschoß. Auf Letzterer war nun ebenfalls die Noth so groß geworden, daß sie den „Geyser" zur Hülfe herbeisignalisirte. Derselbe langte auch wirklich unbeschädigt heran und nahm das Bugsirtau von der Fregatte an. Da dasselbe aber nicht lang genug war, so mußte ein zweites angeknüpft werden, und während dieses Zeitverlustes erhielt der „Geyser" einen Schuß in die Maschine. Die Beschädigung war so bedeutend, daß sie nur in einem Hafen reparirt werden konnte. Das Tau mußte losgeworfen werden, und der Dampfer suchte aus dem Feuer zu kommen.

Bei der entgegenstehenden Windrichtung war nun die letzte Zuflucht das Warpen, bei welchem ein Anker durch eins der Boote in möglichster Entfernung ausgeworfen und das Schiff am Tau herangezogen wird. Bei diesem mühsamen und langwierigen Verfahren kam nun aber die „Gefion" wieder in den Fall, längsschiffs beschossen zu werden. In Betracht dieser gefährlichen Lage und weil die Südbatterie auf keine Weise zum Schweigen gebracht werden konnte, ließ Kapitän Paludan um 1 Uhr die Parlamentärflagge aufhissen und schickte einen seiner Offiziere mit folgendem Schreiben an die Civil- und Militärbehörden an Land:

„Der Unterzeichnete schlägt Einstellung der Feindseligkeiten unter der Bedingung vor, daß die Schiffe frei auspassiren, ohne daß von den Batterien auf sie geschossen wird. Wird dieser Vorschlag nicht angenommen, so wird Eckernförde in Brand geschossen, und die Folgen werden Sie zu verantworten haben.

(gez.) Paludan
Kommandeur Kapitän."

Man durfte hoffen, selbst durch Warpen die „Gefion", wenn einige Zeit dafür gewonnen würde, aus dem Schußbereich des Gegners zu bringen. Wirklich wurde von beiden Seiten der Geschützkampf einstweilen eingestellt, denn auch in den Batterien hatte man vollauf zu thun, die Schäden auszubessern und die Geschütze wieder schußfertig zu machen.

Die Bemühungen der Fregatte blieben indeß ohne sonderlichen Erfolg, da der Ostwind in starkem Maße zugenommen hatte.

Inzwischen waren auf dem Lande die Befehlshaber, welche sich zur Stelle befanden, zusammengetreten, um den Vorschlag des Gegners zu erwägen. Hauptmann Jungmann erklärte, „er würde fortfahren, zu schießen, solange er ein Geschütz und einen Schuß habe, es sei denn, der Feind ergäbe sich." Demnach wurde folgende Antwort an Bord geschickt: 2 Uhr a.

„An den Flottenkommandeur Paludan.

In Erwiderung Ihres heutigen Schreibens bemerken die unterzeichneten hierseitigen Höchstkommandirenden, daß sie sich nicht veranlaßt finden, das Schießen der Batterien auf die Schiffe einzustellen. Sollten Sie Ihre Drohung, eine offene Stadt in Brand zu schießen, auszuführen für gut befinden, dann fiele selbstverständlich der Fluch eines solchen Vandalismus auf Dänemark, das Sie hier vertreten.

Nordbatterie, den 5. April 1849.

(gez.) Irminger   Wiegand   Jungmann
Hauptm. u. Bataillonskomdr.   Etappenkommandeur.   Hauptm. u. Batteriechef.

Immerhin ruhte jedoch der Kampf bis um 4½ Uhr, und es war anzunehmen, daß die Dänen das Dunkel der Nacht benutzen wollten, um zu entkommen. Es wurde daher folgendes zweite Schreiben abgeschickt: 4½ Uhr a.

„Da eine längere Verzögerung des Wiederbeginns der Feindseligkeiten nicht in unserem Interesse liegt, so werden sie von unserer Seite nach zehn Minuten wieder beginnen.

Nordschanze, den 5. April 4½ Uhr nachmittags.

(gez.) Irminger. (gez.) Jungmann."

Unteroffizier Prenßer erhielt Befehl, mit glühenden Kugeln zu schießen. Die Nassauischen Geschütze, welche vom Schnellmarker Holz näher herangezogen worden waren, stellten sich am Kirchhofe auf und richteten ein sehr wirksames Granat- und Kartätschfeuer gegen das Verdeck, die Takelage und Mastkörbe des Linienschiffs. Die Lage wurde so mißlich, daß der Flottenkommandeur beschloß, mit Aufopferung der Fregatte das Linienschiff, wenn möglich, durch Kreuzen aus dem Gefecht zu ziehen.

Die Anker wurden gelichtet, die Segel beigesetzt und das Schiff in Lauf gebracht, dabei mit vollen Lagen gegen die Batterien gefeuert. Binnen wenig Minuten aber waren Segel und Tauwerk in dem Maße zerschossen, daß das Schiff nicht mehr bei dem Winde zu steuern war. Es trieb dem Lande zu und fuhr schließlich auf.

Der „Hekla" hatte sein Steuer wiederhergestellt und eilte dem „Christian" in seiner äußersten Noth zu Hülfe. Das Fahrzeug hatte dabei die Parlamentärflagge aufgezogen, als aber zwei 24 Pfünder aus der Nordbatterie ihm ihre Kugeln entgegenschickten, kehrte es um und dampfte nach Sonderburg ab.

Damit war die letzte Hoffnung auf ein Entkommen für beide Kriegsschiffe geschwunden.

Die „Gefion" strich ihre Flagge, und eine halbe Stunde später auch der „Christian" die seine. Die Bedeutung dieses Signals war den Befehlshabern der Batterien, bei völliger Unkenntniß der maritimen Verhältnisse, nicht verständlich, und es dauerte daher noch eine Weile, bevor sie ihr Feuer einstellten. Demnächst ging Unteroffizier Preußer aus eigener Veranlassung an Bord des „Christian" und forderte den Befehlshaber auf, ihm an Land zu folgen.

Das Schiff brannte an zwei Stellen, und man war eifrig beschäftigt zu löschen. Kapitän Paludan stellte vor, daß er diese Maßregel und die Bergung der Verwundeten leiten müsse, allein Preußer bestand auf seiner Forderung und der Kommandeur fügte sich derselben.

Niemand wußte genau, wo das Feuer eigentlich ausgebrochen sei, man sah zwar den Rauch, aber keine Flammen. Preußer hielt es für unbedeutend, er gestattete selbst nicht, daß die auf dem Deck befindlichen Pulverfässer ins Wasser geworfen würden.

An Stelle Paludans hatte jetzt Kapitänlieutenant Krieger das Kommando übernommen. Wie die Dinge einmal lagen, konnte dieser nur wünschen, lieber das Schiff vernichtet, als eine solche Trophäe in Feindes Hand fallen zu sehen. Aus sehr verschiedenen Gründen wirkten daher Krieger und Preußer zusammen. Man war angelegentlich bemüht, die Mannschaft, zunächst die Verwundeten, an Land zu schaffen, dagegen wurden ernstliche Anstalten, um das Feuer zu ersticken, nicht gemacht, selbst die Pulverkammer nicht unter Wasser gesetzt. Beide tapferen Männer theilten bald dasselbe Schicksal, sie endeten mit dem stolzen Schiff. Bevor noch die Bergung der Mannschaft beendet, hatte der Brand die Pulverkammer erreicht, und um 7³/₄ Uhr flog der „Christian" mit noch 91 Mann in die Luft.

Die Verluste im Gefecht waren auf Deutscher Seite äußerst gering gewesen:

bei der 5. Festungs-Kompagnie . 2 Todte 4 Verwundete
vom Bataillon Reuß 1 3
vom Reserve-Bataillon Irminger 1 7

Summe 4 Todte 14 Verwundete,
unter den Todten leider der muthige Vertheidiger der Südbatterie.

Das rühmliche Verhalten der Holsteinschen Artillerie wurde der Armee bekannt gemacht. Hauptmann Jungmann wurde zum Major befördert, der Name des Unteroffiziers Preußer zum beständigen Andenken in den Ranglisten als Offizier aufgenommen und geführt. Unter den übrigen Unteroffizieren und Gemeinen fanden Beförderungen statt.

Sehr bedeutend waren namentlich durch die Schlußkatastrophe die Verluste der Dänen, nach ihrer eigenen Angabe

Todte . . . 105
Verwundete . 61
Gefangene . . 900
Summe 1066

Zwei Dampfer waren außer Gefecht gesetzt, das stolzeste Linienschiff der Marine vernichtet, eine schöne Fregatte die Beute des Feindes, und dies Alles bei einer bloßen Demonstration, die ihren Zweck verloren hatte, bevor sie begann.

Die Land-Armee unternahm an diesem Tage nichts.

Die Ereignisse auf dem Sundewitt bis zum 14. April.

Im Sundewitt standen die Vorposten von Rübel-Noor, vorwärts Atzbüll über Auenbüll bis zum Alsen-Sund, also in der Entfernung von einer Meile vor den Düppeler Höhen; in Nordschleswig waren von Hadersleben Abtheilungen nach Gjenner und Hoptrup vorgeschoben. Die Avantgarde der Holsteinschen Division unter Major v. Gersdorff war wieder in Apenrade eingerückt, die der ersten Division stand bei Gravenstein.

Unbedeutende Scharmützel waren durch Rekognoszirungen von Dänischer Seite bei Auenbüll und Atzbüll herbeigeführt, welche jedoch die Dänen aus ihrer passiven Haltung nicht herauslockten.

Von der Dänischen Marine kreuzten vor Ekensund eine Abtheilung Kanonenboote, vor Flensburg eine Flottille, bestehend aus einer Fregatte, einer Korvette, einem Dampfschiff und zwei Kanonenbooten.

Etwas von Bedeutung war nirgends unternommen.

Nach den vom General v. Prittwitz für den 6. April getroffenen Anordnungen sollten:

Die Holsteinische Division, welche zum Theil noch im nördlichen Sundewitt stand, sich nunmehr in den Ortschaften südlich Apenrade konzentriren:

die 2. Division die Dörfer an der nördlichen Sonderburger Straße belegen, und zwar

die Hannoversche Brigade vorwärts bis Baurup,

die Sächsische dahinter um Seegaard;

die 1. Division, mit der Avantgarde bei Gravenstein, verblieb auf der südlichen Sonderburger Straße mit dem Gros um Hockerup;

von der 3. Division konzentrirte sich die 2. Brigade um Flensburg, die 1. war im Marsch von Altona nach Schleswig.

Durch sie sollten verschiedene Detachirungen abgelöst und diese den Brigaden zugewiesen werden, je nachdem ihr Platz in der Ordre de Bataille war.

Die Absicht des Oberkommandos ging dahin, den Feind im Sundewitt allmählich zurückzudrängen, um mehr Quartiere zu gewinnen und die in dieser Jahreszeit verderblichen Biwaks zu vermeiden.

Gefecht bei Ulderup am 6. April.*

General v. Woneden versammelte um 6³/₄ Uhr bei Seegaard seine Brigade, welcher die Avantgarde unter Oberstlieutenant Thorbeck, 2 Bataillone, 1 Batterie und das Gros, 4 Bataillone, 3 Batterien, über Feldstedt nach Baurup folgten. Hier traf man den kommandirenden General v. Prittwitz, der darauf aufmerksam machte, daß ein größeres Gefecht heute nicht in seiner Absicht liege; er wünsche nur, den Feind aus Atzbüll zu verdrängen, dessen Nähe an Gravenstein sehr unbequem war. Das Gros mußte auf seinen Befehl in Baurup Halt machen.

Die abzulösenden Vorposten der Württemberger und Badener standen 1500 Schritt weiter vorwärts; die Avantgarde ging indeß über ihre Linie hinaus und traf diesseits Ulderup auf die feindlichen Vorposten, welche zurückwichen.

12 Uhr m. Das Dorf wurde besetzt, und um es zu behaupten, nahmen die beiden leichten Bataillone der Avantgarde Stellung gegen Satrup. Hier war der Sammelpunkt für die 1. Dänische Brigade, welche die Linie Blans—Atzbüll zu vertheidigen hatte. Blieb der Gegner in Ulderup, so konnte die Postirung in Atzbüll nicht länger behauptet werden.

Zwei Geschütze der Batterie Dincien fuhren auf, und die Dänen drangen von Satrup und Auenbüll her wieder vor.

General Woneden empfing den Angriff mit Schrapnelfeuer und zog

---

* Gefechtsfeld siehe Plan 3.

Die Ereignisse auf Sundewitt bis zum 14. April.

nun gegen seine Instruktion das Gros aus Baurup heran, welches nach und nach links von Ulderup aufmarschirte. Es entstand zunächst ein Artilleriegefecht; das 1. Bataillon des Leib-Regiments aber, welches rechts dirigirt worden war, setzte sich in Besitz des vom Gegner vertheidigten Dorfes Auenbüll. Diese Stellung wollte General Wonnecken behaupten, und wie er die Absicht des Kommandirenden aufgefaßt hatte, zweifelte er nicht, daß die 1. Division von Gravenstein her zu seiner Unterstützung vorgehen werde.

Inzwischen war die Dänische Brigade Krabbe durch das Garde-Bataillon verstärkt worden und ging nunmehr zum Angriff zwischen Satrup und Auenbüll vor.

3 Uhr a.

General Wonnecken meldete, daß er voraussichtlich seine so weit vorgeschobene Stellung nicht werde behaupten können, und zog die beiden abgelösten Bataillone Württemberger und Badener wieder nach Auenbüll und Satrup heran, um dort eine Aufnahmestellung für die Brigade zu nehmen.

Das Andringen der Dänen, besonders gegen den linken Flügel, nöthigte dann auch bald zum Rückzug. Der Generalstabsoffizier der Division, Hauptmann Cordemann, berichtete an General v. Hahn über den ungünstigen Verlauf des Gefechts und schloß mit den Worten: „Wir retiriren auf Seegaard, — wie weit, weiß ich nicht. Wir haben viel verloren."

Bei Eingang dieser Meldung erwiderte General v. Prittwitz: „Die Brigade bleibt unter allen Umständen bei Feldstedt halten. Wenn wieder Meldung zugeht, daß sie dort angelangt ist und Unterstützung durchaus noch bedarf, werde ich das Weitere bestimmen." Zugleich erhielt die Sächsische Brigade in Seegaard Befehl, sich vorwärts in Quars zu konzentriren, und die Bayerische, welche sich auf die Nachricht von einem Gefecht in Bewegung gesetzt hatte, Hockerup unter allen Umständen zu halten.

Die Dänen verfolgten indeß den Abmarsch der Brigade Wonnecken nicht; sie begnügten sich damit, ihre Stellung in Ulderup und Auenbüll wieder zu besetzen und stellten ihre Vorposten vorwärts der genommenen Dörfer aus. Ebenso nahm jetzt die Hannoversche Brigade, ohne Widerstand zu finden, die Linie ein, welche die Württemberger und Badener inne gehabt hatten.

Das Gefecht an diesem Tage kostete der Brigade Wonnecken:

    18 Todte, 126 Verwundete, 3 Vermißte: Summe 147 Mann,

darunter 1 Offizier todt und 11 verwundet.

Außerdem verloren:

    das Württembergische Bataillon 10 Mann,

    Badensche 43

im Ganzen kostete dies vom General v. Prittwitz nicht gewollte Engagement des Generals Wynecken:

12 Offiziere, 183 Mann.

Auch der Dänische Verlust war erheblich, derselbe bestand aus: 34 Todten, 152 Verwundeten, 21 Vermißten: Summe 207 Mann.

Irgend eine Veränderung in der Sachlage war mit diesen Opfern nicht bewirkt, aber die Dänen hatten den Zweck, sich ihrer Stellung zu behaupten, gegen überlegene Streitkräfte erreicht.

General v. Prittwitz, welcher über die Ereignisse des Tages an das Reichs-Kriegsministerium berichtete, schließt mit den Worten:

„Es ist meine Absicht, methodisch und langsam gegen Düppel vorzugehen und den Feind in den Brückenkopf zurückzudrängen. Dazu müssen aber noch Batterien in der Gegend von Elensund erbaut werden, um die Entfernung der lästigen Kanonenboote zu erzwingen."

7 April

In einem am 7. April auf Alsen abgehaltenen Dänischen Kriegsrath war man einstimmig der Ansicht, daß die Düppelstellung auch ferner zu behaupten sei, um festen Fuß auf dem Kontinent zu behalten. Allein der Kriegsminister theilte diese Ansicht nicht.

In seiner Proklamation an die Truppen sprach er aus, wie sich mehr und mehr bestätige, „daß fast alle Könige und Fürsten Deutschlands zahlreiche Truppen nach Holstein senden, um die aufrührerische Partei in ihrem Kampf gegen den rechtmäßigen König und Herrn des Herzogthums und gegen Gesetz und Recht zu unterstützen. In den täglichen Kämpfen gegen diese Uebermacht werden nur Kräfte vergeudet und unnütz Blut vergossen, ohne daß dadurch etwas zu erreichen sei."

Nachdem General Hansen in Begleitung des Königs in Person die Stellung genau besichtigt, erfolgte noch am selben Abend der Befehl, die Truppen ungesäumt aus dem Sundewitt nach Alsen zurückzuziehen, um dort den Moment zu erwarten, „wo die Verhältnisse den Kampf von Mann gegen Mann gestatten würden."

Diese Anordnung entsprach der wirklichen Sachlage vollkommen. Bei der Stimmung der außerdeutschen Kabinette kam es darauf an, den Kampf in die Länge zu ziehen, um Zeit für ihre wenn nicht militärische, so doch diplomatische Einwirkung zu gewinnen. Man durfte die Armee nicht der Vernichtung aussetzen, indem sie eine Entscheidungsschlacht mit dem Rücken gegen die Meerenge gepreßt annahm.

Dem General v. Krogh wurde der unglückliche Ausgang des Kampfes bei

Eckernförde zum Vorwurf gemacht, obgleich, wie die später angeordnete Untersuchung ergab, das ganze Unternehmen in die Hand des Eskadrechefs gelegt worden war, welcher völlig unabhängig seine Anordnungen getroffen hatte.

Das Oberkommando der Armee wurde dem General v. Krogh entzogen und dem General v. Bülow anvertraut, der sein Hauptquartier dem neuen Operationsplan entsprechend nach Middelfart verlegte.

Auch der Stabschef Laesföe wurde seines Amts entbunden und Oberstlieutenant Flensborg mit demselben betraut. Der erstgenannte sehr tüchtige Offizier erhielt auf besonderen Wunsch des Generals Aye das Kommando eines Bataillons bei dessen Brigade.

Auf Alsen sollte nur das bisherige Flankenkorps, nunmehr unter Oberst de Meza, verbleiben; das 4. und 10. Bataillon wurden den ihm unterstellten Brigaden Krabbe und Theftrup zugetheilt. Dagegen schifften die Brigaden Schleppegrell und Moltke, verstärkt durch das 1. und 2. Verstärkungsbataillon, sowie durch das 1. und 2. Reserve-Jäger-Bataillon nebst den Batterien Jessen und Marfuffen nach Fünen über und bezogen Kantonnements bei Odense und Bogense, bezw. bei Middelfart, bereit, sich nach Jütland einzuschiffen.

Sonach stand die Dänische Armee mit drei Brigaden auf Alsen, zwei Brigaden auf Fünen und einer Brigade in Jütland. Die Flotte unterhielt die Verbindung unter diesen drei Gruppen und gewahrte die Möglichkeit, jede derselben unbemerkt und in kürzester Frist zur Offensive zu verstärken.

Wie der Brückenkopf von Sonderburg die Flanke des feindlichen Vorgehens bedrohte, so mußte nun Fredericia von größter Wichtigkeit werden, um von Fünen aus dem Gegner bei etwaigem Eindringen in Jütland in der Front begegnen zu können. Es scheint jedoch, daß man nur geringes Vertrauen in die Haltbarkeit dieses Platzes setzte, denn auffallenderweise wurde dem erst jetzt dazu ernannten Komandanten, dem Ingenieuroberst Lunding, „anheim gegeben", entweder alles Nöthige zur Vertheidigung der Festung anzuordnen, oder aber sie ganz zu räumen. Dem General Aye wäre im letzteren Fall nur übrig geblieben, bei einem feindlichen Angriff in der Richtung auf die Halbinsel Helgenaes auszuweichen. Dort war die schmale Landzunge verschanzt worden, welche sie mit dem Kontinent verbindet.

Oberst Lunding entschied sich mit Recht für die Vertheidigung und traf mit großer Thätigkeit die erforderlichen Vorbereitungen. Er fand 60 Geschütze auf den Wällen, die auf 100 vermehrt werden sollten.

Die Besatzung bestand aus 3000 Mann Depottruppen; sie wurde verdoppelt und der Platz für 6000 Mann auf 14 Tage verproviantirt.

Die neue Vertheilung der Dänischen Landmacht wurde vollständig erst bis zum 18. April bewirkt, und schon zuvor hatte General v. Prittwitz beschlossen, sich in Besitz der Düppeler Höhen zu setzen. Von dort aus konnten alle Unternehmungen des Gegners auf Alsen in der Nähe überwacht, seinem Vorgehen begegnet werden, wenn eine starke, stets kampfbereite und wachsame Avantgarde die freilich im feindlichen Feuer liegende Stellung behauptete.

Um für den Vormarsch nach Norden volle Sicherheit zu gewinnen, hätte freilich der Brückenkopf von Sonderburg genommen werden müssen. Derselbe entbehrte zwar damals noch der Stärke, welche ihm später durch Ausführung von Fortifikationen gegeben wurde, allein es war keineswegs leicht, ihn zu erstürmen, und fast unmöglich, sich in ihm zu behaupten, da er sowohl von den Batterien auf Alsen wie von den Schiffen aus vollständig beherrscht war. Ueber die Meerenge hinweg auf die Insel selbst vorzudringen, war ein Wagniß, an welches unter den damaligen Umständen nicht gedacht werden konnte. Der Feldherr des Deutschen Bundes hatte alle Ursache, mit großer Vorsicht zu Werke zu gehen. Die Preußischen Truppen der 3. Division waren noch immer nicht herangekommen, und General v. Hirschfeld hatte mit all den Widerwärtigkeiten zu kämpfen, die aus den Mängeln der damaligen Organisation der Landwehr hervorgingen und die sich besonders zu einer Zeit fühlbar machten, wo demokratische Wühlereien alle Volksschichten durchdrangen. Eine sehr große Zahl von Fußkranken der nicht einmarschirten Landwehr-Bataillone verzögerte sein Vorrücken und machte stets neue Ruhetage nöthig.

Die kleinen Kontingente der 1. und 2. Division bildeten durchaus keinen fest gegliederten und eng geschlossenen Gefechtskörper. Sie hatten schon Proben von Unerschrockenheit und gutem Willen, aber auch ebenso von Unbehülflichkeit und Unerfahrenheit abgelegt; die natürlichen Folgen einer mangelhaften Ausbildung und Organisation, verschiedenartiger Reglements und Bewaffnung sowie mangelhafter Ausrüstung. So waren z. B. die Bayern in der Heimath überhaupt nicht erst mobil gemacht worden. Die Truppen waren nie in einen größeren Verband getreten, die Führer kannten sich untereinander nicht und einige derselben waren von ihren Regierungen noch mit besonderen, sie bindenden Instruktionen versehen. Welche Schwierigkeiten und Sorgen die Lenkung einer solchen Armee im Hauptquartier hervorrufen mußte, wo auch die militärischen Zwecke noch oft wechselnden politischen Weisungen untergeordnet waren, begreift sich ohne Erklärung.

Aussagen der Landleute und Meldungen der Patrouillen bestätigten eine Rückwärtsbewegung der Dänen.

Als vorläufige Maßregel wurden die Vortruppen der 1. Division bis Nübel, die der 2. bis Satrup vorgeschoben, um Fühlung an dem Feind zu erlangen, wobei ein ernsteres Engagement vermieden werden sollte und auch nicht stattfand. *9. April*

Das ganze Terrain vorwärts der Düppeler Höhen war vom Gegner geräumt.

Am 11. wurden die Vorposten bis Düppel Kirche und Rackebüll zwischen Wenningbund und Alsen-Sund, also bis dicht vor die feindlichen Verschanzungen vorgeschoben. Das Gros der beiden Divisionen kantonirte rückwärts bis Gravenstein und Blans, Hauptquartier in Rieding. Einzelne Patrouillen gelangten während der Nacht bis unmittelbar an die Schanzen auf der Höhe, fanden sie aber von Infanterie, anscheinend nicht stark, besetzt. *11. April.*

Strandbatterien waren bei Sandacker in der Flensburger Föhrde und bei Alnoor am Eingange des Nübel-Noor errichtet, um sich in der rechten Flanke gegen die Schiffe zu sichern.

Ein Antrag der Statthalterschaft um Verstärkung der Besatzung auf Fehmarn mußte einstweilen unberücksichtigt bleiben.

General v. Prittwitz, welcher die Stellung des Feindes auf den Düppeler Höhen selbst rekognoszirt hatte, beschloß den Angriff auf dieselben für den 13. April.

Zu dem Zweck sollten von der 1. kombinirten Division des Prinzen Eduard von Sachsen vier Bayerische Bataillone und die Artillerie der Bayerischen Brigade auf der südlichen Sonderburger Straße so vorgehen, daß sie mit Tagesanbruch auf der Düppeler Höhe einträfen. Stieße diese Abtheilung dort auf überlegene Kräfte des Feindes, so sollte sie auf die Stellung der stehen bleibenden Avantgarde bei Nübel zurückgehen, welche unter allen Umständen behauptet werden müsse. Gelänge es hingegen, die Schanzen zu nehmen, so habe man sich dort sofort einzunisten und demnächst zu verschanzen. — In diesem Fall sollten dann auch vier Sächsische Bataillone der Avantgarde der 2. Division des Generals Heintze von Rackebüll auf der nördlichen Straße über Surlücke vorgehen, begleitet von der Artillerie der Sächsischen Brigade und deren Pionierabtheilung. Das Hannoversche Bataillon in Schnabek sollte unter Gewehr treten, alle übrigen Truppen zwar in ihren Kantonnements verbleiben, aber sich zur Unterstützung bereit halten.

In Betreff der Artillerie war in der Disposition für den Prinzen

Eduard ausdrücklich gesagt, daß sie nur den Zweck habe, „für den Fall der Festsetzung auf den Düppeler Bergen verwendet zu werden. Sie folgt daher den Bataillonen in angemessener Entfernung."

In der Disposition für den General Heintze heißt es, „es handele sich darum, auf den Bergen festen Fuß zu fassen, zu welchem letzteren Zweck auch lediglich die beigegebene Artillerie und die Pioniere bestimmt sind."

Das Unternehmen konnte nur durch einen raschen Anlauf der Infanterie gelingen, ein Geschützkampf gegen die feindlichen Schanzen und Schiffe aber keinen Erfolg haben.

Scharmützel um die Düppeler Höhen am 13. April 1½ Uhr v.*)

General v. Prittwitz hatte sich von Nübbing nach Wester-Düppel verfügt, wo er 1½ Uhr früh anlangte und das Bataillon Altenburg mit der Kurhessischen Batterie in Bereitschaft stehend vorfand.

Es war eine für die Jahreszeit ungewöhnlich milde Nacht, und die schon beginnende Dämmerung gestattete, von der Vorpostenkette aus die Umrisse der Düppeler Höhen zu erkennen. Tiefe Stille herrschte; nur von den Schanzen her ertönte ein schwaches Geräusch, als ob dort Pfähle eingeschlagen würden.

Die zum Angriff bestimmten Bayerischen Bataillone hatten infolge einer am Abend zuvor stattgehabten Alarmirung die Nacht an der Nübel-Mühle zugebracht, statt nach den entfernten Kantonnirungen zurückzukehren.

Sie rückten um 1½ Uhr von dort ab. Das 2. Jäger- und das 1. Bataillon 8. Regiments gingen auf und rechts der Straße vor, in der Absicht, die Schanzen rechts zu umgehen und im Rücken anzugreifen, während das 1. Bataillon 7. Regiments die Front beschäftigte und das 2. Bataillon 4. Regiments als Reserve folgte.

4 Uhr v.

Die Artillerie machte bei Wielbei Halt. Die Infanterie erreichte um 4 Uhr die Höhe und fand die Schanzen unbesetzt. Ihre Spitze rückte bis an die Gabelung der Wege von Gravenstein und von Rackebüll nach Sonderburg weiter und stieß erst dort auf schwache feindliche Postirungen, welche sich bald nach dem Brückenkopf zurückzogen.

Schon diese in der Disposition des Prinzen Eduard vorgeschriebene Bewegung über die Schanzen hinaus entsprach nicht ganz den vom Oberkommando ertheilten Anweisungen.

Um diese Zeit hatte das Sächsische Schützen-Bataillon Surlocke erreicht. Es fand alle nach Sonderburg führenden Wege durch Barrikaden gesperrt, welche indeß die Pioniere des Majors Dechen rasch und geräuschlos entfernten. Erst jenseits des Dorfes erhielt man von Alsen her ein wirkungs-

---

*) Gefechtsfeld siehe Plan 3

loses Feuer von den nunmehr aufmerksam gewordenen Batterien des Feindes. Das Schützen-Bataillon trat am Knotenpunkt der beiden Straßen in Verbindung mit den Bayern, welche die Knicks bereits besetzt hatten. Dahinter stand das 3. Bataillon des Sächsischen Regiments Georg in Bereitschaft. Die zweiten Treffen rückten nach. Die Aufgabe des Tages war gelöst.

5 Uhr v.

Aber über dieselbe hinaus hatte inzwischen das Bayerische Jäger-Bataillon, unterstützt von einem zweiten Bataillon, die feindlichen Vorposten bis in die Nähe des Brückenkopfes verfolgt. Dort nun traf es auf das hinter Erdwällen liegende Dänische 3. Jäger-Bataillon, während zugleich die Batterien von Sonderburg und die Kanonenboote im Wenningbund ein bei der noch andauernden Dämmerung vorerst wirkungsloses Feuer eröffneten.

Nicht minder waren, ebenfalls gegen den Befehl, die beiden Sächsischen Batterien unter Bedeckung einer Kompagnie nach einem Gehöft vorgegangen, welches etwa 600 Schritt südlich Stangaard liegt, und hatten sich in eine Kanonade gegen die feindlichen Strandbatterien eingelassen, bei welcher sie begreiflich sehr in Nachtheil geriethen.

5½ Uhr v.

General v. Prittwitz war nach den Schanzen vorgeritten, hatte sich sogleich überzeugt, daß der östliche, der Insel Alsen zugewendete Abfall der Höhen keinenfalls zu behaupten war. Als ohnehin der Kommandeur der Sächsischen Artillerie seine üble Lage meldete, befahl der General sofort deren Rückkehr. Da nun auch die Bayern vom Brückenkopf nach ihrer Stellung auf der Höhe zurückgingen, trat die Sächsische Artillerie die Bewegung in der Richtung auf Sutlücke an. Dabei aber ward ein 12 Pfünder durch Scheuwerden der Pferde um, zwei andere blieben im Sumpfboden stecken, desgleichen ein beschädigter Munitionswagen der 6pfündigen Batterie. — Unterdeß waren auf beiden Straßen die zweiten Treffen nach der Düppeler Höhe bezw. nach Sutlücke herangelangt, und da Dänische Infanterie dem Rückzuge der Sächsischen Artillerie folgte, so ließ General v. Prittwitz nunmehr auch die beiden Bayerischen Batterien auf etwa 400 Schritt vorgehen. Ihr Aufmarsch verzögerte sich aber so ungemein und selbst die schon abgeprotzten Geschütze brauchten so lange Zeit, um schußfertig zu werden, daß sie sich plötzlich im Bereich des feindlichen Tirailleurfeuers sahen und, ohne einen Schuß abgegeben zu haben, wieder aufprotzten und abfuhren.

6 Uhr v.

Auf die Nachricht, daß der Feind ein Geschütz habe stehen lassen, hatte General v. Bülow dem 10. Bataillon befohlen, dasselbe abzuholen, und ließ, um diese Aufgabe zu erleichtern, zwei andere Bataillone gegen die Düppeler Höhe demonstriren.

Es entspann sich nun ein mehr als zweistündiges Schützengefecht in der Gegend des oben bezeichneten Gehöfts südlich Staugaard. Die Sachsen wurden mehrmals aus demselben verdrängt, nahmen es aber jedesmal mit dem Bajonett wieder; allein sie ergriffen trotz numerischer Ueberlegenheit nirgends eine Offensive, durch welche die Geschütze hätten gerettet werden können.

Allerdings lag das Terrain, auf welchem sie standen, im sich kreuzenden Feuer der Dänischen Batterien und Schiffe; diese mußten aber schweigen, sobald es zum Nahkampf um die Trophäen kam. Auch kann der Platz nicht einmal unter wirksamem Tirailleurfeuer gehalten worden sein, denn die Dänen fuhren, ohne daß man es bemerkte, zunächst das eine Geschütz mit Hülfe einer *8½ Uhr v.* herangebrachten Protze ab und entdeckten dabei auch die anderen sieben gebliebenen Fahrzeuge, welche eine Terrainfalte ihnen bisher verborgen hatte. Mit derselben Protze wurde sodann das zweite Geschütz nach dem Brückenkopf geschafft, und die Wegführung des dritten unterblieb nur auf bestimmten Befehl des Generals v. Bülow an den Oberstlieutenant Räder, sein Bataillon keinen weiteren Verlusten auszusetzen. Da der durch die Schiffsartillerie unterstützte Scheinangriff auf die Düppeler Höhen jetzt nicht mehr nöthig war, so erhielten auch die beiden Bataillone Befehl, nach dem Brückenkopf zurückzukehren. Obwohl die Kurhessische Brigade zur Unterstützung vorgegangen, auch ein Bataillon derselben in erster Linie herangezogen war, erfolgte hier keine Offensive, welche den linken Flügel entlastet hätte, nach Bayerischem Bericht wegen Ungeübtheit der Truppen im zerstreuten Gefecht in dem sehr durchschnittenen Terrain.

9 Uhr v. Erst um 9 Uhr lief die Meldung ein, daß überhaupt Geschütze verloren worden seien: „die fraglichen Geschütze befanden sich zwar außerhalb der diesseitigen Tirailleurlinie, aber noch innerhalb des Feuerbereichs und würden bei der ersten günstigen Gelegenheit zurückgeholt werden."

Wir wissen aber, daß um diese Zeit schon zwei derselben durch die Dänen abgeholt waren.

Der Kommandirende befahl nun sofort die Verschanzung der gewonnenen Stellung, was auch noch im Laufe des Gefechts durch die Sächsischen Pioniere in Angriff genommen wurde. Die Werke sollten von der Brigade Spangenberg besetzt, alles Uebrige in die Kantonnements zurückgezogen werden. Indeß ließ sich das Gefecht so bald nicht abbrechen.

Oberstlieutenant Räder war der ihm gewordenen Weisung nicht gleich gefolgt, da er noch seine Verwundeten in Sicherheit zu bringen hatte. Die beiden anderen Dänischen Bataillone machten daher an dem Straßenknoten

Halt, wo sie durch das Kreuzfeuer ihrer Schanzen und Schiffe geschützt waren. Es entstand ein längeres resultatloses Geplänkel; auf dem rechten Flügel wurde die Düppel Mühle in Brand geschossen, auf dem linken das Gehöft, welches jedoch schließlich im Besitz der Sachsen blieb.

General v. Prittwitz ließ, um der Sache ein Ende zu machen, Sturmmarsch schlagen. Beim Vorrücken der Kurhessischen und Bayerischen Tirailleure räumten nun die Dänen das Feld, aber das Schießen von Knick zu Knick dauerte fort, und die Schiffsartillerie bestrich das frei gewordene Feld. Als um Mittag die vor dem Brückenkopf aufgestellten Dänischen Vorposten abgelöst wurden, verdoppelten die Sachsen ihr Feuer im stehenden Gefecht, und da die Truppen, seit dem frühen Morgen in Thätigkeit, ziemlich erschöpft schienen, so zog General v. Prittwitz auch noch Verstärkungen aus den rückwärtigen Kantonnements heran. Sämmtliche 7 Sächsischen, 6 Bayerischen und 4 Bataillone der kombinirten Brigade v. Spangenberg, auf oder nahe dem Gefechtsfelde versammelt, gewährten genügende Sicherheit, falls die Dänen die Wiedereroberung der Höhen noch versuchen sollten.

10 Uhr v

12 Uhr m

Dies lag indeß nicht in der Absicht des Gegners, und um 3 Uhr erlosch endlich das Gefecht nach und nach.

3 Uhr a

General v. Prittwitz hatte die Generale Prinz Eduard, v. Schmalz und v. Heintze zu einer mündlichen Besprechung berufen. Zunächst verbot er jetzt, jede unnöthige Erneuerung des Kampfes durch Wiedervorsenden von Tirailleuren hervorzurufen. Als jedoch General v. Heintze sich die Ermächtigung erbat, den Feind anzugreifen, um seine Geschütze zurückzubringen, erklärte der Kommandirende sich völlig einverstanden und bemerkte nur, daß es dafür zweckmäßig sein würde, erst die Dämmerung abzuwarten, um das Geschützfeuer von Alsen zu vermeiden. Die Fahrzeuge standen, gleichsam auf streitigem Terrain, zwischen den gegenseitigen Vorpostenlinien. Möchte nun angenommen werden, daß die Bergung derselben den Kurhessischen Truppen obliege, welche nach Beendigung des Gefechts die Avantgarde übernahmen, Thatsache ist, daß auch während der Nacht nichts zu ihrer Rettung geschah. In der folgenden Nacht stieß ein von den Sächsischen Vorposten unternommener Versuch auf den Widerstand der Dänischen Vortruppen und wurde sehr bald aufgegeben.

Unter diesen Umständen sah sich der Oberbefehlshaber am 15. April bei seiner Anwesenheit auf den Düppeler Höhen zu dem nachstehenden Befehl veranlaßt:

„General v. Spangenberg wird heute bei Eintritt der Abenddämmerung das abgebrannte Gehöft von den Sächsischen Schützen besetzen lassen. Die

Sächsischen Truppen schaffen jene Geschütze diese Nacht aus dem Sumpf. Morgen früh 3 Uhr müssen dieselben in Rackebüll sein."

Dieser allerdings nicht mißzudeutende Befehl hatte zur Folge, daß bereits vor Mitternacht das eine noch übrige Geschütz und der Munitionswagen ohne Gefecht oder sonstige Fährlichkeiten in Sicherheit gebracht waren. Zu bemerken bleibt jedoch, daß noch am 20. April verschiedene Requisiten, unter anderen eine Protze, abgeholt wurden.

Bei der Art, wie das Gefecht gegen die Weisungen des Oberkommandos geführt worden war, kostete die Wegnahme einer vom Feinde gar nicht vertheidigten Stellung den Reichstruppen, außer zwei Geschützen, einen Verlust, welcher mehr als doppelt so groß war wie der des Gegners, der überhaupt nur 3 Bataillone ins Gefecht geführt hatte. Vornehmlich entstanden diese Einbußen durch die Wirkung des schweren Geschützes der Dänen, welches von den Schanzen wie von den Schiffen das ganze Gefechtsfeld beherrschte, dann aber auch dadurch, daß die geschlossenen Abtheilungen weit über Bedarf in dichte Schützenschwärme aufgelöst und verwendet wurden.

Die Mannschaften waren junggedient, zum Theil bloße Rekruten und völlig kriegsunerfahren.

Selbst die Reserven fanden keine Stelle, welche gegen das heftige Feuer des Feindes völlig geschützt gewesen wäre, und die gewaltigen Projektile der schweren Dänischen Geschütze imponirten den jungen Soldaten. — Es kam vor, daß die Bedienungsmannschaft einer im Rückhalt stehenden Batterie sich zu besserem Schutz unter die Laffeten begeben hatte. Im Gefecht aber bewies der gemeine Mann Muth, Ausdauer und guten Willen. Ueberall gingen die Offiziere mit gutem Beispiel voran. Die verhältnißmäßig große Zahl von Verwundeten und Todten giebt hiervon den besten Beweis. General v. Heintze wurde stets da gesehen, wo es am heißesten herging, oder wo es darauf ankam, die Truppen anzufeuern. Einen sehr guten Eindruck machte das Erscheinen des jungen Prinzen Albert von Sachsen vor den Sächsischen Truppen in einem Augenblick, wo diese im heftigen Feuer standen. Seine ruhige Besonnenheit und sein anspruchsloses Wesen erwarben ihm schon damals die Liebe und Achtung Aller und verkündeten im voraus die Eigenschaften, welche ihn später als Feldherrn auszeichneten. —

Die Uebersicht der Verluste siehe Anlage 9.

Die beiderseitigen Vorposten blieben nach Beendigung des Gefechts ungefähr auf der Linie stehen, welche zuletzt die Tirailleure inne gehabt hatten, mithin einander sehr nahe gegenüber. Auf Deutscher Seite waren sie $3^1/_2$ Ba taillone stark, unter Befehl des Oberst Diederich; 3 Bataillone mit 6 Geschützen unter General v. Spangenberg standen als Reserve dicht dahinter. Die übrigen Truppen kehrten in ihre Kantonnements zurück.

Der Kommandirende meldete noch am Abend des Tags aus Rieding an das Reichs-Kriegsministerium, daß er beabsichtige, durch Verschanzungen auf den Düppeler Höhen den Brückenkopf von Sonderburg völlig zu paralysiren und nunmehr zwei Brigaden zur Unterstützung des Generals v. Bonin nach Apenrade abzusenden. Er bemerkt dabei, daß die Truppen sich brav geschlagen, aber mehr oder minder Mangel an Routine gezeigt hätten. In einem späteren vertraulichen Schreiben verschweigt er nicht die außerordentlich mangelhafte Leitung der ihm unterstellten höheren Führer, denen bei aller persönlichen Bravour im Gefecht die Truppen völlig aus der Hand kämen.

Im Sundewitt trafen nunmehr bei ihren Brigaden ein: 14. April.

    das Kurhessische Husaren-Regiment,
    das Bayerische Chevauxlegers Regiment,
    das Hannoversche Dragoner-Regiment,
    die Jäger-Abtheilung Lippe Schaumburg,
    eine Preußische Pionierabtheilung.

Auf beiden Seiten des Sundes wurde geschanzt. Die Dänen führten eine Anzahl schweren Geschützes herbei, und General v. Prittwitz verlangte vom Reichs-Kriegsministerium zu ihrer Bekämpfung 12 25pfündige Haubitzen, 20 kurze 24Pfünder und 30 7pfündige Mörser mit 300 Schuß oder Wurf und 400 Artilleristen zur Bedienung.

An den General v. Bonin schrieb er:

„Nach Aussage der Gefangenen, denen Glauben zu schenken sein möchte, sollten sich bei Sonderburg gegenwärtig nur 4 bis 5 Bataillone, 1 Batterie, 100 Mann Kavallerie befinden, während alle übrigen Truppen vor fünf Tagen nach Jütland übergeschifft wären. Ew. Hochwohlgeboren dürften sich daher bald bedeutenderen feindlichen Kräften gegenüber befinden, worauf ich Sie ergebenst aufmerksam mache."

Die Trophäen von Eckernförde.

Der Herzog von Koburg berichtete über den Fortgang der Arbeiten bei Eckernförde und auf der „Gefion". Auf Anordnung des Reichs-Kriegs-ministeriums sollte dieselbe, als Blockschiff nur auf einer Seite armirt, zur Vertheidigung des Hafens dienen. Der Rest der Geschütze wurde dem General

v. Prittwitz zur Verfügung gestellt, welcher sie im Sundewitt zu verwenden gedachte. Das Schiff sollte den Namen „Eckernförde" erhalten, die große Flagge Seiner Kaiserlichen Hoheit dem Reichsverweser übersandt und als Nationaltrophäe des neu gestalteten Deutschlands am Sitz der Centralgewalt aufbewahrt werden. Der Kommandirende hatte gebeten, diese Flagge der Statthalterschaft der Herzogthümer übergeben zu dürfen, da offenbar die beiden Holsteinschen Batterien das Wesentlichste zu ihrer Eroberung geleistet hatten.

Bezeichnend ist die „vertrauliche" Erwiderung hierauf, in welcher es heißt, „daß der Uebergabe der Flagge an die Statthalterschaft der Beziehungen wegen, in welchen die Herzogthümer zur Krone Dänemark zu stehen nicht aufgehört haben und auch wohl nicht aufhören würden, um so weniger räthlich scheine, als bei künftiger Herstellung des Friedens in der Aufbewahrung einer solchen Trophäe immer etwas Verletzendes liegen würde."

Auch die bei der Explosion des „Christian VIII." verloren gegangene, aber später bei dessen Wrack wieder aufgefundene Flagge wanderte nach Frankfurt.

Das Ueberschreiten der Dänischen Grenze und die Gefechte in Jütland vom 15. April bis 3. Mai.

Die Statthalterschaft wünschte dringend, den heimischen Boden von den Dänen befreit zu sehen, und zweifelte nicht an dem Nachrücken der übrigen Bundestruppen, wenn nur erst die Holsteinschen die Grenze überschritten hätten. Diese waren sich ihrer Tüchtigkeit bewußt geworden und brannten vor Begier, zur Thätigkeit zu gelangen.

General v. Bonin war schon, gegen die Absicht des Kommandirenden, mit seiner Division allmählich der Jütischen Grenze näher gerückt. Als von jenem die Weisung einging, bei Apenrade Halt zu machen, war das Stabsquartier nach Hadersleben verlegt, und die Avantgarde, unter Oberstlieutenant v. Zastrow, rekognoszirte bereits gegen Kolding. Die Dänischen Kavalleriepatrouillen zogen sich auf diesen Ort zurück, den man durch Infanterie besetzt fand. Westlicher, in der Gegend von Oster-Vamdrup, stieß man auf keinen Feind, und die Vorposten blieben bei Vonsild, der Grenze eine Viertelmeile nahe, stehen.

15. April. Am 15. rückte der Stab und die 2. Brigade der 3. Division bis Apenrade nach. Die 1. Brigade stand noch um Flensburg, wurde aber nunmehr westlich auf Tondern dirigirt, um in gleicher Höhe mit der 2. sowohl feindlichen Unternehmungen an der Nordseeküste zu begegnen, wie auch die linke Flanke der Holsteiner zu decken.

General v. Bonin wünschte ein weiteres Vorrücken dieser Division. Er schrieb unter dem 15. dem General v. Prittwitz: „Der bedeutende Schiffsverkehr zwischen Alsen und Jütland scheint zu bestätigen, daß der Feind seine Taktik vom vorigen Jahre wieder aufnimmt und mit bedeutender Stärke in Jütland auftreten wird. — Zur Deckung von Nordschleswig habe ich die Truppen in und diesseits Christiansfeld in enge Kantonnirung verlegt und Hadersleben nur mit einem Bataillon besetzt. — Ich stelle Euer Excellenz gehorsamst anheim, mir eine starke Reserve nachrücken zu lassen, damit ich überlegenen Angriffen nicht nur Widerstand leisten, sondern auch zu erringende Vortheile kräftig verfolgen kann. Hadersleben und Gegend werden zur Unterbringung dieser Reserven diesseits geräumt werden. Auch erscheint zur Deckung meiner linken Flanke eine Verstärkung an Kavallerie gegen die überlegene feindliche erforderlich."

General v. Hirschfeld meldete unter dem 16., daß General v. Bonin in mündlicher Besprechung die Nothwendigkeit hervorgehoben habe, in Jütland einzurücken, um den Streifereien des Feindes auf Schleswigschem Gebiet ein Ende zu machen, wo derselbe allerlei Ungehörigkeiten verübe. Dies sei aber nur angänglich, wenn die 3. Division mindestens bis Hadersleben vorrücke. Der General bat um Verhaltungsbefehle hierüber.

16. April.

Nicht minder berichtete unter dem 18. April General v. Bonin über die stattgehabten Rekognoszirungsgefechte, welche durch das Vorgehen von zwei Dänischen Bataillonen von Kolding aus gegen Christiansfeld und durch Dänische Kavallerie von Ödis aus auf Tapsure herbeigeführt waren.

Nach allen eingegangenen Meldungen stehe der Feind hinter der Kolding-Aa, mit einer Vorpostenkette an den Abhängen südlich des Baches, in der Stadt mit drei Bataillonen, drei Kanonenboote in der Bucht nahe derselben. Beinahe die ganze Kavallerie scheine westlich um Binf versammelt zu sein, man habe das 4., 5., 6. Dragoner Regiment und die Husaren angetroffen. An Infanterie habe der Gegner das 1. Jäger-, das 6. und 12. und ein Reservebataillon ohne Nummer gezeigt. Von den früher auf Alsen verwendeten Truppen habe man noch nichts gesehen. Ob der Feind seine Hauptmacht wirklich nach Jütland überschifft habe, erscheine dem General sonach noch zweifelhaft.

Am 18. April traf Major du Hall mit wichtigen Depeschen aus Frankfurt ein, welche auf die Entschließungen des kommandirenden Generals bedeutenden Einfluß haben mußten.

18. April.

Weit entfernt, daß die Vorschläge, welche General v. Prittwitz wegen

Einrückens in Jütland gemacht, bei der Centralgewalt auf Schwierigkeiten gestoßen wären, wurde er vielmehr von dort ausdrücklich dazu aufgefordert.

Das Schreiben des Reichs-Kriegsministers vom 14. April lautete:

„Die von Ew. Excellenz in dem Bericht vom 8. d. Mts., welcher heute hier eingegangen ist, entwickelten Ansichten sind sofort der Gegenstand ernster Erwägungen geworden. Auf Grund eines vom gesammten Reichsministerium gefaßten, von Seiner Kaiserlichen Hoheit dem Erzherzog-Reichsverweser genehmigten Beschlusses werden Ew. Excellenz namens der provisorischen Centralgewalt Deutschlands durch das unterzeichnete Reichs-Kriegsministerium hiermit veranlaßt, Ihre Operationen, soweit es die Ihnen zur Verfügung stehenden Streitkräfte, die Sicherung der Herzogthümer und die militärischen Verbindungen gestatten, möglichst bald auf die Okkupation eines diesen Bedingungen entsprechenden Theils von Jütland auszudehnen, da nur auf diesem Wege ein baldiger ehrenvoller Friede zu erzwingen ist und angemessene Kompensationsmittel für die dem Deutschen Handel geschlagenen Wunden erlangt werden können."

In letzterer Beziehung wurde der General ermächtigt, namentlich in den wohlhabenderen Landstrichen Kontributionen auszuschreiben, unter Angabe des alleinigen Zweckes, wie es in einer ihm übersandten Proklamation an die Einwohner näher ausgesprochen ist.

Das Ministerium weist endlich noch darauf hin, daß 60 000 Mann, welche dem General zur Verfügung stehen, für das beabsichtigte Unternehmen vollkommen ausreichen dürften, hofft, daß so das Deutsche Heer aus der gegenwärtigen peinlichen Lage einer defensiven Stellung in eine Achtung gebietende versetzt werden wird, erklärt sich bereit, alle Unterstützungen zu vermitteln, welche noch als nöthig bezeichnet werden möchten, und fügt hinzu, „daß der Erfolg der ganzen Maßregel sehr wesentlich von der Schnelligkeit abhängig sei, mit welcher sie ausgeführt wird."

In einem beigefügten Privatschreiben sagt General v. Peucker ferner:

„Mit Freude habe ich Ihre Ansichten in Bezug auf Jütland heute entgegengenommen und denselben, wie Sie sehen, mit Energie und möglichster Schnelligkeit Geltung verschafft. Mein stiller Plan ging schon längst eben dahin, wie Sie aus der Stärke der Ihnen überwiesenen Truppen entnehmen werden, weil Letztere sonst nicht zu rechtfertigen sein würde. Wir haben aus zuverlässiger Quelle die Nachricht, daß Rußland den Frieden durchaus hergestellt wissen will, — es ist jetzt hinreichend im Orient engagirt. Auch Schweden hat nicht Lust, sich gegen uns zu betheiligen. — Durch die unbedingte Anerkennung der Englischen Vermittelungsvorschläge und Vermeidung jeder Verletzung des Waffenstillstandes haben wir alle Kabinette für uns günstig gestimmt und würden jetzt unsere ganze politische Grundlage in Europa verlieren, wenn wir nicht den Muth hätten, unseren Feind für seine unverschämten Angriffe so zu züchtigen, wie wir es zu thun im Stande sind. Man wird hoffentlich auch in Berlin zur Erkenntniß kommen, daß nur in der möglichsten Kraftentwickelung eine Bürgschaft für baldigen ehrenvollen Frieden liegt."

Von der festen Hand des Generals v. Prittwitz erhoffte General v. Peucker die Erlösung aus einer unglücklichen Lage, in welche „die Verirrungen der Zeit und die Schwankungen energieloser Charaktere" geführt hätten.

General v. Prittwitz antwortete sogleich:

„Der geehrte Erlaß des Reichs-Kriegsministeriums vom 14. d. Mts. hat mich mit großer Freude erfüllt. Ich werde mich bemühen, der gestellten Aufgabe so schleunig wie möglich nachzukommen, doch glaube ich die nöthige Vorsicht nicht aus den Augen setzen zu dürfen."

Es wird dann hervorgehoben, daß die Dänen immer noch die Absicht zu hegen scheinen, von Alsen aus offensiv vorzugehen, daß daher die Verschanzungen auf den Düppeler Höhen, die ohne Blockhäuser nicht zu behaupten sind, vollendet und mit schwerem Geschütz bewaffnet werden müssen. Wenn in einigen Tagen dies bewirkt sei, solle eine Division im Sundewitt stehen bleiben, bis das zweite Aufgebot unter Generallieutenant Bauer einträfe und sie ablöse.

Mit den beiden anderen und der Holsteinischen Division, welche jetzt zunächst dem Feinde stehe, werde gleichzeitig die Bewegung gegen Jütland begonnen werden.

General v. Prittwitz hatte den Major du Hall verpflichtet, den Gegenstand seiner Sendung aufs Strengste geheim zu halten, „um den thatendürstigen und übereifrigen Gemüthern die Gelegenheit zu entziehen, in der Depesche des Reichsministers den Vorwand zu übereilten Handlungen zu finden oder zu suchen."

Ohne Zweifel hatte aber die Statthalterschaft durch ihre Bevollmächtigten in Frankfurt ebenfalls Kunde erhalten von den Absichten, die man dort hegte.

Dem General v. Hirschfeld antwortete der Kommandirende auf seine schon erwähnte Mittheilung noch am heutigen Tage, wie das Oberkommando das Einrücken in Jütland seiner Zeit nach Maßgabe der Umstände selbst anzuordnen nicht verfehlen werde, ingleichen das Vorrücken der Preußischen Division.

An den General v. Bonin aber ging sogleich das nachstehende Schreiben ab:

„Kieding, den 18. April 1849.

Ew. Hochwohlgeboren Eingabe vom 15. d. Mts., auf welche ich mir den Beschluß vorbehalte, sowie der Bericht vom heutigen Tage, sind mir richtig zugegangen.

In Bezug auf Letzteren ersuche ich Dieselben nicht allein ergebenst, sondern füge noch die bestimmte Weisung hinzu, sich mit dem Feinde durchaus in kein ernstes Gefecht einzulassen, vielmehr überlegenen feindlichen Kräften rechtzeitig auszuweichen, selbst bis Hadersleben, wenn es sein müßte, dort aber alsbald Halt zu machen.

Sie dürfen sich überzeugt halten, daß mich wohlerwogene Gründe zu diesem Befehl veranlassen, worüber ich mir eine spätere Mittheilung vorbehalte.

Der Oberbefehlshaber.

(gez.) v. Prittwitz."

Durch diese Verfügung wurden somit dem General v. Bonin bestimmte Schranken für seine nächsten Operationen gesteckt. Sie wurden dennoch überschritten.

Der General glaubte wenigstens bis an die Grenze vorrücken zu sollen, d. h. freilich bis unmittelbar an die feindliche Stellung.

Einnahme von Kolding am 19. April. Am 19. konzentrirte er seine Division um Christiansfeld und verlegte sein eigenes Hauptquartier nach diesem Ort. Er mochte erwarten, daß die Dänen bei dieser Annäherung ohne Gefecht zurückgehen würden, und wirklich lauteten die Instruktionen des Generals Rye an die Besatzung von Kolding in diesem Sinne.

Dort stand nur eine Kompagnie des 1. Dänischen Jäger-Bataillons mit 4 Espignolen. Allerdings war die Stadt zur Vertheidigung eingerichtet, das Süder-Thor mit Pallisadirungen versehen, in den nächsten Häusern hatte man Schießscharten angebracht, und eine Brustwehr verstärkte die Front nach dem Fluß zu. Die Brücke war zwar nicht abgebrochen, dagegen hatte man Barrikaden in den Straßen vorbereitet.

Allein die schwache Besatzung war bestimmt angewiesen, zurückzugehen, sobald der Feind die ernsthafte Absicht zeige, sie anzugreifen. Keinenfalls dürfe man sich auf einen Straßenkampf einlassen.

Die Holsteinische Avantgarde unter Oberstlieutenant v. Zastrow, 4 Bataillone, 2 Eskadrons und 1 Batterie, sollte in Bonsild und Dalby während der Nacht stehen bleiben und einen etwaigen Angriff erwarten. Den Truppen war bei der Parole befohlen, sich zwar bereitzuhalten, jedoch nicht ohne besonderen Befehl auszurücken. Um 5 Uhr früh überbrachte aber der Chef des Generalstabes, Hauptmann Delius, dem Oberstlieutenant v. Zastrow den mündlichen Befehl, „den Feind anzugreifen, ihn nach Kolding hineinzuwerfen, und die südliche Vorstadt bis zur Brücke in Besitz zu nehmen."

Auf die alsbald gestellte Frage, ob das Ueberschreiten der Aa und die Besetzung der Stadt unbedingt ausgeschlossen sei, erfolgte die Antwort, daß dies auf die Verantwortung des Oberstlieutenants v. Zastrow selbst geschehen werde. Da nun Wegnahme und Behauptung der Vorstadt geradezu unmöglich war, wenn man sich nicht der Stadt selbst bemächtigte, so faßte der Oberstlieutenant den Entschluß, Kolding zu nehmen und seine Vorposten jenseits gegen Veile und Fredericia vorzuschieben.

Er ertheilte eine einfache Disposition, nach welcher ein stehendes Feuergefecht möglichst vermieden und das Bajonett energisch gebraucht werden sollte.

Das 2. Jäger-Bataillon rückte sogleich zu einem umfassenden Angriff vor, nahm im raschen Anlauf die Höhen diesseits der Aa, den Kirchhof und das Gehöft Bellevue.*) Erst in der Vorstadt leisteten die Dänen Widerstand, die Häuser mußten einzeln gesäubert werden und, nachdem dies bewirkt, ein lebhaftes Feuer aus den der Brücke zunächst gelegenen Baulichkeiten vom diesseitigen Ufer bekämpft werden.

Als indeß Oberstlieutenant v. Zastrow seine Batterie vorzog, welche er bisher, um die Stadt zu schonen, nicht hatte gebrauchen wollen, räumte der Feind den Ort. Vergeblich suchte er sich auf den jenseitigen Waldhöhen festzusetzen. Die Eskadron v. Wasmer verfolgte ihn auf der Straße nach Veile bis Bramdrup, wo sie Artilleriefeuer erhielt. Dorthin hatte die Brigade Rye, welche während des Gefechts im Thal von Alminde hielt, das 4. Reservebataillon mit acht Geschützen zur Aufnahme vorgeschickt. In der Richtung auf Fredericia hingegen konnte die Kavallerie des kupirten Terrains wegen nicht weit vordringen. Major v. Gersdorff stellte nunmehr seine Vorposten nördlich der Stadt aus.

Es hatten verloren:

das 2. Jäger-Bataillon . .	1 Offizier	26 Mann,
9. Bataillon . . .	—	1
2 Dragoner Regiment	—	— 4 Pferde.

Die Dänen gaben ihren Verlust auf 2 Offiziere, 22 Mann und 17 Vermißte an. Letztere waren in der Stadt gefangen genommen worden.

General v. Bonin traf erst nach Beendigung des Gefechts in Kolding ein.

---

*) Siehe Plan 4.

Der Bundesfeldherr erhielt die erste Nachricht von dem, was am 19. vorgegangen, am 21. früh, und zwar durch ein vom General v. Hirschfeld mitgetheiltes, vom General v. Bonin an ihn gerichtetes Schreiben, in welchem die Einnahme von Kolding berichtet und hinzugefügt wird, daß das bisher in Hadersleben belassene Bataillon nunmehr nach Ödis zu dem an der Grenze stehenden herangezogen werde. Demnach wurde dem General v. Hirschfeld anheimgestellt, mit der 3. Division Hadersleben zu besetzen und die Verbindung mit der Holsteinschen Division herzustellen.

Bald darauf langte der direkte Bericht des Generals v. Bonin im Hauptquartier an. Derselbe begründete das Geschehene dadurch, daß es nöthig gewesen sei, auf die Höhen südlich Kolding vorzugehen, um Einsicht in die Stellung zu gewinnen, die der Feind auf Schleswigschem Gebiet genommen hatte. Das Ungestüm der Truppen habe dann zu einem Gefecht geführt, infolge dessen die Stadt als Brückenkopf besetzt worden sei.

„Der morgige Tag", heißt es, „wird nun ergeben, ob der Feind, dessen Hauptquartier in Middelfart sein soll, wirklich Truppen von Fünen übersetzt, um uns seine Hauptmacht entgegenzustellen. Für diesen Fall werde ich in Kolding stehen bleiben und dasselbe zu halten suchen. Andernfalls bitte ich Ew. Excellenz dringend, mir gestatten zu wollen, die heute errungenen Vortheile verfolgen und bis gegen Veile vordringen zu dürfen."

Es leuchtet ein, daß dies nur geschehen konnte, wenn die 3. Division gegen Fredericia aufmarschirte. General v. Bonin bittet daher, auch Unterstützungen von Apenrade aus, vorläufig bis zur Königs-Au, vorrücken zu lassen, und fügt hinzu, daß er, „sich genau nach den Weisungen Ew. Excellenz verhaltend, jedes ernste Gefecht vermeiden werde."

Der General hebt sodann noch das gute Verhalten der Truppen hervor und schließt: „Es scheint sich auch durch dieses Gefecht die Ansicht immer mehr zu bestätigen, daß die Dänen bis jetzt in Jütland uns gegenüber nur die Brigade des Generals Rye, mithin nicht mehr Truppen vereinigt haben als bei Beginn des Feldzuges, nämlich etwa 8000 bis 10 000 Mann.

Hauptquartier Christiansfeld, 20. April 1849. — 6½ Uhr nachm.

(gez.) v. Bonin."

Alle diese Nachrichten über Nichtbefolgung seiner Befehle mußten dem General v. Prittwitz um so unwillkommener sein, als gleichzeitig wichtige Depeschen aus der Heimath einliefen.

War man in Frankfurt bereitwilligst auf den Einmarsch in Jütland eingegangen, so dachte man in Berlin darüber ganz anders und hielt dafür, daß dieser Schritt unfehlbar zum Kriege auch mit Rußland führen werde; außerdem wurde eben jetzt wieder über einen Waffenstillstand mit Aufhebung der Blockade verhandelt.

General v. Prittwitz erhielt daher von Berlin aus den bestimmten Befehl, unter keinen Umständen anders als mit spezieller Erlaubniß von dort in Jütland einzurücken. Der General gerieth hierdurch in die peinlichste Lage. Drei Viertel aller unter sein Kommando gestellten Truppen waren keine Preußischen. Alle Autorität über sie beruhte auf der Machtverleihung der provisorischen Reichsgewalt. Sache der Preußischen Regierung wäre es gewesen, dafür zu sorgen, daß dem Bundesfeldherrn keine Befehle zugingen, welche gegen das Preußische Interesse liefen; wurden sie ihm aber von Frankfurt ertheilt, so blieb ihm nur übrig, sie auszuführen oder von seiner Stellung zurückzutreten. Jene Befehle zu umgehen, zu laviren, lag nicht im Charakter dieses Generals.

Dem General v. Hirschfeld erwiderte der Kommandirende sofort, daß das Einrücken der Holsteinschen Truppen in Jütland nicht mit seinen Absichten und nicht mit den an General v. Bonin ertheilten Weisungen übereinstimme. Es sei demselben daher erklärt worden, daß eine Unterstützung durch die Preußische Division für jetzt nicht geleistet werden könne.

Dem General v. Bonin war schon früher der Wortlaut der vom Reichskriegsminister erlassenen ersten Anweisung mitgetheilt worden, nach welcher das Einrücken in Jütland von Bedingungen abhängig gemacht wurde, welche zu jener Zeit nicht erfüllt waren.

„Indem ich mich veranlaßt sehe", schreibt der Kommandirende, „auch auf diese Instruktion zurückzukommen, muß ich bedauern, die von Ihnen beantragte Unterstützung noch nicht gewähren zu können, und Ew. Hochwohlgeboren vielmehr ergebenst und bestimmt anweisen, von jedem weiteren Vorrücken in Jütland abzustehen.

Im Uebrigen spreche ich meinen Antheil an dem glücklichen Gefecht und an den tüchtigen Leistungen der dabei betheiligten Truppen aus, wenngleich ich dasselbe vermieden zu sehen gewünscht hätte.

Solange die vereinigten Herzogthümer den Krieg nicht auf eigene Rechnung führen, muß ich Sie auf die Verantwortung aufmerksam machen, welche Sie durch ein Handeln auf sich laden, welches den Ihnen ertheilten Instruktionen schnurstracks entgegenläuft.

Hauptquartier Rieding, den 21. April 1849, morgens 6½ Uhr.

(gez.) v. Prittwitz."

Man sieht es diesem Schreiben an, daß das militärische Herz des Generals sich an dem kecken Vorgehen des Unterführers freut, aber der durch politische Weisungen gefesselte Bundesfeldherr mußte es rügen. General v. Bonin war gewarnt, er wußte, daß er auf Unterstützung vorerst nicht zu rechnen habe, daß er, auf seine eigenen Kräfte angewiesen, mit großer Vorsicht unter eigener Verantwortlichkeit zu handeln habe.

Dadurch nicht abgeschreckt, beschloß General v. Bonin, Kolding gegen jeden Angriff zu behaupten. Die Stadt wurde durch Pallisadirungen zur abschnittweisen Vertheidigung hergerichtet. Es wurden Verschanzungen auf den Höhen nördlich davon angelegt, welche die Straßen nach Veile und Fredericia beherrschten. Alle Arbeiten mußten ohne Hülfe der technischen Truppen von den Bataillonen der Avantgarde in kürzester Zeit ausgeführt, auch eine zweite Brücke, 300 Schritt unterhalb der schon vorhandenen, erbaut werden. Stark war die Position immerhin nicht, besonders war sie westlich leicht zu umgeben.

22. April

Indeß blieb man mehrere Tage lang vom Gegner unbehelligt; die Rekognoszirungen fanden Bramdrup mit Truppen aller Waffen besetzt, die sich jedoch ruhig verhielten. Zwar meldete am 22. Oberstlieutenant Hann v. Weyhern, daß eine Bewegung stärkerer feindlicher Abtheilungen in westlicher Richtung auf Eistrup wahrnehmbar sei, und es wurde deshalb das 3. Bataillon nach Seest vorgeschickt; jedoch trat der Feind, ohne etwas zu unternehmen, den Rückzug wieder an.

In seinem Hauptquartier Middelfart hatte General v. Bülow schon am 20. April Kenntniß von der Wegnahme von Kolding erhalten. Die Flüchtlinge brachten aber auch die Nachricht, daß dort nur eine Avantgarde des Feindes erschienen sei, und daß seine Hauptmacht noch rückwärts sich befinde.

Der Dänische Kommandirende beschloß sogleich, den Ort wieder zu nehmen. General Rye mit seiner starken Kavallerie sollte rechts abmarschiren, die Stellung des Feindes westlich umfassen und ihm den Rückzug verlegen, während die Brigaden Moltke und Schleppegrell ihn in der Front beschäftigten. Der Angriff war auf den 22. beabsichtigt und befohlen. Allein an diesem Tage befand sich nur die erstgenannte Brigade bereits auf Jütischem Boden und lagerte um Fredericia, die andere konnte ihre Ueberfahrt nach Snoghöj erst in der Nacht zum 23. beendigen. Der 22. sollte daher wenigstens benutzt werden, um genauere Kenntniß über Stärke und Stellung des Gegners zu erlangen, und General Rye wurde mit einer Rekognoszirung beauftragt, die das eben erwähnte Vorgehen der Dänen veranlaßte. Aber nicht allein drang die damit beauftragte schwache Abtheilung, eine Kompagnie des 7. Bataillons mit einer Abtheilung Dragoner, gar nicht bis in die Nähe von Kolding vor, sondern sie brachte auch die falsche Meldung zurück, daß die Hauptmacht der Holsteiner bereits dort versammelt sei.

Zugleich war durch dies mangelhaft ausgeführte Unternehmen der General v. Bonin auf die Schwäche seines linken Flügels aufmerksam gemacht worden. Noch am Abend wurde die ganze 2. Brigade nebst dem 2. Dragoner-Regiment nach Standerup, Hjarup, Ödis, Bränore und Tapsure vorbeordert. Zwei Kompagnien des 3. Bataillons kamen nach Seest, wo bereits das 1. Dragoner-Regiment stand, die beiden anderen Kompagnien besetzten von Branderup und Stovdrupgaard aus die Vorposten.

General v. Bülow war indeß entschlossen, seine Uebermacht gegen die vereinzelte Holsteinische Division zur Geltung zu bringen, und abends 10 Uhr erhielten die Führer den Befehl zu dem nunmehr auf den folgenden Tag verlegten Angriff

Die Brigade des Generals Aue, 5 Bataillone, 14 Eskadrons und 12 Geschütze, hatte während des Tages bei Dons und Alminde unter Gewehr gestanden und war erst unlängst in ihre Kantonnements zurückgegangen. Nach der Disposition des Oberkommandos hatte sie bereits um 5 Uhr früh des folgenden Tages bei Paabu und Eistrup an der Kolding Aa einzutreffen und diese um 6 Uhr zu überschreiten. Beim weiteren Vorgehen hatte sie die rechte Flanke durch ein kleines Detachement zu sichern, den Wald von Gjelballe mit zwölf Kompagnien festzuhalten, mit dem Rest ihrer Stärke aber auf Seest zu marschiren.

Die Brigade Moltke erhielt Befehl, um 6 Uhr über Bramdrup gegen Kolding vorzugehen und die Aa nahe westlich der Stadt zu überschreiten.

Mit der Brigade Schleppegrell wollte der Kommandirende selbst um 4½ Uhr früh auf der Chaussee von Snoghöj über Gudsö und Norre-Bjert gegen Kolding anrücken.

Alle Bewegungen sollten präzis und möglichst verborgen ausgeführt werden.

Würde ein Rückzug nöthig, so sollten die Truppen in dieselben Stellungen zurückkehren, die sie vor dem Ausmarsch inne gehabt hatten.

Der Fehler dieser Disposition war wohl der, daß sie eine völlig genaue Ausführung unter sehr schwierigen Umständen voraussetzte. Bei einer solchen boten sich freilich zwei Brigaden die Hand vor der Front des Feindes, während die dritte in seiner Flanke stand. Aber abgesehen von dem Widerstande, welchen namentlich diese letztere finden konnte, mußten fast unaus bleiblich Verzögerungen eintreten, weil dies Abrücken von drei beträchtlich entfernten Punkten und zu ganz verschiedenen Zeiten stattfand. Dazu kam, daß viele der Dänischen Abtheilungen bis zu jenen Versammlungspunkten noch am Morgen 1 bis 1½ Meilen zu marschiren hatten. Ein genaues Zusammentreffen blieb daher sehr unwahrscheinlich, und wenn die Holsteinsche Division überhaupt in der Lage gewesen wäre, die Offensive zu ergreifen, so konnte solche sehr bedenkliche Folgen für die getrennten Kolonnen haben. Die Brigade Rye war durch den sumpfigen Ausfluß aus dem Stallerup-See von den beiden übrigen völlig isolirt, und diese traten unter sich erst unmittelbar vor dem Feinde in Verbindung.

War der Anmarsch ein konvergenter, so war der vorgeschriebene Rückzug durchaus excentrisch und schloß jede fernere gegenseitige Unterstützung aus.

23. April Das Gefecht vom 23. April*) zerfiel vermöge seiner ganzen Anlage in zwei fast völlig getrennte Akte, bei Eistrup und bei Kolding.

Gefecht bei Eistrup am 23. April Am Morgen des 23. standen die Vorposten unter Major v. Gersdorff vor Kolding, mit zwei Kompagnien des 1. Jäger Bataillons auf der Straße nach Fredericia, mit den beiden anderen auf der Straße nach Veile. Eine Kompagnie des 10. Bataillons war auf Arbeitskommando. Die Kavallerie patrouillirte vorwärts. Der Rest der Avantgarde lag in Alarmhäusern in der Stadt, nur die 2. Kompagnie des 10. Bataillons stand bei Eistrup zur Bewachung der Furt, welche dort durch die Aa führt.

Die 1. Infanterie-Brigade lag in den seitherigen Kantonnements Bonsild Dalby; jedoch hatte das zu dieser Brigade gehörende 3. Bataillon Branderup, Stovdrupgaard und Seest besetzt. Die 2. Brigade befand sich noch auf dem gestern befohlenen Marsch, um Stellung auf dem linken Flügel zu nehmen.

Das Hauptquartier des Generals v. Bonin war in Bonsild.

Die Feldwachen des linken Flügels meldeten schon früh die Bewegung feindlicher Massen in westlicher Richtung auf Harte und Eistrup. Eine Stunde *6 Uhr v.* später, als in der Dänischen Disposition vorgeschrieben, um 6 Uhr, traf die Spitze der Brigade Rye, das 12. Bataillon, an der Kolding-Aa ein, und es entspann sich sogleich ein Tirailleurgefecht gegen Eistrup. Zwar wurde hier die Holsteinsche Position durch eine Kompagnie aus Branderup verstärkt, *7 Uhr v.* als aber auf Dänischer Seite auch das vierte Reservebataillon und die Halbbatterie Harthausen vorgeführt waren, räumte Major Schmidt den Ort

* Siehe Plan 4.

und zog sich auf Branderup und das Gehölz von Gjelballe zurück. Die Dänen setzten sich in Eistrup fest und detachirten rechts 2 Kompagnien, 2 Eskadrons und 2 Geschütze zur Sicherung ihrer Flanke nach Rols-Mühle.

Dies Defilee war außerdem von Wichtigkeit, weil dort ein guter Uebergang für Kavallerie und jenseits ein sehr geeignetes Terrain lag, auf welchem diese der Holsteinischen an Zahl so weit überlegene Waffe volle Wirksamkeit hätte entfalten können.

Der Angriff stieß aber hier auf zwei Kompagnien des 4. Jäger Bataillons. Man beschoß sich gegenseitig über den Teller Grund hinweg, ohne daß die Dänen etwas Ernstliches unternommen hätten, um sich des Passes zu bemächtigen.

Inzwischen war es General Ahne gelungen, Infanterie bei Eistrup auf das südliche Ufer zu bringen, auch war bei Paaby eine Furt gefunden, und die Dänen richteten nun ihren Angriff zunächst auf Branderupgaard und das Gehölz von Gjelballe, welche Punkte durch das 3. Holsteinische Bataillon nicht länger behauptet wurden.

Die Holsteinsche 2. Infanterie-Brigade hatte mit ihrer Spitze um 6 Uhr Hjarup, um 8 Uhr Gjelballe erreicht. Da zu dieser Zeit der Wald von Gjelballe bereits verloren war, so stand der Feind zwischen der Brigade und Kolding; sie machte daher rechts um, das an der Tete marschirende 8. Bataillon ging mit Kompagniekolonnen vor und warf eine Dänische Kompagnie bis über die Aa zurück. Das 7. Bataillon marschirte links vom 8. auf, und das 5., das bei der Artillerie zurückgeblieben, für welche die Pioniere erst den Weg bahnen mußten, deckte die linke Flanke.

Die feindlichen Abtheilungen bei Branderuphovgaard verhinderten indeß durch heftiges Feuer einstweilen das weitere Vordringen; aber auch den Dänen gelang es nicht, sich wieder in Besitz des Waldes zu setzen.

Ihre mit Tirailleurschwärmen unternommenen Angriffe wurden sämmtlich abgewiesen, und dabei geriethen die verschiedenen Abtheilungen so untereinander, daß jede einheitliche Leitung aufhörte und die größte Verwirrung entstand.

An Rols-Mühle war um diese Zeit die Halbbatterie des Premierlieutenants v. Krenslo eingetroffen und hatte den Versuch des Gegners, hier durchzudringen, vollends vereitelt. Zwar brachten die Dänen ihrerseits Geschütz vor, aber dasselbe gerieth in das Feuer der Jäger Kompagnie und mußte schleunigst abfahren.

12 Dänische Eskadrons hielten unthätig bei der Harte-Kirche; über Rols-Mühle konnten sie nicht zur Wirksamkeit gelangen, und über Eistrup

glaubte Oberst Juel nicht vorgehen zu dürfen, solange der Wald von Gjelballe noch vom Feinde besetzt war.

Der Grund, weshalb General Ave seine Abtheilungen vorwärts der Kolding Aa nicht kräftiger zu unterstützen vermochte, lag hauptsächlich in dem Mangel einer Brücke. Er hatte seine Pioniere nach Fredericia abgegeben und, obwohl die ihm zugetheilte Aufgabe schon seit zwei Tagen bekannt war, für den Ersatz keine Vorkehrung getroffen. Zwar wandte er sich jetzt an General v. Bülow um Abhülfe: indeß aus Mißverständniß langte nur eine Pionierabtheilung, nicht aber das Nöthigste, der Brückentrain, an. Daher mußten die erforderlichen Requisiten aus Veile herbeigeschafft werden, und erst

10 Uhr v. um 10 Uhr gelang es, den Uebergang herzustellen. Dadurch war das Gefecht der Brigade auf ihrem rechten Flügel überall zum Stehen gekommen und beschränkte sich auf gegenseitiges Tirailleurfeuer. Ein Bataillon war sogar über die Aa zurückgegangen, während auf dem linken Flügel das 12., das 1. Jäger- und das über Paaby vorgegangene 4. Reservebataillon, letzteres durch zwei von der Brigade Moltke abgesandte Bataillone unterstützt, eine Offensive gegen den Seefter Bach versuchten.

12½ Uhr n. Hier stießen sie aber auf den kräftigen Widerstand des 1. und 3. Holsteinschen Bataillons sowie der halben 6pfündigen Batterie Nr. 3, und da nun auch Nachricht von der gänzlichen Auflösung und dem theilweisen Abzuge des rechten Flügels einging, so zog sich der linke auf Branderup zurück.

1½ Uhr n. General v. Bonin, welcher sich zur Zeit in Seest aufhielt, befahl jetzt, die Offensive zu ergreifen. Das 1. und 3. Bataillon folgten dem abziehenden Feinde und stellten ihre Artillerie östlich Branderup gegen Eistrup auf: die dagegen vorrückende Infanterie wurde dabei durch das Feuer der 6pfündigen Batterie Nr. 2 (Feldmann) und bald auch durch die von Gjelballe anrückende reitende Batterie (Dahlitz) unterstützt.

Die Dänische Artillerie nahm diesen Geschützkampf auf, aber die Infanterie war in der größten Auflösung. Zur Aufnahme des 6. Bataillons wurde dem 1. Jäger-Bataillon, welches im Gefecht mit allen drei Bataillonen der Holsteinschen 2. Infanterie-Brigade ebenfalls in Unordnung gerathen war, befohlen, wieder vorzugehen. So gingen immer einzelne Abtheilungen vor, während andere sich zurückzogen, doch hielten die Dänen noch längere Zeit das südliche Ufer der Aa besetzt.

Zu dieser Zeit waren auf Holsteinscher Seite der Kommandeur der Infanterie, Oberst Graf Baudissin, und der Oberst Zachau verwundet, ohne jedoch ihre Truppen zu verlassen.

Daß General Rye schon früher die Hoffnung auf Erfolg aufgegeben, geht aus seinen Meldungen an den Kommandirenden hervor:

Um 10 Uhr schreibt er:

„Der Feind ist so stark, daß wir kaum den Wald forciren werden; auf Seest vorzudringen, ist sicher nicht möglich."

Um 11 Uhr:

„Der Feind dringt kräftig vor. Meine Bataillone sind theilweis aufgelöst. Eistrup wird schwerlich gehalten werden können."

Um 2½ Uhr:

„Da ich befürchte, in Unordnung zurückgedrängt zu werden, so habe ich die halb aufgelösten Bataillone langsam zurück gehen lassen. Branderupborgaard bleibt indeß besetzt. Der Feind beginnt durch die Furt an der Kirche vorzudringen und ich habe ihm nichts entgegen zustellen.

„Die Artillerie und das Jäger Bataillon sind die einzigen, welche den Feind aufhalten."

Das genannte tapfere Bataillon behauptete sich noch in Branderupborgaard, als vom General v. Bülow der Befehl an General Rye einging, den Rückzug anzutreten, und womöglich mit dem Abzug der Truppen vom südlichen Ufer zu beginnen. Dieselben sammelten sich allmählich bei Harte, wo das 8. Bataillon zur Aufnahme bereit stand. *2½ Uhr a*

Wir betrachten jetzt das Gefecht,*) welches gleichzeitig bei Kolding statt gefunden hatte. *Gefecht bei Kolding am 23. April.*

Um 5 Uhr früh waren die Brigaden Moltke und Schleppegrell von Hersleb, Süder-Bilstrup und Krybilv Krug aufgebrochen und erschienen ziemlich gleichzeitig vor Kolding.

Die erstere Brigade formirte sich um 7 Uhr bei Bramdrup in zwei Treffen, die beiden Reservebataillone im ersten, die drei Linienbataillone im zweiten. Eine halbe 6pfündige Batterie, ein Brückentrain und ein Pionierdetachement folgten. *7 Uhr v.*

In Kompagniekolonnen formirt mit vorgezogenen Tirailleurs rückte sodann das 6. Reservebataillon vor. *7½ Uhr v.*

Die Holsteinischen Außenposten wichen unter dem Schutze der Esladron des Rittmeisters v. Grüter nach dem Windmühlen Berg aus; da aber die dort begonnene Schanze nicht fertig geworden war, so beorderte Major v. Gers-

---

*) Siehe Plan 4

dorff sie in die Schützengräben zurück, welche zwei Kompagnien des 1. Jäger Bataillons vor der Stadt besetzt hatten. Es entspann sich nun ein Feuergefecht, während dessen das 5. Dänische Reservebataillon neben dem 6. aufmarschirte, die sehr gefährdete Stellung der Jäger mehr und mehr umfassend. In Betracht der sich entwickelnden Uebermacht zog Major v. Gersdorff seine Abtheilungen nach Kolding zurück, fechtend und in guter Ordnung.

Mit der Brigade Schleppegrell hatte General v. Bülow in dem Thal zwischen Sndsö und Nörre-Bjert Halt gemacht, bis vom General Rye die Meldung einlief, daß er seinen Angriff begonnen habe.

Nachdem zwei Kompagnien in westlicher Richtung abgeschickt waren, um die Verbindung mit der bereits im Gefecht stehenden Brigade Moltke zu unterhalten, ging um 8 Uhr das 3. Jäger Bataillon gegen die Schützengräben nördlich der Straße vor, unterstützt durch das Feuer von vier Geschützen, welche östlich der Waldmühle aufgefahren waren. General Schleppegrell befahl den Angriff der feindlichen Stellung in der Front durch das Bataillon, zugleich aber sollte die Kavallerie von der Waldmühle her sich in den Rücken derselben werfen.

Der Führer der halben Escadron, Lieutenant v. Castenstjeld, hatte kaum Zeit gehabt, sich zu orientiren. Durch lauten Zuruf und Einmischung Unberufener sand er sich bewogen, sogleich in schärfster Gangart anzureiten, aber, statt zu umgeben, in gerader Richtung auf das der Straße zunächst liegende Emplacement.

Die 1. Kompagnie des Holsteinischen 1. Jäger-Bataillons, Hauptmann v. Schöning, ließ mit aller Ruhe die Dragoner ganz nahe herankommen und gab ihr Feuer auf kürzester Entfernung ab. Ueber die Hälfte der tapferen Reiter fiel, ihrem Führer war das Pferd erschossen, doch gelangte er zu Fuß zurück. Das Dänische 3. Jäger-Bataillon, Zeuge dieser Katastrophe, stockte im Angriff, und man entschloß sich, zwei Kompagnien des 5. Bataillons zu einer Umgehung rechts zu detachiren. — Sie stießen dabei auf die 3. Kompagnie des Holsteinischen Jäger-Bataillons, Hauptmann v. Sandrart, verloren 1 Offizier und 20 Mann und wichen in Unordnung zurück. Oberst Schindel sammelte sie indeß zu neuem Angriff in einer Terrainfalte, welche Deckung verlieh.

Um diese Zeit, wo die Dänen bereits eine dreifache Ueberlegenheit entwickelt hatten, erhielt Oberstlieutenant v. Zastrow den Befehl des Kommandirenden, durch die Stadt zurückzugehen und sich hinter der jetzt am südlichen Ufer der Kolding-Aa aufmarschirten 1. Infanterie-Brigade aufzustellen.

Demzufolge zogen die beiden angegriffenen Jäger-Kompagnien sich längs der Wiesen über die Brücke nach Bellevue, wo sie sich mit den anderen beiden Kompagnien des Bataillons vereinigten, welche, wie erwähnt, auf der Beiler Straße nach Kolding zurückgegangen waren. Der Abmarsch des ersten Jäger-Bataillons wurde durch das Feuer des zweiten aus den Emplacements südlich der Straße von Fredericia gedeckt; als aber auch diese geräumt werden mußten, gerieth Hauptmann Soden mit mehreren Jägern in Gefangenschaft.

Inzwischen waren von der Brigade Moltke das 5. und 6. Reserve-bataillon zum Angriff auf Kolding selbst geschritten. Die Vertheidigung der Stadt gegen Westen war dem Major Haake mit dem 9. Bataillon übertragen, welches die Statthalterschaft aus den Resten des v. d. Tannschen Freikorps formirt hatte. Sie erfüllten diese Aufgabe nicht, die Dänen drangen, trotz des Artilleriefeuers vom südlichen Thalrand her, zuerst durch das nördliche Thor, dann auch an anderen Punkten ein, und nun entwickelte sich ein lebhaftes Straßengefecht. Es war von Wichtigkeit, die Stadt noch eine Zeit lang zu behaupten, um den Abtheilungen vorwärts derselben den Abzug über die Brücken zu ermöglichen; namentlich hatte das 2. Jäger-Bataillon den Fluß noch nicht passirt. Oberstlieutenant v. Zastrow befahl daher, den Feind durch offensives Vorgehen aufzuhalten. Er selbst und seine Adjutanten, die Hauptleute v. Wrangel und v. Bassewitz, gingen dabei mit ihrem Beispiel voran, und es gelang, die Dänen von der Brücke zurückzudrängen.

General Moltke hatte, nachdem vom General Rye dringend um Verstärkung gebeten worden, zwei seiner Bataillone zur Unterstützung absenden müssen. Als der Kampf im Innern von Kolding hörbar wurde, rückte er mit dem Rest seiner Brigade dorthin vor.

Dieser Uebermacht mußten schließlich die Holsteiner weichen. Um die Zeit, wo auf dem rechten Flügel der Dänen das Gefecht völlig ins Stocken gerieth, setzte sich ihr linker in Besitz der Stadt bis zur Brücke.

Indeß hatte Oberstlieutenant v. Zastrow schon zuvor das dort belegene Zollhaus und den Weg längs der Wiesen besetzt. Das sehr aufgelöste 9. Bataillon und das 2. Jäger-Bataillon gelangten glücklich hinüber, und letzteres nahm bei Bellevue seinen Platz neben dem 1. Jäger-Bataillon ein. Außer diesen verblieben dem Oberstlieutenant v. Saint Paul freilich nur noch das 3. Jäger- und das 2. und 4. Bataillon, da er schon das 1. Bataillon, welches zusammen mit dem 1. und 2. Dragoner-Regiment und der reitenden Batterie eine Reserve für den linken Flügel bilden sollte, hatte nach Seest absenden müssen.

Ein Versuch, aus der Stadt zu debouchiren und die Stellung auf den

Höhen südlich der Aa anzugreifen, wurde von Seiten der Dänen nicht unternommen.

Es befanden sich in Kolding 13 Kompagnien zusammengedrängt, als 24 Geschütze vom südlichen Thalrand her die Beschießung der Stadt begannen. Auch die östliche Brücke wurde durch diese Artillerie zerstört. Die überall ausbrechenden Feuersbrünste waren nicht mehr zu löschen, die Dänische Artillerie gab den Holsteinschen Batterien gegenüber den Kampf auf, und zwei Kanonenboote im Fjord überzeugten sich bald von der Nutzlosigkeit ihrer Kanonade.

Sobald General v. Bonin von Seest aus den Marsch der zur Verstärkung des rechten Flügels abgeschickten Truppen bemerkte — er schätzte sie auf drei Bataillone —, beschloß er, die Schwächung ihres linken zu benutzen. Gegen Kolding sollte nur die 1. Infanterie-Brigade nebst dem 1. Jäger-Bataillon stehen bleiben: Oberstlieutenant v. Zastrow hingegen erhielt die Weisung, mit dem Rest der Avantgarde und zwei Eskadrons nach Seest abzurücken, wo auch noch das 1. und 3. Bataillon und das 1. Dragoner-Regiment unter seinen Befehl traten. Mit diesen Truppen sollte er mitten zwischen die beiden getrennten Hälften des Gegners hineinbrechen und dem General Rye den Rückzug nach Beile verlegen.

2½ Uhr a. In Ermangelung eines Pontontrains führte die Avantgarde stets eine selbstgefertigte Bockbrücke mit sich. Auf dieser überschritt Oberstlieutenant v. Zastrow die Aa bei Harte zunächst mit nur einer Kompagnie 2. Jäger-Bataillons, während gleichzeitig Oberstlieutenant Hann v. Weyhern den Bach bei Vaabo durchfurtete; die übrigen Bataillone folgten. Allein man fand die Dörfer unbesetzt und den Feind bereits in vollem Rückzuge.

Nachdem die Nachrichten vom General Rye immer bedenklicher lauteten, und als endlich auch die zwar ganz unbegründete Meldung von dorther einlief, die Reichstruppen seien auf dem rechten Flügel eingetroffen, hatte General v. Bülow beschlossen, das Gefecht abzubrechen, und die Befehle zum Rückzug ertheilt.

Auch vor Kolding hatte Oberstlieutenant v. Saint-Paul den Abzug der Dänen bemerkt und, noch ehe er Befehl dazu erhalten, einen Angriff auf die Stadt gemacht.

3 Uhr a. Major v. Stückradt war mit dem 3. Jäger-Bataillon und zwei Kompagnien des 4. Bataillons über die Brücke vorgedrungen und vertrieb nach kurzem Straßengefecht den Feind aus der Stadt.

Das Vorgehen des Oberstlieutenants v. Zastrow zwang General Rye, seinen Marsch nach Möglichkeit zu beschleunigen, um die Straße nach Beile zu erreichen. Es scheint aber Niemand mit der speziellen Deckung des Rück zugs beauftragt gewesen zu sein, obwohl 2 Bataillone und 14 Eskadrons noch völlig intakt verfügbar waren. Namentlich hatte die zahlreiche Kavallerie an diesem Tage nirgends etwas geleistet. Zwar hatte General Rye dem gegen die Rolo Mühle entsendeten Detachement befohlen, die Vorposten an der Nebel-Aa auszunießen, aber diese standen mit der Front gegen Westen, während die Holsteiner von Süden her in ihrem Rücken vorgingen.

Oberstlieutenant Hann v. Weyhern, welcher nicht Bedenken getragen hatte, die Aa zu durchfurten, machte an der Kirche von Harte 1 Offizier und 80 Mann, dann auch einen Theil der Vorposten in ihrer seltsamen Aufstellung an dem genannten Sumpfabschnitt zu Gefangenen, ferner noch zwei Dänische Feldwachen zwischen Stallerupgaard und Stubdrup, welche auf der offenen   4 Uhr a. Heide seiner Kavallerie nicht entgehen konnten. Eine Eskadron schob er bis Bramdrup vor, dem Rendezvous der Brigade Rye am Morgen des Tages.

Das Unternehmen des Dänischen Oberfeldherrn war sonach vollständig gescheitert. Die Brigade Schleppegrell zog sich auf Gudsö zurück, woher sie gekommen, die Brigade Moltte folgte ihr dorthin.

General Rye ging nach Binf zurück; seine sehr durcheinander gekommenen Truppen bezogen Kantonnements zum Theil noch jenseits dieses Orts.

General v. Bülow verlegte sein Hauptquartier in die Nähe von Snoghöj. Die Dänische Vorpostenlinie erstreckte sich von Aagaard längs des Alminde-Thals bis zum Defilee von Gudsö.

Die Holsteinische Avantgarde ging am Abend noch bis Bramdrup vor   7 Uhr a. und stellte ihre Vorposten aus, den rechten Flügel bei Hoidsminde am Kolding-Fjord, den linken an der Straße nach Beile. Die 1. Brigade war in Kolding eingerückt, die 2. stand bei Eistrup größtentheils auf dem südlichen Flußufer.

Die Verluste auf beiden Seiten siehe Anlage Nr. 10.

In dem Gefecht vom 23. hatten sich gegenüber gestanden:

Holsteiner: 14 Bataillone, 10 Eskadrons, 48 Geschütze.

Dänen: 15   16   24   und eine Espignolen-Batterie.

Die Ersteren waren sonach schwächer, besonders an Kavallerie, aber auch an Infanterie, indem die Dänischen Bataillone einen bedeutend höheren Mannschaftsstand hatten. Dagegen waren sie überlegen an Artillerie, sowohl der Zahl als dem Kaliber nach, da sie sechzehn 12 Pfünder führten.

Bei Eistrup focht General Rye anfangs mit nur 5 Bataillonen und zwölf 6Pfündern gegen 7 Bataillone und zwanzig 6Pfünder, und da er seine Kavallerie nicht zur Geltung zu bringen wußte, so hatte er wenig Aussicht, die ihm aufgetragene Offensive durchzuführen. Aber wenn er, ohne Verstärkung zu beanspruchen, nur die Linie der Kolding-Aa vertheidigte, so konnte General v. Bülow bei ganz entschiedener Ueberlegenheit das gewonnene Kolding behaupten und hätte dadurch die Holsteinsche Division jedenfalls genöthigt, sich von der Grenze zurückzuziehen.

Der Plan des Generals v. Bülow war wohl zu sehr auf die Vernichtung seines Gegners gerichtet gewesen: Umgehung durch die Brigade Ave und Umfassung der Brigade Moltke. Aber der von den Dänen selbst als hartnäckig anerkannte Widerstand des Oberstlieutenants v. Zastrow zwang sie, die Brigade Moltke mit der Brigade Schleppegrell direkt gegen die Stadt zu verwenden.

General v. Bonin hatte völlig gegen seine Instruktion ein ernsthaftes Gefecht angenommen, aber — er hatte es gewonnen, und nur mit dem besiegten Feldherrn rechtet man über allzu große Kühnheit.

In seiner Erwiderung auf die Meldung von dem stattgehabten Kampf konnte General v. Prittwitz sich nicht versagen, dem General v. Bonin eingangs seine „lebhaftesten und herzlichsten Glückwünsche zu dem neuen Sieg am Jahrestag der Schleswiger Schlacht auszusprechen", dann aber fährt er fort: „Ich bedauere, daß die frühere Besetzung von Kolding und infolge derselben das gestrige Gefecht eine Episode bilden, die keineswegs in meinen Plänen lag. Eben deshalb kann der erfochtene Erfolg nicht die Früchte tragen, die er sonst wohl hätte liefern können.

Das Vorrücken in Jütland kann nicht mit einer einzelnen Kolonnenspitze, sondern nur mit Kräften geschehen, die einen ausreichenden Rückhalt bieten. Ich muß deshalb wiederholen, daß Ew. Hochwohlgeboren in und diesseits Kolding stehen bleiben müssen und Ihre Avantgarde nicht weiter als bis Bramdrup vorschieben dürfen, so lange, bis jener Augenblick eingetreten ist und ich Sie davon benachrichtigt habe.

Da ich für die Leitung der Operationen allein verantwortlich bin, so muß ich Sie nochmals ersuchen, meinen Anordnungen strikte nachzukommen.

Der General v. Hirschfeld wird am 26. d. M. in Hadersleben einrücken und mein Hauptquartier nach Hadersleben verlegt werden.

Hauptquartier Kieding, den 24. April 1849.

(gez.) v. Prittwitz."

Zu dem Bericht an das Reichs-Kriegsministerium findet sich ein eigenhändiger Zusatz, in welchem der Bundesfeldherr ausspricht, daß er im Fall erneuter Nichtfolgeleistung des Generals v. Bonin diesen zu seinem Bedauern werde von dem Amt suspendiren müssen.

Am 24. gingen die Brigaden Moltke und Schleppegrell noch weiter auf Fredericia zurück und besetzten die Dörfer westlich und nördlich der Festung. General Hye passirte Veile und bezog weitläufige Kantonnements jenseits in den Ortschaften zu beiden Seiten der Straße von Horsens. Aber auch General v. Bonin verlegte seine Truppen weiter rückwärts. Die Avantgarde wurde von Kolding zurückgenommen, die 1. Brigade kantonnirte um Bousild und Dalby, die 2. bei Gjelballe—Seest und dahinter die Kavallerie bei Ödis und Hjarup. 24. April

Die Rekognoszirungen der nächsten Tage reichten bis Taulov-Kirche und Alminde; die feindlichen Patrouillen wichen aus, und im Hauptquartier des Generals v. Bonin glaubte man, daß die Dänen den Widerstand im freien Felde aufgäben.

So viel war jetzt gewiß, daß die Hauptmacht der Dänen in Jütland stand, und nachdem nun auch die Preußische Kavallerie nebst reitender Artillerie auf dem Kriegsschauplatze eingetroffen, die Reservedivision 2. Aufgebots sich demselben genähert, erschien es unbedingt erforderlich, den General v. Bonin in seiner vereinzelten Stellung nicht ohne Unterstützung zu lassen.

Den deshalb schon ertheilten Dispositionen gemäß konzentrirten sich die 1. Brigade der Preußischen Division und das 11. Husaren-Regiment am 25. westlich Apenrade in der Gegend von Hellewatt und marschirten am 26. nach Stüding und Hammeleff westlich Hadersleben vor, nach welcher Stadt die 2. Brigade abrückte, während die Bayerische Brigade aus dem Sundewitt fort und in die Nähe von Apenrade verlegt wurde. Die Reservekavallerie, bestehend aus dem Sächsischen Garde-Regiment und dem Bayerischen Chevaurlegers-Regiment, nahm den linken Flügel bei Strodstrup ein. Im Sundewitt verblieben sonach nur die 2. Division, 13 Bataillone, 4 Escadrons, 6 Batterien, und von der Brigade Spangenberg 3 Bataillone, 4 Escadrons, 1 Batterie, nachdem von letzterer ein Bataillon Apenrade besetzt hatte. 25. April. 26. April

Der Befehl über diese 16 Bataillone, 8 Escadrons, 7 Batterien wurde dem General v. Bonnecken übertragen, welchem die Instruktion zu Theil wurde, „jede Offensivunternehmung von Sonderburg her zu verhindern, zu diesem Zweck, wenn irgend möglich, die Düppeler Höhen zu behaupten, die Batterien bei Alnoor und Sandacker zu schützen und Landungen auf Broacker oder Sundewitt zu verhindern."

Sobald die Schanzen auf der Höhe vollendet seien, sollte zur Anlage von Batterien am Strande gegen die feindlichen am Alsen-Sund, gegen die Kanonenboote und behufs Zerstörung der Brücke geschritten werden.

Als Reserve würde die Division des 2. Aufgebots in Flensburg dienen, welche indeß erst am 4. Mai dort anlange.

General v. Wyneden stellte vor, daß die Stärke seiner Division nicht im Verhältniß zu seiner Aufgabe stehe, und in der That zählten die Hannoverschen Bataillone kaum mehr als 500 Bajonette; allein das Oberkommando fand sich nicht bewogen, in den getroffenen Anordnungen etwas zu ändern.

29. April. Am 29. war das Hauptquartier des Generals v. Prittwitz nach Christiansfeld verlegt worden. Die 3. Division koncentrirte sich in der Gegend von Odis, Drenkrup und Bränore, die Avantgarde schob ihre Vorposten bis an die Jütische Grenze heran; dieselben traten nun in unmittelbare Verbindung mit denen des Generals v. Bonin. Der Divisionsstab lag in Frörup. Die Reservekavallerie besetzte auf dem linken Flügel Jels und Hjerting. Eine Bayerische Schwadron sollte den Weg dorthin über Ribe nehmen und so im Westen die Grenze abpatrouilliren. Die Bayerische Brigade rückte bis Hadersleben nach und besetzte die möglichen Landungspunkte an der Ostküste. Sonach war jetzt die Vereinigung mit der Holsteinschen Division bewirkt. Oberhalb Kolding waren fünf Brücken geschlagen, um den Vormarsch nach Jütland zu erleichtern.

Ein Widerruf des Befehls des Reichs-Kriegsministeriums, in Jütland ein zurücken, war trotz absichtlicher Zögerung in den Truppenbewegungen nicht eingetroffen. Der Angriff der Dänen auf General v. Bonin sprach nicht für die friedliche Gesinnung, welche ein Schreiben des Kaisers von Rußland in Kopenhagen hervorgerufen haben sollte. Ebenso wenig waren die erwarteten Vorschläge zu einem Waffenstillstande erfolgt. Es befanden sich jetzt solche Truppenmassen in Schleswig, daß jeder Vorwand, den Forderungen der Centralgewalt nicht zu genügen, fehlte, und schon die Unterbringung und Verpflegung der Truppen drängte zu entscheidenden Entschlüssen.

Die Lage des Generals v. Prittwitz war unhaltbar geworden; er berichtete unter dem 28. April nach Berlin und bat um eine schleunige bestimmte Mittheilung, ob er den Weisungen der Reichsgewalt zu gehorchen habe, da er anderenfalls seine Entlassung in Frankfurt beantragen müsse.

Einstweilen ließ General v. Bonin die feindliche Stellung rekognoszieren. 3. Mai. Am 3. Mai ging Oberstlieutenant v. Zastrow mit 3 Bataillonen, 1 Jäger-Kompagnie, 2 Eskadrons und 4 Geschützen auf der Straße von Fredericia vor; die Kavallerie, begleitet von den Jägern auf Wagen, vertrieb bei Nörre-Bjert

einen Dänischen Posten, gelangte bis zu dem Punkt, wo die Straße sich nach
Fredericia und Snoghöj theilt, stieß aber hier auf eine starke feindliche
Kolonne.

Die Rekognoszirung der Holsteiner fiel nämlich zusammen mit der
Ausführung eines Befehls des Generals v. Bülow, wonach die Kantonnements wieder nach vorwärts, an die Abschnitte von Gudsö und Alminde,
verlegt werden sollten. Die ganze Dänische Armee war daher eben an diesem
Tage in Bewegung. 3 Bataillone der Brigade Moltke mit 4 Geschützen
befanden sich im Vorrücken nach Gudsö; ehe es ihnen jedoch gelang, aus der
Marschkolonne in Gefechtsformation sich zu entwickeln, war schon das Gros
des Oberstlieutenants v. Zastrow heran. Dieser verstärkte das Tirailleurgefecht
durch seine Artillerie, welche bald ein feindliches Geschütz demontirte. Trotz
ihrer überlegenen Zahl machten die Dänen keinen Ernst mit einem Angriff,
und Oberstlieutenant v. Zastrow behauptete seine Stellung, als ihm von
Hauptmann v. Delius die Nachricht zuging, daß beträchtliche feindliche Massen
hinter ihm auf Taulov Nebel anmarschirten.

Der Rückzug wurde nun, ohne von den Dänen gedrängt zu werden, in
guter Ordnung durch die rückwärtigen, schon im voraus behufs Aufnahme
besetzten Defileen angetreten. Hinter Gudsö angelangt erhielt die Abtheilung
Feuer von dem feindlichen Kanonenboote in der Bucht, welches jedoch ohne
Wirkung blieb.

Noch während die Holsteinische Rekognoszirung Nörre Bjert hielt, gaben
die Dänen eine weitere Verfolgung auf und stellten ihre Vorposten aus. Die
Kolonne, welche Hauptmann v. Delius signalisirt hatte, war die andere Hälfte
der Brigade Moltke. Ueber Höirup in Süder-Vilstrup angelangt hörte sie das
Gefecht in ihrem Rücken, machte Kehrt und ging, woher sie gekommen, bis
Havreballegaard zurück.

Erst als Oberstlieutenant v. Zastrow nach Kolding abmarschirte, machte sie
den Weg noch einmal in ihre neuen Kantonnements. Die Brigade Schleppegrell war hinter der Brigade Moltke in Marsch, also zur Unterstützung
bereit gewesen.

Eine zweite, gleichzeitig mit 4 Bataillonen, 1 Jäger Kompagnie,
3 Eskadrons und 4 Geschützen auf der Straße nach Veile unternommene
Rekognoszirung des Majors v. Staffeldt erreichte Alminde und nahm dort
Aufnahmestellung; die Jäger und zwei Geschütze streiften noch bis über Viuf
hinaus und stießen nördlich des Orts auf die Brigade Rye, welche in zwei

Kolonnen auf Aagaard und Alminde vorrückte. Nach unbedeutendem Gefecht kehrte der Major nachmittags nach Kolding zurück.

Die Rekognoszirung hatte ergeben, daß die Dänen mit ihrer Hauptmacht noch auf Jütischem Boden standen und daß sie eine Thätigkeit im freien Felde keineswegs aufgegeben hatten.

Ihre Vorposten standen nunmehr von der Bucht von Gudsö über Eltang und Alminde bis zur Nebel-Aa. Dahinter verhielten die Dänen sich indeß vorerst vollkommen ruhig, ebenso auf Alsen.

Im Sundewitt war denn nun endlich eine Verstärkung der Deutschen Kriegsmacht eingetroffen, welche es ermöglichte, auch noch die Truppen, welche bisher dort gestanden hatten, zur Unterstützung der Operation nach Jütland näher heranzuziehen.

Aufstellung einer Reservedivision auf dem Sundewitt und Lage daselbst.

Die Aufstellung einer sogenannten Reservedivision II. Aufgebots und ihre Mobilmachung war im März verfügt worden.

Bei der geringeren Willfährigkeit der größeren Staaten, und weil die Reichsgewalt nicht die Macht besaß, sie zu zwingen, mußten die kleineren und kleinsten in Anspruch genommen werden. Es sollten stellen:

Kurhessen	2 Bataillone	— Eskadrons	4 Geschütze (reitende)
Nassau	3 "	—	
Luxemburg	1 Bataillon		—
Limburg	— Bataillone	2	6
Oldenburg	3 "	—	8
Braunschweig	2 "	2	—
Lippe	1 Bataillon	—	
Waldeck	1 "	—	
Hessen Homburg	¼ "	—	

Summe 13¼ Bataillone 4 Eskadrons 18 Geschütze.

Neun verschiedene Kontingente, mit verschiedener Bewaffnung und noch verschiedeneren Reglements bei möglichst kurzer Dienstzeit ausgebildet, sollten eine Division bilden, unter Führern, die sich nicht kannten, vielleicht niemals gesehen hatten.

Luxemburg und Limburg sahen sich indeß überhaupt nicht gemüßigt, ihre Kontingente marschiren zu lassen. Es wurden statt ihrer zwei Anhaltische Bataillone herbeigezogen; Pioniere waren nicht vorhanden, ebenso wenig eine schwere Batterie.

Das Kommando über diese bunt gemischte Truppe, deren schließliche Zusammenstellung die allgemeine Ordre de Bataille giebt, erhielt der Kurhessische Generallieutenant Bauer, welcher am 2. Mai in Nübel eingetroffen war und vom 3. bis 5. Mai die Ablösung bewirkte. Der Stab der 1. Brigade kam nach Stenderup, der der 2. nach Wester-Schnabel. Die beiden Kurhessischen Bataillone wurden der Brigade v. Spangenberg zugetheilt.

General v. Wonnecken, welcher sein Hauptquartier nach Feldstedt, die Hannoversche Brigade nach Stübbel, die Sächsische nach Seegaard verlegte, war angewiesen, von dort aus die Reservedivision zu unterstützen, falls diese mit überlegenen Kräften angegriffen würde.

Ueberdies näherten sich die bereits begonnenen Werke auf den Düppeler Höhen:*) das Kernwerk, die rechte und linke Flügelredoute, die Mittelschanze (später Mörserbatterie) und die Batterie I der Sturmfreiheit. Mehr als ein Drittel der 300 Schritt langen Pontonbrücke, die von Sonderburg nach dem Brückenkopf führte, und ebenso auch die Landebrücke der Fähre auf der Alsener Seite des Sundes konnten von den Werken auf der Höhe eingesehen und beschossen werden. Dort wurden im Ganzen nachstehende Werke fertiggestellt, welche am 29. Juni mit folgender Ausrüstung versehen waren:

Batterie I	mit 2	24 pfündigen	Granat Kanonen
II	1	84 -	Bomben Kanone
	2	60 -	Kanonen
	6	24	Kugel-
Rechte Flügelredoute	2	84	Bomben-
	2	24	Granat-
Mörser-Batterie	6	50	Mörsern
Batterie III	5	24 -	Kugel Kanonen
Linke Flügelredoute	3	84	Bomben-
	3	24	Kugel-
Batterie IV	5	24	"
	2	18	
Batterie V**)	—	—	—
Kernwerk	4	24	Granat
vertheilt	20	10pfündige	Handmörser

Summe 37 schwere Geschütze und 26 Mörser.

* Siehe Plan 5.
** Batterie V wurde erst am 6. Juli vollendet und nicht mehr ausgerüstet.

Außerdem waren armirt: die Strandbatterie bei Sandacker mit 10, die bei Alnoor und am Wenningbund jede mit vier Geschützen.

Ein Vorbrechen der Dänen über das von diesen Batterien und dem Feldgeschütz der Division völlig beherrschte Terrain vorwärts des Brückenkopfs stand sonach wohl nicht leicht zu erwarten.

Aber ebenso lag dies Terrain auch im Feuer der Dänischen Schiffe und Landbatterien, welche mit großem Geschick auf dem Ufer von Alsen angelegt waren. Eine Reihe von 17 Batterien und 25 Geschützemplacements erstreckten sich von Sonderburg bis Arnkiels-Öre, armirt mit:

4	168pfündigen	Mörsern,
4	84	"
21	84	" Granat-Kanonen,
9	24	"
11	24	" Kugel-
10	12	"

Summe 59 schwere Stücke. Es war aber Raum für 129.

Ein gewaltsamer Angriff auf den Brückenkopf lag daher ziemlich außer Frage und beide Parteien waren auf diesem Felde zum passiven Zuwarten verurtheilt.

Ueber die Stärke der Dänen auf Alsen blieb man im Unklaren; sie wurde auf 10 000 bis 12 000 Mann geschätzt, während sie thatsächlich über 15 000 Mann betrug.

General Bauer hielt seine Division in enger Konzentrirung zwischen Düppel, Schnabek und Satrup versammelt und konnte in kürzester Frist einem Ueberfall begegnen; schwieriger war es, Landungsversuche zu hindern. Man hatte drei Observationsstationen, Düppel und Ballegaard im Sundewitt und den Scheers-Berg in Angeln, mit Schifffahrtskundigen besetzt, allein der Seeverkehr zwischen Alsen und Fünen konnte nicht beobachtet werden. Von Ballegaard ab fiel die Küstenbewachung der 2. Division, über Eckernförde hinaus der Reservebrigade zu.

Die nun eingetretene Unthätigkeit hatte zunächst die Folge, daß der Gesundheitszustand sich verschlechterte, man hatte bald 900 Kranke. Sodann aber führte dieselbe zu einer Art Vertraulichkeit und Friedenssicherheit von beiden Seiten. Zwischen den Vorposten fand eine Auswechselung der Gefangenen statt, die, von oben her nicht immer angeordnet, sich gewissermaßen von selbst machte. Das Verfahren dabei war, daß die Dänen eine Anzahl Gefangener den Deutschen Postirungen zuführten; es wurde dann eine gleiche

Zahl und zwar derselben Waffengattung und Charge aus Rendsburg herbeigeholt und dem Posten des Feindes überliefert, wobei man beiderseits genaues Konto führte.

General Bauer wirkte durch strenge Befehle dem allzu vertraulichen Verkehr der Vorposten entgegen, welcher namentlich bei so wenig kriegsgeübten Truppen seine recht gefährliche Seite haben konnte.

Unternehmungen zur See.

Auch zur See unternahmen die Dänen nichts Erhebliches. — Seit Ablauf des Waffenstillstandes kreuzte eine Flottenabtheilung unter dem Kapitän Steen-Bille, bestehend aus 3 Fregatten und 1 Korvette, in der Nordsee. Außerdem war eine kleine Expedition auf Fanö bereit gehalten, um die Schleswigschen Inseln an der Westküste zu besetzen und von dort durch Landungen im Rücken des Reichsheeres zu alarmiren. Dieselbe bestand aus einigen Jachten und Booten, wie sie für das seichte Fahrwasser der Watten geeignet waren, und aus zwei Depotkompagnien, etwa 450 Mann, mit ein paar Espignolen, Alles unter Befehl des Kapitäns Krieger.

Dieser landete auch schon in der ersten Hälfte des April auf der Insel Sylt, in deren Nähe, im Lister-Tief, die Korvette „Valkyren" ankerte, und demnächst auf Föhr, wo die meisten Einwohner entflohen waren. Die zurückgebliebenen Beamten wurden versammelt und aufs Neue in Eid und Pflicht genommen, die davongegangenen durch solche ersetzt, die man für diesen Zweck mitgebracht hatte.

Um die Insel zu behaupten, wurden von der „Valkyren" zwei alte Kanonen entnommen, die dort, als Ballast verwendet, sich vorfanden. Auf Nothlaffeten gelegt, wurden sie am Hafen der Stadt Wyk in Batterie gestellt.

Für die Statthalterschaft war der Verlust der Insel sehr empfindlich, und es wurde angeordnet, daß vier Kanonenboote von Holtenau durch den Eider-Kanal in die Watten geschafft werden sollten, wo sie von den größeren Dänischen Fahrzeugen nicht erreicht werden konnten.

Dagegen lehnte General v. Prittwitz ab, für eine Seeexpedition Truppen herzugeben. Der Besitz der Inseln war militärisch von geringer Wichtigkeit, und eine Landung von dort aus stand bei der Schwäche des Gegners kaum zu besorgen. Der Kommandirende glaubte alle seine Kräfte beisammen halten zu müssen und hatte die Preußische Brigade bereits von Tondern wieder fortgezogen.

Am 25. April waren die Kanonenboote bei Südwesthörn angelangt und bestanden unter Führung des Marinelieutenants Kjer noch am selben Tage eine Kanonade vor Wyk, bei welcher das eine Dänische Geschütz von der improvisirten Laffete abglitt und den Deich hinunter fiel. Die Boote gingen sodann nach Sylt und von dort bei Romö vor Auler. Die Dänen aber räumten infolge Befehls aus Kopenhagen schon in den nächsten Tagen sämmtliche Inseln mit Ausnahme von Fanö.

An der Ostküste von Schleswig geschah zur See ebenfalls nichts Erhebliches, nur daß zuweilen ein Kanonenboot bei der Halbinsel Broacker anlegte, um Verbindung mit den Einwohnern zu unterhalten. Dies zu verhindern, ließ Generallieutenant Bauer zwei 24 Pfünder nach der bisher nicht armirten Strandbatterie schaffen.

Als nun am 17. Mai gegen Abend ein Dänisches Kanonenboot sich wieder näherte, erhielt es Feuer und dampfte nach Abgabe einiger Schüsse nach Sonderburg zurück.

Allein kaum hatte in der linken Flügelredoute der in augenblicklicher Abwesenheit des Batteriechefs kommandirende Fähnrich die ersten Schüsse im Wenningbund gehört, als er ohne jegliche weitere Veranlassung das Feuer gegen die Dänischen Batterien am Alsen-Sund eröffnen ließ. Die Dänen antworteten sogleich, und der Kommandeur der Avantgarde, welcher nach der Batterie geeilt war, um das zwecklose Schießen zu verbieten, sah sich genöthigt, da der Feind sein Geschütz auch gegen die übrigen Werke nach der Düppeler Höhe spielen ließ, nunmehr das Feuer mit allen Batterien zu befehlen. So entspann sich eine fünfviertelstündige Kanonade; als aber dann von Deutscher Seite das Schießen eingestellt wurde, hörte auch bei den Dänen das Feuer sofort auf, welches wohl auf beiden Seiten ohne Wirkung geblieben war. Die Deutschen wenigstens hatten nur zwei Verwundete. — Seitdem dauerte die Ruhe im Sundewitt während des ganzen Monats Mai ununterbrochen fort, und wir dürfen uns wieder den Operationen in Jütland zuwenden.

Ereignisse in Jütland bis zum 12. Mai.

Unmittelbar an der Grenze stand die Holsteinische Division, dahinter die 3. (Preußische) mit der Reservekavallerie zur Linken und in dritter Linie die 1. Division mit der Bayerischen und der kombinirten Kurhessischen Brigade, zusammen:

37 Bataillone, 30 Eskadrons, 95 Geschütze, etwa 30 000 Mann.

Die Dänen, welche noch mit drei Brigaden auf Alsen standen, verfügten in Jütland nur über:

16 Bataillone, 16 Escadrons und 40 Geschütze, etwa 20000 Mann.

Trotz dieser Schwäche beabsichtigte General v. Bülow, zwei getrennte Stellungen zu vertheidigen, die bei Gudsö durch die Brigaden Moltke und Schleppegrell, die bei Alminde durch die Brigade Rye. Der bei der Stärke seines Gegners wohl mit großer Wahrscheinlichkeit vorauszusehende Rückzug sollte in auseinandergehender Richtung angetreten werden; die beiden erst genannten Brigaden sollten sich in diesem Fall östlich auf Fredericia dirigiren, die dritte in nördlicher Richtung auf Horiens ausweichen. Ihr sollte sich dann auch die gesammte Kavallerie anschließen.

Diese Anordnung kann unter dem militärischen Gesichtspunkt sehr bedenklich erscheinen: allein man darf nicht vergessen, daß es der Dänischen Regierung politisch wichtig war, den Krieg in die Länge zu ziehen, bei der inneren Zerrüttung Deutschlands und der Stimmung des Auslandes Zeit zu gewinnen und nie ihre gesammte Heeresmacht einem allgemeinen Engagement auszusetzen, in welchem sie eine völlige Niederlage erleiden konnte.

Wich General Rye auch bis hinter den Liim Fjord zurück, so war Jütland immer noch nicht als verloren zu betrachten, und Fredericia, wo der Gegner jedenfalls Halt machen mußte, bildete auch dann noch den Ausgangspunkt zu erneuerter Offensive.

Freilich, wenn die Deutschen zwei ihrer Divisionen vor diesem Platze stehen ließen, so blieb selbst nur die dritte stark genug, um bei kräftiger Verfolgung dem General Rye eine Katastrophe zu bereiten: denn die Defileen, welche bei geordneten Märschen seinen Rückzug schützten, konnten, wenn er gedrängt wurde, eine große Gefahr für ihn werden.

In der steten Erwartung einer bestimmten Willensäußerung aus Berlin hatte sich für General v. Prittwitz das Mißliche und Qualvolle seiner Lage fortwährend gesteigert. Die täglichen Befehle mußten mehr oder minder inhaltsleer ausfallen und konnten nur Vorbereitungsmaßregeln betreffen für einen immer noch hinausgeschobenen, entscheidenden Schritt. Auf Aller Antlitz war die Frage nach den Beweggründen hierfür zu lesen. Die Kommandeure machten vorstellig, daß die lange Unthätigkeit nachtheilig und gefährlich auf die Truppen wirke; die völlig entfesselte Presse erschöpfte sich in gehässigen Verdächtigungen gegen den Oberbefehlshaber der Reichsarmee; endlich begann auch die Landesverwaltung sich in die Angelegenheit zu mischen. Graf Reventlow und Herr Beseler sprachen bei persönlichem Erscheinen im Hauptquartier ihre Ansichten und Erwartungen aus. Dazu kam noch eine erneuerte Aufforderung aus Frankfurt, das Einrücken in Jütland nicht länger zu verzögern.

Der Reichs-Kriegsminister schrieb in einem am 2. Mai eingehenden Erlaß vom 28. April, daß die Centralgewalt Deutschlands überhaupt gar nicht in der Lage sei, auf einen Waffenstillstand einzugehen, wenn derselbe nicht auf einen längeren Zeitraum laute und die Bürgschaft für einen baldigen und ehrenvollen Frieden enthalte. Die bis jetzt gemachten Eröffnungen böten dafür keine Sicherheit. Eine bloß militärische Waffenruhe würde bei ihrem Ablauf nur eine noch unerträglichere Lage herbeiführen als die nach Kündigung des Malmöer Vertrags eingetretene. Die Centralgewalt könne sich nicht dazu verstehen, nach dem Belieben des Kopenhagener Kabinets die Kontingente der Bundesstaaten auf weite Entfernung zurück und wieder vorzuschicken, nicht dem Gegner die Wahl eines erneuerten Angriffs überlassen und nicht die Kosten für Unterhaltung einer zahlreichen Armee bis zu der Höhe anwachsen lassen, wo die Mittel Dänemarks nicht ausreichen würden, sie zu erstatten. — Nur durch mit großer Energie und Schnelligkeit zu führende, entscheidende Schläge, durch baldige Besetzung Jütlands und Flüssigmachung seiner Hülfsquellen zur Entschädigung für die Deutschen Schiffahrtsverluste sei eine Beendigung des jetzigen unhaltbaren Zustandes zu erreichen, jede andere Handlungsweise schließe große Gefahren und empfindliche Demütigung für das Vaterland in sich.

„Ew. Excellenz", schließt das Schreiben, „werden demzufolge hierdurch ersucht, mit Ihrer bekannten Energie und Umsicht die weiteren Operationen in vorbezeichneter Weise ungesäumt in Vollzug zu bringen und sich durch nichts von der Ausübung dieser wichtigen Pflicht gegen das gesammte Deutschland abhalten zu lassen."

Bei alledem glaubte General v. Prittwitz die Antwort auf sein dringendes, an den Ministerpräsidenten Grafen Brandenburg gerichtetes Schreiben vom 28. April abwarten zu sollen. Er war in altpreußischen militärischen Grundsätzen aufgewachsen, der Wille seines Königs und Kriegsherrn war für ihn entscheidend. War dieser mit seiner Verpflichtung gegen die Reichsgewalt unvereinbar, so mußte er aus einer solchen Stellung scheiden. — Ein schriftlicher, an die Centralgewalt gerichteter Antrag auf Entbindung von derselben war dem Ministerpräsidenten übersichtet und die Preußische Regierung hatte es also in der Hand, ihn jeden Augenblick zu beseitigen, wenn sein Handeln dem Staatsinteresse entgegenlief.

Ereignisse in Jütland bis zum 12. Mai.

Selbst wenn man in Berlin zwei Tage Zeit gebrauchte, um in dieser brennenden Frage Entschluß zu fassen, so mußte bis zum 4., spätestens 5. Mai eine Antwort erfolgen. General v. Prittwitz war entschlossen, diesen Termin noch abzuwarten, zugleich aber auch ihn als die Grenze seines Zauderns anzusehen.

Der Termin verstoß ohne Antwort, und der General meldete nun am 5. Mai nach Berlin wie nach Frankfurt, daß er den Befehl zum Einrücken in Jütland ertheilt habe. Die dafür verfügbaren Truppen, darunter die Preußische Division, würden am 6. bis an die Grenze rücken, am 7. dieselbe überschreiten.

Dem entsprechend konzentrirte sich die Schleswig Holsteinsche Division am 6. Mai um Seest, Bonsild und Dalby. Ihre Avantgarde verblieb in Kolding. Die 3. Division erhielt enge Kantonnements in Gjelballe, Stauderup, Hjarup und Edis; was dort keine Unterkunft fand, mußte bivakiren. Die Avantgarde bei Paaby war durch die Holsteinischen Vorposten maskirt. Die Reservekavallerie rückte bis Store-Andst, ihre Vorposten schlossen sich den Holsteinischen bei Mols Mühle an.

6. Mai.

Das Hauptquartier des Oberkommandos wurde nach Kolding verlegt und in einem am 13. April arg zerschossenen Wirthshause untergebracht. Hier erschien am Nachmittag der Premierlieutenant v. Hartmann vom Generalstabe mit den lang ersehnten Depeschen aus Berlin. Dieselben enthielten Nachrichten über die Auflösung der zweiten Kammer in Berlin, über die Anerkennung der neuen Reichsverfassung durch einige größere und zwanzig kleinere Deutsche Regierungen, während die Königreiche und das Großherzogthum Baden die Annahme verweigerten, über Versammlung von Bevollmächtigten der Letzteren, um in Betreff Bildung eines engeren Bundesstaats zu berathen und über Aufstellung von vier mobilen Divisionen in Görlitz, Halle, Erfurt und Wetzlar zur Sicherung gegen innere und äußere Feinde.

Zu seinem Schreiben sprach der Ministerpräsident Graf Brandenburg seine Meinung dahin aus, daß General v. Prittwitz in Betreff der Operationen den gesetzlichen Anforderungen der Centralgewalt Folge leisten müsse.

Es ist nicht zu leugnen, daß damit dem General die schwere Verantwortung, welche er auf sich geladen hatte, nur theilweise abgenommen wurde.

Wie die Centralgewalt sich zu den Schritten des Preußischen Kabinets verhalten werde, welche ihre Fortdauer in Frage stellte, blieb abzuwarten.

Gefecht bei Gudsö und Almind am 7. Mai.

Nach der von dem General v. Prittwitz ertheilten Disposition sollte am 7. Mai morgens 8 Uhr die Holsteinische Division östlich auf der Straße nach Fredericia vorgehen und sich des Abschnitts von Gudsö bemächtigen. Die Preußische Division sollte um 6 Uhr schon nördlich auf der Straße nach Veile abrücken und mit ihrer Avantgarde den Ort besetzen. Die Bayerische Brigade hatte Befehl, in die Kantonnements bei Kolding einzurücken, die Kurhessische die von ihr verlassenen Quartiere einzunehmen.

Zur Linken der Preußischen Division sollte ebenfalls um 6 Uhr die Reservekavallerie von Store Anbst aufbrechen und über Leierskov und Vester-Nebel nach Aagaard vorgehen, um so stets den feindlichen rechten Flügel zu umgehen, wobei aber das Land, über welches alle Karten fehlten, als gangbarer gedacht wurde, als es wirklich war.

Das Defilée von Gudsö bildet eine von Natur sehr feste Stellung und war von den Dänen durch alle Mittel der Kunst verstärkt: der Bach, welcher das Thal durchfließt, war zu einer Ueberschwemmung angestaut, die Häuser des Dorfes, am Fuß des östlichen Thalhangs, hatten sie mit Schießscharten und die Höhe dahinter mit Geschützemplacements und Schützengräben versehen.

Nahe östlich von diesem Thal überschreitet die Straße nach Fredericia ein zweites Thal, das der Spang-Aa, und auch hier hatte man bei Taulov-Kirche Verschanzungen für Infanterie und Artillerie angelegt, welche die eigentliche Hauptposition bildeten.

Beide Defileen wurden, außer der schon genannten, nur noch durch eine Straße überschritten, die weiter nördlich über Eltang und Süder-Vilstrup nach Havreballegaard führt.

Mit der Vertheidigung dieser Stellung war zunächst die Brigade Moltke betraut, welche jedoch in zwei Halbbrigaden getheilt war.

Der linke Flügel unter Major la Cour, 4 Bataillone, 2 Eskadrons, 8 Geschütze, stand bei Gudsö. Das Dorf selbst war durch 1 Bataillon, 4 Geschütze und 4 Espignolen besetzt, ein Bataillon stand auf Vorposten, der Rest als Reserve bei Krybily-Krug aufgestellt.

Der rechte Flügel, 3½ Bataillone, 4 Geschütze, unter dem Brigadekommandeur selbst, war eine halbe Meile weiter nördlich bei Süder-Vilstrup postirt, mit Vorposten auf der Linie Norder-Stenderup—Eltang. Dieses Detachement sollte westlich mit General Rye, aber freilich in der Entfernung von über dreiviertel Meilen, die Verbindung herstellen und für den Fall, daß der Feind Gudsö angriffe, offensiv in seiner linken Flanke vorgehen.

Für diesen letzteren Zweck war auch die Stellung der Halbbrigade wohlgeeignet, allein wenn sie selbst angegriffen und durch überlegene Kräfte gedrängt wurde, so war die Verbindung mit der anderen Halbbrigade gefährdet, da das Gudsö- wie das Elbe-Thal nur auf den Straßenübergängen passirt werden konnten.

Als Reserve für beide Flügel stand die Brigade Schleppegrell bei Havreballegaard.

Für den Fall, daß ein allgemeiner Rückzug nöthig wurde, sollte derselbe über Erritsö und Stoustrup auf Fredericia erfolgen, die Kavallerie jedoch über Bredstrup und Veile die Division Rye zu erreichen suchen, der man die gesammte Kavallerie zu überweisen beabsichtigte.

Diese Division hatte das tief eingeschnittene Thal des Alminde-Baches besetzt, welches eine Meile nördlich von Kolding parallel mit der Kolding Aa sich hinzieht und außer von der großen Straße über Alminde nur eine halbe Meile weiter westlich bei Dons-Mühle überschritten werden kann.

Bei Alminde stand die Avantgarde unter Oberst Flindt mit 1 Bataillon, 2 Esladrons, 4 Geschützen und 4 Espignolen, welche das Dorf selbst besetzt hielten und Postirungen über dasselbe hinaus vorgeschoben hatten.

Oberst Juel mit 2 Bataillonen, 4 Geschützen und 1 Kavalleriebrigade bildete den rechten Flügel südlich Aagaard und hielt die Dons-Mühle und Vester-Nebel besetzt.

Die Reserve unter Oberst Pfaff, 2 Bataillone, 2 Esladrons, 8 Geschütze, war bei Fredsted, eine halbe Meile rückwärts Alminde, versammelt und hatte eins ihrer Bataillone und die beiden Esladrons nach Starup vorgeschoben.

General v. Bülow selbst hielt bei Taulov Kirche, um das erwartete Gefecht zu leiten.

Die Avantgardenbrigade der Holsteinschen Division, der 2 Esladrons, eine 12pfündige Batterie und die beiden Pionier-Kompagnien beigegeben waren, stand um 8 Uhr bei Hoidsminde marschbereit. Die 1. und 2. Brigade folgten ihr mit der Reserveartillerie echelonweise von ihrem Rendezvous an der Straße südlich Kolding.

Die Dragoner fanden Nörre Bjert unbesetzt; man übersah von dort die Stellung des Gegners bei Gudsö.

Oberstlieutenant v. Zastrow ließ das 1. Jäger-Bataillon zum Angriff über Eltang vorrücken, während General v. Bonin das 2. Jäger-Bataillon links an diesem Ort vorbei, gegen den rechten Flügel des Feindes dirigirte, dessen Feldwachen sich nach kurzem Widerstand von Eltang auf Gudsö zurück zogen. Das 2. Jäger-Bataillon gelangte nach beschwerlichem Marsch über die Wiesengründe trotz des Feuers der feindlichen bei Bilstrup postirten Artillerie in gleiche Höhe mit dem ersten.

9½ Uhr v.   Von Gudsö her eröffneten die Dänen das Feuer aus 8 Geschützen, die noch durch zwei 24pfündige Granatkanonen verstärkt wurden.

Auch aus der Bucht von Gudsö betheiligte sich der Kriegsdampfer „Hertha" mit vier Kanonenbooten an dem Kampf, doch blieb dies Feuer bei der Entfernung von 4000 Schritt ganz ohne Wirkung.

Die Holsteiner antworteten aus 12 Geschützen, und es entspann sich nun auch das Tirailleurgefecht von beiden Seiten.

10 Uhr v.   Die 1. Holsteinsche Brigade war inzwischen bereits bei Nörre Bjert angelangt und die 2., welche ihr folgte, erhielt vom General v. Bonin Befehl, links auszubiegen und über Eltang gegen Bilstrup zu marschiren, um so die starke Stellung des Feindes in ihrer rechten Flanke kräftig anzufassen.

Als die Brigade sich dem bereits im Gefecht stehenden 2. Jäger-Bataillon genähert und ein ernster Kampf in Aussicht stand, räumte der Feind hier das Feld.

Abermals waren es die Vorgänge bei der Brigade Abe, welche auf das Verhalten der Hauptmacht des Generals v. Bülow zurückwirkten.

Die Avantgarde der 3. Division war um 6 Uhr aus dem Biwak bei Paaby aufgebrochen und hatte die Richtung nach Bramdrup eingeschlagen, um die Chaussee nach Veile zu gewinnen. Das Gros der Division folgte von Gjelballe über Eistrup, überschritt dort die Aa und erreichte noch vor 8 Uhr in der Höhe von Bramdrup den Punkt, wo der Weg über Dons nach Aagaard von der Chaussee sich abzweigt.

Zur Sicherung der linken Flanke und um der durch die sumpfige Nebel-Aa völlig isolirten Reserve-Kavallerie das Defilee von Vester-Nebel zu öffnen, detachirte hier General v. Prittwitz den Major Graf Westarp mit dem Füsilier-Bataillon 15. Regiments und zwei Eskadrons 8. Husaren-Regiments gegen Dons-Mühle.

Sowohl dort wie bei Alminde war man um 8½ Uhr auf den seit 4 Uhr in Position stehenden Feind gestoßen.

An der Mühle eröffneten die Dänen sogleich das Feuer mit vier Geschützen, denen Graf Westarp nur zwei entgegenzusetzen hatte. Ihr Führer, Lieutenant v. Schmeling, fiel, aber trotz noch sonstiger Verluste hielten sie im Kampfe aus. Die Westfälischen Füsiliere tirailliren mit der feindlichen Infanterie.

Graf Westarp hatte den Lieutenant v. Egloffstein mit einem Zuge Husaren nach Vester-Nebel abgeschickt, man fand aber die Brücke abgebrochen und die Furt durch Eggen ungangbar gemacht. Das Gefecht kam hier zum Stehen, die Mühle gerieth in Brand.

General v. Prittwitz ließ die Avantgarde des Obersten v. Schlegell, welche nach der erwähnten Entsendung nur noch aus 2½ Bataillonen, 2 Escadrons und 6 Geschützen bestand, durch zwei Kompagnien des 12. Regiments verstärken, die mit dem damals erst eben eingeführten Zündnadelgewehr bewaffnet waren.

Bei Alminde hatten die Dänen aus vier Geschützen das Feuer eröffnet. Die erste Kugel schlug in den Husarenzug, welcher die Spitze der Avantgarde bildete, und betäubte den Führer desselben durch den Luftdruck.

Oberst v. Schlegell nahm die Kavallerie zurück und schickte seine beiden Jäger-Kompagnien unter Major Graf Schliessen links, die beiden Kompagnien 12. Regiments unter Hauptmann v. Wussow rechts der Straße gegen das Defilée vor. Die Batterie Gallwitz fuhr in nur 1000 Schritt Entfernung von der feindlichen hinter einem Erdwall auf.

Bei diesem Vorgehen räumten die Dänen das Dorf, in welchem sehr 10 Uhr v. bald die Strohdächer in Brand gerathen waren, verließen das südliche Ufer des Baches und zogen sich in die auf dem nördlichen Thalrand vorbereiteten Emplacements und Schützengräben zurück.

Die Preußische Avantgarde setzte sich in Besitz von Alminde und wurde durch das 11. Husaren-Regiment verstärkt. Das Gros der Division formirte sich vorwärts Villeballe und folgte der Avantgarde.

Graf Westarp hatte inzwischen mit seinen Füsilieren Dons-Mühle umfassend angegriffen und genommen, wobei auch diese Mühle in Brand gerieth.

Die Meldung hiervon und überhaupt die Ueberlegenheit des Gegners bestimmten den General Ape, ein allgemeines Gefecht nicht anzunehmen.

Die Dänen, obwohl in günstiger Position, räumten um 11 Uhr das 11 Uhr v. Feld und zogen sich auf Vinf und demnächst nach dem Waldrand bei Starup zurück.

General Ape machte hiervon der ihm zunächst stehenden Brigade Moltke in folgenden Worten Mittheilung:

„Da meine rechte Kolonne gemeldet, daß sie große Kolonnen sich gegenüber hat, so daß sie zurückgehen muß, ziehe ich mich jetzt in den Wald nördlich Vinf ab."

Diese Meldung bestimmte auch die Halbbrigade Moltke, einen jetzt unmittelbar drohenden Angriff auf Vilstrup nicht erst abzuwarten. Sie zog sich durch das Dorf zurück und erhielt vom General v. Bülow Befehl, das Elbo-Thal zu überschreiten und Stellung bei Taulov-Kirche zu nehmen.

Ein solcher Linksabmarsch angesichts der bereits formirten zwei Holsteinschen Brigaden und im Feuer des 2. Jäger-Bataillons konnte nur durch immer zunehmende Beschleunigung der Bewegung ermöglicht werden.

1 Uhr a.   Die Infanterie passirte so um 1 Uhr das Elbo-Thal, aber sie langte dann auch in einem Zustand der Auflösung bei Taulov-Kirche an, daß General v. Bülow selbst einschreiten mußte, um die Ordnung nur einigermaßen herzustellen. Da die Artillerie das Bruchland nicht passiren konnte, war sie direkt nach Havreballegaard zum General v. Schleppegrell geschickt worden.

Jetzt entstand auch in der bei Gudsö postirten Halbbrigade die nicht unbegründete Besorgniß, durch das Vordringen, insbesondere des 2. Jäger-Bataillons, in ihrer rechten Flanke umgangen und abgeschnitten zu werden.

Die Artillerie der Holsteinschen Avantgarde feuerte mit großer Wirkung. Binnen ganz kurzer Zeit wurden zwei Dänische Geschütze demontirt, eine Protze war in die Luft geflogen.

In einer anderen Halbbatterie waren nach wenig Schüssen 7 Mann und 9 Pferde außer Gefecht gesetzt. Das Dorf Gudsö stand in Flammen.

Anscheinend ohne höheren Befehl wichen erst kleinere Abtheilungen zurück, dann fuhren Geschütze aus ihren Positionen ab, und bald war die ganze Stellung geräumt. Gedrängt von der feindlichen Infanterie durchschritten die letzten Abtheilungen das Elbo-Thal, und die Halbbrigade sammelte sich erst in den Verschanzungen auf dem jenseitigen Thalrand bei Odbersted und Krobilu Krug.

Wären die Truppen in guter Ordnung dort angelangt und wäre die Brigade Schleppegrell von Havreballegaard zu ihrer Aufnahme dorthin vorgerückt gewesen, so hätte ein ernstlicher Widerstand in dieser überaus starken Stellung geleistet werden können.

2 Uhr a.   Angeblich wegen der Meldung des Generals Rye, hauptsächlich aber wohl mit Rücksicht auf das, was unter seinen Augen vorging, befahl General v. Bülow den allgemeinen Rückzug nach Fredericia.

Zunächst wurde die Artillerie aus dem Feuer genommen, dann folgten beide Halbbrigaden Moltke über Stoustrup und auf dem Strandwege; zuletzt folgte General Schleppegrell. Derselbe hatte die beiden Eskadrons, welche beim Rückzug zum General Rye stoßen sollten, zurückbehalten, um etwaigen feindlichen Kavallerieangriffen zu begegnen. So gelangten sie nach ter Festung und verblieben demnächst mit den beiden Husaren Escadrons wohl ohne sonderlichen Nutzen während des übrigen Theils des Feldzuges auf Fünen. Eine Abtheilung des 6. Reservebataillons hatte sich nach Snoghöj gewandt und schiffte sich auf dem Dampfer „Caroline Auguste" und einigen Schleppschiffen direkt nach Fünen ein.

Das 10. Schleswig Holsteinische Bataillon erreichte Snoghöj um 5 Uhr; eine 12 Pfünder-Batterie hatte vergeblich versucht, das Schiff zu erreichen, dessen Feuer ebenfalls ohne Wirkung blieb. Selbst von Fünen her feuerte die Strandbatterie bis zum Eintritt der Dunkelheit, aber ohne allen Erfolg.

Die Dänen erreichten zwischen 5 und 6 Uhr Fredericia, wo sie die Nacht größtentheils bivakirend zubrachten. Ihre Vorposten standen an der Inundation und nicht über eine Viertelmeile vom Platz entfernt.

Erst um 8 Uhr abends rückte die Avantgardenbrigade v. Jastrow bei Erritsö ins Biwak. Die 2. Brigade lagerte bei Stonstrup und schob ihre Vorposten über diesen Ort hinaus bis auf Kanonenschußweite an die Festung heran. Dahinter bivakirte die 1. Brigade, welche an diesem Tage nicht zur Aktion gelangt war, ebenso die Kavallerie und Reserveartillerie bei Bredstrup. General v. Bonin nächtigte bei den Vorposten in Sönderbygaard.

Weit früher schon war das Gefecht der 3. Division auf der Straße nach Beile erloschen. Am südlichen Saum des Waldes nördlich Vinf hatten die Dänen durch ihre Reserve Aufnahme gefunden und noch eine Zeit lang standgehalten, bald aber sahen sie sich von beiden Seiten durch die feindliche Infanterie umfaßt.

Schon um 1½ Uhr gingen sie fechtend durch das Gehölz zurück, und hier war es, wo vor seiner Tirailleurlinie Major Graf Schlieffen fiel.

Die Truppen der 3. Division waren bis zu den nördlichen Ausgängen durchgedrungen, es entspann sich dann noch ein ziemlich lebhaftes Infanterie- und Artilleriefeuer, in welches die Batterie Gallwitz umsichtig und kräftig eingriff.

Als der Feind auch seine letzte Position aufgab, beschoß noch die Artillerie die auf Beile abziehenden Kolonnen.

Die Truppen hatten 9 bis 10 Stunden marschirt und gefochten, und man glaubte nunmehr Halt machen zu sollen, obwohl Beile, das beabsichtigte Ziel, nicht erreicht worden war.

Die Avantgarde machte bei Höien Halt. Das Gros ging nach Fredsted südlich des Waldes zurück und bezog dort Biwak.

Das Hauptquartier des Generals v. Hirschfeld kam nach Vinf, wo

General v. Prittwitz hatte nächtigen wollen, und Letzterer kehrte nach Kolding zurück.

Eine Verfolgung des Feindes konnte an diesem Tage schon deshalb nicht mehr stattfinden, weil die Kavallerie des Obersten v. Ledebur nicht zur Hand war. — Auf ihrem isolirten Marsch war sie, nachdem Alminde und Dons-Mühle vom Gegner geräumt, zwar vor Aagaard angelangt, wo die feindliche Kavallerie hielt, es kam aber zu keinem Engagement, weil man den Ort durch zwei Dänische Kompagnien besetzt fand, unter deren Schutz Letztere sich zurückgezogen hatten. Erst nach beendigtem Gefecht wurde dem Obersten v. Ledebur das Füsilier-Bataillon 15. Regiments zur Verfügung gestellt. Er verblieb bei Aagaard und schob nur seine Avantgarde nach Ammitsböll vor.

Die Division Rye hatte ihre Vorposten bei Höien, Haraldskjaer und Bingsted-Mühle stehen lassen, war durch Veile zurückgegangen und bezog Quartiere nördlich der Stadt.

Die Verluste beider Parteien sind aus der Anlage Nr. 13 ersichtlich.

Es ergiebt sich aus dieser Uebersicht, daß die Dänen 30 pCt. mehr verloren als ihre Gegner, zugleich aber auch, daß das Engagement der Schleswig-Holsteinschen Division ein weit ernsteres gewesen ist als das der Preußischen, da erstere dreimal so viel Todte und Verwundete hatte als letztere.

Für den folgenden Tag erließ General v. Prittwitz die nachstehende Disposition:

„Morgen, den 8. d. M. wird die Bewegung in der Art fortgesetzt, daß die Reservekavalleriebrigade früh 7 Uhr über Ammitsböll, Ödsted, Kjelkjaer und Bresten-Kirche vormarschirt, um den etwa bei Veile noch haltenden Feind stets in der rechten Flanke nehmen zu können.

Die Preußische Division wird auf der Chaussee gegen Veile vorrücken, ihren Angriff jedoch nicht zu sehr beschleunigen, um der Reservekavallerie die nöthige Zeit zum Vorrücken zu lassen. Sie wird Veile nehmen, mit dem Gros besetzen und eine Avantgarde in der Richtung auf Hedensted vorschieben.

Der General v. Bonin sucht den im Tagesbefehl vom 6. d. M. bezeichneten Terrainabschnitt*) zu gewinnen und sich in demselben festzusetzen.

Die erste Division bleibt stehen, ist jedoch dazu bestimmt, eine Unterstützung da zu gewähren, wo solche erforderlich sein möchte. Es ist dazu zunächst die Bayerische Brigade zu verwenden, bei ihrem etwaigen Vormarsch jedoch die Hessische Brigade nach Kolding heranzuziehen.

---

* Kradrup-Gudsö-Haudsminde.

Der General v. Bonin hat einen etwaigen Antrag auf Unterstützung unmittelbar an das Kommando der 1. Division nach Kolding zu richten, mir jedoch sofort Meldung davon zu machen.

Ich werde mich morgen bei der Preußischen Division befinden."

Aus dieser Disposition ist ersichtlich, daß im Hauptquartier noch nicht bekannt war, daß der rechte Flügel am 7. schon erheblich über das ihm gesteckte Ziel hinausgegangen, während der linke hinter dem seinigen zurückgeblieben war; ferner, daß von der überhaupt nur fünf Bataillone starken Division Ahe bei Veile am folgenden Tage noch ein Widerstand erwartet wurde, zu dessen Bewältigung vielleicht sogar die 1. Division herangezogen werden mußte.

Der Aufbruch der Division Hirschfeld am 8. Mai erfolgte erst um 8¼ Uhr. Wie am Tage von Schleswig fand eine Ablösung der Truppen der Avantgarde statt, „um auch anderen Truppen Gelegenheit zu geben, an den bevorstehenden Gefechten theilzunehmen."

Gefecht bei Veile am 8. Mai

Schon die vorausgeschickten Patrouillen fanden dann auch die von den feindlichen Vorposten während der Nacht besetzt gehaltenen Ortschaften bereits geräumt, und erst gegen 11 Uhr stieß die Spitze der Division bei Petersholm auf die Dänische Arrieregarde, welche ruhig durch Veile zurückging und sich am Waldrande jenseits mit ihrem Gros vereinigte.

Die Stadt liegt in dem tiefeingeschnittenen Thale der Veile-Aa, nahe deren Ausmündung in den Fjord gleichen Namens. Dieser und sumpfige Wiesen machen einen Uebergang unterhalb des Orts unmöglich. Oberhalb desselben liegt die erste Brücke über den nicht zu durchfurtenden und von bruchigen Wiesen begleiteten Bach, dreiviertel Meilen westlich entfernt bei Slibed-Kirche; dann folgen Uebergänge bei Kjaerbölling und Vingsted Mühle.

Die bewaldeten Thalhänge auf beiden Ufern erheben sich steil zu mehr als 100 Fuß Höhe, und ihre oberen Ränder sind reichlich eine Viertelmeile von einander entfernt. Das ebene und freie Plateau im Norden wird durch ein zweites tiefes und bewaldetes Thal, das des Greis Baches, durchsetzt, welcher in senkrechter Richtung auf die Veile Aa zufließt und ganz nahe oberhalb der Stadt in letztere mündet.

Eine Vertheidigungsstellung auf dieser Hochfläche bietet daher große taktische Vortheile. Sie ist in ihrer linken Flanke überhaupt nicht zu umgehen, in der Front sehr stark und gewährt dem rechten Flügel eine sichere Anlehnung, die erst bei Holm-Mühle, dreiviertel Meilen den Greis-Bach aufwärts, durch Abtheilungen aus gemischten Waffen überschritten werden kann. Ueberdies war diese Position noch vom vorigen Jahre her verschanzt. Die Batterien auf dem nördlichen Höhenrande können vom südlichen der Entfernung wegen nicht mit Erfolg beschossen werden. Hingegen beherrscht der Vertheidiger das ganze Thal, in welches der Angreifer hinabsteigen muß, um ihm näherzukommen.

Die Dänen hatten auf dem Thalrande nördlich Veile 6 Kompagnien und 4 Geschütze aufgestellt und den unteren Waldsaum durch Tirailleure besetzt. Dahinter standen 6 Kompagnien und 8 Geschütze bei Lille Grundet im zweiten Treffen und 4 Kompagnien als Reserve da, wo eine Viertelmeile vor der Stadt die Straße sich nach Horsens und Viborg verzweigt. In ihrer rechten Flanke hatten sie Helm-Mühle und Greis-Mühle durch ein Bataillon besetzt; auch die Kavalleriebrigade Juel, 8 Escadrons und 4 Geschütze, westlich nach Jellinge detachirt, von wo dieselbe Beobachtungstruppen gegen die obere Veile-Aa vorschob.

Die Infanterie der Preußischen Avantgarde hatte, ohne Widerstand zu finden, Veile besetzt, da die Dänen, aus Rücksicht für die eigene Stadt, ihr Feuer nicht gegen dieselbe richteten. Einige Barrikaden in den Straßen wurden bald aufgeräumt, sobald aber die 9. Kompagnie des 12. Regiments den Versuch machte, aus dem Ort zu debouchiren, wurde sie mit einem so heftigen Artillerie- und Tirailleurfeuer überschüttet, daß man sich begnügen mußte, die äußersten Gehöfte besetzt zu halten.

11 Uhr v. Kavallerie und Artillerie der Avantgarde waren einstweilen auf dem Windmühlenberge südlich Veile stehen geblieben, weil für sie weiter vorwärts keine Wirksamkeit zu finden war; dort traf nun auch um 11 Uhr das Gros der Division ein. General v. Prittwitz befahl Halt zu machen und abzukochen.

Die Stellung des Feindes war in der Front offenbar nicht ohne große Opfer zu nehmen, und man hoffte, daß das Erscheinen des Generals v. Ledebur in der rechten Flanke des Feindes diesen bestimmen werde, seine Stellung aufzugeben.

Damit aber war für die Sache selbst in der That wenig gewonnen. Es kam darauf an, den General Rye von seiner Rückzugslinie nach dem nördlichen Jütland, welche immer aufs Neue starke Defensivstellungen darbot, ab und gegen das Meer zu drängen. General v. Ledebur, mit nur drei Kompagnien und der Kavallerie, konnte den Gegner wohl zurück manövriren, aber er war zu schwach, um ihm den Weg zu verlegen. Nur ein Umfassen des rechten Flügels der Dänen, während man sie in der Front beschäftigte und die Kavallerie sie umging, hätte zu wirklicher Entscheidung geführt, ein immerhin schwieriger, aber bei der Stärke der Division wohl nicht unausführbarer Angriff. Ueberdies wurde es Mittag, und General v. Ledebur erschien nicht. Es wurde nun ein Offizier mit dem Befehl an ihn abgeschickt, von Bresten-Kirche aus, auf der Höhe verbleibend, die Richtung gegen Greis einzuschlagen. Zugleich erhielten jetzt die beiden Eskadrons der Avantgarde nebst zwei Geschützen Befehl, die Beile-Aa oberhalb bei Slibed-Kirche zu überschreiten. Es konnte so wenigstens die Verbindung mit der Kavalleriebrigade aufgefunden und ihr eine Verstärkung an Artillerie zugeführt werden.

Als diese Brigade bis Pingsted-Mühle angelangt war, fand sie die Brücke über den nicht unbedeutenden Bach völlig abgebrochen und mußte längere Zeit auf deren Herstellung warten.

Oberst Juel, welcher seine Postirungen an der Beile Aa bei Annäherung des Feindes nach Jellinge zurückgenommen hatte, meldete dem General Ave den Anmarsch einer starken Kolonne in nordöstlicher Richtung. Jeden Zusammenstoß sorgfältig vermeidend, nahm er sodann seine beobachtende Stellung rückwärts bei Pindeley, wo er auch nicht weiter beunruhigt wurde.

General v. Ledebur hatte den oben erwähnten Befehl des Kommandirenden nicht mehr erhalten, da er keinen Kanonendonner hörte, das Gefecht für beendigt gehalten und den Weg über Slibed-Kirche auf Beile eingeschlagen, in der Absicht, womöglich die Höhe später wieder zu gewinnen. Es zeigte sich aber, daß die zunehmende Steilheit des bewaldeten Thalhanges dies nicht mehr gestattete, und so gelangte die Brigade, unterwegs durch theilweise zerstörte Brücken noch vielfach aufgehalten, schließlich bis zum Thal des Greis-Baches, also fast bis vor die Front des Feindes. Die beiden Eskadrons der Avantgarde waren bei Annäherung der Kavalleriebrigade zurückgekehrt.

Allein die Meldung des Obersten Juel hatte genügt, um General Ave zu bestimmen, seinen Rückzug anzutreten. Er hatte einen Tag gewonnen und in richtiger Erkenntniß seiner Aufgabe wohl überhaupt nicht die Absicht, sich durch ernsten Widerstand einer Umfassung auszusetzen, die, wenn er stehen blieb, der Gegner für den folgenden Tag mit besserem Erfolg vorbereiten konnte.

Allmählich fingen die Dänischen Batterien an, den Thalrand zu verlassen, um weiter rückwärts wieder Stellung zu nehmen.

Der Kommandeur der Avantgarde, Oberst v. Schlegell, ging nun zum Angriff vor. Die 9. Kompagnie des 12. Regiments, welche tags vorher irrthümlich zu weit rechts vom Bataillon abgekommen und deshalb während der Nacht beim Gros der Division verblieben war, kann die 1. Jäger-Kompagnie durchschritten rasch die kleine Ebene und vertrieben die feindlichen Schützen vom unteren Waldsaume. Das Landwehr-Bataillon Krotoschin folgte, wurde aber beim weiteren Ersteigen der Höhe durch die Infanterie von oben lebhaft beschossen. Das Bataillon Posen rückte auf der großen Straße vor und warf sich, da diese längs der Berglehne durch Granaten aus einer Verschanzung bestrichen wurde, rechts in den Wald, wo es jedoch lebhaften Widerstand fand. Dagegen war es unter Betheiligung der übrigen Infanterie der Avantgarde gelungen, den Thalhang weiter links im Norden von Veile zu ersteigen. Hier aber stand der Feind zwischen seinen Schanzen auf-marschirt.

2½ Uhr a. Es fuhren nunmehr die vom Mühlenberg südlich Veile herbeigeholten vier Geschütze auf, geriethen aber sogleich in das Feuer der hier weit über-legenen Dänischen Artillerie.

Inzwischen war auf Veranlassung des Obersten v. Schlegell Major v. Hülsen, welcher mit dem Füsilier-Bataillon 15. Regiments und zwei Bayerischen Escadrons die Avantgarde des Generals v. Ledebur gebildet hatte, im Kreis-Grunde vorgegangen und hatte mit seinen Füsilieren den Thalhang in der Richtung auf Store Grundet erstiegen, während die Chevaurlegers einen engen steilen Weg langsam verfolgten. Das Bataillon fand oben in einer mulden-artigen Vertiefung eine günstige Deckung, von welcher aus es in musterhafter Weise in Kompagniekolonnen, den rechten Dänischen Flügel umfassend, vorging. Nach lebhaftem Schützengefecht schritt die 11. Kompagnie zum Bajonett-angriff, nahm das dem Gegner als Anlehnung dienende Gehölz und drängte ihn in fast südlicher Richtung zurück. Unglücklicherweise waren weder die beiden Escadrons der Avantgarde noch die Reservekavallerie zur Hand. Letztere war bei ihrem Vormarsch über Hornstrup auf immer neue Hindernisse gestoßen. Indeß verursachte die Niederlage des Dänischen rechten Flügels nicht geringe Bedrängniß für den linken. Dort tiraillirte noch das 1. Jäger-Bataillon im Walde gegen die 9. Kompagnie des 12. Regiments und das Bataillon Posen, und noch weiter links befand sich das 2. Bataillon, welches zur Verhinderung einer kaum denkbaren feindlichen Umgehung längs des Strandes entsendet worden war. Beide konnten sich der Gefahr, abgeschnitten zu werden, nur durch den eiligsten Rückzug über Bredballe und Engum ent-ziehen, wobei das letztgenannte Bataillon 40 Nachzügler verlor, welche in Gefangenschaft geriethen.

Dem Major v. Hülsen leistete eine Halbbatterie des Gegners weiter rückwärts noch eine Zeit lang Widerstand, fuhr aber ab, als ihr Führer, Hauptmann Götsche, gefallen. Mit der Avantgarde v. Schlegell rückte er 5 Uhr a. dem abziehenden Gegner noch eine Strecke nach. Eine weitere Verfolgung fand jedoch nicht statt; denn als die Preußische Kavallerie auf dem Gefechts- felde eintraf, hatten die Dänen schon einen weiten Vorsprung gewonnen und der Tag war zu Ende.

Die Avantgarde bezog Biwaks und setzte ihre Vorposten vom Fjord bei Bredballe bis zur Straße nach Viborg aus. Das Gros war in Veile ein- gerückt, wo General v. Hirschfeld sein Hauptquartier nahm. Die Kavallerie ging auf das südliche Ufer der Aa zurück, und die Reserve blieb in Höien stehen. General v. Prittwitz kehrte nach Kolding zurück.

Die Dänische Kavallerie, welche seit mehreren Stunden keinen Feind mehr vor sich gesehen hatte, war gegen Abend abmarschirt und hatte sich bei Hedensted wieder mit dem Gros vereint, welches sodann hinter den Elsted Bach zurück ging. Die Vorposten blieben dort stehen und erstreckten sich von der Gjedsager-Aa über den Ussinggaard Wald, Elsted und Østrup bis Udstrup. General Rye nahm sein Hauptquartier in Tørsted.

Die Verluste waren auf beiden Seiten gering, am stärksten beim Bataillon Krotoschin.

Die Landwehr hatte sich in jener Zeitperiode mehr oder minder bei der Einberufung widerwillig, auf dem Marsch unlustig gezeigt, sich aber im Gefecht vortrefflich bewährt, namentlich das Bataillon Posen.

Verlustliste siehe Anlage Nr. 15.

General v. Prittwitz erließ noch am Abend des Tages die nachstehende Disposition:

„Nachdem die Preußische Division heute in den Besitz von Veile gelangt ist, hat dieselbe ihre Operationen in der Richtung auf Horsens fortzu- setzen, zu welchem Behufe ihr die Reservekavalleriebrigade zur Disposition gestellt wird.

Die Holsteinischen Truppen bleiben vor der Hand zur Einschließung von Fredericia bestimmt. Ebenso bleibt die 1. Division in der inne habenden Stellung und erhält die im Tagesbefehl vom gestrigen Tage zugewiesene Aufgabe.

(gez.) v. Prittwitz."

Diese Disposition forderte allerdings die 3. Division zu einer kräftigen Verfolgung keineswegs dringend auf. Wie General v. Hirschfeld die Weisung:

„die Operationen in der Richtung auf Horsens fortzusetzen", auffaßte, geht aus seinem Tagesbefehl hervor:

„Die Avantgarde sucht morgen, den 9. Mai, einen Abschnitt gegen Hedensted zu gewinnen, wenn sich dies ohne zu große Opfer an Menschen thun läßt. Die Reservekavallerie wird die Vorbewegung auf geeignete Weise unterstützen und hat sich deshalb mit dem Kommandeur der Avantgarde in Verbindung zu setzen.

Das Gros bleibt in Veile.

Die Reserve bezieht enge Kantonnirungen in Haraldsijaer, Bilstrup und Höien."

Hiernach sollte nur allein die Avantgarde eine Meile vorrücken, und auch das nur bedingungsweise.

9. Mai. Sie brach um 9 Uhr auf, fand keinen Feind und bezog, soweit Unterkunftsräume vorhanden, Kantonnements bei Hedensted, mit den Vorposten bei Sebberupgaard, die Kavallerie bei Remmerslund.

Der Divisionskommandeur war übrigens mit der Ausführung der beabsichtigten Umgehung des Feindes durch die Kavallerie unzufrieden gewesen. Er hatte sie in einem größeren Bogen bewerkstelligt sehen wollen, während General v. Ledebur, eingedenk der erfolglosen Versuche dieser Art an beiden vorangehenden Tagen, befürchten mußte, durch abermaliges vereinzeltes Vorgehen auch heute keine Hülfe leisten zu können, wenn sie beim Gros der Division nöthig wurde.

General Rye war bereits am Morgen von Horsens hinter die Hansted Aa zurückgegangen. Dort verblieb er mit 3 Bataillonen, 4 Eskadrons, 10 Geschützen; Oberst Juel hingegen mit 2 Bataillonen, 8 Eskadrons, 6 Geschützen marschirte westlich nach Östbirk und bis zur Guden-Aa. Seine Vorposten dehnten sich über Rask bis zur Byglholm Aa aus, deren Brücken zerstört wurden. Beide Hälften der Brigade standen über zwei Meilen auseinander, und nur eine kleine Postirung in Ruudum vermittelte die Verbindung.

10. Mai. General v. Hirschfeld wollte am 10. mit der Avantgarde und der Kavallerie in der Richtung gegen Horsens weiter vorgehen und würde sonach erst am 10. in der bereits am 8. vom Feinde verlassenen Stadt angelangt sein. Aber morgens 2 Uhr früh ging vom General v. Prittwitz die Weisung ein, daß die Division nicht nach Horsens marschiren, sondern in und bei Veile verbleiben solle. Avantgarde und Reserve hätten Stellung auf den Straßen nach Horsens und Rim zu nehmen, wobei möglichst auf die Bequemlichkeit der Truppen zu rücksichtigen sei.

Demnach hielt die 3. Division heute Ruhetag, die feindliche nicht minder, wenngleich sie durch diejenigen Preußischen Abtheilungen alarmirt wurde, welche erst nach ihrem Aufbruch Gegenbefehl erhielten.

Am 11. Mai war eine größere Rekognoszirung angeordnet, um „Aufklärung über den Verbleib des Feindes" zu verschaffen und ihn durch Besorgniß für seine rechte Flanke zum Verlassen von Horsens zu bewegen.

11. Mai.

Oberst v. Schlegell ging mit 2½ Bataillonen, 2 Escadrons, 4 Geschützen um 6 Uhr früh auf der Straße von Horsens vor, Oberst v. Heilbronner mit den beiden Füsilier Kompagnien 15. Regiments, 4 Escadrons Chevauxlegers und 3 reitenden Geschützen auf dem Wege von Rim.

Ersterer fand Horsens und die Bygholm Aa mit Infanterie besetzt, Letzterer war nur auf Kavalleriepatrouillen gestoßen; Beide kehrten nachmittags in ihre Kantonnements zurück.

Am 12. herrschte vollständiger Stillstand.

Es war dem General Rye gelungen, seinen Rückzug gegen sehr überlegene Kräfte ohne nennenswerthen Verlust zu bewerkstelligen. General v. Prittwitz schien auf die weitere Verfolgung keinen Werth zu legen.

Das Einrücken in Jütland war von der schon in ihrer eigenen Existenz bedrohten Reichsbehörde befohlen, von Preußischer Seite nur durch den Ministerpräsidenten als Nothwendigkeit nachgegeben. Der Preußische General konnte nicht mit freudigem Herzen auf eine Operation eingehen, von welcher sein König ernste Verwickelungen besorgte. Diese schwierige Lage des Kommandirenden, dessen Thatkraft und Entschlossenheit sich unter allen Veranlassungen so glänzend bewährt hatten, muß Vieles in dem Verlauf einer Unternehmung erklären, die nicht ohne Demüthigungen enden sollte.

Wie vollständig General v. Prittwitz erkannte, daß nur die Eroberung von Jütland den Krieg gegen Dänemark beendigen könne, beweist die Eingabe, welche er schon unter dem 8. April an das Reichsministerium gerichtet hatte. Aber die politischen Verhältnisse hatte er nicht zu beurtheilen, nur zögernd war er an die Ausführung des eigenen Planes gegangen und nicht ohne die dringendste Nothwendigkeit wollte er weitere Schritte in dieser Richtung thun.

Während man so den erreichten Feind entschlüpfen ließ, mußte General v. Bonin sich gegen den nicht erreichbaren ab.

Die Unternehmungen gegen Fredericia.*)

Die Seeverbindung mit Fünen und die Werke des Platzes machten die Stellung der Dänen in Fredericia unangreifbar, denn zu einer wirklichen Belagerung war das Deutsche Heer in keiner Weise ausgerüstet.

Offenbar hätte die Offensive der 3. Division, die Defensive der Holsteinischen zufallen müssen. Nichtsdestoweniger trat dort ein ganz passives Verhalten ein, während hier General v. Bonin eine ernstliche Thätigkeit entwickelte. Derselbe war, wie wir gesehen haben, am Abend nach dem Gefecht bis unmittelbar vor Fredericia gerückt, und die gleich am folgenden Tage vorgenommenen Rekognoszirungen ergaben bald, daß der Platz in gutem Vertheidigungszustand sich befand.

Derselbe liegt auf einer in den Kleinen Belt hineinragenden Landspitze und ist, hierdurch nur von Westen und Norden angreifbar, nach diesen Seiten durch eine sanft gekrümmte, bastionirte Erdbefestigung von sehr bedeutendem Profil mit nassen Gräben umschlossen. Von dem nördlich gelegenen Traelle Wald zieht sich eine Terraineinsenkung ziemlich parallel mit der Haupt enceinte hin, welche vor der Nordfront dem Angriff einige Deckung gewährt, weiter abwärts aber das Becken für eine Anstauung bildet, welche die Westfront deckt. Nur die beiden Straßen nach Kolding und Snoghöj überschreiten diese eine Viertelmeile lange und 200 bis 300 Schritt breite Innundation, sie waren durch besondere Werke geschützt. Neben der südlichen, welche in dammartiger Erhöhung den Abfluß der künstlichen Ueberschwemmung hindert, lag ein noch unvollendetes Blockhaus, welches das offensive Vorgehen nach Süden zwischen Straße und Strand ermöglichen und die Verbindung mit Snoghöj sichern sollte, daher von großer Wichtigkeit war.

Der Belt ist bei Fredericia 2000, bei Snoghöj 1000 Schritt breit, und es konnte sich überhaupt fragen, ob die Festung nicht besser am letzteren Punkt erbaut worden wäre. Immerhin konnte eine bei Strib auf Fünen angelegte Batterie von vier 36 Pfündern und acht langen 84 Pfündern das Terrain im Westen des Platzes unter wirksames Feuer nehmen. Außerdem hätten Kanonenboote, sowohl südlich in der Mölle Bucht wie nördlich in der Ausmündung des Belts stationirt, jeden Angriff flankiren können.

Im vorigen Feldzuge war Fredericia in sehr vernachlässigtem Zustande dem General v. Wrangel ohne Widerstand überlassen worden; damals wurde die an der Ostspitze liegende, mit schmalem Glacis umgebene, kleine Citadelle

---

*) Hierzu Plan 6.

geschleift. Oberst Lunding hatte aber während des Monats April mit großer
Thätigkeit für die Instandsetzung der Festung gewirkt. Sie war ausreichend
mit schwerem Geschütz versehen und zeigte zahlreiche frisch eingeschnittene
Schießscharten. Augenblicklich war der Platz durch die zurückgewichenen beiden
Divisionen überfüllt. 40 Dampf- und Segelschiffe waren aber beschäftigt, diese
nach Fünen überzuführen. Zur Garnison waren, außer 500 Artilleristen und
100 Pionieren, 7 Bataillone bestimmt, von denen eins zum Artillerie- und
Ingenieurdienst abgegeben war. Täglich wurde ein Bataillon von Fünen her abgelöst, so daß jedes nach siebentägigem Dienst fünf Tage Ruhe auf der Insel genoß.

Werfen wir noch einen Blick auf die Umgebung von Fredericia, so sehen
wir Rands-Fjord und die Gudsö-Bucht durch das sumpfige Elbo-Thal verbunden, den Platz in der Entfernung von etwas mehr als einer Meile nach
der Landseite rings umgebend. Nur wenige Straßen und eine drei bis vier
Fuß tiefe Furt nahe der Ausmündung des Fjords verbinden das so ab-
geschnittene Vorterrain der Festung mit dem Kontinent von Jütland.

Wollte man zur wirklichen Eroberung dieses Landes ausreichende Kräfte
verfügbar machen, so genügte sogar die Holsteinsche Division, um ein
offensives Vorgehen des Gegners aus Fredericia zu verwehren, wenn sie hinter
dem eben bezeichneten starken Abschnitt eine konzentrirte Aufstellung nahm.

General v. Bonin aber, welcher schon über denselben hinaus verfolgt
hatte, blieb auch jenseits stehen. Seine Avantgarde kantonnirte in dem großen
Dorfe Erritsö, welches allerdings durch einen nicht zu passirenden Sumpfstrich
gegen Ueberfall gesichert, aber auch im Feuer des Platzes, der Batterie bei
Strib und der Schiffe lag. Die Avantgarde besetzte Snogböi und bewachte
den Strand von dort an.

Die 2. Brigade stand mit ihrem Gros in Stenstrup, die Vorposten von
Vogelsang bis Bredstrup. Das Wäldchen vor erstgenanntem Ort ist der
Einsicht von der Festung aus entzogen und durch einen Sumpfstrich gegen
Ueberfall von dort geschützt. Es steht in Wegeverbindung mit Erritsö und
der Straße nach Veile. Die 2. Brigade biwakirte dahinter um Heise Krug, und
hinter ihr stand das 2. Dragoner Regiment bei Torp, das 1. bei Bredstrup.

Nachmals lösten sich beide Infanteriebrigaden ab, die Kavallerie wurde
in ausgedehntere Quartiere hinter dem Elbo-Thalabschnitt gelegt, und die Biwaks verwandelten sich in ein Hüttenlager, zu welchem die Bretter und das
Stroh geliefert wurden. Das Hauptquartier befand sich in Sönderbygaard,
wo auch die beiden Pionier Kompagnien lagerten. Die Munitionskolonne
und eine 12 Pfünder-Batterie wurden von Kolding nach Heirup herangezogen.

Diese Stellung war unstreitig eine exponirte. Die Vorposten standen den feindlichen unmittelbar gegenüber, welche dicht vor der Ueberschwemmung aufgestellt waren. Es konnte durchaus nicht kontrolirt werden, welche Verstärkungen, sowohl von Fünen wie von Alsen her, die Dänen bei ihren bedeutenden Mitteln zur See in die Festung hinein werfen mochten, um aus den von ihnen beherrschten Ausgängen zu einem plötzlichen Angriff vorzubrechen.

General v. Bonin war indeß nicht gesonnen, das einmal gewonnene Terrain wieder aufzugeben; fraglich blieb nur, was nun gegen den Platz unternommen werden sollte.

Der förmliche Angriff wäre am leichtesten gegen die durch die Inundation nicht geschützte Nordfront des Platzes geführt worden. Allein dies zwang dann zu einer Ausdehnung, bei welcher der linke Flügel kaum mehr hatte unterstützt werden können. Die Stärke nur einer Division reichte dazu nicht aus, und ohnehin fehlte der dafür nöthige Belagerungstrain.

Man beschloß daher, es mit einer bloßen Beschießung zu versuchen, welche allerdings bei der noch stattfindenden Ueberfüllung des Platzes und dem gänzlichen Mangel an bombensicherer Unterkunft für die Besatzung von Wirksamkeit werden konnte. Allein auch dafür mußte das erforderliche schwere Geschütz erst aus Rendsburg herangeführt werden. Einstweilen wollte man den Feind an der Vollendung seiner Werke, namentlich des Blockhauses on der Südwestecke der Inundation, hindern.

Eine Beschießung des Letzteren durch die Batterie der Avantgarde von der Höhe von Erritsö her am 9. und 10. blieb wirkungslos, zog das Feuer der Festung und der Schiffe auf sich und mußte eingestellt werden.

Dagegen waren zur eigenen Sicherung zwei Redouten, Nr. 1 und 2, zu beiden Seiten der Straße vorwärts Sönderbygaard trotz des Feuers des nur 2300 Schritt entfernten Bastions des Platzes am 11. Mai vollendet und mit einer Kompagnie besetzt werden. Auf dem diesseitigen Rande der nördlich Fredericia befindlichen Thalfenke wurde der Bau der Redoute Nr. 3 begonnen. Die Mörserbatterie Nr. 2 wurde in der erwähnten Terrainsenkung vorbereitet, welche später durch die geschlossene Redoute Nr. 4 in der linken Flanke gesichert werden sollte, und endlich wurde gegen die See die Strandbatterie Nr. 1 östlich Erritsö am 11. Mai mit vier Geschützen armirt, um den Schiffsverkehr mit Fünen zu unterbrechen.

Allein der Transport der Dänischen Truppen war jetzt beendet. Nur die Kanonenboote waren auf der Station verblieben, die ganze Dampf- und

Transportflotte, muthmaßlich mit Truppen beladen, hatte sich größtentheils in nördlicher Richtung in Bewegung gesetzt, ohne daß ihr Ziel zu ermitteln gewesen wäre. Sie konnte sowohl nach Alsen wie nach Aarhuus gegangen sein, und die Truppenkommandos im Sundewitt wie in Jütland wurden angewiesen, auf ihrer Hut zu sein.

Die politischen Verhältnisse in Deutschland und ihre Rückwirkung auf die Operationen in Jütland.

Den Gang des Feldzuges, den wir zu schildern unternehmen, haben in der That die politischen Verhältnisse mehr noch als die militärischen bestimmt.

Es ist bei der Beurtheilung desselben durchaus nöthig, sich die wichtigen Ereignisse zu vergegenwärtigen, welche in Deutschland während des Monats Mai eintraten und die Blicke des Bundesfeldherrn ebenso oft nach Berlin und Frankfurt wie nach Kopenhagen ziehen mochten.

In der Nationalversammlung hatten die revolutionären Elemente mehr und mehr die Oberhand gewonnen. Während bereits in Italien und Ungarn der Krieg wüthete, gab in Deutschland die Nichtannahme der in der Paulskirche beschlossenen Reichsverfassung seitens der Fürsten der größeren deutschen Staaten den Anlaß oder den Vorwand zu revolutionären Ausbrüchen, die nur mit bewaffneter Hand niedergeschlagen werden konnten. Wir erinnern an den Aufstand in Sachsen und den Straßenkampf in Dresden, die Tumulte in Breslau, Zierlebn, Elberfeld und Lörrach, die Plünderung der Zeughäuser in Gräfrath und Prüm, die Volksversammlungen in Nürnberg und Offenburg, den Aufruhr, nun auch schon unter Betheiligung des Militärs, in der Rheinpfalz und in Baden, wo die Rheinschanze und Rastatt in die Gewalt der Rebellen fielen, und an die Flucht der großherzoglichen Familie nebst dem Staatsministerium.

Alle diese Auflehnungen gegen Gesetz und Recht wurden von der Nationalversammlung in Frankfurt unter ihren Schutz gestellt.

Dieselbe erklärt unter dem 10. Mai das siegreiche Einschreiten Preußischer Truppen in Dresden für eine unbefugte Einmischung, für einen Bruch des Reichsfriedens, den die Preußische Regierung sich habe zu Schulden kommen lassen, und dem durch alle zu Gebote stehenden Mittel entgegenzutreten sei.

Die Bestrebungen des Volks und seiner Vertreter für Durchführung der endgültigen Reichsverfassung seien gegen Zwang und Unterdrückung in Schutz zu nehmen.

An demselben Tage spricht das gesammte provisorische Reichsministerium seinen Rücktritt aus, und der Reichsverweser wird aufgefordert, ein neues zu bilden, welches sich der Ausführung der hiernach erforderlichen Maßnahmen unterzöge. Bis zur erfolgten Antwort bleibt die Sitzung permanent.

Der Erzherzog lehnt unter Berufung auf Gesetz und konstitutionellen Brauch eine bestimmte Antwort ab.

Am folgenden Tage dekretirt die Versammlung, daß die gesammte bewaffnete Macht Deutschlands, einschließlich der Landwehr und der Bürgerwehr, zur Aufrechterhaltung der Verfassung feierlich zu verpflichten sei. Die Centralgewalt wird aufgefordert, dies unverzüglich zu veranlassen, soweit nicht schon in einzelnen Staaten nach eigener Bewegung darin vorgeschritten werde.

Am 14. Mai endlich bricht die Preußische Regierung mit der Nationalversammlung. Sie eröffnet, wie es bereits die Oesterreichische gethan, den Staatsangehörigen, daß ihr Mandat erloschen sei; Sachsen, Bayern folgen darin nach. Die Nationalversammlung erklärt diese Abberufungen für nicht verbindlich, aber schon früher haben zahlreiche Austrittserklärungen stattgefunden.

Die Versammlung stellt die Bewegung in der Rheinpfalz unter den Schutz des Reichs und fordert die Centralgewalt auf, zwei Kommissare mit ausgedehnten Befugnissen nach Baden zu schicken.

Inzwischen hat der Reichsverweser ein neues Ministerium gebildet. Dr. Graevell, mit dem Portefeuille des Innern, führt den Vorsitz; General Jochmus ist Minister des Aeußern und der Marine; Advokat Detmold, Justiz; Abgeordneter Merck, Finanzen.

Das Ministerium erklärt, daß die Errichtung und Durchführung des Verfassungswerkes außerhalb der Kompetenz der Centralgewalt liege; daß diese zwar bereit sei, die Annahme zu vermitteln, aber auch verpflichtet, allen gewaltsamen und ungesetzlichen Bewegungen behufs der Durchführung entgegenzutreten, sobald ihre Hülfe in Anspruch genommen werde.

Die Nationalversammlung erwidert, daß sie zu dem neuen Ministerium nicht das geringste Vertrauen habe und dessen Ernennung unter den obwaltenden Umständen als eine Beleidigung der Nationalrepräsentation ansehen müsse.

In der Pfalz tritt eine provisorische Regierung, in Baden ein Landesausschuß auf.

Am 18. benachrichtigt die Preußische Regierung die Centralgewalt davon, daß sie im Verein mit einigen anderen Regierungen die Verhandlungen mit

Dänemark selbständig zu führen übernommen habe; daß sie die Preußischen Truppen in den Herzogtümern nicht länger unter den Befehlen der Centralgewalt belasse und diese als faktisch nicht mehr bestehend betrachte.

Die Nationalversammlung dekretirt nunmehr einen **Reichsstatthalter**. Dieser soll womöglich aus der Reihe der regierenden Fürsten gewählt werden und, bis man ein Reichsoberhaupt haben wird, dessen Rechte und Pflichten ausüben. Er hat den Eid auf die Verfassung zu leisten, die Reichsbeamten und die Angehörigen der Einzelstaaten in Eid zu nehmen. Er soll ferner die Wahlen und die Einberufung des Reichstages einleiten, in dessen Rechte und Pflichten, bis dies geschehen, die Nationalversammlung eintritt. Dann hört die provisorische Centralgewalt auf, und ihre Befugnisse gehen in erweitertem Umfange auf den Reichsstatthalter über.

In gänzlicher Verblendung darüber, daß ihr keine reale Macht zur Seite steht, erklärt die Versammlung, daß sie jedem Angriff auf die Regierungen, welche die Verfassung angenommen haben, entgegentreten wird, und fordert diese auf, durch planmäßiges Zusammenwirken den Fortbestand zu sichern.

Außerdem wird bestimmt, daß man bei 100 Anwesenden beschlußfähig sei. Zwei Tage später scheiden neue 81 Mitglieder aus, darunter v. Gagern.

Der Reichsverweser ernennt den Fürsten Wittgenstein zum Kriegsminister, und Dr. Graewell erklärt den Preußischen Bevollmächtigten, daß Seine Kaiserliche Hoheit, wie bekannt, längst entschlossen, sein Amt niederzulegen, den Zeitpunkt dafür lediglich nach dem Interesse Deutschlands bemesse, und keiner Macht der Erde das Recht zugestehe, ihn von dem ihm anvertrauten Posten zu verdrängen.

Am 25. geht die Versammlung so weit, zu fordern, daß die Truppen derjenigen Regierungen, welche ihre Autorität nicht anerkennen, auf die Reichsverfassung vereidigt oder aus den verfassungstreuen Ländern entfernt werden sollen. Ueber die Ausführung dieses Entschlusses sieht die Versammlung einer bestimmten Aeußerung des Reichsministeriums am folgenden Tage 12 Uhr entgegen. Das Ministerium erklärt, daß es den Beschluß nicht ausführen werde, und die Versammlung erläßt nun einen Aufruf an das Volk. Die 29 verfassungstreuen Regierungen werden aufgefordert, Maßregeln für die Durchführung der Verfassung zu ergreifen und ihre Wehrkräfte schleunigst auszubilden. Das Präsidium soll hierüber mit ihnen in unmittelbare Verbindung treten. Der Präsident und zwei Sekretäre legen ihr Amt nieder.

Am 29. Mai werden alle Anträge auf einstweilige Vertagung abgelehnt.

Die nächste Versammlung soll in Stuttgart stattfinden, sämmtliche abwesenden Mitglieder werden einberufen, die Centralgewalt aufgefordert, sich ungesäumt dorthin zu begeben.

Die Bayerische Regierung sucht die schleunige Hülfe Preußens in der Pfalz nach. Die Centralgewalt erklärt am 30. Mai, daß sie keine Mittel besitze, den Aufruhr dort und in Baden zu bewältigen, und daß allein Preußen dies vermöge.

Inzwischen hatte in Gemeinschaft mit Hannover und Sachsen Preußen den übrigen Deutschen Regierungen eine neue Verfassung und den Entwurf zu einem Wahlgesetz mitgetheilt.

Den demokratischen Leitern der Nationalversammlung mochte es gelegen sein, wenn die Truppen der widerstrebenden Fürsten durch den Krieg mit Dänemark festgehalten wurden. Aber durch Russische Vermittelung verhandelte eben jetzt die Kopenhagener Regierung aufs Neue, und zwar jetzt direkt mit Berlin, über einen Waffenstillstand, der zum Frieden führen sollte, und es konnte nothwendig werden, auf jede billige Bedingung mit dem auswärtigen Feinde abzuschließen, um gegen den weit gefährlicheren inneren Feind gerüstet zu sein.

Unter solchen Umständen glaubte General v. Prittwitz sich auf keine weit aussehenden Unternehmungen mehr einlassen zu sollen. Er war der Ansicht, die Entscheidung liege nicht mehr in Jütland, sondern in Deutschland, und hielt neue Opfer an Menschen und Material nicht mehr für gerechtfertigt.

Schon war ein Antrag der Sächsischen Brigade eingegangen, daß ihr gestattet werden möge, nach Sachsen zurückzukehren, um die Ordnung im eigenen Lande herzustellen. Die Stimmung im Bataillon Baden war eine sehr getheilte, aber der Wunsch, in die Heimath entlassen zu werden, allgemein. Dergleichen Wünsche mußten für jetzt abgelehnt werden, aber General v. Prittwitz beschloß, seine Truppen versammelt und bereit zu behalten, um jedem Wink von entscheidender Stelle sogleich entsprechen zu können. Von Jütland wollte er eben nur so viel okkupiren, wie nöthig war, um die Truppen zu ernähren und die geforderten Kontributionen auszuschreiben.

In beiden Beziehungen freilich stieß er auf den zähesten Widerstand der Dänischen Bewohner und der Beamten des Landes. Es schien nicht an der Zeit zu sein, dem gegenüber mit äußerster Härte zu verfahren, welche das in Angriff genommene Friedenswerk nur erschweren konnte.

Unter dem 12. Mai erhielt indeß die 3. Division Befehl, nach Horsens vorzugehen; das 8. und 11. Husaren-Regiment hatten mit dem Sächsischen

Reiter-Regiment unter General v. Ledebur eine Brigade zu bilden, welche dem General v. Hirschfeld zur Verfügung verblieb.

Die 1. Division, der das Bayerische Chevauxlegers Regiment wieder hinzutrat, wurde nach Veile vorbeordert, wohin der Kommandirende sein Hauptquartier verlegte.

Die Kurhessische Brigade sollte nach Kolding vorrücken, verschiedene Detachements jedoch rückwärts die Verbindung mit der 2. Division unterhalten, welche noch immer zur Unterstützung der Reservedivision im Sundewitt bereit gehalten war.

Die Dänischen Truppen waren durch die Rekognoszirung am 11. alarmirt, aber da kein Angriff erfolgte, wieder in ihre Kantonnements entlassen worden.

Während der Nacht zum 13. erhielt General Rye durch seine Kundschafter Nachricht, daß ein Vorrücken der Preußen am folgenden Tage beabsichtigt sei. Er versammelte daher schon früh morgens seine ganze Streitmacht in den vorgesehenen Aufstellungen; da aber Oberst v. Schlegell Befehl hatte, erst um 9 Uhr aufzubrechen, und bis dahin nichts vom Feinde sichtbar wurde, so kehrten die Dänen abermals in ihre Quartiere zurück.

13. Mai

Erst nahe vor Horsens stieß die Preußische Vorhut auf feindliche Vedetten und eine Schützenlinie. Während mit dieser einige Schüsse gewechselt wurden, dirigirte die Avantgarde sich weiter links zur Umgehung der Stadt, welche aber sehr bald geräumt wurde, so daß nur einige Barrikaden zu beseitigen waren, um hindurchzurücken. Als die Avantgarde bei Tvingstrup anlangte, waren die Dänen bereits aus ihrem Gesichtskreis verschwunden.

General v. Hirschfeld war angewiesen, zur Sicherung seiner linken Flanke ein starkes Seitendetachement über Hornberg nach Rund abzuschicken. Dasselbe sollte von dort entweder gegen Horsens demonstriren, falls die Dänen daselbst standhielten, oder andernfalls nach Eldrup auf die Skanderborger Straße vorrücken. Oberst Chamier, welcher mit seiner Brigade ebenfalls erst um 9 Uhr aufgebrochen war, stieß nur auf Kavalleriepatrouillen, fand aber die Brücke über die Hansted-Aa zerstört. Ihre Herstellung kostete eine halbe Stunde Zeit. Beim weiteren Vorrücken wurden zwei Sächsische Schwadronen links geschoben, weil feindliche Kavallerie sich bei Rim gezeigt hatte. Da Horsens bereits geräumt war, so wurde der Marsch über Rundum fortgesetzt; als man aber Gjedved erreichte, waren die Kolonnen des Generals Rye schon durchpassirt; dieser hatte nachmittags seinen Rückzug auf die Rodro angetreten.

Auf beiden Straßen, nach Skanderborg und Aarhuus, wurden nunmehr bei Gjedved und Tringstrup die Vorposten ausgestellt. Das Gros der Division rückte in Horsens ein, die Reserve verblieb bei Torsted.

Ausfall der Dänen aus Fredericia am 13. Mai.

Während so die Dänen in Jütland auswichen, machten sie aus Fredericia ihren ersten Ausfall, welcher jedoch mehr den Charakter einer bloßen Recognoszirung trug.

Morgens früh 3 Uhr drangen sie auf allen drei Straßen vor und warfen die holsteinschen Vorposten zurück. Die nördliche Kolonne vertrieb die zur Deckung des Baues der Redoute 3 aufgestellten beiden Kompagnien und begann die Zerstörung der angefangenen Werke; die mittlere überschritt die Inundation und postirte sich gegen die Redouten 1 und 2 vor Sondergaard, und die südliche setzte sich in einer Ziegelei westlich des Blockhauses fest.

Indeß trafen von allen Seiten sehr bald die Holsteinschen Truppen ein, und Hauptmann v. Delins führte im Centrum eine 6Pfünder-Batterie vor.

Die Dänischen Truppen hatten Befehl, nicht über eine Viertelmeile vorzugehen; um 5 Uhr zogen sie sich nach der Festung zurück, und um 6 Uhr wurden die Holsteinschen wieder in ihre Kantonnements entlassen.

Die Dänische Stellung bei Skanderborg in Jütland am 14. Mai.

General Rye hatte eine in der Front unangreifbare Stellung zwischen den durch einen breiten Kanal miteinander verbundenen Mos- und Skanderborg-Seen genommen. An den beiden einzigen Uebergängen, der Rybre und der Fuldbre, stand Oberst Juel mit 2 Bataillonen, 8 Escadrons, 4 Geschützen.

Im Westen war diese Position geschützt durch die Guden-Aa und eine Reihe von Seen, welche sich bis Silleborg hinzieht: eine Umgehung hier durch den an der Ostseite des Landes operirenden Gegner war nicht zu besorgen. Für diesen lag der natürliche Angriffspunkt in dem offenen und gangbaren Terrain zwischen dem Skanderborg und dem Stilling-See, wodurch denn auch der weitere Rückzug auf Aarhuus abgeschnitten wurde, und nur noch der auf Aalborg und hinter den Lim-Fjord übrig blieb. Der Uebergang dort unterlag jedoch erheblichen Bedenken. Ein Offizier war bereits dorthin geschickt, um den Uebergang vorzubereiten, es fehlte aber an den erforderlichen Schiffsgeräthen, um eine Brücke zu schlagen. Drang die Preußische Division kräftig vor, so konnte sie der Ruescher Brigade am Liim-Fjord eine Katastrophe bereiten. Mit Rücksicht hierauf war denn auch Oberst Flindt mit 2 Bataillonen, 4 Escadrons, 8 Geschützen nach Stilling detachirt worden. Die Reserve, 1 Bataillon, 4 Geschütze und 4 Espignolen, stand in Skanderborg selbst.

Auf Deutscher Seite lag um so mehr eine Aufforderung zu sofortigem Angriff in der bezeichneten Richtung vor, als die von Fünen in See gegangenen Truppen keinenfalls schon jetzt den Gegner verstärkt hatten, wohl aber in nächster Zeit bei ihm eintreffen konnten.

Die 3. Division unternahm aber am 14. Mai nichts, als daß sie eine umfangreiche Disposition für den folgenden Tag dem Oberkommando „zur Genehmigung" einsandte.

Dennoch sagte in seinem Begleitschreiben General v. Hirschfeld, daß die Truppen sehr ermüdet seien, daß der von der Aarhuuser Straße verschwundene Feind bei der Aybro und bei Skanderborg „förmliche Festungen erbaut haben soll" und daß er deshalb auf seinen ersten Plan, auf der Chaussee anzugreifen, verzichte und beabsichtige, gegen des Feindes linke Flanke über Svinsager vorzugehen, während die Front nur beschäftigt wird. Zur Unterstützung bat der General, das Bayerische Chevauxlegers-Regiment am 16. über Nim gegen Tönning vorrücken zu lassen, um eine Demonstration gegen Püssing Kloster zu machen, an welche der Gegner kaum so recht geglaubt haben würde.

Der sonach anscheinend auf den 16. verschobene Angriff kam aber auch dann nicht zur Ausführung, denn unter dem 15. erwiderte General v. Prittwitz:

„Infolge aus Berlin eingegangener Nachrichten ersuche ich Ew. Hochwohlgeboren und mache es Ihnen zur Pflicht:

1. die Expedition nach, beziehungsweise die Besetzung von Skanderborg zu unterlassen. Sollte dieselbe am heutigen Tage stattgefunden haben, so dürfen Sie
2. auch nicht einen Schritt weiter vorgehen und Skanderborg mit der Avantgarde nur so lange besetzt halten, als dies ohne Gefährdung der Sicherheit derselben geschehen kann."

Der General bemerkt noch, daß die eingeschifften Dänischen Truppen bis jetzt auf Alsen nicht gelandet seien, daß sie sich vielleicht nach Aarhuus begeben hätten, weshalb einige Aufmerksamkeit dahin zu richten sei, und schließt: „Für den Augenblick, und ohne daß sich die Dinge in Deutschland nicht weiter aufgeklärt haben, muß und werde ich auf jedes weitere Vorgehen verzichten."

So blieben die Dänen acht Tage lang unangefochten. Sie haben sich eingebildet, ihre Stellung von Stanberborg habe dem Gegner so imponirt, daß er nichts mehr zu unternehmen wagte.

Freilich beschränkten sie sich daher auf bloße Rekognoszirungen, die zum Theil gar nicht einmal bis an den Feind reichten. Major v. Pfuhl vom 11. Husaren-Regiment nahm am 16. Dänische Dragoner bei Svinsager gefangen. Einige Dislokationsveränderungen wurden vorgenommen. Das Vorgehen eines stärkeren Detachements unter Oberst v. Schlegell blieb ohne jegliches Resultat.

Beschießung von Fredericia.

Vor Fredericia waren aus Rendsburg 10 schwere Geschütze eingetroffen, mit welchen man ein Bombardement versuchen wollte.

Eingestellt wurden im Norden der Festung:

in die Mörser-Batterie Nr. 2 . . . . . 4 168Pfünder Mörser,
in die kleine Mörser-Batterie Nr. 1 dicht
    an der Ueberschwemmung im Westen 2 24
    in den Redouten Nr. 1 und 2 . 2 48   Bomben-Kanonen.

Ein Park war im Heise-Krug eingerichtet.

16. Mai Am 16. wurde die Beschießung eröffnet und, von den Festungswällen erwidert, vier Tage lang fortgesetzt. Dieselbe richtete viel Schaden in der Stadt an, an mehreren Stellen brach Feuer aus, wurde aber stets wieder gelöscht, ohne daß ein allgemeiner Brand entstanden wäre. Die meisten Einwohner waren entflohen und lagerten auf den Feldern um Strib, von wo sie der Zerstörung ihrer Wohnplätze zusehen mußten. Als die Angreifer 760 Würfe gethan, waren ihre Vorräthe erschöpft und das an sich grausame und nur durch Erfolg gerechtfertigte Mittel eines Bombardements blieb ohne Wirkung.

General v. Bonin beschloß nunmehr, die Schiffsverbindung des Platzes mit Fünen zu unterbrechen und so denselben förmlich einzuschließen. Es war dies ein Unternehmen, welches vielleicht dann hätte gelingen können, wenn es durch die in Reserve stehenden Bundestruppen direkt unterstützt wurde. Eine solche Hülfe wurde aber weder erbeten noch gewährt.

Der Schleswig-Holsteinsche General theilte die politischen Bedenken des Oberkommandirenden nicht, er hatte die Interessen der Statthalterschaft und des Landes, denen er diente, mit dem ganzen Feuer seines Charakters erfaßt, wollte nichts von Stillstand und Zögern wissen, und so mochte eine Mißstimmung zwischen ihm und dem Bundesfeldherrn entstanden sein. General v. Bonin handelte mehr und mehr auf eigene Hand und war dabei so sparsam mit seinen Meldungen, daß er mehrfach aus dem Hauptquartier an ihre Einsendung erinnert werden mußte.

Um sich am Strande festzusetzen, wurde zunächst gegen das Blockhaus eine Batterie, die Blockhausbatterie, erbaut, welche, von diesem nur 800 Schritt entfernt, durch die Pionierabtheilung und 250 Infanteristen trotz des schwierigen Bodens in 36 Stunden vollendet und in der Nacht mit einer 84pfündigen Bomben-, einer 24pfündigen Granatkanone und einem 168pfündigen Mörser armirt wurde.

Oberstlieutenant v. Zastrow hatte bei einer Rekognoszirung bemerkt, daß das Holzwerk des Blockhauses die Erdumwallung um zwei Fuß überragte, und infolge dessen schon früher eine Beschießung aus der Strandbatterie Nr. 1 versucht, die aber wirkungslos geblieben war. Am 22. Mai eröffnete Premierlieutenant Christmann das Feuer in der angegebenen Nähe. Zur Wegnahme des Blockhauses war der Lieutenant Westphal mit 60 Freiwilligen des 9. Bataillons bestimmt. Der Rest des Bataillons stand zur Rechten, eine Kompagnie zur Linken als Unterstützung bereit, und außerdem hielt die 1. Brigade sich zum Ausrücken fertig.

22. Mai.

Schon nach dem zwölften Schuß der Batterie verließen die Dänen, deren Führer tödtlich getroffen war, ihre Position. Hauptmann v. Krohn stürzte sich, ohne die Freiwilligen abzuwarten, mit den nächsten, auf Vorposten stehenden Abtheilungen des 4. Bataillons auf das Blockhaus, wo noch sechs Gefangene gemacht wurden. Gleich nach ihm trafen Lieutenant Christmann und Lieutenant Westphal mit den Freiwilligen ein. Das Blockhaus wurde mit Stroh, Pechkränzen und vorgefundenen Patronen angezündet und brannte bis auf den Grund nieder.

Mittlerweile hatten nicht nur die Festung, sondern auch die Kanonenboote und die Batterie bei Strib auf Fünen ein heftiges Feuer gegen die Blockhausbatterie eröffnet und setzten dasselbe bis abends 6 Uhr fort. Eine 84pfündige Bombe schlug durch die Decke des mit zwei Centner Pulver und geladenen Bomben angefüllten Pulvermagazins, jedoch gelang es der Umsicht des Lieutenants Christmann, Material und Mannschaft der Vernichtung zu entziehen.

Noch bis 8 Uhr tirailirte die Mannschaft des Hauptmanns v. Krohn, welche bis zu einem Abschnitt aus Schanzkörben vorgedrungen war, gegen den Feind. Hauptmann v. Delius verhinderte bei dieser Gelegenheit ein schon begonnenes Durchstechen des Dammes und Ablassen der Inundation, welche dem Einschließungskorps selbst die beste Deckung gewährte.

Eine Feldwache wurde an der Schlucht nördlich des Blockhauses, ein Repli bei der Ziegelei aufgestellt. Eine Kompagnie stand am Wege nach Vogelsang, eine zweite vorwärts der Redouten 1 und 2.

Das mit geringem Verlust genommene Blockhaus sollte nun auch in großer Nähe der feindlichen Vorposten behauptet und deshalb mittelst einer gedeckten Kommunikation mit den Batterien des rechten Flügels verbunden werden.

23. Mai. Diese wurde morgens früh am folgenden Tage durch das 3. Bataillon ausgeführt. Als es anfing, hell zu werden, waren die Offiziere gegen das jetzt beginnende Feuer der Dänen hinter einen Erdaufwurf getreten; Hauptmann v. Delius, welcher die Arbeit leitete, stand schutzlos vor demselben und wurde von einer Kugel in die Schläfe getroffen. Er wurde nach Sönderbygaard gebracht und verschied drei Tage später, ohne wieder zum Bewußtsein zu gelangen. Für die Armee und für den General v. Bonin war dies ein schwerer Verlust, der auch in den Herzogtümern tief empfunden wurde, da die nationale Partei gerade auf ihn ihre Hoffnung setzte. Er besaß das volle Vertrauen seines Generals wie der Truppen. Energie, unermüdliche Thätigkeit und Fachkenntniß zeichneten ihn ebenso aus wie Klarheit des Geistes und Schnelligkeit des Entschlusses. Solche Eigenschaften hatten ihm einen Einfluß verschafft, der weit hinausging über die Charge, welche er bis dahin erst erreicht hatte.

An seine Stelle trat nunmehr Hauptmann v. Blumenthal.

Uebergang der politischen Leitung der Dänischen Angelegenheiten auf Preußen und Rückwirkung auf die militärische Leitung in Jütland.

Inzwischen hatte General v. Prittwitz sich bereits überzeugen müssen, daß der enge Bezirk, den man in Jütland besetzt hielt, auf die Dauer nicht einmal zur Ernährung der Truppen, geschweige denn für Erhebung von Kontributionen ausreichte.

Ueberall stieß man auf den zähesten Widerstand der Landbevölkerung.

welche dazu von den direkt unter dem Kopenhagener Ministerium stehenden Amtmännern in jeder Weise aufgemuntert wurde: durch die Amtsvoigte und Ortsvorsteher angewiesen, legten sie der Eintreibung der Requisitionen alle möglichen Schwierigkeiten in den Weg.

Die Verpflegungsbeamten geriethen in die größte Verlegenheit, denn General v. Prittwitz gestattete zwar die Absendung geschlossener Militärkommandos in die widerspenstigen Gegenden, untersagte aber aufs Strengste deren Verzettelung behufs Eintreibung der ausgeschriebenen Vorräthe.

Da nun überhaupt auch das Zuwarten einmal ein Ende nehmen mußte, so beschloß der Kommandirende, mit der Preußischen Division direkt nach Aarhuus, mit den Bayern nach Skanderborg vorzugehen und die Kurhessen als Reserve nach Horsens heranzuziehen.

Eben hatte er hiervon dem Preußischen Kriegsminister Mittheilung gemacht, als am 22. Mai vom Ministerpräsidenten Grafen Brandenburg die Nachricht einging, daß infolge der bereits kurz erwähnten Vorgänge in Deutschland dem Erzherzog Reichsverweser kundgegeben sei, Preußen habe die Dänische Angelegenheit sowohl in militärischer wie in diplomatischer Hinsicht selbständig in die Hand genommen. Etwaigen weiteren Anweisungen aus Frankfurt sei keine Folge mehr zu leisten und in Rücksicht auf die schwebenden Verhandlungen und die Lage im Innern Deutschlands sei es erforderlich, nicht weiter in Jütland vorzudringen.

Solange aber der Friede mit Dänemark nicht abgeschlossen war, geriethen die Bundes-Armee und besonders ihr Führer in die eigenthümlichste Situation.

General v. Prittwitz hatte bereits im Sinne der obigen Instruktion gehandelt, indem er so lange wie möglich zögerte. Er mußte jetzt einen Schritt vorwärts oder zurück thun.

Letzteres konnte das Friedenswerk nicht fördern, es mußte auf die Truppen eine nachtheilige Wirkung üben: allen war Beschäftigung nach der langen Ruhe nöthig.

Die Autorität, welche General v. Prittwitz über die Reichstruppen übte, gründete sich lediglich auf die Machtverleihung der Centralgewalt. Hörte diese auf in allgemein anerkannter Berechtigung zu bestehen, so mußten die einzelnen Kontingente den Weisungen ihrer verschiedenen Regierungen folgen, und die Armee konnte, wenn nicht in viele, so doch mindestens in zwei Theile zerfallen, von denen der eine Berlin, der andere Frankfurt folgte. Befehle von beiden Punkten aus mußten sich kreuzen, wenn die Centralgewalt, wie wirklich geschah, nicht zurücktrat.

Auf alle Fälle mußte General v. Prittwitz von dieser seine Entlassung fordern, und er reichte zum zweiten Male ein hierauf bezügliches Schreiben an die Centralgewalt zur Weiterbeförderung nach Berlin ein.

Er beschloß sodann, auf das Vorrücken nach Aarhuus zu verzichten und nur das wohlhabende Amt Skanderborg zu besetzen, was voraussichtlich ohne jedes ernstliche Gefecht geschehen konnte.

Die Kurhessische Brigade war mit ihrer Tete bereits nach Vngholm vor gezogen worden, die Bayerische Brigade hatte über Ading rekognoszirt und den Feind in seiner Stellung hinter der Fuldbro vorgefunden.

Die Disposition des Generals v. Prittwitz für den folgenden Tag befahl ein Vorrücken in drei Kolonnen. Die Bayerische Brigade sollte den linken Flügel bilden und die Fuldbro bedrohen, die Kurhessische, nach allen Detachirungen nur noch 1½ Bataillone, 2 Escadrons, 6 Geschütze stark, gegen die Anbro demonstriren, während die 3. Division auf Svinsager marschirte und von dort zwei Avantgarden vorzuschicken hatte, eine schwächere auf der Straße nach Aarhuus bis zum Sölbjerg-See, eine andere stärkere über Fruering auf der Straße Skanderborg—Aarhuus.

Hätte der Feind die Stellung von Skanderborg verlassen, so sollte die Bayerische Brigade dort, die Kurhessische südlich der Anbro, die 3. Division bei Svinsager Kantonnements beziehen.

Alle drei Kolonnen sollten an den ihnen bezeichneten Punkten genau um 12 Uhr mittags eintreffen.

Aber auch General Rye hatte an diesem Tage wichtige Bestimmungen von seinem Oberkommando auf Fünen erhalten. Er sollte von jetzt ab nicht mehr auf Aalborg zurückgehen, wodurch er von der Sorge wegen des Ueberganges über den Liim-Fjord befreit wurde, sondern auf Helgenaes, wo auf der schmalen Landzunge die alte, „Dragsmur" genannte Verschanzung wieder hergestellt und von Fünen aus durch das 9. Bataillon und 12 schwere Geschütze (24- und 84 Pfünder) bereits besetzt worden war. Außerdem wurden der Kriegsdampfer „Hertha", der Kutter „Neptun" und zwei Kanonenboote zur Verfügung gestellt.

Da die Preußische Division in ihrer Stellung um Horiens verblieben und nicht, wie sie vor acht Tagen beabsichtigt, nach Svinsager vorgerückt war, so stand dem Abmarsch über Randers keine Schwierigkeit entgegen, und als am 23. Mai die Kolonnen des Generals v. Prittwitz pünktlich um 12 Uhr vor der Stellung von Skanderborg anlangten, fanden sie dieselbe seit Mittag des vorangehenden Tages vom Gegner bereits geräumt. General Aye verfügte über ein wohlorganisirtes Kundschafterwesen und sah sich darin aufs Beste durch den Polizeilieutenant Leerbeck unterstützt, welcher in seinem Namen Instruktionen an die Amtmänner, Bezirksvoigte und Polizeibeamten erließ und ein vollständiges Relaissystem errichtete, um schnell von Allem unterrichtet zu sein, was auf Seite des Gegners vorging. Man benutzte aufgeweckte Burschen, die zu Pferde bereit standen, um jede Nachricht schnell zu befördern, und so hatte General Aye schon tags zuvor ganz bestimmte Kunde von dem beabsichtigten Vorgehen der Reichstruppen erhalten.

General v. Prittwitz kehrte für seine Person nach Horsens zurück.

General v. Hirschfeld nahm Quartier in Rautzausgave. Seine Vorposten standen zwischen Gram und Skuät-Mühle, die der Bayern vom Skanderborg See bis gegen die Illerup-Aa; die Kurhessen wurden nach Horsens zurückgenommen.

Man erfuhr, daß die Dänen nördlich Aarhuus ständen; der Kommandirende beschloß, ihnen nicht weiter zu folgen. Den Truppen wurde angekündigt, daß sie in den nächsten Tagen Ruhe haben würden, und ihnen gestattet, ihre Kantonnements weitläufig auszudehnen. Einen Antrag der 3. Division, den Abgang an Pferden jetzt durch Requisition decken zu können, lehnte der Kommandirende ab. „Ein Dänischer Abgeordneter befinde sich behufs Friedensunterhandlungen bereits in Berlin, an eine Wiederaufnahme der Feindseligkeiten sei daher wohl kaum zu glauben." Wollte man jetzt zu Requisitionen schreiten, so würden voraussichtlich wie im vergangenen Jahre bei Ratifikation des Waffenstillstandes mittelmäßige Pferde zu unverhältnißmäßig hohen Preisen den Deutschen Regierungen in Anrechnung gestellt werden.

Aus Berlin lief an diesem Tage die Nachricht ein, daß eine Russische Flotte, bestehend aus zehn Linienschiffen, aus Reval ausgelaufen sei, um sich mit der Dänischen zu vereinigen.

Die strengsten Befehle begleiteten diese Mittheilung, sich jeder Feindseligkeit gegen die Russische Marine zu enthalten, was unter Umständen sehr schwierig, ja unmöglich werden konnte. Nur den Generalen, welche an der Küste standen, wurde hiervon vertrauliche Mittheilung gemacht.

Der Ausgang des Feldzuges war mehr von der Einwirkung Rußlands und Englands als von den Kriegsereignissen abhängig geworden. Dabei waren die Wirren in Deutschland bis zu einer Höhe gestiegen, daß nur noch mit bewaffneter Hand die Ordnung wieder hergestellt werden konnte. Bayern und Baden hatten in Berlin dringend um Hülfe gebeten, und sämmtliche Regierungen wünschten die Rückkehr ihrer Kontingente. Bereits waren in Preußen mobile Divisionen aufgestellt, um für alle Fälle vorbereitet zu sein, aber man konnte sich nicht verhehlen, daß man das eigene Land militärisch werde besetzen müssen und alle Truppen in der Heimath selbst brauche. Sehnsüchtig sah man daher dem Abschluß mit Dänemark entgegen, um über 60 000 Mann vortrefflicher Truppen verfügen zu können.

Freilich war diese Lage der Dinge auch in Kopenhagen vollkommen bekannt und konnte nicht dazu dienen, ein billiges Abkommen zu erleichtern. General v. Prittwitz beschloß, die Besetzung von Jütland auf keinen Fall weiter auszudehnen.

29. Mai. Am 29. hatte Oberst v. Schlegell mit zwei Kompagnien und einer Abtheilung Husaren gegen Aarhuus rekognoszirt; er fand die Stadt unbesetzt, und herbeikommende Bürger halfen selbst, die Barrikaden von Brücke und Thor zu beseitigen. Die weiter vorgehenden Patrouillen erblickten nur aus der Ferne einzelne Dänische Kavallerievedetten. Der Antrag, Aarhuus besetzt zu behalten, wurde vom Oberkommando unter dem 30. abgelehnt, dagegen empfohlen, durch häufige Absendung von Detachements verschiedener Stärke zu verhindern, daß der Feind sich wieder dort festsetze. Ebenso sollten von Seite der Bayern mobile Kolonnen gegen Framlev in Marsch gesetzt werden. „Bei der Aussicht", heißt es in dem Schreiben des Oberkommandos, „die hiesigen militärischen Verhältnisse binnen wenigen Tagen auf die eine oder die andere Art einstweilen geordnet zu sehen, kommt es mir nicht darauf an, mehr Land zu gewinnen, wohl aber in der Verfassung zu bleiben, auch den nördlichen Theil der Aemter Aarhuus und Skanderborg zur Verpflegung der Armee heranziehen zu können."

Welche Schwierigkeiten in dieser Beziehung der Okkupation entgegen gestellt wurden, ist bereits oben angedeutet worden. Die Amtmänner erklärten geradezu, daß die Befehle ihrer Regierung verböten, den Feinden ihres Landes irgend etwas Anderes zu verabfolgen, als was zur Ernährung unbedingt nöthig sei; Ehre und Pflicht gestatteten nicht, Pferde oder sonst Dinge zu liefern, die zur Bekämpfung des Vaterlandes dienen könnten. Aber selbst die bloßen Naturalausschreibungen wurden nach Möglichkeit verzögert. Es blieb nach vergeblichen Vorstellungen nichts übrig, als zwei Amtmänner nach der Festung Rendsburg abzuführen. An ihre Stelle wurden Hardesvoigte in Amt gesetzt, ohne daß die Sachen besser gingen, und die Gefangenen wurden nach einiger Zeit wieder losgelassen. Ein so humanes Verfahren konnte den zähen Widerstand der Beamten nicht brechen. Der Amtmann Schulin von Ringkjöbing verweigerte selbst die Lieferung von Hafer, erklärte dagegen auf Ehrenwort, sich zu jeder Zeit auf Verlangen des Kommandirenden diesem als Gefangenen stellen zu wollen.

Eine Anzahl Bauern diente nicht nur als Boten, sondern betheiligte sich unmittelbar an der Vertheidigung von Engwegen. General v. Hirschfeld, welcher mit Strenge gegen sie einschreiten wollte, wurde angewiesen, sie dem Kommandirenden zur Verfügung zu überweisen.

Das ganze Requisitionswesen widerstritt der innersten Natur des Generals v. Prittwitz. Er sah darin eine Auflösung der Disziplin, und wenn er zwar die Aufbringung des unbedingt Nötigen durch Militärkommandos unterstützte, so sollte doch die unmittelbare Empfangnahme durchaus den Verpflegungsbeamten überlassen bleiben.

Viel Sorgen verursachten ihm die Anforderungen der Truppen an Gegenstände, die nicht unbedingt zum Lebensunterhalt gehörten. Den Bauern schlug er die Bitte um Lieferung von Wein ab, weil Jütland selbst diesen Artikel nicht hervorbringe. Schwerer wurde es ihm, die Bitte der 3. Division um Tabak abzulehnen. „Da er selbst als starker Raucher die Entbehrung vollkommen fühle, welche dadurch den Leuten auferlegt werde", antwortete der General, „so übersende er inzwischen 300 Pfund aus seinen eigenen Vorräthen."

Von Ausschreiben weiterer Geldkontributionen wurde unter den obwaltenden Umständen völlig Abstand genommen.

Obwohl in dem oben erwähnten Befehl des Generals v. Prittwitz vom 30. Mai selbst die Stärke der zu entsendenden Detachements vorgeschrieben und auf 1 Bataillon und 1, höchstens 2 Eskadrons beschränkt war, auch die Division angewiesen wurde, im Uebrigen in ihren bisherigen Kantonnements stehen zu bleiben, glaubte General v. Hirschfeld doch, am 31. eine größere Rekognoszirung mit 3½ Bataillonen, 6 Eskadrons, 8 Geschützen vornehmen zu sollen. Alle übrigen Truppen sollten sich zum Vormarsch bereithalten, und da die Besetzung von Aarhuus ausdrücklich untersagt war, sollte ein noch zu bestimmendes Detachement in Biby dicht vor der Stadt stehen bleiben, um zu verhindern, daß nicht der Feind seinerseits wieder in dieselbe eindringe.

Um die linke Flanke dieser Vorwärtsbewegung zu sichern, war die 1. Division ersucht worden, 1 Bataillon und 1 Eskadron nach Aabo und Constantinborg vorrücken zu lassen.

Unter Befehl des Generals v. Stein gingen daher am folgenden Morgen drei Kolonnen vor: die linke unter Oberst v. Lebbin um 7 Uhr von Tifed auf der Landstraße nach Bivb, die mittlere unter Major v. Hülsen um 7½ Uhr von Morslet nach Holme, die rechte unter Oberstlieutenant Graf Westarp um 8 Uhr von Fullen nach Marselisborg, — alle drei beauftragt, vor Aarhuus die weiteren Befehle zu gewärtigen.

Die Stadt war von den Dänen mit 1 Bataillon, 3 Esladrons und 2 Granatkanonen besetzt, die Vorposten standen südlich vorgeschoben. Als Major v. Pfuhl, welcher mit der 1. und 3. Esladron des 11. Husaren-Regiments die Spitze der mittleren Kolonne bildete, sich Marselisborg näherte, erhielt er von dort Infanteriefeuer.

Ebenso stieß Oberst Lebbin zur Linken bei Bivb auf den Feind, welcher das Feuer seiner Granatkanonen von der Höhe bei der Magdalenen-Mühle eröffnete. Nach den ersten Schüssen der 6pfündigen Batterie Nr. 4 fuhren dieselben ab, und auch die Infanterie räumte bald darauf die Mühle.

General v. Hirschfeld hatte die mittlere Kolonne bei Holme halten lassen, damit die rechte erst heran kommen konnte. Diese war, nahe dem Strande marschirend, durch die Kanonenboote, jedoch wirkungslos, beschossen worden. Graf Westarp schickte nun die 10. Kompagnie des 12. Regiments nebst Abtheilungen des Landwehr Bataillons Meschede zum Angriff auf Marselisborg vor, welche sich in Besitz dieser Oertlichkeit setzten und dort 14 Mann des Dänischen 7. Bataillons gefangen nahmen.

Die rechte Kolonne zog sich an die mittlere heran, und es wurde ein längerer Halt gemacht, während dessen man die Abtheilungen des Feindes über den Höhenrand nördlich Aarhuus zurückgehen sah.

Der Divisionsgeneral ertheilte sodann den Befehl zur Besetzung der Stadt, und das eine Bataillon 15. Regiments, das Bataillon Meschede und die 2. Kompagnie 7. Jäger-Bataillons rückten ein. Die genannten Truppen nebst einigen Füsilieren des 15. Regiments wurden nun als neue Avantgarde unter Oberst v. Schlegell formirt, welcher bis dahin kein Kommando gehabt hatte.

Man hielt die Sache für beendet. Graf Westarp wurde in Kantonnements um Holme und Slaade entlassen, Oberst Lebbin nach Tifed zurück dirigirt, wo er der Avantgarde als Repli dienen sollte; nur Major v. Pfuhl, welcher noch südlich Aarhuus hielt, wurde beauftragt, mit der 1. und 3. Esladron 11. Husaren Regiments auf den Straßen nach Viborg und

Randers vorzugehen, um die feindlichen Kavallerietrupps zu vertreiben, die sich dort noch zeigten.

Diese Straßen ersteigen in westlicher und nördlicher Richtung den anfangs ziemlich steilen Höhenrand hinter der Stadt und ziehen dann über eine Hochfläche, welche links der Chaussee nach Randers, wenn auch im Allgemeinen offen, durch Hügel und Senkungen, durch Gräben und sumpfige Stellen für Kavallerie ziemlich ungangbar wird. Rechts der Straße ist das Terrain abwechselnd frei, aber von Gebüsch durchsetzt, welches östlich der Straße Aarhuus—Beilby in dichten Laubwald übergeht.

Die Jäger-Kompagnie, welche bereits über Aarhuus hinausgegangen war, hatte die Knicks an der Straße nach Randers von Dänischen Tirailleuren besetzt gefunden, auch geschlossene Infanterieabtheilungen rückwärts derselben bemerkt.

Zu dem Augenblick, wo die Meldung hiervon beim Oberst v. Schlegell einlief, rückte Major v. Pfuhl über den Marktplatz. Der Oberst ließ ihn Halt machen, um dem eben hinzukommenden Divisionskommandeur über den Sachverhalt Bericht zu erstatten. General v. Hirschfeld hielt aber das Vorgehen der Kavallerie für unbedenklich, und die Husaren rückten nun zur Stadt hinaus.

Inzwischen war die Jäger-Kompagnie mit den Füsilieren des 15. Regiments auf Befehl des Divisionsgenerals weiter auf der Straße nach Randers vorgegangen und hatte eine Schützenlinie rechts aufgelöst, welche durch völlig freies und ebenes Terrain sich bewegte. Die feindliche Kavallerie war augenblicklich verschwunden, so daß ihre Vertreibung durch die diesseitige nicht mehr nöthig erschien. Oberst v. Schlegell schickte daher eine Ordonnanz an die Infanterie mit der Weisung, sogleich nach Aarhuus zurückzukehren, ferner dem Major v. Pfuhl den Befehl, sich der Infanterie zu nähern und sich auf gar kein Gefecht weiter einzulassen.

Ehe jedoch diese den Verhältnissen ganz entsprechenden Anordnungen bestellt werden konnten, waren Umstände eingetreten, die ihre sofortige Ausführung verhinderten.

Major v. Pfuhl hatte an der Spitze des von der 3. Eskadron gestellten Avantgardenzuges die Höhe erreicht, als ihm von rückwärts gemeldet wurde, daß die Eskadron nicht folge. Major Clawiter hatte nämlich vom Divisionskommandeur unmittelbar den Befehl erhalten, auf der Viborger Straße nach Hasle vorzugehen.

Major v. Pfuhl marschirte mit der Spitze und der 1. Eskadron allein auf der Straße nach Randers weiter, zu beiden Seiten derselben erblickte er aber, nachdem wenige hundert Schritt zurückgelegt waren, eine starke Kavallerieabtheilung des Feindes, welche sich langsam zurückzog. Demnach hielt er es für angemessen, die andere Eskadron wieder an sich zu ziehen und seinerseits, indem er links von der Chaussee abbog, sich ihr zu nähern. Major Clawiter beließ 1 Unteroffizier und 7 Husaren auf der Viborger Straße zur Beobachtung der linken Flanke und setzte sich mit seinen drei Zügen wieder an die Spitze der 1. Eskadron.

Als Major v. Pfuhl die Jäger und Füsiliere bemerkte, die angesichts der Dänischen Dragoner in einer langen Tirailleurlinie über das ganze freie Terrain vergingen, ließ er sie auffordern, schleunigst umzukehren. Eben jetzt traf die Ordonnanz vom Obersten v. Schlegell mit demselben Befehl für ihn ein. Der Major glaubte aber auf sich nehmen zu sollen, seinen Abmarsch so lange zu verschieben, bis die Infanterie in Sicherheit wäre, und meldete dies zurück. Aber schon brach eine Abtheilung Dänischer Dragoner in Schwarmattacke hinter einer Waldecke hervor. Die Linie der Schützen theilte sich, und die Leute liefen theils dem Wald, theils der Chaussee zu. Alles dies ereignete sich rechts der Straße, während die Husaren links derselben standen. Ihre Spitze hatte gerade neben sich ein durchaus ungangbares Terrain.

In diesem Augenblick traf ein Ordonnanzoffizier, der Lieutenant Prinz Salm vom 11. Husaren-Regiment, mit dem erneuten Befehl des Obersten v. Schlegell zu sofortiger Rückkehr ein. Angesichts der Sachlage war indeß Major v. Pfuhl keinen Moment unschlüssig, was er zu thun habe; er eilte dahin, wo Ehre und Kameradschaft ihn riefen. Indem er den übrigen sieben Zügen winkte, ihm zu folgen, umging er das Terrainhinderniß nach vorwärts, schwenkte dann rechts und gelangte so, freilich nur eben mit seinem Tetenzug, in Flanke und Rücken der anstürmenden Dragoner, welche bereits einige Infanteristen übergeritten hatten.

Major Clawiter, der die üble Lage der Jäger ebenfalls bemerkt hatte, war der Tete nicht gefolgt, sondern, jeden Umweg vermeidend, gleich rechts gegen die Straße vorgerückt. Die Dänischen Flankeurs, welche schon das Feuer der Zoutiens von der Chaussee her erhielten und die Husaren heran sprengen sahen, ließen jetzt von der Infanterie ab und räumten schleunig das Feld. Seinerseits war aber Major v. Pfuhl auf eine geschlossene halbe Eskadron Dragoner gestoßen, welche den Flankeurs als Repli nachgerückt war und nun gegen ihn einschwenkte. Es erfolgte ein hitziges Handgemenge, in welchem gleich anfangs Major v. Pfuhl den Führer der feindlichen Abtheilung,

Rittmeister Heramb, vom Pferde hieb. Derselbe wurde jedoch von vieren seiner Offiziere herausgehauen. Das Endresultat war, daß die Dragoner geworfen wurden und, von den Husaren dicht verfolgt, sich in einen der sogenannten Kampe (von Erdwallen eingeschlossene Felder) flüchteten, welcher durch ihre Infanterie besetzt war. Während des Handgemenges waren noch etwa 30 Husaren herbeigeeilt, und so ging es trotz des feindlichen Gewehrfeuers in den Kamp hinein, wo 50 bis 60 Kavalleristen und Infanteristen, die nicht mehr entkommen konnten, gefangen genommen wurden.

Major Clawiter war inzwischen bei seinem Vorreiten gegen die Chaussee auf ein äußerst schwieriges Terrain gestoßen, es mußten Gräben übersprungen, Sumpfstellen umgangen, endlich eine schmale Brücke passirt werden, bevor man die Straße erreichte. Dort suchte der Major, welcher eine herantrabende, feindliche Abtheilung vor sich sah, vor Allem das Tempo der Tete zu mäßigen, um Zeit zum Aufschließen der in verlängerter Kolonne folgenden Züge zu gewinnen, als Prinz Salm, nur seinem Ungestüm Gehör gebend, mit den vordersten Abtheilungen vorwärts stürmte, so die nächsten mit sich fortriß und nun den Major Clawiter zwang, wohl oder übel, zu folgen. In dieser Auflösung ging es unter allgemeinem Hurrah auf den geschlossenen Feind. Der Zusammenstoß fand schon auf und neben der Chaussee statt.

Prinz Salm wurde vom Pferde gehauen, Lieutenant v. Bardeleben fiel, von zwei schweren Kopfhieben getroffen, todt zur Erde, aber die Dänischen Dragoner wurden auch hier geworfen.

Die 1. Escadron des Husaren-Regiments war theilweise noch zurück. Ihrem Führer, dem Premierlieutenant Grafen Schmising, war es nicht entgangen, daß eine stärkere geschlossene Abtheilung feindlicher Dragoner sich dem Gefechtsfelde näherte und in die rechte Flanke des Majors Clawiter vortrabte. Er hielt daher von seiner Escadron fest, was noch zu halten war, warf sich damit dem Feinde entgegen und es entstand ein neues Handgemenge, in welchem jedoch die Husaren nach tapferem Widerstande der Uebermacht weichen mußten.

Major Clawiter konnte unter diesen Umständen nur rückwärts sammeln lassen, aber Major v. Pfuhl hatte bereits seine Mannschaft nach der ausgeführten glänzenden Attacke wieder vereinigt und führte sie nun seinerseits gegen die rechte Flanke der Dänischen Abtheilung vor. Ihm schlossen sich sodann Major Clawiter und Graf Schmising mit Allem, was sie in der Eile wieder hatten zusammenraffen können, an. Die Dänen ließen jedoch vom Kampfe ab, und eine Verfolgung war nicht möglich, da sie Aufnahme durch ihre nachdrückende

Infanterie gefunden hatten, welche hinter den Wällen der Rampe vortheilhafte Aufstellung fand. Ebenso wenig konnten die verwundeten Mannschaften alle fortgebracht werden, und die gefangenen Dänen hatten bis auf wenige die Zeit benutzt, um sich davonzumachen.

Major v. Pfuhl ließ Appell blasen, die beiden Escadrons sammelten sich, was der Gegner ruhig geschehen ließ, und marschirten nach Aarhuus zurück.

Die Stärke derselben hatte nicht über 200 Pferde betragen. Gefallen war Lieutenant v. Bardeleben, verwundet die Lieutenants v. Beaulieu und v. Korff 1., verwundet und gefangen Lieutenant Prinz Salm. — Außerdem verloren die beiden Schwadronen 33 Mann und 15 Pferde, mithin ein Sechstel ihrer Mannschaft.

Auf Dänischer Seite waren im Gefecht gewesen: zwei Escadrons des 6. Regiments, eine halbe Escadron des 5. und ein halber Zug des 3. Ihr Verlust betrug nach Befreiung der Gefangenen nur noch 11 Mann.

Auffallend war die große Zahl schwerer Kopfwunden, welche die Preußischen Husaren davontrugen. Mögen die starken Helme der Dänen besser geschützt haben, immerhin scheint es, daß viele Hiebe der Husaren flach gefallen oder minder kräftig geführt worden sind. — Die Infanterie hatte auf beiden Seiten an diesem Tage nur 3 bis 4 Mann verloren.

Auf Befehl des Generals v. Hirschfeld hatte Oberst v. Schlegell dem Bürgermeister von Aarhuus eröffnet, daß die Stadt seinerseits nicht besetzt gehalten, aber auch nicht geduldet werden würde, daß es von Dänischer Seite geschehe; die Folge davon würde ein Bombardement sein.

Nach Rückkehr des Majors v. Pfuhl wurde Aarhuus geräumt, wie schon in der Disposition des Generals v. Hirschfeld befohlen, und Biwaks südlich derselben bei Viby und Slet bezogen. Die Vorposten standen vom Strand von Marselisborg über die Windmühlenhöhe bis zum Brabrand See. Sowie die Stadt verlassen war, rückten die Dänen ein und stellten ihre Vorposten südlich derselben aus. Auch machten sie drei Wehrmänner zu Gefangenen, die dort zu lange verweilten. Demnach sollte am folgenden Nachmittag das Bombardement beginnen, wenn nicht entgegengesetzte Befehle vom Oberkommando bis dahin eingingen.

Das Gefecht des heutigen Tages war, da man schon im voraus auf den Besitz von Aarhuus verzichtet hatte, ohne eigentlichen Zweck geführt und ohne Resultat geblieben. Da aber die Dänen am Schluß desselben, einem weit überlegenen Feind gegenüber, ihre ursprüngliche Stellung wieder einnehmen durften, so hatte man ihnen eigentlich einen wohlfeilen Sieg bereitet.

Wenn jenseits Aarhuus die Kavallerie in das für Infanterie günstige, diese in das für die andere Waffe bessere Terrain gerieth, so lag der Grund wohl darin, daß der Avantgardenkommandeur erst in dem Augenblick ein Kommando erhielt, wo der Divisionsgeneral bereits direkt über einen Theil seiner Truppen verfügt hatte. Die Kavallerie kam unter den erschwerendsten Bedingungen zur Wirksamkeit, aber sie hatte in glänzender Weise gegen einen überlegenen und tapferen Feind den alten Ruhm der Waffe zu wahren gewußt.

Auf die Meldung des Generals v. Hirschfeld über die Vorgänge des Tages befahl der Kommandirende schon am 1. Juni früh 5 Uhr, „daß sämmtliche in Bewegung gesetzten Truppen sogleich in diejenige Stellung zurückzuziehen seien, welche sie am 30. Mai innegehabt hatten"; dieselbe Weisung erging an die 1. Division. Das beabsichtigte Bombardement werde selbstverständlich unterbleiben. Genaue Berichte über die Einzelheiten des Gefechts wurden verlangt.

Da dem Major v. Pfuhl heftige Vorwürfe vom Divisionskommandeur über sein Verfahren gemacht worden waren, so glaubte er in seinem Bericht eine Art Rechtfertigung aufnehmen zu müssen.

General v. Prittwitz schrieb ihm: „Wo Holz gehauen wird, fallen Späne. Nach meiner besten, innigsten Ueberzeugung haben Sie sich auch am 31. Mai abermals als tapferer, umsichtiger Kavallerieführer bewährt. Diese meine Ansicht bin ich bereit, überall da geltend zu machen, wo es darauf ankommen sollte. Ich warte mit Ungeduld auf die Gelegenheit, Ihnen und den beiden tapferen Schwadronen mündlich meine Anerkennung auszusprechen."

Mit der ganzen vom Divisionsgeneral gegen seinen Willen und seine Befehle ausgeführten Unternehmung hingegen war der Kommandirende im höchsten Grade unzufrieden und gab derselben weitere dienstliche Folgen. Die Truppen der 3. und 1. Division kehrten am 1. und 2. Juni in ihre früheren Quartiere zurück, was keinen guten Eindruck auf sie machen konnte, und es entstand für sie eine längere Periode der Unthätigkeit.

Infolge der Eröffnungen des Obersten v. Schlegell hatte der Bürgermeister von Aarhuus sogleich mündliche Rücksprache mit dem General Rye genommen. Dieser versprach, ferner die Stadt nicht zu besetzen, wenn die Deutschen nicht einrückten, auch sollten zur See an der Küste südlich von dort durch die Flotte keine Feindseligkeiten geübt werden; doch müsse dann auch Aarhuus von allen Requisitionen befreit bleiben.

Die Entscheidung hierüber müsse dem Oberkommando anheimgestellt werden.

Der Ministerpräsident Graf Brandenburg hatte in einem Schreiben vom 25. mitgetheilt, daß man die Verhandlungen mit Herrn v. Reedy möglichst beschleunige, daß es aber erwünscht sein würde, wenn eine vorläufige Waffenruhe zu Stande kommen könnte, um jede Veranlassung zu Verwickelungen mit dritten Mächten zu vermeiden.

Ein solches Abkommen direkt mit dem Dänischen Oberbefehlshaber abzuschließen, wurde General v. Prittwitz ermächtigt. Derselbe erachtete den eben angeführten Schriftverkehr wegen Aarhuus für einen schicklichen Anknüpfungspunkt für solche Verhandlung. Er ließ daher durch den General v. Hirschfeld ein Schreiben an den General Rye gelangen, in welchem diesem gesagt wurde, daß es im Interesse sowohl der Stadt Aarhuus wie überhaupt des von den Deutschen besetzten Theils der Provinz Jütland wünschenswerth erscheine, wenn mit dem Oberbefehlshaber der königlich Dänischen Armee wo möglich über den einen oder den anderen Punkt eine Verständigung herbei geführt werden könne. General Rye wurde ersucht, dies Schreiben dem General v. Bülow mitzutheilen.

Dieser erwiderte, es sei dem Oberbefehlshaber der Dänischen Armee bekannt, daß Verhandlungen über Waffenstillstand und Frieden gepflogen würden; er glaube daher nicht den Entschlüssen seiner Regierung vorgreifen zu dürfen, indeß wolle General v. Bülow, um Vorschläge und Mittheilungen zu empfangen, seinen Stabschef nach einem zu bezeichnenden passenden Ort abschicken.

Hierauf antwortete General v. Prittwitz unter dem 7. Juni:

„Ew. Excellenz beehre ich mich auf das geehrte Schreiben vom 7. ganz ergebenst zu erwidern, daß in meinem Schreiben vom 4. d. Mts. die Gegenstände angedeutet waren, über welche ich ein gegenseitiges Verständniß wünschte, und daß dabei auch nicht entfernt an Mittheilungen gedacht wurde, welche den schwebenden Unterhandlungen irgendwie hätten vorgreifen können. Nach dem Eindruck, welchen Ew. Excellenz Schreiben auf mich gemacht hat, glaube ich meinem Wunsch weitere Folge nicht geben zu können. Es bleibt mir daher nur übrig, Ihnen für die gefällige Mühewaltung zu danken und die Versicherung ꝛc.

(gez.) v. Prittwitz."

General Rye behauptete sich in Kantonnements nördlich Aarhuus. Er hatte die Andeutung erhalten, daß unter Umständen über einen Theil der ihm unterstellten Truppen anderweit verfügt werden würde; auch gingen in der

Bucht von Helgenaes 28 Transportschiffe vor Anker. Ein Englischer Kriegsdampfer war nach Sonderburg eingelaufen und passirte den Alsen-Sund, während derselbe gewiß sicherer die Insel östlich umfahren hätte.

Weitere Ereignisse vor Fredericia.

Vor Fredericia war eine Belagerung aus Mangel an allen Mitteln unmöglich. Das Bombardement hatte sich als erfolglos herausgestellt, man wollte wenigstens die völlige Abschließung des Platzes versuchen, indem auch der Verkehr nach außen zur See unterbrochen wurde.

Für diesen Zweck wäre eine Strandbatterie südlich der Festung sehr wirksam gewesen, eine solche lag dann aber auch im Feuer der feindlichen Kanonenboote und so abseits, daß sie im Fall eines Angriffs schwer zu unterstützen war. Man zog es daher vor, zwei Mörserbatterien am linken Flügel der Aufstellung zu erbauen, welche die Division bereits inne hatte, und zwar an einem wenig eingesehenen Punkt am Igelsever Weg. Freilich mußten diese dann über die Festung fort auf Entfernung von fast 5000 Schritt ihr Feuer gegen die Landungsbrücke auf Fünen richten.

Da am Abend des 3. Juni der Bau beginnen sollte, so glaubte man dies zu erleichtern, indem die Garnison durch eine neue Beschießung beschäftigt und ermüdet würde. Es entspann sich daher an diesem Tage ein fünfstündiger, lebhafter, aber auf beiden Seiten ziemlich unschädlicher Geschützkampf. Obgleich außer 247 Kugelschüssen 283 Bomben in die Stadt geworfen wurden, war ein Brand in derselben nirgends entstanden. Die Dänen hatten 5 Todte, 8 Verwundete, die Belagerer 2 Todte, 5 Verwundete, aber ihre Batterien waren sehr beschädigt und in der des rechten Flügels, welche das Feuer von drei Bastionen auf sich zog, war ein 24 Pfünder völlig demontirt. Unter Befehl des tüchtigen Premierlieutenants Christiansen hatte die Mannschaft mit der musterhaften Kaltblütigkeit, welche die Schleswig-Holsteiner als Artilleristen kennzeichnet, ausgeharrt.

Zum Schutz der zu erbauenden Batterien sollte ein Laufgraben dienen, der zur Linken mit einer Redoute abschloß und durch zwei Zickzacksappen rückwärts mit einer Schlucht in Verbindung stand. Die Erdarbeiten waren dem Ingenieurhauptmann Leiser übertragen, die Sicherung derselben dem Oberstlieutenant v. Saint-Paul mit 10 Kompagnien. Derselbe stellte eine Kompagnie als Soutien hinter jeden Flügel, hinter den linken außerdem das 7. Bataillon am Igelsever Weg; das 6. Bataillon hatte Befehl, sich bei Eintritt der

Dunkelheit bereit zu halten, und Major Schmidt, welcher den linken Flügel der Vorposten kommandirte, war angewiesen, mit dem 4. Bataillon die feindlichen Vorposten zu verdrängen und die seinigen etwa 60 Schritt weiter vorzuschieben.

Als der Major um 9½ Uhr diese Bewegung ausführte, entstand sogleich ein lebhaftes Feuergefecht. Die Dänen verstärkten ihre Vorposten, aber die 3. Kompagnie drang in kräftigem Anlauf bis an das Glacis der Festung vor. Dies hatte nun zur Folge, daß in Frederieia ernste Besorgniß entstand; Verstärkungen wurden abgeschickt, und die Erdarbeiten weiter rückwärts mußten in lebhaftem Infanteriefeuer ausgeführt werden. Als man damit begann, fand sich vollends, daß der Boden so sumpfig war, daß hier Geschütz gar nicht aufgestellt werden konnte. Dagegen wurden die Redoute und der Laufgraben tracirt, und bald bildeten die Schanzkörbe einige Deckung; mit Tagesanbruch wurden die Arbeiter zurückgezogen.

Die Deutschen hatten 1 Offizier, 20 Mann, die Dänen weniger verloren.

Das regnerische kalte Wetter nöthigte jetzt, zunächst für bessere Unterbringung der Truppen in Erdhütten zu sorgen. Im Uebrigen blieb Ruhe, obgleich der Kanonendonner vor der Festung nie ganz aufhörte und zuweilen sehr lebhaft wurde. Als ein allgemein beklagtes Opfer fiel bald nach dem Hauptmann v. Delius auch der Oberstlieutenant v. Saint-Paul, durch eine Vollkugel tödtlich getroffen. Derselbe erfreute sich vorzugsweise des Vertrauens seiner Untergebenen und Vorgesetzten. Seine Leiche wurde nach Flensburg geschafft und dort beerdigt. Oberstlieutenant v. Zastrow übernahm nun das Kommando seiner Brigade, und an dessen Stelle trat Major v. Gersdorff.

Diese Verluste, der anstrengende Dienst bei besonders rauher Witterung, die vielen Friedensgerüchte und die geringen Erfolge, welche bisher der Festung gegenüber erreicht waren, hatten eine gedrückte Stimmung und eine gewisse Erschlaffung hervorgerufen, welche sich unter Anderem in dem stillschweigenden Abkommen der dicht voreinander stehenden Vorposten aussprach, sich gegenseitig nicht zu beunruhigen; zuweilen wurden sogar dem ablösenden Offizier Honneurs gemacht.

General v. Bonin suchte diesen Uebelständen durch erneute und größere Thätigkeit vorzubeugen.

Wiederaufnahme der Feindseligkeiten auf dem Sundewitt.*)

Auch vor Sonderburg wurde nach langer Ruhe die Unthätigkeit einmal wieder unterbrochen.

Am 6. Juni war man auf den Düppeler Höhen mit einer verstärkten Zahl von Arbeitern, 40 Mann des Nassauischen Bataillons, um 7½ Uhr zur Aushebung eines Laufgrabens geschritten. Die Dänen rückten mit 30 Mann von den Gehöften südöstlich der Düppel-Mühle vor, vertrieben die Arbeiter, welche im Vertrauen auf die Ruhe, die so lange geherrscht hatte, zur größeren Bequemlichkeit ohne Gewehre abgerückt waren. Es dauerte wohl 10 Minuten, ehe von den nur 150 Schritt entfernten Waldeckschen Truppen Hülfe geleistet wurde. Beim Anrücken derselben gingen dann die Dänen in ihre frühere Stellung zurück und setzten 1½ Stunden lang ein auf 600 Schritt wirkungsloses Kleingewehrfeuer fort, während dessen die Arbeit auf den Düppeler Höhen ruhig wieder aufgenommen wurde.

Unterdeß war die Artilleriemannschaft in den Batterien angetreten, die drei Bataillone auf der Höhe standen bereit und das Fanal brannte, um die Truppen aus dem Sundewitt herbeizurufen. Die Braunschweigischen und Nassauischen Scharfschützen rückten zur Verstärkung der Vorposten an. Im Laufschritte durcheilten sie die Keppeln, übersprangen die Erdwälle und trieben — die Braunschweiger am rechten Flügel voran — den Feind durch das nahe Feuer ihrer vortrefflichen Gewehre von Knick zu Knick, bis seine bisherige Stellung von ihnen vollständig besetzt war.

Drei Bataillone der 1. Brigade und zwei Batterien waren aus den rückwärtigen Kantonnements bereits herangekommen und erwarteten hinter der Höhe ungeduldig den Befehl zum Vorgehen; aber es geschah nichts, um das gewonnene Terrain zu behaupten, und da die Dänen sogleich Verstärkungen aus Sonderburg abgeschickt hatten, so war dieser Uebermacht nicht zu widerstehen.

Als nach Verlauf einer Stunde eine Abtheilung der Nassauischen Infanterie sich auf der Höhe zeigte, wurden von der rechten Flügelbatterie auf Alsen zwei Kanonenschüsse gegen sie abgefeuert. Sie wurden das Signal zu einer heftigen Kanonade auf der ganzen Linie.

Auf Deutscher Seite eröffnete die Batterie Nr. III ein sehr wirksames Feuer gegen Brückenkopf und Brücke.

Die linke Flügelredoute hatte anfangs gegen die Dänische Batterie zu kurz

*) Siehe Plan 5.

geschossen, bald aber schlugen zwei Kugeln unmittelbar in die Scharten, deren Geschütze sogleich schwiegen.

Die rechte Flügelredoute feuerte gegen die vom Feinde wieder besetzten Gehöfte südöstlich der zerstörten Düppel-Mühle und richtete dann mit guter Wirkung ihre Geschosse gegen den Brückenkopf und die Brücke. Die Batterie Nr. II feuerte ebendahin, dann gegen die feindliche Batterie an der Windmühle südlich Sonderburg und schließlich gegen die Schloßkaserne. Sie wurde während heftigen Infanteriefeuers durch zwei 24 Pfünder der Batterie Nr. I sehr glücklich unterstützt, die von deren rechter Schulterwehr her über Bank feuerten und nachmals die bezeichneten Gehöfte durch glühende Kugeln in Brand schossen. Batterie Nr. I gab außerdem einige Schuß gegen die Kanonenboote ab.

Die Strandbatterie hatte keine Gelegenheit zur Thätigkeit.

Das Feuer der Batterien des Dänischen rechten Flügels blieb wirkungslos und wurde um 1 Uhr eingestellt. Zwar wurde aus der Batterie an der Sonderburger Windmühle von zwei Bombenkanonen und einem 24 Pfünder gegen Batterie Nr. II noch weiter gefeuert, aber die Geschosse schlugen in die Brustwehr, ohne zu krepiren, oder gingen weit über dieselbe hinaus.

3½ Uhr a. Nach dreistündiger Dauer verstummte die Kanonade auf Dänischer und hörte dann auch sogleich auf Deutscher Seite auf. Von dieser waren im Ganzen 218 Schuß gelöst worden.

Jetzt aber belebte sich das Infanteriegefecht aufs Neue. Unterstützt von der Braunschweigischen Batterie nahm man die Gehöfte nochmals, eine Dänische Espingolenbatterie wurde durch einen Schuß zur Umkehr bewogen.

6 Uhr a. Um 6 Uhr traten aus dem Brückenkopf zwei geschlossene Infanteriekolonnen hervor. Das Feuer der Batterie Nr. III veranlaßte die Dänen aber bald, einzeln dem der Brücke zunächst gelegenen Gehöft zuzueilen, welches nun auf 1100 Schritt Entfernung lebhaft beschossen wurde.

7½ Uhr a. Das Gefecht endete damit, daß von beiden Seiten kein Fuß breit Terrain gewonnen war und Alles in die alten Stellungen zurückkehrte. Auf Deutscher Seite hatte man 20 Verwundete und 4 Todte, darunter den Steuermann Petersen, welcher den Schiffsverkehr des Feindes zu beobachten gehabt und sich durch besondere Tüchtigkeit ausgezeichnet hatte.

Der Dänische Verlust ist nicht bekannt und scheint erheblich gewesen zu sein. Die Wirkung der Deutschen Artillerie hatte sich als eine sehr gute ergeben. So durchschlug eine 84 pfündige Bombe aus Batterie Nr. II alle Stockwerke der 2300 Schritt entfernten Schloßkaserne und krepirte in einem mit Menschen angefüllten Raum; dasselbe Geschütz bohrte mit einem Schuß das Dampfschiff „Glücksburg" in den Grund, von welchem dann nur die Schornsteine im Alsen-Sund hervorragten, mit einem anderen eine mit Espignolenbatterien armirte Yacht neben der Floßbrücke. In der Dänischen Windmühlenbatterie wurde ein Geschütz demontirt, eine Laffete zerschlagen; auch wurde die Landungsbrücke für die Dampfschiffe stark beschädigt.

Kleinere Unternehmungen im westlichen Jütland.

Von der 1. Division in Jütland war General v. Spangenberg aufgefordert worden, ein Kommando zur Eintreibung der ausgeschriebenen Requisitionen nach verschiedenen Dörfern südwestlich Skanderborg abzusenden. Demzufolge rückte Rittmeister Grau mit 85 der besten Pferde des Kurhessischen Husaren-Regiments am 6. Juni nach Hornborg, am 7. nach Ring und kehrte am 8. über Nörre-Snede zurück, wo er in der Nacht zum 9. Quartier nahm. Der Hardesvoigt aus Nim hatte sich zur Begleitung angeboten und sich als Dolmetscher nützlich gemacht. Der Däne konnte sich überzeugen, daß das Kommando wie im tiefen Frieden ohne jegliche Vorsichtsmaßregeln marschire. Quartiermacher wurden vorausgeschickt, um die Nachtlager vorzubereiten, aber weder Patrouillen abgesandt noch Posten ausgestellt. Die Pferde wurden in die Ställe gezogen, deren Thüren so niedrig waren, daß zuvor abgesattelt werden mußte, und die Mannschaft legte sich, bis aufs Hemd entkleidet, schlafen.

9. Juni.

Nichts war leichter, als einen berittenen Boten nach Fröseuberg zu schicken, wo Rittmeister v. Brock mit einem Streifdetachement stand. Derselbe rückte sogleich mit 150 Pferden des 3. Dragoner-Regiments und 60 bis 80 Mann Infanterie auf Wagen ab und legte in 36 Stunden 14 Meilen zurück, verbarg sich dann, da auch die Bayern in dieser Gegend fouragirten, in der großen Plantage von Palsgaard bis zur Dunkelheit und überfiel um Mitternacht die sorglosen Hessen im tiefsten Schlaf.

3 Offiziere, 1 Arzt, 50 Unteroffiziere und Gemeine mit 67 Pferden wurden gefangen abgeführt, ohne daß auch nur ein Schuß gefallen wäre.

Diesem Schicksal entging nur ein Husar, welcher Mittel fand, zu entfliehen, und diejenigen, welche bereits mit Vorräthen nach Skanderborg zurückgeschickt waren.

Das Auftreten feindlicher Abtheilungen im Westen des Landes ließ es dem Oberkommando nothwendig erscheinen, eine mobile Kolonne zur Aufklärung in dieser Richtung abzusenden.

Damit beauftragt wurden 1 Kurhessisches Bataillon, 1 Eskadron und 4 Geschütze, nebst dem Lippeschen Jägerdetachement, das Ganze unter Führung des Obersten v. Urff. Das Kommando war ausdrücklich auf Biwakiren angewiesen. Die Instruktion des Generals v. Prittwitz schrieb Marsch und Verhalten genau vor und schloß mit den Worten: „Auch wünsche ich den Herrn Oberst v. Urff noch persönlich zu sprechen."

Die Absicht dieses Zusatzes war, dem Obersten Mäßigung zu empfehlen und ihn anzuweisen, nicht alle Bauern, die verdächtig erschienen, nach dem Hauptquartier zu schicken, sondern, schwere Fälle ausgenommen, sie nach einer Züchtigung an Ort und Stelle laufen zu lassen.

Inwieweit demnach die erbitterten Kurhessen bei dieser vom 11. bis 14. Juni dauernden Expedition glimpflich verfahren sind, mag dahingestellt bleiben; das Kommando kehrte indeß zurück, ohne auf einen Feind gestoßen zu sein.

Eine fernere Rekognoszirung nach dem westlichen Jütland ließ General v. Bonin ausführen. Sobald er Nachricht erhalten, daß der mit einem Kavalleriekommando behufs Eintreibung von Lebensmitteln abgeschickte Rittmeister Mathiesen dort auf Schwierigkeiten stieß und daß er einer Dänischen Dragonerabtheilung begegnet sei, welche die Landbewohner zur Widersetzlichkeit ermunterte, entsandte er den Obersten Hann v. Weyhern mit 4 Eskadrons und 2 reitenden Geschützen in das Amt Ribe und von dort bis Ringkjöbing.

Die Dänischen Streifkommandos, dem 3. Dragoner-Regiment mit auf Wagen gesetzten Jägern angehörig, wichen überall aus. Oberst Hann v. Weyhern schickte sehr bedeutende Lieferungen ein: 80 Ochsen und 200 Wagen mit Lebensmitteln und Fourage, ließ zwei Eskadrons zurück, um weitere Requisitionen einzutreiben, und marschirte dann nach Fredericia zurück.

Fortgang der Belagerungsarbeiten vor Fredericia.

Dort hatte man inzwischen durch die Batterie bei Erritsö doch so viel bewirkt, daß der Verkehr auf den Landebrücken bei Strib sehr unsicher gemacht war. Zwei derselben waren schon ganz verlassen, auch die dritte wurde mit einer vierten, mehr gegen Osten, vertauscht, obwohl die größeren Schiffe dort nicht anlegen und sich nur ihrer Boote bedienen konnten. Aber eine wirkliche Unterbrechung des Verkehrs der Festung mit Fünen war nur zu erlangen, wenn man sich nördlich der Ersteren mit Geschütz etablirte.

Eine Batterie für diesen Zweck konnte auf dem bis zum Traelle Wald reichenden Exerzirplatz angelegt werden, welcher sich bis an den Strand erstreckt, gegen den das Terrain mit einem Absturz von 50 bis 100 Fuß Höhe abfällt. Dieser Platz ist aber von Bastion 8 beherrscht. Zwar gewährten einige Senkungen Schutz, waren aber wiederum von See aus durch die Kanonenboote der Länge nach zu bestreichen. Einige Deckung hatte man hier immerhin gefunden, allein die Entfernung nach der östlichen Landungsbrücke bei Fredericia, welche vor Allem zu erreichen blieb, war viel zu bedeutend, als daß ein wirklicher Erfolg zu hoffen gewesen wäre.

Man ließ also die Rücksicht auf die Deckung fallen und entschloß sich, weiter südlich, also näher an der Festung, einen Punkt zu wählen, der nur 2700 Schritt von jener Landungsbrücke entfernt war und eine vortreffliche Uebersicht über die Küste der Insel, wie über die Ostfront der Festung gewährte.

Allerdings war dieser Punkt von den Bastionen 8 und 9 vollständig eingesehen und, was das Schlimmste war, er lag so entfernt von der bisherigen Aufstellung, daß er, selbst von ihrem Flügel aus, nicht ohne großen Zeitverlust unterstützt werden konnte. Eine Geschützaufstellung hier mußte daher möglichst selbständig gemacht werden.

Die zu erbauende Batterie Nr. 3 sollte zwei Bombenkanonen und drei Mörser erhalten, später sollten zur Rechten noch zwei 68 Pfünder aufgestellt werden.

Zu ihrer Sicherung war es nothwendig, nach vorwärts einen Laufgraben auszuheben, um Schutz gegen Ausfälle zu gewinnen. Auf beiden Flügeln desselben waren Redouten (Nr. 5 und 6) mit pallisadirter Kehle zu erbauen. Da demnach der Strand, im todten Winkel liegend, ein verdecktes Herannahen des Feindes begünstigte, so mußten auch hier noch Schützengräben angelegt werden. Ferner waren zwei Batterien, Strandbatterien Nr. 3 und 4, zu erbauen, um die Kanonenboote fernzuhalten, endlich ein mit Geschütz armirtes Werk nach rückwärts, um den Gegner wieder vertreiben zu können, falls er in die Batterie Nr. 3 eindringen sollte.

Vor Allem aber war erforderlich, die zur Vertheidigung dieser Werke bestimmte Mannschaft in größerer Nähe unterzubringen. Um sie nicht in das Geschützfeuer der Festung zu legen, wurde ein Hüttenlager 2000 Schritt weiter nördlich beabsichtigt, die Reserve sollte dann in Christinenberg untergebracht werden. Immer aber war der hier verwendete Theil der Division außer Verbindung mit dem stehen gebliebenen Rest, und blieb daher nun stärker zu bemessen, so daß eine ganze Brigade dafür bestimmt werden mußte.

Um dieser im schlimmsten Fall einen Rückzug zu ermöglichen, wurde die ziemlich tiefe Furt im Randø-Fjord mit Stangen bezeichnet.

Der Oberkommandirende, dem diese Absichten mitgetheilt wurden, erklärte sich einverstanden damit, daß versucht werde, die Verbindung mit Fünen zu unterbrechen, da eine Wegnahme der Festung wohl nicht das Ziel sein könne. „Wie bisher so auch künftig, gebe er die Fortführung der Operationen vor Fredericia der Einsicht und Beurtheilung des Generals v. Bonin anheim."

Der Reihenfolge nach sollten die aufgeführten Arbeiten mit Anlage des Hüttenlagers bei Christinenberg beginnen. Am 19. Juni wurde der Bau in Angriff genommen, aber Regen, Sturm und Kälte wirkten verzögernd auf die Vollendung ein, so daß man mit dieser Arbeit erst gegen Ende des Monats fertig werden konnte.

Die politischen Verhältnisse in Deutschland und Unterhandlungen auf dem Jütischen Kriegsschauplatze.

In Deutschland hatten bekanntlich während des Monats Juni die Wirren im Innern ihren Gipfelpunkt erreicht.

Ein Rumpfparlament aus etwa noch 100 Mitgliedern hatte sich unter Vorsitz eines bankerotten Cigarrenhändlers in Stuttgart als konstituirende Nationalversammlung etablirt. Von dort dekretirte diese, daß die bisherige Centralgewalt ihres Amts enthoben, daß eine Reichsregentschaft einzusetzen sei, welche für die Sicherheit und Wohlfahrt Deutschlands die vollziehende Gewalt üben werde.

Während das Reichs-Kriegsministerium aus Frankfurt noch Befehle an den General v. Prittwitz schickte, zeigte die Regentschaft ihm aus einem Bierlokal in Stuttgart ihre Einsetzung an:

„Indem wir Ihnen, Herr General, hiervon Nachricht ertheilen, fordern wir Sie auf, künftig nur von uns und von niemand Anderem Befehle oder Instruktionen anzunehmen. Zugleich ertheilen wir Ihnen hierdurch die Weisung, den Krieg gegen die Dänen rasch und energisch fortzuführen und namentlich ganz Jütland militärisch zu besetzen, damit baldigst ein ehrenvoller Friede geschlossen werden könne.

Zur Vermittelung eines solchen werden wir nächstens einen Reichskommissar absenden.

Unterhandlungen, Waffenstillstands oder Friedensschlüsse zwischen Dänemark und deutschen Einzelstaaten werden wir nicht anerkennen.

Stuttgart, den 10. Juni 1849.

Die Deutsche Regentschaft.

(gez.) Franz Raveau, v. Vogt, Schüler, Heinrich Simon, August Becker."

Das Schriftstück wurde zu den Akten gelegt, aber die Geduld des Kommandirenden war zu Ende.

Schon vor einiger Zeit hatte er dem Kriegsminister geschrieben, daß die Dänen seit dem Gefecht von Aarhuus immer lecker geworden seien. Bei der äußersten Zurückhaltung der Bundes Armee sprächen der Ueberfall von Rörre-Snede, die Kanonade im Sundewitt und vielfache kleine Belästigungen an der Schleswigschen Ostküste keineswegs dafür, daß die Dänen ihrerseits die Friedensunterhandlungen nicht durch erneuerte Feindseligkeiten zu stören unterlassen wollten. Er werde „wohl nicht unterlassen können, ihnen noch einmal zu Leibe zu gehen".

Da nun eine Antwort hierauf bisher nicht eingegangen, auch die Klagen der Truppen über mangelhafte Verpflegung sich mehrten, so ordnete General v. Prittwitz eine Konzentration der 3. Division im Laufe des 18. und 19. Juni in der Art an, daß die 1. Brigade, wenn es befohlen würde, in Märschen von nicht über 2 bis 2½ Meilen, bei dem Dorfe Gram vereinigt werden, die 2. Brigade statt ihrer die Vorposten übernehmen könne. Nur die wenigen für diesen Zweck nöthigen Dislokationsveränderungen sollten unter möglichster Vermeidung größeren Aufsehens ausgeführt werden.

Eben jetzt lief eine Antwort des Kriegsministers ein, welche sich mit dem Vorrücken in Jütland ganz einverstanden erklärte. Mit dem praktischen Scharfblick, welcher den General v. Strotha charakterisirte, stellte er dem Unternehmen gegen Fredericia kein günstiges Resultat in Aussicht und bezweifelte, daß die Dänische Regierung sich überhaupt zum Frieden herbeilassen werde, solange nicht innere Zustände sie dazu nöthigten oder ihre Hülfsmittel versiegten.

Ein anderes Schreiben des Ministerpräsidenten sprach sich dahin aus, daß allerdings dem Oberkommando nicht angesonnen werden könne, den Dänischen Belästigungen gegenüber sich völlig passiv zu verhalten. Indeß biete die Vermittelung des Britischen Gesandten noch einmal die Hoffnung, unnöthiges Blutvergießen zu vermeiden. General v. Prittwitz wurde schließlich aufgefordert, sich wegen einer Einstellung der Feindseligkeiten mit dem Kommandirenden der Dänischen Armee direkt in Vernehmen zu setzen.

Der General hatte sich auch dieser Weisung zu fügen.

Unter Hinweis auf die schwebenden Verhandlungen, die Nutzlosigkeit weiterer Opfer und die dem besetzten Lande zu ersparenden Leiden wurde dem General v. Bülow eine thatsächliche Waffenruhe vorgeschlagen, doch dabei bemerkt, daß bis zum wirklichen Eintritt derselben der Deutsche Oberfeldherr sich keineswegs verpflichte, seinerseits weitere Unternehmungen aufzugeben.

Die Erwiderung des Generals v. Bülow lief drei Tage später ein. Nach sehr verbindlichem Eingang lehnte sie mit größter Bestimmtheit jede Unterhandlung ab, die lediglich der Regierung Seiner Majestät des Königs von Dänemark anheimgestellt werden müsse. Seinen guten Willen habe er schon bekundet, indem er seinen Stabschef infolge des Schreibens vom 4. Juni in das Hauptquartier des Generals Aue abgeschickt habe. „Da es indessen Ew. Excellenz gefällig war, unter dem 7. alle ferneren Verhandlungen fallen zu lassen, so daß der Zweck der Sendung meines Bevollmächtigten — die vorher, und zwar von jenseits in Vorschlag gebrachte Zusammenkunft — vereitelt wurde, so kann ich nicht umhin, die Wiederholung eines solchen Schrittes für ebenso nutzlos als den Verhältnissen wenig angemessen zu erachten."

Weitere Besetzung Jütlands.

20. Juni. Am 20. mittags konzentrirte sich die 1. Brigade, General v. Ledebur, nebst dem 11. Husaren-, dem Sächsischen Reiter-Regiment und 2 Batterien bei dem Dorfe Gram, am Stilling See, und rückte nach Jexen vor, während die 2. Brigade zwischen Tised und Morslet sich konzentrirte und die Vorposten gegen Aarhuus ausstellte.

Von dem Feinde war nichts zu sehen. Die Avantgarde der 1. Brigade wurde absichtlich nur bis an das Wäldchen nördlich Jexen vorgeschoben, woselbst General v. Prittwitz Quartier nahm. Auch die 2. Brigade biwakirte und zwar bei sehr ungünstiger Witterung.

21. Juni. Am folgenden Tage marschirte General v. Ledebur über Borum, wo gerastet wurde, westlich an Aarhuus vorbei nach Folby. Man bemerkte nichts vom Feinde als einige Kavallerieabtheilungen, die in östlicher Richtung auswichen; bei dem eingetretenen Regenwetter wurden die Truppen in den wenigen vorhandenen Ortschaften in Alarmquartieren untergebracht. Die nach Borum gesandte Bayerische Brigade mußte dort biwakiren. Die Kurhessen rückten in die von den Bayern verlassenen Quartiere.

General v. Hirschfeld war mit der 2. Brigade nach Aarhuus marschirt. Nachdem die Barrikaden der Brücken und Thore weggeräumt, rückte seine Avantgarde um Mittag in die Stadt und detachirte westlich nach Hasle, um die Verbindung mit den Bayern in Borum aufzusuchen. Man bemerkte feindliche Infanterie am Riis-Busch, und der General vermuthete hinter derselben die ganze Brigade Rye. Der Dampfer „Hertha" mit zwei Kanonenbooten lag außer Bereich der Feldgeschütze am Strande nördlich der Stadt und feuerte auf Alles, was aus derselben heraustrat. Das Gros verblieb daher südlich Aarhuus im Biwak, die Reserve bei Biby.

General v. Hirschfeld erhielt noch in der Nacht Befehl, seine Truppen nicht dem Feuer der Schiffsgeschütze auszusetzen, sondern die Wirkung der Umgehung abzuwarten, welche die übrigen Abtheilungen morgen ausführen würden.

General v. Prittwitz schickte seinen Chef des Generalstabes ab, um am 22. die Kolonne des Generals v. Vedebur zu begleiten; er selbst schloß sich der Bayerischen an.

22. Juni.

Die erstere marschirte von Folby ganz rechts ab nach Trige, auf der Straße Aarhuus—Randers, die zweite erreichte nach mancherlei Stockungen Lisberg und schob ihre Avantgarde bis Elev vor. Beide hatten vom Feinde nur Kavallerieabtheilungen gesehen, welche über die Eg-Aa abzogen. General v. Hirschfeld hatte auf dem Umwege über Hasle Beilby erreicht und schickte seine Vorposten gegen die Eg-Aa vor. Man hatte so eine Rechtsschwenkung ausgeführt und Front gegen Osten genommen.

General Rye war von dem Vorgehen der Deutschen vollständig unterrichtet gewesen und hatte keine Veranlassung, sich dieser Bewegung zu wider setzen. Er hatte Aarhuus vier Wochen lang gedeckt, und unter dem Siegel der strengsten Verschwiegenheit war ihm eröffnet, daß am 29. oder 30. vier seiner Bataillone nach Bogense auf Fünen, eine Batterie nach Fredericia eingeschifft werden würden. Er selbst sollte mit dem dann verbleibenden Rest seiner Brigade in Jütland verbleiben, wodurch dann der fernere Besitz dieser Provinz gleichsam markirt werde.

General v. Prittwitz beschloß, nicht weiter zu folgen, sondern nur die nördlichen Bezirke der Aemter Aarhuus und Skanderborg zum Unterhalt der Armee heranzuziehen. Die 2. Brigade erhielt Quartiere in der erstgenannten Stadt, alles Uebrige bezog Kantonnements, welche nachmals dahin verändert wurden, daß die beiden Preußischen Brigaden nebeneinander, die Bayern weiter zurück verlegt wurden.

In den nächsten Tagen fanden zahlreiche Rekognoszirungen statt, die aber ohne alles Ergebniß blieben.

Weitere Ereignisse vor Fredericia.

26. Juni.   Vor Fredericia war erst am 26. Juni das Hüttenlager am Traelle-Wald fertig geworden, welches General v. Bonin am 19. hatte beginnen lassen. Es wurde mit zwei Bataillonen belegt, und infolge dessen mußte eine neue Dislokation auch der übrigen Truppen eintreten.

Das Hauptquartier wurde nach Bredstrup verlegt.

Die Avantgarde verblieb in der bisherigen Stellung, gab aber ein Bataillon in das Lager vor Vogelsang und besetzte die Feldwache 1 und 2 vor dem rechten Flügel.

Die 2. Brigade blieb mit einem Bataillon in den Redouten 1 und 2 und behielt die Feldwachen 3 und 4 nebst Repli dahinter, besetzte aber nun mit einem Bataillon den Laufgraben von der Ueberschwemmung bis zum Apothekergarten und stellte dort die Feldwachen 5 bis 9 nebst Repli auf. Ein Bataillon mit 4 Geschützen verblieb im Hüttenlager. Der Rest der Brigade kantonnirte in Stoustrup, Stallerup und Mobbelgaard.

Die 1. Brigade wurde zur Vertheidigung des linken Flügels bestimmt. Nächst den beiden Bataillonen in dem neuen Hüttenlager Nr. 2 standen vier Geschütze in Christinenberg. Die übrigen Bataillone lagen in Beilby und Igeslev, eine Eskadron in letzterem Ort, die andere in Igum, eine Kavalleriefeldwache zur Verbindung mit dem Centrum.

Der Brigadestab lag in Christinenberg, die 12pfündige Batterie in Ödstedgaard, die Pioniere und Scharfschützen, letztere zur Beobachtung des Strandes, in Traelle; die Kavallerie kantonnirte hinter dem Abschnitt von Bredstrup, die Munitionskolonne in Höirup, das Feldlazareth in Nörre-Bjert.

Man schritt nun zur Ausführung der übrigen Arbeiten. An dem Laufgraben arbeiteten 250 Mann; am 28. wurden die Strandbatterien Nr. 3 und 4 und am 29. die Batterie Nr. 3 begonnen, aber die kurzen Nächte gestatteten kein schnelles Fortschreiten. Auch unternahmen am 30. nachmittags die Dänen einen durch Oberst Irminger geführten Ausfall gegen den äußersten linken Flügel längs des Strandes, vertrieben die Feldwache und hatten, ehe Unterstützung herankam, die Batterie demolirt, die Schanzkörbe verbrannt und das Arbeitszeug mitgenommen.

Schon seit mehreren Tagen waren von verschiedenen Beobachtungspunkten längs der Küste Stafetten eingetroffen, welche meldeten, daß alle Dänischen Schiffe nach Norden in Bewegung seien. So waren 16 bis 20 Schiffe, mit Truppen an Bord und begleitet von drei Kriegsdampfern, aus dem Horup-Haff ausgelaufen. Alle Schiffe, die bisher bei Bogenje gelegen, waren in der Nacht zum 29. verschwunden. Daß die Dänen noch vor Eintritt der Waffenruhe irgendwo ein größeres Unternehmen ausführen wollten, stand zu vermuthen, und die Kopenhagener Zeitungen erzählten öffentlich, daß der Streich gegen „die Insurgenten" geführt werden solle.

Es fehlte also nicht an Warnungen, welche auf die gefährdete Lage der Division Bonin hinwiesen.

Dieselbe stand, nur 14000 Mann stark, in der Ausdehnung von 1½ Meilen, mit dem Rücken an Defileen, unmittelbar vor einer Festung, die dem Gegner volle Sicherheit gewahrte und ihm gestattete, zu jeder Zeit und an jedem Punkt zu einem überraschenden Angriff vorzubrechen.

Noch lag einige Beruhigung in dem Umstande, daß zwar nicht die Transporte der Dänen auf hoher See, wohl aber dasjenige mit einiger Zuverlässigkeit beobachtet werden konnte, was davon schließlich nach Fredericia selbst herangeführt werden mochte. Die Strandwachen, welche Oberst v. Jastrow bei Erritsö und am Exerzirplatz südlich und nördlich von Fredericia eingerichtet hatte, waren durch seebefahrene Matrosen mit guten Fernglasern besetzt, und durch Controle ihrer Berichte gelangte man zu einer ziemlich sicheren Kenntniß.

In den ersten Tagen des Juli war nun der Schiffsverkehr zwischen Insel und Festung ein sehr reger.

Am 3. Juli meldete der Posten bei Erritsö, daß 2 Bataillone und noch etwa 300 Mann nach der Festung übergeführt, ohne daß Truppen wieder zurückgeführt worden seien.

Der Nebel verhinderte übrigens zu sehen, ob nicht noch mehr Schiffe anlangten. Am 4. wurden die Transporte von Strib und von Norden her schon vor Tagesanbruch in noch größerem Maße fortgesetzt. Außer sehr bedeutenden Abtheilungen Infanterie wurden mehrere Escadrons und zwei Feldbatterien beobachtet. Diese Ausschiffungen dauerten auch während der Nacht fort. Am 5. langte abermals Kavallerie und Artillerie an.

Ueber den Zweck dieser Truppenanhäufung waltete bei keinem Offizier der Schleswig-Holsteinischen Division ein Zweifel ob.

Noch konnte man sich der drohenden Gefahr entziehen. Indem die Division sich hinter dem starken Terrainabschnitt zwischen Gudsö-Bucht und

Rands-Fjord aufstellte, gewann sie Raum nach vorwärts, um sich gegen Ueberraschung zu sichern, und näherte sich den Verstärkungen, welche sowohl von der 1. wie der 2. Division herangezogen werden konnten. Dort durfte man jeden feindlichen Angriff ruhig erwarten und erfüllte vollkommen die eigentliche Aufgabe, ein Vorgehen der Dänen im Rücken der Truppen in Jütland zu verhindern.

Freilich war dies die Verzichtleistung auf Alles, was bisher gegen die Festung unternommen worden war. Die Dänen würden die aufgeworfenen Angriffswerke sofort eingeebnet haben; es war sogar zweifelhaft, ob die schweren Geschütze aus denselben noch sämmtlich hätten zurückgeführt werden können, und immer blieb es ein Rückzug und das Eingeständniß eines verfehlten Unternehmens. Die ganze Sinnesweise des Generals v. Bonin lehnte sich dagegen auf. Er hielt die Nachrichten über Truppentransporte für übertrieben und seine Stellung für gut genug, um jedem Angriff zu trotzen. Alle Vorstellungen dagegen blieben vergeblich. Insbesondere war es der Oberst v. Zastrow, welcher auf engere Konzentrirung und größere Bereithaltung der Truppen drang, indem die Dänen über die Ueberschwemmung hinweg nur beobachtet, ein Theil der Truppen des Centrums aber zur Unterstützung des linken Flügels verfügbar gestellt würde. Denn daß die Dänen nicht mit größeren Massen über die Inundation defiliren würden, war vorauszusehen; der Norden der Festung bot ihnen, solange die neuen Werke des Angreifers nicht vollendet waren, die Möglichkeit, mit entwickelten Kräften vorzugehen, welche dann unmittelbar auf die 1. Brigade stießen und diese leicht vom Centrum ganz abdrängen konnten.

Da Oberst v. Zastrow mit seinem Vorschlage nicht durchzudringen vermochte, so mußte er sich auf Anordnungen beschränken, welche nachmals wenigstens die völlige Vernichtung seiner Brigade verhinderten.

In der That war man mit Mühe dazu gelangt, nur erst die Strandbatterien zu armiren. Damit konnte man die Truppenüberschiffung nicht verhindern und begnügte sich am 4. und 5. Juli, das Feuer gegen die Stadt zu richten. Dasselbe konnte bei der Ueberfüllung mit Truppen in Fredericia allerdings sehr lästig sein, aber es mußte nothwendig für den Dänischen Kommandirenden einen Grund mehr abgeben, seine Offensive nicht länger zu verschieben.

In der Nacht zum 6. Juni war die Batterie des linken Flügels noch mit einem 24 pfündigen Geschütz versehen worden; es sollte nicht mehr zur Wirksamkeit gelangen.

Dänische Truppenverschiebungen zum Entsatze von Fredericia.

Während so das Unwetter über die Schleswig-Holsteiner heraufzog, begnügte man sich in Jütland mit Rekognoszirungen, die zum Theil nicht einmal den Feind erreichten, so am 27., 29. und 30. Juni. Der Zweck war mehr darauf gerichtet, Lieferungen vom Lande einzuziehen, als die Stellung des Feindes zu ermitteln oder ihn darin zu vernichten. Dieser verhielt sich völlig ruhig und wich jedem Engagement aus. Seine Kavallerievedetten senkten die Karabiner und gaben zu verstehen, daß sie nicht zuerst schießen würden.

Sie hatten guten Grund dazu.

General Rye, der zwei feindliche Divisionen vor sich hatte, behielt Zeit und Muße, noch die Hälfte seiner schwachen Brigade zu der großen Unternehmung einzuschiffen. Am 30. Juni landeten vier seiner Bataillone auf Fünen, am 2. Juli eine Batterie in Fredericia. Der General selbst erhielt die Erlaubniß, diesen Truppen zu folgen und das Kommando der wenigen Bataillone und der gesammten Kavallerie, welche in Jütland verblieben, dem Obersten Flindt zu übergeben.

Dagegen entwickelten die Parteigänger im Westen des Landes, unterstützt von bewaffneten und berittenen Bauern, eine rastlose Thätigkeit gegen die Deutschen Requisitionskommandos.

General v. Prittwitz befahl daher eine größere Unternehmung durch die 1. Division in dieser Richtung und schrieb alle Bewegungen derselben für vier Tage bis ins Detail vor.

Oberst Abresser marschirte am 3. Juli früh von Borum aus mit 2 Bataillonen, 2 Eskadrons und 4 Geschützen gegen die Guden-Aa vor. Man fand die Mengebro zerstört und wurde von einem dahinter liegenden Wirthshaus durch das Feuer von Infanterie empfangen. Diese und eine Abtheilung Kavallerie wurden jedoch bald vertrieben, als die Batterie gegen das Gebäude auffuhr.

Gleichzeitig war Oberst d'Orville mit 2 Kompagnien, ½ Eskadron und 2 Geschützen der Kurhessischen Truppen nach der anderthalb Meilen weiter südlich gelegenen Resenbro, an die Guden-Aa, vorgerückt.

Am folgenden Tage überschritten die Bayern und Kurhessen den Fluß auf den wiederhergestellten Uebergängen. Die Ersteren gingen bis Höibjerg vor und entsendeten von dort Patrouillen in der Stärke von 100 Mann in verschiedenen Richtungen. Eine derselben wollte gesehen haben, daß eine Dänische Brigade auf Viborg sich zurückziehe, die Kurhessen stießen nur auf einige Kavalleriepatrouillen.

Nun hatten die Dänen in der That in Viborg nur 2 Eskadrons und wenig über eine Kompagnie Infanterie. Ein Bayerisches Detachement von der angegebenen Stärke ging bis auf eine halbe Meile Entfernung an diese Stadt heran, kehrte aber dann wieder um, und da die Bayern und Kurhessen vorgeschriebenermaßen jetzt ihren Rückmarsch antraten, so folgten die Dänen und besetzten aufs Neue die Uebergänge über den Fluß.

Am 4. Juli hatte General v. Hahn dem Kommandirenden mitgetheilt, daß in Aarhuus allgemein das Gerücht umlaufe, General Rye habe sich eingeschifft.

Wir müssen dabei auf die Nachrichten zurückblicken, welche seither im Hauptquartier zu Aarhuus über die Bewegungen des Feindes zur See eingelaufen waren, und die wohl doch einiges Licht auf die Situation hätten werfen können.

Schon unter dem 27. Juni hatte Oberst Diederichs aus Apenrade gemeldet, daß am 25. ein Dampfer mit sieben Schiffen im Schlepptau von Assens auf Fünen, am Abend desselben Tages noch sechs große Schiffe aus dem Großen Belt kommend, ebendaselbst vor Anker gegangen seien. Am 28. beobachtete man dort 24 Schiffe und eine bedeutende Anzahl Kähne. Zwei große Fregatten und einige Kanonenboote lagen bei der nahen Insel Aarö. Dies zusammengehalten mit der früheren Nachricht von dem Auslaufen zahlreicher Schiffe aus dem Hörup-Haff bei Alsen und dem plötzlichen Verschwinden der Fahrzeuge vor Bogense auf Fünen ließ kaum daran zweifeln, daß bedeutende Militärtransporte auf Dänischer Seite stattfänden; die Frage war nur, ob die bei Assens und vielleicht auch in anderen Häfen von Fünen versammelten Schiffe Truppen nach dieser Insel herangeführt hätten, oder solche von dort zu anderen Zwecken abholten. Für die erstere Annahme sprach die Aussage eines von Alsen desertirten Sergeanten, welcher, wie am 3. Juli gemeldet wurde, bestimmt aussagte, daß von den früher auf der Insel stationirten Brigaden die eine, Brigade Nr. 6, sich in Jütland oder Fredericia befinde.

Waren überhaupt Truppen von Alsen fortgeführt und auf Fünen oder in Fredericia gelandet, so konnte die Maßregel nur gegen General v. Bonin gerichtet sein, denn gewiß würde man sich nicht erst einer Aus- und Wieder-

Einschiffung auf der Insel unterzogen haben, wenn man irgendwo anders am Kontinent landen wollte.

Beim Oberkommando hielt man jedoch den Gedanken an eine solche Unternehmung fest. Sämmtlichen Divisionskommandos und ihren detachirten Abtheilungen wurde Mittheilung von den eingehenden Nachrichten über die Bewegungen der Schiffe gemacht, alle wurden zur größten Wachsamkeit aufgefordert und die gegenseitige Unterstützung an den verschiedenen Küstenpunkten von Neustadt in Holstein bis Aarhuus in Jütland vorgesehen, mit Ausnahme von Fredericia. General v. Bonin wurde vielmehr angewiesen, Unterstützung zu leisten, falls die Dänen in Kolding oder Weile landen sollten.

Allerdings hatte General v. Bonin in einer der letzten seiner sparsamen Mittheilungen gemeldet, daß es ihm gelinge, den Verkehr von Fünen nach Fredericia mehr und mehr zu erschweren, und noch unter dem 2. Juli gab er seine Meinung dahin ab, daß eine Landung bei Hadersleben ihm nicht wahrscheinlich sei, „es ließe sich vielmehr vermuthen, daß eine Ueberfahrt von Fünen nach Alsen stattfinden werde, da Assens der gewöhnliche Sammelplatz und Einschiffungsort von der einen Insel nach der anderen sei."

Am 4. Juli, dem Tage, an dem General Rye sich bereits eingeschifft hatte, schätzt General v. Prittwitz in einem Schreiben an den Ministerpräsidenten „die Stärke des vor ihm stehenden Feindes noch auf 10 Bataillone und 10 bis 16 Escadrons"; er fügt hinzu, wie das Beisammenhalten der Kriegs- und Transportschiffe bei Assens darauf hindeute, daß die Dänen eine Unternehmung, sei es auf Alsen oder auf die Gegend von Hadersleben, noch nicht aufgegeben hätten.

Bei dieser Anschauung des Oberkommandes und dem Selbstvertrauen des Generals v. Bonin unterblieb denn auch jede Heranziehung von Verstärkungen für Letzteren, obwohl um Hadersleben und Apenrade 13 Bataillone der 2. Division in Reserve standen, und in Jütland, selbst bei der obigen Schätzung des Rye'schen Korps, die 3. Division einer Verstärkung kaum benöthigt hätte, und die Bayern und Kurhessen somit ebenfalls abkömmlich gewesen wären. Ohnedies hatte General v. Prittwitz bereits nach Berlin mitgetheilt, daß für die bedeutende Truppenzahl in Jütland höchstens noch auf drei Wochen die Existenz zu sichern sei.

Die Armuth des Landes oder der Umstand, daß man sich nicht entschließen konnte, seine Hülfsquellen durch rücksichtslose Strenge auszunutzen, mußte zu einer baldigen Räumung führen.

Unter solchen Umständen wäre wohl eigentlich nichts wünschenswerther gewesen, als eine Landung der Dänen im großen Stil. Die Armee, welcher man auf den Inseln nicht beikommen konnte, hätte man auf dem Kontinent wahrscheinlich vernichtet. Denn selbst wenn man zu spät kam, um sie noch bei der so mißlichen Ausschiffung zu überraschen, so konnte man sie jedenfalls später mit 30 000, 40 000, ja 60 000 Mann angreifen und dann jede Wiedereinschiffung verhindern.

Dieser Gefahr entgingen die Dänen bei erneuter Offensive ihrerseits nur an zwei Punkten, nämlich wenn sie von Sonderburg oder von Fredericia ausging. Vor ersterem Punkt stand die Reservedivision, welche sich während dreier Monate verschanzt hatte und die der nahen Unterstützung durch die 2. Division sicher war. Vor Fredericia stand General v. Bonin allein.

5. Juli. Am Vormittag des 5. Juli wurde ein Deserteur dem Oberkommando vorgestellt. Derselbe sagte aus, daß er, auf Alsen geboren, sich geweigert habe, gegen die Deutschen zu fechten, und deshalb nach Kopenhagen zur Artillerie abgegeben worden sei. In der Nacht vom 2. zum 3. ging er mit einem Englischen Dampfer ab, welcher mit 700 Rekruten und einer großen Menge Artilleriemunition an Bord am 4. nachmittags vor Aebeltoft anlangte. Die Rekruten wurden sofort ans Land gesetzt und ein Theil der Munition an den „Hekla" abgegeben. Mit dem Rest und einer Anzahl schwerer Geschütze sollte die Fahrt am heutigen Tage fortgesetzt werden. Berichterstatter erhielt Urlaub, um Lebensmittel in Aebeltoft einzukaufen, und benutzte die Gelegenheit, sich davonzumachen. Mit Hülfe eines Deutschen Kameraden gelangte er durch die Dänischen Vorposten und bat nun, nach den Herzogthümern entlassen zu werden.

Von seinem Landsmann hatte er Folgendes erfahren: Der größte Theil des Krieden Korps sei schon in Fünen, die Einschiffung habe schon am 29. Juni angefangen und sei seitdem täglich fortgesetzt worden. Zurück geblieben wären nur das 1. Jäger- und das 12. Bataillon sowie 6 Eskadrons, welche von selbst zurückgehen würden, sobald man sie angriffe.

Wie er gesprächsweise gehört, wären die nach Fünen transportirten Truppen nach Fredericia bestimmt, wo man eine Schlacht liefern wolle.

Man würde auf die Aussage dieses Mannes ein so großes Gewicht nicht gelegt haben, wenn sie nicht so vollständig mit dem übereingestimmt hätte, was man aus allen vorangehenden Nachrichten mit großer Wahrscheinlichkeit schon früher hatte schließen können.

Noch vormittags 10 Uhr fertigte General v. Prittwitz durch die Relais ein mit drei Kreuzen, als Zeichen schleunigster Beförderung, versehenes Schreiben an General v. Bonin ab, in welchem er unter Angabe der Quelle mittheilt, daß General Rye mit 4 bis 5 Bataillonen, mehreren Batterien und einem Theil seiner Kavallerie sich nach Fünen begeben habe, wo ein Unternehmen zum Entsatz von Fredericia beabsichtigt sein solle. Da dies auch durch mehrere andere Nachrichten Bestätigung erhalte, so beeile das Oberkommando sich, hiervon Mittheilung zu machen, damit in Betreff der nöthigen Vorsicht nichts versäumt werde. Weitere Nachricht bliebe vorbehalten.

Demnächst gingen Befehle an sämmtliche Divisionen und detachirten Abtheilungen, welche unter Mittheilung dessen, was man erfahren hatte, Folgendes bestimmten:

Am 7. Juli marschirt der am nächsten an Fredericia stehende General v. Spangenberg von Horsens nach Veile.

Das Detachement des Obersten v. Urff von Standerborg nach Horsens, endlich

die Baverische Brigade unter Zurücklassung einer Arrieregarde nach Standerborg und Brolt.

Am 8. Juli vereinigt sich Oberst v. Urff bei Veile mit dem Rest der Brigade des Generals v. Spangenberg, welcher südlich von Veile dislozirt wird, um zur Unterstützung des Generals v. Bonin bereit zu sein, und im Fall er zum Rückzuge genöthigt würde, die Richtung auf Horsens einschlagen soll. Dorthin rückt die Baverische Brigade ab.

Oberst Diederichs in Hadersleben wurde angewiesen, 3 Bataillone und 1 Hessische Eskadron bei Kolding zu versammeln, um General v. Bonin zu unterstützen, sobald von diesem die Nachricht von einem wesentlichen und entschiedenen Angriff der Dänen einginge.

Auf eine solche Nachricht sollte denn auch General v. Wyneden, unter Zurücklassung schwacher Verbindungsposten, sich mit der 2. Division nach Kolding in Bewegung setzen, wohin auch die Detachements aus Ribe, Flensburg und Glücksburg heranzuziehen waren.

Die 3. Division sollte schon am 6. eine große Rekognoszirung bis Malø-Vadegaard ausführen, vermuthlich um zu verhindern, daß der Rest der Alsschen Truppen sich auch noch einschiffe.

Das Hauptquartier verblieb vorerst noch in Aarhuus.

Alle diese Anordnungen wurden dem General v. Bonin in einem zweiten Schreiben mitgetheilt und dabei bemerkt, daß der Abmarsch der zu seiner Unterstützung bestimmten Truppen deshalb erst am 7. habe angeordnet werden können, weil die Hälfte der Baverischen Brigade und starke Detachements der Kurhessischen erst am 6. von einer gegen Viborg unternommenen Rerognoszirung zurückkehrten. „Sie werden daher, für den Augenblick noch auf Ihre eigenen Kräfte beschränkt, für den Fall unerwarteter Ereignisse, und wenn Sie in die Lage kommen sollten, die dortige Stellung aufgeben zu müssen, sich nach Umständen entweder nach Kolding oder nach Veile wenden können, um sich mit den anrückenden Verstärkungen zu vereinigen."

Nun ist wohl nicht zu leugnen, daß alle in Aussicht gestellten Unterstützungen dem Schleswig-Holsteinschen General erst dann zu Gute kommen konnten, wenn er zuvor geschlagen war. Nichts hätte sein Geschick wenden können, als der bestimmte Befehl, die Cernirung von Fredericia aufzugeben und eine konzentrirte Stellung hinter dem starken Abschnitt dem Platze gegenüber zu nehmen, und auch ein solcher Befehl wäre jetzt zu spät gekommen.

Kaum war der obige Erlaß des Generals v. Prittwitz abgegangen, als ein Schreiben des Generals v. Bonin einlief, datirt vom 5., also wahrscheinlich vom frühen Morgen:

„Ew. Excellenz melde ich gehorsamst, daß am gestrigen Tage und in den letztverflossenen beiden Nächten ein bedeutender Truppentransport nach Fredericia stattgefunden hat. Die Transporte kommen von der Insel Fünen, von Bogense und aus dem Kattegat.

Es ist demnach vorauszusehen, daß der Feind seine Hauptstärke in Fredericia konzentriren und von dort einen starken Ausfall gegen die Schleswig-Holsteinschen Truppen unternehmen werde. Die bisherige Besatzung bestand aus 5 Bataillonen. Die Stärke der neuerdings herübergeschafften Truppen beläuft sich nach eingegangenen Meldungen bis heute früh auf 5 bis 6 Bataillone, 4 Feldbatterien und etwa 200 Pferde.

Die Truppentransporte dauern noch fort. Zwischen den Inseln Fünen und Fanö liegen seit gestern Abend drei Dampfschiffe mit mehreren Schleppschiffen, die vermuthlich von Assens gekommen sind. Eine Landung bei Hadersleben scheint hiernach nicht mehr in Aussicht zu stehen.

(gez.) v. Bonin."

Der Schluß dieses Schreibens sprach wohl eigentlich aus, daß demnach die Bataillone in Hadersleben überflüssig und vor Fredericia nöthiger wären; einen bestimmten Antrag deshalb enthielt dasselbe nicht.

General v. Prittwitz machte auch von dem zuletzt eingegangenen Schreiben des Generals v. Bonin, welches wahrscheinlich nur an ihn allein gerichtet gewesen war, sogleich weitere Mittheilung und schrieb dem General v. Spangenberg, es liege die Nothwendigkeit vor, ungesäumt Vorbereitungen zu treffen, um nach Eingang der vom General v. Bonin zu erwartenden Benachrichtigung in der vorgeschriebenen Richtung aufbrechen zu können; dem Obersten Diederichs hingegen: „Sollten Sie für jetzt keine weitere Besorgniß für Hadersleben hegen, so stelle ich anheim, schon jetzt, unter Zurücklassung schwacher Abtheilungen, Ihr Detachement oder einen Theil desselben in die Nähe von Kolding zu verlegen und von Ihrem Eintreffen sogleich dem General v. Bonin Nachricht zu geben."

Diesem Letzteren antwortete der Kommandirende, daß er die heute übersandte Disposition, auch beim besten Willen, nur in dem einen Punkt zu ändern vermocht habe, daß Oberst Diederichs angewiesen sei, sogleich nach Kolding abzurücken.

Als dies Schreiben an seine Adresse gelangte, war General v. Bonin bereits ohne Unterstützung im Gefecht.

General v. Prittwitz entschloß sich, sein Hauptquartier am 6. nach Horsens, am 7. nach Weile zu verlegen.

Am 6. Juli, 9 Uhr morgens, brachen befohlenermaßen von der 3. Division 4 Bataillone, 2 Kavallerie-Regimenter, 1 reitende und die Raketen-Batterie von Lisberg auf. Die Rekognoszirung sollte bis Kalö-Vadegaard reichen, aber schon nach 1½ Meilen wurde bei Börre Halt gemacht. Die Dänische Kavallerie hatte sich überall zurückgezogen, dagegen war ein Gebäude in dem nahen Segalt von Infanterie besetzt. Die Raketen-Batterie, deren Wirksamkeit bei dieser Gelegenheit ausprobirt werden sollte, beschoß dasselbe, wie es scheint, mit zweifelhaftem Erfolge.

6. Juli.

General v. Hirschfeld befahl den Rückmarsch. Verluste waren bei diesem Gefecht nicht zu beklagen, und das Resultat der Rekognoszirung war die Gefangennehmung eines Dragoners; über Stellung und Stärke des Feindes erfuhr man absolut nichts.

Die Schlacht bei Fredericia am 6. Juli.

Wir wenden uns jetzt zu den wichtigeren Vorgängen dieses Tages.

Je wahrscheinlicher das baldige Zustandekommen eines Waffenstillstandes wurde, um so wünschenswerther mußte es dem Dänischen Oberkommandirenden sein, den Feldzug durch eine glänzende That zu beenden, die dann nicht verfehlen konnte, auch beim Friedensschluß Dänemark eine günstigere Stellung zu bereiten.

Niemand gönnte man eine schließliche Niederlage mehr als den „Insurgenten", welche man bei Kolding vergeblich zurückzuschlagen versucht hatte.

Vor Sonderburg standen zwei feindliche Divisionen, die beinahe so stark waren wie die ganze Dänische Armee. Aber die Stellung auf Alsen war überaus fest, und die ganze Haltung des Gegners deutete nicht auf Offensivunternehmungen. Man durfte dreist wagen, die Truppen auf der Insel um ein Drittel ihrer Stärke zu vermindern.

Die andere Hauptmasse des Bundesheeres befand sich bei Aarhuus, und ihre Passivität gestattete, selbst von dem schwachen Detachement des Generals Rye noch den größten Theil zu der beabsichtigten Unternehmung heranzuziehen.

Nur die Schleswig Holsteiner standen vereinzelt und fern von jeder Unterstützung. Deutlich übersah man von den Thürmen von Fredericia ihre ausgedehnte, dünne Stellung und erkannte die ganze Schwäche derselben.

Schon mit dem 21. Juni begann die Ansammlung bedeutender Streitkräfte auf Fünen. Zu den Brigaden v. Moltke und Schleppegrell stieß an dem genannten Tage von Alsen her die Brigade Rüder.

Wegen des äußerst ungünstigen Wetters mußte der Seetransport von Jütland her verschoben werden. Erst am 30. Juni und 1. Juli landete General Rye mit 4 Bataillonen und 1 Batterie, nur zwei Bataillone und eine Batterie blieben mit der Kavallerie in Jütland zurück.

Mit dem 3. Juli begann die Ueberfahrt von Fünen nach Fredericia und endete am 5. abends.

Zu dieser Stunde waren in der Festung versammelt:

21³/₄ Bataillone, 4 Escadrons, 48 Feldgeschütze, eine Espignolen Batterie und eine Abtheilung Pioniere, zusammen 23600 Mann.

Zur Besetzung der Werke wurden 4¼ Bataillone und 380 Rekruten, zusammen 4200 Mann, bestimmt; es verblieben sonach nahezu noch 20000 Mann zur Aktion im freien Felde. Diese wurden für den Ausfall folgendermaßen gegliedert:

Avantgarde, General de Meza, 5 Bataillone, 1 6Pfünder-Batterie.
5. Brigade, General Rye, 5 1
3. General Schleppegrell, 4½ Bataillone, 1 6Pfünder Batterie
4. General v. Moltke, 3 1 -
Kavallerie, Oberst Juel, 4 Escadrons
Reserveartillerie { 1 12Pfünder-Batterie
{ 1 24

Zusammen: 17½ Bataillone, 6 Batterien, 4 Escadrons.
dazu ½ Espignolen-Batterie und eine Ingenieurtruppe.

Außerdem waren ein paar Hundert Mann zu einer Landungsdemonstration bestimmt.

Die Schleswig Holsteinsche Division zählte:

14 Bataillone, 10 Escadrons, 58 Geschütze, 2 Kompagnien Pioniere.

Ihre spezielle Vertheilung am Abend des 5. Juli war folgende:

Rechter Flügel. Avantgarde des Majors v. Gersdorff. Stabsquartier Eritsö.

1. Jäger-Bataillon in Snoghöj, Stjerbek und Höneberg Ladegaard.
9. Bataillon in Sanddalshuus und im Lager von Eritsö, beide Bataillone mit Vorposten am Strande.
2. Jäger-Bataillon, Hüttenlager von Eritsö.
2 Batterien am südlichen Ausgang dieses Dorfes.

Centrum. Oberst v. Jastrow in Stoustrup.

2. Brigade, Oberstlieutenant Abercron, in Sonderbygaard.
10. Bataillon im Hüttenlager bei Vogelsang.
6. Bataillon im Marsch nach Stoustrup.
8. Bataillon in Stallerup eben eingetroffen.
4. Jäger Bataillon und 2 Geschütze im Hüttenlager hinter Redoute Nr. 3.
die beiden Batterien in Stoustrup und Torp.

An Vorposten stellte:

Das 10. Bataillon die Feldwachen 1 und 2;

das 7. Bataillon die Feldwachen 3 und 4; dasselbe besetzte die Redouten Nr. 1 und 2 und stellte den Rest als Soutien am Kreuzweg der Chaussee auf;

das 5. Bataillon die Feldwachen 5, 6, 7, 8, 9; dasselbe besetzte die Laufgräben bei Redoute Nr. 1 und die Mörserbatterie Nr. 2, der Rest stellte sich als Soutien in der Schlucht dahinter auf.

Linker Flügel. 1. Brigade, Major v. Stückradt, in Christinenberg.

3. Jäger-Bataillon und 6 Geschütze in Igeslev.
3. Bataillon in Veilby.
2 Escadrons und 2 reitende Geschütze in Igum.
Pioniere und Scharfschützen in Traelle.

ferner auf Vorposten:

2. Bataillon, je eine Kompagnie in Redoute Nr. 5 und Laufgraben, die übrigen im Marsch nach dem vorgeschobenen Hüttenlager.
1. und 4. Bataillon nebst 2 Geschützen als Repli im Hüttenlager bei Christinenberg.

Außerdem waren 200 Mann vom 3. Bataillon, sowie Pioniere und Artilleristen auf Arbeitskommando.

Kavallerie-Brigade. Oberst v. Fürsen-Bachmann.

5 Eskadrons und 6 reitende Geschütze in Bjedsted, Follerup, Herslev und anderen zu Seiten der Straße nach Veile gelegenen Orten.

Munitionskolonne in Höirup.

Artilleriepark in Heise-Krug.

Feldlazareth in Nörre-Bjert.

Hauptquartier des Generals v. Bonin in Bredstrup.

Es ergiebt sich hieraus, daß die Division über einen Raum von 1½ Meilen Länge und 1 Meile Tiefe verbreitet war.

Um so zahlreicher mußten die Vorposten, um so schwerer aber auch der Dienst sein. Mehr als die eine Hälfte der Gesammtstärke war zum Schutz der anderen Hälfte im Sicherheitsdienst aufgestellt.

Am Morgen des 5. hatte General v. Bonin befohlen, daß die Avantgarde sich bei Erritsö konzentrirt bereit halte, um nach Umständen die 1. oder die 2. Brigade zu unterstützen, falls Centrum oder linker Flügel angegriffen würden. Mündlich wurde den Kommandeuren eröffnet, daß der Rückzug, wenn er nötig würde, auf Veile zu nehmen sei, und zwar für die 1. Brigade durch den Rands-Fjord, für die 2. über Bredstrup und für die Avantgarde über Havreballegaard.

Die Reservekavallerie sollte ein Biwak bei Veilby beziehen; da sie aber soeben erst von der sehr ermüdenden Expedition nach dem westlichen Jütland zurückgekehrt war, so wurde sie in den Kantonnements jenseits des Elbo-Thals belassen.

Nach der Disposition des Generals v. Bülow für den 6. Juli hatten sämmtliche Truppen sich um 1 Uhr früh auf ihren Alarmplätzen in der Festung zu versammeln. Die Avantgarde de Meza sollte durch das Königsthor und die Poterne zwischen Bastion 6 und 7 debouchiren und gefolgt von den vier Eskadrons und der halben 24 pfündigen Granatbatterie Tillisch, sodann von der 3. Brigade Schleppegrell, der Batterie Schulz und der Halbbatterie Jonquières in der Richtung auf Igum und Stallerup vorgehen.

Die 5. Brigade Rye sollte, gefolgt von der 4. Brigade Meltke, längs des Strandes sich auf Traelle und Igestev dirigiren.

Fand man den Gegner in der nördlichen Richtung, so hatten die Teten-Brigaden beider Kolonnen, die Avantgarde und die 5., die dortigen Verschanzungen in Flanke und Front anzugreifen, während die 3. und 4. als Reserve sich in der oft erwähnten Terrainmulde verdeckt aufstellten.

Hatte hingegen der Feind sich zwischen der Inundation und Igum konzentrirt, so sollten die beiden Brigaden der linken Kolonne, die Avantgarde und die 3., zum Angriff schreiten, die 5. und 4. bildeten dann die Reserve.

Wie wir die Aufstellung der Schleswig Holsteinschen Division kennen, mußte der Kampf zunächst auf dem linken Flügel ihrer 2. Brigade entbrennen.

General de Meza hatte zwei Bataillone in das erste Treffen genommen, welche, in Kompagniekolonnen formirt, sich mit dichten Tirailleurschwärmen auf die Laufgräben vor der Mörserbatterie Nr. 2 und der Redoute Nr. 4 warfen.*) Die Feldwachen des 5. Schleswig-Holsteinschen Bataillons wurden zurückgedrängt und, nachdem noch das Dänische 2. Jäger-Bataillon aus dem zweiten Treffen herangezogen, die Schlucht weiter nördlich passirt.

Major Matzdorff warf schnell eine Kompagnie seines, des 5. Bataillons in die Mörserbatterie Nr. 2 und die Redoute Nr. 4, ging dann selbst zum Angriff vor, wurde von dem weit überlegenen Gegner geworfen, fand jedoch Aufnahme durch das mit zwei Geschützen heranrückende 4. Jäger Bataillon des Majors Schmidt, und das Gefecht kam auf kurze Zeit zum Stehen. Aber schon hatte das Dänische 1. leichte Bataillon die Schlucht noch weiter nördlich überschritten und rückte in die Flanke der Stellung vor. Man war genöthigt, mehr und mehr links zu detachiren, bald war auch das 4. Jäger-Bataillon völlig in Tirailleurschwärme aufgelöst und mußte weichen. Major Schmidt, obwohl verwundet, warf sich jetzt mit etwa 60 Mann in die Redoute Nr. 3, entschlossen, dieselbe bis aufs Aeußerste zu behaupten; der Rest der beiden Bataillone wurde bis über das Hüttenlager westlich der Redoute zurückgetrieben.

Jetzt erschien das Schleswig-Holsteinsche 6. Bataillon auf dem Kampfplatze. Dasselbe war eben in Begriff gewesen, in sein Kantonnement Stoustrup einzurücken, als die ersten Schüsse fielen. Es kehrte augenblicklich um. Oberst v. Zastrow führte persönlich drei Kompagnien desselben mit zwei Granatkanonen des Lieutenants v. Kreutzw der 6pfündigen Batterie Nr. 2 vor, deren Kartätschfeuer seinen Angriff wirksam vorbereitete. Die Bataillone der Brigade de Meza waren bei diesem Nachtgefecht völlig durcheinander und in Unordnung gerathen. Der Moment war eingetreten, wo das Eingreifen von Reserven entscheiden mußte.**)

General v. Bonin verfügte nur noch über ein Bataillon, das 8., welches eben auf dem Kampfplatz eintraf. Der Kommandeur desselben, Major Roques, griff, unterstützt von den anderen hier im Gefecht befindlichen Bataillonen,

---

*) Siehe Plan 6; Truppenstellung gegen 1½ Uhr v.
**) Siehe Plan 6; Truppenstellung gegen 3½ Uhr v.

500 Schritt nördlich Redoute Nr. 3, den Gegner mit dem Bajonett an und warf ihn auch wirklich für den Augenblick zurück. Er selbst fiel bei diesem Angriff.

Die Dänen wurden zurückgeworfen, und Major Schmidt, welcher sich ³/₄ Stunden in der Redoute Nr. 3 behauptet hatte, wieder befreit.

26 Dänische Jäger wurden im Graben dieses Werkes gefangen genommen. Dagegen aber gelang es nicht, bis Redoute Nr. 4 vorzudringen, und die Besatzung derselben mußte sich nachmals ergeben.

Denn der Angriff stieß auf die Dänische 3. Brigade, die im ersten Treffen mit 2½ Bataillonen und einer 6pfündigen Batterie vorrückte.

Alles, was sich von dem 4., 5., 6. und 8. Bataillon jetzt noch östlich der Schlucht befand, wurde abermals bis über das Hüttenlager hinaus zurückgeworfen. Das weitere Andringen des Feindes wurde nur noch durch das Feuer der 12pfündigen Batterie Nr. 2 und der 6pfündigen Batterie Nr. 2 zurückgehalten, nach einer halben Stunde aber hatten diese sich verschossen, geriethen in das feindliche Tirailleurfeuer und führen nun ebenfalls ab.

Sonach war die Stellung der Schleswig Holsteinschen Division im Centrum durchbrochen, die Verbindung beider Flügel unmöglich gemacht. Die 2. Brigade befand sich in voller Auflösung, und nur zwei ihrer Bataillone, das 7. und 10. waren bisher ziemlich unbehelligt geblieben. Sie hatten nur das Feuer aus der Festung zu erleiden gehabt, nur einige links weggeschickte Tirailleure der Brigade Schleppegrell hatten sie beschäftigt. Das 7. Bataillon hatte sogar den Angriff des Obersten v. Jastrow durch das Vorgehen einer Kompagnie unterstützt, wobei diese 33 Mann verlor. Als aber die 2. Brigade ihren Rückzug antreten mußte, ging auch das 7. Bataillon zurück und schloß sich in Sönderbygaard der Avantgarde an.

Inzwischen rückten zwei Dänische Kompagnien des 6. Reservebataillons gegen die Redouten Nr. 1 und 2 vor. Dort vertheidigte sich die zurückgebliebene Besatzung. Lieutenant Gultzow mit 22 Mann des 7. Bataillons, eine Stunde lang aufs Hartnäckigste, wurde aber, nachdem endlich die Brustwehr vom Feinde erstiegen, zu Gefangenen gemacht.

General v. Bonin hatte der Avantgardenbrigade bald nach 3 Uhr den Befehl zugeschickt, nach Stenstrup vorzurücken, um dort verfügbar zu sein.

Auch die Reservekavallerie war gleich zu Anfang des Gefechts herangezogen befohlen. Von zwei Ordonnanzreitern war aber der eine gestürzt, der andere erst nach 4 Uhr in den Kantonnements angelangt. Die Kavallerie erschien

Die Schlacht bei Fredericia am 6. Juli.

daher, als Alles nahezu beendet war, und wurde gar nicht erst über den Abschnitt vorgezogen.

Von dem, was auf dem linken Flügel bei der 1. Brigade inzwischen vorgegangen, war keine Meldung eingelaufen, und eine solche konnte auch kaum noch durchkommen.

Die 1. Brigade war wenig später als die 2. angegriffen worden. General Rye war mit dem 1. Reserve Jäger-Bataillon an der Spitze längs des Strandes gegen den äußersten linken Flügel vorgerückt. Dort standen zwei Kompagnien des 2. Bataillons in der Redoute Nr. 5 und in den Laufgräben. Als die ersten Schüsse fielen, kehrten die beiden anderen eben abgelösten Kompagnien sogleich zurück.*) Obwohl nun schon eine feindliche Abtheilung unbemerkt bis zur Strandbatterie Nr. 3 vordrang und Laufgräben und Redoute im Rücken beschoß, leistete Hauptmann v. Ahrenswald mit dem 2. Bataillon den kräftigsten Widerstand und wies die Angriffe von fünf feindlichen Bataillonen erfolgreich zurück.

Es mußte noch ein Bataillon der Dänischen 4. Brigade zur Verstärkung herangezogen werden, und die Batterie Marcussen ging über die Infanterielinie hinaus in der Dunkelheit nach der Richtung, von wo das Gewehrfeuer aufblitzte, chargirend, um einen erneuerten Sturm vorzubereiten. Dieser gelang endlich, obwohl unter bedeutenden Verlusten. Auf Dänischer Seite fand hier General v. Rye den Heldentod, tief betrauert von der Armee und dem Lande. Er fiel auf dem linken Flügel seines ersten Treffens, wo er die Schützen verführte.

Die Werke wurden genommen, und die tapferen Vertheidiger, die ihre Munition völlig erschöpft hatten, und denen kein Entsatz zu Hülfe kam, mußten sich zu Kriegsgefangenen ergeben. Hauptmann v. Ahrenswald und Lieutenant v. Drygalski theilten das Loos, Letzterer schwer verwundet.

Zwei Dänische Kompagnien hatten den steilen Uferrand des Exerzirplatzes erstiegen und drängten dort den Hauptmann v. Wrangel zurück, der sich bemühte, die Trümmer des 2. Bataillons und die Arbeiter zu sammeln. Diese fanden jedoch Aufnahme durch das 1. und 4. Bataillon aus Christinenberg. Es befand sich nämlich Major v. Stückradt im Vormarsch zur Unterstützung der Redoute Nr. 5. Noch ehe diese genommen, waren aber schon die drei Bataillone des 1. Treffens der Brigade Rye auf Christinenberg abgerückt, und nur unter großen Verlusten gelang es, sie zurückzuweisen. Eine Stunde lang behauptete sich das 1. Bataillon nördlich der Redoute**), wirksam unterstützt

---

*) Siehe Plan 6, Truppenstellung gegen 1½ Uhr v.
**) Siehe Plan 6, Truppenstellung gegen 3½ Uhr v.

durch zwei Geschütze der 6pfündigen Batterie Nr. 1 (Lieutenant Gallus), und zog sich dann, nachdem der Kommandeur und der Adjutant, Major v. Bertugen und Lieutenant Helter, gefallen und 3 Offiziere verwundet waren, auf das 4. Bataillon südlich Christinenberg zurück. Hierbei verlor das Bataillon abermals drei Offiziere. Nach dem Fall der Redoute war nun die ganze Brigade Rye verfügbar geworden, und der Rückzug nach dem Hüttenlager mußte angetreten werden. Zwar trafen jetzt auch das 3. Jäger- und das 3. Infanterie Bataillon ein; da man jedoch um diese Zeit die ganze 2. Brigade im Zurückgehen begriffen erblickte, so wurde der Abmarsch auf Igeslev beschlossen.

Das Jäger-Bataillon wurde mit der Deckung der linken Flanke am Traelle Wald beauftragt, das 3. Bataillon sollte, auf dem Wege selbst vorgehend, sich dem Andringen des Feindes entgegenwerfen. Im Verein mit der 5. Escadron des 1. Dragoner-Regiments gewann es auch anfangs Terrain, mußte aber dann nach Anelyst weichen. Jetzt übernahm das Jäger-Bataillon die Arrieregarde, und der Rückzug wurde in bester Ordnung fortgesetzt. Die während desselben eintreffende 1. Escadron des 2. Dragoner-Regiments mit zwei reitenden Geschützen wurde nach Bredstrup und Igeslev zurückdirigirt. Dort stellte sich das 4. Bataillon zur Aufnahme der Jäger in Position.

Unglücklicherweise wurde aber jetzt die Direktion des Rückmarsches geändert, weil die Nachricht einlief, daß Dänische Kanonenboote sich vor den Kauls-Fjord gelegt hatten und die Furt unter Feuer nähmen. Man besorgte daher beim Passiren des Wassers sehr große Verluste, und die Brigade glaubte jetzt noch den Weg über Veilby nach Bredstrup einschlagen zu sollen.

Die Dänen waren aber nicht nur auf dem Wege nach Igeslev gefolgt, sondern hatten sich bereits nach Veilby und Jgum ausgebreitet. Außer der Escadron v. Schack erreichte daher nur noch die Pionierabtheilung v. Krabbe Bredstrup, das 3. Bataillon entkam noch über Söstedgaard, das 1. ebenso, aber schon mit großem Verlust, indem die meisten seiner Offiziere gefallen waren. Es entstand allgemeine Unsicherheit und Verwirrung. Das 4. Bataillon, die Unmöglichkeit erkennend, Bredstrup zu erreichen, kehrte nach Igeslev um. Dort hatte Hauptmann v. Wrangel mit den Ueberbleibseln des 2. Bataillons, 70 Mann, die Furt glücklich passirt und das jenseitige Ufer mit 4 Geschützen besetzt.*) Als hingegen das 4. Bataillon an der Furt anlangte, wurde es lebhaft angegriffen. Der Major v. Staffeldt, in der Furt haltend, fiel, und das Bataillon gerieth in Gefangenschaft. Dasselbe

---

*) Siehe Plan 6, Truppenstellung gegen 5 Uhr v.

Schicksal traf einen Theil des 3. Jäger-Bataillons bei Beilby, wohin dasselbe sechtend zurückgegangen war, ferner 4 Geschütze der 6pfündigen Batterie des Hauptmanns Seweloh nach tapferster Gegenwehr.

Wir haben uns nun noch nach dem rechten Flügel der Schleswig-Holsteinschen Division zu wenden.

Dort war gegen die Avantgardenbrigade von Dänischer Seite nichts unternommen als eine Landungsdemonstration. 1 Dampfer, 4 Kanonenboote und 16 Transportschiffe steuerten um 1 Uhr von dem nahen Hindsgavl nach der Ziegelei von Stjerbek und wandten sich später nach Snoghöj. Dies war vom 1. Jäger-Bataillon bereits verlassen. Das Kommando Infanterie landete ungehindert, ohne weiter etwas zu unternehmen.

Um 4 Uhr erhielt Major v. Gersdorff den Befehl des Kommandirenden, nach Stoustrup abzurücken. Das 2. Jäger-Bataillon mit 4 Geschützen besetzte, sobald es anlangte, das Terrain von dem genannten Dorfe bis Vogelsang und nahm dort die Reste der 2. Brigade und die Versprengten der 1. Brigade auf.*) Dem Obersten v. Jastrow gelang es um 5 Uhr, an dem großen Knick bei Kobbelgaard eine Tirailleurlinie und dahinter wieder geschlossene Truppenkörper zu formiren. Indem er die Batterie Schulz günstig placirte, konnte dem Andrängen des Feindes, welcher seinerseits sehr auseinandergekommen war, neuer Widerstand geleistet werden.

Diese Stellung wurde so lange behauptet, bis die 1. Brigade ihren freilich sehr unglücklichen Rückzug beendet hatte.

Von der Avantgardenbrigade hatte sich inzwischen das 9. Bataillon mit 12 Geschützen bei Heise-Krug aufgestellt. Die 1. Estadron des Dragoner-Regiments war nach Gudsö entsendet, um das Defilee und die Küste zu beobachten, und das heranbeorderte 1. Jäger-Bataillon traf um 6 Uhr in Torp ein.

Um diese Stunde ertheilte General v. Bonin den Befehl zum Rückzug hinter die Nebel-Aa, welcher von der 2. und der Avantgardenbrigade geordnet angetreten werden konnte.

Auf Dänischer Seite hatte die Brigade de Meza Stellung bei Kongsted genommen, die Brigade Schleppegrell sammelte sich gegenüber Stoustrup, gefolgt von der Brigade Moltke. Die Brigade Rye, deren Führung Oberstlieutenant Irminger übernommen, hatte sich nach Igelsø, dem Rands Fjord und Bredstrup ausgebreitet.

Nach letzterem Ort, wo eben noch das Gefecht des 3. Bataillons statt-

---

* Siehe Plan 6, Truppenstellung gegen 5 Uhr v.

stand, dirigirte sich nunmehr auf ihrem Rückzuge die 2. Brigade. Nachdem Oberst v. Zastrow auf dem Wege dahin noch einmal Stellung genommen hatte, gelang es ihm, ohne sonderlichen Verlust Bredstrup zu passiren und das westliche Ufer der Spang- und Rauds-Aa zu erreichen.

Die Avantgarde hatte Befehl, zur Sicherung der rechten Flanke der Division das Defilee von Havreballegaard zu besetzen. Als nun noch das 1. Jäger-Bataillon östlich des Abschnitts im Gefecht stand, hatte Major v. Gersdorff seine übrigen Bataillone so günstig westlich desselben aufgestellt und beherrschte mit 16 Geschützen das Vorterrain so vollständig, daß auch die Jäger ohne Schwierigkeit zurückgehen konnten.

Die Dänen folgten nicht über den Abschnitt hinaus, und bald nach 6 Uhr war das Gefecht beendet.

General v. Bonin ordnete seine Truppen in einer Stellung zwischen Piedsted und Gammelby Mühle.

Die gesammte Artillerie fuhr zu beiden Seiten der Straße nach Veile auf, die Kavallerie hielt daneben, das noch allein ziemlich intakte 3. Bataillon besetzte ein vor der Stellung liegendes Gehölz. Die Avantgarde stand zur Sicherung der rechten Flanke bei Havreballegaard, Hauptmann v. Wrangel zur Linken an der Furt durch den Rauds Fjord.

Schon jetzt ließ sich übersehen, daß die Verluste sehr groß waren. Von der 1. Brigade waren die Bataillone nur in einzelnen Trupps zu etwa 100 Mann vorhanden, und bei der 2. Brigade auf die Hälfte ihrer Stärke reduzirt. Allerdings trafen viele Versprengte bei ihren Abtheilungen wieder ein, aber augenblicklich war die Division nicht mehr gefechtsfähig und eine Unterstützung durch die übrigen Bundestruppen nicht zur Hand.

Dennoch mußte den Truppen nothwendig einige Rast gegönnt und den Lazarethen, Kolonnen und Trains ein Vorsprung auf dem Wege nach Viuf gelassen werden.

Nachdem die Avantgarde und Hauptmann v. Wrangel durch je eine Eskadron behufs Beobachtung der Flanken abgelöst und zum Gros der Division herangezogen waren, trat diese um 11 Uhr vormittags den weiteren Rückzug auf Veile an, welchen Ort sie um 4 Uhr nachmittags erreichte. Die Avantgarde blieb mit ihren Vorposten an der Veile-Aa stehen, das Gros bezog Biwaks nördlich der Stadt.

Die Verluste der Schleswig Holsteiner an diesem Unglückstage waren folgende:

| Todte | 5 Offiziere, | 197 Mann, |
| Verwundete | 33 | 802 |
| Gefangene | 33 | 1911 | außerdem 10 Fahnriche, 7 Aerzte.

Summe 71 Offiziere, 2910 Mann oder rund 3000 Köpfe.

In den nächsten Tagen starben noch 10 Offiziere an ihren Wunden.

An Feldmaterial waren eingebüßt: 31 Geschütze, also mehr als die Hälfte der vorhandenen, ferner 80 Wagen, 100 Pferde, 2500 Gewehre.

Ferner waren in den Verschanzungen verloren gegangen:

5 Feldgeschütze, 6 168pfündige und 2 24pfündige Mörser, 10 24pfündige Granatkanonen und 8 84pfündige Bombenkanonen. Summe 31 Geschütze; außer diesen noch einige Geschütze und 100 Wagen des Belagerungsparks und der größte Theil der Munition.

Die Dänen verloren:

an Todten	496 Mann,
Verwundeten	1277
Vermißten	94

Summe 1867 Mann.

Aber Fredericia war befreit, die Einschließung gesprengt, der Muth der Dänischen Armee durch den einzigen Sieg, den sie in zwei Feldzügen erfochten, gehoben, und der Anspruch der Regierung auf günstige Bedingungen beim Frieden gesteigert.

Für die Schleswig-Holsteinische Division waren die achtwöchentlichen Arbeiten und Kämpfe verloren, und keine Aussicht vorhanden, in einem neuen Gefecht den Verlust wieder gut zu machen. Daß die Niederlage gerade diese Division betroffen, konnte für die Herzogthümer, um deren Verhältnisse zur Krone Dänemark es sich vorzugsweise bei dem ganzen Krieg handelte, nur von empfindlichem Nachtheil sein.

Vom 7. Juli bis zum Friedensschluß.

Bei der Begegnung am folgenden Tage in Veile richtete der Oberkommandirende tröstende Worte an General v. Bonin. *7. Juli.*

Die Schleswig-Holsteinischen Truppen schienen guten Muths und überhaupt in Ordnung zu sein. Bereits war die Spitze der Abtheilung des Generals v. Spangenberg bei Veile, das Detachement des Obersten v. Diederichs in Kolding eingetroffen. General v. Wonnecken erhielt Befehl, mit der Hannoverschen Brigade nach Kolding vorzurücken, die Sächsische Brigade hingegen bei Aren rade und Feldstedt zur Unterstützung der Reservedivision zu belassen. Es war die Absicht, die Dänen wieder nach Fredericia hineinzuwerfen, doch gingen schon Nachrichten ein, wonach sie bereits angefangen hatten, ihre Truppen nach Fünen überzuschiffen.

8. Juli. Am 8. Juli traf die Bayerische Brigade in Horsens ein. Der Oberkommandirende erließ den nachstehenden Tagesbefehl:

„Das Gefecht, welches die Schleswig-Holsteinischen Truppen am 6. d. M. morgens vor Fredericia bestanden haben, gereicht dem Muthe und der Ausdauer dieser Truppen zum großen Lobe und scheint reich an Beispielen der tapfersten Hingebung und Verachtung der Gefahr gewesen zu sein. Bei der Eigenthümlichkeit und Schwierigkeit des Terrains, bei der überraschend großen Ueberlegenheit des Feindes und der entschiedenen Angriffsweise desselben sind die stattgehabten bedeutenden Verluste allerdings nicht minder beklagenswerth, jedoch erklärlich.

Dieser Tag wird in den Annalen der jungen Armee einen bemerkenswerthen Platz einnehmen und sich den Erfahrungen anreihen, die auch ältere Armeen in ähnlicher Art gemacht haben und die das Geschick des Krieges nicht immer ausschließen."

9. Juli. Am 9. rückten, der Disposition des Oberkommandos entsprechend, drei Avantgarden in der Richtung auf Fredericia vor, und zwar:

von Veile aus: ein Theil der Kurhessischen Brigade unter General v. Spangenberg nach Sjaerup und die Avantgarde der Schleswig-Holsteinschen Division nach Smidstrup, von Kolding aus: Oberst v. Diederichs nach Eltang. Alle drei schoben ihre Vorposten gegen die Raus- und Spang-Aa vor und traten so untereinander in Verbindung.

Das Gros der Schleswig-Holsteinschen Division verblieb bei Veile, die Hannoversche Brigade bei Kolding stehen.

Die Rekognoszirungen, welche am folgenden Tage ausgeführt wurden, ergaben, daß die Dänen zwar noch mit Infanterie außerhalb der Festung standen, das Terrain nach dem Abschnitt zwischen Raus und Gudsö aber nur durch Kavallerie beobachteten.

Die 3. Division, welche nach dem Abrücken der Bayern Stanberberg hatte besetzen müssen, wurde veranlaßt, eine engere Dislozirung zwischen dieser Stadt und Aarhuus vorzunehmen.

Da die Dänen durchaus keine Miene machten, ihre Offensive weiter fortzusetzen, so wurde General v. Wyneken angewiesen, den Rückmarsch von 11. Juli. Kolding aus anzutreten.

Die Armee sollte weitere Unternehmungen des Feindes in folgender Art erwarten:

Die 3. Division hatte noch ferner Aarhuus und Skanderborg, von der 1. Division die Bayerische Brigade Veile zu besetzen. Die Kurhessische Brigade sollte Kantonnements an der Straße von dort nach Fredericia beziehen. Die Division v. Bonin wurde nach Kolding verlegt und schob ihre Avantgarde gegen Fredericia vor. Von der 2. Division rückte die Hannoversche Brigade, Hadersleben besetzt haltend, mit dem Gros nach Apenrade, die Sächsische Brigade aber nach Auenbüll und Ulderup heran, um näher zur Unterstützung der Reservedivision zu stehen, welche ebenso wie die Reservebrigade in den alten Stellungen verblieb.

Uebrigens scheint es nicht die Absicht gewesen zu sein, im Fall erneuerten Angriffs die Avantgarden an dem Abschnitt von Fredericia durch Heranrücken der Bayerischen Brigade und der Holsteinschen Division zur Behauptung dieser Stellung zu befähigen, denn die Disposition enthielt die Weisung, daß die Avantgarde sich, wenn nöthig, auf Veile und Kolding zurückzuziehen habe.

Am 12. Juli wurden dem General v. Prittwitz vertraulich Abschriften des Protokolls über die Friedenspräliminarien und der Konvention betreffs eines Waffenstillstandes übersandt.

12. Juli.

Infolge dessen forderte der Kommandirende den General v. Hirschfeld auf, während weniger Tage, vielleicht Stunden, bis nähere Mittheilungen erfolgen könnten, jedes Gefecht — soweit es die Ehre der Waffen gestattete — zu vermeiden.

Bei dieser Division herrschte eine auffallende Unruhe. Allerdings entwickelten die Dänen unter Oberst Flindt trotz ihrer Schwäche — wir erinnern uns, daß es nur zwei Bataillone waren — eine größere Rührigkeit als je. Gehoben durch die Nachricht von dem Siege vor Fredericia und wohl nicht minder durch das so ganz passive Verhalten des Gegners ermuthigt, zeigten ihre Patrouillen eine wachsende Dreistigkeit. Im Hauptquartier zu Aarhuus nahm man als gewiß an, daß eine große Landung auf Helgenaes bewirkt, und daß von Tag zu Tag ein Angriff von dort zu gewärtigen sei. Einige Signalraketen alarmirten die ganze Division, der größte Theil derselben rückte aus den Kantonnements aus. Erst nach mehrstündigem Warten, ohne daß sich etwas vom Feinde zeigte, wurden die Truppen wieder entlassen.

Aus Staubwolken, welche man bemerkt haben wollte, wurde auf den Marsch feindlicher Abtheilungen gegen den linken Flügel der Division geschlossen, und man wollte wissen, daß mehrere Kolonnen Infanterie und Kavallerie im Marsch auf Viborg seien.

In der That befanden sich im westlichen Jütland etwa 60 Mann Infanterie und eine Escadron. Abermals war es Rittmeister v. Brock, welcher mit diesen 16. Juli in der Nacht zum 16. eine ohne nahe Unterstützung über Juldbro vorgeschobene Feldwache überfiel und 1 Offizier, 2 Unteroffiziere und 9 Mann des Landwehr-Bataillons Schrimm gefangen mit sich führte.

Einer Armee, welche auf alle Offensive verzichtet, werden solche Erfahrungen nicht erspart.

19. Juli. Durch den Preußischen Konsul in Hamburg ging am 19. die Nachricht ein, daß an diesem Tage die Ratifikation der Friedenspräliminarien und der Waffenstillstandskonvention stattgefunden habe. Dieselbe Mittheilung war in einem durch Parlamentär überbrachten Schreiben des Generals v. Bülow enthalten, welches mit folgenden Worten schloß:

„Wollen Ew. Excellenz mir erlauben, bei dieser Gelegenheit auszusprechen, wie sehr ich es zu schätzen weiß, in dem Feldzuge, der nun seinem Ende nahe zu sein scheint, einem so ehrenwerthen Gegner gegenüber gestanden zu haben, und genehmigen Sie, Herr General, zugleich die Versicherung, daß es stets gebührend anerkannt werden wird, wie Ew. Excellenz sowohl durch Ihr persönliches humanes und edles Benehmen, als auch durch Handhabung der die königlich Preußischen Truppen auszeichnenden, vorzüglichen Mannszucht die Leiden des Krieges für die Bewohner des von feindlichen Truppen besetzten Theils der Jütischen Halbinsel zu mildern gestrebt haben."

Dies Gefühl des Dankes war gewiß ein wohlbegründetes; einen sehr verschiedenen Eindruck aber machten die Bedingungen des Waffenstillstandes und des Präliminarfriedens (vergleiche Anlage Nr. 22), sobald sie bekannt wurden, in Deutschland, und insbesondere in den Herzogthümern.

Die provisorische Centralgewalt, welche immer noch ein kümmerliches Dasein fristete, protestirte gegen das ganze Verfahren, durch welches die Friedensverhandlungen, welche sie im Namen des Reiches in London geführt hatte, ohne ihre Mitbetheiligung nach Berlin verlegt worden waren, „während gleichzeitig der Oberbefehlshaber des aus den Kontingenten verschiedener Staaten zusammengesetzten Heeres in Eid und Pflicht des Reichs verbliebe. Se. Kaiserliche Hoheit der Reichsverweser könne sich nicht veranlaßt sehen, den so zu Stande gekommenen Verträgen die mangelnde Rechtsverbindlichkeit durch seinen Beitritt für die Gesammtheit des Reichs zu ergänzen, vielmehr müsse er die Erledigung des Streites mit Dänemark dem künftig im Namen Deutschlands abzuschließenden Frieden vorbehalten."

Die von der Centralgewalt eingesetzte Statthalterschaft der Herzogthümer hatte schon zuvor erklärt, daß sie die Stipulationen jener Staatsverträge weder für rechtsverbindlich noch für ausführbar erachten und den darin enthaltenen Verletzungen der Rechte der Herzogthümer ihre Zustimmung nicht ertheilen könne. Sie protestirte in Stockholm gegen das Einrücken Schwedischer Truppen im nördlichen Schleswig und erklärte in Berlin, daß sie weder eine Demarkationslinie anzuerkennen, noch einer anderen Behörde rechtliche Theilnahme an der Regierung der Herzogthümer einzuräumen vermöge.

Auch die Landesversammlung trat dieser Protestation bei, allein die Drohung, die Herzogthümer ihrem Schicksal Dänemark gegenüber preiszugeben, während durch Abberufung aller Preußischen Offiziere ihre kleine Armee fast kampfunfähig geworden wäre, zwang zum Nachgeben. Die Statthalterschaft verlegte ihren Sitz nach Kiel, und der Abmarsch der Bundestruppen aus Jütland begann am 24. August. Die Schleswig-Holsteinsche Division ging hinter die Eider zurück, ein Preußisches Detachement, bestehend aus dem 15. Infanterie-, dem 11. Husaren-Regiment nebst der 6pfündigen Batterie Nr. 4, verblieb im südlichen Schleswig, ein zweites, das 15. Infanterie-Regiment und 7. Jäger-Bataillon, das 8. Husaren-Regiment und die 12pfündige Batterie Nr. 11, in Hamburg.

Die Begebenheiten, welche das neue Abkommen mit Dänemark schon in naher Zeit nach sich zogen, fallen nicht mehr in den Rahmen unserer Darstellung.

Allerdings war der Krieg, welchen wir geschildert haben, ausgesprochener maßen für die Rechte der Herzogthümer geführt worden, und jetzt, beim Frieden, wurde eins der fundamentalsten ihrer Rechte, die untrennbare Zusammengehörigkeit Beider, geopfert.

Die Macht der einmal gegebenen Verhältnisse war aber unwiderstehlich geworden.

Der Krieg einer nichtmaritimen Macht gegen das halb insularische Dänemark kann überhaupt nur zum Austrag gebracht werden durch völlige Erschöpfung seiner Hülfsquellen, durch Besetzung und rücksichtslose Ausnutzung seines ganzen Kontinents. Eine schnelle Erledigung des Streites steht also niemals zu hoffen, und der Staat, welcher diesen Kampf auf sich nimmt, muß in sich selbst stark genug sein, um auf längere Dauer die Einmischung anderer Mächte fernzuhalten.

Alle diese Bedingungen fehlten in der Zeitperiode, in welche der Krieg 1848 bis 1849 fällt. General v. Prittwitz hatte sich nicht entschließen können, ein Kontributions- und Requisitionssystem in Jütland durchzuführen, welches sich nicht ohne Härte, und nicht ohne mehr oder minder die Disziplin der Truppen zu gefährden, bewirken ließ.

Deutschland war nie zwiespältiger in seinem Innern gewesen als zur Zeit, wo seine Einheit mit hohen Worten von Frankfurt aus verkündigt wurde.

Zwar hatte Preußen durch Waffengewalt die Revolution im eigenen Lande, in Sachsen, in der Pfalz und in Baden niedergeschlagen, auch hatte eine Reihe der kleineren Staaten sich ihm zugesellt, aber immer noch blieb die künftige organische Gestaltung Deutschlands der Gegenstand weitaussehender Verhandlungen.

Denn auch Oesterreich, welches jede Machterweiterung Preußens mit dem äußersten Mißtrauen betrachtete, hatte in derselben Zeit die Insurrektion in Ungarn zu Boden geworfen, Venedig erobert, mit Sardinien Frieden geschlossen und schlug, gefolgt von Bayern, einen Weg ein, der sich mit dem von Preußen inne gehaltenen nicht vereinigen ließ.

Dabei wurde die Haltung Rußlands und Englands gegen Preußen mit jedem Tage drohender, immer lauter der Nothschrei der blockirten Küstenprovinzen, so daß die Regierung schließlich glaubte, um jeden Preis dem auswärtigen Kriege ein Ende machen zu sollen.

Das Wiederaufleben der Rechte der Herzogthümer mußte glücklicheren Zeiten vorbehalten bleiben, wie es denn 20 Jahre später durch Preußische Waffen erst mit, dann wider Oesterreich erstritten worden ist. Dasselbe Deutschland, welches in seiner Zersplitterung einen demütigenden Frieden von Dänemark anzunehmen genötigt war, zeigte sich nachmals unter Preußens Führung der stärksten militärischen Macht Europas überlegen, und eine der schönsten Früchte der neuen Siege ist, bei künftig nicht mehr widerstreitenden Interessen, die Aussöhnung mit dem national verwandten Oesterreich.

Anlagen. 389

Anlage 1.

Uebersicht
der
Königlich Preußischen mobilen Division
am 21. April 1848.
Kommandeur: Generallieutenant Fürst Radziwill.
Chef des Generalstabes: Major Lane.

Infanterie.

Kombinirte Infanterie-Brigade.
Generalmajor v. Bonin.

2. Inf. (Königs-) Regiment.
Major v. Steinmetz.

Füs.-Bat.   3. Bat.   2. Bat.   1. Bat.
31. Inf.-Rgt.   12. Inf.-Rgt.   Maj. v. Borcke.   Maj. v. Clausewitz.
Ob.-Lt. Wiesner. Maj. Rohde.

20. Inf.-Regiment.
Oberst v. Rommel.

Füs.-Bat.   2. Bat.   1. Bat.
Maj. Schmidt. Hauptm. Sembritzki. Maj. v. Lesczynski.

2. Garde-Infanterie-Brigade.
Generalmajor v. Möllendorf.

Grenadier-Regiment Kaiser Alexander.
Oberstlieut. Graf v. Waldersee.

Füs.-Bat.   2. Bat.   1. Bat.
Maj. Gr. v. Röder. Maj. v. Schildt. Maj. v. d. Mülbe.

Grenadier-Regiment Kaiser Franz.
Oberst v. Beguignolles.

Füs.-Bat.   2. Bat.   1. Bat.
Maj. v. Pedda. Maj. v. Ledebur. Maj. Vogel von Falckenstein.

Garde-Schützen-Bataillon
Maj. v. Krimm.

Kavallerie.

3. u. 4. Esc. 3. Husaren-Regiments.
Maj. v. Griesheim.

2. Kürassier-Regiment (Königin).
Oberst v. Barby.

Artillerie.

Von der 3. Artillerie-Brigade*:

Geldge Fuß-Batterie Nr. 11.
Hauptmann v. Peter.
.|.|.|.|.|.|
6 Kanonen, 2 Haubitzen.

Reitende Batterie Nr. 7.
Hauptmann Kühne.
.|.|.|.|.|.|
6 Kanonen, 2 Haubitzen.

Von der Garde-Artillerie-Brigade.

Geldge Fuß-Batterie Nr. 3.
Hauptmann v. Gerschow.
.|.|.|.|
4 Kanonen, 2 Haubitzen.

Pioniere.

Detachement der 3. Pionier-Abtheilung.
Hauptmann Schepe.

---

*) Die beiden Haubitzzüge der 3. Artillerie-Brigade wurden kombinirt und erscheinen in der Marschordnung für den 23. April als eine halbe kombinirte 7pfündige Haubitz-Batterie unter Lieutenant Pezel.

Anlage 2.

Ordre de bataille
der
mobilen Division des 10. Deutschen Bundes-Armeekorps
vom 18. April 1848.

Kommandirender General: Hannov. Generallieutenant Halkett.
Kommandeur der Artillerie: „ Oberstlieutenant Pfannkuche.

I. Avantgarde.
Hannov. Generalmajor v. Schnehen.

3. Infanterie-Brigade.
Braunschw. Oberst v. Specht.

Mecklb. Jäger.	Braunschw. 2. Bat.	Braunschw. 1. Bat.	Hann. 3. leichtes Bat.
Hauptmann (Gr. v. Oeynhausen)	Ob.-Lt. v. Porgirely.	Maj. v. Brömbsen.	Maj. Thorbeck.
Mecklb. Drag.-Divis.	Braunschw. Batterie.		Hann. Königin-Hus.-Regt.
Maj. v. Below.	Braunschw. Pion.		Ob.-Lt. v. Biele.
	Maj. Orges.		

II. Hauptkorps.

2. Infanterie-Brigade.		1. Infanterie-Brigade.	
Oldenburg. Oberst Graf Rantzau.		Hannov. Oberst v. Marschalk.	
2. Halb-Brigade.	1. Halb-Brigade.		
	Mecklb. Ob.-Lt. v. Raven II.		
Ol. 1. Bat. 1. Regts.	M. Grenad.-Garde.	H. 1. Bat. 3. Regts.	H. 2. Bat. 2. Regts.	H. 1. Bat. 2. Regts.
Ob.-Lt. v. Lasius.	Ob.-Lt. v. Plessen.	Ob.-Lt. Weber.	Ob.-Lt. Flügge.	Ob.-Lt. v. Honstett.
Ol. 2. Bat. 1. Regts.	M. 2. Musk.-Bat.	H. 2. Bat. 6. Regts.	H. 1. Bat. 5. Regts.	H. 2. Bat. 4. Regts.
Maj. Roell.	Maj. Cuistorp.	Ob.-Lt. Ruphrein.	Maj. Leschen.	Ob.-Lt. v. Uslar.
Oldenb. 1/2 Battr.	Mecklb. 1/2 Battr.		Han. Hvldge Battr.	
Haupm. Menz.	Haupm. v. Buch.		Kapitän Prizelius.	

III. Reserve-Kavallerie.
Hann. Oberstlieut. Poten II.

| Hann. 4. Drag.-Regt. | Hann. 1. Drag.-Regt. |
| Maj. v. Klenck. | Maj. Reinecke. |

Hann. reit. Battr.

Kapitän Beste.

Anlagen. 391

Anlage 3.

Uebersicht
der
Schleswig-Holsteinschen Armee*)
um Mitte April 1848.

Kommandirender General: Prinz Friedrich von Schleswig-Holstein-Noer.
Chef des Generalstabes: Hauptmann Leo.

2. Infanterie-Brigade.	1. Infanterie-Brigade.
Herzog Karl von Glücksburg.	Oberst Fabricius, später Ob. Lt. Graf Baudissin.

6. Bat.	5. Bat.	4. Bat.	3. Bat.	2. Bat.	1. Bat.
Hauptm. v. Hedemann.	Maj. v. Jantow.	Maj. v. Rundiger.	Ob. Lt. Graf Baudissin.	Hauptm. v. Jeß.	Maj. v. Krohn.

2. Jäger-Div.	1. Jäger-Div.
2 Komp.	2 Komp.

Freikorps.
Hauptmann v. Gersdorff.

1	2	3	4	
v. Kiogh.	Grf. v. Rantzau.	v. Wasmer.	v. d. Tann.	Broslowsche Jäger.

Kavallerie-Brigade.
Prinz Waldemar zu Schleswig-Holstein.

2. Dragoner-Regiment.	1. Dragoner-Regiment.
Major v. Hanten.	Oberstlieutenant v. Fürsen-Bachmann.
5 Eskr.	4 Eskr.

Artillerie-Brigade.
Hauptmann v. Leffer.

3. Spldge. Batt.	2. Spldge. Batt.	1. Spldge. Batt.
	außerdem vier Spldgr. Geschütze.	

Pioniere.
Hauptmann v. Krabbe.

---

*) Sowohl in den Führerstellen, wie in Stärkeverhältnissen traten um diese Zeit vielfach Veränderungen ein.

Anlage 4.

Marschordnung
der
Preußischen und Holsteinschen Truppen
für die Schlacht bei Schleswig
am 23. April 1848.

Linke Kolonne.
Generalmajor v. Bonin.

Avantgarde.
Oberstlieutenant Wiesner.

a) Vortrupp.
  2 Eskds. d. Schlesw.-Holst. Drag., Rt. v. Sonsfeld.
  9. und 12. Komp. des Füs. Bats. 31. Rgts.

b) Gros der Avantgarde.
  10. und 11. Komp. des Füs.-Bats. 31. Rgts.
  2 Gpsdge Fuß-Gesch. der Battr. Nr. 11, Lt. Laval.
  Schlesw. Holst. Pionier-Abtheilung.
  Füs.-Bat. 20. Inf. Rgts., Maj. Schmidt.

Gros.

a) Erstes Treffen: Oberstlt. v. Kommel.
  1. Bat. 12. Inf. Rgts., Maj. Kodde.
  4 Gpsdge Fuß-Gesch. Battr. Nr. 11, Lt. Wittje.
  1. Bat. 20. Inf. Rgts., Maj. v. Leszczynski.
  2.   "   20.   "   "   Hauptm. Sembritzki.
  ½ Komb. Haubitz-Battr., Lt. Pexel.
  1 Zug Gpsdge. Fuß-Battr. Nr. 11.
  1 Zug der reitenden Battr. Nr. 7.

b) Zweites Treffen: Maj. v. Steinmetz.
  1. Bat. 2. Inf. (Königs-) Rgts., Maj. v. Clausewitz.
  2.   "   2.   "   "   Maj. v. Borcke.

c) Kavallerie.
  2. Kürass.-Rgt. (Königin), Oberst v. Barby.
  7 Eskds. der Schlesw. Holst. Kavall.-Brig. unter dem Kgl. Preuß. Major Prinz Waldemar von Schleswig-Holstein.

Besondere Kolonne.
Prinz Friedrich von Schleswig-Holstein-Noer.
  Holstein. 1., 2., 3., 4. Bataillon,
  ·   3 Jäger-Kompagnien,
  ·   3 Gpsdge. Batterien,
Die Krallowschen Jäger traten erst bei Kropp hinzu.

Rechte Kolonne.
Generalmajor v. Möllendorff.

Avantgarde.
Oberstlieutenant Graf Waldersee.

a) Vortrupp: Hauptm. v. Cosel.
  1 Zug Husaren, Lt. v. Dannenberg.
  12. Komp. Kaiser Aler. Gren.-Rgts.
  2 Züge Garde-Schützen, Hauptm. v. Merveilleur.
  1 Sektion Pioniere.

b) Gros der Avantgarde: Maj. Graf Roedern.
  3 Komp. des Füs. Bats. Kaiser Aler. Gren.-Rgts.
  1½ Komp. Garde-Schützen, Hauptm. v. Holwede.
  2 Gesch. der reit. Battr. Nr. 7, Lt. v. Lübicke.
  9. Komp. Kaiser Frz. Gren.-Rgts.
  2. Esk. 3. Husaren-Rgts., Maj. v. Griesheim.
  3 Komp. Kaiser Frz. Gren.-Rgts., Maj. v. Pooda.

Gros.

a) Erstes Treffen: Oberstl. v. Becquignolles.
  1. Bat. Kaiser Frz. Gren.-Regts., Maj. Vogel v. Faldenstein.
  4 reit. Gesch. der Battr. Nr. 7, Hauptm. Kuhne.
  2. Bat. Kaiser Frz. Gren.-Rgts., Maj. v. Ledebur.
  6 Gesch. der Garde-Fuß-Battr. Nr. 3, Hauptm. v. Gerschow.

b) Zweites Treffen: Maj. v. Schmidt.
  1. Bat. Kaiser Aler. Gren.-Rgts., Maj. v. d. Mulbe.
  2.   "   "   "   "   Major v. Schildt.

c) Arrieregarde.
  1 und 3. Komp. Garde-Schützen zur Deckung der Bagage.

Anlagen. 393

Anlage 5.

Ordre de bataille
der
Dänischen Armee
vom 17. April 1848.*)

Kommandirender General: Generalmajor v. Hedemann.
Chef des Generalstabes: Hauptmann Laessöe.

Avantgarde: Oberstlieutenant v. Magius.
  Vorposten-Kommandeur: Major v. Holm.
    3. Jäger-Korps
    12. Linienbataillon   } 2 Bat., 1 Eskdr., 4 Gesch.
    2. Husaren-Eskadron
    4 Geschütze der 3. Batterie

1. Infanterie-Brigade: Oberst v. Bülow.
  Stabschef: Hauptmann Reergaard.
    1., 2., 11. Linien-Bataillon
    3. Eskadron 3. Dragoner-Regiments   } 3   1   2
    2 Geschütze der 6. Batterie

2. Infanterie-Brigade: Oberst v. Meyer.
  Stabschef: Hauptmann du Plat.
    2. Jäger-Korps
    4., 7. Linien-Bataillon
    1. Eskadron 5. Dragoner-Regiments   } 3   1   2
    2 Geschütze der 2. Batterie

Flankenkorps: Oberst v. Schleppegrell.
  Stabschef: Hauptmann v. Caroc.
    1. Jäger-Korps
    5., 9., 10. Linien-Bataillon
    2. Eskadron 4. Dragoner-Regiments
    1 Detachement der 1. Eskadron 4. Dragoner-   } 4   1   4
        Regiments (etwa 25 Pferde
    4 Geschütze der 5. Batterie

Kavallerie-Brigade: General v. Wedell-Wedellsborg.**)
  Stabschef: Major v. Fund.
    1., 2., 4. Eskadron 3. Dragoner-Regiments.
    6. Dragoner-Regiment   } —   7   4
    4 Geschütze der 3. Batterie

Reserve: Oberst R. v. Juel.
    Garde zu Fuß
    13. Linien-Bataillon
    1., 2., 3. Eskadron 5. Dragoner-Regiments   } 2   3   11
    6 Geschütze der 6. Batterie
    6 , , 2.
    2 , , 5.

Summa: 14 Bat., 14 Eskdr., 30 Gesch.

*) Die Eintheilung des Nordjutischen Armeekorps vom 8. April siehe Seite 26.
**) Vor der Schlacht bei Schleswig übernahm für den zum Kommandeur des rechten Flankenkorps ernannten General v. Wedell-Wedellsborg Oberst H. R. v. Juel das Kommando der Kavallerie-Brigade.

Anlage 6.

Ordre de bataille

der

Deutschen in der Stellung von Sau und Crusau vom 12. Juni 1848 ab disponibel zu machenden Truppen.

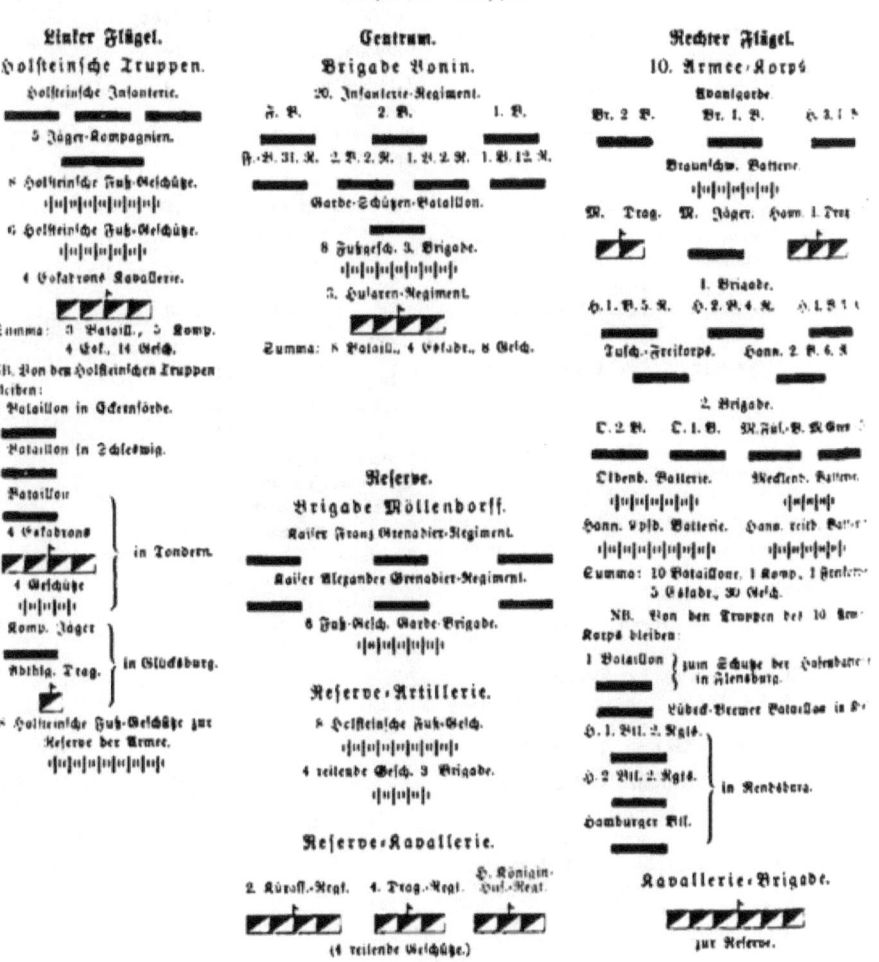

Totalsumme: 27 Bataillone, 6 Kompagnien, 1 Freikorps, 23 Eskadrons, 74 Geschütze.

Anlagen.

Anlage 7.

Nachweisung
der
zum Vormarsch gegen Hadersleben bestimmten Truppen.

3. Der linke Flügel und die Armee-Reserve.

Die Preußischen Truppen mit Aushülfe der übrigen Korps.

Kommandeur: Generallieutenant Fürst Radziwill.

Der linke Flügel.
(Generalmajor v. Möllendorff.)

6 Bataillone d. 2. Garde-Infanterie-Brigade.
1 Bataillon Garde-Schützen.
1 6pfünd. Garde-Fuß-Batterie (6 Gesch.).
1 6pfündige Holsteinische Batterie (8 Geschütze), jetzt in Flensburg.
4 Escadrons 3. Husaren-Regiments.
1 Pionier-Detachement.

Armee-Reserve zu meiner Disposition.
Infanterie-Brigade.
(Generalmajor v. Bonin.)

7 Bataillone Infanterie.
3. Jäger-Abtheilung (2 Kompagnien).
6pfündige Fußbatterie Nr. 11 (8 Geschütze).
12pfündige Holsteinische Batterie (6 Gesch.), jetzt in Rendsburg.
Raketen-Batterie.

Kavallerie-Brigade.
(Oberst v. Barby.)

4 Escadrons (2. Kürassier-Regiment).
3 Escadrons Hannoverscher Kavallerie (4. Dragoner-Regiment).
Reitende Batterie Nr. 7 (8 Geschütze).

4. Holsteinsches linkes Seitendetachement.

Vom 29. ab unter meinem Befehl.
Kommandeur Oberstlieutenant v. Jürgen-Bachmann.

1 Bataillon Infanterie.
4 Escadrons Kavallerie.
4 Geschütze.

1. Der rechte Flügel.
Das Holsteinsche Korps.

Kommandeur: der Prinz von Holstein.

3 Bataillone Infanterie.
4 Kompagnien Jäger.
Praßlower Scharfschützen.
Tanns'ches Freikorps.
5 Escadrons Kavallerie.
1½ 6pfündige Fußbatterien (12 Geschütze).
1 Pionier-Detachement.

2. Das Centrum.

Der disponible Theil des X. Armeekorps.

Kommandeur: General der Infanterie Hallett.

9 Bataillone Infanterie.
Tutsch'sches Freikorps.
6 Escadrons Kavallerie.
1 reitende Batterie (6 Geschütze).
3 6pfündige Fußbatterien (18 Geschütze).
1 9pfündige Fußbatterie (8 Geschütze).
1 Pionier-Detachement.

Flensburg, den 27. Juni 1848.

Der Oberbefehlshaber der Armee.
gez. v. Wrangel.

Anlage 8.

Ordres de bataille*)
zum
Feldzuge 1849.

		Seite
A.	Dänische Armee	397 ff.
B.	Schleswig-Holsteinische Division	400
C.	Hauptquartier des Oberbefehlshabers (unvollständig) . .	401
D.	1. Division	402
E.	2. "	403
F.	3. "	404
G.	Reserve-Division 2. Aufgebots	405
H.	Reserve-Brigade	406
I.	Stärkenachweisung der Reichs-Armee	407

*) Die vollständige Besetzung der Stäbe ist aus den Akten nicht zu ersehen.

Ordre de bataille

der Dänischen Armee bei Beginn des Feldzuges 1849.

398 Geschichte des Krieges gegen Dänemark 1848/49.

Oberkommandirender: Generalmajor Krogh.

Chef des Generalstabes: Oberstlieutenant Larsen. Kommandeur der Artillerie: Oberst Rüger. Erster Ingenieur-Offizier: Lunding.
Stabschef: Major v. Bülow. Stabschef: Kapitän Reich. Stabschef: Kapitän Trepet.
 Corps-Stabsarzt: Oberarzt Bendz.
 Corps-Intendant: Ober-Kriegskommissär Schmidten.

A. Hauptkorps unter General Krogh.

2. Brigade.

Kommandeur: Oberst Thestrup.
Stabschef: Kapitän Arenholt.

2. Res.-Bataillon 13. Bataillon Garde zu Fuß
Oberstlt. Schøn. Oberstlt. Trepka. Maj. Kirchhoff.

1. Verstärkungs-Bataillon   1. Res.-Jägerkorps
Major Stockfleth.   Major Bonnes.

6 pfündige Batterie Marcussen

Ingenieur-Abtheilungen

1. Brigade.

Kommandeur: Oberst Krabbe.
Stabschef: Kapitän Steider.

3. Reserve-Bataillon 1. Reserve-Bataillon 3. Res.-Jägerkorps
Major Lorenzen.   Major Hendel.   Major Voigt.

2. Verstärkungs-Bataillon
Major du Plat.

6 pfündige Batterie Dinesen

24 pfündige Granatkanonen-Batterie
Jessen   Konquiers

4. Brigade.

Kommandeur: Generalmajor Moltke.
Stabschef: Kapitän Abrahamsen.

11. Bataillon 9. Bataillon 8. Bataillon
Oberst Staggemeier. Maj. Krabbe. Maj. Wagner.

6. Reserve-Bataillon 5. Reserve-Bataillon
Major la Cour.   Oberstlt. Kremlets.

6 pfündige Batterie Hossen

Summe des Hauptkorps: 14 Bataillone, 32 Geschütze, 3 Ingenieur-Abtheilungen

Anlagen. 399

B. Flankenkorps.

Kommandeur: Generalmajor Bülow.
Chef des Generalstabes: Oberstlieutenant Klenoborg.
Zoudhef: Kapitän Kauffmann.
Artillerie-Offizier: Major Braun.

6. Brigade.

Kommandeur: Oberst de Meza.
Stabschef: Kapitän Höcrishoffer.

2. Jägerkorps 1. Bataillon
Maj. Brauner. Maj. Lindenburg. Maj. Walther.

1. Verstärkungs-Jägerkorps 3. Verstärkungs-Bat.
Oberstlt. F. Räder.   Oberstlt. Gerlach.

6 pfündige Batterie Lumholz.
╬ ╬ ╬ ╬ ╬ ╬

Ingenieur-Abtheilungen.

3. Brigade.

Kommandeur: Generalmajor Schleppegrell.
Stabschef: Kapitän Keergaard.

5. Bataillon 4. Bataillon 3. Bataillon
Maj. Schindel. Oberstlt. Blom. Oberstlt. Baluban.

3. Jägerkorps   10. Bataillon
Major Coch.   Oberstlt. J. Räder.

6 pfündige Batterie Jessen.
╬ ╬ ╬ ╬ ╬ ╬

Reserve-Artillerie.
12 pfdg. Batterie Baggesen. 3. Kav.-Division.
24 Geschütze, 2 Ingenieur-Abtheilungen.

Summe des Flankenkorps: 10 Bataillone, 2 Escadrons, 24 Geschütze, 2 Ingenieur-Abtheilungen.

Gesammtsummen A, B, C: 29 Bataillone, 18 Escadrons, 72 Geschütze, 6 Ingenieur-Abtheilungen, 1 Espignolen-Batterie zu 16 Geschützen.

C. Nordkorps unter General Huc.

5. Brigade.

Kommandeur: Generalmajor Hye.
Stabschef: Kapitän Bed.

1. Jägerkorps**) 7. Bataillon 6. Bataillon
Maj. Müller.   Oberstlt. Ernst. Maj. Neugen.

4. Reserve-Bataillon   12. Bataillon
Major Irhane.   Oberstlt. Irminger.

6 pfündige Batterie Hartbaufen.
╬ ╬ ╬ ╬ ╬ ╬

1. Kavallerie-Brigade.

Kommandeur: Oberst Ruel.

5. Dragoner-Regiment 3. Dragoner-Regiment
Oberstlt. Voigt.   Oberstlt. Freireichen.

2. Kavallerie-Brigade.

Kommandeur: Oberst Kindt.

2. Kav.-Div. 1. Kav. Div. 6. Drag.-Regt
Maj. Jegermann. Maj. Torp. Oberst Pfaff.

Reserve-Artillerie.
Espignolen-Batterie 6 pfündige Batterie Schultz.

Ingenieur-Abtheilung.

Summe des Nordkorps: 5 Bataillone, 16 Escadrons, 16 Geschütze, 1 Ingenieur-Abtheilung, 1 Espignolen-Batterie zu 16 Geschützen.

*) Die Verstärkungsbataillone waren vorzugsweise aus ältern, in der Linie ausgedienter Mannschaft gebildet.
**) Zwischen den Jägerkorps und den übrigen Bataillonen bestand kein wesentlicher Unterschied.

Anlage 8b.

Schleswig-Holsteinsche Division.
Königl. Preuß. Generalmajor v. Bonin.

Generalstab:
1. Königl. Preuß. Hauptmann v. Delius.
2. „ „ „ v. Blumenthal.

Adjutanten und Ordonnanzoffiziere:
1. Oberstlieutenant Prinz Friedrich von Schleswig-Holstein-Sonderburg-Augustenburg.
2. Hauptmann v. Steuber.
3. „ v. Alten.
4. Premierlieutenant v. Tresckow.
5. „ Ane.
6. Sekondlieutenant v. Bonin.
7. „ Graf Blome.
8. „ v. Abercron.

Kommandeur der Artillerie: Oberst Richter.

Ingenieuroffiziere:
1. Oberstlieutenant v. Tau.
2. Hauptmann v. Lesser.

Avantgarden-Brigade.
Oberstlieutenant v. Zastrow.*)

Adjutanten:
1. Hauptmann v. Bassewitz.
2. Premierlieutenant Graf Waldersee.
3. „ v. Binzer.

10. Bat.   9. Bat.   2. Jäger-Korps   1. Jäger-Korps
6pfünd. Fußbatt. Nr. 3   2 Escadrons Dragoner

Gros der Infanterie.
Oberst Graf Baudissin.

I. Infanterie-Brigade.
Oberstlieutenant v. St.-Paul.

Adjutanten:
1. Hauptmann v. Döring.
2. Premierlieutenant v. Hennings.

4. Bat.   3. Bat.   2. Bat.   1. Bat.   3. Jäger-Korps
6pfünd. Fußbattr. Nr. 1.

II. Infanterie-Brigade.
Oberst Sachau.

Adjutanten:
1. Hauptmann v. Stademann.
2. Premierlieutenant Sachau.

8. Bat.   7. Bat.   6. Bat.   5. Bat.   4. Jäger-Korps
6pfünd. Fußbattr. Nr. 2.

Reserve-Kavallerie-Brigade.
Oberstlieutenant v. Jurien-Bachmann.

Adjutanten:
1. Premierlieutenant v. Graewe.
2. „ Graf Lucker.

2. Dragoner-Regiment.   1. Dragoner-Regiment.
Major v. Buchwaldt.   Oberstlieutenant Hann v. Weyhern.

Reserve-Artillerie.
12pfünd. Battr. Nr. 2.   12pfünd. Battr. Nr. 1.   reitende Batterie.

Pionier-Detachement.

Feldlazareth.   Munitions-Kolonne.

Summe: 14 Bataillone,
12 Escadrons,
18 Geschütze,
1 Pionier-Detachement.

Anlage 8e.

Hauptquartier.

Oberbefehlshaber der Deutschen Reichstruppen in den Herzogthümern:
Königl. Preuß. Generallieutenant v. Prittwitz.

Generalstab:	1. Generalmajor v. Hahn, Chef des Generalstabes.
	2. Major v. Gotsch.
Adjutantur:	Rittmeister Graf zu Münster.
Kommandeur der Artillerie:	Oberst v. Köhl.
1. Ingenieur-Offizier:	Major v. Dechen.
1. Auditeur:	Divisions-Auditeur, Justizrath Bornemann.
Generalarzt:	Dr. Klatten.
Intendant:	Wirkl. Geh. Oberkriegsrath Foh.

Anlage 8d.

1. (kombinirte) Division.

Kgl. Bayer. Generallieutenant Prinz Eduard zu Sachsen-Altenburg, Hoheit.

1. (Bayerische) Brigade:
Generalmajor v. Schmalz.

2. Bat. 13. R.   1. Bat. 8. R.   1. Bat. 7. R.   2. Bat. 4. R.   2. Jäger-Bat.

5. Chevauxlegers-Regiment. a)

12pfdge Battr.   6pfdge Battr.

Summe der 1. Brigade: 5 Bat., 6 Eskadr., 16 Gesch.

2. (kombinirte Kurhessische) Brigade:
Kurf. Hess. Generalmajor v. Spangenberg.

Schützen-Bat.   2. Bat. 2. R.   2. Bat. 1. R. b)   2. Bat. Leib-R. b)

1. Komp. Schaumburg-Lippe. c)   Bat. Sachsen-Altenburg.   Bat. Sachsen-Weimar.

Kurhessisches Husaren-Regiment. d)

½ reit. Battr.   6pfdge Fußbattr.

Summe der 2. Brigade: 6¼ Bat., 4 Eskadr., 9 Gesch.

Gesammtsumme der 1. Division: 11¼ Bataillone,
10 Eskadrons,
25 Geschütze.

Anmerkung:

a) am 14. April eingetroffen, später zeitweise der 3. Division überwiesen.
b) gehörten bis 3. Mai zur Reservedivision 2. Aufgebots.
c) am 13. April eingetroffen.
d) ebenfalls erst am 13. April eingetroffen.

Anlagen.

Anlage 8 e.

2. (Kombinirte) Division.

Kgl. Hannov. Generalmajor v. Wyneken.
Kommandeur der Artillerie: Oberst v. Daenel.

1. (Hannoversche) Brigade.
Generalmajor v. Ludowig.

1. Bat. Leib-R. 1. Bat. 2. R. 1. leichtes Bat.

1. Bat. 5. R. 1. Bat. 3. R. 3. leichtes Bat.

Regiment Kronprinz-Dragoner. a)

9pfdge Fußbattr. Nr. 3.   6pfdge Fußbattr. Nr. 3.   6pfdge reit. Battr. Nr. 2

Summe der 1. Brigade: 6 Bat., 4 Eskadr., 18 Gesch.

2. (Sächsische) Brigade:
Generalmajor v. Heinze.

2. Infanterie-Regiment (Prinz Max), Oberst v. Rockhausen.

3   2   1

Kombinirtes Schützen-Bat.   3. Infanterie-Regiment (Prinz Georg), Oberst v. Süßmilch.

3   2   1

Garde-Reiter-Regiment, Oberst v. Holtzendorff. b)

12pfdge Fußbattr.   6pfdge Fußbattr.

Pionier-Detachement.
Ambulance.

Summe der Brigade: 7 Bat., 4 Eskadr., 16 Gesch.

Gesammtsumme der 2. Division: 13 Bataillone,
8 Eskadrons,
34 Geschütze.

a) am 14. April im Sundewitt eingetroffen.
b) am 15. April in Schleswig eingetroffen und am 12. Mai der 3. Division überwiesen, wo es bis zum Schlusse des Feldzuges blieb.

Anlage N r.

3. (Preußische) Division.

Generalmajor (später Generallieutenant) v. Hirschfeld.
Generalstabsoffiziere: 1. Major v. Ezel,
  2. Hauptmann v. Seydlitz.
Adjutant: Premierlieutenant v. Tiedemann vom 31. Inf.-Regt.
Kommandeur der Artillerie: Major v. d. Trenck.

1. Infanterie-Brigade.

Oberst (später Generalmajor) Stein v. Kaminsky.
Adjutant: Sekondlieutenant v. Legat vom 5. Inf.-Regt.
12. Infanterie-Regiment, Major v. Knobloch.

F.   2   1.

kombinirtes Posensches Landwehr-Regiment, Major George.
3. Bat. Nr. 19 (Krotoschin).   2. Bat. Nr. 19 (Schrimm).   1. Bat. Nr. 18 (Polen).

2. Infanterie-Brigade.

Oberst v. Chamier.
Adjutant: Sekondlieutenant v. Rosenzweig I. vom 13. Inf.-Regt.
15. Infanterie-Regiment, Oberst v. Schlegell.

F.   2   1

kombinirtes Westfälisches Landwehr-Regiment, Major Freydank.
3. Bat. 16. Ldw. Rgts.   2. Bat. 13. Ldw. Rgts.   1. Bat. 17. Ldw. Rgts.
(Meschede).   (Dorsten).   (Wesel).

7. Jäger-Bataillon [a]
Major Graf Schlieffen.

Kavallerie-Brigade.

Generalmajor v. Ledebur.

11. Husaren-Regiment [b]   8. Husaren-Regiment [c]
Oberst v. Lebbin   Oberstlieutenant Graf Westarp.

Divisions-Artillerie:
12pfünd. Battr. Nr. 11   6pfünd. Fußbattr. N. 4   reitende Battr. Nr. 21 [d]
der 4. Brigade   der 1. Brigade   der 7. Brigade

2. Kompagnie der 4. Pionier-Abtheilung [e]

leichtes Feldlazareth Nr. 19 [f]   Munitions-Kolonnen   ½ Raketenbattr.
                                   Nr. 37   Nr. 21

Summe der 3. Division: 12½ Bataillone,
  8 Eskadrons,
  22 Geschütze.

a) zählte nur drei Kompagnien.
b) am 18. April in Schleswig eingetroffen.
c) zwischen 20. und 23. April in Schleswig eingetroffen.
d) am 23. April in Schleswig eingetroffen.
e) am 14. und 16. April im Sundewitt eingetroffen.
f) am 14. April in Flensburg errichtet.

Anlagen.

Anlage 8g.

Reserve-Division (kombinirt) 2. Aufgebots.

Kurfürstl. Hess. Generallieutenant Bauer.
Generalstab: 1. Hauptmann v. Meyerfeld (Kurheff.).
           2.   „   v. Weltzien (Oldenb.).
Adjutanten: 1. Major Meceins
          2. Hauptmann v. Kaltenborn } (Kurheff.).
Artilleriekommandeur: Oberst Nordmann (Kurheff.).
Intendant: Hauptmann Siemon (Nassau).

1. (kombinirte) Brigade.

Se. Hoheit der Herzog von Nassau.
Generalstab: Flügeladjutant Oberst v. Castell |
Adjutanten: Oberlieutenant v. Nauendorff } (Nassau).
             v. Bose |

Kombinirtes Nassauisches Infanterie-Regiment, Oberst Gerau.

    5.   3.   1.
               Kombinirtes Bataillon
Kompagnie Hessen-Homburg.   Anhalt-Bernburg-Köthen.   Bataillon Anhalt Dessau.

6pfdge Fußbattr. Braunschweig,
⊹ ⊹ ⊹ ⊹ ⊹ ⊹

Summe der 1. Brigade: 5¼ Bat., 6 Gesch.

2. (kombinirte) Brigade.

Generalmajor Graf v. Ranzau (Oldenb.).
Generalstab: Hauptmann Plate.
Adjutanten: 1. Oberlieutenant v. Plüskow } (Oldenb.).
           2.   „   v. Seckendorff (Braunschw.).

Oldenburgisches Infanterie-Regiment.

    4.   2.   1.
Bat. Lippe-Detmold.   Bat. Waldeck.   Braunschweigisches Infanterie-Regiment.
                              2.   1.
2 Eskadrons Braunschw. Husaren.

6pfdge Battr. Nr. 1 (Oldenb.).
⊹ ⊹ ⊹ ⊹ ⊹ ⊹

Munitions-Kolonne   Ambulance
  (Oldenb.)   (Oldenb.)

Summe der 2. Brigade: 7 Bat., 2 Eskadr., 8 Gesch.

Summe der Reserve-Division: 12¼ Bataillone,
                                  2 Eskadrons,
                                  14 Geschütze.

Anlage 8 b.

Reserve-Brigade (kombinirt)
S. H. der Herzog Ernst zu Sachsen-Koburg-Gotha, K. Sächsischer Generalmajor

Bat. Koburg-Gotha.   Bat. Baden. a)   Bat. Württemberg. a)

Bat. Reuß.   Bat. Sachsen-Meiningen.

2 Eskadrons Hanseaten. b)

Gfsdge Fußbattr. Nassau.   Gfsdge Battr. Großh. Hessen. a)
╪╪╪╪╪╪   ╪╪╪╪╪╪

a) gehörten bis zum 9. April in den Verband der 2. Division.
b) bis zum 14. April zur 1. Division gehörig.

Summe:
5 Bataillone,
2 Eskadrons,
12 Geschütze.

Rekapitulation
der Stärke der Reichs-Armee im Feldzuge 1849 gegen Dänemark.

Benanntlich	Bataillone	Eskadrons	Batterien	Streitbare		
				Mann	Pferde	Geschütze
Schleswig-Holsteinsche Division . . .	14	12	6	11 241	1223	48
1. (kombinirte) Division	11¼	10	3½	9087	1168	25
2. (kombinirte) Division	13	8	5	9103	1020	34
3. (Preußische) Division	12¾	8	3*)	9295	1099	22
Reserve-Division 2. Aufgebots . . .	12¼	2	2	8541	282	14
Reserve-Brigade	5	2	2	3490	184	12
Summe . .	68¼	42	21½	50 757	4976	155

Die Stärkeangaben fußen auf den Rapporten aus den ersten Tagen des Monats Mai 1849; bei den Schleswig-Holsteinern jedoch von Mitte April.

*) Hierzu noch eine halbe Raketen-Batterie.

Anlage 9.

Verluste in dem Scharmützel auf dem Sundewitt am 13. April 1849.

A. der Reichstruppen:

Truppentheil	Todt			Verwundet			Vermißt			Summe			Bemerkungen
	Offiziere	Mannschaft	Pferde	Offiziere	Mannschaft	Pferde	Offiziere	Mannschaft	Pferde	Offiziere	Mannschaft	Pferde	
I. Division — Bayerische Brigade (G.M. v. Schmalz)													
Stab	—	—	1	—	—	—	—	—	—	—	1	—	
2. Jäger-Bat.	1	—	—	2	9	—	—	—	—	2	13	—	
2. Bataillon Nr. 4	1	—	—	1	6	—	—	—	—	1	7	—	
1. Nr. 7	—	—	—	—	2	—	—	—	—	—	2	—	
1. Nr. 8	2	—	—	—	8	—	—	—	—	—	10	—	
Artillerie	—	1	—	1	5	1	—	—	—	1	5	2	
Summe	—	7	1	5	30	1	—	—	—	5	37	2	
Kombinirte Brigade (G.M. v. Donnersberg)													
Bat. Altenburg	—	—	—	1	2	—	—	—	—	1	2	—	
Weimar	—	—	—	—	2	—	—	—	—	—	2	—	
Kurheßische Bat.	—	—	—	—	1	—	—	—	—	—	1	—	
Schützen-Bat.	—	—	—	—	—	—	—	—	—	—	—	—	
2. Bat. Nr. 2	1	—	—	1	15	—	—	—	—	1	16	—	
Batterie	—	—	—	—	—	—	—	—	—	—	—	—	
Summe	1	—	—	2	20	—	—	—	—	2	21	—	
II. Division — Sächsische Brigade (G.M. v. Benter)													
Stab	—	1	1	—	—	—	1	—	—	—	1	1	
2. Regt. (Max)	—	1	1	2	11	—	—	—	—	2	18	1	
3. Regt. (Georg)	1	8	—	3	32	—	—	—	—	4	40	—	
Schützen-Bat.	2	10	—	3	39	1	—	—	2	5	51	1	
Artillerie	—	2	1	—	5	2	—	—	—	—	7	6	
Summe	3	24	5	8	90	4	—	—	2	11	116	9	
Gesammtsumme	3	32	6	15	140	5	—	—	2	18	174	11	

Namentliche Nachweisung der Verluste an Offizieren:

a) Todt: Oberlieutenant v. Liebenau vom Sächsischen 3. Regiment Georg,
Hauptmann v. Holleufer } vom Sächsischen Schützen-Bataillon.
Oberlieutenant v. Rauendorff }

b) Verwundet: Hauptmann Aldoffer vom Bayerischen Generalstabe,
Lieutenant Murmann }
   Stangier } vom 2. Bayerischen Jäger-Bataillon,
Major Cronenbald vom 4. Bayerischen Infanterie-Regiment,
Oberlieutenant Muffinau von der Bayerischen Artillerie,
  v. Braun vom Bataillon Altenburg,

Anlagen.

Sekondlieutenant v. Lengerke vom 2. Kurhessischen Infanterie-Regiment,
Hauptmann v. Liebenau vom Sächsischen 2. Regiment Max,
, v. Brandenstein,
Oberlieutenant und Adjutant v. Töring,
Lieutenant v. Mandelsloh,
, v. Flemming (später gestorben),
sämmtlich vom 3. Regiment Georg,
Hauptmann v. Teubner
Lieutenant v. Ende } vom Sächsischen Schützen-Bataillon.
v. Rotzsch

B. der Dänen:

Truppentheil	Todt	Ver- wundet	Ver- mißt	Summe
10. Bataillon	11	37	3	51
3. , ...	1	10	—	11
3. Jäger Korps	2	11	2	15
Batterie Jessen	—	1	—	1
Summe	14	59	5	78

Nach Dänischen Berichten waren nur diese Truppen überhaupt ins Gefecht gekommen. Ihre Stärke kann auf 3000 Mann veranschlagt werden. Bei Berechnung der Deutschen Streitkräfte muß der Umstand beachtet werden, daß mit Ausnahme der Bayerischen Bataillone und des Sächsischen Schützen-Bataillons, welche etwa 750 Mann zählten, die übrigen Bataillone mit wenig über 500 Mann auf dem Kampfplatze auftraten.

Anlage 10.

Verluste in dem Gefecht bei Kolding-Eistrup am 23. April 1849.

A. der Schleswig-Holsteiner.

Truppentheil	Todt: Offiziere	Mannschaft	Pferde	Verwundet: Offiziere	Mannschaft	Pferde	Vermißt: Offiziere	Mannschaft	Pferde	Summe: Offiziere	Mannschaft	Pferde	Bemerkungen
Avantgarde													
1. Jäger-Korps	—	5	—	1	28	—	1*)	5	—	2	38	—	Lieut. Hedscher
2.	—	4	—	—	9	—	1**)	27	—	1	40	—	Hptm. v. Boden
9. Bataillon	—	8	—	—	49	—	—	14	—	—	71	—	Hptm. v. Duginski, Lieut. v. Harder
10.	—	9	—	2	16	—	—	4	—	2	29	—	
Summe	—	26	—	3	102	—	2	50	—	5	178	—	
1. Brigade													
3. Jäger-Korps	—	—	—	—	1	—	—	2	—	1	2	—	Lieut. Keck
1. Bataillon	—	2	—	—	11	—	—	2	—	—	15	—	
2.	—	—	—	—	—	—	—	—	—	—	—	—	
3.	—	6	1	1	30	—	—	8	—	1	44	1	Haupm. Ziegewanski 1. Bat.
4.	—	—	—	—	1	—	—	—	—	1	2	—	Lieut. v. Eickel 3. Bat.
Summe	—	8	1	3	45	—	—	10	—	3	63	1	
Brigade 2													
Stab	—	—	—	1	—	—	—	—	—	1	—	—	Oberst Buchow
4. Jäger-Korps	—	1	—	1	6	—	—	2	—	1	9	—	Hptm. v. Vicklede
5. Bataillon	—	—	—	—	6	—	—	—	—	—	6	—	
6.	—	—	—	—	1	—	—	—	—	—	1	—	
7.	—	10	—	2	61	—	—	2	—	2	73	—	Pr. Lt. Dallmer, Lieut. Schellhorn
8.	—	7	—	1	32	—	—	4	—	1	43	—	Lieut. Wenk
Summe	—	18	—	5	106	—	—	8	—	5	132	—	
1. Dragoner Regiment	—	—	—	—	1	—	—	—	—	—	1	—	
2.	—	1	—	—	2	—	—	—	—	—	1	2	
6pfdr Batterie Nr. 1	—	—	—	—	3	—	—	—	—	—	—	3	
6. Nr. 2	—	4	—	—	3	2	—	—	—	—	3	6	***)
Gesammtsumme	—	53	5	11	257	7	2	68	—	13	378	12	

Außerdem war der Kommandeur der Schleswig-Holsteinschen Infanterie Oberst Graf Baudissin durch einen Schuß in die Lende verwundet.

*) Lieutenant und Adjutant Ahlemann war schwer verwundet in Gefangenschaft gerathen.

**) Dr. Martens war ebenfalls in Gefangenschaft gefallen, als er dem vorgenannten Offizier den Verband anlegte.

***) Die übrigen Batterien haben keine Verluste erlitten.

Anlagen.

B. der Dänen.

	Truppentheil	Todt	Verwundet	Vermißt	Summe	Bemerkungen
	Hauptquartier	—	1	—	1	Die Offiziere haben sich nicht spezialifirt.
Brigade Rye	1. Jäger-Korps	12	25	7	44	
	6. Bataillon	20	69	—	89	
	7. „	3	22	67	92	
	12. „	2	15	14	31	
	4. Reserve-Bataillon	15	21	5	41	
	Summe	52	152	93	297	
Brigade Moltke	9. Bataillon	7	15	9	31	Das 3. Bataillon hatte keine Verluste.
	11. „	—	2	—	2	
	5. Reserve-Bataillon	12	40	—	52	
	6. „	26	60	6	92	
	Summe	45	117	15	177	
Brigade Schleppegrell	1. Reserve-Bataillon	6	21	2	29	Das 3. Bataillon und Verstärkungs-Bataillon kamen nicht ins Gefecht.
	3. Jäger-Korps	7	20	2	29	
	5. Bataillon	23	53	—	76	
	Summe	36	94	4	134	
	Pioniertruppen	3	3	—	6	
	Batterie Jessen	—	1	—	1	
	„ Marcussen	—	4	—	4	
	„ Schulz	—	1	—	1	
	Espignolen-Batterie	1	—	—	1	
	5. Dragoner-Regiment	—	1	—	1	
	2. Husaren-Eskadron	8	19	5	32	
	Ambulancen	—	1	1	2	
	Gesammtsumme	145	393	118	656	

Unter den Gefangenen, welche der Schleswig-Holsteinschen Kavallerie am Nachmittage des 23. in die Hände fielen, befand sich auch der Amtmann des Dänischen Distrikts Beile, der in den Herzogthümern übel berüchtigte Orla-Lehmann. Derselbe wurde später von der Statthalterschaft der Herzogthümer wieder frei gegeben.

Der Munitionsverbrauch in diesem Gefecht betrug bei den Schleswig-Holsteinern: 77 248 Infanteriepatronen, 1418 Kugelschüsse, 541 Granatwürfe, 1 Kartätschschuß.

Anlage 11.

Verluste in dem Gefecht bei Gudsö am 7. Mai 1849.

A. der Schleswig-Holsteiner.

Truppentheil	Todt			Verwundet			Vermißt			Summe			Bemerkungen
	Offiziere	Mannschaft	Pferde	Offiziere	Mannschaft	Pferde	Offiziere	Mannschaft	Pferde	Offiziere	Mannschaft	Pferde	
1. Jäger-Korps	1	3	—	—	37	—	—	1	—	1	41	—	Von den 11 Vermißten ist einer vermuthlich geblieben, die übrigen fanden sich später als Verwundete in den Lazarethen.
2.	—	—	—	—	9	—	—	9	—	—	18	—	
3. Bataillon	—	1	—	—	10	—	—	—	—	—	2	16	—
4.	—	—	—	—	2	—	—	—	—	—	2	—	
5.	—	—	—	—	1	—	—	—	—	—	1	—	
2. Drag.-Reg. 5. Eskadr.	—	—	—	—	1	—	—	—	—	—	1	—	
2. Gr. Batt.	—	—	—	—	2	—	—	—	—	—	2	—	
3.	—	1	8	—	2	3	—	—	—	—	3	11	
1. Huhse	—	2	1	—	2	1	—	—	—	—	1	2	
Summe	2	6	9	—	75	4	—	11	—	—	95	13	

Die gefallenen, bezw. verwundeten Offiziere sind:
Premierlieutenants Grabner und Ulrich todt,
Premierlieutenant v. Cromptow, Lieutenants v. Hempe, Waltersdorf, Barens verwundet.

(An Munition verbrauchten die Schleswig-Holsteiner in diesem Gefecht: 45243 Infanteriepatronen, 510 12pfdge, 421 6pfdge Kugelschüsse, 138 12pfdge Granaten.)

B. der Dänen.

Truppentheil	Todt	Verwundet	Vermißt	Summe	Bemerkungen
1. Reserve-Jäger-Korps	9	29	4	42	
1. Verstärkungs-Bataillon	8	20	4	32	
9. Bataillon	3	21	1	25	
8. ″	5	15	—	20	
6. Reserve-Bataillon	—	5	—	5	
11. Bataillon	1	3	2	6	
Batterie Marcussen	5	3	—	8	
″ Tillich	2	4	—	6	
Esvignolen-Batterie	—	1	—	1	
Summe	33	101	11	145	

Anlagen. 413

Anlage 12.

Ordre de bataille
der
3. (Preußischen) Division für den 7. Mai 1849.
Generalmajor v. Hirschfeld.

Avantgarde:
Oberst v. Schlegell.
15. Infanterie-Regiment.

2 Komp. 7. Jäger-Bats.
2. Bat.   1. Bat.   2.   3.

Gpfdge Battr. Nr. 4.   8. Husaren-Regt.   Füsilier Bat. 12. Regts.
3 Züge.   2 Eskadrons.   12.   11.
            Kompagnie.

Linkes Seitendetachement:
Major Graf Westarp.

Gpfdge Fußbattr. Nr. 4.   8. Husaren-Regt.   15. Infant.-Regt.
1 Zug   2 Eskadrons.   Füsilier-Bataillon.

Gros:
Oberst Stein v. Kaminsky.
12. Infanterie-Regiment.
2. Bat.   1. Bat.

Kombinirtes Posensches Landwehr-Regiment
3. Bat. Nr. 19.   2. Bat. Nr. 19.   1. Bat. Nr. 18.
Krotoschin.   Schrimm.   Posen.

12pfdge Battr. Nr. 11.   11. Husaren-Regt.   7. Jäger-Bat.
                            1. Kompagnie.

Reserve:
Oberst v. Chamier.
Kombinirtes Westfälisches Landwehr-Regiment.
3. Bat. Nr. 16.   2. Bat. Nr. 13.   1. Bat. Nr. 17.   Füs.-Bat. 12. R.
Meschede.   Dorken.   Wesel.   10.   9.
                                    Kompagnie.

½ Raketen-Battr.   reitende Battr.
                    Nr. 21.

In Summe: 12¾ Bataillone,
    8 Eskadrons,
    22 Geschütze.

Hierzu noch die Reserve-Kavalleriebrigade unter Generalmajor v. Ledebur mit 10 Eskadrons.

Anlage 13.

Verluste in dem Gefecht bei Alminde am 7. Mai 1849.

A. der 3. Division:

Truppentheil	Todt			Verwundet			Summe			Bemerkungen
	Offiziere	Mannschaft	Pferde	Offiziere	Mannschaft	Pferde	Offiziere	Mannschaft	Pferde	
7. Jäger-Bataillon	1	—	—	1	5	—	2	5	—	
12. Infant.-Rgt. (Füs. Bat.)	—	1	—	1	5	—	1	6	—	
15. ,, ,, ,,	—	2	—	—	7	—	—	9	—	
8. Husaren-Regiment . .	—	2	4	—	1	2	—	3	6	
6pfdge Fuß-Batterie Nr. 4	1	2	2	—	3	1	1	5	3	
Gesammtsumme	2	7	6	2	21	3	4	28	9	

Geblieben: Major Graf Schlieffen, Kommandeur des 7. Jäger-Bataillons, Sekondlieutenant v. Schmeling I. von der Artillerie.
Verwundet: Hauptmann Urban vom 7. Jäger-Bataillon, Sekondlieutenant v. Schwerin vom 12. Infanterie-Regiment.
Der Munitionsverbrauch ist nur von der 6pfündigen Fuß-Batterie Nr. 4 mit 26 Granaten, 1 Schrapnel, 67 Vollkugeln angegeben.

B. der Dänen:

Truppentheil	Todt	Verwundet	Vermißt	Summe	Bemerkungen
1. Jäger-Korps	4	13	4	21	Die Vermißten geriethen in Gefangenschaft.
6. Bataillon	—	3	—	3	
7. ,, ...	—	4	—	4	
4. Reserve-Bataillon . . .	2	3	1	6	
Kavallerie	2	3	—	5	
Artillerie	2	1	—	3	
Gesammtsumme	10	27	5	42	

Anlagen. 415

Anlage 14.

Ordre de bataille
der
3. (Preußischen) Division für den 8. Mai 1849.
Generalmajor v. Hirschfeld.

Avantgarde.
Oberst v. Schlegell.
Kombinirtes Posensches Landwehr-Regiment.

3. Bat. Nr. 19. 2. Bat. Nr. 19. 1. Bat. Nr. 18. Füs.-Bat. 12. R.

Krotoschin. Schrimm. Posen. 10. Kompagnie 9.

6pfdge Fußbattr. 11. Husaren-Regt. 7. Jäger-Bataillon.
Nr. 4.
3. 1.
Escadron.

Linkes Seitendetachement.
Generalmajor v. Ledebur.

5. Chevaurlegers-Regt. Garde-Reiter. 15. Inf.-Regt. Füsilier-Bataillon.

Bayern. Sachsen.

Gros.
Oberst Stein v. Kaminsky.
12. Infanterie-Regiment.

2. Bat. 1. Bat. 11. und 12. Komp. Füs.-Bats.

15. Infanterie-Regiment

2. Bat. 1. Bat.

12pfdge Battr. 11. Hus.-Regt. 8. Husaren-Regt.
Nr. 11.
4. 2.
Escadron.

Reserve.
Kombinirtes Westfälisches Landwehr-Regiment.

3. Bat. Nr. 16. 2. Bat. Nr. 13. 1. Bat. Nr. 17.

Meschede. Borken. Wesel.

½ Raketen-Battr. Reitende Battr.
Nr. 21.

In Summe: 13 Bataillone,
18 Escadrons,
22 Geschütze.

Anlage 13.

Verluste in dem Gefechte von Veile am 8. Mai 1849.
A. der Preußen.

Truppentheil	Todt		Verwundet			Summe			Bemerkungen.
	Offiziere	Mannschaft	Pferde	Offiziere	Mannschaft	Pferde	Offiziere	Mannschaft	Pferde	
7. Jäger-Bataillon	—	—	—	—	9	—	—	9	—	
Füsilier-Bataillon 12. Regiments	—	—	—	—	5	—	—	5	—	
15.	—	—	—	—	1	—	—	1	—	
Landwehr-Bataillon Stolzsch..	—	1	—	3	18	—	3	22		
6pfdge. Batterie Nr. 4	—	—	1	—	1	—	—	1	1	
Summe	—	1	1	3	34	—	3	38	1	

Verwundete Offiziere:
Premierlieutenant v. Bismarck,
„ Nitschke,
Sekondlieutenant Altmann.

B. der Dänen.

Truppentheil	Todt	Verwundet	Vermißt	Summe	Bemerkungen.
1. Jäger-Korps	1	5	5	11	Die Vermißten geriethen in Gefangenschaft.
6. Bataillon	—	4	—	4	
7.	2	5	—	7	
12.	—	—	34	34	
4. Reserve-Bataillon	—	4	1	5	
Artillerie	1	1	—	2	
Summe	4	19	40	63	

Ordre de bataille
der
3. (Preußischen) Division für den 13. Mai 1849.

Avantgarde:
Oberst v. Schlegell.
Kombiniertes Posensches Landwehr-Regiment.
3. 2. 1.

15. Inf.-Regt.　　7. Jäger-Bat.
2. Bat.
6pfdge Fußbattr.　　11. Husaren-Regt.
Nr. 4
　　　　　　　　　2. Eskadr.

Linkes Seitendetachement:
Oberst v. Chamier.

3. Landwehr-Bat.　　15. Infant.-Regt.
(Meschede)　　　　Füs.-Bat.
½ reit. Battr.　　Garde-Reiter.
Nr. 21
　　　　　　　　Sächsisch.

Gros:
Oberst v. Stein.

2. Landwehr-Bat.　　1. Landwehr-Bat.*)
(Borken).　　　　　(Wesel).
15. Inf.-Regt.　　12. Inf.-Regt.
1. Bat.　　　　　Füs.-Bat.
½ Raketen-Battr.　12pfünd. Batterie　11. Husaren-Regt
　　　　　　　　Nr. 11.
　　　　　　　　　　　　　2. Eskadr.

Reserve:
Generalmajor v. Ledebur.
12. Infanterie-Regiment.

2. Bat.　　　　　1. Bat.
½ reit. Battr.　　8. Husaren-Regt.
Nr. 21.

Rekapitulation: 13 Bataillone,
　　　　　　　　12 Eskadrons,
　　　　　　　　22 Geschütze.

*) Zur Detachirung nach Xanten bestimmt.

Anlage 17.

Ordre de bataille
der
3. (Preußischen) Division für den 19. Mai 1849.

Avantgarde.
Oberst v. Schlegell.
15. Infanterie-Regiment.

Füs. Bat.   2. Bat.   1. Bat.

Westfälisches Landwehr-Regiment.   7. Jäger-Bat.

Bat. Meschede.   Bat. Wesel.   2   1

6pfdge Fußbatterie.   ½ reit. Batt.   11. Husaren-Regiment
Nr. 4.   Nr. 21.

Linkes Seitendetachement.
Generalmajor v. Stein.

12. Infanterie-Regiment.   7. Jäger-Bat.

Füs. Bat.   2. Bat.   3.

½ reit. Battr.   Garde-Reiter-Regiment.
Nr. 21.   Sächsisch.

1. Reserve.
Oberst v. Chamier.

Posensches Landw.-Regiment.   Westf. Landw.-Rgt.

Bat. Krotoschin.   Bat. Schrimm.   Bat. Borken.

12. Infanterie-Regiment.
1. Bat.

½ Raketen-Battr.   12pfdge Batterie.   Pioniere.
Nr. 11.   1. Komp.

2. Reserve.
Generalmajor v. Ledebur.

Posensches Landw.-Regiment.
Bat. Posen.

8. Husaren-Regiment.

Rekapitulation: 12¾ Bat. Infanterie,
                12 Eskadrons,
                22 Geschütze,
                 1 Komp. Pioniere.

Anlagen

Anlage 18.

Ordre de bataille
der
3. (Preußischen) Division für den 23. Mai 1849.

Avantgarde:
Oberst v. Schlegell.
15. Infanterie-Regiment
Füs.   2.   3.

6pfdge Fußbattr.   11. Hus.-Regt.   Pion.-Komp.   7. Jäger-Bat.
Nr. 4.   2.   1.
                                                    Kompagnie

Rechtes Seitendetachement:
Oberstlieutenant Graf Westarp
Kombinirtes Westfälisches Landwehr-Regiment.
Bat. Meschede.   Bat. Wesel.
½ reit. Battr.   8. Hus.-Regt.   7. Jäger-Bat.
Nr. 21.   3. Komp.

Gros:
Generalmajor v. Stein
12. Infanterie-Regiment
Füs.   2.   1.

Landwehr-Bataillon
Borken.

½ Raketen-Battr.   12pfdge Batterie
                            Nr. 11

Reserve:
Generalmajor v. Ledebur
Kombinirtes Posensches Landwehr Regiment.
Bat. Krotoschin.   Bat. Schrimm.   Bat. Posen.
½ reit. Battr.   Garde-Reiter.
Nr. 21.   Sachsisch.

Rekapitulation: 12¾ Bataillone,
                 12 Eskadrons,
                 22 Geschütze,
                 1   Kompagnie Pioniere.

27*

Anlage 19.

Ordre de bataille
der
3. (Preußischen) Division vom 24. Mai 1849.

Avantgarde:
Oberst v. Schlegell.
15. Infanterie-Regiment.

Füs.-Bat.   2. Bat.   1. Bat.
6pfdge Fußbatterie   2 Huf.-Regt.   Pioniere   7. Jäger-Bat.
Nr. 1   Kompagnie.   2.   1.
2 Eskadrons.

Rechtes Seitendetachement:
Oberstlieutenant Graf Westarp.

Westfäl. Landw.-Regt.   12. Infant.-Regt.   7. Jäger-Bat.
Bat. Meschede.   Füsilier-Bat.   3.
8. Husaren-Regt.
2 Eskadrons

Gros:
Generalmajor v. Stein.

Linker Flügel: Rechter Flügel:
Oberst v. Lebbin.   Oberst v. Chamier.
12. Infanterie-Regiment   Westfäl. Landw.-Regiment

2. Bat.   1. Bat.   Bat. Wesel.   Bat. Borken.
12pfdge Batterie   2 Husaren-Regiment   Reitende Batterie   8. Husaren-Regiment
Nr. 11   2 Eskadrons.   Nr. 21.   2 Eskadrons.

Reserve:
Generalmajor v. Ledebur.
Posensches Landwehr-Regiment.

Bat. Krotoschin.   Bat. Schrimm.   Bat. Posen.
½ Raketenbattr.   Garde-Reiter-Regiment.

Sächsisch.

Rekapitulation: 12¼ Bataillone,
12 Eskadrons,
22 Geschütze,
1 Kompagnie Pioniere.

Anlagen.

Anlage 20.

Ordre de bataille
der
von der 3. (Preußischen) Division am 31. Mai 1849 entsandten Rekognoszirung.

Kommandeur des Ganzen: Generalmajor v. Stein.

Linkes Seitendetachement.
Oberst v. Lebbin.

15. Infanterie-Regiment.   7. Jäger-Bataillon.
1. Bat.   2. Komp.

6pfdge Fußbatterie.   11. Hus.-Regt.
Nr 4   2. Eskadron.

Mittlere Kolonne.
Major v. Hülsen.

11. Husaren-Regiment   15. Infanterie Regiment
3. 1. Eskadron.   Füsilier-Bataillon.

Rechtes Seitendetachement.
Oberstlieutenant Graf Westarp.

Westfäl. Landwehr-Regiment.   12. Inf.-Regt.
Bat. Meschede   10. Komp.

8. Husaren-Regiment
4. 3. 2.

Rekapitulation: 3½ Bataillone,
6 Eskadrons,
8 Geschütze.

Anlage 21.

Rekapitulation

der Verluste der 3. (Preußischen) Division während des Feldzuges 1849 gegen Dänemark.

Affaire	Todt			Verwundet			Vermißt			Summe		
	Offiziere	Mann	Pferde	Offiziere	Mann	Pferde	Offiziere	Mann	Pferde	Offiziere	Mann	Pferde
7. Mai Gefecht bei Viuf-Almiude	2	7	6	2	21	3	—	—	—	4	28	9
8. » Veile	—	4	1	3	34	—	—	—	—	3	38	1
13. Vormarsch gegen Horjens	—	—	—	—	—	—	—	2	2	—	2	2
29. Rekognoszirungen von Aarhuus	—	—	—	—	—	—	—	1	1	—	1	1
31. » Gefecht bei Aarhuus	1	—	—	2	17	—	1	22	15	4	39	15
1. Juli Patrouillengefecht	—	—	—	—	—	—	—	6	6	—	6	6
12. » desgleichen	—	1	—	—	—	—	—	2	—	—	3	—
16. » Angriff auf die Feldwache bei Fuldbro	—	—	—	—	—	—	1	11	—	1	11	—
Gesammtsumme	3	12	7	7	72	3	2	44	24	12	128	34

Anlage 22.

Friedenspräliminarien und Waffenstillstandskonvention vom 10. Juli 1849.

Die unterzeichneten Bevollmächtigten, welche resp. von Sr. Majestät dem Könige von Preußen und Sr. Majestät dem Könige von Dänemark ernannt worden, sind über folgende Friedenspräliminarartikel übereingekommen:

Artikel I.

Das Herzogthum Schleswig soll, was seine gesetzgebende Gewalt und seine innere Verwaltung betrifft, eine abgesonderte Verfassung erhalten, ohne mit dem Herzogthum Holstein vereinigt zu sein, und unbeschadet der politischen Verbindung, welche das Herzogthum Schleswig an die Krone Dänemark knüpft.

Artikel II.

Die definitive Organisation des Herzogthums Schleswig, welche aus jener Grundlage hervorgeht, wird den Gegenstand weiterer Unterhandlungen bilden, an welchen Großbritannien als vermittelnde Macht theilzunehmen von den hohen kontrahirenden Theilen eingeladen werden wird.

Artikel III.

Die Herzogthümer Holstein und Lauenburg werden fortfahren, Mitglieder des Deutschen Bundes zu sein. — ꝛc.

Artikel IV.

ꝛc.

Artikel V.

Die hohen kontrahirenden Theile kommen dahin überein, die Garantie der Großmächte für die genaue Ausführung des definitiven Friedens in Betreff des Herzogthums Schleswig in Anspruch zu nehmen. ꝛc.

Waffenstillstandskonvention.

Nachdem am heutigen Tage die Unterzeichnung der Friedenspräliminarien ꝛc. stattgefunden hat, so ist von pp. beschlossen worden, pp., eine Waffenstillstandskonvention abzuschließen, und haben zu diesem Ende zu Ihren Bevollmächtigten ernannt.

nämlich Se. Majestät der König von Preußen:

den Kammerherrn Freiherrn pp. v. Schleinitz,

und Se. Majestät der König von Dänemark:

den Kammerherrn pp. v. Reedtz,

welche pp. folgende Artikel festgestellt haben:

Artikel I.

Vom Tage der Auswechselung der Ratifikation der gegenwärtigen Konvention an gerechnet, sollen die Feindseligkeiten zu Lande und zu See vollständig eingestellt werden während eines Zeitraums von sechs Monaten, und über denselben hinaus noch während sechs Wochen nach Aufkündigung des Waffenstillstandes von der einen oder der anderen Seite.

Wenn der gegenwärtige Waffenstillstand aufgekündigt würde, so sollen die Preußischen und Deutschen Truppen das Festland des Herzogthums Schleswig besetzen können, welches in diesem Falle von den neutralen Truppen, welche nach Artikel V sich etwa noch daselbst befinden dürften, geräumt werden würde.

Artikel II.

Seine Majestät der König von Preußen wird dem Oberbefehlshaber der in Jütland und in den Herzogthümern Schleswig und Holstein vereinigten Preußischen und Deutschen Heeresmacht den Befehl zugehen lassen, Jütland zu räumen und während des Zeitraums von 25 Tagen die in den Artikeln III und V bezeichneten Stellungen einzunehmen.

Artikel III.

Der Oberbefehlshaber der Preußischen und Deutschen, sowie der der Dänischen Truppen werden Preußische und Dänische Offiziere ernennen, welche behufs der Abgrenzung der beziehungsweise von den Preußischen und neutralen Truppen zu besetzenden Gebietsstrecken auf einer Karte eine Demarkationslinie ziehen und bestimmen werden, welche sich von einem Punkte an der Küste in der Nähe und im Südosten der Stadt Flensburg bis zu einem Punkte an der Küste nordwestlich von der Stadt Tondern erstreckt, und die erstere Stadt, sowie die Jütländischen Enklaven nordwärts, die Stadt Tondern dagegen südwärts der vorgenannten Demarkationslinie liegen läßt.

Artikel IV.

Seine Majestät der König von Preußen soll während der Dauer des Waffenstillstandes im Herzogthum Schleswig und im Süden der vorbesagten Demarkationslinie ein Armeecorps belassen können, dessen Stärke die Zahl von 6000 Mann nicht überschreiten wird. Seine Majestät der König von Dänemark wird fortfahren, die Inseln Alsen und Arrö militärisch besetzt zu halten.

Artikel V.

Diese Dänischen und Preußischen Truppen werden die einzigen Streitkräfte sein, welche in dem Herzogthum Schleswig während der Dauer des Waffenstillstandes verbleiben, mit Ausnahme eines Korps neutraler Truppen, dessen Stärke 2000 Mann nicht übersteigen darf, und welches den nordwärts der Demarkationslinie belegenen Theil des Festlandes vom Herzogthum Schleswig besetzen wird. — ꝛc.

Artikel VI.
ꝛc.

Artikel VII.

Alle seit Beginn der Feindseligkeiten von der einen oder der anderen Seite aufgebrachten Handelsschiffe werden sammt deren Ladungen unmittelbar nach der Aufhebung der Blockade freigegeben. Sollten Schiffe und Ladungen verkauft worden sein, so wird deren Werth erstattet.

Dagegen verbürgt sich Seine Majestät der König von Preußen, alle Kontributionen in baarem Gelde, welche von den Preußischen und Deutschen Truppen in Jütland erhoben worden sind, zu erstatten und erstatten zu lassen, desgleichen den Werth der zum Gebrauch der Preußischen und Deutschen Truppen requirirten Pferde, welche ihren rechtmäßigen Eigenthümern seitdem nicht zurückgestellt worden sind.

Artikel VIII.
ꝛc.

Artikel IX.
ꝛc.

Artikel X.

Es wird für das ganze Herzogthum Schleswig eine Verwaltungskommission (Landesverwaltung) errichtet werden, welche während der Dauer des Waffenstillstandes dieses Land im Namen Sr. Majestät des Königs von Dänemark regieren wird.

Sie soll aus zwei Mitgliedern bestehen, von denen das eine von Sr. Majestät dem Könige von Preußen, das andere hingegen von Sr. Majestät dem Könige von Dänemark gewählt, und denen ein Kommissarius beigeordnet werden wird, zu dessen Ernennung Ihre Majestät die Königin von Großbritannien eingeladen werden soll, um in der Eigenschaft eines Schiedsrichters bei etwa vorkommenden Meinungsverschiedenheiten zwischen den beiden anderen Mitgliedern Entscheidung zu treffen. ꝛc.

Artikel XI.
ꝛc.

Artikel XII.
ꝛc.

Artikel XIII.
ꝛc.

Artikel XIV.

Die gegenwärtige Konvention wird ratifizirt werden, und die Auswechselung der Ratifikationen binnen 8 Tagen oder wo möglich früher, von dem Tage der Unterzeichnung an gerechnet, zu Berlin stattfinden. — ꝛc.

Zu Urkund dessen haben die Bevollmächtigten die gegenwärtige Konvention vollzogen und ihr Siegel beidrucken lassen.

Orts- und Namensverzeichniß.

Aabo, Ortsch. südwestl. Aarhuus 345.
Aagaard, Ortsch. nordöstl. Kolding 301 ff.
Aalborg, Stadt im nördl. Jütland 336.
Aarhuus, Stadt und Hafen in Jütland 127 ff., 331.
Aarö, Insel im Kleinen Belt 217.
Aaröfund, Ortsch. am Kleinen Belt, westl. Hadersleben 205.
Aarö-Sund, Meeresstraße zwischen der Insel Aarö und Schleswig 208, 217.
Aarup, Ortsch., südl. Apenrade 164, 205.
Abel, Herzog von Schleswig 2.
v. Abercron, Holst. Oberstlieut. 375.
Adolph VIII., Graf von Holstein 2.
Aebeltoft, Stadt in Jütland östl. Aarhuus 370.
Aggerschau, Ortsch. nordöstl. Lügumkloster 199.
Ahrenstedt, Ortsch. nordwestl. Rendsburg 46, 70.
v. Ahrenswald, Holst. Hauptm. 379.
Albert, Prinz von Sachsen 282.
Aldosier, Holst. Hauptm. 50, 64, 66 ff., 102, 367.
Aller, Ortsch. östl. Christiansfeld 290.
Alminde, Ortsch. nördl. Kolding 289 ff.
Alminde-Bach, der, nördl. Kolding 315.
Alnoor (Alnoer), Ortsch. in Schleswig am Eken-Sund 158 ff., 201, 238.
Alsen, Insel 17 ff.
Alsen-Sund, Meeresarm zw. d. Sundewitt und der Halbinsel Kjär (Alsen) 18.
Alsleben, Ortsch. südöstl. Lügumkloster 169.
Altenhof, Ortsch. südöstl. Eckernförde 36, 61.
Altstadt, Stadttheil von Schleswig 51, 52.
Ammitsböll, Ortsch. südwestl. Veile 320 ff.
Andersen, Hannov. Lt. 159.
Anelyst, Ortsch. nordwestl. Fredericia 380.
Angeln, Halbinsel an der Schleswigschen Ostküste 33 ff., 49, 55.
Annetten-Höhe, südwestl. Schleswig 85, 89 ff.
Apenrade, Stadt und Hafen in Schleswig 22 ff., 120 ff.
Arendorfer Mühle, die, zwischen Apenrade und Lügumkloster 170 ff.
Arenholter See, der, Gehöft nordwestl. Schleswig 51, 50 ff.
Arn-Au, die, kleiner Fluß in Tondern 170 ff.

Frhr. v. Arnim, Preuß. Minister 137 ff.
Arnis, Ortsch. a. d. Schlei 33, 49.
Arnitlund, Ortsch. südwestl. Hadersleben 205, 215 ff.
Arnkiels-Öre, Nordspitze der Halbinsel Kjär (Alsen) 129, 308.
Arrild, Ortsch. nördl. Lügumkloster 164, 205.
Arrö, Insel südl. Fünen 148.
Aröleben, Ortsch. südwestl. Apenrade 164, 172, 196.
Ascheffel, Ortsch. südöstl. Schleswig 52, 65.
Aschlund, Dän. Kapitän 266.
Assens, Stadt u. Hafen auf Fünen 154 ff., 368.
Astrup, Dän. Oberst 104, 108.
Atzbüll, Ortsch. im Sundewitt, nordöstlich Flensburg 111, 129 ff., 161 ff., 248 ff.
Audorf, Ortsch. bei Rendsburg 46.
Auenbüll, Ortsch. im Sundewitt 158 ff., 384.
Auoacker, Ortsch. nordwestl. Schleswig 33.
Ausbüll, Gehöft nordwestl. Hadersleben 212 n.

Baggesen, Dän. Batteriechef 112, 157 ff.
Baistrup, Ortsch. nordwestl. Flensburg 170, 204.
Ballegaard, Hof im Sundewitt, an der Alsen-Föhrde 129 ff., 257.
Barbarossa, Dampffregatte des Reichs 253.
v. Barby, Preuß. Oberst 197 ff.
v. Bardeleben, Preuß. Lt. 183, 319 ff.
Barderup, Ortsch. südwestl. Flensburg 101.
Bargstedt, Ortsch. südl. Rendsburg 47.
v. Bassewiz, Holst. Hauptm. 88 ff., 159, 299.
Bau, Ortsch. nordwestl. Flensburg 21 ff., 164 ff., 197 ff.
Graf Baudissin, Holst. Oberstlieut. 24, 28. Oberst 208, 354.
Bauer, Kurheff. General 246, 307 ff.
Baurup, Ortsch. im Sundewitt 158 ff.
Baurupfeld, Gehöft im Sundewitt 196.
v. Beaulieu, Preuß. Lt. 350.
Becker, Mitgl. der Deutschen Regentschaft in Stuttgart 361.
Bedstedt, Ortsch. östl. Lügumkloster 170 ff.
Beelitz, Preuß. Lt. 217.
Beltoft, Ortsch. südwestl. Hadersleben 202, 206.

Bel, Ortsch. zwischen Hadersleben und Ripe 206.
Bellevue, Gehöft bei Kolding 218 ff
v. Below, Preuß. Generalmajor 224 f.
v. Below, Preuß. Lt. 77.
v. Benzon, Dän. Major 190.
v. Bequignolles, Preuß. Oberst 81.
Bergedorf, Stadt südöstl. Hamburg 20.
Beseler, Mitgl. der provisorischen Regierung in Kiel 8, 217 ff.
Beuschau, Ortsch. im Sundewitt 130, 167, 178 ff., 248 ff.
v. Bila, Preuß. Hauptm. 20.
v. Bille, Dän. Kammerherr 230 ff.
Billund, Ortsch. westl. Hadersleben 210 ff.
Bilschau, Ortsch. südl. Flensburg 106 ff.
Bilschauer Krug, der, südl. Flensburg 107 ff., 128 ff.
Graf Bismarck, Preuß. Lt. 34.
v. Bismarck, Preuß. Hauptm. 90.
Bistensee, Ortsch. südwestl. Eckernförde 65.
Bisten-See, der, südwestl. Eckernförde 99.
Bjerning-Kirche, Ortsch. nördl. Hadersleben 121, 200, 213 ff.
Bjert, Ortsch. südöstl. Kolding 121 ff., 215 ff., 364.
Blankenese, Ortsch. westl. Hamburg 20.
Blans, Ortsch. im Sundewitt 130, 262 ff.
Blom, Dän. Oberstlieut. 157 ff
Graf Blumenthal, Preuß. Hauptm. 81.
v. Blumenthal, Preuß. Hauptm. 340.
Bodum, Ortsch. nördl. Apenrade 164, 206.
Bogense, Stadt an der Nordküste Fünens 275, 363 ff.
Boislov, Ortsch. nordöstl. Hadersleben 212.
Bollingstedt, Ortsch. nordwestl. Schleswig 107.
Bollersleben, Ortsch. südwestl. Apenrade 164.
Bommerlund, Ortsch. nordwestl. Flensburg 22, 26 ff., 112, 169 ff., 204.
v. Bonin, Preuß. Oberst 33, 34 ff., Generalmajor 43 ff.
Borby, Ortsch. nordöstl. Eckernförde 265 ff.
Boren, Ortsch. nordöstl. Schleswig 67 ff.
Borgstedt, Ortsch. a. d. Eider, 1,5 km unterhalb Rendsbg 46.
v. Borcke, Preuß. Major 83
Borum, Ortsch. nordwestl. Aarhuus 362 ff.
v. Bouteville, Preuß. Lt. 109.
Bovenau, Ortsch. östl. Rendsburg 34.
Bonsen, Mitgl. der Regierung in Kiel 243.
Brabrand-See, der, südwestl. Aarhuus 350.
Bräbnru, Ortsch. nordwestl. Christiansfeld 215, 293.
Braklow, Komp. Führer im Holst. Freikorps 12, 36, 88 ff.
Bramdrup, Ortsch. nördl. Kolding 289 ff.
Graf Brandenburg, Preuß. Ministerpräsident 311 ff
Branderup, Ortsch. nordöstl. Lügumkloster 292 ff.
Braun, Dän. Batteriechef 157 ff.
Herzog von Braunschweig, 43, 60, 71, 90.
Bredballe, Ortsch. östl. Veile 324 ff.

Bredewatt, Ortsch. zwischen Apenrade und Tondern 172.
Bredstrup, Ortsch. nordwestl. Fredericia 128 ff., 318 ff.
Brekendorf, Ortsch. nördl. Rendsburg 48, 71, 99.
Bresten-Kirche, Ortsch. westl. Veile 320.
Broader, Halbinsel an der Ostküste von Schleswig 130 ff.
v. Brock, Dän. Rittm. 357, 386.
Broderobro (Bl.), Ortsch. a. d. Schlei 68 ff
Brunde, Ortsch. nordwestl. Apenrade 173, 199 ff.
v. Budrizki, Preuß. Lt. 40.
Bunge, Ortsch. nordöstl. Rendsburg 46, 66.
v. Bunsen, Preuß. Gesandter in London 148 ff., 244 ff.
Busdorf (Bustorf), Ortsch. südl. Schleswig 42, 58 ff.
Busdorfer Teich, der, südl. Schleswig 57, 74.
Büdelsdorf, Ortsch. nördl. Rendsburg 46.
Büffel-Koppel, Gehölz im Sundewitt 129
Bülderup, Ortsch. östl. Tondern 171.
v. Bülow, Dän. Oberst 17, 26 ff., 78, 84 ff. General 157 ff
v. Bülow, Mecklenb. Hauptm. 159.
v. Bündiger, Holst. Major 66.
Bygholm, Ortsch. westl. Horsens 342.
Bygholm-Aa, die, westl. Horsens 326 ff.

Caubrone, Franz. Gen. Lt. 44.
v. Caroc, Dän. Lt. 160.
Caroline Auguste, Dän. Dampfer 319
v. Castenskjold, Dän. Lt. 298.
v. Chamier, Preuß. Oberst 335.
Charlotte, Landgräfin von Hessen 4.
Christian, Graf von Oldenburg, als König von Dänemark Christian I. 2, 3.
Christian VIII., König von Dänemark 3, 4, 5, 33 ff.
Christian VIII., Dän. Linienschiff 18.
Christian VIII., Holst. Verlehrsdampfschiff 18, 265 ff.
Christiansen, Holst. Pr. Lt. 353.
Christiansfeld, Stadt zwischen Hadersleben u. Kolding 157, 167 ff., 195 ff.
Christiansthal, Ortsch. westl. Hadersleben 206.
Christinenberg, Ortsch. bei Fredericia 364 ff.
Christmann, Holst. Pr. Lt. 339 ff.
Christoph, König von Dänemark 2
Clairmont, Holst. Feldwebel 365 ff.
v. Clausewitz, Preuß. Maj. 180.
Claussen, Schlesw.-Holst. Abgeordneter 13
Clawiter, Holst. Maj. 347 ff.
Clus, Ortsch. nordwestl. Flensburg 29.
Collstrup, Dän. Lt. 161.
Constantinborg, Ortsch. südwestl. Aarhuus 345.
Cordemann, Hptm. der Holst. Div. 273.
Corneli, Bauer, Hptm. 195
Cosel, Preuß. Hptm. 71 ff.
la Cour, Dän. Maj. 314.
Cranz, Ortsch. a. d. Elbe, westl. Hamburg 20.

Register.

Dänischer Wohld, Landzunge südl. Eckernförde 55.
Dahlitz, Holst. Batteriechef 296.
Dahlmann, Deutsch. Schriftsteller 4, 6.
Dalby, Ortsch. südöstl. Kolding 288.
Dammers, Hannov. Maj. 130.
Dammers, Hannov. Lt. 177.
Dannewerk, Cr. u. Kl., Ortschaften südwestl. Schleswig 52.
Dannewerk, das, auch „Margarethen-Wall" gen., südwestl. Schleswig 57 ff.
v. Dechen, Preuß. Maj. 278.
v. Decker, Preuß. Hptm. 76 ff., 131.
v. Delius, Preuß. Hptm. 18, 40, 75, 77, 244.
Detmold, Reichsminister 332.
Deutschland, Reichsfregatte 253.
Diederichs, Preuß. Oberst 368 ff.
v. Diepenbroick-Grüter, Holst. Lt. 29 ff., Rittm. 297.
Dinesen, Dän. Battr.-Chef 28, 62, 256 ff.
Dirking-Holmfeldt, Dän. Kapt. Lt. 18, 53, 261.
Döpel, Preuß. Unteroffizier 183.
Dörpstedt, Ortsch. südwestl. Schleswig 52.
Donner, Holst. Kapt. 253.
Dons, Ortsch. nordl. Kolding 283 ff.
Dons-Mühle, nördl. Kolding 315 ff.
Tragbäls-Mühle, westl. Kolding 215.
Trendrup, Ortsch. südwestl. Kolding 304.
v. Trygalski, Holst. Lt. 379.
Düppel, Ortsch. im Sundewitt 129 ff.
Düppel-Kirche, Ortsch. im Sundewitt 277.
Düppeler Höhen, die, im Sundewitt 129.
v. Düring, Preuß. Lt. 183.
Duvenstedt, Ortsch. nördl. Rendsburg 46, 70.

Eckernförde, Stadt u. Hafen 33 ff.
Eckernförder Bucht 34.
Eduard, Prinz von Sachsen, Bayer. Gen. Lt. 246 ff.
Eg-Aa, die, Fluß nördl. Aarhuus 363 ff.
v. Eggers, Holst. Hptm. 263.
v. Egloffstein, Preuß. Hptm. 135.
Egtved, Ortsch. südwestl. Veile 127.
v. Ehrenkrook, Braunschw. Hpt. 162.
v. Eichstorf, Oldenburg. Hptm. 159.
Eider, die, Fluß u. Kanal, Grenze zwischen Schleswig u. Holstein 33 ff.
Eider-Kanal, der, 309.
Eiderstedt, Halbinsel an der Westküste v. Schleswig, Hptstdt. Tönning 34, 36.
Eistrup, Ortsch. westl. Kolding 289 ff.
Elensund, Ortsch. auf Broacker 158 ff., 174 ff., 260 ff.
Elen-Sund, der, Wasserstraße zwischen Flensburger Föhrde u. Nübel-Noor 202.
Elbe, Holst. Schoner 253.
Elbo-Thal, das, westl. Fredericia 314 ff.
v. Elderhorst, Mecklenb. Gen. Lt. 204, 224.
Eldrup, Ortsch. nördl. Horsens 335.
Elev, Ortsch. nördl. Aarhuus 363 ff.
Ellingstedt, Ortsch. südwestl. Schleswig 42, 52, 73, 86 ff.

Ellund, Ortsch. westl. Flensburg 24.
Elsdorf, Ortsch. südwestl. Rendsburg 45.
Eltang, Ortsch. nordöstl. Kolding 306 ff.
Enquin, Ortsch. nordöstl. Veile 324.
Enstedt, Ortsch. südl. Apenrade 205.
Erdbeeren-Berg, der, südwestl. Schleswig 58, 73.
Ertrup, Ortsch. südwestl. Fredericia 126 ff.
Erzherzog Johann, Dampffregatte des Reichs 253.
Esmarch, Schlesw. Holst. Abgeordneter 13.
Eutin, Oldenb. Fürstenthum 20.
Ewers, Dän. Kollegienrath 124.

Fabricius, Holst. Oberst 87 ff., 244.
Fahrhaus, bei Aarösund 217.
Fahrhaus, nördl. Missunde a. d. Schlei 68.
Fahrdorf, Ortsch. südöstl. Schleswig 52, 76, 89.
v. Falckenstein, Preuß. Maj. 81.
Falk, Deutsch. Schriftsteller 4, 6.
Falkenberg, Gehöft nordwestl. Schleswig 73, 83, 101, 109.
Falster, Dän. Insel in d. Ostsee 244.
Fanö, Insel in d. Westküste Jütlands 309 ff.
Federspiel, Dän. Oberstl. 157 ff.
Fehmarn, Holst. Insel in d. Ostsee 251.
Feldmann, Holst. Batteriechef 296.
Feldscheide, Ortsch. zwischen Schleswig und Rendsburg 60.
Feldstedt, Ortsch. südöstl. Apenrade 158 ff., 166 ff., 263 ff.
Felsbek-Mühle, die, im Sundewitt 196.
Ferdinand, Prinz von Dänemark 4.
Fiedler, Preuß. Oberst 50.
Fischbek, Ortsch. nordöstl. Flensburg 166 ff., 178 ff.
Fjeltrup, Ortsch. nördl. Hadersleben 200.
Fledeby, Ortsch. westl. Eckernförde 48, 71.
Flensborg, Dän. Oberstlt. 275.
Fliedt, Dän. Rittm. 62, Oberst 315.
Fockbek, Ortsch. westl. Rendsburg 45 ff.
Föhr, Insel an der Westküste Schleswigs 309.
Föhrden, Ortsch. nordw. Rendsburg 46.
Folby, Ortsch. nordwestl. Aarhuus 362 ff.
Follerup, Ortsch. nordwestl. Fredericia 376.
Framlev, Ortsch. westl. Aarhuus 344.
v. Fransecky, Preuß. Hptm. 50, 199 ff.
Fredericia, Stadt, Hafen u. Festung a. d. Ostküste Jütlands 123 ff.
Frederiksgave, Ortsch. bei Assens auf Fünen 154.
Fredsted, Ortsch. zwischen Kolding u. Veile 315 ff.
Freudenthal, Ortsch. im Sundewitt 159.
Friedrich III., König von Dänemark 3.
Friedrich VII., König von Dänemark 3.
Friedrich, Herzog von Augustenburg 5.
Friedrich, Prinz von Noer 8, 12, 33, 42 ff.
Friedrich Karl, Prinz von Preußen 60 ff.
Friedrich Wilhelm IV., König von Preußen 7, 12, 119 ff.

Friedrichsberg, Ortsch. südwestl. Schleswig 51, 52, 59 ff.
Friedrichshof, am Bistenssee südwestl. Eckernförde 99, 105.
Friedrichsort, Fort nördl. Kiel 238 ff.
Friedrichstadt, Stadt an der Eider, nahe der Nordsee 47, 57.
Frörup, Ortsch. zwischen Schleswig u. Flensburg 104 ff., 214.
Fröslee, Ortsch. nordwestl. Flensburg 28, 104.
Fruering, Ortsch. östl. Skanderborg 342.
Fryfenborg, Ortsch. nordwestl. Aarhuus 357.
Fünen, Dänische Insel gegenüber Schleswig 244 ff.
v. Fürsen-Bachmann, Holst. Major, später Oberstlieut. 196 ff., Oberst 376 ff.
Fuldbro, die, Brücke westl. Skanderborg 342 ff.
Fullen, Ortsch. südl. Aarhuus 346.

Gabel, Ortsch. zwischen Hadersleben u. Ribe 206.
Gaede, Preuß. Hptm. 228.
Frhr. v. Gagern, Max, Unterstaatssekretär 224, 236, 333.
Galathea, Dän. Korvette 27 ff., 194 ff.
Gallus, Holst. Lt. 379 ff.
Gallwitz, Preuß. Batteriechef 317 ff.
Galstedt, Ortsch. nordwestl. Apenrade 171.
Gammelby-Mühle, die, nordwestl. Fredericia 382.
Gammellund, Ortsch. nordw. Schleswig 250.
Garde, Dän. Kmdr. 265 ff.
v. Gauvain, Preuß. Lt. 183.
Geelbgholt, Ortsch. nordöstl. Schleswig 69.
Gefion, Dän. Fregatte 265 ff.
Gehlau, die, Bach nördl. Flensburg 112.
Geising, Ortsch. westl. Kolding 215.
Geltorf, Ortsch. südöstl. Schleswig 71.
v. Germar, Preuß. Hptm. 183.
v. Gerschow, Preuß. Hptm. 77.
v. Gersdorff, Preuß. Hptm. 183.
v. Gersdorff, Holst. Hptm., Führer d. Freischaaren 34 ff., 109 ff.
Gether, Oldenb. Hptm. 162.
Gettorf, Ortsch. zwischen Kiel u. Eckernförde 250 ff.
Geyser, Dän. Kriegsschiff 18 ff., 265 ff.
v. Gilsa, Preuß. Lt. 183.
Gjedsager-Aa, die, Bach zwischen Horsens u. Veile 325.
Gjedved, Ortsch. nördl. Horsens 335 ff.
Gjelballe, Ortsch. westl. Kolding 283 ff.
Gjenner, Ortsch. zwischen Apenrade u. Hadersleben 120, 164, 201.
Gjenner-Bucht, die, nordöstl. Apenrade 195, 206 ff., 261 ff.
Glücksburg, Flecken in Schleswig 22, 169.
Glücksburg, Dän. Dampfschiff 357.
Glückstadt, Ortsch. a. d. Elbe, nordw. Altona 9.
Golsche, Dän. Hptm. 325.
Goos-See, der, südl. Eckernförde 36, 61 ff.
Goosefeld, Ortsch. südl. Eckernförde 61.

Gottorf (Gottorp), Stadttheil Schleswigs mit Schloß 52, 59 ff.
v. Graahe, Dän. Stiftsamtmann in Aarhuus 141.
Graewell, Dr., Reichsminister 332 ff.
Gram, Ortsch. nordöstl. Skanderborg 343 ff.
Gramm, Ortsch. südöstl. Ribe 211.
Grau, Kurheff. Rittm. 357.
Gravenstein, Ortsch. nordöstl. Flensburg 111, 129, 158 ff.
Greis, Ortsch. nördl. Veile 323 ff.
Greis-Bach (Aa), der, westl. Veile 321 ff.
Greis-Mühle, die, nördl. Veile 322 ff.
v. Griesheim, Preuß. Maj. 72.
Grobebüll, Ortsch. bei Hadersleben 209.
Grönningboved, Ortsch. nordöstl. Christiansfeld 215.
v. Grone, Preuß. Lt. 71.
Groß-Rheide, Ortsch. südwestl. Schleswig 42.
Groß-Solt, Ortsch. nördl. Schleswig 33, 101.
Groß-Wittensee, Ortsch. am Witten-See, nordöstl. Rendsburg 34, 59 ff.
Grüngrift, Ortsch. südöstl. Apenrade 167 ff.
Grünholt, Ortsch. in Angeln 33.
Guden-Aa, die, Fluß in Jütland 326 ff., 367 ff.
Gudsø, Ortsch. nordöstl. Kolding 124 ff., 283 ff.
Gultzow, Holst. Lt. 378.

Haacke, Holst. Major 269.
Hahn, Ortsch. südl. Eckernförde 36, 45, 58 ff.
Haddeby, Ortsch. südwestl. Schleswig 74, 76, 96.
Haddebyer Noor, Bucht der Schlei südl. Schleswig 53, 57, 71.
Hadersleben, Stadt und Hafen in Schleswig 54, 121 ff.
Hähnel, Preuß. Wachtmeister 211.
v. Haenlein, Preuß. Gesandter in Hamburg 139.
v. Hagemann, Dän. Oberstlieut. 157 ff.
v. Hahn, Preuß. General 273, 368.
Hallett, Hannov. General 20 ff., 284 ff.
du Hall, Preuß. Major 285 ff.
Hamburg, Reichsdampfer 253.
Hammeleff, Ortsch. westl. Hadersleben 121 ff., 202, 303.
Handewitt, Ortsch. südwestlich Flensburg 24, 30 ff., 196.
Hann v. Weyhern, Preuß. Rittmeister 136, Oberstlieut. 292 ff., Oberst 358 ff.
König von Hannover 18, 44.
Hansen, Dän. General 157 ff., 175.
Hansen, Dän. Oberst u. Kriegsminister 217 ff.
Hansted, Ortsch. nördl. Horsens 334.
Hansted-Aa, die, nördl. Horsens 326 ff.
Haraldskjaer, Ortsch. westl. Veile 320, 325.
Harbou, Mitgl. der Regierung in Kiel 243 ff.
Harislee, Ortsch. nordwestl. Flensburg 24, 104.
Harte, Ortsch. nordwestl. Kolding 284 ff.
Harthof, Ortsch. südl. Eckernförde 36.
Hasle, Ortsch. nordwestl. Aarhuus 347 ff.

Hausen, Pastor 243.
Havfruen, Dän. Fregatte 260.
Havreballegaard, Ortsch. westl. Fredericia 305 ff.
v. Harthausen, Dän. Oberstlieut. 27, 33, 52.
v. Harthausen, Führer einer Dänischen Halbbatterie 294.
v. Hedemann, Preuß. Major 12.
v. Hedemann, Dän. Oberst, später General 16, 26, 33, 39, 40 ff., 157 ff.
Hedensted, Ortsch. zw. Veile u. Horsens 320 ff.
Hegermann-Lindencrone, Dän. Kapitän 28, 195.
Heide, Ortsch. in Ditmarschen, nordwestl. Itzehoe 47.
v. Heilbronner, Oberst 327.
Heilsminde, Ortsch. am Kleinen Belt, östl. Christiansfeld 212.
Heinsen, Oldenb. Oberstlieut. 207.
v. Heinz, Sächs. General 262.
v. Heintze, Preuß. Lt. 38.
v. Heintze, Mitgl. der Regierung in Kiel 243.
Heile-Krug, Kro., bei Fredericia 329 ff.
Heisel, Ortsch. südöstl. Lygumkloster 170 ff.
Hekla, Dän. Kriegsschiff 18 ff., 131 ff., 218.
Helgenaes, Halbinsel gegenüber Aarhuus 275, 353.
Hellewatt, Ortsch. zwischen Apenrade und Lygumkloster 202 ff., 303 ff.
Hellmundt, Preuß. Lt. 36.
Hennstedt, Ortsch. nordöstl. Itzehoe 45.
Heramb, Dän. Rittmeister 349.
Herslev, Ortsch. nordöstl. Kolding 297, 376.
Hertha, Dän. Kriegsdampfer 316 ff.
Hesselvad-Brücke, die, westl. Kolding 215.
v. d. Heyde, Preuß. Hauptm. 42.
Hindsgavl, Halbinsel a. d. nordwestl. Küste von Fünen 132.
v. Hirschfeld, Mecklenb. Lt. 160.
v. Hirschfeld, Preuß. General 246 ff.
Hjarup, Ortsch. südwestl. Kolding 261, 303.
Hjerting, Ortsch. nordöstl. Ribe 157, 304.
Hoderup, Ortsch. nordöstl. Flensburg 114, 169 ff., 248.
Högelund, Ortsch. südwestl. Hadersleben 210, 213 ff.
Hoegh, Dän. Oberst 8.
Höibjerg, Ortsch. südöstl. Viborg 367.
Höien, Ortsch. südl. Veile 319 ff.
Hoirup, Ortsch. westl. Fredericia 305 ff.
Höneberg-Gaadegaard, Ortsch. südwestl. Fredericia 375.
Hönschnap, Ortsch. nordöstl. Flensburg 27, 204, 216.
Hörsten, Ortsch. a. d. unt. Eider, südwestl. Rendsburg 45.
Höruphaff, Ortsch. auf der Insel Alsen 259.
Hörup-Haff, das, Bucht der Insel Alsen 365 ff.
Hoffnungsthal, Ortsch. südl. Eckernförde 36, 62 ff.
Hohenlieth, Ortsch. südöstl. Eckernförde 61.
Hohenwestedt, Flecken südl. Rendsburg 45 ff.
Hohn, Ortsch. westl. Rendsburg 46.
Holdsminde, Ortsch. nordöstl. Kolding 301 ff.

Hoirup, Ortsch. westl. Christiansfeld 227 ff.
HolbY, Ortsch. nordl. Flensburg 27.
Holebull, Ortsch. nordl. Flensburg 114, 167 ff., 196.
Hollingstedt, Ortsch. an der Treene 47, 49, 52 ff.
v. Holm, Dän. Major 72, 78.
Holm-Mühle, die, nördl. Veile 321 ff.
Holme, Ortsch. südl. Aarhuus 346 ff.
Holnis (Hollnis), Ortsch. an der Flensburger Föhrde 22, 49, 69, 113, 229 ff.
Holtenau, Ortsch. nördl. Kiel am Eingang des Eiderkanals 66, 226, 253 ff.
Holter, Holst. Lieut. 379.
Holtsee, Ortsch. südl. Eckernförde 36, 61 ff.
v. Holwede, Preuß. Hauptm. 71 ff.
Hoptrup, Ortsch. südl. Hadersleben 193 ff., 253 ff.
Hornborg, Ortsch. westl. Horsens 335, 357.
Hornstrup, Ortsch. nördl. Veile 324.
Horsens, Stadt u. Hafen in Jütland 134 ff., 303.
Hostrup, Ortsch. südl. Apenrade 164.
Hoyer, Stadt a. d. Westküste Schleswigs 120.
Hubnerhäuser, die, nordwestl. Schleswig 58, 73.
v. Hülsen, Preuß. Major 324, 346.
Huirup, Ortsch. südöstl. Flensburg 109.
Husby, Ortsch. westl. Schleswig 49, 52, 58 ff., 83, 93 ff.
Husbygaard, Gehöft westl. Schleswig 93 ff.
Husum, Stadt an der Westküste von Schleswig 47, 106 ff.

Jostedt, Ortsch. nordwestl. Schleswig 24 ff.
Jöstedter Holz, nördl. Schleswig 59, 101.
Jöstedter Krug, nordwestl. Schleswig 102 ff.
Jageslov, Ortsch. nördl. Fredericia 353 ff.
Jaum, Ortsch. nördl. Fredericia 364.
Illerup-Aa, die, Bach nördl. Skanderborg 393.
Inselhaus, südl. Eckernförde 62.
Irminger, Dän. Lt. 261 ff., 364.
d'Israeli, Engl. Abgeordneter 147.
Itzehoe, Stadt in Holstein 9.

Jagel, Ortsch. südl. Schleswig 40, 52, 72 ff.
Jarplund, Ortsch. südl. Flensburg 104, 107 ff.
v. Jasmund, Mecklenb. Lieut. 160.
Jellinge, Ortsch. nordwestl. Veile 323.
Jels, Ortsch. nordwestl. Hadersleben 206 ff., 261 ff., 304.
Jensen-Tusch, Führer eines Holst. Freikorps 157 ff., 275 ff.
Jernhutte, westl. Hadersleben 210 ff.
Jessen, Dän. Batteriechef 157 ff.
Jevenstedt, Ortsch. südl. Rendsburg 31, 47.
Jegen, Ortsch. südwestl. Aarhuus 362 ff.
Jochmus, General und Reichsminister 332.
Johann, Oesterr. Erzherzog, provisorischer Reichsverweser 220 ff.
Johansen, Amtmann 243.
Jonquières, Dän. Batt. Chef 376.
Jordkirch, Ortsch. westl. Apenrade 120, 164.

Jübeck, Ortsch. westl. des Arenholzer See 52, 86.
v. Juel, Dän. Oberst 17, 86, 92 ff.
R. v. Juel, Dän. Oberst 60, 86, 89.
St. Jürgen, Ortsch. nördl. Schleswig 73.
Juhlschau, Ortsch. südl. Flensburg 104, 108ff.
Jungmann, Holst. Hauptm. 265 ff.

Kalö-Ladegaard, Ortsch. nordöstl. Aarhuus 370 ff.
Gr. Kanitz, Preuß. Kriegsminister 174.
Kappeln (Cappeln), Flecken a. d. Schlei 33, 102.
Kellinghusen, Ortsch. östl. Itzehoe 18, 45.
Keppel, Oldenb. Lt. 159.
Kieding, Ortsch. im Sundewitt 178, 186 ff.
Kielst-Au, die, Bach südöstl. Flensburg 104.
Kielstrup, Ortsch. nördl. Flensburg 114.
v. Kindt, Holst. Major 24, 28 ff.
v. Kirchfeldt, Preuß. Maj. 50, 76 ff.
Kitschelund, Ortsch. nördl. Flensburg 111.
Kjär, Dän. Marinelt. 309.
Kjärbölling, Ortsch. südwestl. Veile 321 ff.
Kjelksaer, Ortsch. südwestl. Veile 320.
Klein-Brodersby, Ortsch. a. d. Schlei 68 ff.
Klein-Solt, Ortsch. südl. Flensburg 108.
Kleine Belt, der, Wasserstraße zwischen Schleswig u. Fünen 126 ff.
Klipleff, Ortsch. zwischen Apenrade u. Flensburg 22, 120, 164.
Kluvensiek (Cluvensiel), Ortsch. am Eiderkanal in Holstein 34, 45.
Knast, Dän. Oberstlt. 193 ff.
v. d. Knesebeck, Hann. Hptm. 160.
Gr. Knuth, Dän. Bevollmächtigter 40, 51.
Kobbelgaard, Geh. bei Fredericia 364 ff.
Koburg, Herzog von 246 ff.
Kochendorf, Ortsch. westl. Eckernförde 67
Königs-Au, die, Grenzfluß zwisch. Schleswig u. Jütland 121 ff., 261 ff.
Königs-Brücke (Kongebro), die, zwischen Aarhuus u. Viborg 367.
Königswill, Ziegelei westl. Schleswig 58, 73, 94.
Kograben, der, verfallene Besestigungsanlagen südl. der Dannewerke b. Schleswig 48 ff.
Kotzer, Ortsch. nördl. Hadersleben 212.
Kolding, Stadt u. Hafen in Jütland 2, 18, 54, 121 ff.
Kolding-Au, die, Fluß in Jütland 123 ff.
Kollund, Ortsch. nordöstl. Flensburg 23, 204.
Kongsted, Ortsch. westl. Fredericia 381.
v. Korff I., Preuß. Lt. 350.
Korsör, Stadt u. Hafen a. d. Westküste Seelands 157.
v. Koschembahr, Preuß. Prem. Lt. 77.
Kosel, Ortsch. nordwestl. Eckernförde 67.
v. Kowalewski, Preuß. Hptm. 185.
Krabbe, Dän. Oberst 273 ff. 398.
v. Krabbe, Dän. Oberstlt. 80, 103.
v. Krabbe, Holst. Hauptm. 380, 391.
v. Krensky, Holst. Art.-Lieut. 295, 377 ff.
Krieger, Dän. Kapt. Lt. 270, 309.

v. Krogh, Führer eines Holst. Freikorps 12 ff. 156.
v. Krogh, Dän. Oberst 17, General 223.
v. Krohn, Holst. Oberst, später General 11, 21 ff.
v. Krohn, Holst. Hptm. 339 ff.
Kropp, Ortsch. südl. Schleswig 48, 52, 59, 250 ff.
Kropper Busch, der, südl. Schleswig 52.
Krummenort, Ortsch. nordwestl. Rendsburg 46.
Kruiau, Ortsch. nördl. Rendsburg 24 ff., 111, 197 ff.
Kruiau-Bach, nördl. Rendsburg 27.
Krybily-Krug, der, zwischen Kolding und Fredericia 127, 297.
Kuckuk, Hann. Maj. 177
Kühne, Preuß. Hauptm. 77, 127, 131 ff.
Kupfer-Mühle, die, nördl. Flensburg 24, 238.
Kurburg (Churburg), Ortsch. südwestl. Schleswig 57, 73, 86 ff.
v. Kurowski, Preuß. Prem. Lt. 43.
v. Kuylenstjerna I., Preuß. Lt. 76.

Ladegaard, Ortsch. westl. Hadersleben 206 ff., 213 ff.
Laessöe, Dän. Hptm. 17 ff, 275.
Lankier, Dän. südl. Hadersleben 209.
Lang-See, der, nördl. Schleswig 51, 59 ff.
Langstedt, Ortsch. nordwestl. Schleswig 30.
Lane, Preuß. Maj. 43, 71 ff.
Lauenburg, Stadt 13.
Lautrup, Ortsch. südwestl. Apenrade 169.
Laval, Preuß. Lt. 76, 77.
Lavgard, Ortsch. südöstl. Apenrade 167, 176.
v. Lebbin, Preuß. Oberst 346.
v. Ledebur, Preuß. Maj. 77, Oberst 320, General 322 ff., 362.
Leerbeck, Dän. Polizei-Lt. 343.
Lehmbek, Ortsch. nordöstl. Rendsburg a. d. Eider 46.
Lehmann (Orla), Dän. Minister 7, 127.
Lehmsiel, Ortsch. südl. Eckernförde 36, 61 ff.
Leierstoff, Ortsch. nordwestl. Kolding 314
Leo, Preuß. Hptm. 35.
Lesser, Holst. Major 197.
Lesser, Holst. Hptm. 353.
v. Leszcynski, Preuß. Major 92.
Leuchtertrug, der, nördl. Flensburg 27.
Lüm-Fjord, der, Meeresarm im nördl. Jutland 311 ff.
Lilholt, Ortsch. westl. Hadersleben 201.
Lilleballe, Ortsch. nördl. Kolding 317.
Lille-Grundet, Ortsch. nördl. Veile 322 ff.
Lisberg, Ortsch. nördl. Aarhuus 363.
Lister-Tief, das, Meeresstraße nördl. d. Insel Sylt 309.
Lohn, Ortsch. nordwestl. Rendsburg 46.
Loit, Ortsch. nordwestl. Apenrade 69.
Lollfuß, Stadttheil v. Schleswig 52, 59 ff.
Loos, Preuß. Intendanturrath 50.
Lottorf, Ortsch. südl. Schleswig 71.
Louis Philipp, König von Frankreich 45.
Louisen-Berg, der, nordöstl. Eckernförde 264 ff.

v. Luck, Preuß. Lt. 90.
v. Ludwig, Hann. General 262 ff.
Lübeck, Reichsdampfer 253.
Lügumkloster, Stadt westl. Apenrade 121 ff., 108 ff., 202.
Lürschau, Ortsch. am Ochsenwege, nordwestl. Schleswig 100 ff.
v. Lützow, General, Kmdt. von Rendsburg 9.
v. Lützow, Oldenb. Lt. 162.
v. Lund, Preuß. Lt. 183.
Lund, Ortsch. nordöstl. Horsens 335.
Lunderskov, Ortsch. westl. Kolding 123.
Lunderup, Ortsch. nordwestl. Apenrade 205.
Lunding, Dän. Oberst 275 ff.
Lundsgaard, Dorf im Sundewitt 186.
Lundtoft, Ortsch. zwischen Flensburg u. Apenrade 260 ff.
Lundum, Ortsch. nordwestl. Horsens 326 ff.
Gr. Lust, Preuß. Lt. 108.
v. Lynker, Preuß. Lt. 37.
Lostrup, Ortsch. südwestl. Horsens 325.

Magdalenen-Mühle, die, südlich Aarhuus 346.
v. Magius, Dän. Oberstlt. 17, 26 ff.
Malmö, Stadt a. d. Südwestküste von Schweden 218 ff.
Mangels, Oldenb. Unteroffiz. 159.
Margarethenwall, der, auch „Dannewerk" genannt, südwestl. Schleswig 57.
Marienthal, Ortsch. südl. Eckernförde 62 ff.
Marcussen, Dän. Batteriechef 275 ff.
v. Marschall, Hann. Oberst 105, 114, 130.
Marselisborg, Ortsch. südl. Aarhuus 346 ff.
v. Massow, Preuß. Hptm. 50.
Mastrup, Ortsch. südl. Hadersleben 193 ff., 208.
Mathieson, Preuß. Rittmeister 358.
Maxdorf, Holst. Maj. 377.
Mauglstrup, Ortsch. nordwestl. Hadersleben 203, 261 ff.
Medelby, Ortsch. westl. Flensburg 23, 24 ff.
Meels, Halbinsel von Alsen 257.
Meierwik, Ortsch. a. d. Flensburger Föhrde 25 ff.
Merd, Reichsminister 332.
Merkur, Dän. Brigg 27.
v. Meyer, Dän. Oberst 17, 26 ff., 83, 193.
Meyer, Dän. Kpt. 266.
Mlynn-Au, die, Bach nördl. Flensburg 28.
de Meza, Dän. Maj. 17, 76, Oberst 260 ff., General 376 ff.
Michelsen, Holst. Hptm. 12, 22 ff.
Middelboe, Dän. Kpt. Lt. 131.
Middelfart, Stadt auf Fünen 124 ff., 131 ff., 275 ff.
Mielberg, Ortsch. südl. Schleswig 40, 84.
Missunde, Flecken a. d. Schlei 33 ff.
Mölbg, Ortsch. nordwestl. Hadersleben 161.
Mölle-Bucht, die, südl. Fredericia 328.
v. Möllendorff, Preuß. Gen. Maj. 43 ff.
v. Moltke, Dän. Lt. 81, 195.
v. Moltke, Dän. Brigademdr. 292 ff.
K. v. Moltke, Mitglied d. Holst. Regierung 243.

Moltkes militärische Werke. III. 1.

Gr. C. Moltke 243.
Moltrup, Ortsch. nordw. Hadersleben 212 ff., 261 ff.
Monrad, Dän. Minister 7.
Morgenstjerna, Dän. Oberstlt. 180.
Morolet, Ortsch. südl. Aarhuus 346 ff.
Mos-See, der, westl. Skanderborg 336.
Munk-Mühle, die, bei Rinkenis nordöstl. Flensburg 167.
Munkbrarup, Ortsch. östl. Flensburg 229.
Munkwolstrup, Ortsch. südl. Flensburg 104 ff., 107 ff.

Nagböl, Ortsch. südwestl. Kolding 215.
Najaden, Dän. Korvette 18, 27, 53, 161, 229.
Nebel-Aa, linker Nebenfluß der Kolding-Aa 294 ff.
Neptun, Dän. Kriegsdampfer 342.
Neu-Berend, Ortsch. nördl. Schleswig 105.
Neumünster, Flecken, Eisenbahn- u. Straßenknoten von Holstein 8, 18, 45, 245 ff.
Neuwerk, Gehöft dicht westl. Schleswig 82.
Nieder-Jersdal, Ortsch. südwestl. Hadersleben 193 ff., 205.
Nieder-Snede, Ortsch. nordwestl. Horsens 357.
Riehuus, Ortsch. nördl. Flensburg 24.
Niehuser See, der, nördl. Flensburg 21.
Nienstedten, Ortsch. westl. Hamburg 20.
Nim, Ortsch. nordwestl. Horsens 326 ff.
Nörre-Bjert, Ortsch. nordöstl. Kolding 293 ff.
Nörre-Snede, Ortsch. nordwestl. Horsens 357 ff.
Norby, Ortsch. nördl. Apenrade 164, 202, 261 ff.
Norder-Au, die, Fluß nordwestl. Hadersleben 227.
Norder-Schmedeby, Ortsch. nördl. Flensburg 114, 262.
Norder-Stenderup, Ortsch. nordöstl. Kolding 314 ff.
v. Normann, Preuß. Hauptm. 77.
Nortorf, Ortsch. nordwestl. Neumünster 34, 45, 249 ff.
Nübel, Ortsch. im Sundewitt 129 ff., 172 ff., 307 ff.
Nübel-Mühle, Gehöft im Sundewitt 130 ff., 155 ff.
Nübel-Noor, das, Bucht der Flensburger Föhrde 129, 196.
Nybro, die, Brücke über einen Theil des Skanderborger Sees 335 ff.

Ober-Jersdal, Ortsch. südwestl. Hadersleben 202, 206 ff.
Ober-Sell, Ortsch. südl. Schleswig 71 ff.
Ochsenweg, der, Landstraße, welche Schleswig von Süden nach Norden durchschneidet 54 ff.
Ochsen-Insel, die, in der Flensburger Föhrde 27.
Oddersted, Ortsch. nordwestl. Kolding 318.
Odense, Stadt auf Fünen 11, 275.
Odin, Dän. Postschiff 217.
Odis, Ortsch. südwestl. Kolding 121, 214.
Odsted, Ortsch. südwestl. Veile 127, 320.

28

Edstedgaard, Ortsch. nordwestl Fredericia 380.
Oehl-Mühlen, die, dicht südl. Flensburg 110.
Olsted, Ortsch., südwestl. Horsens 325.
Olsted-Bach (Aa), der, südwestl. Horsens 325.
Osbirk, Ortsch. nordwestl. Horsens 326.
Oster-Vamdrup, Ortsch. südwestl. Kolding 227.
Oversee, Ortsch. südl. Flensburg 49, 103 ff., 198 ff., 250.
d'Ohsson, Schwed. Gesandter in Berlin 138, 220.
Olshausen, Führer der demokratischen Partei in Kiel 5, 6, 8.
Orges, Braunschw. Major 113, 167.
Graf Oriola, Preuß. Major 50.
Orla Lehmann, Dän. Minister 7, 127.
d'Orville, Kurhess. Oberst 367.
Osterby, Ortsch. südwestl. Eckernförde 65 ff.
Ostergeil, Ortsch. nördl. Flensburg 114.
Osterlügum, Ortsch. nordwestl. Apenrade 120, 206.
Osterrönfeld, Ortsch. südl. Rendsburg 34, 46.
Ostorp, Ortsch. nördlich Christiansfeld 214.
Otterkuhle, die, Bucht der Schlei südl. Schleswig 81.
Owschlag, Ortsch. nordwestl. Rendsburg 99.
Orenwatt, Ortsch. südwestl. Christiansfeld 212 ff.

Paaby, Ortsch. westl. Kolding 233 ff.
v. Pacinoti, Braunschw. Oberstl. 169 ff.
Palmerston, Lord, Engl. Ministerpräsident 147 ff., 120.
Palsgaard, Ortsch. nordwestl. Horsens 357.
Paludan, Dän. Marinekommandeur 18, 27, 33 ff., 265 ff.
Paulsen, Dän. Schriftsteller 4.
v. Pausen, Dän. Lt. 171.
Paulskrug, südwestl. Apenrade 169.
Petersborg, Ortsch. südwestl. Kolding 228 ff.
Petersburg, Ortsch. südwestl. Apenrade 172.
Petersholm, Ortsch. südl. Beile 321.
Petzel I., Preuß. Hauptm. 202.
Petzel, Preuß. Lt. 91 ff., Hauptm. 179.
v. Peucker, Reichskriegsminister u. Generallieut. 220, 286 ff.
Pfaff, Dän. Oberst 315.
v. Pfuhl, Preuß. Major 338 ff.
Pjedsted, Ortsch. nordwestl. Fredericia 376 ff.
Plehn, Preuß. Rittmeister 228.
Baron Plessen 251.
v. Plessen, Preuß. Hauptm. 81.
v. Plessen, Mecklenb. Oberstl. 160.
Pöhler-Gehege, das, westl. Schleswig 95 ff.
v. Polen, Hannov. Oberstl. 186.
Graf Pourtales, Preuß. Bevollmächtigter 218.
v. Povda, Preuß. Major 76 ff.
Prinz von Preußen 43.
Preußer, Mitgl. der Regierung in Kiel 243.
Preußer, Holst. Unteroff. 265 ff.
v. Prittwitz, Preuß. Generallieut. 245 ff.
Pulver-Holz, das, westl. Schleswig 82, 86 ff.

Quars, Ortsch. nordöstl. Flensburg 129, 158 ff.
v. Quistorp, Preuß. Lt. 183.
v. Quizow, Mecklenb. Lt. 159.

Raadvad, Ortsch. nordwestl. Kolding 123.
Radbüll, Ortsch. in Sundewitt 130, 157 ff.
Rade, Ortsch. nordöstl. Rendsburg 34.
Fürst Radziwill, Preuß. Gen. Lt. 42 ff.
Radzow, Preuß. Hptm. 81, 87 ff.
v. Räder, Dän. Maj. 60 ff., Oberstl. 280 ff.
Randers, Stadt in Nord-Jütland 196, 242 ff.
Rando, Ortsch. nordwestl. Fredericia 384
Rands-Aa, die, Bach westl. Fredericia 381 ff.
Rands-Fjord, der, nördl. Fredericia 366 ff.
Gr. Rantzau, Führer eines Holst. Freikorps 12, 25 ff., 36, 156.
Gr. Rantzau, Oldenb. Oberst, spät. General 156.
Rantzausquabe, Ortsch. östl. Skanderborg 343.
Raphstedt, Ortsch. zwischen Apenrade und Tondern 169 ff.
Rasch, Dän. Kpt. 72.
Rasl, Ortsch. westl. Horsens 326.
Rauberg, Ortsch. nordwestl. Apenrade 194.
Raveau, Franz, Mitgl. d. Deutsch. Regentschaft in Stuttgart 361.
v. Reedtz, Dän. Kammerherr 218 ff., 352, 424.
Refso, Ortsch. westl. Christiansfeld 227 ff.
Reinecke, Hann. Maj. 169 ff.
Remmels, Ortsch. zwischen Rendsburg und Itzehoe 45.
Remmerslund, Ortsch. zwischen Beile und Horsens 326 ff.
Rendsburg, Stadt a. d. Eider 8 ff.
Resen-Brude (Resenbro), die, östl. Silkeborg 367.
v. Reusch, Preuß. Lt. 183.
v. Reuß, Preuß. Lt. 78.
Gr. Reventlow, Mitgl. d. provisor. Regierung in Kiel 8, 243.
Gr. Reventlow, Dän. Gesandter in London 147, 251.
Gr. Reventlow-Preuß, Mitgl. d. Statthalterschaft 247 ff.
Rheide, Gr. u. Kl., Ortsch. südwestl. Schleswig 48, 52 ff.
Rheider-Au, die, Nebenfluß der Treene 49 ff.
Ribe, Stadt in der Nähe der Westküste von Schleswig 23, 121 ff.
Rickert, Ortsch. 3 km nördl. Rendsburg 46.
Riegels, Dän. Gen. Kriegskommissar 111.
Ries, Ortsch. westl. Apenrade 200 ff.
Ries-Berg, der, südl. Schleswig 74 ff.
Ries-Busch, der, nördl. Rathuus 363.
Ring, nordwestl. Horsens 357.
Ringkjöbing, Stadt a. d. Westküste Jütlands 345 ff.
Ringsted, Ortsch. westl. Hadersleben 211.
Rinkenis, Ortsch. nordöstl. Flensburg 23, 129, 167, 248.
Gr. Rittberg, Preuß. Hptm. 89.
v. Roeder, Preuß. Hptm. 77.
Roeskilde, Stadt auf Seeland 3.

Register.

v. Rohr, Preuß. Lt. 263.
Rolbs-Mühle, die, a. d. Kolding-Aa 295 ff.
Romö, Insel a. d. Westküste Schleswigs 310.
Roques, Holst. Maj. 378.
Rothenkrug, der, südwestl. Schleswig 59.
Rothenkrug, Ortsch. nordwestl. Apenrade 171, 194.
Runkier-Holz, das, im Sundewitt 162.
v. Rye, Dän. Oberstlt. 17, 78, 157 ff.

Sachau, Holst. Oberst 296.
v. Saint-Paul, Holst. Oberstlt. 260 ff., 353 ff.
Salice-Contessa, Preuß. Lt. 39.
Prinz Salm-Salm, Preuß. Lt. 348 ff.
Samwer, Deutsch. Schriftsteller u. Advokat 4, 245.
Sandacker, Ortsch. a. d. Flensburger Föhrde 277 ff.
Sandalshuus, südwestl. Fredericia 375.
Sandberg, Ortsch. im Sundewitt 158, 162 ff.
Sandbjergvig, Meeresbucht östl. Veile 136.
Sandelmarker See, der, südl. Flensburg 104 ff.
Sandkrug, der, a. d. Eckernförder Bucht 31, 36.
v. Sandrart, Holst. Lt. 24, 88 ff., 228, Hptm. 298.
v. Sandrart, Preuß. Hptm. 209.
Satrup, Ortsch. in Sundewitt 130 ff., 157 ff.
v. Schack, Holst. Eskadronchef 380 ff.
v. Schaper, Pr. Lt. 210 ff.
v. Schepelern, Dän. Maj. 60 ff.
Scheers-Berg, der, in Angeln 308.
Schindel, Dän. Oberst 298.
Schirnau, Ortsch. nordöstl. Rendsburg 45.
Schlarbaum, Oldenb. Hptm. 162 ff.
v. Schlegell, Preuß. Major 50, Oberst 317 ff.
Schlei, die, Meeresarm zwischen Schwansen und Angeln 42 ff.
Frhr. v. Schleinitz, Preuß. Kammerherr 424.
v. Schleppegrell, Dän. Oberst 22 ff., General 157 ff.
Gr. Schlieffen, Holst. Maj. 317 ff.
Schmalz, Bayer. General 249 ff.
v. Schmeling, Preuß. Lt. 316 ff.
Schmidt, Preuß. Maj. 238 ff.
Schmidt, Holst. Hptm. 29, Maj. 354.
Gr. Schmising, Preuß. Lt. 349.
Schmöl, Ortsch. im Sundewitt 130, 163.
Schnabel, Ortsch. im Sundewitt 130, 158 ff.
v. Schuchen, Hann. Generalmajor 106, 156 ff.
Schnellmarker Holz, das, südöstl. Eckernförde 269.
v. Schöning, Holst. Hptm. 298.
Schottsbüll, Ortsch. auf Broacker 162.
Schröder, Holst. Eskadronchef 381.
Schuby, Ortsch. westl. Schleswig 52 ff.
Schüler, Mitgl. d. Deutsch. Regentsch. in Stuttgart 361.
Schülldorf, Ortsch. östl. Rendsburg 46.
Schulin, Dän. Amtmann 345.
Schulz, Dän. Batteriechef 376 ff.
Schur-Berg, der, westl. Schleswig 82, 86 ff.
Schwabstedt, Ortsch. a. d. Treene, östl. Friedrichstadt 56.

Schwansen, Landzunge, Theil Schleswigs a. d. Ostküste 55.
v. Schwartzkoppen, Preuß. Hptm. 86 ff.
Sebberupgaard, Ortsch. zwischen Veile u. Horsens 326.
v. Seckendorff, Preuß. Hptm. 185.
Seegaard, Ortsch. zwischen Flensburg u. Apenrade 167, 175 ff., 196, 307.
Seeland, Insel 139, 244.
Seest, Ortsch. dicht südwestl. Kolding 292 ff.
Segalt, Ortsch. nördl. Aarhuus 373.
Seggelund, Ortsch. nördl. Hadersleben 210.
Sehestedt, Ortsch. nordöstl. Rendsburg 66.
Selker Noor, das, Bucht zwischen Schleswig u. dem Kograben 57.
Seweloh, Holstein. Hauptm. 381.
Sieverkrug, der, zwisch. Apenrade u. Lugumkloster 171.
Silberstedt, Ortsch. westl. Schleswig 52 ff.
Silkeborg, Stadt in Jütland 336.
Simmerstedt, Ortsch. nordwestl. Hadersleben 212 ff.
Simon, Mitgl. d. Deutsch. Regentsch. in Stuttgart 361.
Skaade, Ortsch. südl. Aarhuus 346.
Skanderborg, Stadt in Jütland 134 ff., 335 ff.
Skanderborg-See, der, bei Skanderborg 336 ff.
Skanderup, Ortsch. südwestl. Kolding 293 ff.
Skibed-Kirche, Ortsch. westl. Veile 323 ff.
Skjaerup, Ortsch. südöstl. Veile 384.
Skjerbel, Ortsch. südwestl. Fredericia 375.
Skjerner, Dän. Kanonierschaluppe 27.
Skobborghuus, Ortsch. westl. Kolding 121, 261 ff.
Skobby, Ortsch. am Ochsenweg südwestl. Hadersleben 201, 206.
Skodbrupgaard, Ortsch. westl. Kolding 283 ff.
Strudstrup, Ortsch. westl. Hadersleben 201 ff., 303 ff.
Sluus-Mühle, die, dicht nordöstl. Skanderborg 343.
Slet, Ortsch. südl. Aarhuus 350.
Smidstrup, Ortsch. südl. Veile 384.
Snoghöj, Ortsch. südwestl. Fredericia 126 ff, 166 ff., 202, 283 ff.
v. Soden, Holst. Hptm. 299.
Sölbjerg-See, der, nordöstl. Skanderborg 342.
Sönderbygaard, Ortsch. westl. Fredericia 125 ff., 318 ff.
Sollbrück, Ortsch. westl. Schleswig 52.
Sommelius, Schwed. Lt. 180.
Sommerstedt, Ortsch. südwestl. Christiansfeld 212.
Sonderburg, Stadt mit Schloß u. Hafen auf Alsen 18 ff., 119 ff., 129 ff.
v. Sonsfeld, Preuß. Lt. 34.
Sorgbrück, Flecken nordwestl. Rendsburg 34, 46 ff.
Sorge, r. Nebenfluß d. Eider 34, 45, 59, 70.
Souchan, Reichskommissar 247.
Spandet, Ortsch. südöstl. Ribe 121.

28*

Spang-Aa, die, Bach westl. Fredericia 381 ff.
v. Spangenberg, Preuß. General 216 ff.
v. Specht, Führer eines Braunschw. Bats. 108, 169 ff.
v. Specht, Braunschw. Oberst 159 ff.
Sperling, Preuß. Lt. 78.
Spindler, Hann. Hptm. 161.
(Gr. v. Sponnec?, Dän. Stiftsamtmann in Ribe 141.
v. Staffeldt, Holst. Maj. 305, 380.
Staggemeier, Dän. Oberstlt. 103.
Stallerup, Ortsch. bei Fredericia 364 ff.
Stallerupgaard, Ortsch. nordwestl. Kolding 301.
Stallerup-See, der, nordwestl. Kolding 294.
Starup, Ortsch. nordwestl. Kolding 315 ff.
Staugaard, Ortsch. im Sundewitt 280.
Stedtmann, Reichskommissarius 243 ff.
Steen Bille, Dän. Kpt. 18, 62, 131 ff., 309.
Steenstrup, Dän. Maj. 22.
Stein v. Kaminski, Preuß. Generalmaj. 346.
v. Steinmetz, Preuß. Maj. 78 ff., 180 ff.
Stenderup, Ortsch. im Sundewitt 157 ff., 178 ff., 307.
Stenderupfeld, Gehöft im Sundewitt 182.
Stenten-Mühle, nördlich Rendsburg a. d. Sorge 34, 46 ff.
Stepping, Ortsch. westlich Christiansfeld 214 ff.
Bar. v. Stjerneld, schwed. Minister 144.
Stilling-See, der, nordöstl. Skanderborg 336 ff.
v. Stockhausen, Preuß. General 50, 198.
Stölting, Preuß. Lt. 89.
Store-Anst, Ortsch. westl. Kolding 313 ff.
Store Grundet, Ortsch. nördl. Veile 324.
Stoustrup, Ortsch. westl. Fredericia 126 ff., 364 ff.
Strib, Ortsch. auf Fünen, Fredericia gegenüber 131 ff., 328 ff.
v. Strotha, Preuß. General 361.
Stubbe, Ortsch. a. d. Schlei 49, 61, 67.
Stubdrup, Ortsch. nordwestl. Kolding 301.
Stubbek, Ortsch. südl. Apenrade 164, 196.
v. Stückradt, Preuß. Maj. 249, 300 ff.
Stüding, Ortsch. westl. Hadersleben 203, 211 ff.
v. Stülpnagel, Preuß. Lt. 50.
Styrup, Dän. Oberstlt. 104 ff.
Süder-Brarup, Ortsch. nordöstl. Schleswig 67, 68 ff.
Süder-Holz, bei Schleswig 91.
Süder-Schmedeby, Ortsch. zwisch. Flensburg u. Schleswig 49, 106.
Süder-Bilstrup, Ortsch. nordöstl. Kolding 297 ff.
Süderstapel, Ortsch. a. d. Eider, südöstl. Friedrichstadt 47.
Südwesthörn, Ortsch. a. d. Westküste Schleswigs 309.
Sundewitt, das, Halbinsel a. d. Ostküste v. Schleswig 18, 55, 129 ff.
Surlycke, Ortsch. im Sundewitt 179 ff., 278 ff.

Svendborg, Stadt a. d. Südküste Fünens 157.
Svinsager, Ortsch. südöstl. Skanderborg 337 ff.
Sylt, Insel a. d. Westküste Schleswigs 309 ff.

Taabtrup, Ortsch. westl. Christiansfeld 227
Taarstedt, Ortsch. nordöstl. Schleswig 33, 69.
v. d. Tann, Holst. Major und Führer eines Freikorps 36, 61 ff., 194 ff.
Taps, Ortsch. nördl. Christiansfeld 214.
Taps-Au, die, kleiner Fluß bei Christiansfeld 224.
Tapsure, Ortsch. nördl. Christiansfeld 214, 293.
Taterkrug, der, nordwestl. Schleswig 59, 93, 95, 100.
Taulov-Kirche, nordöstl. Kolding 303 ff.
Taulov-Nebel, Ortsch. südwestl. Fredericia 305.
v. Thestrup, Dän. Major 30, 61 ff., 275 ff.
v. Thestrup, Dän. Hauptm. 160.
Thiergarten, der, westl. Schleswig 58, 73 ff.
Thiergarten-Haus, Gehöft nordwestl. Schleswig 95.
St. Thomas, Dän. Brigg 18, 27 ff., 120.
Thorbeck, Hannov. Oberstlt. 272.
Thyra-Burg, im Dannewerk 58.
Thyra-Danebode 57
Tillisch, Dän. Batteriechef 376.
Tingleff, Ortsch. nordwestl. Flensburg 120, 165 ff., 169 ff.
Tised, Ortsch. südwestl. Aarhuus 346 ff.
Tönning, Ortsch. südwestl. Skanderborg 337.
Törning-Mühle, die, westl. Hadersleben 194 ff.
Toftlund, Ortsch. nordöstl. Lügumkloster 199.
Tolk, Ortsch. nordöstl. Schleswig 69, 102.
Tolk, Ortsch. westl. Kolding 295.
Tondern, Stadt u. Landschaft in Schleswig 22 ff., 120, 169.
Torp, Dän. Esladroncheff 195.
Torp, Ortsch. bei Fredericia 329.
Torsted, Ortsch. südwestl. Horsens 325 ff.
Traelle, Ortsch. nördl. Fredericia 364.
Traelle-Wald, der, nördl. Fredericia 328, 358.
Treene, die, rechter Nebenfluß d. Eider 52 ff
Treia, Ortsch. westl. Schleswig 52, 106.
v. Treslow, Preuß. Lt. 94.
Trige, Ortsch. nordwestl. Aarhuus 363.
Tscherning, Dän. Kriegsminister 7, 17, 51, 247.
Tvingstrup, Ortsch. nordöstl. Horsens 335 ff.
Tyrsted, Ortsch. südl. Horsens 136.

Udstrup, Ortsch. südl. Horsens 325.
Ull, Ortsch. südwestl. Apenrade 169, 194.
Uldal, Ortsch. westl. Hadersleben 206, 215 ff.
Ulderup, Ortsch. im Sundewitt 161, 168, 174 ff., 209 ff., 389.
v. Urff, Kurheß. Oberst 358.
Urnehöved, Ortsch. südwestl. Apenrade 171.
Ussinggaard-Wald, der, südwestl. Horsens 325.
Ustrup, Ortsch. südwestl. Hadersleben 193 ff., 206, 209 ff.

Vambrup, Ortsch. südwestl. Kolding 215.
Varde, Stadt in Jütland in der Nähe der Westküste 123.

Veilby, Ortsch. nördl. Aarhuus 347.
Veilby, Ortsch. nördl. Fredericia 364 ff.
Veile, Stadt u. Hafen in Jütland 123 ff., 223.
Veile-Aa, die, kleiner Fluß in Jütland 127 ff., 321 ff.
Vestedgaard, Ortsch. bei Fredericia 364.
Vester-Nebel, Ortsch. nordwestl. Kolding 314 ff.
Viborg, Stadt in Nord-Jütland 136, 322 ff.
Viby, Ortsch. südwestl. Aarhuus 345 ff.
Vindeleo, Ortsch. nordwestl. Veile 323.
Vingsted-Mühle, die, südwestl. Veile 320 ff.
Vissing-Kloster, Ortsch. am Mos-See, westl. Skanderborg 337.
Vluf, Ortsch. nördl. Kolding 123 ff., 305.
Vörre, Ortsch. nördl. Aarhuus 373.
Vogelsang, Gehölz bei Fredericia 329 ff.
Vogt, Mitgl. der Deutschen Regentschaft in Stuttgart 361.
Vonsild, Ortsch. südl. Kolding 121, 213 ff.
Vranderup, Ortsch. westl. Kolding 123 ff., 293 ff.
Vranderuphovgaard, Ortsch. westl. Kolding 295 ff.
Vrold, Ortschaft westl. Skanderborg 371.

v. **Wackerbarth**, Preuß. Lt. 74.
Waldemar (Woldemar), Prinz von Holstein 91 ff., 199 ff.
Waldemarstoft, Ortsch. nordwestl. Flensburg 197.
Graf Waldersee, Preuß. Oberstlt. 71 ff., 169 ff.
Waldmann, Führer einer Holstein. Jäger-Kompagnie 93.
Valkyren, Dän. Korvette 309.
Wanderup, Ortsch. südwestl. Flensburg 106 ff.
v. Wardenberg, Oldenb. Hauptm. 159.
Warnitz, Ortsch. im Sundewitt 157.
Warnitz-Hoved, Landspitze a. d. Apenrader Föhrde 259 ff.
v. Warnsdorff, Preuß. Hauptm. 183.
Wartenberg-Krug, Ortsch. südwestl. Hadersleben 123 ff.
Wasserfuhr, Preuß. Generalarzt 50.
v. Wasmer, Holst. Hauptm. u. Führer eines Freikorps 12, 36, 61 ff.
v. Wasmer, Dän. Eskadronchef 289.
v. Wedell, Preuß. Lt. 185.
v. Wedell, Dän. Oberstlt. 127.
v. Wedell-Wedellsborg, Dän. Generalmajor 17, 26 ff., 112.
v. Wedell-Wedelsborg, Dän. Lt. 92.
Wedelspang, Ortsch. südl. Schleswig 71 ff.
Weibel, Ortsch. nordwestl. Flensburg 114.
Weinrebe, Preuß. Oberfeuerwerker 87 ff.
Weise, Holst. Eskadronchef 378 ff.
Wellspang, Wirthsh. am Lang-See, nordöstl. Schleswig 42, 49, 69 ff.
Wenningbund, der, Meeresbucht zwischen der Halbinsel Broacker u. d. Sundewitt 159 ff.
Graf Wentarp, Preuß. Major 316 ff.
Westergaard, Dän. Hauptm. 108.
Wester-Kahlegat, Gehöft südwestl. Schleswig 82, 85 ff.
Graf v. Westmoreland, Engl. Gesandter 220.
Wester-Düppel, Ortsch. im Sundewitt 157.
Westerrönfeld, Ortsch. südwestl. Rendsburg 34, 46.
Wester-Schnabel, Ortsch. im Sundewitt 307.
Westphal, Holst. Lt. 339 ff.
Widede, Dän. Oberstlt. 157 ff.
Wiegand, Holst. Etappenkommandeur 269.
Vielhoi, Ortsch. im Sundewitt 178 ff., 278 ff.
Wiesner, Preuß. Oberstlt. 78 ff., Oberst 179.
v. Wildenbruch, Preuß. Major 19, 37 ff.
Wilhelmsthal, Gehöft südl. Eckernförde 62 ff.
Wilstrup, Ortsch. südl. Hadersleben 208.
Windebyer Noor, das, westl. Eckernförde 264.
Windmühlenberg, der, nördl. Flensburg 30.
Witten-See, der, nordöstl. Rendsburg 34, 36, 45 ff.
Fürst Wittgenstein, Reichs-Kriegsminister 333.
Witte, Preuß. Lt. 91.
Wittstedt, Ortsch. südwestl. Hadersleben 121, 211.
v. Wörrishöffer, Dän. Kapitän 60 ff.
Wonsbek, Ortsch. an der Hadersleb ener Föhrde 208.
v. Woringen, Holst. Major 379.
Woyens, Ortsch. westl. Hadersleben 211.
Woyenshof, Ziegelei westl. Hadersleben 210.
v. Wonna, Preuß. Lt. 75.
v. Wrangel, Preuß. General der Kavallerie, Oberkommandeur der Bundestruppen 50 ff.
v. Wrangel, Preuß. Lt. 49.
v. Wrangel, Holst. Hauptm. 299, 379 ff.
v. Würten, Dän. Eskadronchef 92, 169 ff.
Wulff, Dän. Kapitainlt. 266.
Wyk, Ortsch. auf der Insel Föhr 309 ff.
v. Wyneden, Hannov. General 216 ff.
Wyneden, Hannov. Prem. Lt. 169.
Wynn, Sir Henry, Engl. Gesandter in Kopenhagen 151.

Yding, Ortsch. südwestl. Skanderborg 342.

v. Zastrow, Preuß. Lt. 80.
v. Zastrow, Preuß. Hauptm. 80.
v. Zastrow, Holst. Hauptm. 12, 32, Major 42 ff., Oberstlt. 136 ff., 199 ff., Oberst 354 ff.
Ziegelei Königswill, westl. Schleswig 58, 73.
v. Ziegler, Preuß. Lt. 78.
v. Zweifel, Preuß. Hauptm. 87.

www.ingramcontent.com/pod-product-compliance
Lightning Source LLC
Chambersburg PA
CBHW022141300426
44115CB00006B/290